英国中学主流教材

U0866823

科学教材译丛

生物

Biology for You

[英] Gareth Williams 著

译丛主编：廖伯琴

本册主译：霍 静

上海科学技术出版社

内容提要

本书是科学教育丛书系列科学教材译丛中的一本。它风格独具、妙趣横生，是英国主流中学教材，深受广大师生欢迎。本书核心概念突出、知识应用宽泛、习题设计考究，将严谨而复杂的科学内容通过极有创意的版式、滑稽有趣的漫画、生动贴切的照片等深入浅出地呈现出来，这将极大提高学生对科学的学习兴趣。本书既可作为广大中学生的课外阅读材料，也可作为广大教师的教学参考资料。

图书在版编目（CIP）数据

生物/（英）威廉姆斯（Williams, G.）著；霍静等译. —上海：上海科学技术出版社，2016.1（2024.3重印）
（科学教材译丛）
ISBN 978-7-5478-2388-0

Ⅰ.①生… Ⅱ.①威… ②霍… Ⅲ.①生物课—中学—课外读物 Ⅳ.①G634.913

中国版本图书馆CIP数据核字（2014）第226835号

本译著获重庆市人文社会科学重点研究基地项目“基于国民科学素养提升视角的中学科学教材国际比较研究（14SKB040）”资助，获全国民族教育研究课题重大项目“民族地区中小学理科教学质量及监测体系研究（mjzxzd1401）”资助。

上海世纪出版（集团）有限公司
上海科学技术出版社 出版、发行
（上海市闵行区号景路159弄A座9F-10F）
邮政编码201101　www. sstp. cn
上海中华印刷有限公司印刷
开本 890×1240　1/16　印张 25.25
字数 556千字
2016年1月第1版　2024年3月第4次印刷
ISBN 978-7-5478-2388-0/G·555
定价：128.00元

总序

21世纪初，我国启动了新中国成立以来改革力度最大、社会各界最为关注、意义深远的基础教育课程改革，其中科学教育，尤其是综合科学教育受到越来越多的研究者关注。小学3～6年级综合科学课程的开设，初中7～9年级综合科学课程的艰难推进，以及分科科学课程从课程标准到评价考试的调整，引发人们从不同的视角研究科学的外延与内涵、科学教育的功能、科学课程的理念、科学教学的模式以及科学教师的成长等。

为此，西南大学科学教育研究中心集全国相关研究所长，陆续推出科学教育丛书系列，希望以跨学科的多角度、国际比较的视野等，探索科学教育的理论及实践。希望在基础教育课程改革的浪潮中，为素质教育的深入推进做出贡献！

目前，科学教育丛书含四个系列：其一，科学教育理论研究系列，从科学教育、科学课程、科学教材、科学教学以及评价等方面进行研究（如《科学教育学》）；其二，科学普及丛书系列，从幽默风趣、浅显易懂的视角对中学生进行科学普及教育（如《物理“聊吧”》）；其三，科学教育跨文化研究系列，从国际比较、跨文化、跨民族等多元文化视角研究科学教育（如《西南民族科技教育与社会协调发展》）；其四，科学教材译丛，翻译国外优秀的理化生中学教材（如生动幽默的*FOR YOU*系列）。

科学普及必须走向全民，科学教育必须“为了每一位学生的发展”。为此，本次推出的科学教材译丛分3册，分别为《物理》（*Physics for You*），《化学》（*Chemistry for You*）和《生物》（*Biology for You*）。这是一套帮助学生应对英国普通中等教育证书考试（GCSE）的理化生教材，也是一套风格独具、妙趣横生的科学教材。通常，“考试”是一个沉重的话题，一旦涉及“考试”，似乎就意味着反复演练、枯燥乏味、情绪压抑等。然而，科学教材译丛则很巧妙地将“考试”与生动幽默、赏心悦目的案例结合在一起。首先在内容设计上独具匠心，不仅核心概念突出，知识应用宽泛，而且深入浅出、简明扼要。在习题设计上也非常考究，不仅力图巩固所学内容，而且与“考试”要点关系密切、遥相呼应。让人叹服的是这些严谨而复杂的科学内容则是通过极有创意的排版、滑稽有趣的漫画、生动贴切的照片呈现出来的，这能有效吸引学习者的眼球，激发学习者的学习热情，使学习者从生活走向科学，从自然走向科学，从科学走向社会。本套教材很好地体现了新课程理念，既可作为广大中学生朋友的课外阅读材料，也可作为广大教师的教学参考资料。

本套教材能以中文版问世，首先要感谢美国肯尼索州立大学（Kennesaw State University）杜子华教授（Professor Joshua Du），在他不辞辛劳为西南大学科学教育研究中心购买的一大批英文版中学物理教材中，我发现了*Physics for You*——一本生动别致的物理学教材；接着我要感谢上海科学技术出版社，是该社理解了我的选题意图，克服重重困难，不仅购买了*Physics for you*的中文版权，而且购买了*Chemistry for you*和*Biology for you*的中文版权，使单册教材译本拓展为具有综合优势的译丛；还要感谢中学生物课程标准组负责人、北京师范大学生命科学学院刘恩山教授和中学化学课程标准组负责人、华东师范大学化学系王祖浩教授的鼎力相助，是他们拨冗为译丛作序，增强了本译丛的影响力。还要感谢西南大学科学教育研究中心的李远蓉教授（化学）和霍静副教授（生物）对化学与生物分册翻译工作的组织与管理；还要感谢重庆市人文社会科学重点研究基地项目（基于国民科学素养提升视角的中学科学教材国际比较研究，项目号为14SKB040）和全国民族教育研究课题重大项目（民族地区中小学理科教学质量及监测体系研究,项目号为mjzxzd1401）的支持。另外，本译丛在翻译过程中，不仅得到了众多专家学者的指导，还经过一线老师和同学的审读修订等，在此一并感谢！由于时间仓促、能力所限等，难免出现错误，请各位读者不吝赐教，我们一定及时修订以便本套译丛日臻完善。

丛书主编　廖伯琴*

2015年4月16日　于西南大学荟文楼

* 廖伯琴教授为国家基础教育课程教材专家工作委员会委员，国家中学物理课程标准组负责人，西南大学科学教育研究中心主任。

序

新世纪伊始，我国启动了第八次基础教育课程改革。十年间，改革的范围已经从试点逐步完成了向全国范围的推进，逐步实现了基础教育课程发展的任务和目标，并进入到总结、调整、改进和完善的阶段。基础教育课程建设已经成为提高教学质量的重要环节，而以教材为代表的课程资源在很大程度上又能反映出课程建设的成就和水平。目前，我国已经根据各学科课程标准自主研发了多套不同版本的教材，并在各个地方和学校也开发地方教材和校本教材。这种教材的多元化局面，对于基础教育的发展，特别是学科教学水平的提升，具有举足轻重的作用。

20世纪90年代，我国就通过引进国外的教材，为教师提供多样化的课程资源，市面上陆续出现了一些教育发达国家和地区的理科教材和教辅资料。这些资料注重学生能力的发展，关注学生对知识的探究和理解，在一定程度上，对中学的理科教学的活跃起到了推动的作用。今天，当我们聚焦于多样化的课堂教学与学生学习能力的水平测试之间有机结合的问题时，就将目光停留在了英国普通中等教育考试（GCSE）的教材。该教材展示了中学生物学教学与学生能力水平测试的有机结合，将其引进并翻译成中文，对于丰富我国生物学课程资源、推进课堂教学改革都有积极的推动作用。

由西南大学科学教育研究中心组织翻译的《生物》（*Biology for You*）是英国学生参加GCSE测试使用的生物学教材，相当于我国高一和高二的学习难度。整本教材用简洁的语言，将生物学重要知识描绘得清晰明了；全书注重生物学知识的基础性和应用性，将知识与技能有机地结合，突出培养学生运用知识解决实际问题的能力；同时在课后练习中，又重视学生考试技能的提高。这对于解决目前一些教师在教学中存在“使用新的教学策略但学生成绩不好”的困惑，或许有一定的启示和帮助。特别值得注意的是本书介绍了“科学是怎样发挥作用的”，这个部分对于师生理解科学的本质具有积极的意义。在本书的最后部分还介绍了应对考试的方法和复习的技巧，这些方法不仅适用于生物学的复习考试，同样适用于其他理科课程的学习，可以起到举一反三的效果。

本书只是众多译丛中的沧海一粟，但是从它的基础性、实践性和将自主探究能力与水平测试有机结合的示范性方面，一定会给读者带来亮点和不少的收获。

刘恩山*

2015年8月

---

* 刘恩山教授为国家基础教育课程教材专家工作委员会委员，国家中学生物课程标准研制组负责人，北京师范大学博士生导师。

目　录

从很微小的到非常庞大的生物体都可以作为生物学家研究的对象

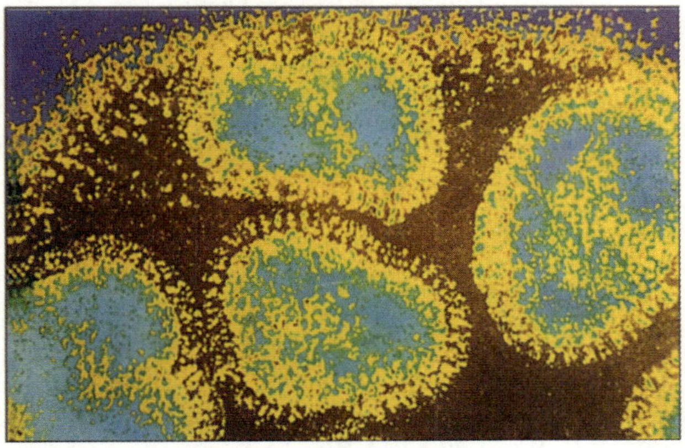

流感病毒

座头鲸

走进本书

*Biology for You*是为介绍基本的生物学观念而设计的。

这些观念为你展示了从肉眼不可见的细菌到巨大的鲸鱼，从微小的孢子到高大的树木，这些生物体是如何生存的。

这些观念还包括植物和动物之间，以及它们与生活环境之间的相互关系，同时还介绍了生物繁殖后代的差异以及生物如何随着时间产生变异。

*Biology for You*的目标是在有兴趣的前提下，帮助你通过考试。包含了新的GCSE科学考试规范中需要掌握的生物学内容。

这本书在布局上尽可能地保证在一面或是一个对开页中完成一个新知识和相关进展的介绍。语言也尽可能保持简单和易懂。

全书还设计了许多简单的实验和探究。安全符号的意思是需要教师给你进一步的建议（例如需戴护目镜），以防你在学校或是在家里学习进行实验操作时没有注意这些问题。本书在实验结果上给你提供了大量的指导。

每一个新的生物学词汇都使用了加粗显示，对于重要的知识点使用了加框的方法做出提示。

在每一章内容的后面进行了重要知识点的小结。

在绝大多数章的后面都介绍了“生物学的应用”。它们能帮助你了解生物学与我们每天的生活是多么息息相关。

在每章的最后提供了练习，它们从最简单的填空开始，这种题型帮助你记录笔记或是进一步复习。其他的问题能检测你对所学知识的掌握情况，并帮助你进一步思考问题。

在本书中六个主题的后面均提供了最近的真题为你提供进一步练习的机会。

本书最后增加了附加部分，介绍了科学是怎样发挥作用的，怎样完成课程作业和复习，以及考试的技巧、关键技能和相关职业。

最后，我要感谢我的家人：Diana，Jill和Gail，在整个写作的过程中他们一直陪伴和鼓励我。

我希望你阅读这本书时能感到生物学的有趣，并且能够很容易地理解知识。祝使用*Biology for You*一书的你学习快乐！

Gareth Williams

细胞

▶ 细胞

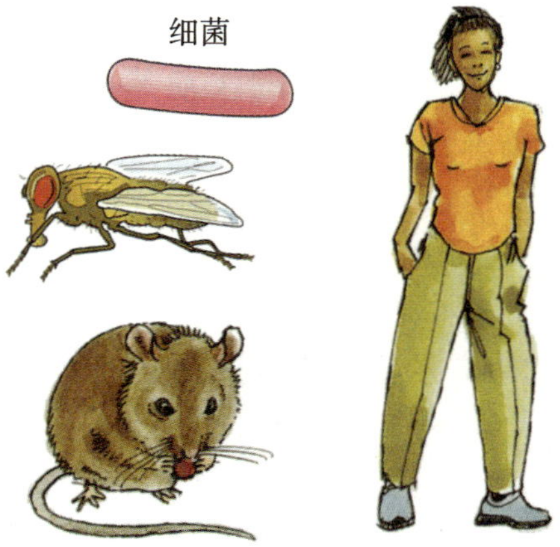

房屋是由砌在一起的砖块组成的，而动物和植物是由细胞（cell）连在一起构成。

细胞就相当于构成生物体的微小砖块。

细菌等微生物仅由一个细胞构成。苍蝇大小的昆虫有数百万个细胞。小动物如小鼠包含数千万个细胞，与你同龄的少年（14～16岁）则由数十亿的细胞构成。

你能说出多少种不同类型的细胞？

许多不同类型的细胞组成了身体的血液、肌肉、大脑，甚至还有骨骼。

看一看人口腔上皮细胞的照片：它们被放大了500倍，用尺子量出一个细胞的长度，将量出的数值除以500后你就会知道这个细胞的真实大小了。

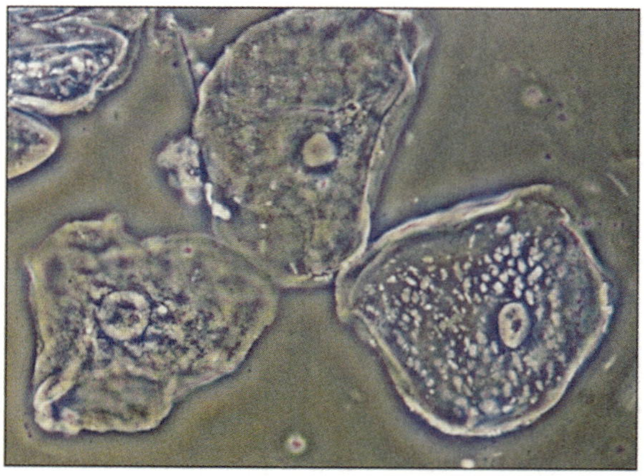

人口腔细胞（×500）

▶ 动物细胞

动物细胞一般具有下图所显示的结构：

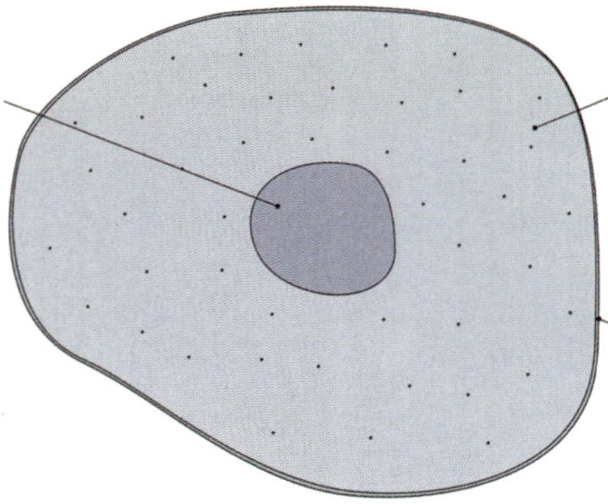

▶ 植物细胞

看一看下面的植物细胞，它和动物细胞有何不同？

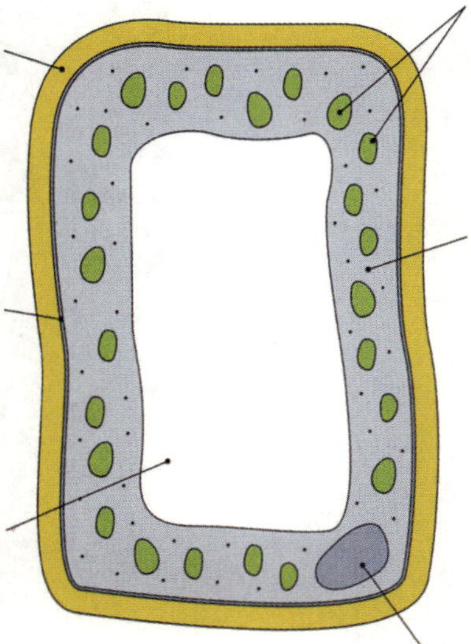

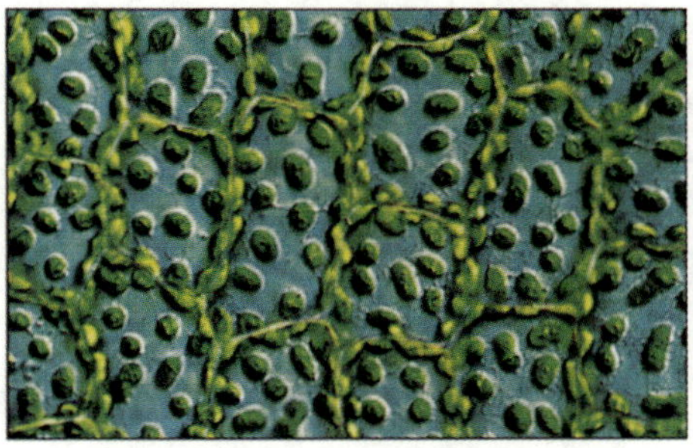
苔藓细胞中的叶绿体

动物细胞和植物细胞的不同之处

植物细胞和动物细胞有相同之处，也有很多不同的地方。

它们的相同之处有哪些呢？

下面是它们一些不同之处的比较：

植 物 细 胞	动 物 细 胞
• 有坚韧的纤维素构成的细胞壁 • 有叶绿体 • 有含有细胞液的永久大液泡 • 外形大多为类似盒子状的立方体 • 有一个位于细胞边缘的细胞核	• 没有含纤维素的细胞壁 • 没有叶绿体 • 有时有小液泡，但其中不含细胞液 • 外形多样 • 有一个位于细胞中央的细胞核

如果你用分辨率足够高的显微镜观察动物细胞和植物细胞，你能够在细胞质中看到一些小点，这些小点多数是**线粒体**（mitochondria）。再进一步放大，线粒体的样子就如示意图所示：

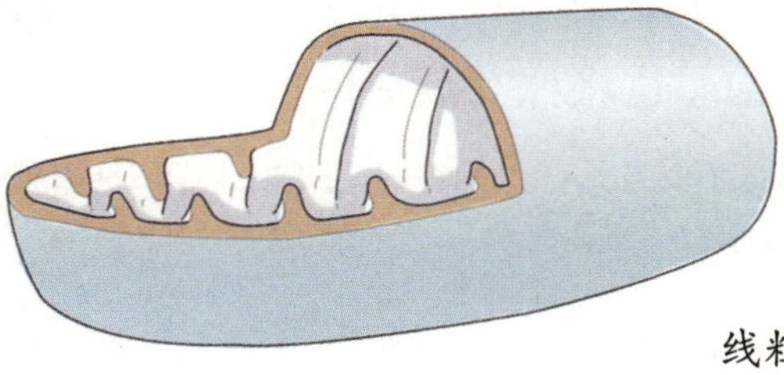
线粒体

呼吸作用发生在线粒体中，通过呼吸作用可将食物分子中的能量释放出来。

显微镜

众所周知，细胞很小，无法用肉眼观察，所以我们得使用**显微镜**（microscope）放大它们。

光学显微镜

你也许已经使用过图片所示的**光学显微镜**。你还记得它各个部分的名称吗？

这种显微镜有两组透镜，分别是**目镜**和**物镜**。

怎样计算显微镜的总放大倍数呢？

将两组透镜的放大倍数相乘可得到总放大倍数。

总放大倍数 = 目镜放大倍数 × 物镜放大倍数

算一算：如果目镜放大倍数为 10，物镜放大倍数为 40，那么总放大倍数是多少？

光学显微镜的最大放大倍数可以达到 1 000 倍。

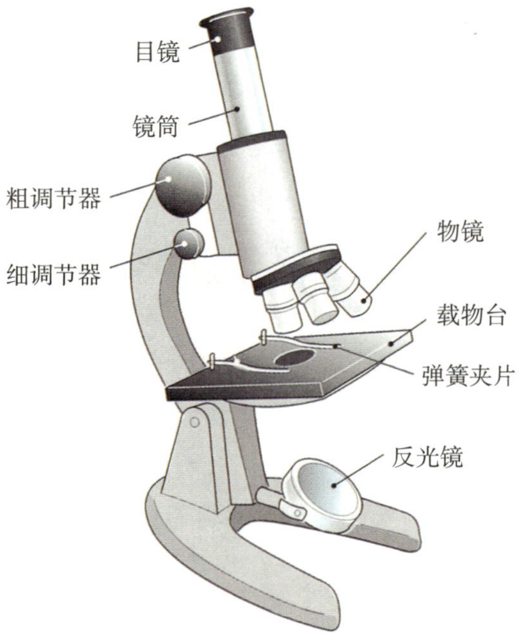

光学显微镜

电子显微镜

有些东西很微小，用光学显微镜也无法观察，这时我们可以使用**电子显微镜**。

电子显微镜使用电子束代替了光束成像。电子束所成的像可以显示在荧光屏上并拍摄保存。电子显微镜的放大倍数可以高达 500 000 倍。

正在使用中的电子显微镜

电子显微镜可以帮助我们观察细胞**内部**结构。这张照片就是一张在电子显微镜下拍摄的图片，它显示了叶绿体内部的细微结构。

叶绿体

核糖体（ribosome）只能在电子显微镜下观察到，可以在细胞质中找到核糖体，它们和蛋白质的合成有关。

▶ 观察植物细胞

实验 1.1　制作一张洋葱细胞装片

首先你必须撕下很薄的一层细胞：

1. 切下一小块洋葱

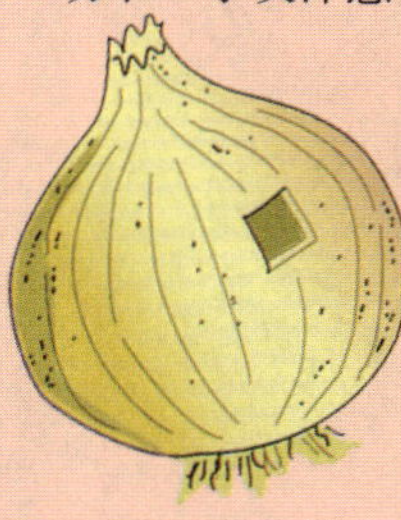

2. 用镊子或你的指甲撕下洋葱的内表皮（看起来就像薄纸）

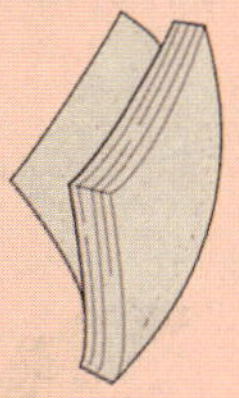

3. 将这片洋葱的“皮肤”平铺在载玻片上，滴上 2 滴碘液

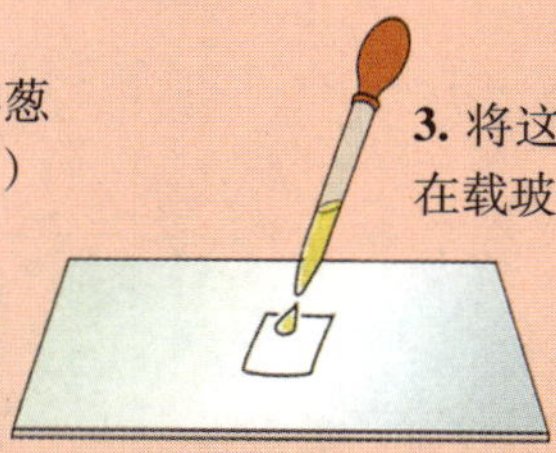

4. 用封片针将盖玻片轻轻向下放到载玻片上

5. 将载玻片置于显微镜的载物台

6. 在低倍镜下小心调焦至看到洋葱表皮

7. 转换到高倍镜下观察洋葱细胞的细微结构

洋葱细胞没有叶绿体。如果你想观察叶绿体，可以用苔藓植物。

用镊子从植株的顶端取下最小的那片叶子。

把它放在载玻片上，加 1 滴水，盖上盖玻片。

在高倍镜下观察。

▶ 观察动物细胞

实验 1.2　制作口腔上皮细胞装片

为避免感染，请按照说明小心操作： ⚠

1. 老师会给你一个新拆封未使用的洁净棉棒。
2. 用棉棒的一端轻轻擦拭口腔腮壁处。
3. 将擦拭过的棉棒在载玻片的中央涂抹。
4. 将用过的棉棒放入老师准备好的装有消毒液的烧杯中。
5. 在涂片上滴加 1 滴亚甲基蓝染液。
6. 盖上盖玻片，在高倍镜下观察细胞。
7. 观察结束，将载玻片以及上面的盖玻片放入消毒液中。

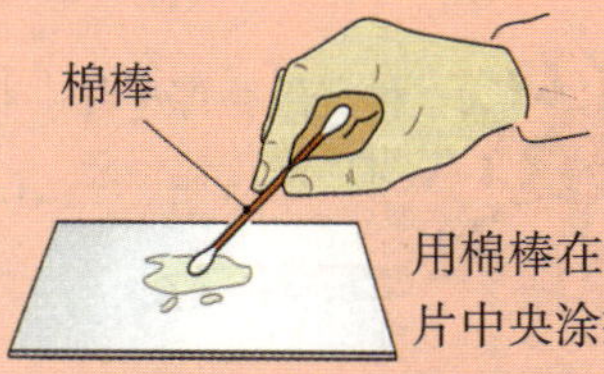

用棉棒在载玻片中央涂抹

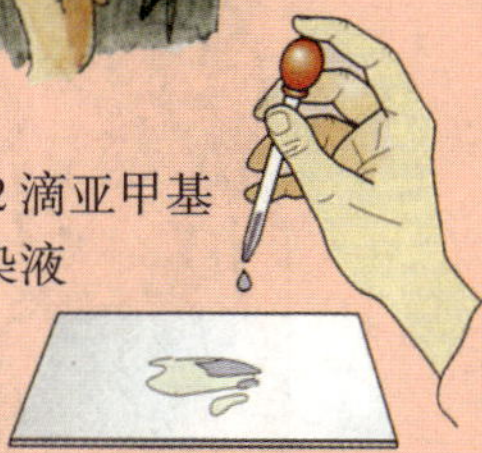

加 2 滴亚甲基蓝染液

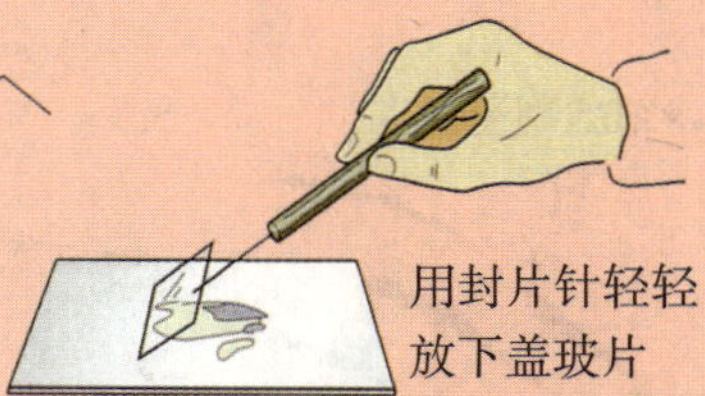

用封片针轻轻放下盖玻片

▶ 特化的细胞

细胞的形态比较多样，这是因为它们分别执行不同的功能。在发育过程中，细胞形态发生变化，这就是所谓的**分化**。不同的细胞承担不同的工作，它们共同完成整个生物体的生命活动。

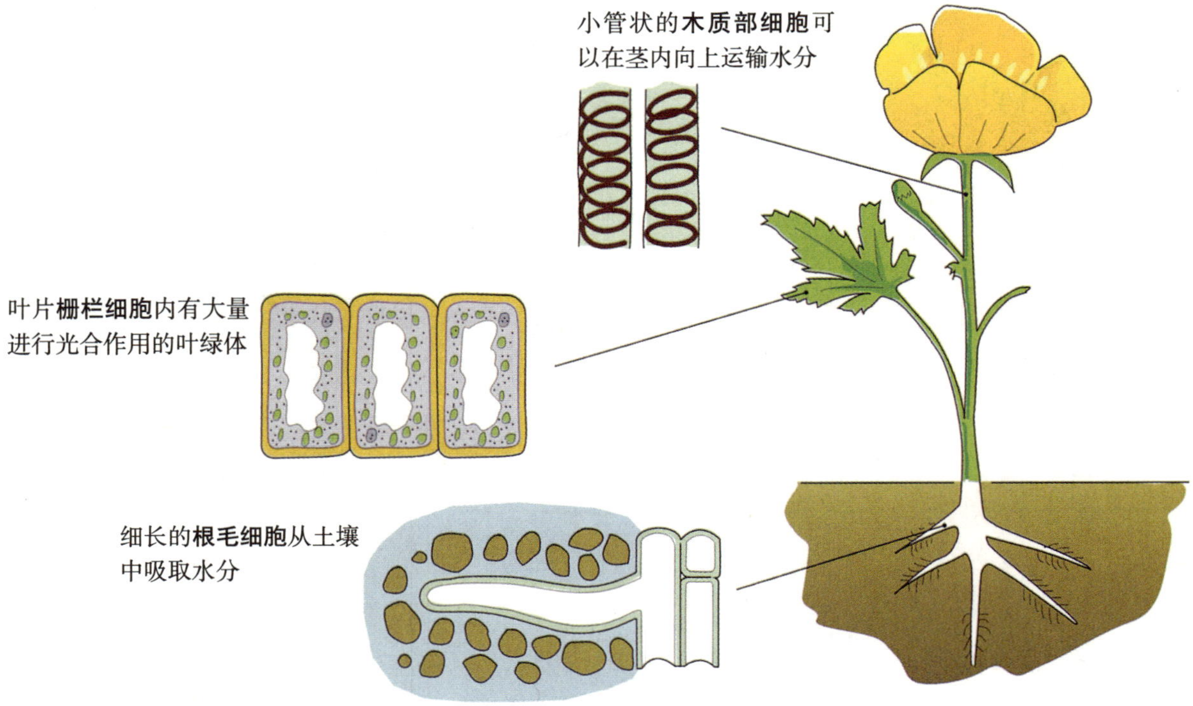

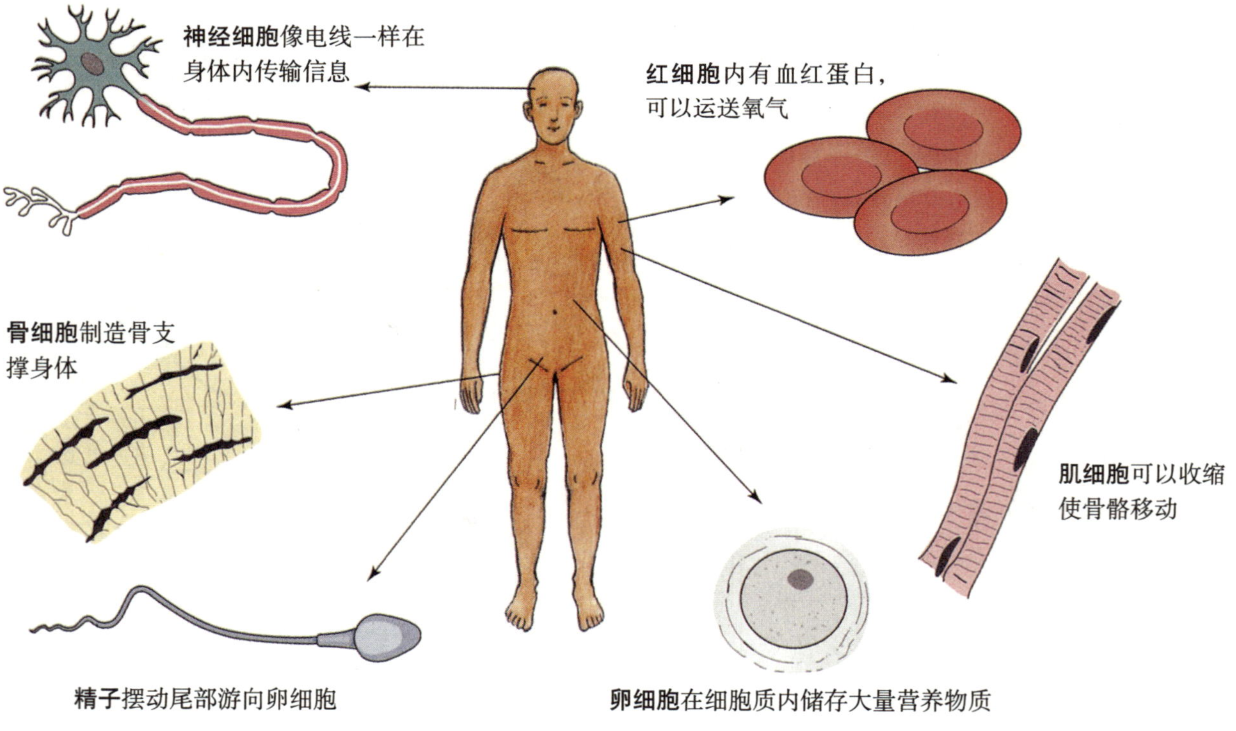

▶ 单细胞生物

有些生物体仅由一个细胞组成，我们称之为**单细胞**（unicellular）生物。

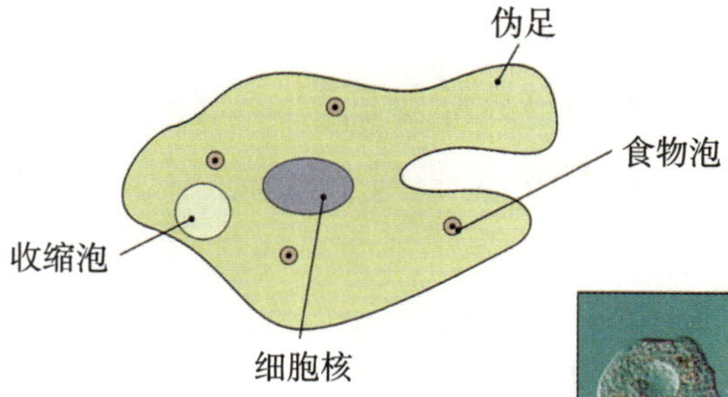

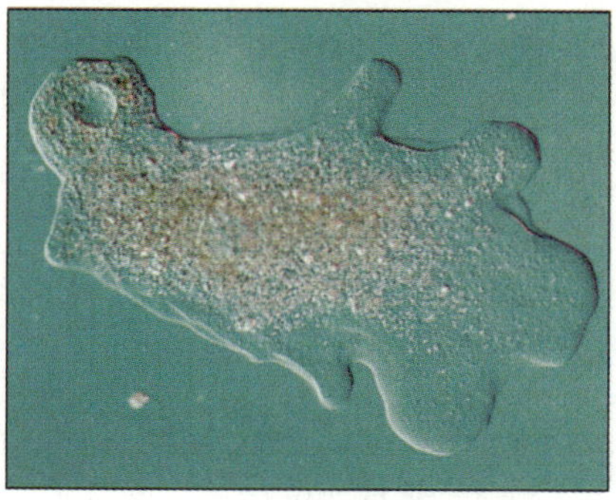

变形虫（amoeba）为单细胞生物，7 种生命活动全部发生在一个细胞内。

变形虫生活在池塘和沟渠中，通过改变身体形态来运动。它首先向运动方向伸出**伪足**（pseudopodia），然后细胞的其余部分再“流向”伪足。

变形虫捕食比自己小的生物，比如细菌。它伸出伪足包围食物，再以**食物泡**的形式将食物摄取进入细胞质。

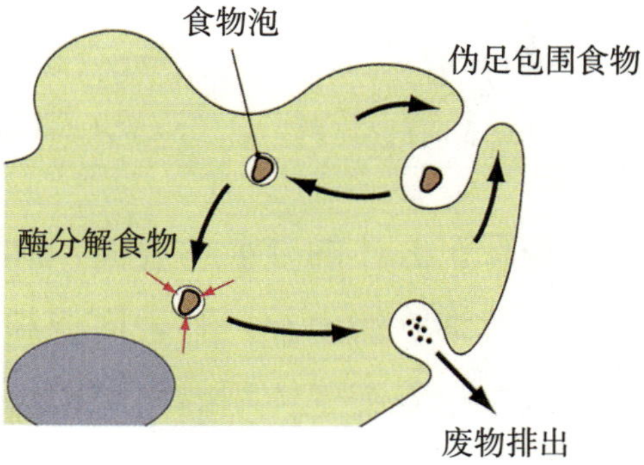

一类被称作**酶**（enzyme）的化学物质加入到食物中，将食物分解。

溶解在变形虫周围水体中的氧可以**扩散**进入变形虫体内，二氧化碳等代谢废物可扩散入水中。

你将在第 2 章了解到更多关于扩散的知识。

变形虫通过一分为二的方式增殖。

▶ 多细胞生物

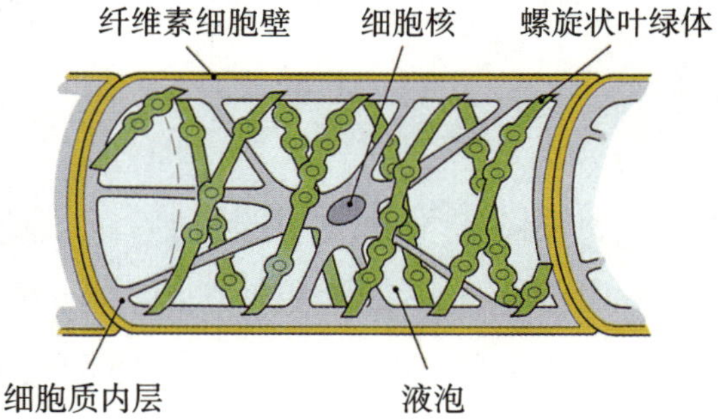

水绵也是一种很小的生物体，但它却含有不止一个细胞，我们称之为**多细胞**生物。

水绵漂浮在池塘表面，组成水绵的细胞形态相似，每个细胞内都会发生 7 种生命活动。水绵细胞之间首尾相连形成**丝状物**。

变形虫和水绵都属于**原生生物**（protist）。

你可以在第 232 ～ 233 页了解到更多原生生物的知识。

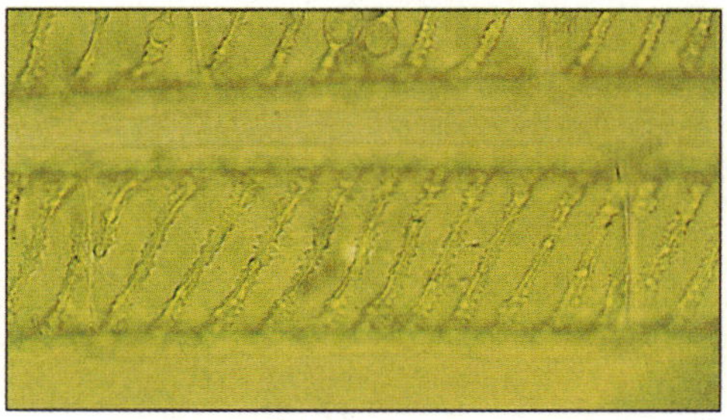

水绵丝状体

▶ 细胞大小

细胞很小，需要使用显微镜才能看见它们。随着生长，它们会变大一些。

最终，它们会由一个细胞分裂成两个细胞。

想一想，这是为什么？

表面积和体积

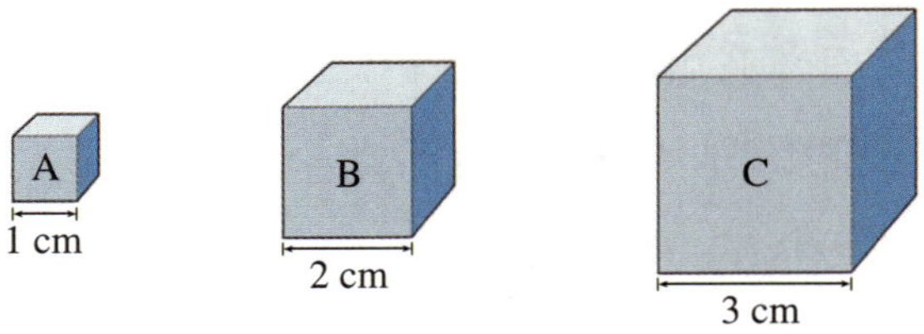

观察图中的 3 个正方体，它们的大小不同。每个正方体有 6 个面。完成表格：

	正方体 A	正方体 B	正方体 C
一个表面的面积	1 cm × 1 cm = 1 cm^2		
正方体的表面积	6 × 1 cm^2 = 6 cm^2		
正方体的体积	1 cm × 1 cm × 1 cm = 1 cm^3		
比值：表面积 / 体积	6 cm^2/1 cm^3 = 6 : 1		

随着正方体的变大，表面积和体积之比发生了怎样的变化？

随着细胞的生长，其表面积和体积之比变小。

这意味着细胞体积的增加远远超过表面积的增加。

随着细胞的生长，细胞需要通过表面吸收更多的营养物质和氧气。

最终，其表面积相对变小，不能提供足够的营养物质和氧气，这时细胞要么分裂，要么死亡。

观察图中不同类型的细胞，注意它们的大小：

大细胞比小细胞更快消耗尽营养物质和氧。

图中哪类细胞消耗营养物质和氧最快？

哪些物质需要被**排出**细胞？

（**提示**：想一想呼吸作用。）

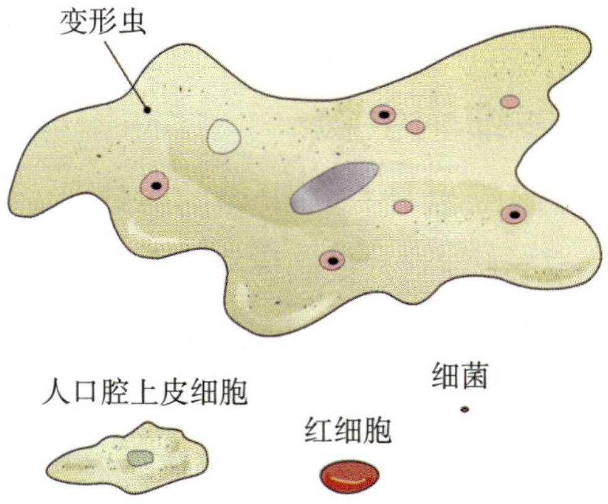

按照相同的比例绘制的细胞

▶ 组织和器官

一群相似的细胞构成**组织**（tissue）。组织内的所有细胞形态一样，做着相同的工作。人体的肌肉组织就是由相同的肌细胞组成的。

不同的组织组成**器官**（organ），这些组织协同工作，完成特定的生命活动。

心脏就是一个器官，它由不同的组织构成，这些组织协同工作，将血液运送到全身。

人体的胃、肺、脑和肾都是器官。

你知道它们的功能吗？

不同的器官一起工作，组成**系统**。

人体的心脏和血管一起工作，组成循环系统。

所有的系统组成了一个充满活力的**生物体**——就是你！

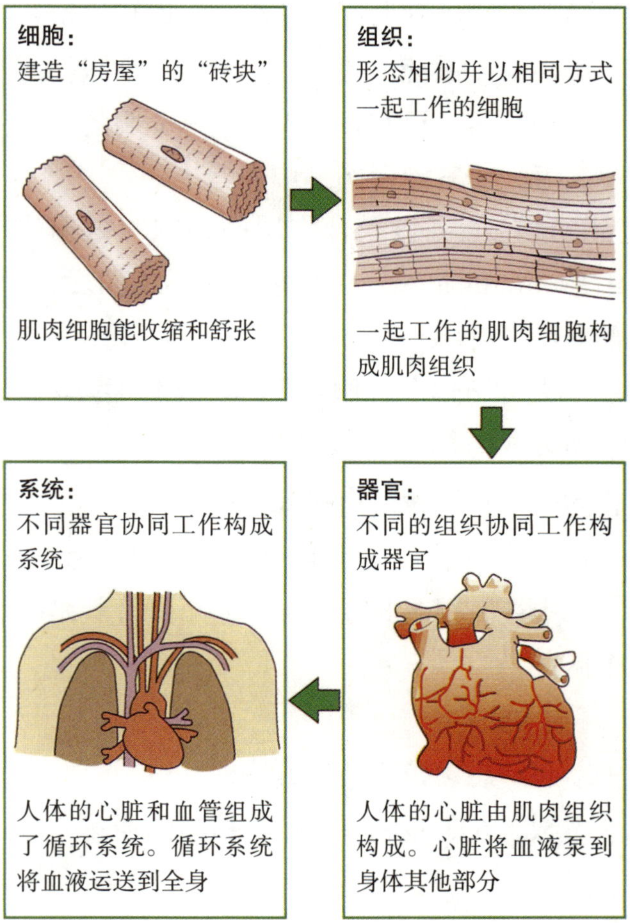

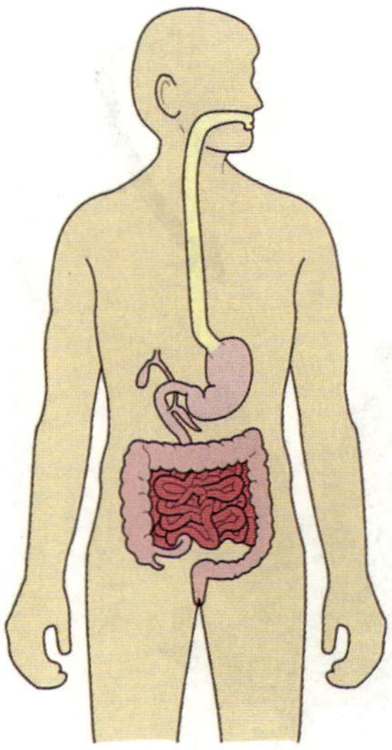

食道、胃和肠道组成人体的消化系统

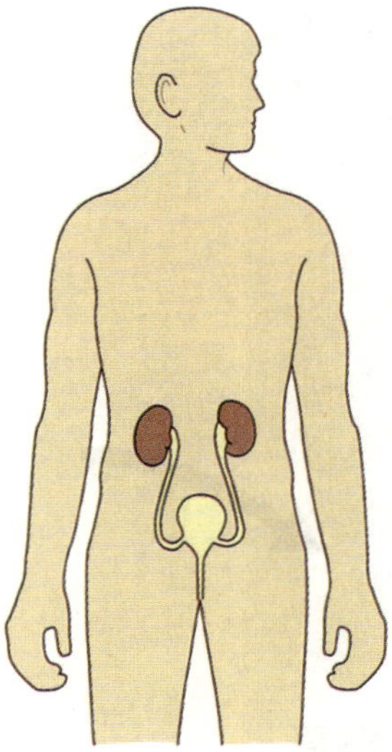

肾、输尿管和膀胱组成人体的排泄系统

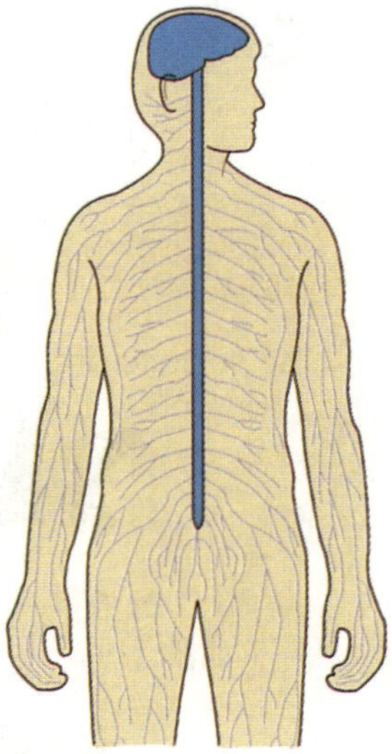

脑、脊髓和神经组成人体的神经系统

植物的器官

尝试将下列名词按从小到大的顺序排列：

器官　系统　组织　生物体　细胞

植物虽然没有我们人类这样分明的系统，但它们同样也有组织和器官。

看一看下面的例子：

这些能进行光合作用的细胞叫做**栅栏细胞**（palisade cell），它们多为矩形，内部充满了叶绿体。

大量栅栏细胞一起形成**栅栏组织**（palisade tissue），这些细胞形态相似，功能相同——它们为植物制造养料。

栅栏组织存在于**叶**中，除了栅栏组织，叶片中还有很多其他组织。一个叶片就是一个器官。

想一想，植物还有哪些器官？

根、花、茎和果实都是植物的器官。

所有这些不同的器官一起组成了一个生物体，例如一株毛茛。

细胞：建造“房屋”的“砖块”

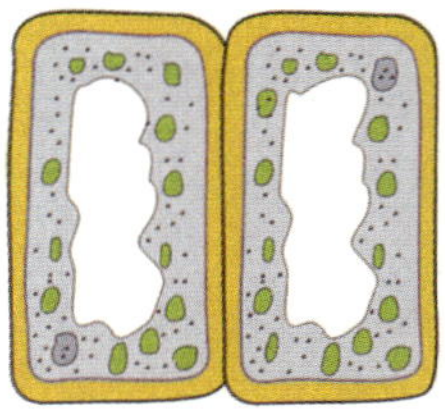

叶片栅栏细胞吸收光能

组织：形态相似并以相同的方式一起工作的细胞

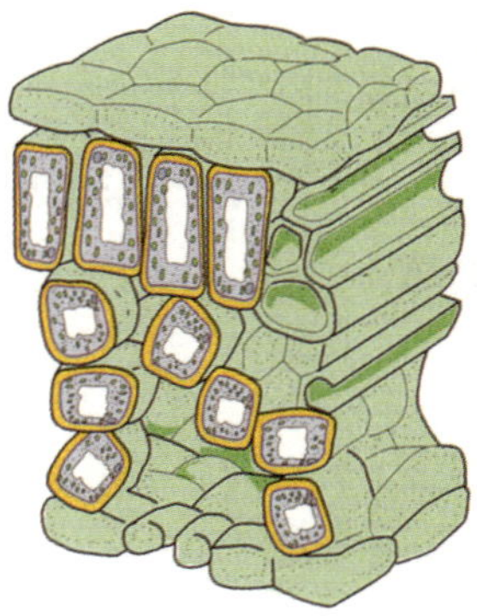

光合作用发生在栅栏组织中

叶片能制造养料并进行气体交换

器官：多种组织协同工作

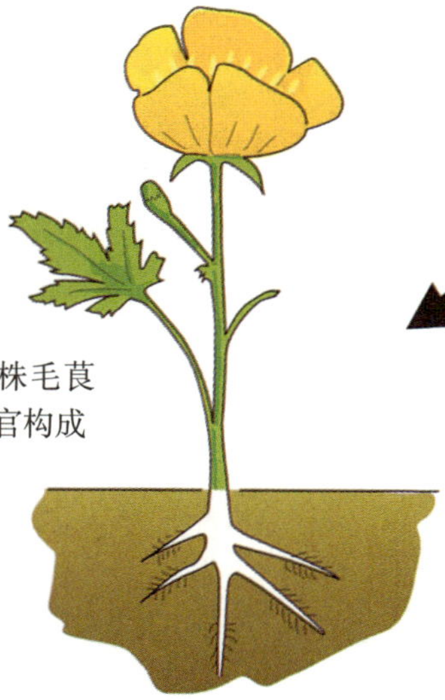

生物体：一株毛茛由不同的器官构成

小结

- 7 种生命活动分别是：摄食、呼吸、运动、生长、排泄、应激性、繁殖。
- 细胞是所有生物体的基本组成单位。
- 植物细胞和动物细胞的结构不同。
- 随着细胞的体积变大，它的表面积和体积之比变小，从而对细胞的大小就构成了限制。
- 有些生物体是单细胞的，有些生物体是多细胞的。
- 细胞在生长过程中逐渐分化，并且由此特化的细胞能适应特定的工作。
- 多细胞生物体的所有细胞一起承担工作。
- 承担相同工作的细胞聚合在一起形成组织。
- 不同的组织构成器官，不同的器官构成系统。

▶ 练习

1. 抄写左栏中生物活动的名称，从右栏中选择正确的例子与之匹配。

生长	躲避危险
呼吸	产卵
排泄	长出新的叶片
摄食	听口哨声
应激性	流汗
运动	消耗从米饭中摄取的能量
繁殖	吃快餐

2. 图中 A、B 和 C 细胞没有按照相同的放大比例绘制。

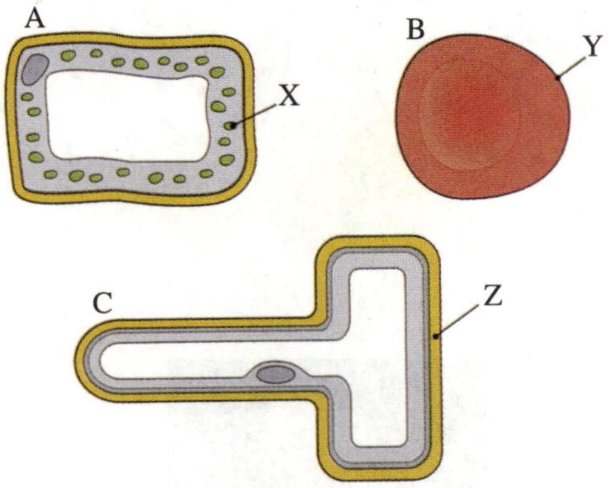

（1）指出 X、Y 和 Z 的名称。

（2）举出两个理由说明 A 细胞是植物细胞。

（3）说明每个细胞的结构帮助细胞实现其功能的途径。

3.（1）图中 A、B 和 C 结构分别是什么？

（2）C 的功能是什么？

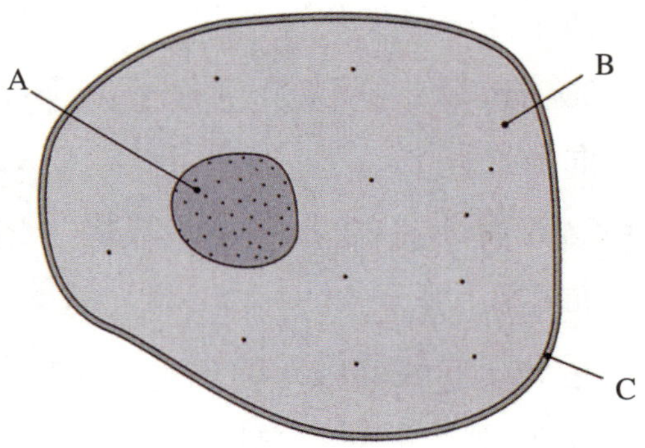

（3）给图中的动物细胞添加并标注出另外三种结构，使之能变成一个典型的植物细胞。

4. 抄写左栏的器官名称，将其与右栏的系统名称正确匹配。

器官	系统
• 肺和气管	• 消化
• 心脏和血管	• 神经
• 脑和脊髓	• 呼吸
• 卵巢、输卵管和子宫	• 排泄
• 食道、胃和肠道	• 循环
• 肾脏和膀胱	• 生殖

拓展习题见第 34 页。

第2章 扩散

许多物质可以溶解于水中。

这个现象是怎么发生的呢?

水分子之间有微小的空隙。糖溶解的时候，每个糖粒被分解为成千上万的小颗粒，这些小颗粒向四周散开，填充在水分子之间的空隙中。

由颗粒构成的物质　　物质的颗粒（溶质）和水分子（溶剂）混合

仔细观看照片：

- 将紫色晶体加入试管中。最初，晶体中的分子聚集在一起。
- 30 min 后，有些紫色分子离开晶体向外散开。
- 24 h 后所有的紫色分子都均匀地散布在水中。

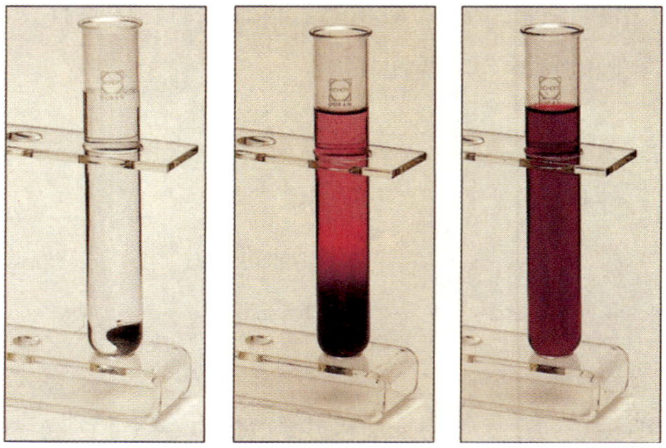

紫色分子向四周散布的现象叫做**扩散**。

分子发生扩散时，总是从分子多（浓度高）的地方向分子少（浓度低）的地方散布，直到各处的分子分布均匀。

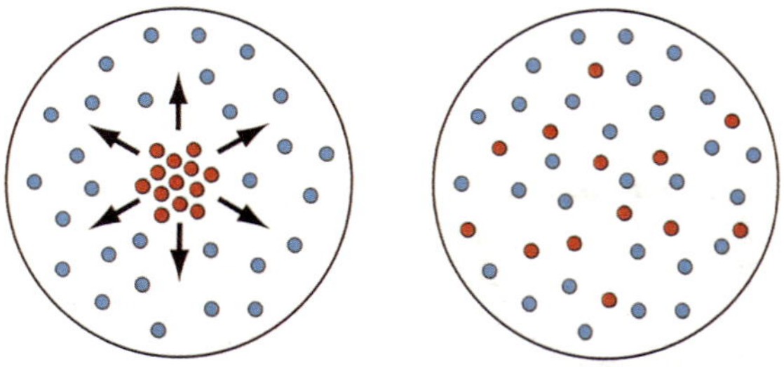

溶质分子向四周散布　　溶质分子均匀分布

溶液由**溶质**和**溶剂**两部分构成。

溶质溶解在**溶剂**中。

将糖溶解于水中，就得到了一杯糖溶液，糖是溶质，水是溶剂。

溶质并不都是像糖那样的固体物质，也可以是溶解于溶剂中的液体和气体。

浓溶液中有大量溶质溶解于溶剂中。

稀溶液中有少量溶质溶解于溶剂中。

▶ 扩散

厨房里正在烹煮食物，你在别的房间里也能闻到食物的气味。这是因为食物的分子能以气体的方式离开食物，在空气中快速运动到你所在的房间。这种现象叫做**扩散**。

扩散是物质颗粒从高浓度区域向低浓度区域运动，直到它们分布均匀的过程（或现象）。

演示 2.1　气体的扩散

⚠ 溴有毒和腐蚀性

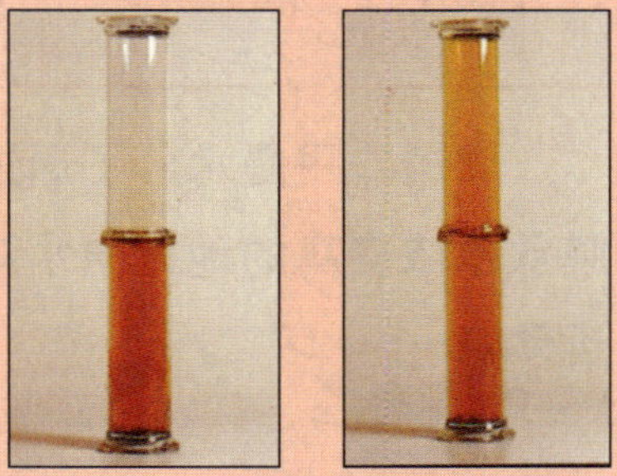

老师演示溴的扩散。

这种棕色的气体毒性很强。

当装有空气的瓶子被放到装有溴的瓶子的瓶口上时，会发生什么现象？

气体的扩散快于液体的扩散，你认为这是为什么？

演示 2.2　扩散速率

⚠ 氨有毒和刺激性

老师演示该实验。

将 8 片红色的石蕊试纸如图中那样竖立在玻璃管中。

将浸有氢氧化铵的棉球放入管口塞子的小孔中。

碱性的氨沿着玻璃管扩散，使石蕊试纸变成蓝色。

记录下每片试纸变蓝的时间。

浓度差越大，扩散越快。

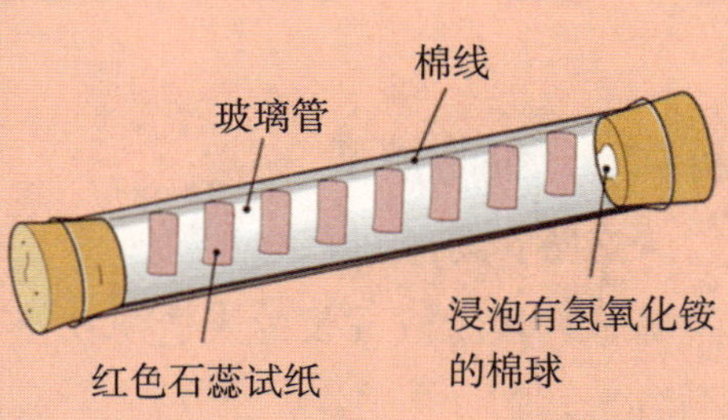

体细胞进行呼吸作用需要的营养物质和氧气，是由血液运送到身体各处的细胞中的。

那么含有营养物质和氧气的血液到达细胞时会发生什么？

营养物质和氧气分子从血液扩散到细胞内。

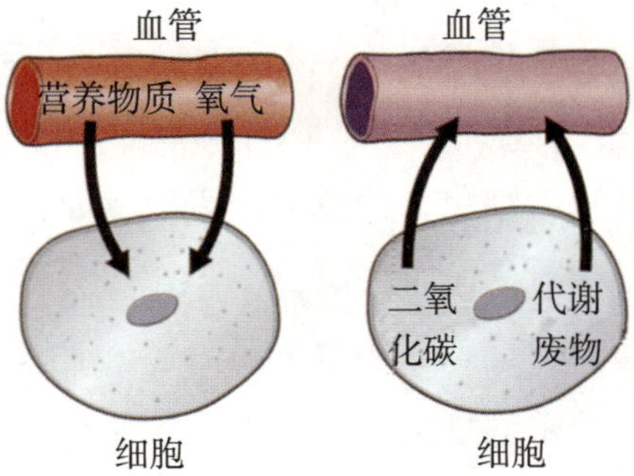

细胞在消耗了营养物质和氧气后，会产生代谢废物。

这些废物主要有二氧化碳和其他化学代谢废物。

代谢废物如果在细胞内累积，就会毒害细胞。

二氧化碳和其他化学代谢废物通过扩散由细胞进入血液。

▶ 渗透作用

每一个细胞都由细胞膜包裹，它将细胞内部与外界环境隔离开来。细胞膜上有小孔允许小分子物质通过，而较大的物质不能通过。

细胞膜具有**选择透过性**。

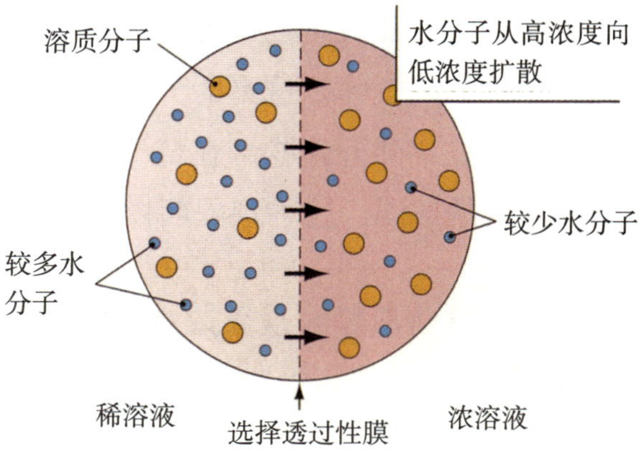

渗透作用是一种特殊的水分子扩散现象。

当两种溶液之间隔有选择透过性的膜时，会发生渗透作用。

渗透作用是水分子通过选择透过性膜从水浓度高的地方向水浓度低的地方运动。

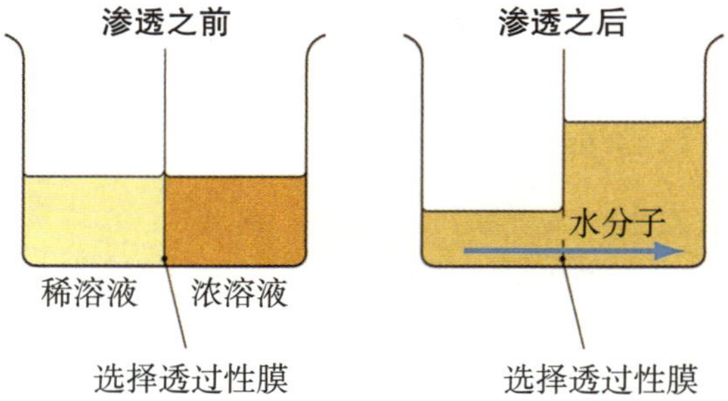

选择透过性膜上的小孔允许小的水分子通过，而大的溶质分子不能通过。

实验 2.3　细胞模型

人造肠衣具有选择透过性。

剪取两段 12 cm 长的人造肠衣管。两端用棉线扎紧。

向其中一个管子（称作细胞 A）注入糖溶液，另一个管子（称作细胞 B）注入水。

系紧管子的另一端。称取每个“细胞”的重量。

将细胞 A 放入装有水的烧杯。

将细胞 B 放入装有糖溶液的烧杯。

30 min 后再次称取每个细胞的重量。

细胞 A 中水分子渗透至细胞内的浓溶液中，故重量增加。

细胞 B 中水分子渗透至细胞外的浓溶液中，故重量减少。

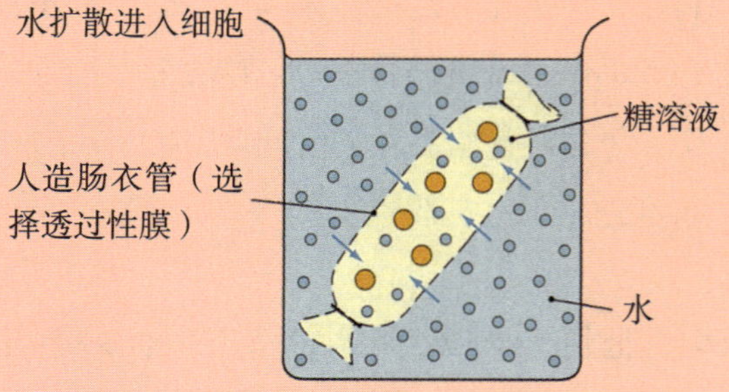

细胞 A

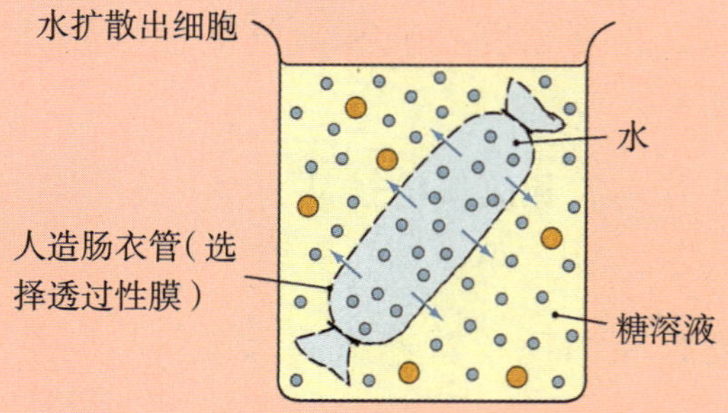

细胞 B

▶ 植物细胞的渗透作用

许多生物体通过渗透作用吸收水分。

实验 2.4　渗压计

制作如图所示的装置，你可以看到渗透的效果：

向选择透过性膜内注满浓的糖溶液。

在一端插入毛细管，把整个装置立在稀的糖溶液中。

用渗透有关的知识解释为什么毛细管内的液体会上升。

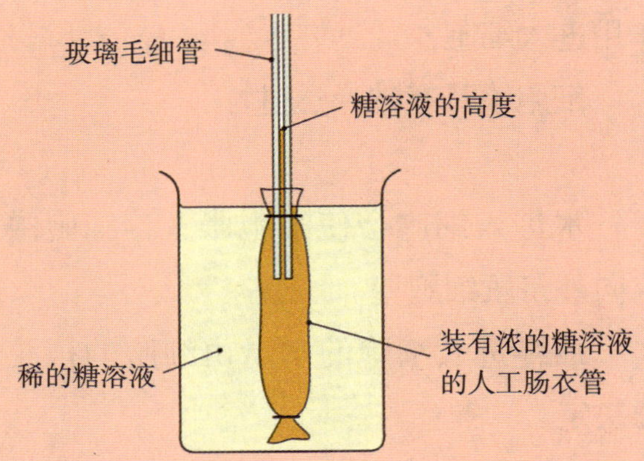

水会通过渗透作用进入植物细胞。

- 植物细胞的细胞膜充当选择透过性膜。
- 液泡内的细胞液为高浓度溶液。
- 水分通过渗透作用进入植物细胞。
- 液泡内溶液的浓度降低。
- 水从稀溶液中渗透进入邻近细胞内的浓溶液中。

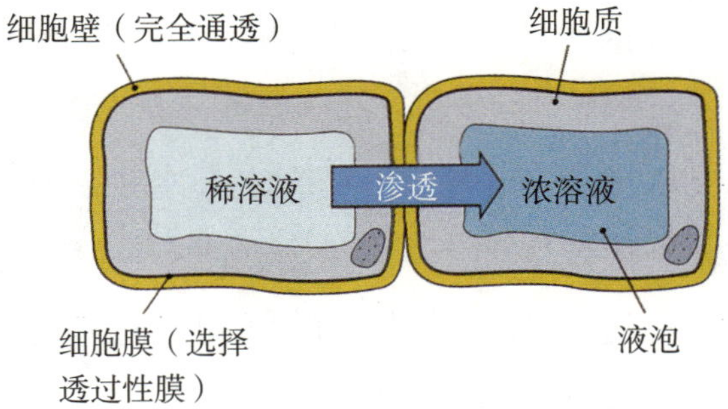

实验 2.5　马铃薯细胞的渗透作用

切取 3 个大小一样的马铃薯条。

测量并记下它们的长度。

准备 3 个试管：

试管 A 加入蒸馏水；

试管 B 加入稀的糖溶液；

试管 C 加入浓的糖溶液。

将薯条分别放入 3 个试管中，放置 30 min。

再次测量薯条的长度。

- 哪一根薯条长度增加了？
  是不是因为薯条通过渗透作用吸收了水分？
- 哪一根薯条的长度缩短了？
  是不是因为薯条通过渗透作用失去了水分？
- 感觉一下试管 A 中的薯条。
  为什么它摸起来硬硬的？

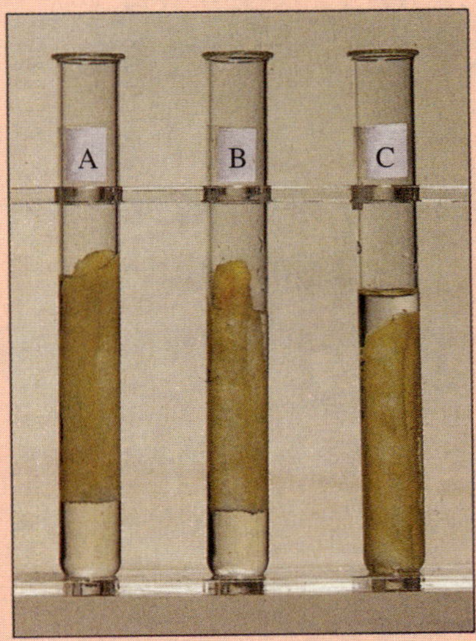

▶ 膨胀

将植物细胞置于水中，水会进入细胞。

这是因为细胞液浓度高，水通过渗透作用进入细胞。

细胞膜具有选择透过性。

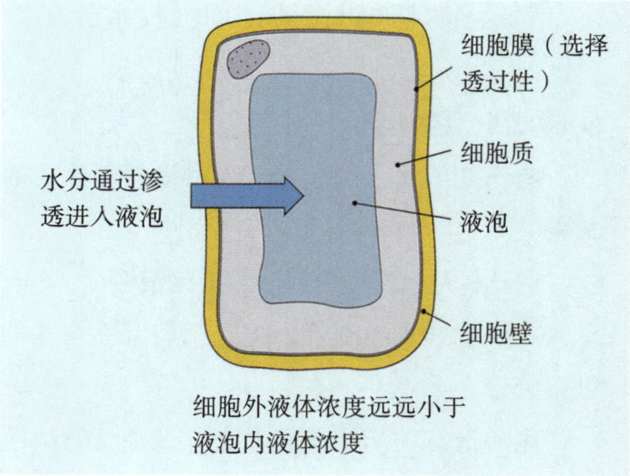

水进入细胞会使细胞胀大，细胞内的水向外挤压细胞壁。

最终进入细胞的水量由细胞的抗压能力决定。

这时的细胞就像充满气的气球，坚硬的细胞壁保护着细胞，使之不会破裂。

这时的细胞处于**膨胀**状态。

如果你切一根薯条放入水中，会发现薯条很快变硬。

这是因为薯条内的细胞通过渗透作用吸收水分使薯条变硬。

细胞膨胀对植物十分重要，你知道是为什么吗？

细胞膨胀给植物提供了支持力，使植物的茎可以直立向上。

那么细胞失水时会发生什么呢？

这些细胞不再坚硬和膨胀。

失去水分的植物茎会**萎蔫**。

探究 2.6　设计实验探究糖溶液对马铃薯细胞的影响

你可以探究不同浓度的糖溶液如何影响薯条的长度和重量。

你也可以测量薯条的弹性变化。

你还可以研究温度对膨胀的影响。

在操作之前，一定要和老师一起检查你的实验计划是否安全。

质壁分离

当植物细胞处于高浓度的糖溶液或盐溶液中时，细胞会因渗透作用失去水分。

当细胞失水时，液泡就开始收缩。

这时细胞不再坚硬，它们变软了。

我们称这时的细胞**萎蔫**了。

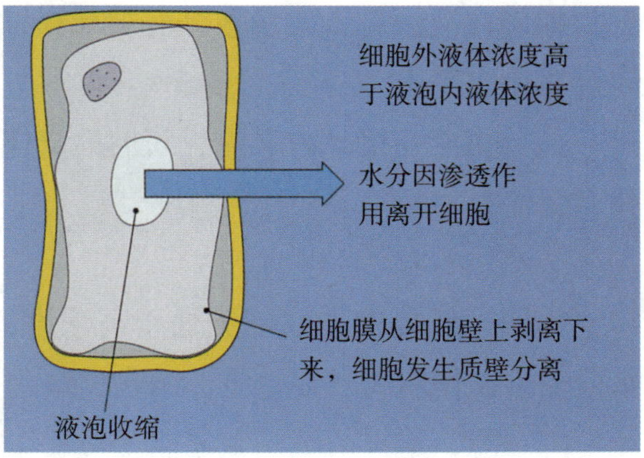

随着更多的水分丢失，细胞膜开始从细胞壁上分离。

这些细胞就发生了**质壁分离**（plasmolysis）。

实验 2.7　质壁分离

将一片红色的洋葱表皮平展于载玻片上的水滴中。

盖上盖玻片，在显微镜下观察。

在盖玻片边缘滴加几滴浓的糖溶液。

描述细胞内发生的现象。

动物细胞的渗透作用

想一想，将动物细胞放入不同浓度的溶液中会发生什么现象？

动物细胞的细胞膜也是选择透过性膜。

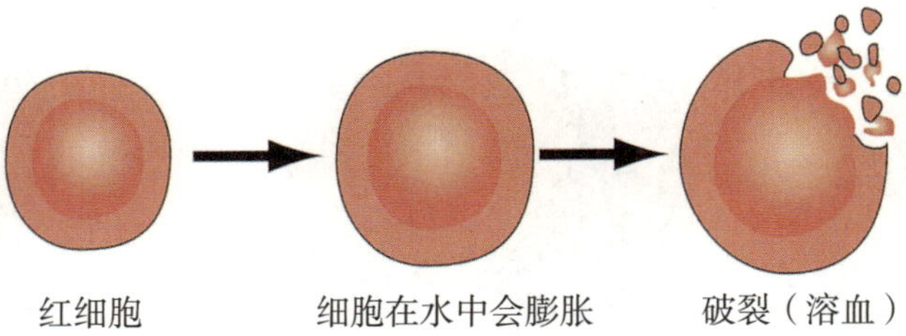

图片中的红细胞被放入蒸馏水中。

红细胞的细胞质浓度较高，水分因渗透作用进入细胞。

但是动物细胞没有细胞壁来限制其过分膨胀，所以红细胞最终会破裂！

这种现象叫做**溶血作用**。

▶ 稳定的血液浓度

如果血液因进入大量水分而被稀释，我们的身体会有什么变化？

如果血液变得又浓又稠，我们的身体又会发生什么变化？

如图，烧杯中的红细胞处于高浓度的溶液中，水分因渗透作用离开细胞质，细胞收缩。

想一想，这样的红细胞还能正常工作吗？

现在你明白维持血液浓度稳定的重要性了吗？

（在第7章我们还会了解更多关于维持水分含量稳定的有关知识。）

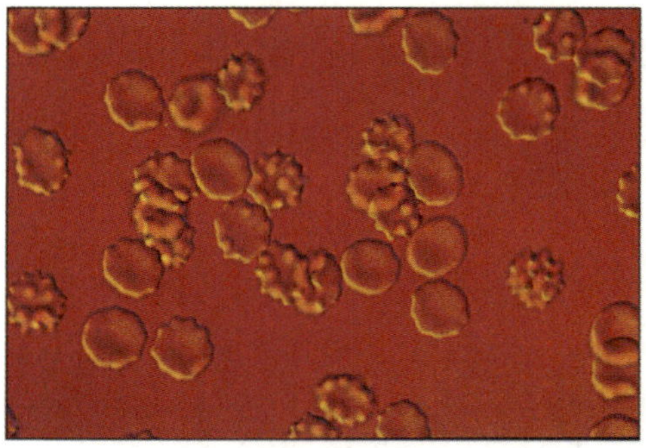

右图中的红细胞处于和它的细胞质浓度一样的溶液中：

它们为什么能保持形态不变？

红细胞细胞膜内外溶液浓度一样，这时细胞既不会吸水也不会失水。

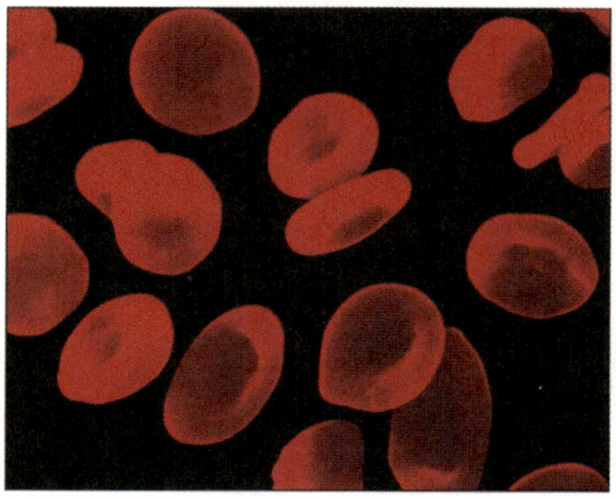

变形虫为什么不会破裂？

水分渗透进入变形虫的细胞内。

水分会进一步进入**伸缩泡**内。

充满了水的伸缩泡移到细胞膜，并且破裂。

这样水分就被排出细胞。

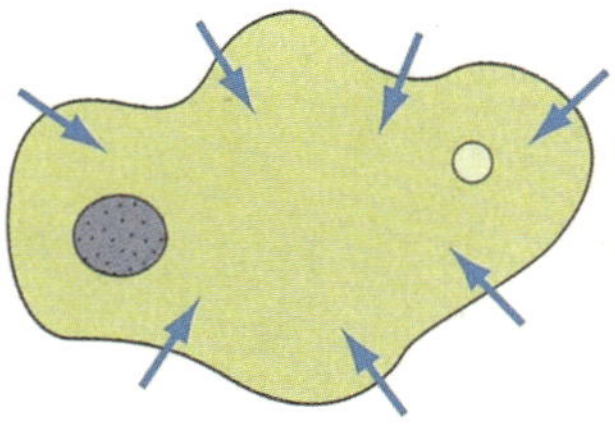

通过渗透作用，水分进入变形虫体内

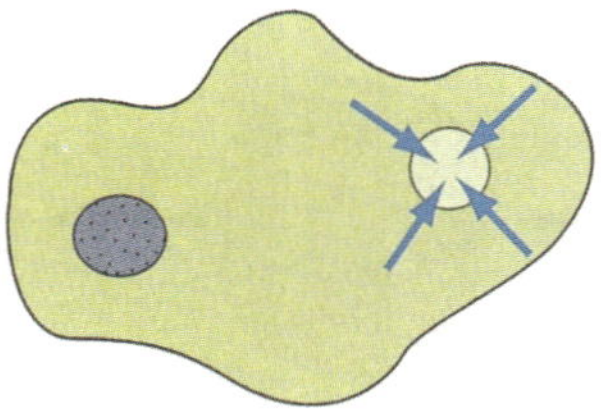

水分进入伸缩泡

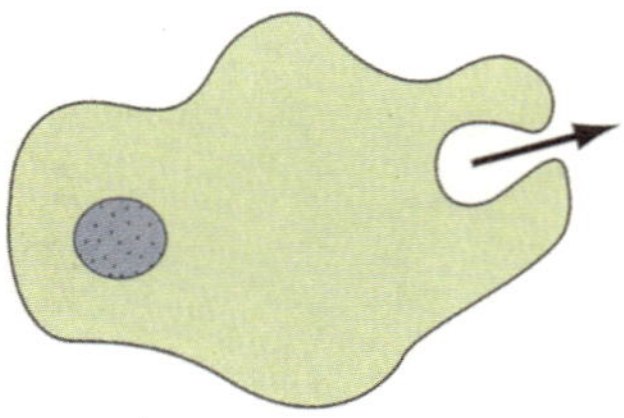

伸缩泡破裂将水分排出细胞

▶ 主动运输

细胞能够从低浓度的液体中摄取物质，并在细胞内维持该物质的高浓度。

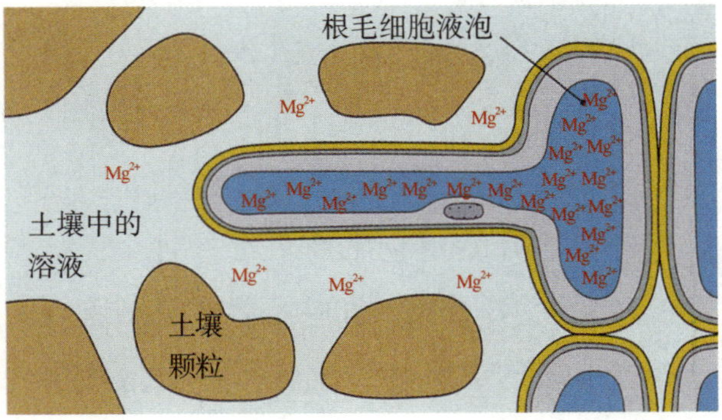

观察图中根毛细胞内镁离子的浓度：

再观察图中土壤中镁离子的浓度：

预测一下，镁离子会通过扩散作用移向哪一边？

有时候细胞能够将物质颗粒保持在细胞内，不让它们扩散出去，甚至能逆着浓度梯度吸收更多的物质颗粒。

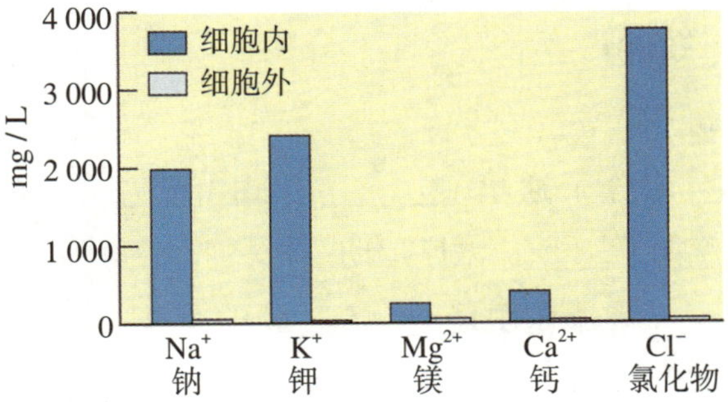

淡水植物细胞内外盐离子浓度

看一看柱形图：

图中显示了一些盐离子在水生植物细胞内和在细胞外水环境中的浓度。

植物细胞不可能通过扩散作用吸收这些盐离子，而是逆浓度梯度吸收的。

这种吸收方式叫做**主动运输**（active transport）。

主动运输的进行需要消耗呼吸作用产生的能量。

主动运输是细胞逆浓度梯度吸收物质颗粒的方式。主动运输需要能量。

小肠和肾小管细胞以主动运输方式吸收糖分子。

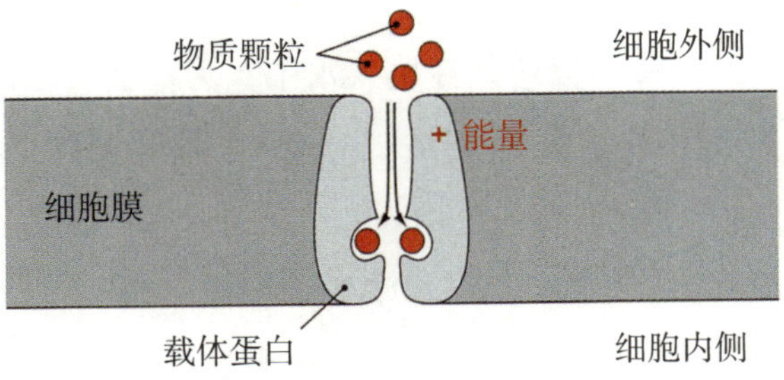

载体蛋白在细胞膜外侧结合物质颗粒

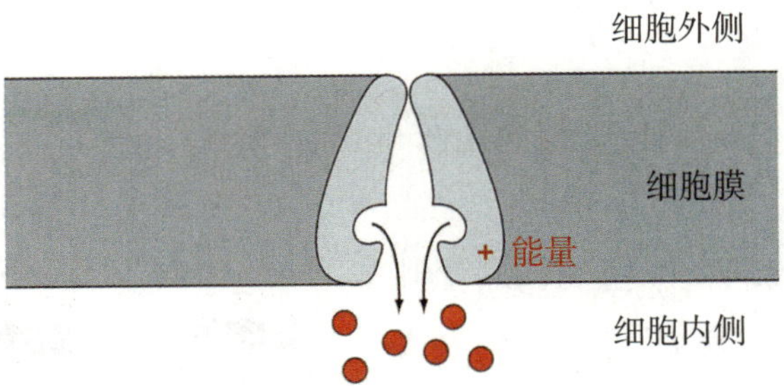

载体蛋白在细胞膜内侧释放物质颗粒

载体蛋白利用能量跨膜运输分子或离子。

能量来自细胞内的呼吸作用。

有毒的氰化物能阻断呼吸作用。

想一想，这也会阻断主动运输吗？

小结

- 分子通过扩散作用从高浓度向低浓度运动。
- 浓度差异越大，扩散速率越大。
- 营养物质和氧气扩散进入细胞，二氧化碳和代谢废物扩散出细胞。
- 渗透是水分子通过选择透过性膜从稀溶液向浓溶液移动。
- 水分通过渗透作用进入植物细胞。
  富含水分的植物细胞处于膨胀状态。植物细胞处于高浓度的溶液中会因渗透作用失水，液泡收缩，细胞膜最终与细胞壁分开，这时的细胞发生了质壁分离。
- 如果动物细胞处于浓度很低的溶液中，它们会吸水膨胀而破裂。
- 物质能够逆浓度梯度进入细胞，这个过程需要能量，所以称为主动运输。

▶ 练习

1. 句子填空：

分子通过 ________ 方式由 ________ 浓度向 ________ 浓度运动。

渗透作用是 ________ 分子通过 ________ 透过性膜由 ________ 溶液向 ________ 溶液运动。植物细胞通过渗透作用吸收水分后会 ________。膨胀的细胞可以给植物的 ________ 提供支持力。如果植物细胞失水，茎失去支持力会 ________。如果植物细胞失去大量水分，________ 和 ________ 会分离，此时的细胞处于 ________ 状态。

2. （1）液体和气体，哪一个扩散更快？为什么？

（2）加热会对水中盐晶体的扩散速率产生什么影响？

（3）什么物质扩散：

① 进入细胞；　② 出细胞？

3. 图 A 显示试管中含有琼脂凝胶和蓝色染料。一周后试管内的变化如图 B 所示。

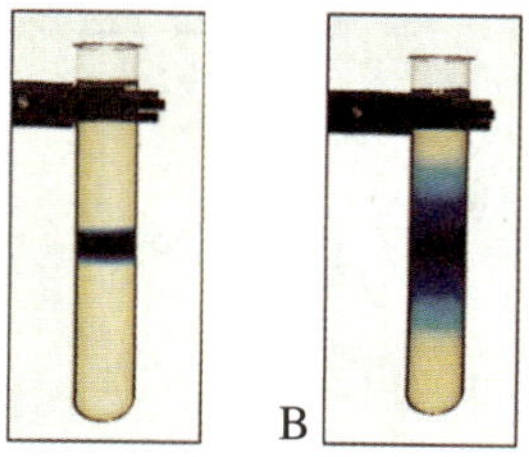
A　B

（1）尽可能全面地解释蓝色染料发生变化的原因。

（2）为什么这种变化需要一周时间？

4. （1）细胞膜具有完全透过性、无透过性还是选择透过性？

（2）细胞壁具有完全透过性、无透过性还是选择透过性？

（3）从一个马铃薯上切取两根薯条，长度均为 50 mm。将一根薯条放入水中，另一根放入浓的糖溶液中。一段时间后用尺子测量薯条的长度。

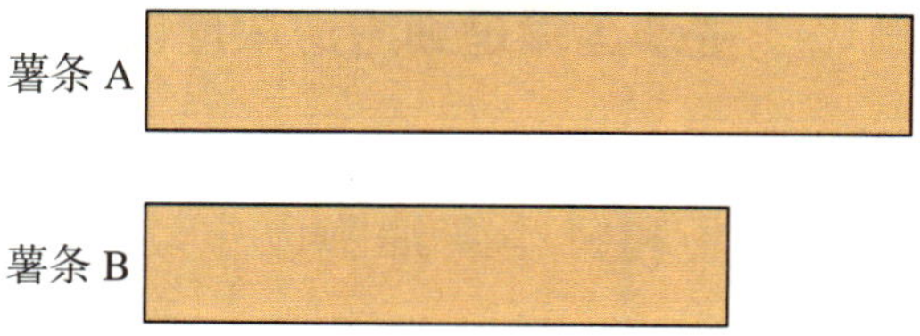

① 哪一根薯条被放入水中？为什么？

② 哪一根薯条被放入浓的糖溶液中？为什么？

5. （1）为什么红细胞在水中会破裂？

（2）为什么变形虫在水中不会破裂？

（3）有些植物细胞被放入某种溶液中，它们既不吸收水分，也不会失去水分。细胞液和细胞外溶液应该具备什么特点？

6. 实验过程如图所示。

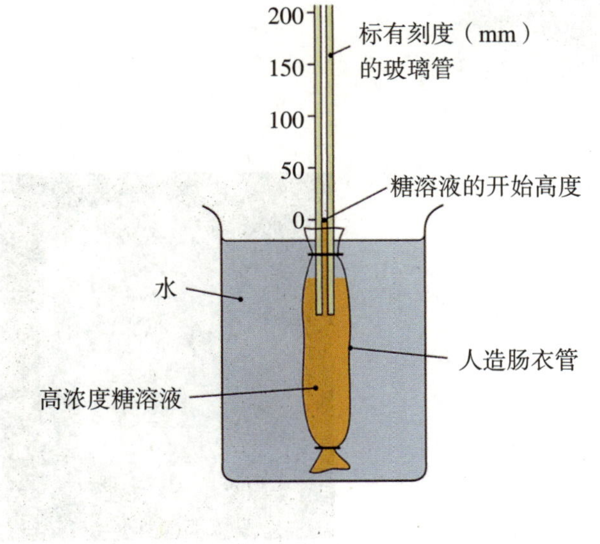

玻璃管中液体高度每分钟测量一次。实验结果见曲线图。

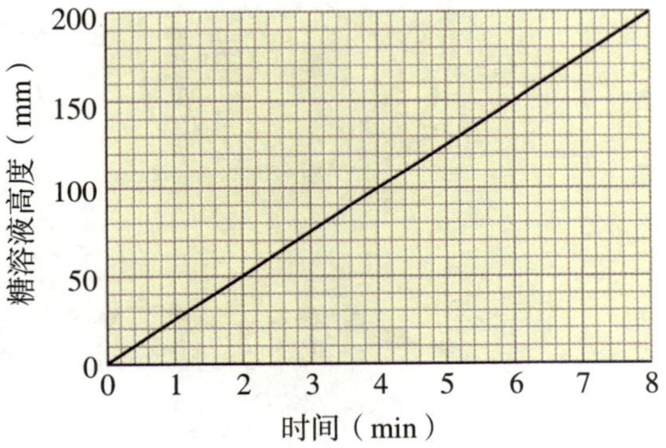

（1）为什么玻璃管中的液体会上升？

（2）4 min 时的玻璃管内液体高度如何？

（3）液体到达玻璃管顶部需要多少时间？

（4）如果糖溶液被稀释，小管内液体到达顶部的时间是否会增加？为什么？

7. 准备新鲜的薯条，如图 A 和图 B 那样放置。薯条浸没在无色液体中。

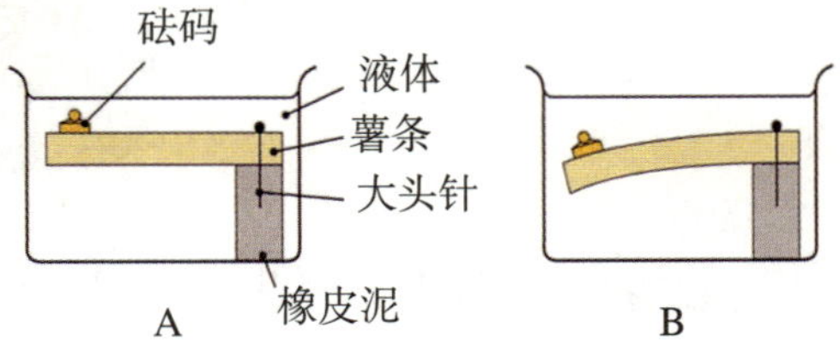

（1）图 A 中使用的是什么液体？

（2）为什么图 A 中的薯条能够支撑砝码？

（3）图 B 中使用的是什么液体？

（4）为什么图 B 中的薯条会发生弯曲？

8. 准备 10 个马铃薯片，称重后分别放入 10 种不同浓度的糖溶液中。30 min 后取出马铃薯片再次称重。计算处理前后薯片质量变化的百分率。结果如曲线图所显示。

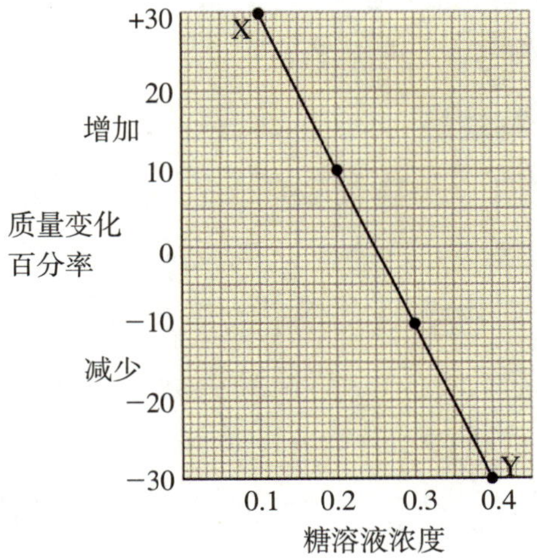

（1）是什么过程导致薯片质量变化？

（2）曲线上 X 点的薯片会有什么变化？

（3）X 和 Y 点的薯片，除了质量不同之外，你还能观察到什么不同？

（4）利用曲线图找出不会引起薯片质量变化的糖溶液的浓度。

拓展习题见第 34 页。

第3章 酶

我们身体的细胞内发生着成千上万种化学反应。

我们需要这些化学反应快速发生以维持我们的活力。

所幸的是，我们体内有一类被称为**酶**（enzyme）的化学物质能够使这些化学反应快速发生。

化学中把能够加快化学反应速率的物质叫做**催化剂**（catalysts）。

酶能加速我们细胞内的化学反应，所以它们被称为**生物催化剂**。

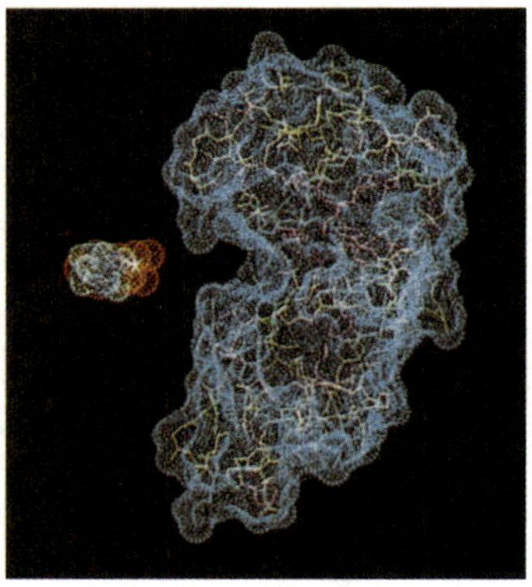

酶三维结构的计算机模拟图

分解性酶与合成性酶

酶可分为两大类：

分解性酶

我们的身体需要将大分子物质分解为小分子时，分解性酶类可以加速这类反应。例如，在消化的时候，我们将食物中的大分子物质分解为我们身体可以吸收利用的小分子，分解性酶类起到至关重要的作用。

合成性酶

在另一类反应中，小分子可以被连接在一起组成大分子，合成性酶类催化这类反应。这些酶为我们合成细胞内的重要大分子。

▶ 酶是如何工作的

酶是由氨基酸长链组成的蛋白质分子。

氨基酸长链折叠成特定的空间构型称为活性位点（active site）。

与活性位点空间构型吻合的其他分子，即底物（substrates），可以进入活性位点，并发生反应。

示意图显示了分解性酶的作用过程：

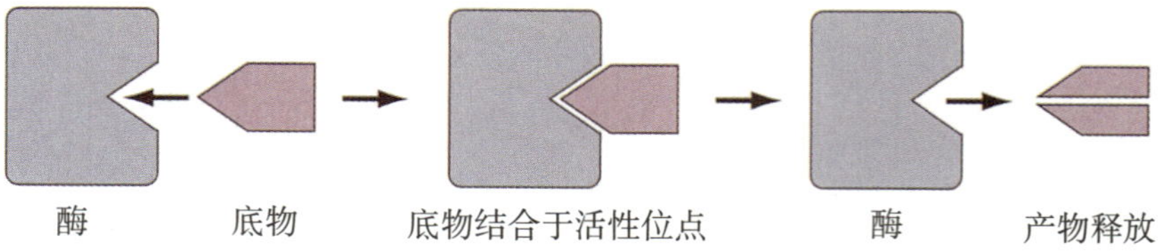

根据示意图解释合成性酶的工作过程：

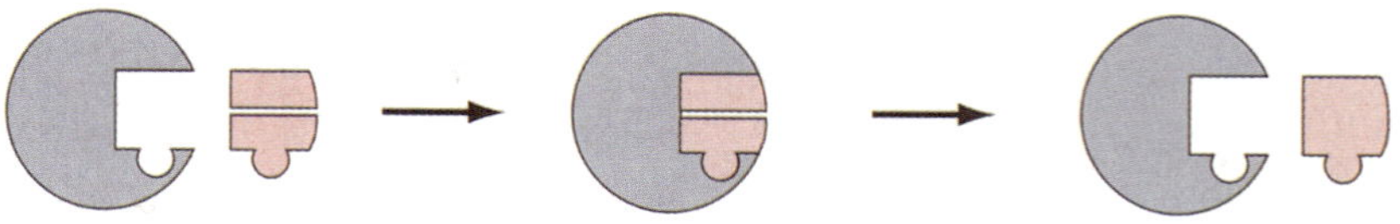

▶ 酶的特异性

所有的酶都具有 5 个重要特性：

1. 酶是蛋白质 (protein)。
2. 每一种酶催化一类特定的反应。
3. 酶能被反复利用。
4. 酶会受温度的影响。
5. 酶会受 pH 的影响。

哪个底物与活性位点匹配

看一看示意图：

为什么一种酶只能作用于一种特定的底物？

这是由活性位点的空间构型决定的吗？

为什么只需要**极少量**的酶就可以催化一个反应？

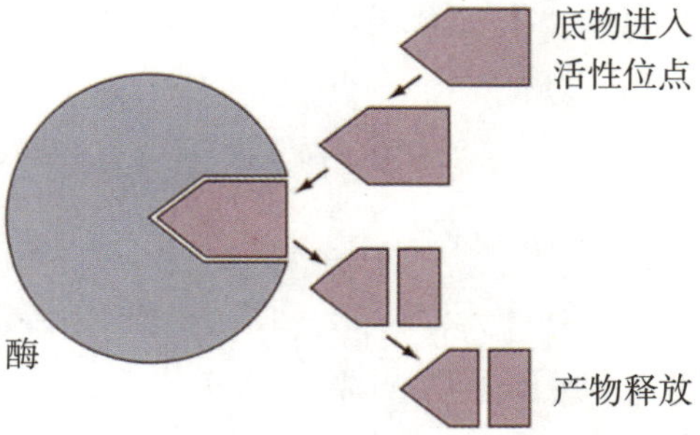

一个酶分子可以作用于大量底物

酶可以被反复利用。

一旦产物离开活性位点，其他的底物就可以进入。

所以酶会持续不断地工作，直到底物被消耗殆尽。

一点点的酶就可以干大量的工作！

消化作用中的酶

酶将肠道内的大分子食物分解为小分子物质，这就是**消化**。

为什么食物分子必须被分解为小分子呢？

看一看示意图：

肠道壁像一层网一样。

什么样的分子能够通过？

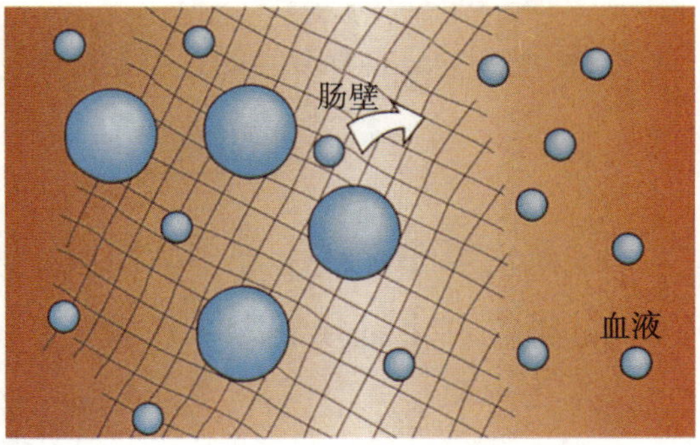

只有小分子能穿过肠壁进入血液

下图显示了两类食物大分子，请你抄写并完善示意图，显示出食物大分子经酶作用后的情况。

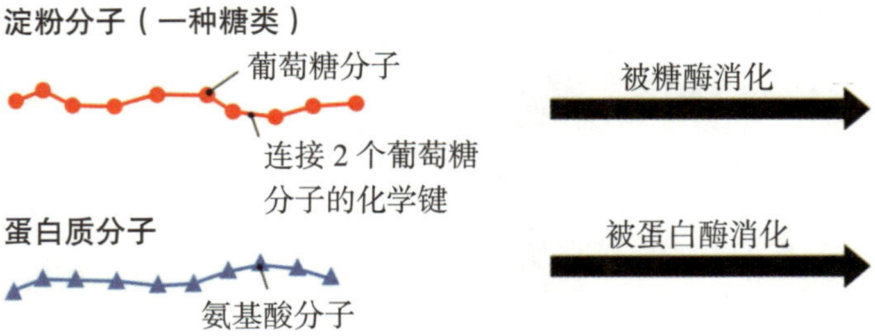

酶——催化效率最高

马铃薯细胞中含有**过氧化氢酶**（catalase），它能将过氧化氢加速分解为水和氧气。

需戴护目镜

你还记得如何检测氧气吗？

将一片马铃薯加入装有 5 mL 过氧化氢溶液的试管中。

小心：过氧化氢有腐蚀性和刺激性！需戴护目镜，做好安全防护。

用带火星的木条检测释放出来的气体。

实验 3.1　快速产生泡沫

需戴护目镜

切取两片一样大小的马铃薯。

把一片马铃薯放入装有 5 mL 过氧化氢溶液的加热的试管中。

小心：过氧化氢有腐蚀性和刺激性！

用尺子测量试管内泡沫的最高点。

现在用第二片马铃薯重复上面实验，不过这次要将马铃薯切碎。

- 哪一个试管内产生的泡沫更多？为什么？
- 催化该反应的酶在哪里？
- 此处的酶是分解性的，还是合成性的？

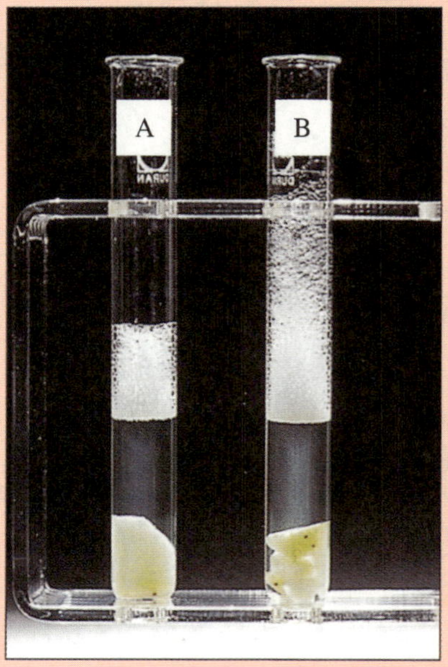

过氧化氢酶存在于许多活细胞中。

它将过氧化氢分解为水和氧气，所以你会看见有泡沫出现。

$$\text{过氧化氢} \xrightarrow{\text{过氧化氢酶}} \text{水} + \text{氧气}$$

切碎马铃薯会更快更多地从细胞内释放出过氧化氢酶。

过氧化氢酶是已知酶类中催化效率最高的酶。

细胞内很多代谢反应会产生过氧化氢。累积的过氧化氢会对细胞产生毒害作用。

想一想，为什么过氧化氢酶会如此高效率地工作？

酶的专一性

在我们的唾液中有**糖分解酶**（carbohydrase）。它作用于哪一类食物呢？

唾液中的糖分解酶叫做**淀粉酶**（amylase）。它将淀粉分解为葡萄糖：

$$淀粉 \xrightarrow{淀粉酶} 葡萄糖$$

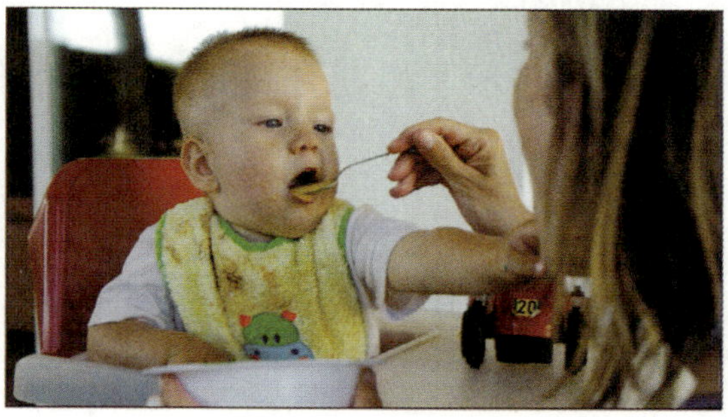

实验 3.2　淀粉酶对淀粉的分解作用

淀粉遇碘液会变成蓝黑色，淀粉被分解后，遇碘将不会变成蓝黑色。

向滴定板的每一个孔中加 1 滴碘液。

向试管中加入 5 mL 1% 的淀粉溶液，再加入 1 mL 1% 的淀粉酶溶液。

立即开启定时器。

按图上的时间点顺序从试管中取 1 滴溶液加入滴定板的孔中。

每次取样前要清洗滴管。

按表格所示记录实验结果：

- 你如何判断所有淀粉已被分解？
- 所有淀粉被分解需要多长时间？
- 分解后的淀粉会形成什么？
- 你如何证明这一点？

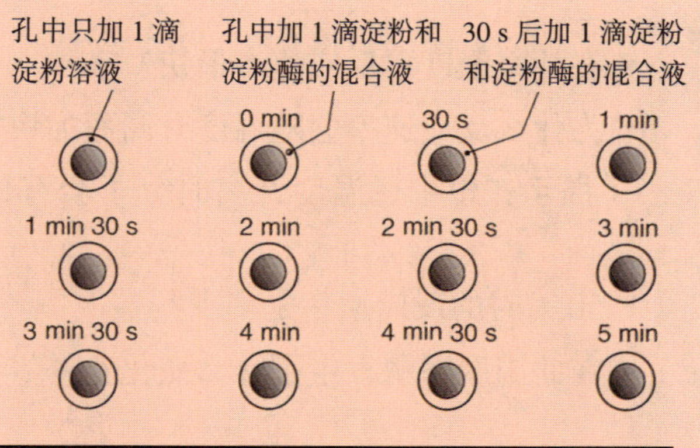

只有淀粉 黑　色 （有淀粉）	混合后马上滴加 黑　色 （有淀粉）	混合后 30 s 滴加 ______ ______	混合后 1 min 滴加 ______ ______
混合后 1.5 min 滴加 ______ ______	混合后 2 min 滴加 ______ ______	混合后 2.5 min 滴加 ______ ______	混合后 3 min 滴加 ______ ______
混合后 3.5 min 滴加 ______ ______	混合后 4 min 滴加 ______ ______	混合后 4.5 min 滴加 ______ ______	混合后 5 min 滴加 ______ ______

想一想，**蛋白酶**（protease）能分解淀粉吗？

记住：酶具有**专一性**，一种酶只能催化一种反应。

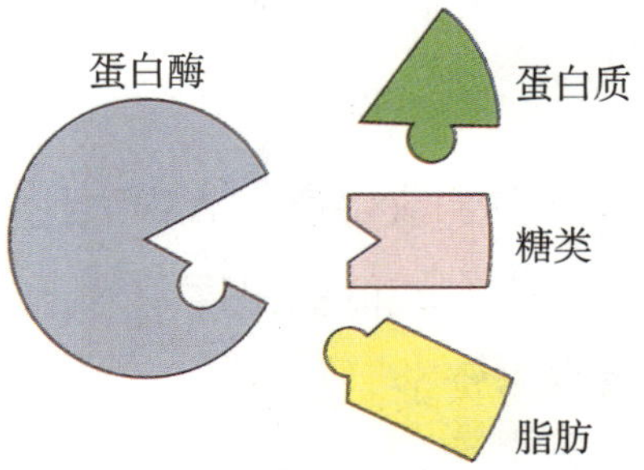

糖类分解酶只能分解糖类。

蛋白酶只能分解蛋白质。

脂肪酶只能分解脂肪。

加热对酶的影响

温度对酶活性影响很大。

右图显示了温度升高对某个酶催化反应的影响。

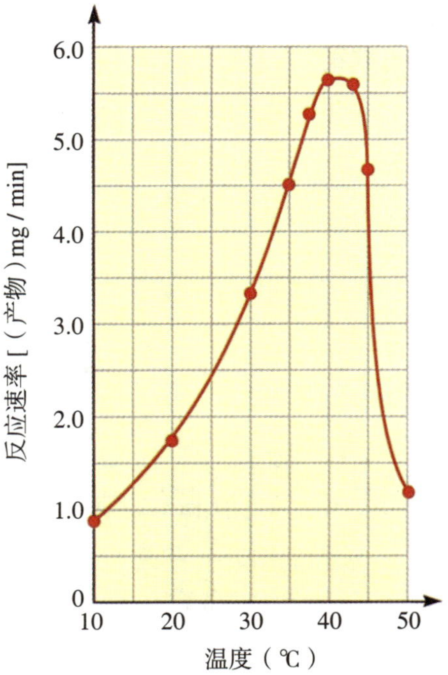

看图思考：

- 温度为 10 ℃时，反应速率是多少？
- 温度为 20 ℃时，反应速率是多少？
- 20 ℃时的反应速率比 10 ℃时的快多少？

- 在什么温度下反应速率最快？
- 为什么反应速率会随温度升高而加快？

（**提示：**想一想温度升高时分子会有什么变化？）

- 50 ℃时的反应速率是多少？
- 在此温度下酶发生了什么变化？

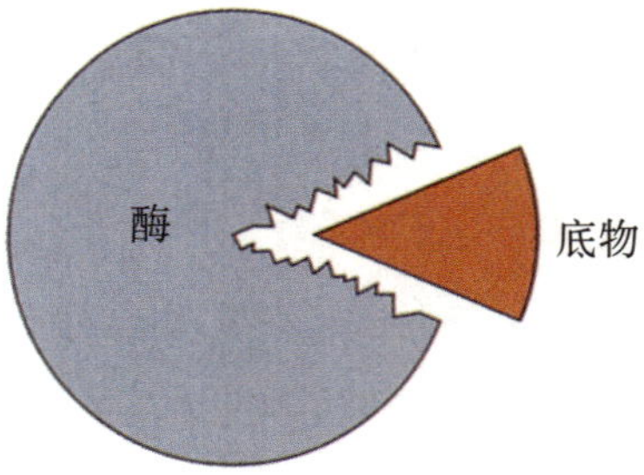

底物与变性的酶的活性位点无法吻合

我们已经知道所有的酶都是蛋白质，在高温下蛋白质的空间结构会遭到破坏，活性位点结构发生了改变，底物无法与之吻合，此时的酶发生了**变性**，失去活性，无法工作了。

探究 3.3　温度对酶活性的影响

组织一个探究活动，探究温度对酶活性的影响。

你可以使用淀粉酶。

- 你会选择哪些温度？
- 你如何判断反应速率？
- 你如何判断酶催化反应结束的时间？
- 你将如何展示实验结果？
- 行动之前，和老师讨论你的实验计划。

酶在工业生产中有很大用途。它们能使化学反应在较低的温度条件下进行，因此能节省很多资金。

想一想，这是为什么？

（想了解更多酶在工业生产中的应用情况，阅读第 30 页“生物学的应用”部分。）

pH 对酶的影响

酸或**碱**的存在对酶的活性有影响。

大多数酶在中性条件下活性最佳，而有些酶适合在酸性或碱性条件下发挥作用。

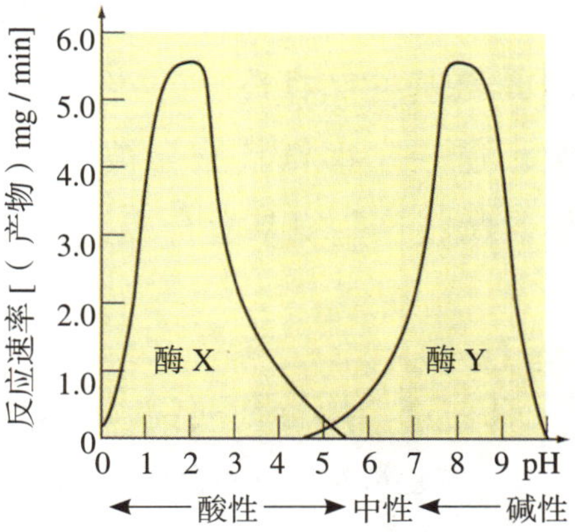

分析右图中酶 X 和酶 Y 的活性变化：

- 酶 X 的最适 pH 是多少？
- 酶 Y 的最适 pH 是多少？
- pH 高于 5.5 时酶 X 的活性会有何变化？
- pH 低于 5 时酶 Y 的活性会有何变化？

在极酸或极碱性条件下，酶的活性位点的构型可能会改变。为什么这样会降低反应的速率？

实验 3.4　pH 对蛋白酶活性的影响

已曝光的摄影胶片上有黑色的银颗粒，它们粘贴在一层明胶上。

明胶是一种蛋白质。

你可以探究在不同 pH 条件下蛋白酶对明胶的作用效果。

按照图片内容准备好实验：

30 min 后，用镊子取出每个试管中的胶片条。

在冷水龙头下，用你的拇指和食指擦洗胶片。

如果明胶被消化，胶片会变得透明无色。

用表格记录实验结果。

- 蛋白酶分解明胶发生在哪个试管中？
- 煮沸对酶活性有何影响？
- 在何种 pH 条件下蛋白酶活性最佳？
- 试管为什么要放置在 37 ℃水浴中？

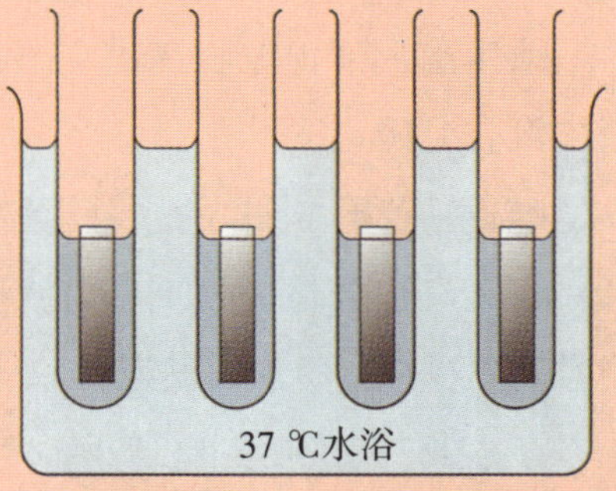

试管 A 酶溶液和水　**试管 B** 酶溶液和酸　**试管 C** 酶溶液和碱　**试管 D** 煮沸过的酶溶液和水

这种蛋白酶在小肠中将蛋白质分解为氨基酸。它的最适 pH 是 8.5 左右，最适温度是 37 ℃，和其他酶一样，在高温条件下它会变性失活。

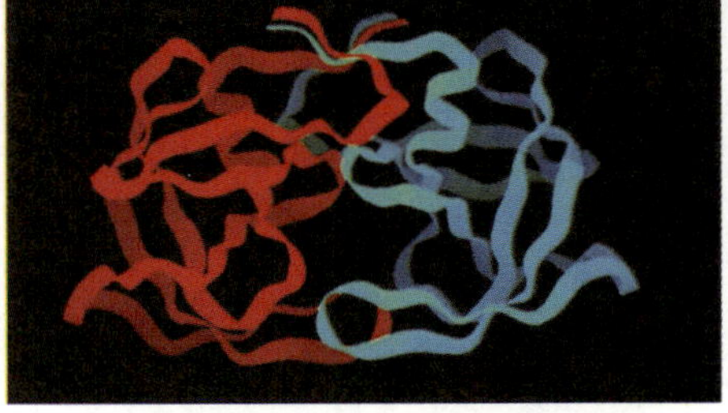

某种蛋白酶构型的计算机模拟图

▶ 合成性酶

蛋白酶将蛋白质分解为氨基酸。这些氨基酸能通过肠壁进入血液，加入到身体内的氨基酸储存库中。当你身体长高的时候，这些库存氨基酸会被用来构建你的身体。酶将这些氨基酸合成为新的蛋白质。

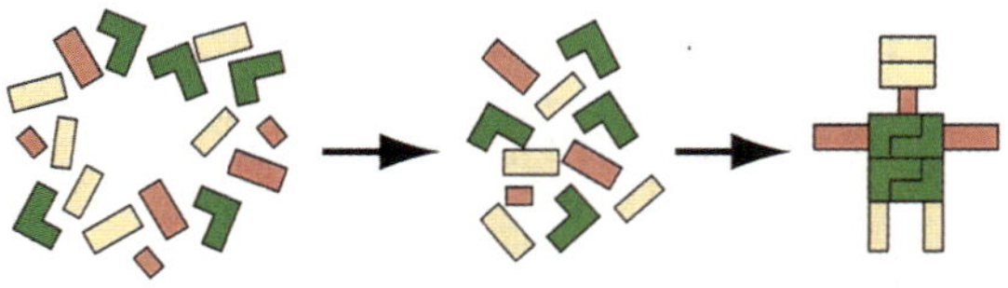

实验 3.5　用葡萄糖合成淀粉

绿色植物通过光合作用制造葡萄糖，许多植物以淀粉的形式储存葡萄糖。例如，在马铃薯中有一种酶能将葡萄糖转变为淀粉。

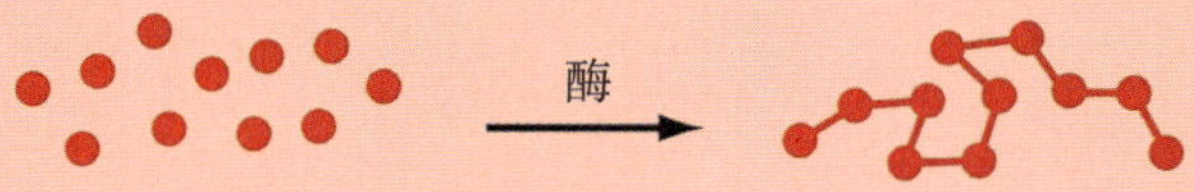

首先你要制备马铃薯酶的提取物。

将一小片马铃薯在 5 mL 水中磨碎，碾磨物离心 2 min 后收集上清。

取 1 滴上清提取物用碘液测试，确定提取物溶液中没有淀粉。

准备好若干 1 mL 的注射器和碘液。

根据右边表格内容准备好 A 行滴定板，按照表格时间顺次在孔中加入碘液。

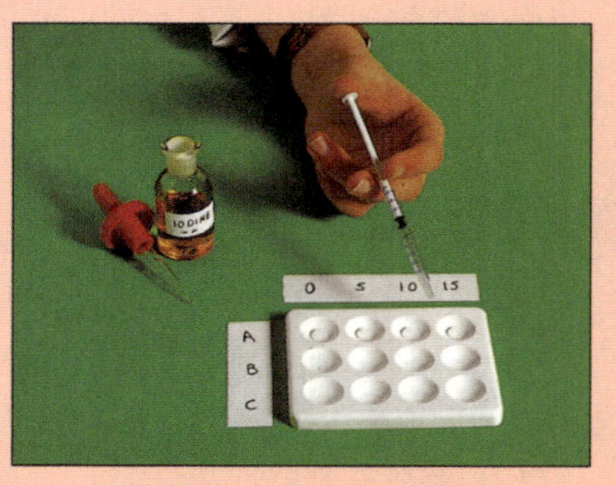

在表格中记录实验结果，用文字或者颜色表示均可。

碘液变蓝表明有淀粉产生。

- A 行中淀粉产生用了多长时间？

更换干净注射器，分别准备好 B 行和 C 行，重复 A 行的操作。

- 没有酶的 B 行中会有淀粉生成吗？
- 没有葡萄糖的 C 行会有淀粉产生吗？
- 马铃薯中没有这种合成性酶是否还能生成淀粉？如果不能，为什么？

行	孔中含有：	时间（min）			
		0	5	10	15
A	2 滴一磷酸葡萄糖，2 滴马铃薯提取液				
B	2 滴一磷酸葡萄糖，2 滴水				
C	2 滴水，2 滴马铃薯提取液				

▶ 固定化酶

分解性酶将复杂的化学物质分解为简单的小分子物质，反应结束后，酶和产物混合在一起。在工业生产中，将酶和产物分离开是非常耗费资金和人力的。

将酶**结合**在树脂颗粒上可以解决酶和产物分离的问题，结合在树脂颗粒上的酶被**固定化**，不会随着产物一起流动。

将树脂颗粒装入玻璃管，从顶部灌注复杂的化学物质，随着物质在树脂颗粒中缓慢滴流，反应发生，简单的小分子产物从玻璃管的底部流出。

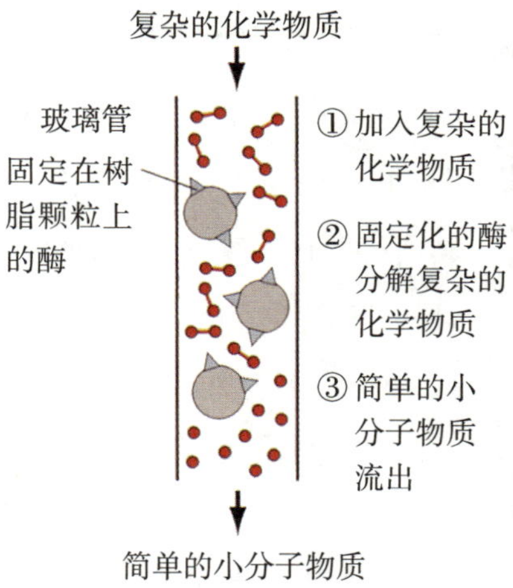

结块的冰淇淋

蔗糖比葡萄糖之类的单糖更易形成晶体，这会使冰淇淋之类的甜食变硬结块。生产厂家使用酵母酶将蔗糖分解为单糖分子。

实验 3.6　分解蔗糖

1. 首先制备树脂颗粒。在烧杯中混合酵母糊和褐藻酸钠糊。将数滴混合物加入氯化钙溶液中。
2. 将颗粒物（包被了酵母酶）放入筛子中冲洗。
3. 将颗粒物装入玻璃管，顶部留有空间。关闭玻璃管的底部活栓。
4. 用葡萄糖检测试纸检测蔗糖溶液，确定没有葡萄糖存在。将蔗糖溶液注入玻璃管，让其保持 5 min。
5. 打开活栓，让溶液流入一个干净的烧杯中。用葡萄糖检测试纸检测该溶液。

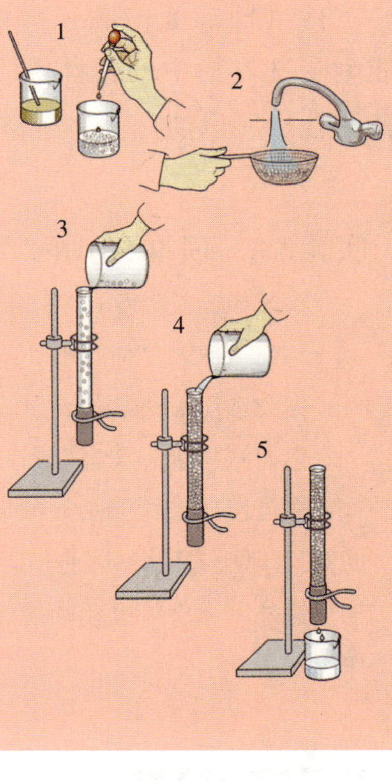

- 第二次检测试纸条变紫了吗？为什么会这样？
- 蔗糖如何会变成葡萄糖？
- 实验中的酶在哪里？
- 为什么这种酶可以再次利用？

生物学的应用：工业生产中的酶

酶在工业生产中非常重要。它们用途广泛，效率远远高于其他催化剂。它们在相对较低的温度条件下工作，这可以节约燃料费用。由于酶能重复使用，所以它们的使用量很小。

生物洗衣粉

生物洗衣粉中含有蛋白酶和脂酶。它们能分解污垢和汗液中的蛋白质和脂肪。

这些洗衣粉在较低的温度下起作用。如果将它们煮沸会怎样呢?

酶在高温和极端 pH 条件下不稳定。但是有些细菌能在高温环境中旺盛生长，譬如那些生活在温泉或海洋底部高温喷口中的细菌。

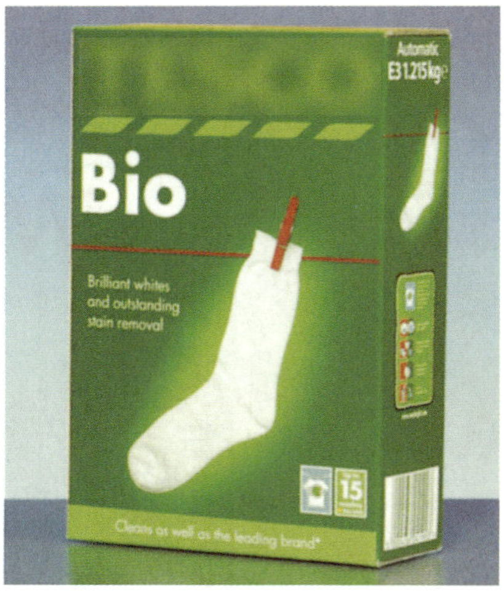

它们含有热稳定性酶，这些酶的活性不受高温的影响，科学家们已经分离出编码这些酶的基因，并将基因转入**枯草杆菌**中。这种菌在发酵罐中大量繁殖，产生大量可以销售的**枯草杆菌蛋白酶**。

枯草杆菌蛋白酶在碱性条件下作用最佳。它能耐受洗衣粉中的碱性磷酸盐。它在 60 ℃还能保持活性，所以能用于各种洗涤。

实验 3.7　不同因素对酶活性的影响

想要加快或减慢酶的催化反应速度，你会怎么做?

探究一种因素对某种加酶洗衣粉活性的影响。

你会选择哪种因素?

你如何判断含酶洗衣粉洗涤效果的好坏?

你可以比较污渍去除的情况。制定一个合理、安全的实验计划。开始测试前和老师讨论你的计划。

另外，你也可以比较加酶洗衣粉和非加酶洗衣粉的作用效率。

▶ 生物学的应用：酶的其他用途

增甜剂

增甜剂主要用于糖果和饮料生产。蔗糖是最常使用的增甜剂。它可从甘蔗茎或甜菜根中提取获得。

近年来，一种比蔗糖便宜的增甜剂——**高果糖糖浆**逐渐成为了蔗糖的替代品。果糖比蔗糖甜，其生产原料是相对更丰富、更便宜的食物——淀粉。

淀粉首先在**淀粉酶**的作用下转变为葡萄糖，然后**异构酶**（isomerase）把葡萄糖转变为果糖（异构酶以固定化酶的形式作用，见第 29 页）。

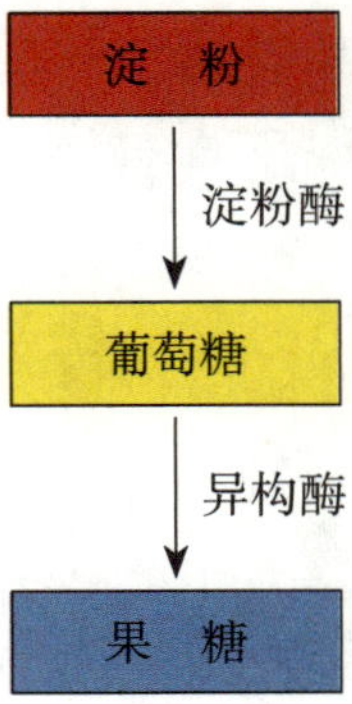

由于果糖比蔗糖甜，只需很少用量就能达到同样口感，所以可用于低热量的减肥食品中。

你喜欢巧克力夹心糖中柔软细腻香甜的夹心吗？

你知道它们是怎么做出来的吗？

先把巧克力浇在含有蔗糖和糖酶的固体混合物表面，放置一段时间后，糖酶将蔗糖分解为葡萄糖和果糖。这些糖比蔗糖分子小，溶解性更好，能较好地溶解在混合物最初含有的少量水中。

提取果汁

实验 3.8　制取果汁

将一个苹果切成两半，两半都切碎后分别放入两个烧杯中。

在烧杯 A 中加入 10 mL 的果胶酶，在烧杯 B 中加入 10 mL 的水。

将两个烧杯放入 40 ℃的水浴锅中 20 min。

将两个烧杯中的苹果汁过滤出来，如图所示。

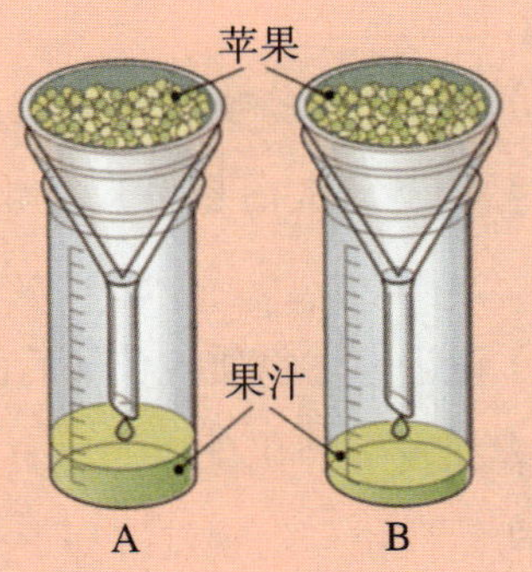

- 哪个烧杯中的苹果滤出的果汁多？
- 果胶酶是如何将果汁从细胞中释放出来的？
- 为什么在烧杯 B 中加入 10 mL 的水？

酶的其他用途：

蛋白酶可以使肉更细嫩，可以去除皮肤上的毛发，还可以用于“预消化”婴儿食物中的蛋白质。

你知道酿酒、烘焙面包以及制作奶酪和酸奶都用到了什么酶吗？

你可以在第 21 章找到答案。

小结

- 酶能加快细胞内的化学反应。
- 分解性酶将大分子物质分解为小分子物质。
- 合成性酶将小分子物质连接起来合成大分子物质。
- 酶具有特异性。每种酶作用于特定的底物。底物必须与酶的活性位点相吻合。
- 酶在反应之后没有变化，所以酶可多次重复使用。因此，酶的使用量很小。
- 随着温度升高至 40 ℃，酶的催化效率会提高，但最终在 60 ℃左右会变性。
- 每一种酶都需要在特定的 pH 条件下，才能发挥最佳作用。
- 由于酶比其他催化剂更有效、更廉价，所以广泛应用于工业生产中。

▶ 练习

1. 句子填空：
（1）酶可以加快 ________ 内的化学 ________。
（2）酶具有 ______，因为一种酶只作用于一种底物。
（3）底物与 _______ 的表面的 _______ 位点吻合。
（4）反应速率随着 ________ 的升高而 ________，但酶最终会在某一温度条件下发生 ________。
（5）酶可以反复使用，所以酶的使用量 ________。

2. （1）酶属于哪一类化学物质？
（2）糖类、蛋白质和脂肪分别由什么酶催化分解？
（3）说出上述物质被分解后的产物名称。

3. 酶表面发生催化反应的地方称为活性位点，运用酶活性位点的观点解释下列问题：
（1）为什么每种酶作用于特定的底物？
（2）为什么酶在高温条件下会变性？
（3）为什么酶可以反复使用？

4. 脂肪酶能将脂肪分解。我们可以用一种指示剂来追踪分解反应过程。指示剂最初是红色的，当所有脂肪都被分解后，指示剂就会变成黄色。

试管号	温度（℃）	初始颜色	最终颜色
1	0	红	红
2	10	红	橘黄
3	40	红	黄
4	60	红	橘黄
5	100	红	红

分析结果，回答下面的问题：
（1）在什么温度条件下脂肪酶能最有效地工作？
（2）为什么 1 号试管中的颜色不改变？
（3）为什么 5 号试管中的颜色不改变？
（4）预测一下 1 号和 5 号试管在反应温度为 40 ℃时会发生什么现象？解释你的预测。

5. 有很多因素会影响酶催化反应的速率。说出下列因素对酶催化反应速度的影响并给出理由。
（1）酶浓度增加。
（2）温度降低。
（3）pH 降低。

6. 下面的实验用于探究蛋白酶对鸡蛋蛋白的作用，当鸡蛋蛋白中的蛋白质被蛋白酶分解后，它会由浑浊变得透明。

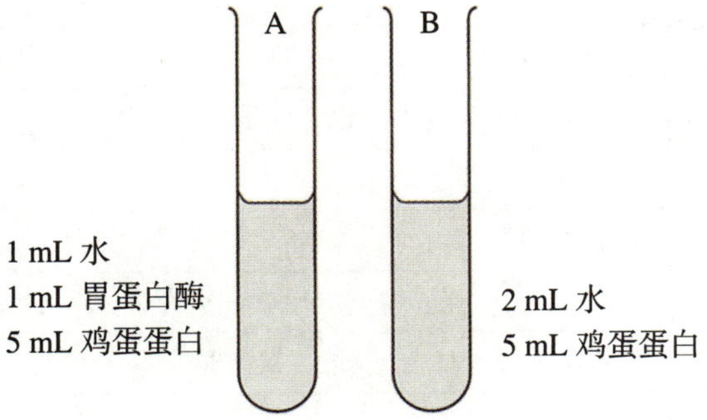

（1）为什么试管 A 中物质在 15 min 后会变得透明？

（2）为什么试管 B 中物质在 15 min 后仍然是浑浊的？

（3）如何提高试管 A 中的反应速率？

（4）你认为鸡蛋蛋白的蛋白质会被分解成什么？

7. 下面的曲线图反映了温度对某个酶催化反应的影响。

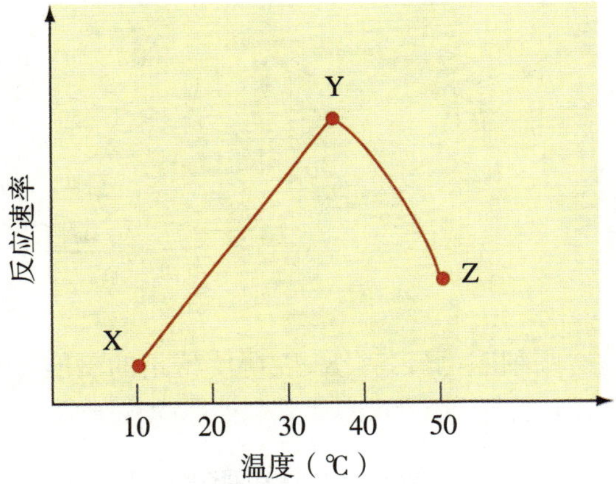

（1）解释各点之间发生了什么现象：

① X 和 Y 点之间；

② Y 和 Z 点之间。

（2）温度升高是如何影响酶催化反应的速率的？

（3）在高温条件下酶的活性位点会发生什么变化？

下面曲线图反映了 pH 对两个不同酶催化反应的影响。

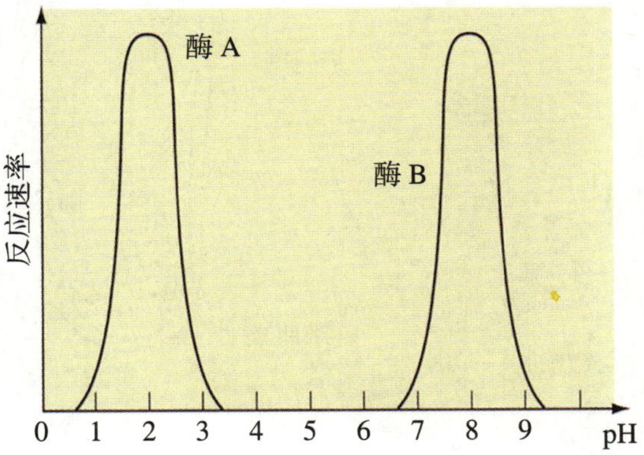

（4）哪一种酶在酸性条件下能发挥最佳作用？

（5）哪一种酶在碱性条件下能发挥最佳作用？

（6）从图中找出每种酶保持活性的 pH 范围。

8. 1989 年在一种真菌中新发现了一种可以消化脂肪的酶类。这种酶的最适 pH 是 7.5。该酶可以在低温环境下工作，经过几天的作用可将脂肪分解为二氧化碳、氮和水。

（1）为什么这个酶可以用在洗衣粉里？给出两个理由。

（2）为什么这个酶对环境无害？

（3）在高 pH 或低 pH 条件下使用的洗衣粉生产起来比较困难，这是为什么？

拓展习题见第 34 页。

▶ 细胞

1.

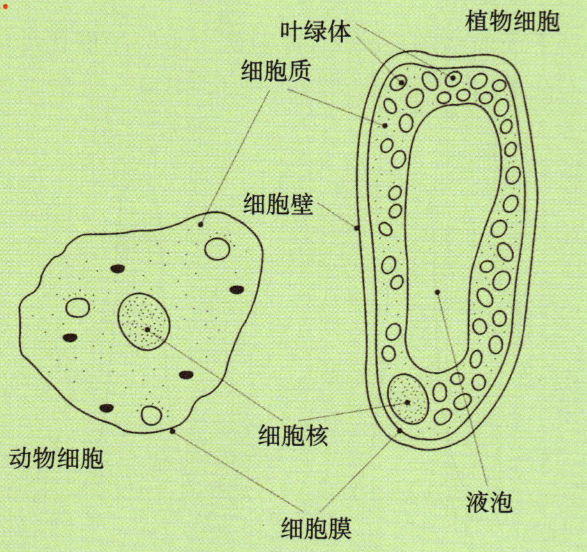

（1）根据上图找出动植物细胞的3个不同之处，完成表格。

	植物细胞	动物细胞
1		
2		
3		

（2）说出下列细胞结构的功能：

① 细胞核； ② 细胞壁；

③ 细胞质； ④ 细胞膜。

（3）① 叶绿体中含有什么？

② 为什么这种物质对于所有生物都非常重要？

2. 将表格中人体器官前的字母填入器官功能表中相应的位置。表格中的第一行已经完成。

字　母	器　官
A	脑
B	心脏
C	肺
D	膈肌
E	胃
F	大肠
G	肾
H	膀胱
I	子宫

器官功能表

功　能	字　母
存储尿液	H
将食物分解为更小的化学物质	
容纳正在发育的胎儿	
控制其他器官	
过滤血液，清除废物	
帮助氧气进入血液，排除二氧化碳	
帮助空气进出身体	
泵出血液输送到全身	
吸收食物中的水分进入血液	

3. 下图显示了5种不同细胞，有些是植物细胞，有些是动物细胞，注意它们并没有按照相同的比例绘制。

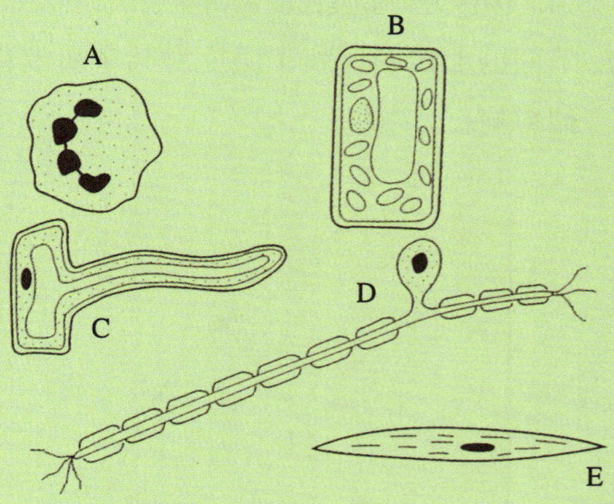

这些细胞已经特化，以行使特定的功能。细胞功能如下：

（1）从土壤中吸收水分和盐离子。

（2）杀菌。

（3）通过光合作用制造食物。

（4）传递电脉冲。

（5）收缩引起运动。

① a. 将细胞的代表字母填入表格中的相应位置；

b. 将细胞的功能序号填入表格中的相应位置。

细胞名称	图上标注的字母	功能序号
肌肉细胞	E	5
栅栏细胞		
根毛细胞		
感觉神经元		
白细胞		

② 从图中选择两种细胞，分别说明它们的结构是如何与功能相适应的。

▶ 扩散

4. 下图显示了两个不同大小的马铃薯方块 X 和 Y，将它们放入蒸馏水中 1 h。

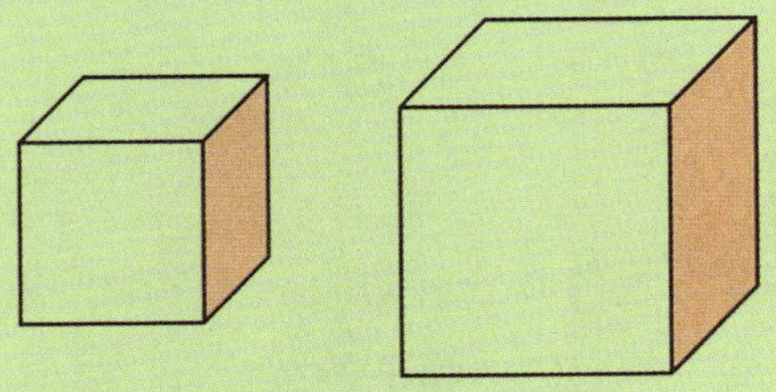

（1）解释为何 1 h 后两个方块的质量会增加。

（2）与 Y 方块的质量变化相比，在对 X 方块表述正确的地方打钩。

吸水量	质量增加百分率	打钩处
多	低	
少	低	
少	高	
多	高	

5. 相同长度的两段人造肠衣管，处理方法如下：

管 A 中装有 1% 的淀粉和淀粉酶，

管 B 中装有 1% 的淀粉和煮沸过的淀粉酶。

两者在 30 ℃放置 1 h 后，再放入装有稀释碘溶液的烧杯中 5 min。碘溶液可以透过人造肠衣。

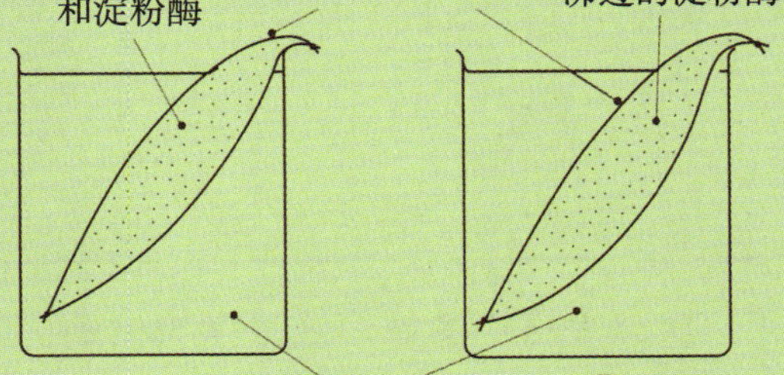

（1）人造肠衣管 A 和 B 内会是什么颜色？

（2）解释人造肠衣管 A 内发生的现象。

（3）设计一个试验来证明你对人造肠衣管 A 的解释，陈述预期的结果。

（4）煮沸淀粉酶对实验结果有什么影响？

6. 一名十几岁的男孩被救生员从海里救了起来。男孩咳出了一些海水后，救生员坚持要带男孩去医院留院观察。男孩说他感觉还好，救生员向他解释：如果肺部有海水，会有发生继发性溺死的危险。肺泡内会很快充满了水，气体交换便难以进行。

为什么男孩被送往医院后肺泡内可能会充水？你能用有关的科学术语进行详细的解释吗？

7. 一位学生探究了不同浓度的糖溶液对马铃薯条的作用。

先用穿孔器制作薯条。轻轻吸干薯条表面后称重。然后将薯条分别放入蒸馏水或不同浓度的糖溶液中。2 h 后取出薯条，吸干薯条表面后再次称重。薯条的质量变化用百分率表示，具体结果见表格。

糖溶液浓度（任意单位）	质量变化百分率
0（蒸馏水）	+8
0.25	+4
0.50	−1
1.00	−7
1.50	−10

（1）① 以表格中的糖溶液浓度为横轴，质量变化百分率为纵轴，制作线形图。

② 利用线形图计算出薯条质量变化为零时的糖溶液浓度。

（2）说出这个实验中引起薯条发生质量变化的生理过程的名称。

（3）除了质量，这位学生还可以测量哪些变量来探究糖溶液浓度对薯条的影响？

（4）有些人在做莴苣之类的凉拌蔬菜时，会将蔬菜浸泡在盐水中，这样可以去除鼻涕虫和蚜虫等小动物。如果在盐水里浸泡时间过长，莴苣叶子会变软。

① 你知道莴苣叶子为什么会变软吗？

② 怎样让变软的莴苣叶子恢复爽脆的口感呢？

8. 有位同学制作了图中所示的装置。

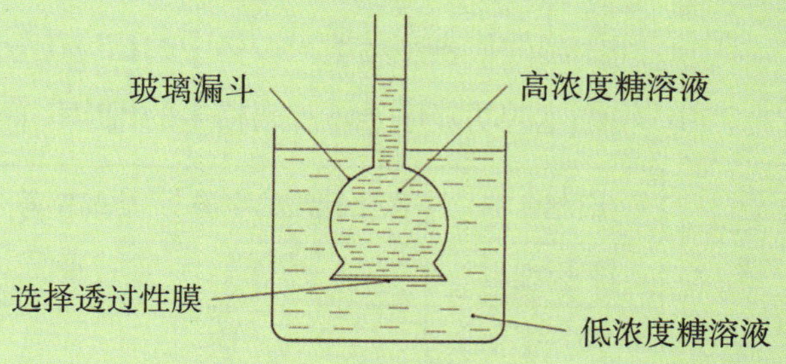

（1）漏斗中糖溶液的液面高度会发生什么变化？

（2）解释发生变化的原因。

你可以利用下面的示意图来回答问题。

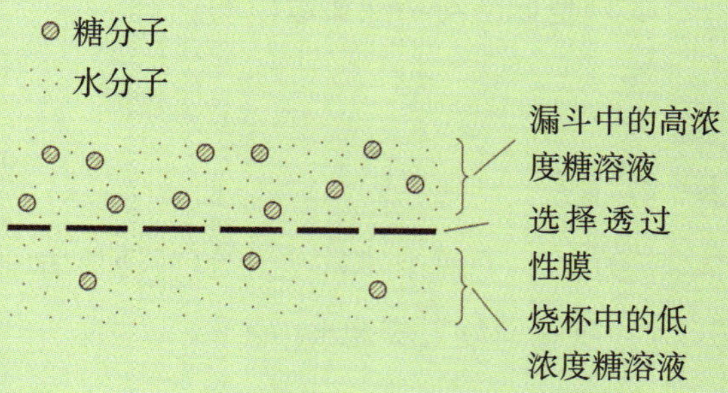

▶ 酶

9.（1）催化蛋白质分解的酶叫什么酶？蛋白质被酶分解后的产物是什么？

下面表格显示了 pH 对某种催化蛋白质分解的酶的活性的影响。

pH	1.0	2.0	3.0	4.0	5.0
产物生产率（mol/min）	10.5	23.0	10.5	2.5	0.0

（2）利用表中的数据作图。

（3）该酶是由人体消化系统产生的。

① 它的最适 pH 是多少？

② 它应该由消化系统中的什么部位产生？

（4）为什么需要在消化系统中分解蛋白质？

10. 蔗糖可被消化分解为葡萄糖和果糖。蔗糖酶可以加速蔗糖的分解反应。

$$蔗糖 \xrightarrow{蔗糖酶} 葡萄糖 + 果糖$$

（1）如用二糖这个词来描述蔗糖，那么，相应地用什么词来描述葡萄糖？

（2）一位同学调查了蔗糖酶浓度的增加对酶催化反应的影响。每个反应中蔗糖的浓度一样，而蔗糖酶的浓度不同。他设计了 6 个不同酶浓度的催化反应，记录了每个反应中蔗糖完全分解所需的时间。所有反应都在 40 ℃条件下进行。实验数据见表格。

蔗糖酶浓度（%）	消化时间（s）
0.10	950
0.25	600
0.50	470
1.00	290
1.50	225
2.00	160

① 用表中数据作图，将各点之间用直线连接。

② 描述蔗糖酶浓度增加是如何影响消化时间的。

（3）① 为什么将所有反应温度都设为 40 ℃？

② 列举出 **1 种**可以保持 40 ℃恒温的方法。

（4）该同学分别在 20 ℃和 80 ℃条件下重复了实验。你觉得在这两个条件下消化时间会有怎样的变化？分别说明理由。

11. 有些猫喝了牛奶会生病。科学家们发现牛奶中的乳糖是引起麻烦的原因。在宠物食品加工中，将乳糖酶加入奶制品中可将乳糖分解为葡萄糖，但乳糖酶比较昂贵。

将乳糖酶与一种胶状物混合制成小颗粒，把颗粒装入玻璃管中。将牛奶从玻璃管顶部注入，在底部收集流出的液体。示意图显示的是工业加工方法的实验室模型。

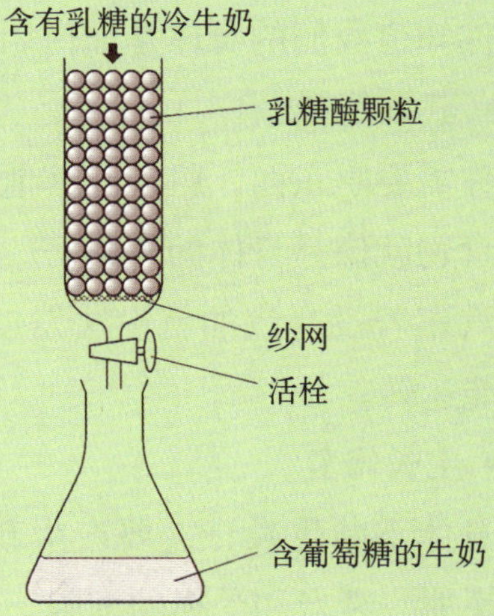

（1）乳糖酶属于哪一类物质？

（2）说出将乳糖酶制成颗粒状物的 **2 种**好处。

（3）举出 **1 种**可以加快乳糖变为葡萄糖的反应速率的方法。

（4）乳糖酶颗粒使用几天后，生产商发现加工过的牛奶中还有乳糖存在，于是他们更换了乳糖酶颗粒。为什么乳糖酶使用几天后会失效呢？

食物与消化

我们的身体由各种化学物质构成。

这些化学物质来自吃下的食物。

你知道我们的身体是如何利用食物的吗?

- **获取能量**

你需要吃东西，肌肉和其他器官才有力气工作。

食物就像是身体的燃料。

汽车若没有汽油就没法发动，身体若没有食物也不能运转。

- **生长修复**

身体不断生长，需要产生新的细胞，同时还需要替换那些衰老和受损的细胞。

身体用食物中的化学物质制造细胞。

- **健康生活**

体内的细胞中每时每刻都发生着大量的化学反应。

这些反应都需要食物中的化学物质参与。

所以，**营养**这个词意味着获取食物，以提供生长和修复所需的能量与物质。

我们的食物中都有些什么呢?

我们的食物中包含了下面这些营养物质：

蛋白质、糖类、脂肪、水、维生素、矿物质、纤维

哪一份套餐的营养更均衡

有些食物蛋白质含量很高。

另一些食物可能完全不含蛋白质。

有些食物含有大量的糖或脂肪。

不同的食物含有不同的维生素和矿物质。

想要保持健康，我们就必须供给自己的身体：

- 充足的食物。
- 各种各样的食物——这样我们的身体才能获得各种不同的营养。

我们需要健康、**营养均衡**的饮食。

根据人的年龄、性别、活动量的不同，营养均衡的饮食组成也有所不同。

▶ 蛋白质

人的身体由数十亿个细胞组成。

这些细胞主要是由蛋白质构成的。

蛋白质的主要成分是碳、氢、氧以及氮元素（N）。不少蛋白质还含有硫元素（S）。

身体生长需要利用蛋白质制造新的细胞。

替换衰老和受损的细胞也需要蛋白质。

一些富含蛋白质的食物

蛋白质是由许多**氨基酸**（amino acids）构成的。

约有 20 种氨基酸参与构成蛋白质。

右图所示为 2 种不同的蛋白质。

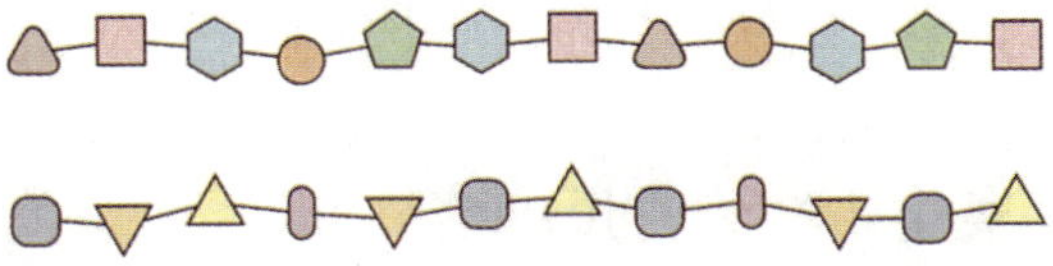

你能说出它们有什么区别吗？

血红蛋白、酶、抗体和一些激素（如胰岛素）都属于可溶性蛋白质。

角蛋白是皮肤和头发中含有的一种纤维状蛋白质。

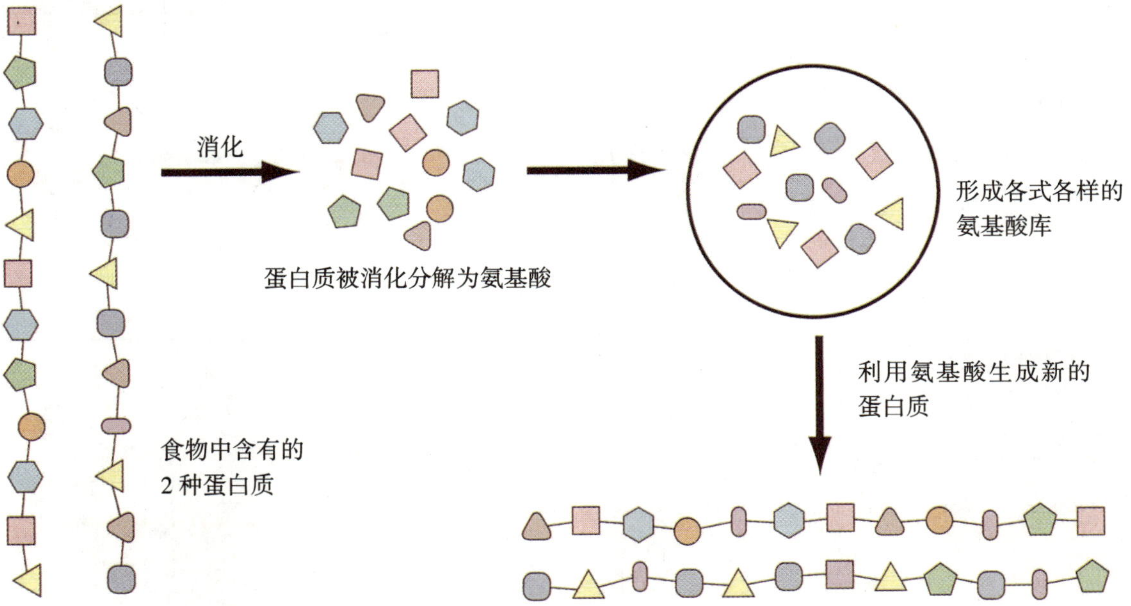

实验 4.1　检测蛋白质　⚠ 需戴护目镜

准备一支装有蛋白质溶液的试管。

加入几滴硫酸铜溶液。

再**小心**地加入几滴氢氧化钠溶液。

一定要小心操作，因为氢氧化钠有**腐蚀性**。

蛋白质溶液是不是变紫了？

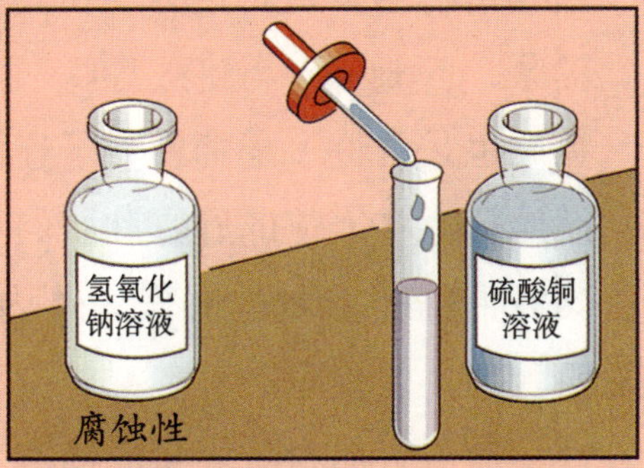

▶ 糖类

糖类由碳、氢、氧元素组成。

糖俗称碳水化合物。

你知道糖有许多种类吗？

喝茶时放的糖叫做**蔗糖**。

牛奶里含有的糖叫做**乳糖**。

身体最常用的是**葡萄糖**（glucose）。

我们靠糖类供给能量。

糖是我们身体运转所需的燃料。

一些富含糖类的食物

实验 4.2　检测葡萄糖

⚠ 需戴护目镜

将葡萄糖溶液倒入一支试管。

加入几滴班氏试剂（当心，该试剂有毒）。

水浴加热试管。

葡萄糖溶液是不是变成砖红色了呢？

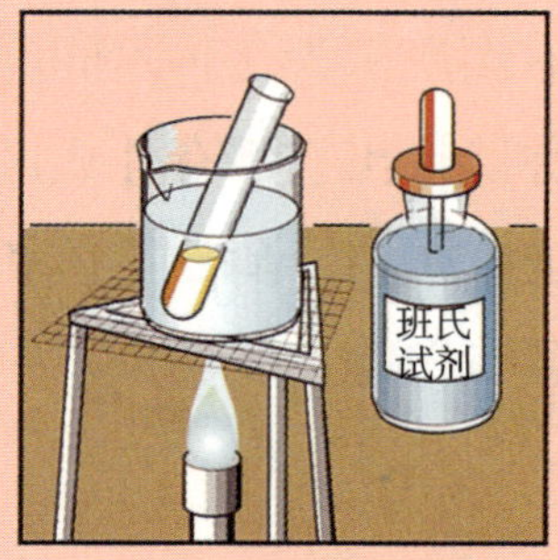

淀粉也是一种糖类。

前面已学过淀粉是一种大分子化合物。

许多葡萄糖分子相连接构成淀粉。

那么淀粉经过体内消化会产生什么呢？

实验 4.3　检测淀粉

⚠ 需戴护目镜

在一支试管中装入半试管淀粉溶液。

加入两滴碘溶液。

淀粉溶液是不是变成蓝黑色了呢？

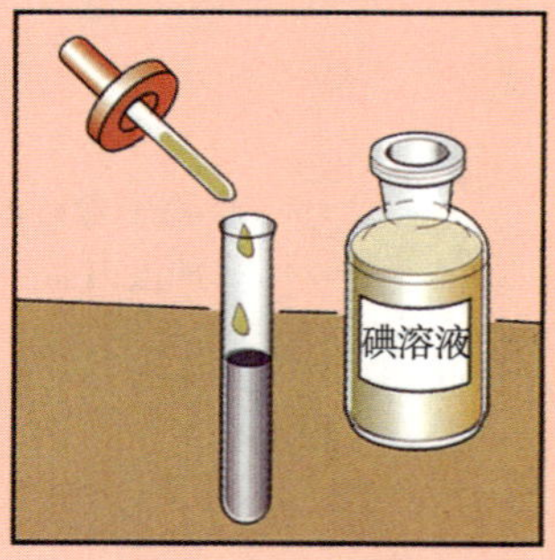

植物常将葡萄糖转化为淀粉储存起来。

糖原（glycogen）与淀粉类似，也是一种大分子糖类。

糖原也是由许多葡萄糖分子连接而成。

糖原储存在人体的肝脏和肌肉里。

当我们需要能量的时候，体内的糖原就会转化为葡萄糖。

许多廉价食品含有大量的糖类。

你觉得含有大量蛋白质的食物会是较贵还是较便宜呢？

▶ 脂肪

脂肪（fat）由碳、氢、氧元素组成。

脂肪有许多不同种类。

脂肪是由 3 个**脂肪酸**（fatty acid）分子连接构成的。

脂肪酸有许多不同种类。

是不是不同的脂肪所含的脂肪酸不同呢？

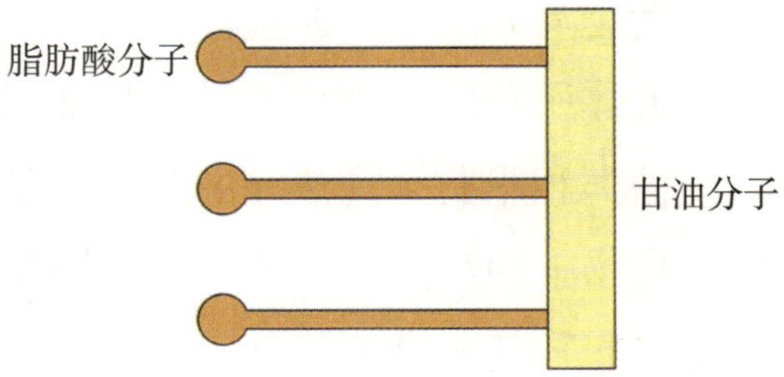

脂肪分子

脂肪也为我们提供能量。

脂肪所含能量高于糖类。

身体以脂肪的形式储存能量。

人体内脂肪主要分布在皮下以及心脏和肾脏的周围。

身体缺少能量时就会调用脂肪。

如果脂肪摄入过多，会产生什么后果？

实验 4.4　检测脂肪

在一支试管里加入 4 滴食用油。

再加入 2 mL 乙醇（酒精），摇匀。

再加入 2 mL 水，再次摇匀。

试管里的油是不是变成乳白色的了？

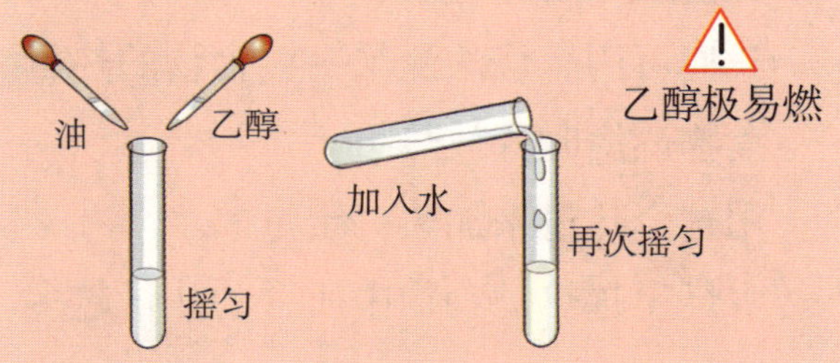

脂肪是很好的绝热体，可减少热量散失。

哪些动物含有许多皮下脂肪？

脂肪还能产生浮力。

为什么鲸鱼有厚厚的一层脂肪呢？

身体生长和修复需要蛋白质。

身体供能需要糖类。

身体储能和保暖（御寒）需要脂肪。

一些富含脂肪的食品

脂肪有什么害处？

脂肪主要可分为 2 类：

动物中的**饱和脂肪**（saturated fat）和植物中的**不饱和脂肪**（unsaturated fat）。

饱和脂肪会提高我们血液中的**胆固醇**水平。

胆固醇由肝脏生成，存在于血液中。

体内胆固醇水平主要取决于饮食，但也受遗传因素影响。

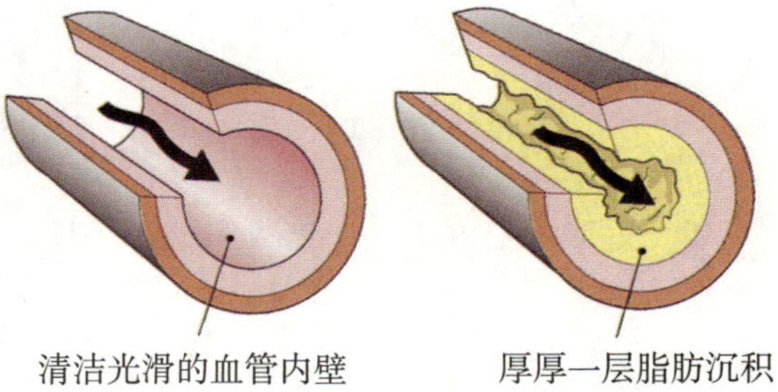

脂肪沉积如何使血管变窄

胆固醇水平高会导致血管变窄，患心脏病和高血压的概率升高（见第 81 页）。

单不饱和脂肪对血液中胆固醇水平影响很小，多不饱和脂肪有助于降低胆固醇水平。

预防心脏病应采取什么措施？

食物与能量

食物为人体提供能量。

人体所有的生命活动都需要能量。

糖类和脂肪是高热量的食物。

食物中的热量以**千焦**为单位计算，缩写为 kJ，1 千焦 =1 000 焦耳（J）。

看看右边这两份套餐：

哪一份热量含量更高？

高多少？

哪一份更健康？

怎样才能降低第一份套餐的热量含量？

测量食物的热量

我们可用燃烧法测量一些食物的热量。

食物燃烧时释放热量。

用这个热量来加热一定量的水。

水烧得越热，食物中所含的热量越多。

实验 4.5　测量一颗花生中所含的热量

花生重量（g）	初始水温（℃）	终点水温（℃）	水温升高值（℃）

⚠ 需戴护目镜
花生过敏者要注意

制作数据表

用量筒量取 20 mL 水倒入大试管中。

测量初始水温并填入数据表。

称出一粒花生的重量并填入数据表。

将花生插在解剖针的针尖上。

将花生点燃置于试管管底下方。

花生燃尽后再次测量水温（终点水温），填入数据表。

将数据代入下式求出这一粒花生燃烧释放的热量：

$$总热量（J）= 20 \times 4.2 \times 水温升高值$$

再代入下式求出 1 克花生所含热量：

$$热含量（J/g）= \frac{花生释放出来的总热量（J）}{花生重量（g）}$$

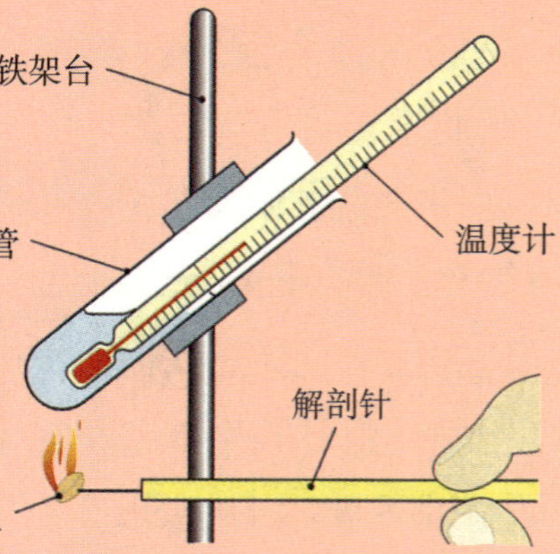

这个数值如果太大，可以将单位从 J 转换为 kJ（除以 1 000）。

用豌豆代替花生再做一遍这个实验。

▶ 食品含多少能量?

许多食品的标签或包装上标注了能量含量。

能量含量一般以每 100 g 食品中包含的热量（kJ）表示。

右图中这几样食品，每 100 g 分别含有多少热量呢?

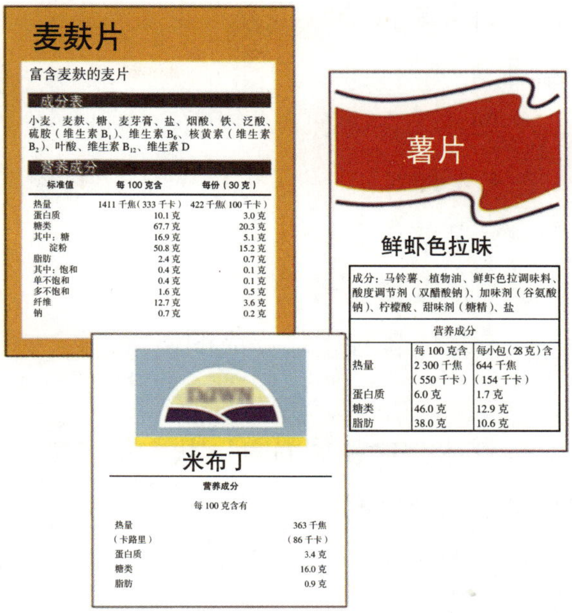

活动 4.6 不同食品的热量含量

查看 10 种不同食品的标签或包装上的营养价值表。

将食品按每 100 g 热量含量从高到低排序。

列表展示你的结果。

带着下面的问题再次查看这些标签:

- 处于列表顶端的食品中脂肪和糖类含量有什么特点?
- 处于列表底部的食品呢?

你需要多少食物?

你需要多少食物取决于你每天消耗多少能量。

一个人每天需要的能量取决于:

- 体型
- 运动量
- 生长速度

	每日消耗能量（单位：kJ）	
	男	女
8 岁	8 500	8 500
14 岁（青少年）	12 500	9 700
成年脑力劳动者	11 000	9 800
成年体力劳动者	15 000	12 500
孕妇		10 000
哺乳期妇女		11 500

- 为什么男性需要的能量一般比女性多?
- 为什么体力劳动者需要的能量一般比脑力劳动者多?
- 为什么 14 岁男孩需要的能量一般比成年男性脑力劳动者多?
- 为什么孕妇需要的能量比一般成年女性多?
- 为什么哺乳期妇女需要的能量一般比孕妇多?

▶ 保持膳食均衡

每天摄入的食物应当能提供你当日所需的能量。

即使躺在床上不动也需要能量以保持：

- 心跳。
- 肺的正常工作（呼吸过程）。
- 体温恒定。
- 体内各种生化反应的正常进行。

一顿营养均衡的午餐是很重要的

身体在这种“静息”状态下的能量消耗速率叫做**基础代谢率**。

基础代谢率因人而异，平均水平在 7 000 kJ/d 左右。所以，你即使躺着什么也不干，大约也得消耗这么多能量。

吃得太多会有什么后果?

如果你摄入的食物超出了你的需要，你的身体会将剩余部分以脂肪的形式储存起来。

你的**能量摄入**是每日饮食中获得的能量。

你的**能量输出**是每日消耗的能量。

能量摄入大于输出，体重就会增加，人就容易长胖。

基础代谢率低的人更容易超重。

想一想这是为什么?

热量含量高的食品容易让人长胖。

快餐食品的脂肪含量往往较高

那么怎样才能减肥?

以下列出了一些可行策略：人们需要

- 少吃高热量食品（降低能量输入）。
- 多做运动（增加能量输出）。

合理瘦身策略应结合以下两点：

- 营养均衡、低热量的能量输入。
- 合理增加运动量。

▶ 肥胖

在工业化的发达国家，如英、美等国，更多人的烦恼是营养过剩，而不是营养不良。

如果一个人从食物中摄入的能量比消耗掉的多，剩余部分就会以脂肪的形式储存起来。一个较极端的例子是因持续大幅增重导致**肥胖**（obesity）。

导致肥胖的主要原因包括：

- 大量摄入油腻食品或高糖的精加工食品；
- 运动量太少；
- 大量进食以缓解社会或情感压力。

腰围测量法比 BMI 计算更为简便。

判断一个人是否肥胖有两种方式：

- 体重比身高对应的标准体重高出 20% 以上；
- **体重指数**大于 30。

体重指数 = 体重（kg）/ 身高（m）的平方

体重指数在 20 以下视为体重过轻，在 25 ～ 30 之间视为超重，在 30 以上视为肥胖。

如果你的体重指数在 20 ～ 24 之间，那就是恰到好处！

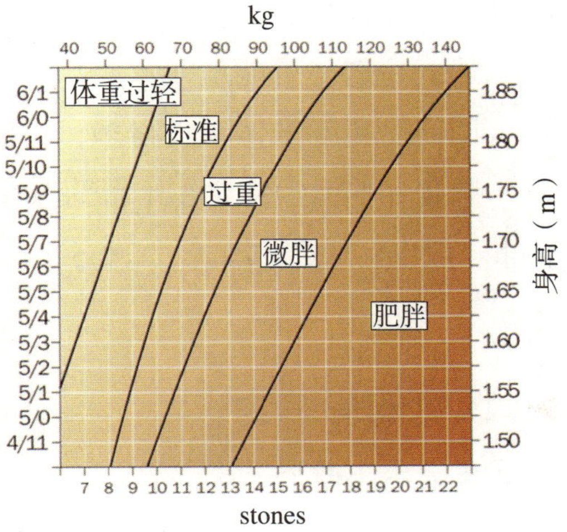

身高与体重的平均比率

科学家指出，腰围大于 80 cm 的女性和腰围大于 94 cm 的男性患心脏病和循环系统疾病的概率是常人的两倍。

体重超重者更易发生下列健康问题：

- 心脏病（见第 81 页）；
- 高血压（见第 83 页）；
- 糖尿病（高血糖）（见第 95 页）；
- 关节炎（关节磨损）（见第 132 页）。

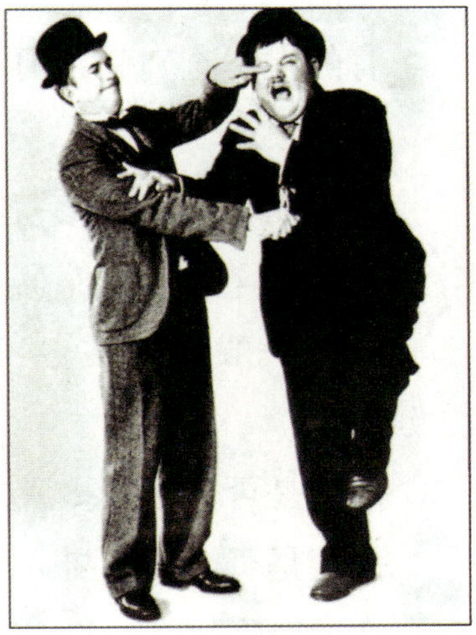
奥列佛·哈地（右）65 岁死于中风，斯坦·罗拉（左）75 岁去世

下列哪种行为是肥胖者减轻体重的最佳手段？

- 减少所有糖类的摄入。
- 减少脂肪摄入。
- 减少淀粉类和纤维类食物的摄入。

其中哪种行为又是最无效的呢？

给出你的理由。

追求完美、自卑感强烈、认知较差都可能引起不良膳食习惯，增大健康风险。

▶ 神经性厌食症

减肥计划常包含少吃高热量食品和多做运动。

普通的减肥很少会让人过瘦。

但也有人因吃得太少患**厌食症**。

他们过于怕胖，体重下降到危险的程度。

多数厌食症患者是 15 ～ 25 岁之间的女性。厌食症引起的健康问题包括：

- 皮肤薄而苍白；
- 抗感染能力下降；
- 月经紊乱。

厌食症比单纯的瘦和食欲下降要严重，患者往往对自己的身体有“错觉”。

他们希望尽可能地瘦。

即使已比标准体重瘦得多，仍嫌自己太胖。

厌食症的治疗主要在于帮助患者建立自尊心。当自尊心重建后，正常的饮食习惯会恢复，体重一般也会随之增加。

▶ 饮食的影响力

这些食物含有大量的维生素和矿物质

素食者不吃肉。

很关键的一点是素食者不吃肉，但要以其他形式的蛋白质，如谷物、植物种子和坚果取代肉。

世界上有多种不同的素食者。

有的人不吃肉但吃鱼。

有的人不吃肉和鱼但吃乳制品。

严格的**素食主义者**完全不吃和动物相关的食品。

素食主义者必须保证日常摄入充足的维生素和矿物质（如铁和钙）。

比起一般人，素食者在哪些方面可能更健康？

他们是否会较少摄入饱和脂肪？

他们是否会较多摄入纤维素？

你觉得为什么有些人会选择当素食者？

人们的饮食往往还有医学方面的考虑。

有些人对特定食品过敏，需要不含谷蛋白或乳制品的饮食。

▶ 维生素和矿物质

日常生活中，你需要摄入少量维生素和矿物质。

维生素和矿物质是保持健康所必需的，它们是营养均衡的饮食必不可少的组成部分。

缺少维生素和矿物质会导致严重疾病。

名　称	富含该物质的食物	在身体中的作用	缺乏症
维生素 A	胡萝卜、牛奶、黄油、肝脏	视力和皮肤健康	眼睛酸痛、夜盲、皮肤粗糙
维生素 B_1	酵母、谷物、豆类、蛋黄	神经健康和生长	脚气病、发育迟缓
维生素 C	橙子、柠檬、其他柑橘类水果	受损组织恢复、抵抗疾病	坏血症（牙龈出血）
维生素 D	鱼油、牛奶、黄油、晒太阳后自身合成	强健骨骼和牙齿	佝偻病（骨质疏松）
铁	肝脏、肉、可可	维持红细胞的健康	贫血
钙	牛奶、绿色蔬菜	维持骨骼和牙齿健康	骨质疏松
碘	鱼、碘盐	甲状腺	甲状腺肿（大脖子病）

身体缺乏特定维生素或矿物质会导致缺乏症。

缺乏症只需补充特定食物就能治愈。

参照上表提供的信息回答以下问题：

- 为何孕妇需要补充大量的钙和铁？
- 13 岁女孩初潮时为何会有些贫血？
- 以前的水手出海太久会患上坏血症，他们如何治疗这种病呢？

盐

快餐食品中含有大量的盐。

高盐饮食会导致高血压。一些加工过的食品中含有大量的盐，这就导致长期食用这类食品的人每天都摄入过量的盐。

实验 4.7　估算维生素 C 的含量

DCPIP（2，6-二氯酚靛酚）与维生素 C 反应会变为无色液体。

向一支试管中倒入 1 mL DCPIP 溶液。

吸取一针管维生素 C，1 滴 1 滴加入 DCPIP 溶液，看看加入几滴时，溶液会变为无色。

用这个方法比较各种果汁中的维生素 C 含量。

▶ 水

水占了你体重的三分之二。

你从食物和饮料中摄入水。

人不吃东西可以撑几个星期，但如果不喝水几天就会死亡。

我们为什么需要水呢？

- 人体细胞中的化学反应要在水中发生。
- 身体产生的代谢废物要溶在水中排出。
- 血液运输的物质要溶解在水中。
- 通过汗液排出水，能帮助身体降温。

日常摄入和排出的水分

摄入水分（mL/d）		排出水分（mL/d）	
饮料	1 400	尿液	1 500
食物	800	排泄物	100
吸入	300	呼出	350
		汗液	550
总计	2 500	总计	2 500

▶ 纤维

膳食纤维是从植物中来的。

主要成分是植物细胞壁中的纤维素。

纤维虽然不能被消化，却是我们日常饮食的重要部分。

高纤维食物包括谷物的糠皮、马铃薯皮、甜玉米和芹菜。

纤维为什么这样重要呢？

- 食物中的纤维在消化道内形成块状物。因为纤维不被消化，摄入后又被排泄出来，消化道的蠕动就像挤牙膏一样，需借助外物推动食物往前行。
- 纤维会吸收消化食物后产生的毒素。
- 纤维能防止便秘。
- 许多医生认为高纤维饮食能降低血液中的胆固醇水平，降低心脏病和肠癌的患病风险。

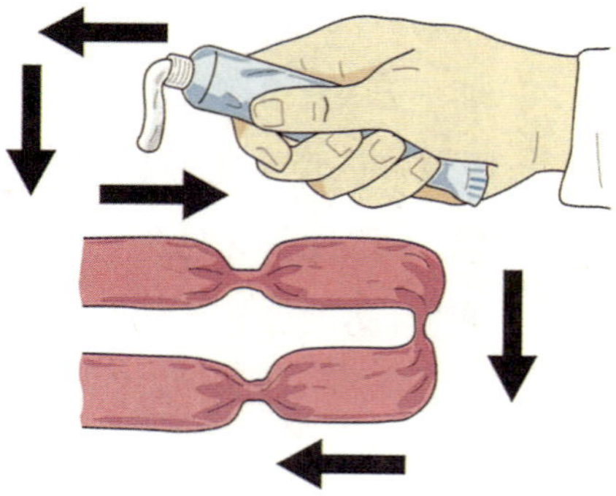

食品添加剂

有些食品在制作过程中添加了一些化学物质。

这些化学物质叫做食品添加剂。

添加它们是出于以下原因：

防腐剂用于食品保鲜

加味剂食品本身的味道在处理过程中常会流失，加味剂可为食品添加味道

食用色素让食物看起来更诱人，更能激发食欲

所有的食品添加剂在使用之前都必须经过测试。

英国认可的食品添加剂约有 300 多种。

大多数都以 E 开头加上数字作为标识。

比方说 E215 号添加剂是一种名为对羟基苯甲酸丙酯钠的防腐剂。

看看你能不能在食品标签里找到它？

添加剂的标识码区域	添加剂作用
100–181	食用色素（如 102 号是食用柠檬黄）
200–290	防腐剂（如 260 号是乙酸）
296–385	抗氧化剂和各种酸（如 300 号是抗坏血酸，即维生素 C）
400–495	乳化剂和稳定剂
500–585	抗凝剂和矿物盐
620–640	加味剂（如 621 号是味精）
900–1250	其他，如甜味剂和涂在水果表皮上的蜡质上光剂

有些人认为添加剂对人体有害，因此避免吃含有添加剂的食品。

一些添加剂可能会引起哮喘和头痛。

另一些添加剂被认为会引起儿童的多动症。

有科学证据显示，有些添加剂会破坏食物中的维生素。

活动 4.8　查看食品标签

看看你家里各种食品包装上的食品标签。

列出一张“添加剂表”，并找出该食品中添加此种添加剂的原因。

在“E”字母后标识码由“1”打头的是**食用色素**。

标识码由“2”打头的是**防腐剂**。

标识码由“3”打头的是防止食物变质的**抗氧化剂**。

标识码由“4”打头的起调节食物**口感**的作用。

▶ 消化

食物被吃下后，会在你体内发生怎样的变化呢？

只有当食物被分解成很小的分子后，你的身体才能够利用它们。
食物中的蛋白质大分子必须先分解成氨基酸小分子。
像淀粉这样的糖类大分子必须先分解成单糖小分子。
脂肪大分子必须先分解成脂肪酸小分子。

将食物中的大分子分解为小分子的过程就叫做**消化**。
这个过程与把拼插好的积木拆散开来类似。
食物被消化后，透过消化道壁**吸收**到血液中。
食物分子在透过消化道壁前必须先溶解。

大分子是不溶的。
因此大分子不能透过消化道壁。
分解生成的小分子是可溶的。
因此小分子可以透过消化道壁。

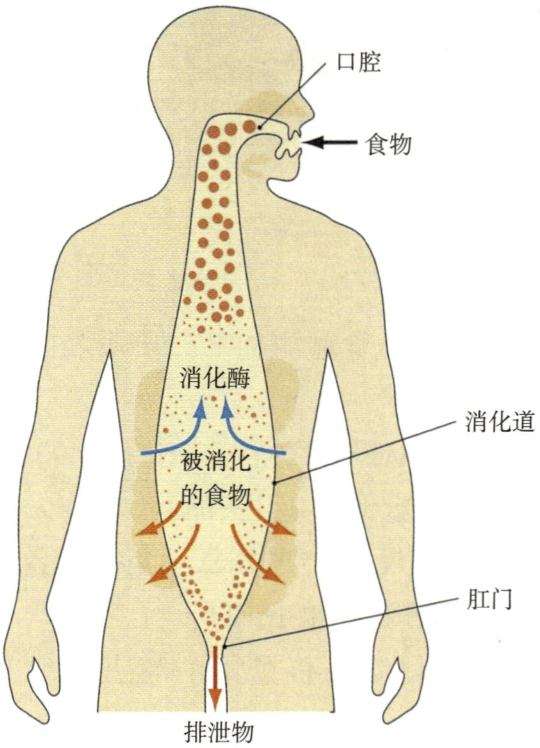

消化就是把食物中不可溶的大分子分解成可溶的小分子，以便它们被吸收进血液的过程。

酶是一种很重要的化合物。
它们通过将食物中的大分子分解成小分子来帮助消化。
你的消化道里主要有以下三种酶：

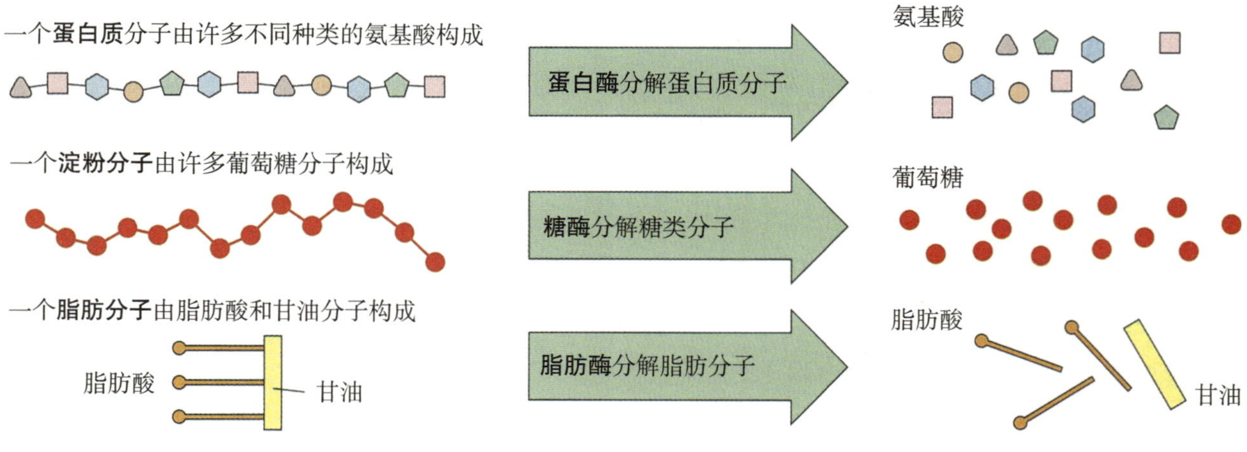

消化道——你体内的管子

消化道，或者叫做消化系统，长度大概为 9 m。

消化道从嘴开始，到肛门结束。

它迂回曲折，只有这样你的身体才容纳得下。

不过你的消化道可不是什么一般的管子，它包含许多部分。

口腔

摄食是食物通过口腔进入身体的过程。

食物以一口大小的分量进入口腔中。

吃东西时要细细咀嚼——这对食物消化很重要。

咀嚼过的食物与**唾液**混合。

唾液是由**唾液腺**分泌的。

- 唾液中含有叫做**淀粉酶**的糖酶。这种酶开始将淀粉分解为糖。
- 唾液中黏滑的物质是**黏液**（mucus）。黏液帮助食物从咽喉滑下。

吞咽

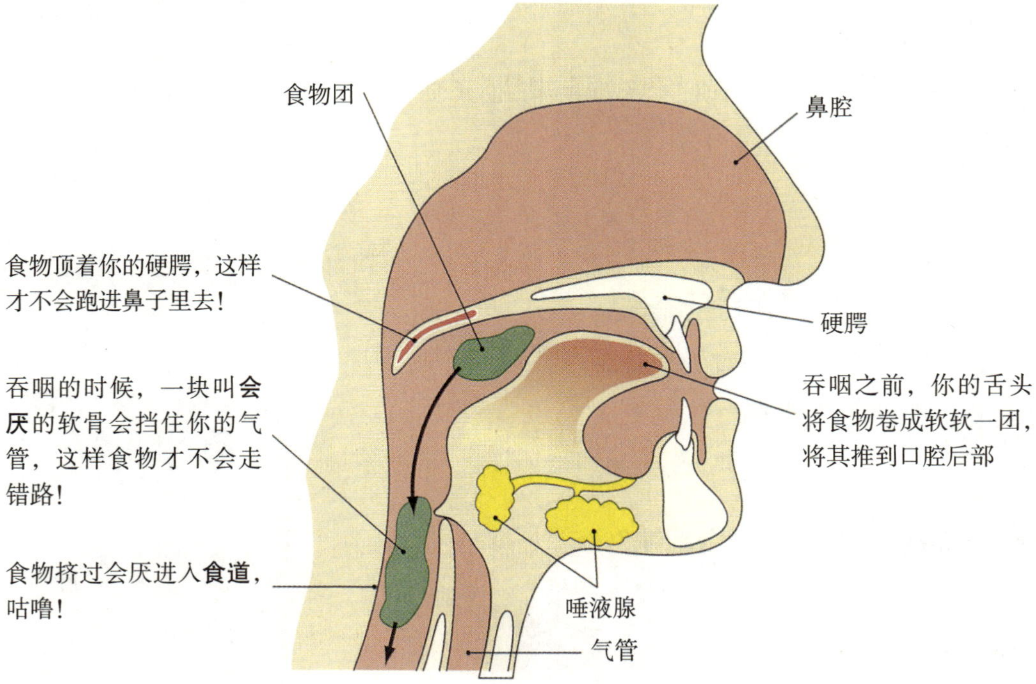

吞咽是一个**反射**（reflex）活动——在你不知不觉的情况下就可以发生，是一种本能反应。下次你吞咽食物的时候，想想吞咽的过程中都发生了些什么。

▶ 顺消化道而下

食道，或称**食管**，将食物送至**胃**中。

食道壁由环状肌群构成。

食物团后方的肌肉收缩，将食物沿食道挤下。

这有点像从牙膏管里挤牙膏那样。

位于食物团前方的肌肉舒张开来。

这种将食物顺着消化道向下运送的方式叫做**蠕动**。

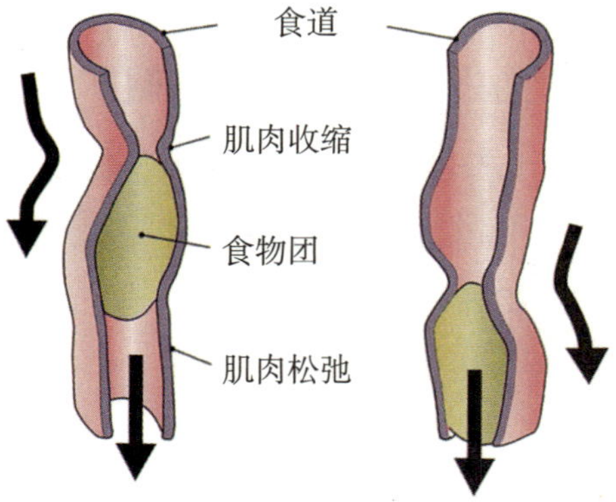

消化道蠕动示意图

▶ 在胃中

你的胃像是一个肌肉做的袋子，可以装 2 升左右的食物。

当食物进入胃，“加工”才真正开始了。

- 胃能分泌胃液。胃液中含有蛋白酶，开始将蛋白质分解为氨基酸。
- 胃液中还含有**盐酸**，这是因为酸性条件下胃蛋白酶的工作状态最好。
- 婴儿还会产生一种叫做**凝乳酶**（rennin）的物质。这种酶使奶凝固，这样奶就能在胃中多停留一段时间，确保消化。
- 胃壁肌肉能搅动食物，确保食物与胃液充分混合。

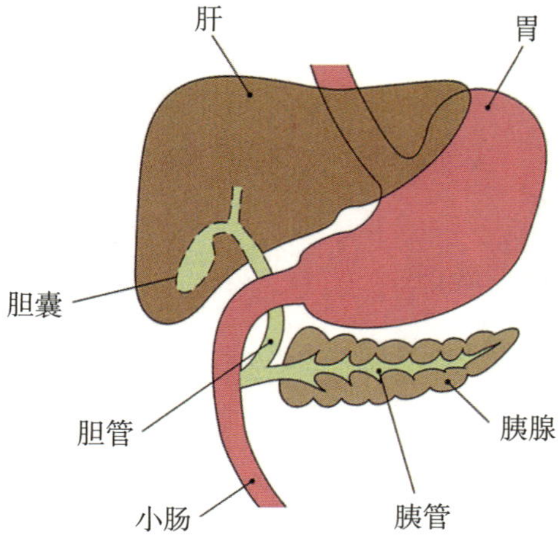

胃酸还可以杀菌。

搅拌了 2 ～ 3 h 之后，食物呈流体状。

胃下方的环状肌打开，将食物喷出。

食物少量多次地进入**小肠**。

探究 4.9　奶的凝结受什么因素影响？

做一个对凝乳酶多长时间可使奶凝结展开探究的计划。

哪些因素会影响凝乳酶作用呢？

选择一个因素，探究它的影响。

▶ 在小肠中

小肠并不小，它足有 6 m 长呢！
消化进行到这儿就比较风平浪静了。
流体状食物沿着肠道被缓缓挤下。

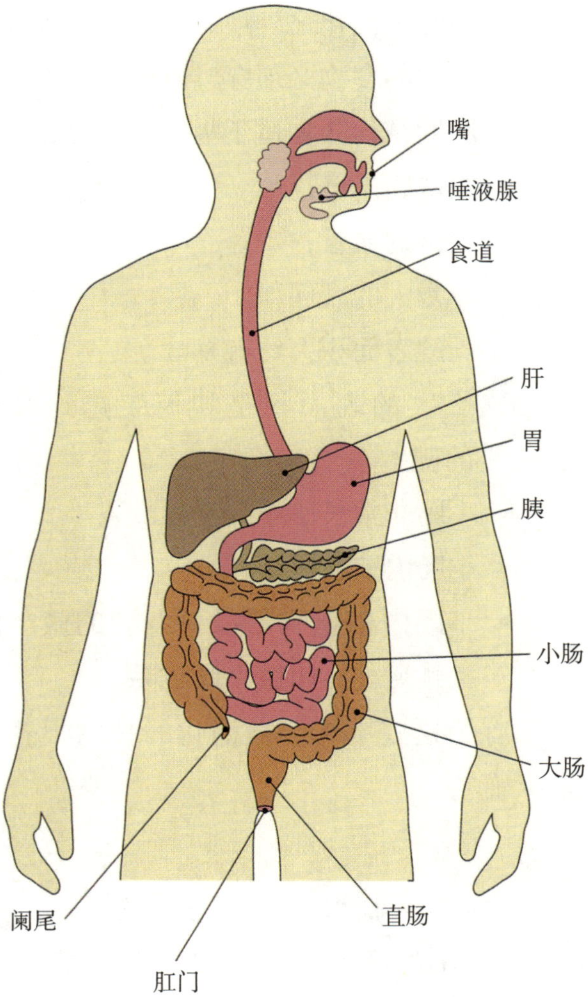

小肠向食物中加入了 3 种重要的液体：

- **胰液**含有糖酶、蛋白酶和脂肪酶。这些酶继续消化食物。
- **胆汁**通过**胆管**进入小肠。胆汁是由**肝**产生的，储存在**胆囊**中。它有两种重要功效：
  （1）胆汁是碱性的，可以中和食物中混合的胃酸。小肠中的各种酶都需要在适宜的 pH 环境中工作；
  （2）胆汁可**乳化**脂肪（把大滴的脂肪分成小滴）。这就增大了脂肪与**脂肪酶**（lipases）作用的表面积。
- **肠液**是由小肠壁上的腺体分泌的，也含有糖酶、蛋白酶和脂肪酶。

这些酶将完成食物的消化工作：

$$\text{淀粉} \xrightarrow{\text{糖酶}} \text{单糖}$$

$$\text{蛋白质} \xrightarrow{\text{蛋白酶}} \text{氨基酸}$$

$$\text{脂肪} \xrightarrow{\text{脂肪酶}} \text{脂肪酸和甘油}$$

▶ 吸收

小肠除了消化之外还有一项重要工作。

被消化的食物必须穿过肠壁进入血液。

小肠的结构非常适于吸收。它有：

- 很薄的内壁；
- 丰富的血管；
- 非常大的表面积。

小肠的表面积大约有 9 m^2。

这么大的表面积是如何装进这么小的空间的呢？

- 小肠非常长（至少有 6 m）；
- 小肠内壁有皱褶；
- 小肠内壁上有数以百万计的微小的指状突起，叫做**小肠绒毛**。

有了这些结构，被消化的食物很容易进入血液。

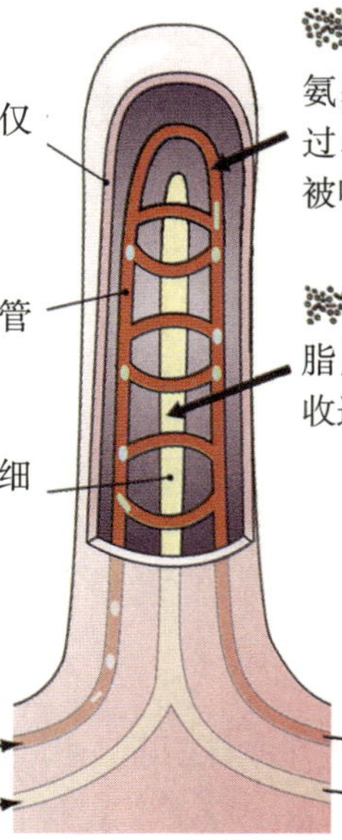

实验 4.10　制作一个消化道模型

试着用人造肠衣建一个消化道模型。

将 12 cm 的肠衣在温水中浸泡软化，然后在末端打一个结。

在肠衣中装入 5 mL 淀粉溶液和 2 mL 淀粉酶，放入盛有水的大试管中。

10 min 后，检验水中的淀粉和糖。

你有什么发现？

⚠ 需戴护目镜

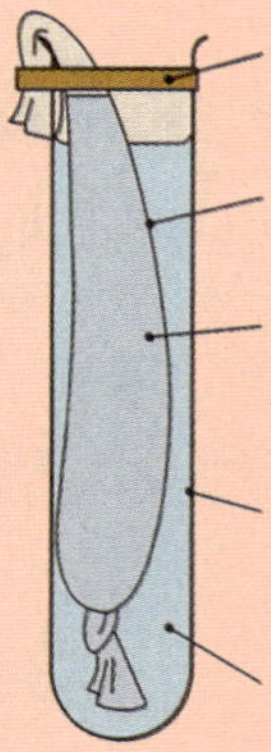

你的大肠

食物进入大肠时有用的物质已所剩无几。

主要就剩纤维、死细胞、细菌和水。

这些东西通过大肠的时候，一部分水就被吸收进血液里。

固体废物，或者叫**粪便**，储存在**直肠**中。

最终粪便是通过肛门排出体外的。

未消化的食物以排泄物的形式从肛门排出，这个过程叫做**排遗**。

通常食物通过你的整个消化系统需要 24 ～ 48 h。

生物学的应用：消化道显影

X 射线

医生怎么能不开刀又看到你的消化道呢？

答案就是使用 **X 射线**。

机器发出一束 X 射线，穿过你的身体。

可 X 射线不能穿过骨头等高密度物质。

因此，放在对侧的胶片曝光显影后，除了骨头，其余部分都是黑的。

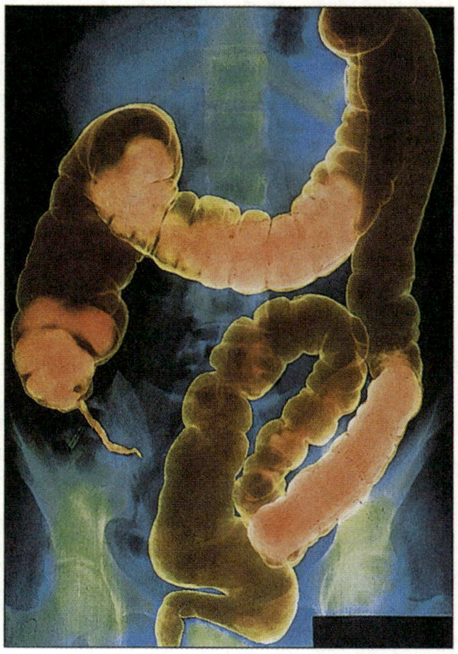

但给消化道拍照片会是什么情况呢？

消化道里又没有什么密度大的物质。

所以医生就要让患者喝下一种 X 射线不能穿过的液体。

这种液体就是硫酸钡，我们叫它**钡餐**。

这种液体充满胃和肠道，这样被 X 射线照射时这些部位就会被清晰地显现。

医生看了这样的片子就能判断患者的消化道是不是有问题，比如说是否有胃溃疡。

溃疡是因酸腐蚀胃的内壁形成的。

胃镜

医生利用光纤胃镜导管来观察胃的内部。

胃镜导管由许多光纤聚成一束，从患者的喉咙进入胃。

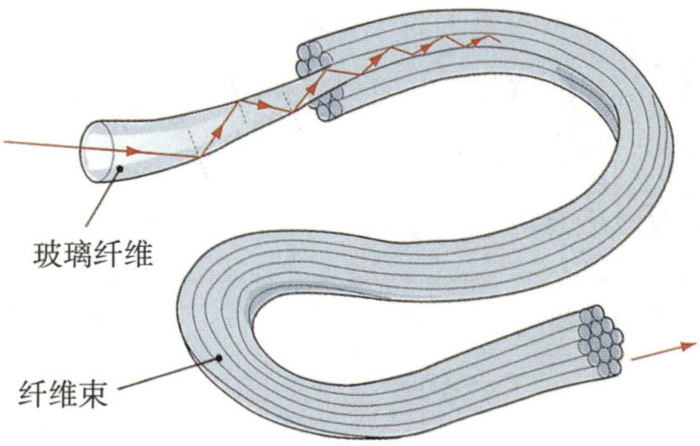

光通过其中一些光纤射入胃中。

反射光则通过胃镜前端的内视镜被输回并成像。

医生可能会发现患者有胃溃疡。

如果有溃疡，还可将激光束通过光纤送入胃中灼烧并封闭溃疡。

小结

- 你需要平衡膳食以保持健康。
- 身体生长需要蛋白质。
- 糖类和脂肪是供能食物。
- 我们以千焦（kJ）为单位测量食物中的能量。
- 年龄、体型和运动量的不同的人所需能量也不同。
- 保持能量摄入和能量输出间的平衡是很重要的。否则就会饮食失调，出现厌食症或肥胖等问题。
- 我们只需要少量的维生素和矿物质，但如果缺少它们，就会得很严重的病。水和纤维在饮食中也是非常重要的。
- 消化就是把蛋白质那样的大分子分解成氨基酸那样的小分子。酶参与化学消化的过程。
- 消化系统的不同部分功能不同。
- 胃中的蛋白酶在酸性环境中工作状态最佳。
- 在小肠中，肝分泌的胆汁使肠内环境呈碱性。
- 消化完成后，可溶的食物分子就被吸收进血液里。
- 在废物被排出体外前，水在大肠中被吸收。

▶ 练习

1. 句子填空：

（1）淀粉和糖是 ________ 类物质。

（2）富含 ________ 的食物可以快速补充能量。

（3）________ 是构成身体的食物，它们由大概 20 种不同的 _________ 组成。

（4）柑橘类水果含有丰富的 ___________。

（5）谷物的糠和全麦面包含有许多 __________。

（6）脂肪为身体提供 __________ 能量。

2. 完成以下有关维生素和矿物质的表格：

营养物质	食物来源	缺乏症
	柑橘类水果	坏血症
铁		
		甲状腺肿
维生素 B_1	酵母、谷物	
钙		
		夜盲症、皮肤问题

3. 下表显示了一些常见食物的热量含量（kJ/100 g）。A、B、C、D 四列分别表示食物中蛋白质、脂肪、糖类和水的含量百分比。

食物	能量（kJ/100 g）	A（%）	B（%）	C（%）	D（%）
牛奶	290	3	89	4.5	3.5
黄油	3 000	0.5	16.5	—	83
马铃薯	370	2	82	16	—
牛肉	1 300	25	55	—	20
金枪鱼	700	18	70	—	12

（1）哪种食物：

① 热量含量最高？

② 热量含量最低？

（2）仔细研究上表的数字，找出 A、B、C、D 中哪个是糖类，哪个是水，哪个是蛋白质，哪个是脂肪，给出你的理由。

（3）给出 2 种上表未列出但对膳食均衡很重要的物质。

4.（1）读下表，判断哪种食物

① 蛋白质含量最丰富？

② 糖类含量最低？

我们为什么需要蛋白质和糖类？

（2）哪种食物不含纤维？

我们为什么需要膳食纤维？

（3）哪种食物提供的

① 能量最多？　② 能量最少？

（4）哪种食物含铁最丰富？

我们为什么需要铁？

（5）哪种食物不含维生素 C？

我们为什么需要维生素 C？

（6）下列食物分别含有多少能量？

① 50 g 牛奶。　② 200 g 香肠。

食　物	能量 kJ/100 g	蛋白质（%）	脂肪（%）	糖类（%）	纤维（%）	铁（mg/100 g）	维生素 C（mg/100 g）
牛奶	272	3.3	3.8	4.7	0	0.1	2
香肠	1 520	10.6	32.1	9.5	0	1.1	0
鸡肉	599	26.5	4.0	0	0	0.5	0
卷心菜	66	1.7	0	2.3	54	0.4	23
西洋菜	61	2.9	0	0.7	25	1.6	60
苹果	196	0.3	0	11.9	20	0.3	5

5.（1）一个身高 180 cm、体重 85 kg 的人体重指数（BMI）是多少？

（2）关于体重，你会给这个人什么建议？说出你的理由。

（3）有规律的运动能提高基础代谢率。

① 基础代谢率的含义是什么？

② 解释一下为什么基础代谢率增大能减小心脏病的患病率。

6. 看消化系统图回答问题：

（1）写出 A～J 所代表的各器官名称。

（2）在图中找出与下列功能相对应的器官：

① 吸收大量的水。

② 包含酸。

③ 贮存粪便。

④ 分泌胆汁。

⑤ 贮存胆汁。

⑥ 连接咽喉和胃。

⑦ 营养物质大多数在这里被吸收。

⑧ 对人体没什么用处。

⑨ 粪便从这里排出。

⑩ 分泌胰液。

7. 将以下左栏的身体器官与右栏的功能连线：

口腔	有很强的酸性
大肠	分泌胆汁
胰	大多数营养物质在这里被吸收
肝	咀嚼食物
小肠	分泌胰液
胃	水分多在这里吸收

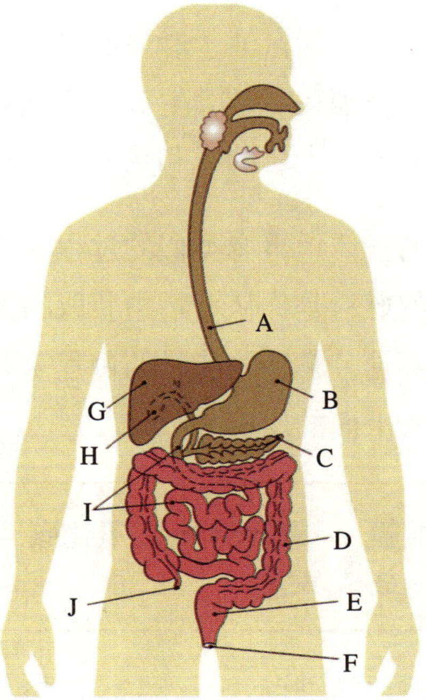

拓展习题见第 167 页。

第 5 章

呼吸作用

你吸一口气能憋多长时间?
也就一分钟吧，之后就太难了——
瞧，你必须得呼吸了吧!
但是为什么呼吸对你这么重要呢?

右边这两张饼形图会给你一些提示。
它们显示了我们吸入和呼出的气体的成分构成。
比较两张图，在你吸入和呼出的气体中氧含量发生了怎样的变化呢?
二氧化碳的含量又发生了怎样的变化呢?

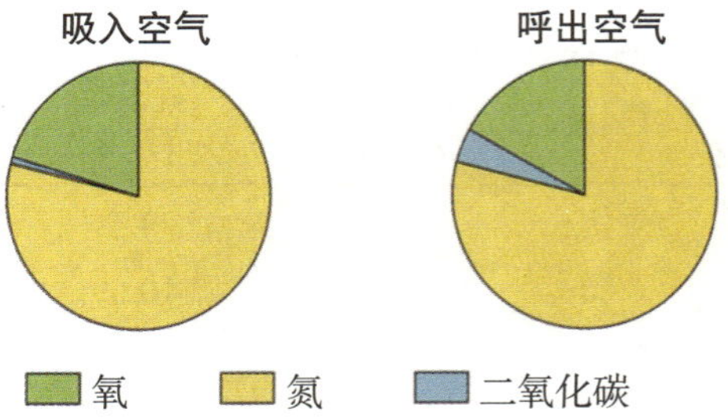

我们的身体消耗氧，产生二氧化碳。
这是为什么呢?

释放能量

当燃料（如汽油）燃烧的时候会发生什么呢?
氧会被消耗，还会生成二氧化碳。
火焰放出大量的光和热。

你的身体里也有类似的过程在进行。
你的燃料是你从食物中获取的葡萄糖。
葡萄糖分解释放能量的过程需要氧。
请看下面的反应式:

葡萄糖 + 氧 ⟶ 二氧化碳 + 水 + 能量

$C_6H_{12}O_6 \quad 6O_2 \quad\quad 6CO_2 \quad 6H_2O$

燃烧中的汽油

最重要的一点就是产生了**能量**。

这个过程叫做**呼吸作用**（respiration）。
因为这个过程的进行需要氧，所以又叫做**有氧呼吸**（aerobic respiration）。

▶ 利用能量

你身体的各项生命活动都需要消耗能量：

- 肌肉的运动；
- 化学物质的运输；
- 营养物质的吸收（主动运输）；
- 神经信号的传递；
- 细胞的生长；
- 维持恒定的体温。

我们**所有**的细胞**随时**都在发生呼吸作用。

我们的细胞中含有一种叫**线粒体**的微小结构。

在线粒体中，能量从葡萄糖中被释放出来。

肌细胞要消耗大量的能量。

因此它们含有大量的线粒体。

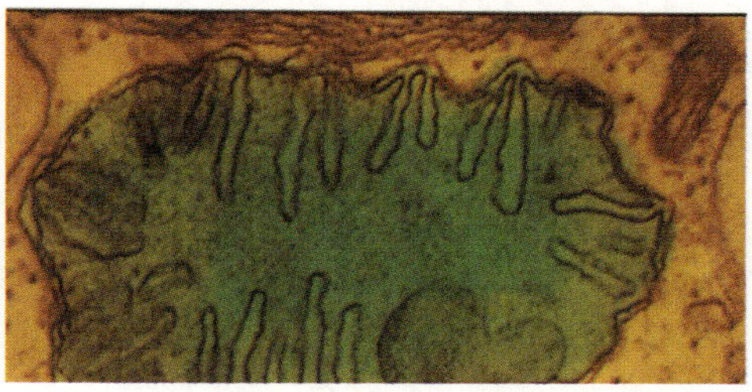

线粒体的电子显微照片

生物存活需要能量。

生物将食物中的化学能转化成自身能够利用的能量。

呼吸作用中释放大量可供使用的能量。

这些能量维持了生命活动的正常运转。

实验 5.1　测量种子萌发释放的热量

在呼吸作用中大量能量以热量的形式散失。

通过下面的实验，可展示热量的释放：

如图所示，放置好两个保温瓶。

萌发中的豌豆或大豆要经过表面消毒。

在实验开始时记录两个保温瓶中的温度，在接下来的一周中每天记录两个保温瓶中的温度。

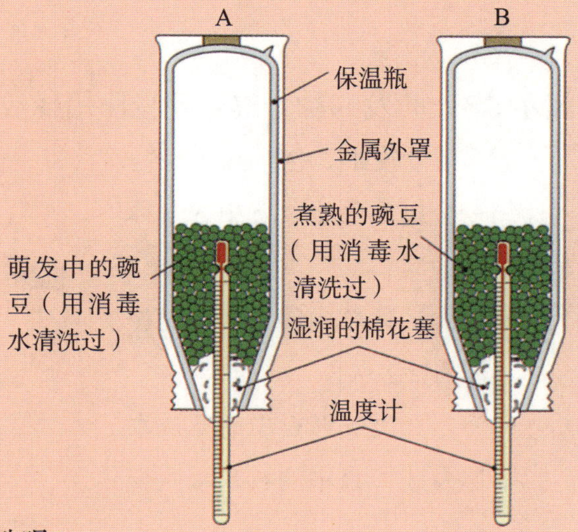

- 保温瓶 A 中的热量是怎样产生的呢？
- 保温瓶 B 中的温度为何没有升高呢？
  微生物也有呼吸作用。
- 对两组豌豆进行表面消毒对本实验有什么重要性呢？

保温瓶能够保持热量不散失。

- 这对本实验有什么重要性？
  棉花塞能允许气体进出保温瓶。
- 这对呼吸作用有什么重要性？

	第 1 天	第 2 天	第 3 天	第 4 天	第 5 天
保温瓶 A（℃）					
保温瓶 B（℃）					

呼吸排出二氧化碳

二氧化碳是呼吸作用产生的废气。

二氧化碳如果积累在细胞中会产生毒性。

我们运动得越多，越需要加快速度进行深呼吸，以将二氧化碳排出体外。

实验 5.2　二氧化碳的检测

你可以演示呼出的气体中含有二氧化碳。

需戴护目镜

通过一根麦管缓缓将气呼入一支盛有石灰水的试管。

二氧化碳会让石灰水变浑浊。

现在在一支洁净的试管里装上碳酸氢盐指示剂，再重复一次上述实验。

二氧化碳会让碳酸氢盐指示剂从红色变为黄色。

一切生物都需要呼吸作用

所有的生物都在进行呼吸作用。

动物、植物和细菌都需要呼吸。

所以，所有的生物都释放二氧化碳。

有关植物的呼吸作用见第 187 页。

老师可给全班做这个演示实验：

演示 5.3　萌发的种子进行呼吸作用释放二氧化碳

老师可设置如图中所示的装置：

用一个过滤泵将装置中的气体泵出。

需戴护目镜

- 让大试管 C 中的石灰水变浑浊需要多久？
- 为什么大试管 C 中的石灰水比大试管 B 中的石灰水先变浑浊？

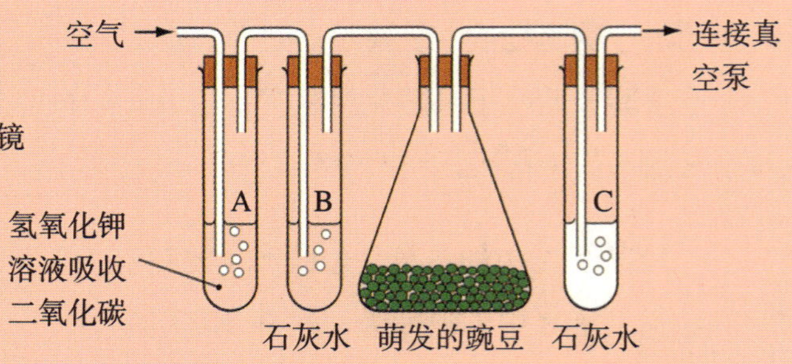

呼出的气体中二氧化碳较多么?

请看下表:

气　体	吸入气体	呼出气体
氧气	21%	16%
二氧化碳	0.04%	4%
氮气	78%	78%
水蒸气	不定	饱和

表中显示呼出的二氧化碳比吸入的多。

怎么证明这是真的呢?

实验 5.4　吸入和呼出空气中的二氧化碳

如图所示，设置好实验装置:

从进口处缓缓吸气和呼气，连续几次。

- 吸气时，空气是从 A 口进入还是从 B 口进入?
- 呼气时，气体是从 A 口排出还是从 B 口排出?
- 哪支试管的石灰水先变浑浊?

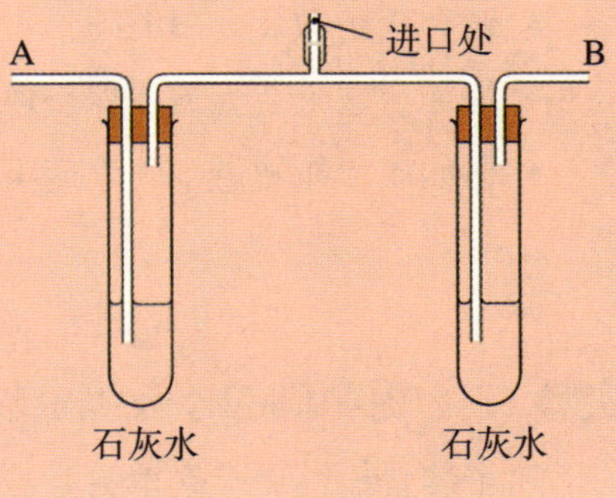

呼出的气体中氧气较少么?

吸入的氧气中有一部分被身体的呼吸作用所消耗。

剩余的又被呼出。

细胞消耗氧气，分解葡萄糖并释放能量。

上表中显示，呼出的氧气比吸入的少。

怎么证明这是真的呢?

实验 5.5　吸入空气和呼出气体中的氧气

将燃着的蜡烛置于新鲜空气和呼出气体中，检测蜡烛分别能燃多久。

(你可按图所示设置装置，向一根橡皮管中呼气，以收集呼出气体)。

- 这个实验说明新鲜空气和呼出气体中的氧气含量存在什么差别?

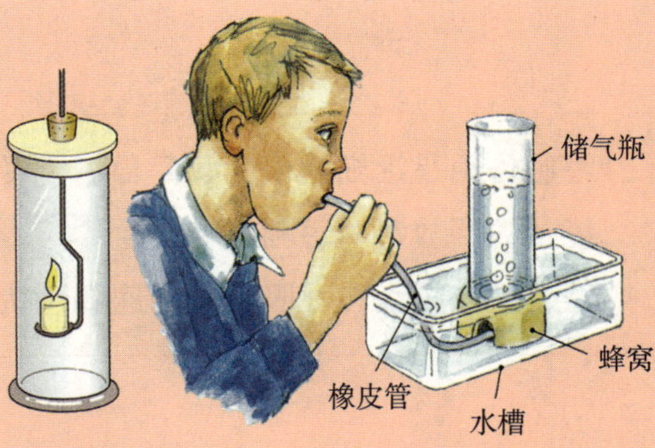

▶ 呼吸速率

你可以测出呼吸作用进行得有多快。

也就是测量**呼吸速率**。

具体测量的或是氧气消耗的速率，或是二氧化碳生成的速率。

这样的测量需要用到**呼吸计**。

实验 5.6　简易呼吸测定仪

⚠ 需戴护目镜

你可以使用图示中这种简易的呼吸测定仪：

它能告诉你萌发的种子消耗氧的速度有多快。

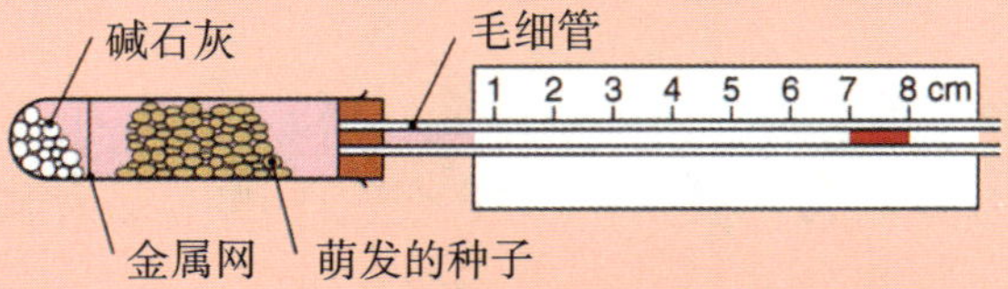

- 你觉得简易呼吸测定仪是怎么工作的呢？
- 碱石灰是做什么用的呢？
- 为什么这个装置需要保持恒温？
- 你如何才能知道不同温度下种子消耗氧的速率？

实验 5.7　更精确的呼吸测定仪

⚠ 需戴护目镜
碱石灰具有腐蚀性

这个装置能够更准确地测量呼吸速率：

将一些米虫或鼠妇放入大试管中。

如图所示，设置好装置的其余部分。小心不要接触碱石灰或让碱石灰碰到大试管中的小动物。碱石灰是有腐蚀性的。

夹紧弹簧夹，看看 30 min 后染色的水会上升多少。

碱石灰可以吸收二氧化碳。

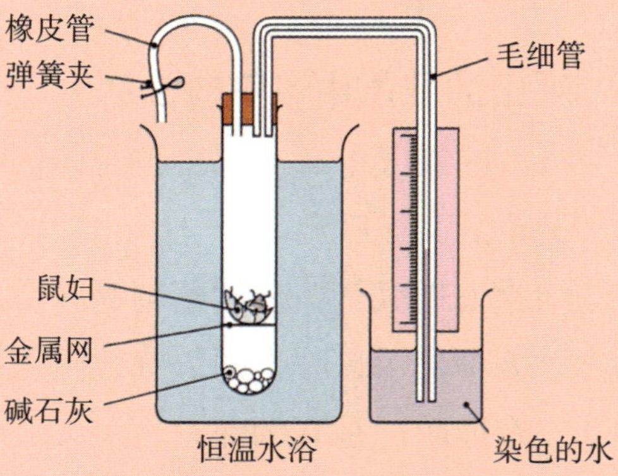

- 你觉得这套装置的工作原理是什么？
- 你能给这个实验设计一个对照组吗？
- 为什么实验中的大试管要保持恒温？

呼吸作用是活细胞中分解葡萄糖、释放能量的过程。
能量的释放每时每刻都在发生。
能量需求越大，呼吸作用的速率也就越高。

呼吸系统

你需要吸入气体以获取氧气，也要呼出气体以排出二氧化碳。

这个过程就叫做**气体交换**。

人体中气体交换是在肺里发生的。

但除此之外，我们的呼吸系统还有其他重要组成部分。

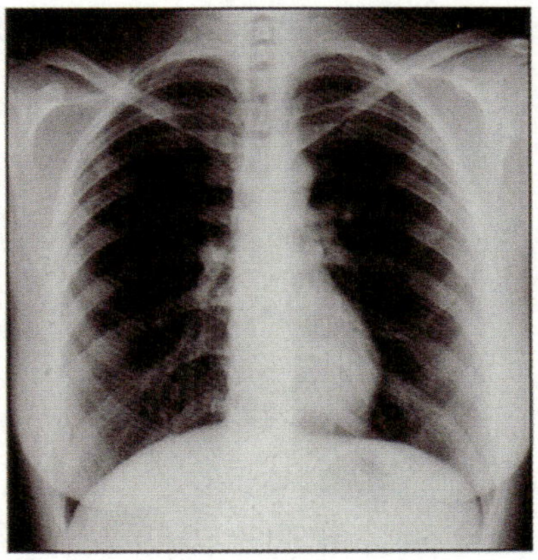

用 X 射线拍的胸片

找找你的肺在哪儿

你觉得肺在身体的什么位置？

肺位于你的胸部或**胸腔**中。

你的肋骨包围并保护着它们。

许多人都意识不到他们的肺有多大。

左右肺叶都和一个橄榄球大小相似。

它们填充了你的整个胸腔。

肺的下面是一片叫做**膈肌**的肌肉。

它把你的胸腔和**腹腔**分隔开。

膈肌和肋骨共同协助你进行呼吸。

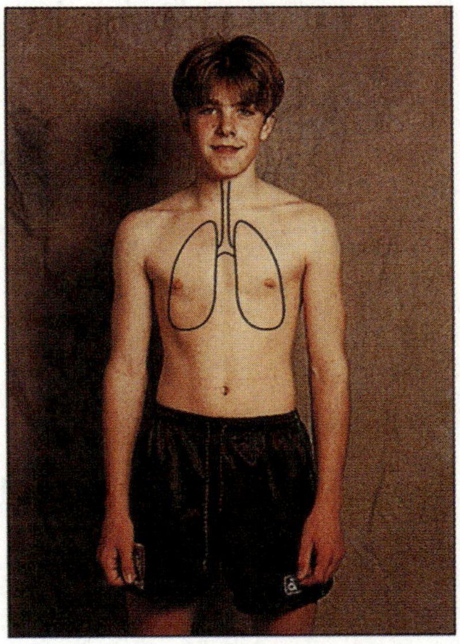

你知道自己的肺在哪儿吗

空气调节装置

空气从鼻子和嘴进入身体。

之后顺着你体内的“送风管”，也就是**气管**，向下传递。

空气到达肺之前先要经过一番处理。

冷的、干的和脏的空气会对肺造成损害，因此先要将空气：

- 加温；
- 加湿；
- 过滤清洁。

鼻腔和气管中的内膜可分泌**黏液**，灰尘和细菌都会黏附在黏液里。

这些内膜细胞上长有细微的**纤毛**。

纤毛摆动将黏液向上推进鼻腔和喉咙。

接着又会发生些什么呢？

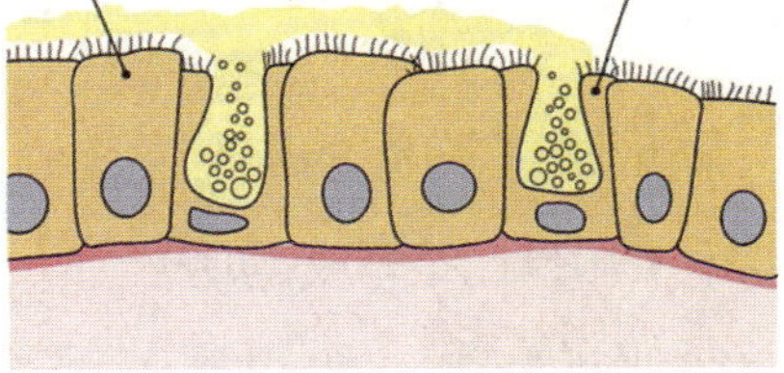

▶ “呼吸系统的功能器官”

进入气管前，空气先要进入**喉**。英文俗称“亚当之果”。摸一摸你能感觉到它吗？

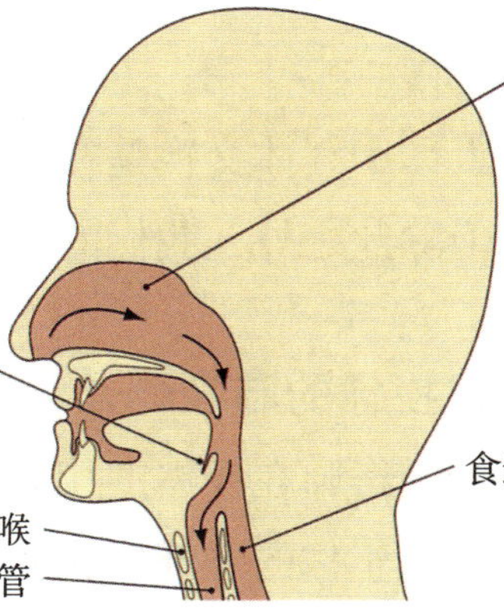

空气进入气管的途径

喉中包含了声带。

当气流冲出声带时，你就可以发出声音。

原理有点像吹口琴。

吞咽和呼吸不能同时进行。

这是因为吞咽时有一块叫做“**会厌**”的软骨瓣会落下来盖住你的喉咙入口处。

这样可以防止食物进入气管。

空气是被吸入你的气管的。

那么为什么气管不会塌陷呢？

气管外有呈C形的环状**软骨**包围，以保持气管的畅通。

气管长得有些像树根，有多层的分支。

分支末端形成的小气囊叫做**肺泡**。

气体交换就是在肺泡里进行的。

肺叶是海绵状的。

它们被**胸膜**包裹。

胸膜会分泌一种润滑液。

在肺和肋骨之间有这样的液体，你觉得会起什么作用呢？

肋骨可以保护肺。

在你呼吸时它们也会跟着运动。

你能摸到牵引肋骨运动的肌肉吗？

这些肌肉叫做**肋间肌**。

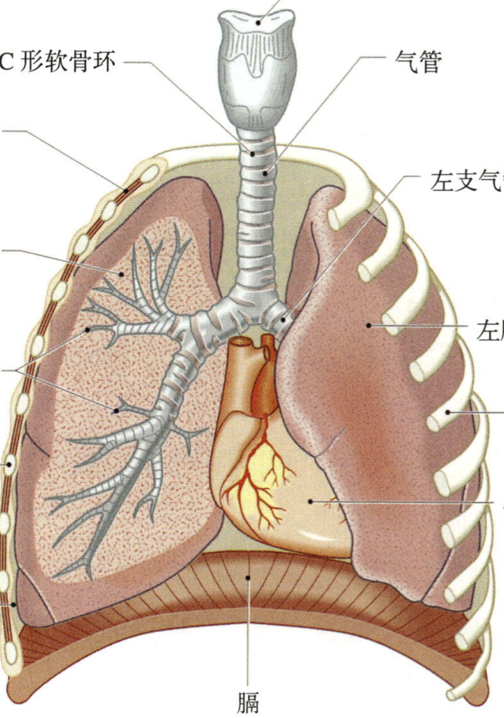

膈形成了胸腔的隔板。

它是由什么构成的呢？

呼吸的时候，膈也跟着运动。

▶ 呼吸

将手放在胸部。

缓慢地吸气再呼气。

你能感觉到肋骨升起又落下吗?

你的肺像一对风箱，将空气吸入又呼出。

肺的运动是由肋间肌和膈带动的。

吸入空气

- 肋间肌收缩。
  肋骨向上向外扩张。
- 膈肌收缩。
  膈被拉平。
- 胸腔体积增大。
  胸腔内压力下降。
- 因为外界气压较高，空气可进入肺。

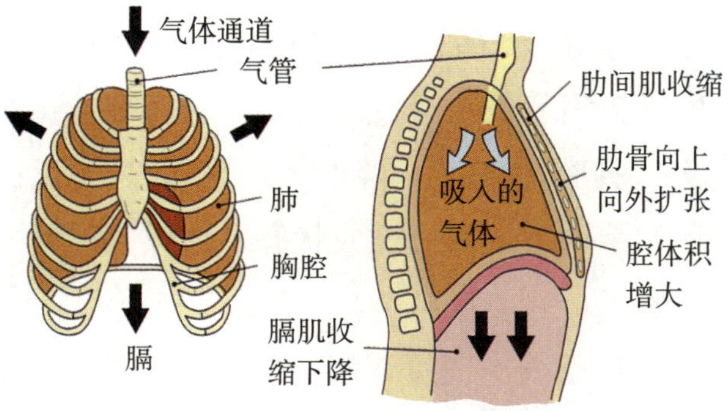

胸腔正面图　　胸腔侧面图

呼出空气

- 肋间肌舒张。
  肋骨向下向内收拢。
- 膈肌舒张。
  膈向上凸起。
- 胸腔体积缩小。
  胸腔内压力上升。
- 因为肺中的气压比外界气压高，空气被从肺中挤出。

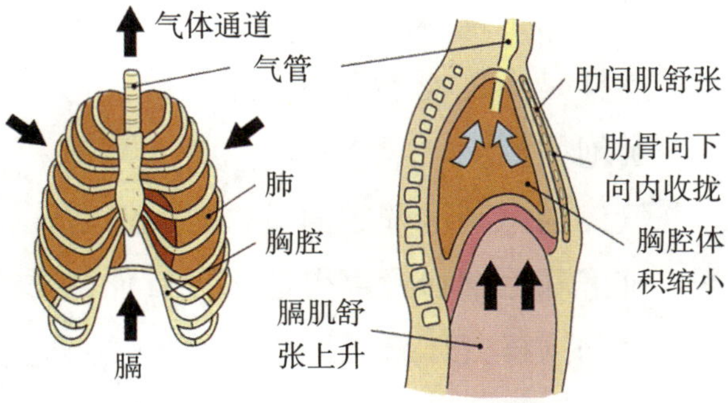

胸腔正面图　　胸腔侧面图

实验 5.8　胸腔模型

使用老师提供给你的模型（如图所示）：

将橡皮膜向下拉，再向上推，重复几次。

注意观察，气球发生了什么变化呢?

- 模型中哪一部分代表：
  a）肺叶；　　b）膈；　　c）肋骨？
- 这个模型有什么缺陷吗?
- 这个模型能体现肋骨的运动吗?
- 肺与肋骨之间真的有这么大的空隙吗?

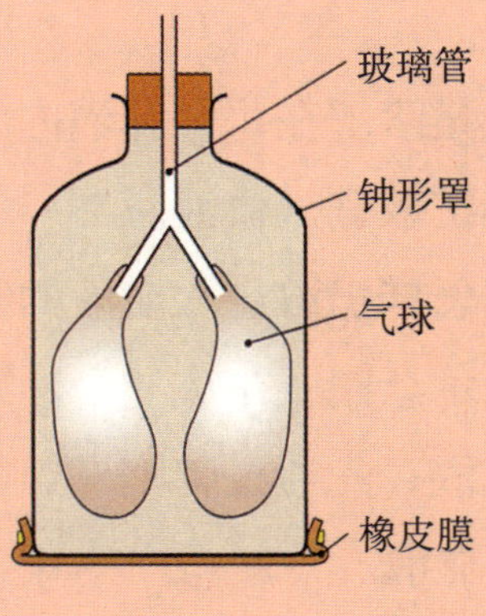

肺的内部结构

要知道气体交换是怎么发生的，就必须了解肺的内部结构。

气管一分为二。

一支就是一条**支气管**。

支气管分别通入左右肺叶。

每条支气管再多次分叉，就形成了许多叫做**细支气管**的小分支。

胸腔内气压下降时，气管和支气管在软骨环的帮助下，保持开放状态，这样气体就可以被吸入了。

每条细支气管连接一串叫做**肺泡**的气囊。

每个肺泡都被毛细血管网所包围。

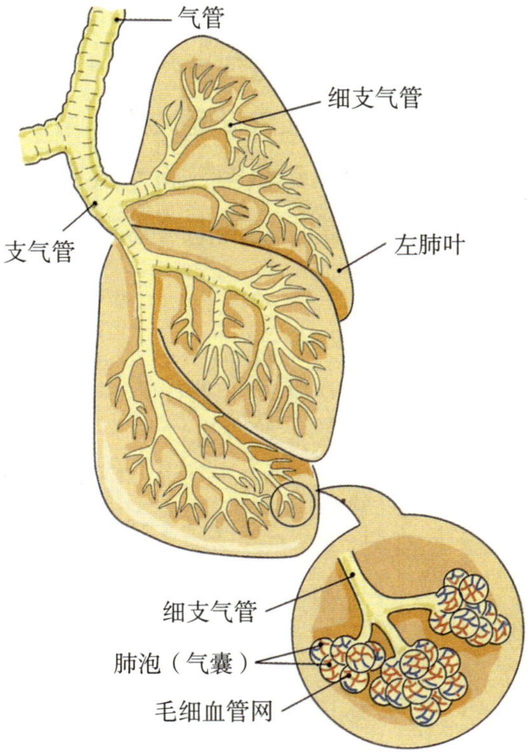

肺泡的壁很薄。

这样是不是便于气体通过呢?

肺泡很湿润。

气体通过肺泡壁之前是否要先溶解呢?

肺泡和毛细血管离得这么近有什么意义呢?

因为这样气体就可以快速地扩散入血液，或从血液中扩散出来。

气体交换

吸入的空气到达肺泡。

空气中含有大量氧。

血液将氧输送到全身，氧是如何进入血液的呢?

氧先是溶解在每个肺泡内的水膜中。

然后**扩散**进入血液。

氧是怎样扩散进入血液的呢?

请看示意图：

氧扩散，先通过肺泡壁，再通过毛细血管壁，进入血液。

毛细血管中含有大量的二氧化碳。

二氧化碳是从哪儿来的呢?

它会向相反的方向扩散吗?

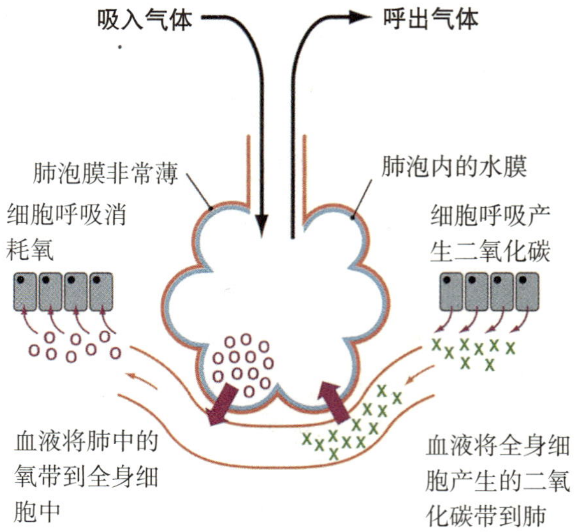

▶ 深呼吸

一个成年人尽全力深呼吸可以吸入大约 5 L 气体。

静息状态下，每次呼吸大约吸入和呼出 0.5 L 气体。

运动时，吸入和呼出的气体大约要增加 3 L。

这样对人的身体有什么意义呢？

如果你有哮喘或其他呼吸道疾病，请不要做下面两个实验。

实验 5.9　测一测你的肺活量

尽力吸气再尽力呼出的气体量叫做**肺活量**。你可以用图中这一装置来测量肺活量：

请一位同学扶住装满水的塑料容器和橡皮管。

尽力吸气，然后向橡皮管中平稳地呼气。

如果你感到气已呼尽就立即结束。

读数之前，要保证容器中水面与刻度线平行。

同学们可以互相比较一下肺活量。

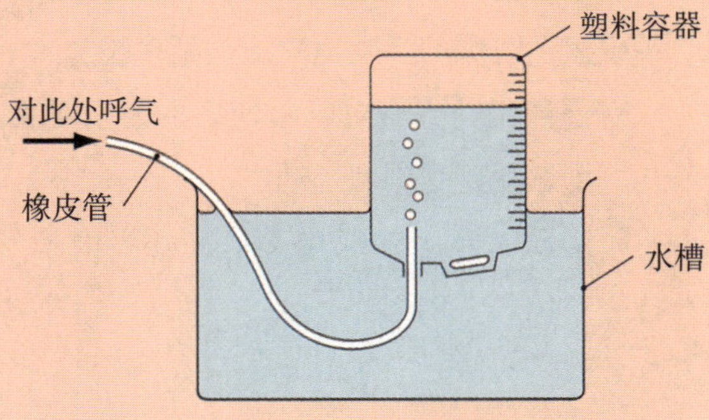

你觉得有哪些因素会影响一个人的肺活量呢？

男性和女性的肺活量有差别吗？

为什么呢？

年龄和健康状况会有什么影响呢？

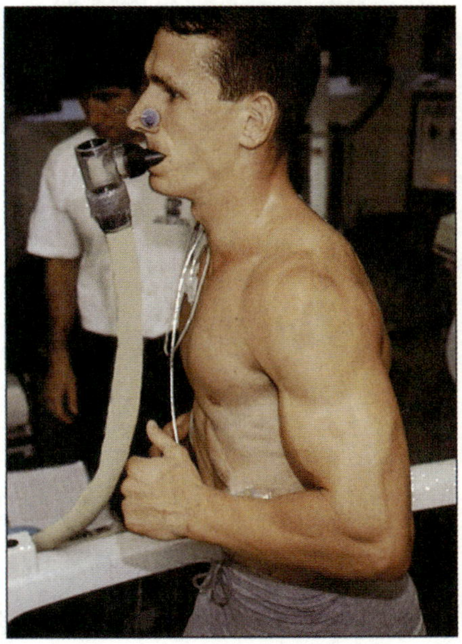

实验 5.10　测一测你的潮气量

你可以用同样的装置测你的**潮气量**。

潮气量就是你在静息状态下一次呼出的气体量。

比较你的潮气量和肺活量。

为什么潮气量比肺活量小这么多呢？

呼吸与运动

静息状态下你每分钟呼吸多少次？

普通人每分钟大约呼吸 16 次。

运动时，你的呼吸速率会怎么变化呢？

运动是如何影响呼吸的

探究 5.11　运动对呼吸速率有什么影响？

设计一个检测运动对呼吸速率影响的探究。

比较轻度运动和剧烈运动的呼吸速率。

蹬台阶是一种较适于检测的运动方式。

- 运动时你的呼吸速率增加了多少？
- 哪种运动方式对呼吸速率的影响更大，轻度运动还是剧烈运动？
- 运动时呼吸的**深度**（单次呼吸的换气量）有什么变化么？

为什么运动时呼吸的速率和深度会增加？

呼吸变化怎么使肌肉获得更多氧？

为什么运动时肌肉需要更多氧？

呼吸变化怎么使肌肉排出更多二氧化碳？

为什么运动时肌肉会产生更多二氧化碳？

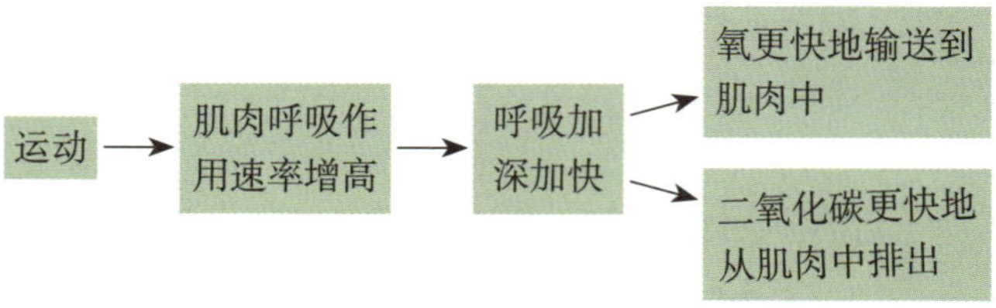

呼吸的控制

呼吸一般是自主进行的。

平时你通常不会有意识地控制呼吸。

那么运动时，身体是怎么让呼吸加快加深的呢？

身体的哪一部分控制呼吸呢？

脑中有特定的部分控制呼吸。

运动时身体产生**更多的二氧化碳**。

流经脑的血液中二氧化碳浓度升高。

脑将这个信号通过神经传导到胸肌，接着引发呼吸加快加深，以降低血液中的二氧化碳浓度。

血液中二氧化碳浓度升高会引起 pH 下降。

运动还会使血液和组织的温度升高，这两个因素也能被脑察觉，引起呼吸加快加深。

▶ 无氧条件下的呼吸

你还记得前面介绍的有氧呼吸吗？

有氧呼吸离开氧就无法进行。

但有时没有氧，呼吸作用也能发生。

我们把它称作**无氧呼吸**（anaerobic respiration）。

微生物参与制作的食物

发酵

许多微生物都能在无氧条件下进行呼吸。

例如，**酵母**（yeast）在有氧和无氧条件下都能进行呼吸。

当酵母在无氧条件下进行呼吸时，称作**发酵**（fermentation）。

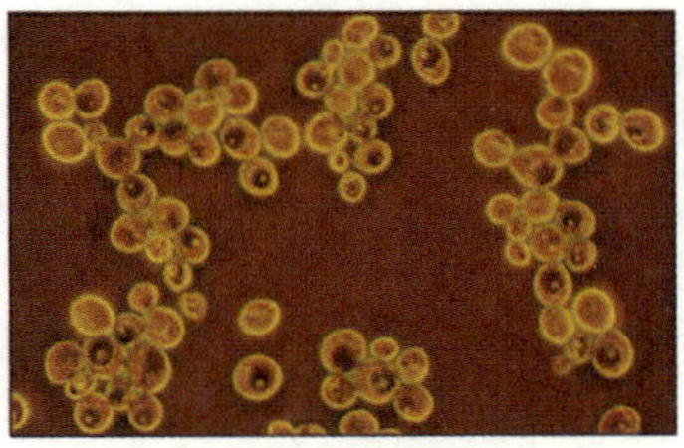

酵母细胞

葡萄糖 ⟶ 酒精 + 二氧化碳 + 能量

发酵有什么用呢？

酵母可用于酿造葡萄酒和啤酒（见第 347 页）。

实验 5.12　发酵

将酵母和 10% 的葡萄糖溶液混合。

按图示装配实验装置：

加入几滴健那绿[①]指示剂。

这种指示剂在缺氧条件下会变成粉色或无色。

- 为什么碳酸氢盐指示剂会变黄？
- 观察到颜色变化需要多长时间？
- 石蜡是用于防止哪种气体进入？
- 健那绿如何能证明没有氧气进入？

针对发酵速率的影响因素设计一个实验。

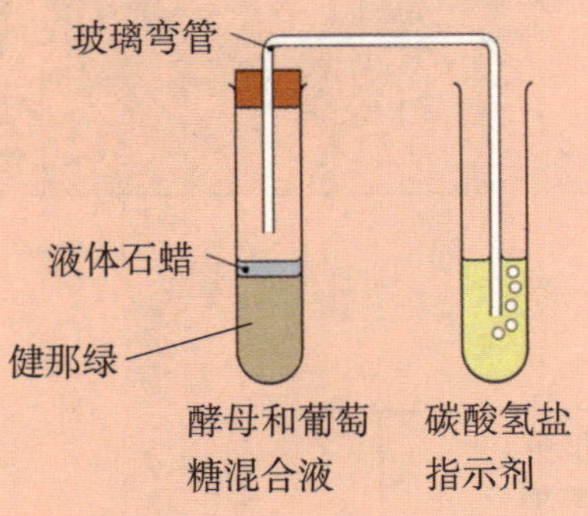

发酵不仅让我们喝的酒里有泡沫，也是使面包膨松的原因。

酵母中含有的酶能将面粉中的糖进行发酵。

实验 5.13　发面

将 20 g 面粉和 1 g 糖在烧杯中混合。

加入 20 mL 酵母混合物，搅拌成糊状。

将面糊倒入量筒。

之后 30 min 内，每 3 min 记录一次面糊体积。

将数据结果绘制成一张线形图。

- 你觉得面是怎么发起来的呢？
- 描述一下这 30 min 内面糊的体积是如何变化的。

设计一个实验探究一下怎么能使面发得更快。

① 健那绿是一种氧化后变蓝的专一性染料。

▶ 肌肉的无氧条件

肌肉需要氧和葡萄糖才能进行呼吸。

血液循环将氧和葡萄糖输送到肌肉。

长期剧烈运动会使肌肉疲劳，不能有效地收缩。

在这种情况下，你的心脏和肺无法及时地向肌肉供应充足的氧，这样一来，肌肉就得进行无氧呼吸了。

在无氧条件下，葡萄糖被分解成**乳酸**（lactic acid）：

葡萄糖 ⟶ 乳酸 + 能量

乳酸会缓慢地使肌肉中毒，到一定程度会引起抽筋。

所以我们必须消除肌肉中的乳酸。

你有没有注意过，在剧烈运动后，我们的呼吸会加快加深？

这时摄入过量的氧是为了分解乳酸。

这部分过量的氧叫做**氧债**。

氧债是在剧烈运动后积累起来的，并且必须马上“还清”。

“我得还我的氧债了！”

短跑运动员的肌肉中会积累乳酸。

他们在百米赛程中往往要屏住呼吸。

跑完之后他们需要摄入大约 7 L 的氧气来消除体内的乳酸。

所以赛后他们要深呼吸以偿还欠下的“**氧债**”。

长跑运动员是无法忍耐乳酸积累的。

他们跑步的速度要慢得多。

在比赛的初期他们体内会积累一些乳酸，但接下来在跑步的过程中，这些乳酸会被消除。

无氧呼吸比有氧呼吸产生的能量要少。

无氧条件下葡萄糖只能部分分解成酒精或乳酸。

酒精和乳酸分子中都仍含有大量的能量。

	释放的能量（kJ/g 葡萄糖）
有氧呼吸	16.1
酵母发酵	1.2
肌肉无氧呼吸	0.8

▶ 生物学的应用：高海拔训练

1968 年奥运会在墨西哥城举行。那里的海拔高度是 2 242 m，这使得那些平时只在低海拔训练的运动员没法获得理想的成绩，尤其在像 10 000 m 耐力赛这样的比赛项目中。

高海拔地区空气中的氧气比较稀薄。

这就意味着血液能带入的氧含量会减少。

身体将会有如下反应：

- 释放脾中储存的红细胞；
- 加速制造红细胞；
- 使血红蛋白更容易向肌肉组织释放氧（见第 84 页）。

在高海拔地区，血液循环中的血红蛋白含量会升高 50% ～ 90%。

这就意味着血液可以输送更多的氧。

在海拔 2 000 ～ 2 500 m，身体需要两周来完成这些变化。

最近的科技发展尝试着把高海拔训练移植到与海平面持平的地区。

缺氧训练室

其中一种尝试是利用**缺氧训练室**，可带来如下好处：

- 减少训练的旅途开支；
- 不用改变气压；
- 不会暴露在强烈紫外线和大量臭氧中；
- 增强向组织供氧的能力；
- 降低心跳速率。

右图显示了喜马拉雅登山队的队员们在为期 110 d 的训练过程中红细胞数量增加的过程。

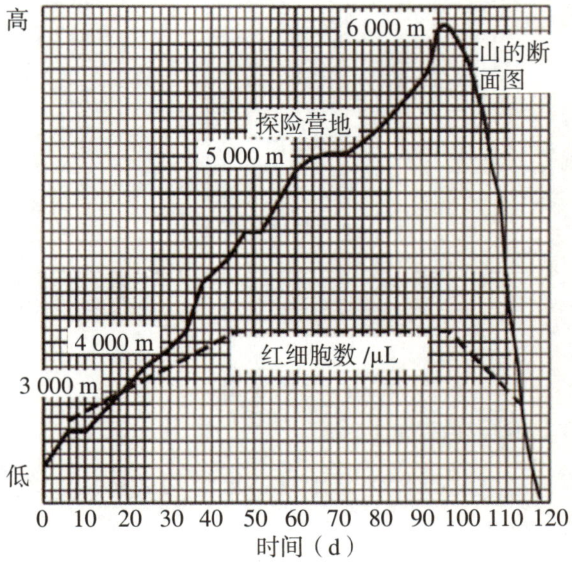

登山队员体内红细胞上升会带来什么好处呢？

红细胞数量达到最高值用了多久？

在海拔 4 000 ～ 6 000 m 这段旅程中红细胞数量没有增加，你能作出解释吗？

小结

- 呼吸作用是分解葡萄糖、释放能量的过程。
- 有氧呼吸消耗氧以释放能量。
- 二氧化碳是代谢废物，必须被排出。
- 呼吸速率可用呼吸计进行测量。
- 空气在进入肺之前先要加温、加湿以及净化。
- 气体交换发生在肺泡中。
- 肋间肌和膈的运动带动呼吸的进行。
- 呼吸速率由脑控制，在运动时会加快。
- 酵母和肌肉都能够进行无氧呼吸。
- 运动中的无氧呼吸会产生氧债，必须把乳酸氧化成二氧化碳和水才能够偿还氧债。

▶ 练习

1. 句子填空：

呼吸作用发生在所有的 ________ 中。呼吸作用的燃料是 ________。它分解释放 ________。产物还包括水和一种叫做 ________ 的废气。当呼吸作用在有 ________ 的条件下发生时，称作 ________ 呼吸。

这样的反应发生在每个活细胞中，具体位置是在一种叫做 ________ 的细胞器中。

2. 看下图的实验装置回答问题：

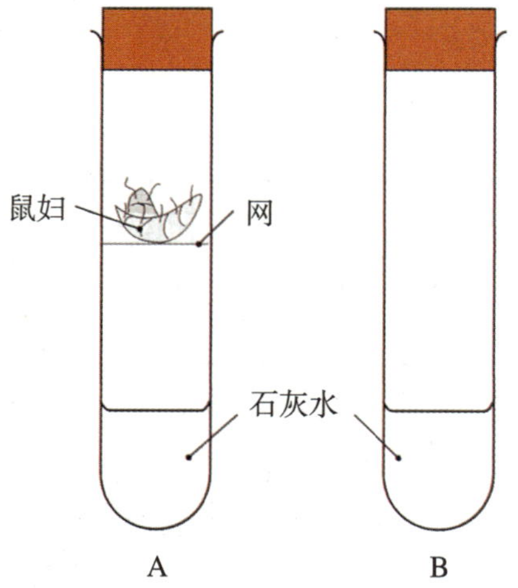

（1）请给实验加个标题。

（2）12 h 后检查 2 支试管，你预期会见到什么结果呢？

（3）为什么要设置试管 B？

（4）如果用碳酸氢盐指示剂代替石灰水，会有什么现象发生？

3. 解释下列现象：

（1）向一块冰冷的窗户呼气时，会生成小水珠。

（2）呼出的空气会比吸入的空气更快地使石灰水变浑浊。

（3）肺泡（气囊）的壁非常薄，表面积很大。

（4）植物在黑暗中释放二氧化碳，但在光照下吸收二氧化碳。

4. 看下面的呼吸计回答问题：

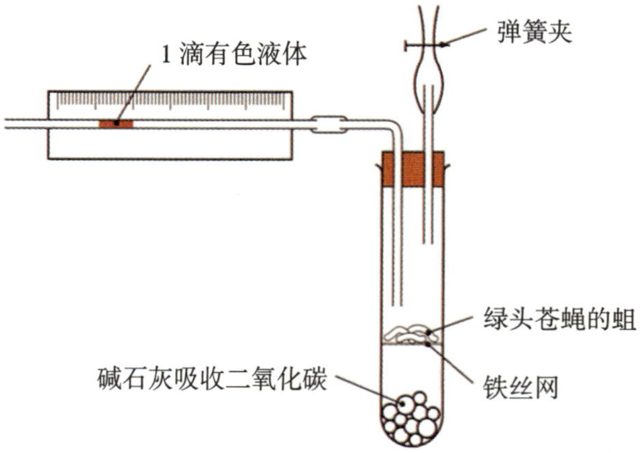

（1）有色液体会向哪个方向移动？

（2）为什么会产生这个现象？

（3）在实验开始时弹簧夹为什么要闭合？

（4）如果给你提供几套图中所示的装置，你怎样探究温度对蛆的呼吸速率的影响？

5. 下图显示了人体的呼吸系统：

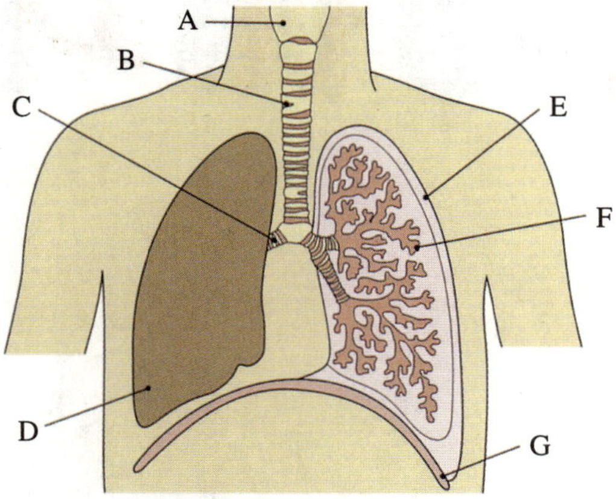

（1）在 A 到 G 处写出正确的名称。

（2）将下列陈述与 A 到 G 所代表的结构对应起来：

① 由肌肉构成的胸腔隔板。

② 各连接一片肺叶的结构。

③ 包含声带的结构。

④ 由软骨环支撑的软管结构。

⑤ 气体交换发生的部位。

⑥ 一层能分泌润滑液的膜。

⑦ 由海绵样组织组成，位于胸腔的结构。

6. 下图显示了肺中的一些肺泡和一些毛细血管。

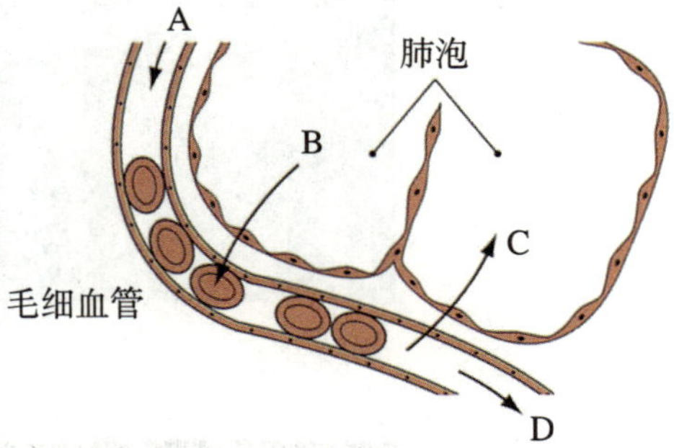

（1）图中哪个箭头表示：

① 高含氧量血液；

② 低含氧量血液；

③ 氧气扩散；

④ 二氧化碳扩散。

（2）写出肺泡结构便于气体交换的两个特征。

7. 为下列各项各写出一个功能：

（1）气管外的 C 形软骨环。

（2）会厌。

（3）胸膜。

（4）气管中的黏液。

（5）膈。

8. 实验装置如图所示：

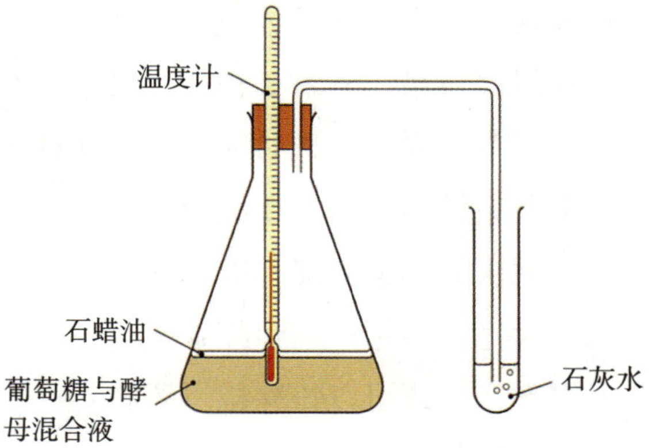

烧瓶保温在 35 ℃，15 min 后石灰水变混浊。

（1）释放出的是什么气体？

（2）这种气体是由什么过程产生的？

（3）为什么烧瓶要控制在 35 ℃恒温？

（4）石蜡油有什么用？

（5）为本实验设计一个对照组。

9. 下表给出了一个运动员腿部肌肉在运动过程中不同时间的乳酸含量：

时间（min）	0	10	20	30	40	50	60	70	80
乳酸含量	0	1	7	12	9	6	3	1	1

（1）根据表中数据绘制一条曲线图。

（2）乳酸含量是何时达到峰值的？给出你的解释。

（3）达到峰值后乳酸含量如何变化？给出你的解释。

拓展习题见第 167 页。

第 6 章 血液与循环

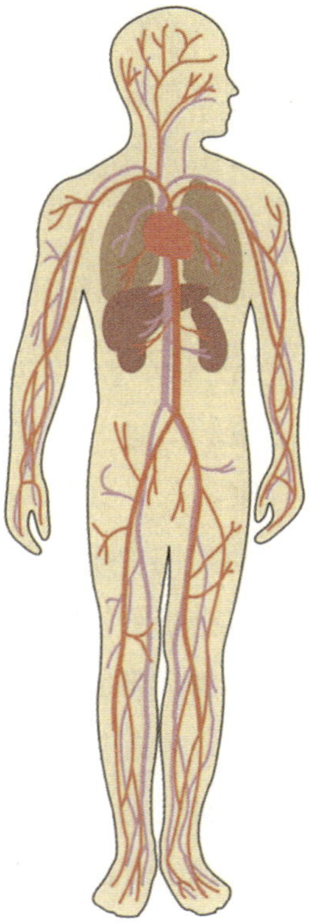

血液通过称为**血管**的管子输送到全身各处。

心和血管共同组成了**血液系统**。

血液沿着血管在身体里不停地循环。

所以血液系统常常又被叫做**循环系统**。

有哪些物质需要通过循环系统送往全身各处呢?

循环系统运输的有用物质包括:

- 氧从肺中运到细胞中;
- 食物从消化道运到细胞中。

循环系统还可以排除以下废物:

- 二氧化碳从细胞运到肺中;
- 代谢废物从肝运到肾中。

循环系统还将其他一些化学物质运送到身体各处，如激素、抗体以及血红蛋白。

关于体积的问题

许多小动物没有血液系统。

像变形虫这样的生物可以直接通过扩散作用获取氧气。

它们的表面积与体积的比值很大。

这样便于物质扩散。

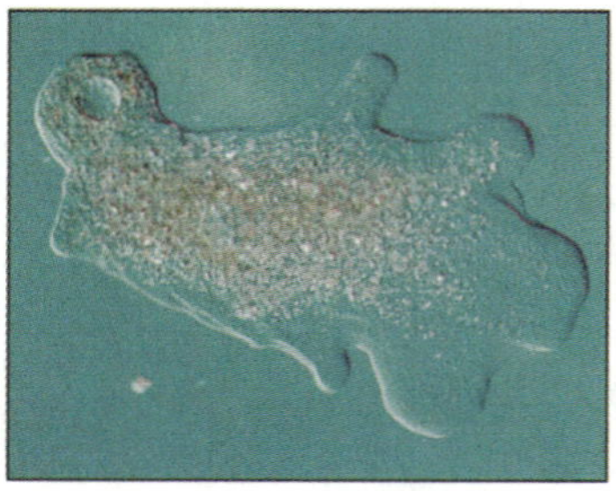

变形虫

较大的无脊椎动物，如涡虫，也没有血管。

它们的身体如此扁平，气体或液体扩散进来或扩散出去都不需要经过很长的路程。

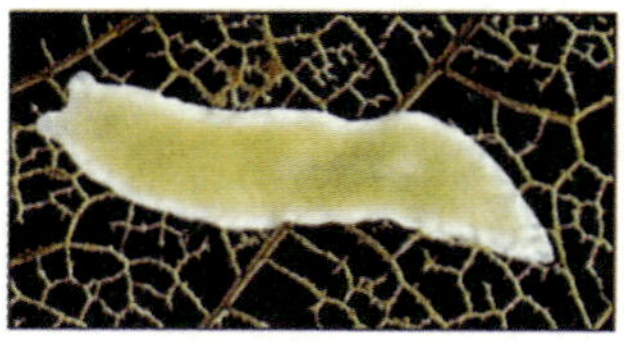

涡虫

为什么我们的身体需要一个运输系统呢?

大型动物不能只依靠扩散作用。

我们的身体太大了，依靠简单的物质扩散进出，无法满足物质运输的需求。

一个氧分子从外面扩散到你的脑中央，得要好几天时间!

因此我们需要一套类似一个泵和许多管子组成的系统，以便更快地将物质运送到身体各处。

循环的过程

血液系统的中心是**心脏**。

心脏的工作是将血泵到全身各处。

血液系统的其他部分是由叫做**血管**（blood vessel）的管子组成的。

血管有两种主要类型。

你还记得它们叫什么吗？

> **动脉将心脏中的血液带往全身各处。**
> **静脉将全身各处的血液带回心脏。**

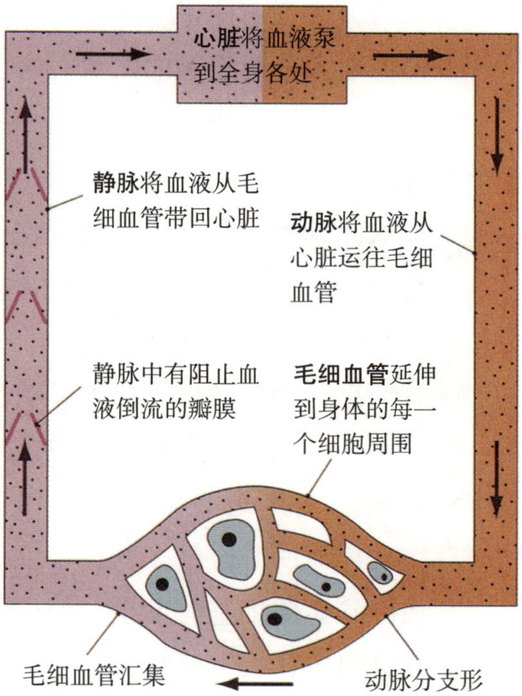

与器官相连的动脉，会有多个分支。

最小的分支叫做**毛细血管**。

毛细血管末端汇集形成静脉。

毛细血管是氧、食物和二氧化碳等化学物质进出血液的场所。

循环系统就像单行道。

血液只能朝一个方向流动。

毛细血管中发生了什么？

动脉多次分支，最细小的分支形成毛细血管。

毛细血管非常细而窄，延伸到体细胞周围。

毛细血管的宽度只能容下一个红细胞。

血液非常缓慢地流过毛细血管，这样才能有足够的时间进行物质交换。

毛细血管壁只有一层细胞那么厚。

氧和食物可以很便捷地从毛细血管进入到细胞中。

二氧化碳和其他代谢废物也可以很容易地进入到毛细血管中。

估计在你的身体中约有超过 80 000 km 长的毛细血管。

这就为物质交换提供了巨大的表面积。

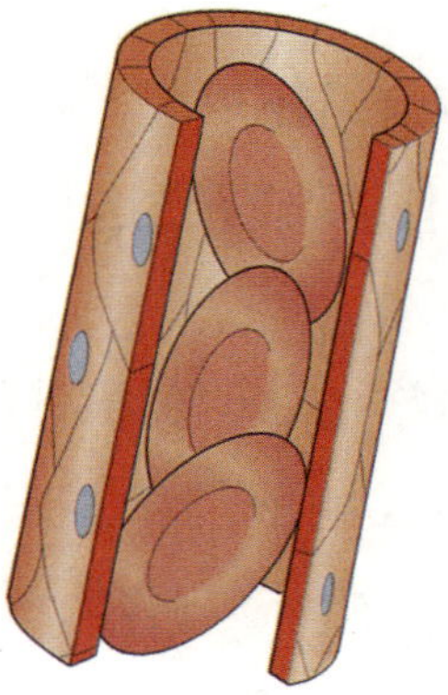

毛细血管中的红细胞

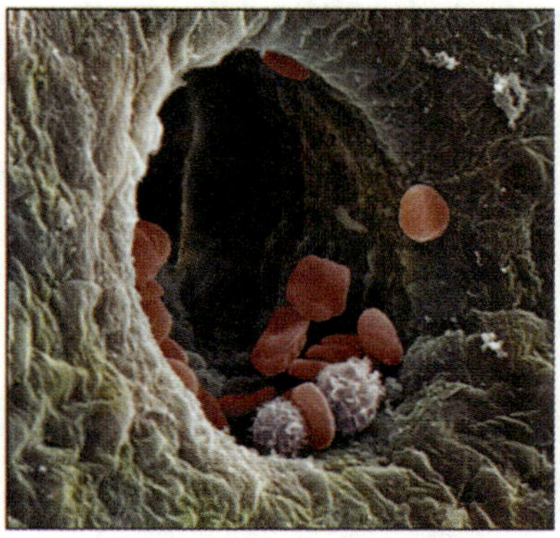

红细胞进入毛细血管的扫描电镜照片

双循环

心脏可分为**左右**两半。

左侧的血液不与右侧的血液混合。

所以你的循环系统也是由两部分组成：

- 血液从右半边心脏泵入肺中，再流回心脏。
  血液流到肺中会发生什么变化？
  它会吸取什么？又会排出什么？
  在肺中血液吸收氧。
  我们把这种血液称为**氧饱和状态**的血液。
  同时二氧化碳也会从血液中排出。
- 血液从左半边心脏泵入身体的其他部分，然后再流回心脏。
  血液到达体细胞时发生了怎样的变化呢？
  它排出了什么？又吸取了什么？
  血液将氧转移给体细胞这个过程叫**排氧**。
  同时，二氧化碳从体细胞进入血液。

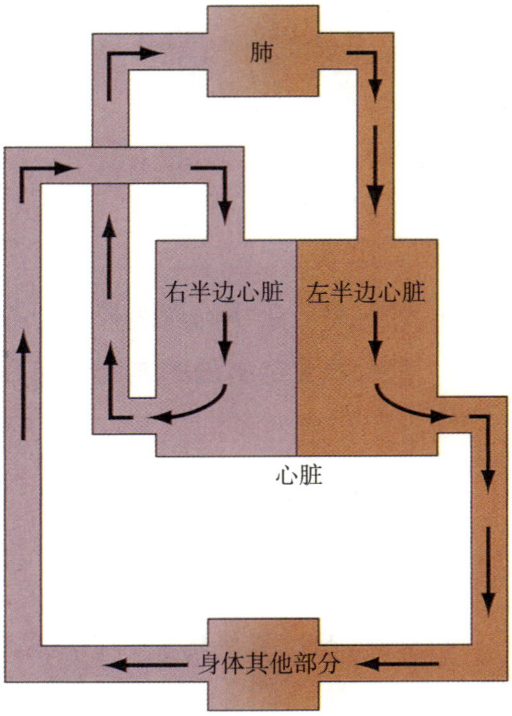

看图思考：

血液在身体内循环一次，经过心脏几次？

这就是为什么我们把这种循环方式称为**双循环**。

威廉姆·哈维是一位英国外科医生。

他结合了自己的解剖学知识，第一次提出了我们身体的“血液循环”路径。

通过仔细的观察和实验，他终于可以解释血液如何在体内循环流动——从左半边心脏的动脉出发，通过静脉返回右半边心脏。

哈维向伦敦的一群外科医生展示瓣膜的运动

1623年他出版了《心脏和血液的运动》一书。书中展示了他通过实验得来的证据，推翻了长期占据权威地位的看法。

哈维也预测到有数以千计的毛细血管将动脉和静脉连接起来，虽然他并未能看见这些微小的结构。

为什么哈维观察不到毛细血管呢？

▶ 动脉

心肌收缩时，将血液压入动脉。

你认为动脉的血压是什么样的呢？

心脏每跳一下，都对血液产生很大压力，泵出的血液沿着动脉流出。

动脉血管壁具有足够的弹性和延展性，能够接收从心脏泵出的血液。

血液进入动脉后，动脉的收缩扩张就推动血液向前流动。

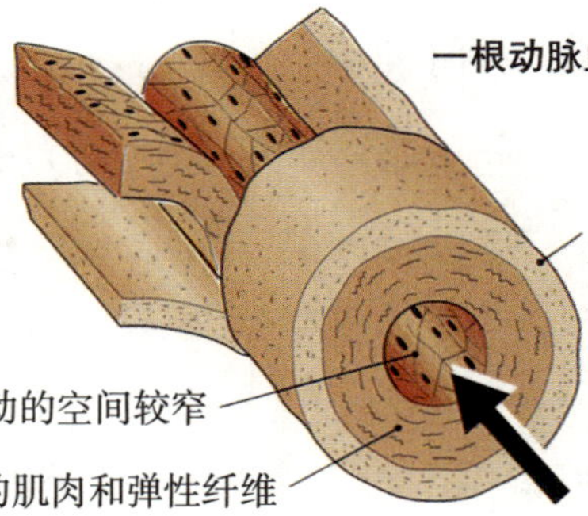

血液流动时，动脉的收缩扩张就形成了**脉搏**（pulse）。

实验 6.1　测一测你的脉搏

你能摸到自己的脉搏吗？

试试找到自己手腕上或颈侧的动脉。

每分钟的脉搏率也就显示了你心跳的快慢。

你的脉搏和别人比起来怎么样？

运动时脉搏率会增大吗？

设计一个研究方案探究各种运动形式对脉搏率的影响。

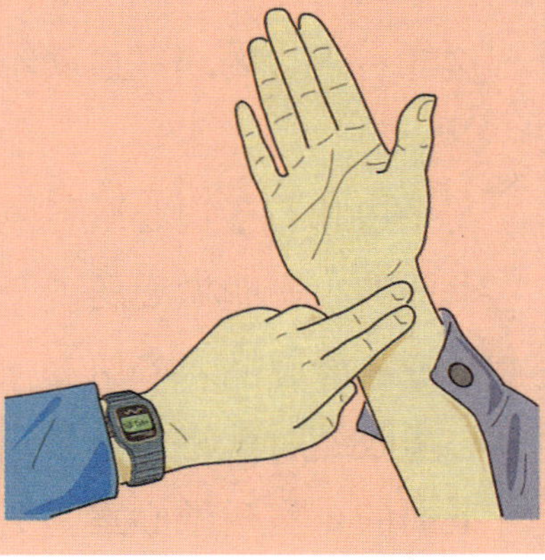

▶ 静脉

毛细血管汇集起来形成静脉。

静脉比动脉要宽，且壁薄。

静脉内的血压要低得多。

血液在静脉中的流动也要慢得多。

在静脉中血液通常是被周围的肌肉挤压推动前行。

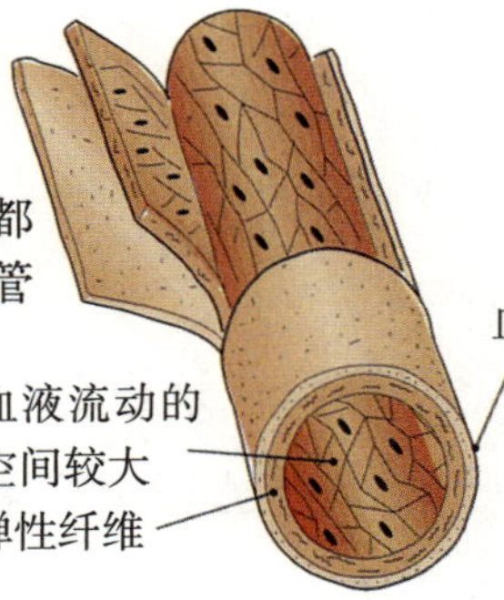

静脉中的血流受**瓣膜**的控制。

瓣膜就像只能朝一个方向打开的两扇门。

如果血液要走回头路，门是开不了的。

瓣膜防止血液倒流。

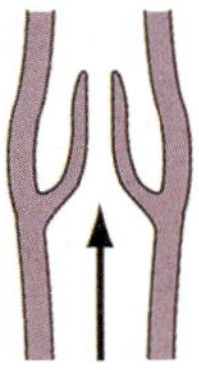
瓣膜打开，血液流向心脏

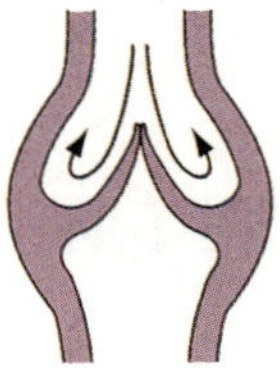
瓣膜合上，防止血液倒流

心脏

心脏基本上全部由肌肉组成的。

它的工作很重要。

它是为全身血液循环提供动力的泵。

心脏大约每分钟跳 70 次——一生如此。

也就是说，心肌是从来不知疲倦的。

双连泵

心脏其实应该算是双连泵。

右半边心脏是一个泵。

左半边心脏是另一个泵。

左半边心脏和右半边心脏是被完全隔开的。

这样右半边的缺氧血就不会和左半边的含氧血混合了。

左半边和右半边心脏各隔成两个小室。

上面的小室叫做**心房**。

血液从静脉灌入心房。

心房收缩时就将血液泵进下面的小室。

下面的小室叫做**心室**。

心室的肌肉壁要厚得多。

心室收缩时将血液泵入动脉。

左右两侧的心房和心室之间各有一对**瓣膜**。

你觉得瓣膜在这里起什么作用呢？

瓣膜的作用是防止心室收缩时血液倒流进入心房。

再想一想，为什么心室的肌肉壁比心房要厚得多呢？

它们泵出的血液需要流经相同的距离吗？

若是不同，为何不同？

左心室的肌肉壁比右心室要厚。

是不是左心室泵出的血液要流得更远呢？

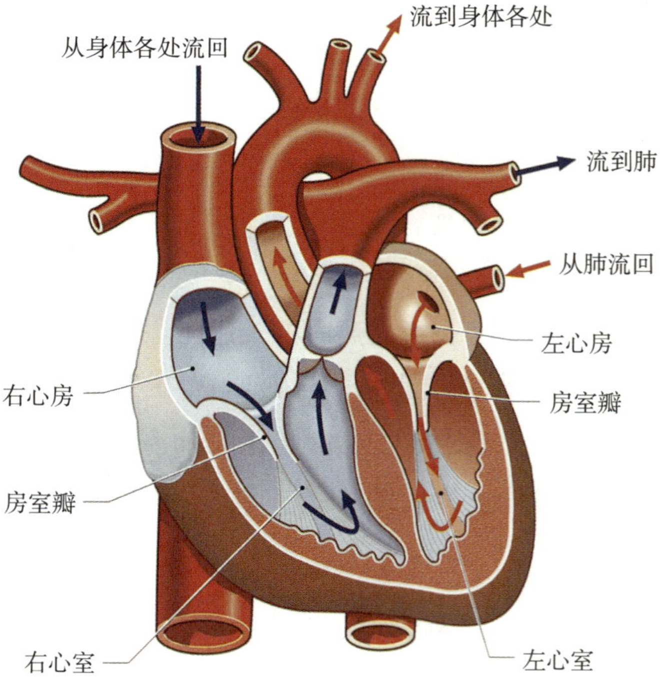

箭头表明血液是如何在心脏中流动的

▶ 心脏的运动

心脏肌肉收缩时向外泵出血液。

当肌肉收缩时，心房或心室变小，将血液挤出。

每次收缩过后，心房或心室就要舒张，此时心脏的腔室重新被血液充满。

和谐一致

心脏的左半边和右半边是全力合作的。

左右心房是同时收缩和舒张的。

左右心室也是同时收缩和舒张的。

心肌舒张阶段称为**心舒期**。

此时血液从静脉流回心房。

心脏收缩的阶段称为**心缩期**。

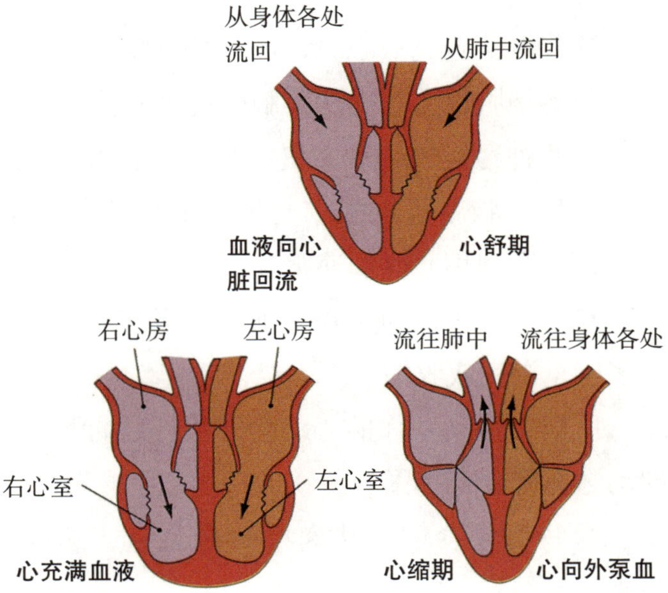

- 首先心房收缩将血液压入心室。
  心房和心室之间的瓣膜在血压的作用下打开。
- 然后心室开始收缩。
  心室中的血液被压入动脉。
  心房和心室间的瓣膜闭合，防止血液倒流回心房。

右心室将血液通过**肺动脉**泵入**肺**中。

左心室将血液通过**主动脉**泵入身体的其他部分。

缺氧血通过**上、下腔静脉**或主静脉返回**右心房**。

含氧血通过**肺静脉**回到**左心房**。

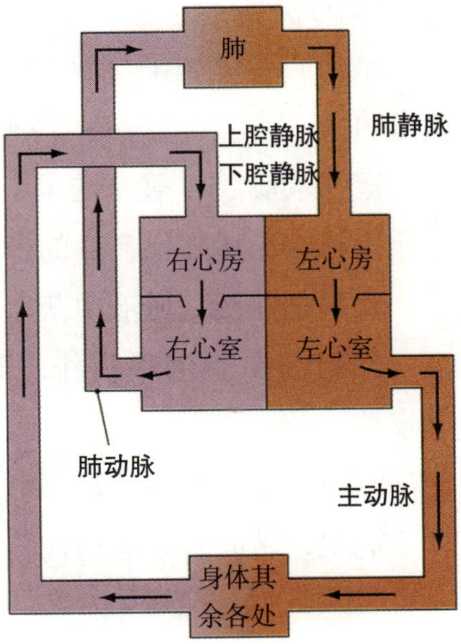

心跳的控制

心脏即使离开身体还会继续跳动！

你认为是什么使心脏跳动的呢？

心跳是由心中的**起搏点**所控制的。

它是由位于右心房的一簇细胞组成的。

起搏细胞将电信号发送到心肌。

这些电信号刺激心肌，使心脏收缩。

起搏细胞也可接受从大脑中传来的信息。

一些神经能使心跳减慢，另一些神经会让心跳加快。

这样大脑就可以根据身体需要来调节心率了。

什么会使你心跳加速呢？

在运动中你的肌肉需要通过呼吸作用产生更多能量以完成收缩。

所以在运动中你的心跳会加快，通向肌肉的动脉血管也会**扩张**。

这些变化会增加肌肉中的血流量，这样一来：

- 葡萄糖和氧的供应量就会增加；
- 排出二氧化碳的速度也会增加。

有规律的运动有助于心脏健康

心的供血

虽然心中充满了血液，心脏自身也是需要供血的。

冠状动脉将含氧血送至心肌。

为什么心肌需要良好的供氧？

心肌还需要从血液中获得什么？

心肌需要利用呼吸作用释放的能量来完成收缩。

呼吸作用需要葡萄糖和氧。

冠状动脉向心肌运送葡萄糖和氧。

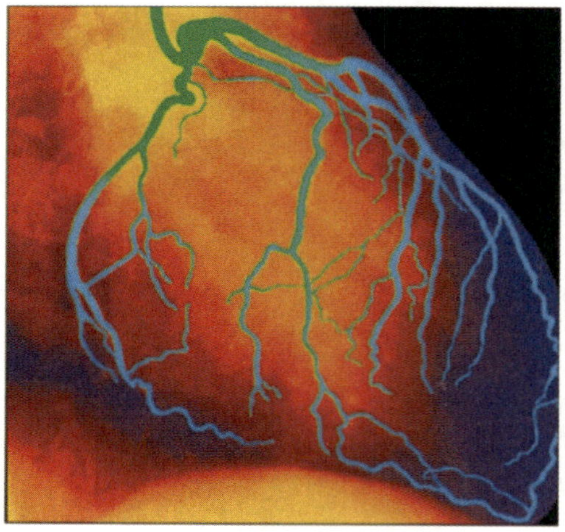

冠状动脉造影

▶ 心脏病

如果冠状动脉堵塞会发生什么情况呢？

心肌的氧供给就会被切断。

就会引起**冠心病发作**。

如果心肌长期缺氧就会坏死。

如果心肌受损面积过大，人就会死亡。

不过许多人在心脏病发作后都能存活下来，这靠的是治疗，以及生活习惯的调整。

英国因**心脏病**死亡的人数占总死亡人数的四分之一。

心脏病是发达国家中年男性的头号杀手。

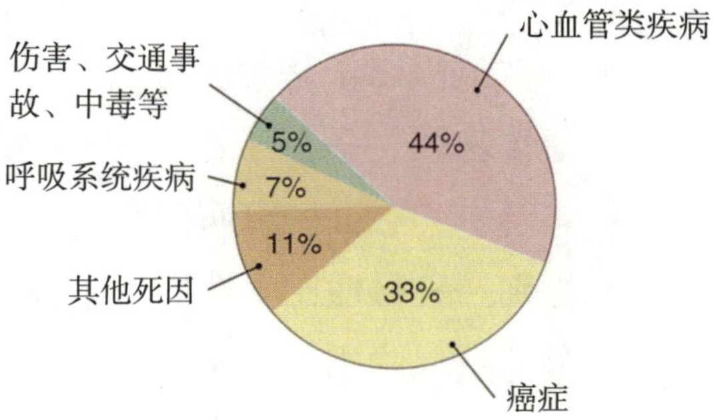

英国 75 岁以下人群死因统计
（总死亡人数 =267 500）

血流受阻

健康动脉血管的内壁是光滑的。

血液可以很顺畅地流动。

有一种叫做胆固醇的化学物质，可由肝产生或通过饮食进入身体，并黏附在血管内壁上。

这会导致动脉血管变窄，血流变慢。

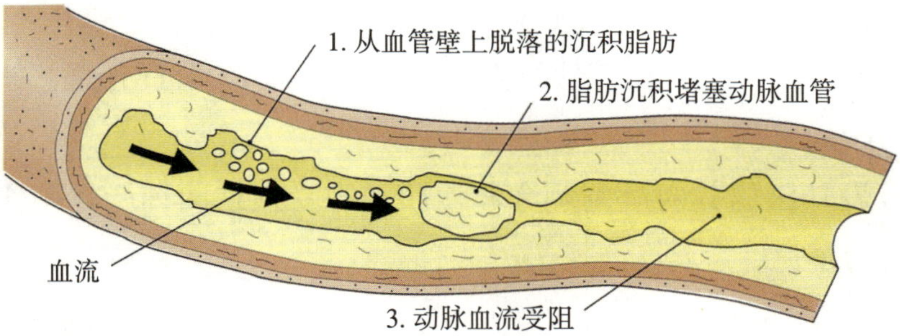

动脉血管壁会变得粗糙，从而引起血液凝聚以及血管堵塞，即**血栓症**。

冠状动脉血管变窄可引起严重问题：

- 如果冠状动脉部分堵塞会引起胸部疼痛，在运动或情绪激动加重心脏负担时，症状表现尤为突出，这种症状叫做**心绞痛**。病因是心肌无法获得足够的氧。

心绞痛是心对患者的一种警告。

- 冠状动脉完全堵塞或血栓会引起心脏病发作。
  氧气供给完全被切断，这会引起胸口剧烈疼痛。
  受影响的部分心肌将会坏死。

心脏可能完全停止跳动——这种情况称作**心搏停止**。

如果心脏不能在数分钟内恢复搏动，人就会死亡。

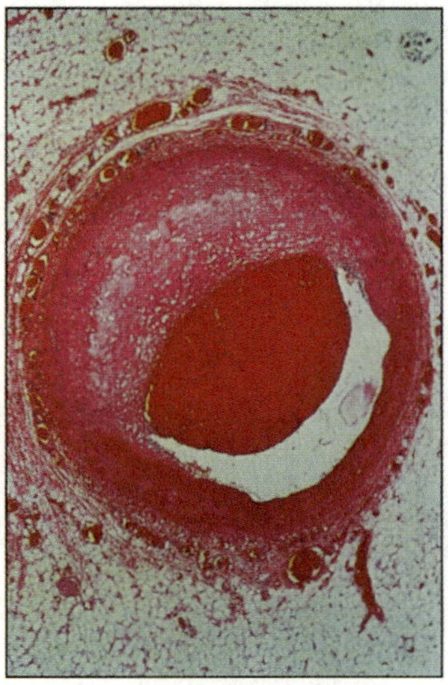

被堵塞的动脉血管横截面图

引起心脏病的风险因子

此类风险因子是指能增加患心脏病概率的因素。

有一些风险因子是无法避免的：

- **遗传基因**——心脏病常有家族病史；
- **年龄**——心脏病患病概率随年龄攀升；
- **性别**——男性比女性更易患心脏病。

另外一些风险因子是可以控制的：

- **吃油腻食物**——会增加血液胆固醇含量；
- **体重超重；**
- **抽烟；**
- **运动太少或不运动。**

预防心脏病

- **注意饮食：**
  ——多吃禽类和鱼类（脂肪含量较低）；
  ——少吃红肉；
  ——少吃油炸食品；
  ——多吃新鲜水果和蔬菜。
- **有规律地做运动。**
- **不要抽烟。**

他汀类药物是 20 年前发明的治疗心脏病的药物。

多年的研究证明，这种药物能够使心脏病死亡率下降 28 个百分点，使非致死性心脏病概率下降 31 个百分点。

这种药物的开发却因为其对肝的刺激和使肌细胞受损这两种严重副作用而受阻，不过这两种副作用都较为罕见。

实验 6.2　解剖绵羊心脏

观察一个剖开的绵羊心脏。

（解剖时在心上纵向划两刀，一刀贯穿左心房和左心室，另一刀贯穿右心房和右心室。）

注意观察心各部分壁的厚薄差异。

如果血管完整，看看能否分辨出不同血管。

在心表面寻找冠状血管。

观察心内壁，寻找：

- 心房和心室之间的瓣膜；
- 肺动脉和主动脉基部的瓣膜。

将流水逆着瓣膜方向注入心脏。

瓣膜会打开吗？这对心脏有什么作用？

实验完毕后用肥皂彻底洗净手。

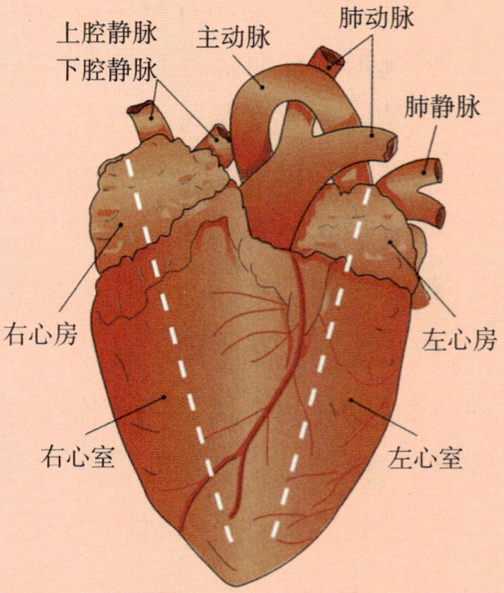

▶ 血液

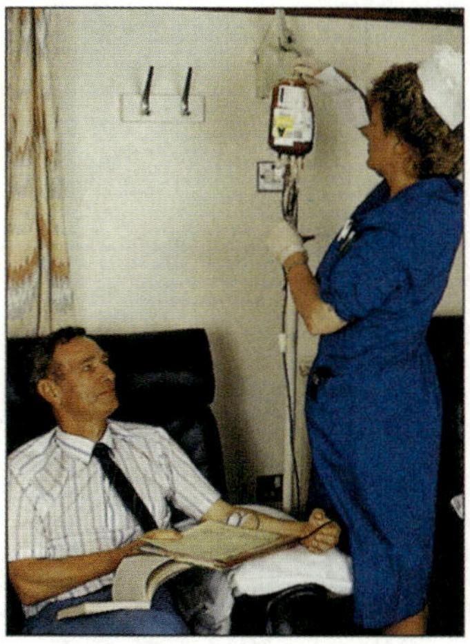

人们发生事故或动大手术时常大量失血。
血液对于我们的生命是至关重要的。
失血过多必须尽快补充。
这时病人需要接受**输血**（blood transfusion）。
（关于输血的更多信息见第 89 页。）
为什么血液对人如此重要呢？
血液的重要性体现在以下两方面：

- 血液将物质从身体的一部位运至另一部位；
- 血液有防御疾病的作用。

血液的组成

你的身体中大约含有 5 L 血。
大概是一桶的量。
血液看上去像一种红色的液体，但实际上成分要复杂得多。
如果你将一管血液静置一段时间，会出现什么现象呢？
观察图中盛有血液的试管：
你能看出其中一支已经分成两层了吗？

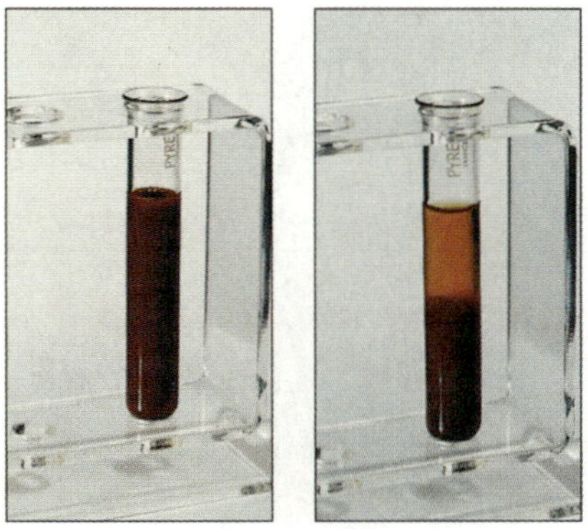

- 上层黄色液体叫做**血浆**。
  血浆主要由水和其中溶解的化学物质组成。
  这些化学物质包括：
  ——食物，如糖、氨基酸、维生素和矿物质等；
  ——代谢废物，如尿素；
  ——血清蛋白，如抗体；
  ——激素（控制各种生命活动的化学物质），如生长激素。
- 试管底部有细胞沉淀出来。
  血细胞主要有 3 种类型：
  ——没有细胞核的红细胞。
  红细胞中含有一种叫做**血红蛋白**（haemoglobin）的红色物质，因此呈红色。
  ——有细胞核的**白细胞**（white blood cell）
  白细胞主要有两种：**淋巴细胞**（lymphocyte）和**吞噬细胞**（phagocyte）。白细胞不含血红蛋白，所以不呈红色。
  ——**血小板**（platelet）是细胞碎片。

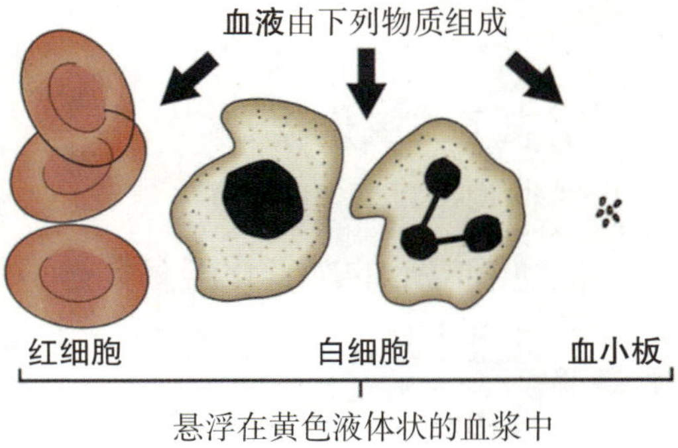

▶ 红细胞

每一滴血液中大约有 100 万个**红细胞**（red blood cell）。

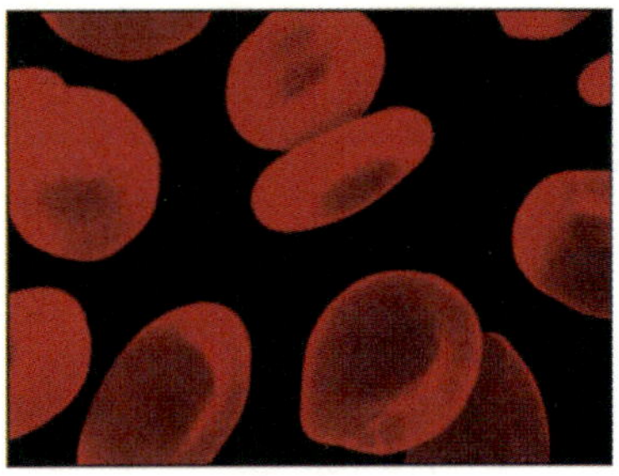

红细胞是在骨髓中生成的。

红细胞负责氧的运输。

它们的形状与功能有什么关系呢？

红细胞像一个中间凹陷的圆盘。

它们的表面积与体积的比值较大。

这有助于它们吸收大量的氧。

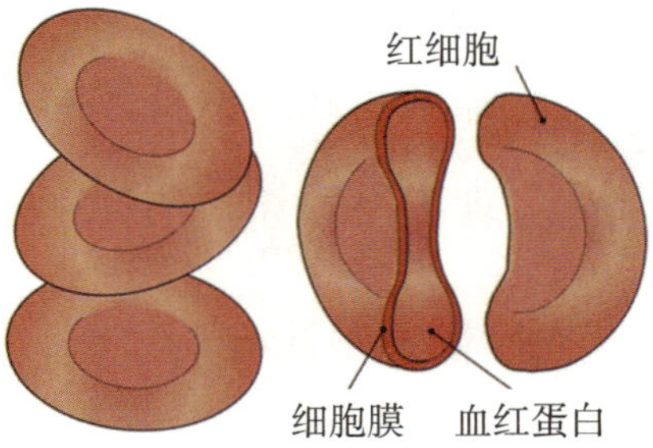

红细胞没有细胞核。

细胞质中充满了**血红蛋白**。

血红蛋白是一种含铁的特殊蛋白质。

你必须从日常饮食中摄取足够的铁，才能保证你的红细胞中含有足够的血红蛋白。

血红蛋白很容易和氧结合。

结合后生成**氧合血红蛋白**。

血红蛋白 + 氧 ⟶ 氧合血红蛋白

看图并思考：

氧合血红蛋白是在哪个部位合成的？

氧合血红蛋白会在什么部位分解成氧和血红蛋白？

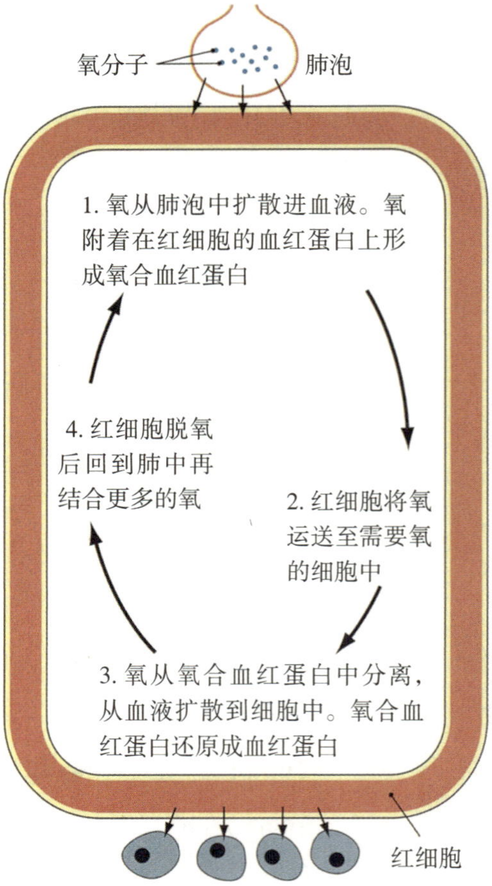

演示 6.3　气体在血液中的运输

老师会提供一些可以安全使用的血液。

在两只大试管 A 和 B 中倒入等量的血液。

向管 A 中通入氧气，向管 B 中通入二氧化碳。

- 为什么管 A 中的血液会变成亮红色？
- 管 B 中的血液含氧量较低吗？

接下来向管 B 中的血液通入氧气，向管 A 中的血液通入二氧化碳。

解释你所观察到的现象。

操作完成后请用肥皂洗手。

别忘了二氧化碳！

红细胞也能携带一些二氧化碳。

但血液携带的二氧化碳多数是溶解在血浆中的。

你觉得二氧化碳是从哪里进入血液的呢？

二氧化碳又是在哪里离开血液的呢？

▶ 白细胞

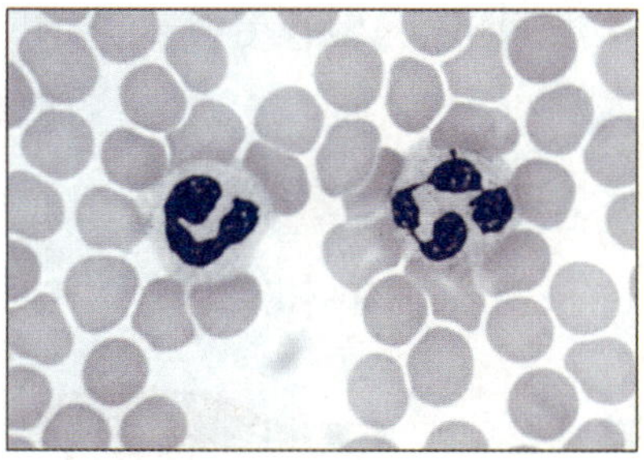

白细胞与疾病作斗争。

白细胞比红细胞的数量少。

它们的模样也大不相同。

你能看出它们有什么不同吗？

白细胞不是圆盘形的，它们没有血红蛋白，但有细胞核。

和红细胞一样，白细胞也在骨髓中生成。

其职责是保护机体，消灭进入血液的病原体。

白细胞根据行使职责的不同可分两种。

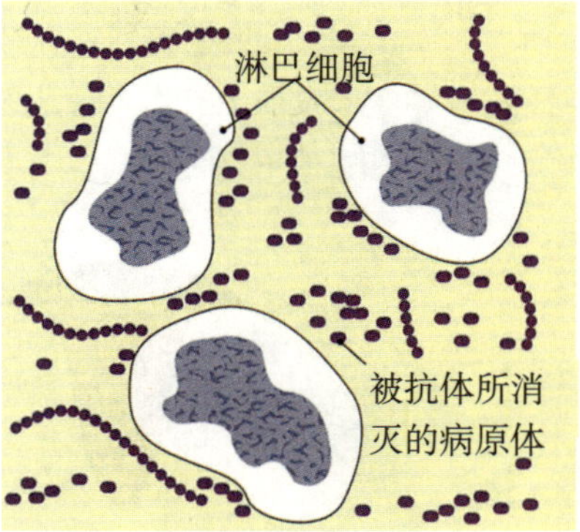

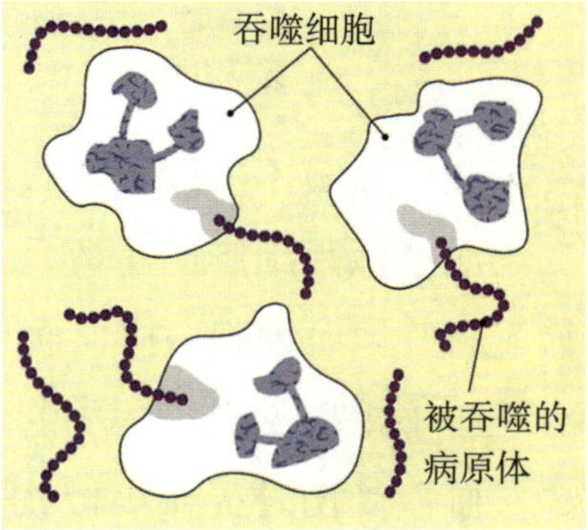

淋巴细胞

当细菌或病毒进入体内时，白细胞立即发现有不能识别的“陌生人”。

淋巴细胞会产生叫做**抗体**（antibody）的物质。

抗体用以下方式攻击病原体：

- 黏住病原体；
- 溶解病原体；
- 破坏病原体分泌的毒蛋白。

在你生病之后，抗体就存在于你的血液中。

抗体的存在使你对这种疾病产生**免疫**（immune）。

每种致病菌都对应一种特殊的抗体。

第 10 章讲到免疫时会详述这个过程。

吞噬细胞

又叫“吃细胞的细胞”。它们可以将致病菌吞到自己的内部，将它们杀死并消化掉。

当病原体入侵时，白细胞向它们靠拢。

白细胞可从毛细血管壁中挤出。

实验 6.4　制作血液涂片

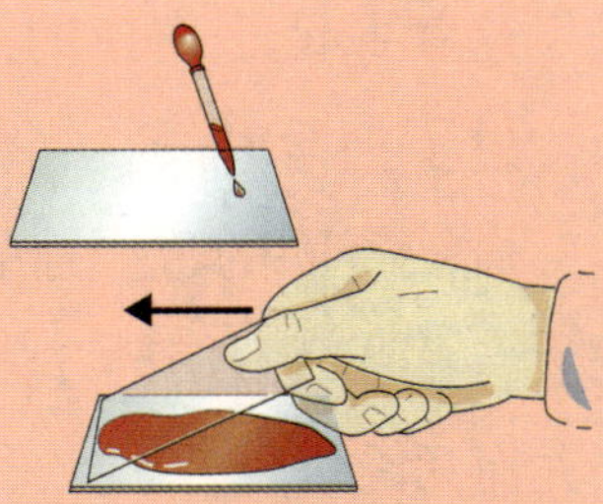

老师会为你提供一些可安全使用的血液。

在一块玻片的末端滴上几滴血液。

用另一玻片将血液均匀涂在该玻片的表面。

这就做成了一张**血液涂片**。

等血液涂片干透，在涂片上滴几滴里斯曼氏染色剂。5 min 后将染色剂洗掉。

玻片晾干后，放在显微镜下观察。

识别两种白细胞并将它们绘制下来。

实验完成后，将玻片放入装有消毒剂的烧杯中，并用肥皂洗手。

血液凝固

我们不小心受伤时会流血。

流出的血不久就会变得黏稠，血就止住了。

黏稠的血形成了一个**血凝块**。

这是血液和疾病作斗争的另一种方式。

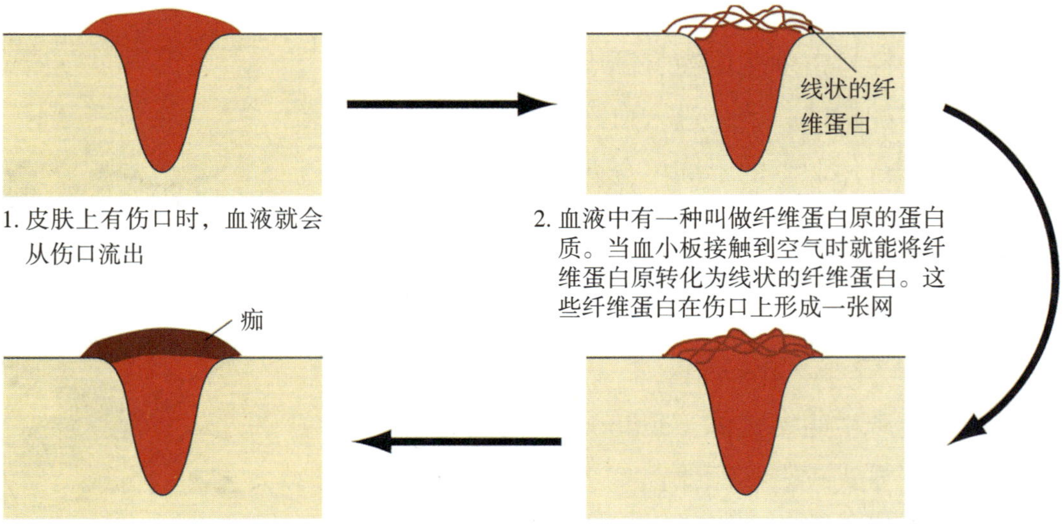

1. 皮肤上有伤口时，血液就会从伤口流出

2. 血液中有一种叫做纤维蛋白原的蛋白质。当血小板接触到空气时就能将纤维蛋白原转化为线状的纤维蛋白。这些纤维蛋白在伤口上形成一张网

3. 红细胞陷在网中形成血凝块，将伤口密封起来

4. 血凝块变干后，形成痂。新的皮肤在痂下生长起来

如果血液不凝固，不仅会失血过多，也会给病原体乘虚而入的机会。

血小板是细胞的小碎片。

和其他血细胞一样，血小板也是在骨髓中生成的。

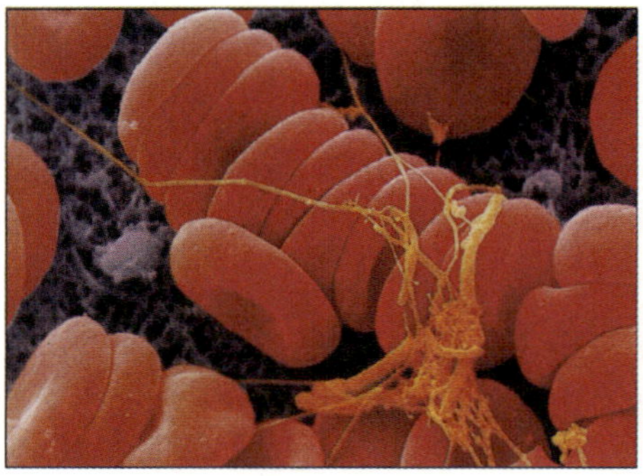

红细胞陷在线状纤维蛋白中

血小板在凝血过程中起非常重要的作用。

血管受伤时，血小板就开始发挥作用。

它们能将**纤维蛋白原**转化为**纤维蛋白**。

纤维蛋白原是血浆中的一种可溶性蛋白质。

纤维蛋白呈线状，可交织成网状结构。

红细胞陷入这样的网状结构就会形成血凝块。

血凝块变硬后就形成痂。

这就保证了伤口的洁净。

过了一段时间，当伤口处的皮肤愈合，痂就脱落了。

血液凝固的过程需要一些化学物质的参与。

有些人无法产生这个过程中需要的某种化学物质。一旦受伤，血液就不容易凝固，造成失血过多。

血友病（haemophilia）就是这样一种疾病。

患者无法产生凝血过程中需要的一种叫做凝血因子Ⅷ的化学物质。

在深部静脉血栓症（DVT）中，有时会形成血凝块。华法林阻凝剂和肝素等化学物质能够“使血液变稀”，防止血管中形成血凝块。

▶ 物质的循环

血液在你的身体中运送各种物质。

让我们回顾一下血液所运输的物质及其去向：

运输的物质	去　向	方　式
氧	从肺运到身体其余各处	由红细胞承载
二氧化碳	从身体各处到肺	溶于血浆
被消化和溶解了的食物	从消化道身体各处	溶于血浆
尿素	从肝到肾	溶于血浆
激素	从分泌激素的腺体到身体各处	溶于血浆
热量	从肝和肌肉到身体各处	血液各组分共同承载

这些物质都是怎么进出血液的呢？

毛细血管处发生的交换

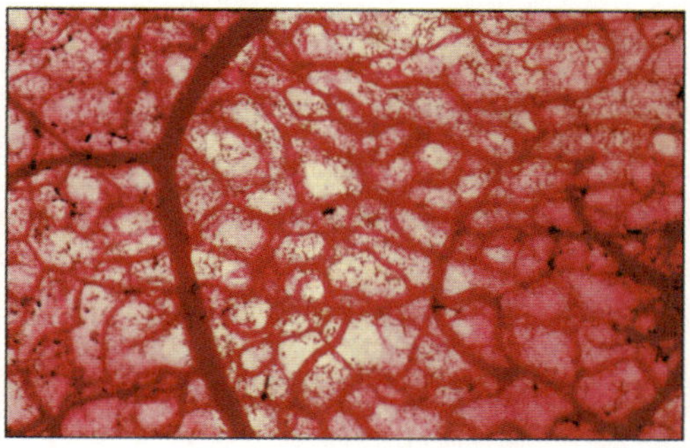

毛细血管是最小的血管。

关于毛细血管，你还知道些什么？

毛细血管有以下一些特点：

- 毛细血管壁非常薄；
- 毛细血管表面积很大；
- 毛细血管离体细胞很近；
- 毛细血管内血液流动得非常缓慢。

这些特点都有利于物质进出毛细血管。

试试看你能不能解释上述特点对物质进出毛细血管有什么帮助。

组织液

血浆可从毛细血管壁中渗出。

渗出的血浆包围着体细胞。

我们称这种液体为**组织液**（tissue fluid）。

组织液帮助物质**扩散**进入细胞，同时也能帮助物质从细胞中**扩散**出来。

有用的物质从组织液进入细胞。

什么是有用的物质呢？

代谢废物从细胞中进入组织液。

代谢废物包括什么呢？

大部分组织液又会返回毛细血管。

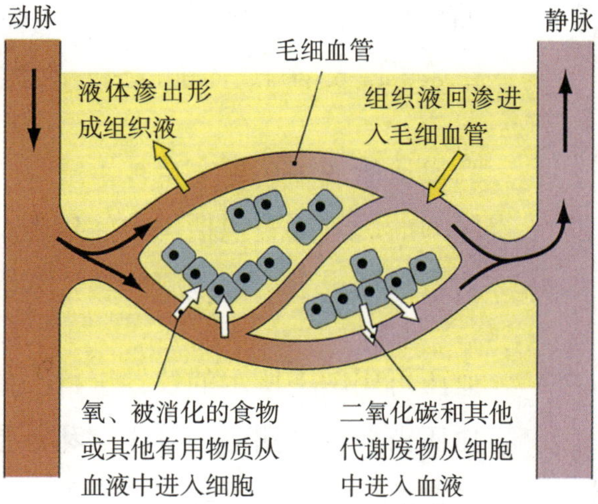

生物学的应用：人工起搏器和血压

人工起搏器

疾病和衰老都会影响心脏的起搏点。
起搏功能受影响，心跳会变得过慢。
人工起搏器是仿照心脏中起搏点的工作原理研制的。

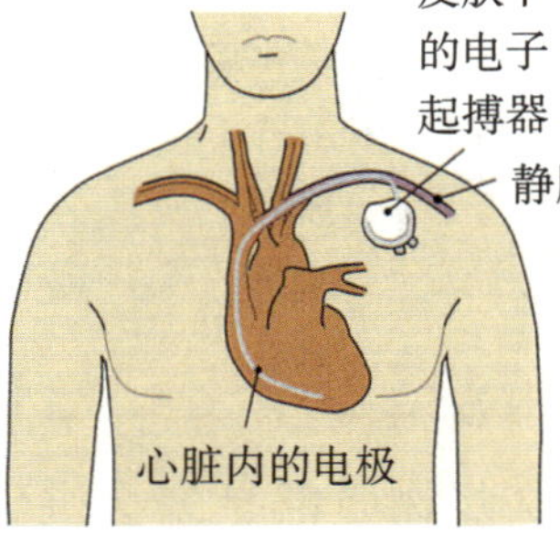

通常人工起搏器由一个脉冲发生器和两个电极组成。
起搏器可被植入患者皮肤下的胸腔壁上。
电极通过一条静脉将右心房和右心室连接起来。
电极可感知心肌的电活动。

如果心脏停跳一次，人工起搏器就会产生微小的电脉冲。
这种电脉冲能刺激心房和心室，引起心肌收缩。

血压

心脏向外泵血时，会在动脉血管中形成较高压力。
这种压力叫做**血压**。
心跳加快或血管变窄都会使血压升高。

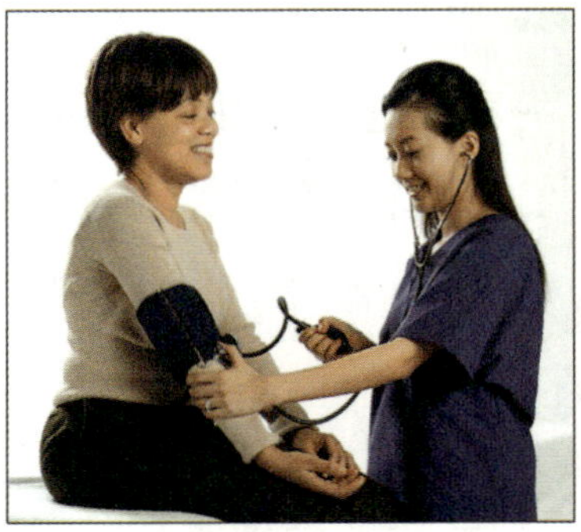

测量血压

持续性的高血压是有害的。
高血压会增加心脏负担，使心脏劳累过度。
高血压也能引起血管破裂。
如果脑血管发生破裂，会引起**中风**。
中风可使人偏瘫，不能说话。严重的中风可以致死。

高血压的成因还未完全被了解。
已知的影响因素包括压力、焦虑、暴饮暴食、缺乏运动、抽烟、酗酒等。
血压偏低也会引起健康问题，如血循环不畅、眩晕和昏厥等。

血压可用图中所示的仪器进行测量：
血压仪能分别测量心脏收缩和舒张时的血压。
通常的记录方式是收缩压 / 舒张压。
健康成年人的血压大概是 120/75 mmHg。

▶ 生物学的应用：输血

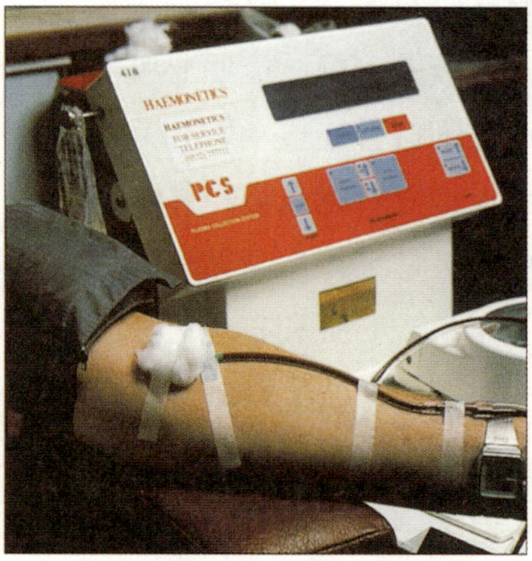

生病受伤的人有时需要输血。

盛放在塑料包中的血液通过手臂的静脉输入到人体。

但并不是任何血都可以的。

输血时若弄错血型，可能会使受血者的红细胞凝集。

凝集的血细胞如果堵塞血管，可能会致死。

主要的**血型**（blood group）包括 **A 型**、**B 型**、**AB 型**和 **O 型**。

血型由红细胞上的**抗原**（antigen）类型决定。

抗原的类型有两种：**A 抗原**和 **B 抗原**。

A 型血的人只有 **A 抗原**。

B 型血的人只有 **B 抗原**。

AB 型血的人既有 **A 抗原**也有 **B 抗原**。

O 型血的人既无 **A 抗原**也无 **B 抗原**。

血浆中存在着对应的**抗体**。

不过，一个人血浆中的抗体是不会攻击**自身**红细胞上的抗原的。

比如说，A 型血的血浆中就不含抗 A 抗原的抗体，只含有抗 B 抗原的抗体。

B 型血的血浆中就不含抗 B 抗原的抗体，只含有抗 A 抗原的抗体。

AB 型血的血浆中既不含抗 A 抗原的抗体，也不含抗 B 抗原的抗体。

O 型血的血浆既含抗 A 抗原的抗体，也含抗 B 抗原的抗体。

下表展示了哪些血型之间可以安全输血：

血　型	可供血对象	可接受血型
A 型	A 型、AB 型	A 型、O 型
B 型	B 型、AB 型	B 型、O 型
AB 型	AB 型	所有血型
O 型	所有血型	O 型

O 型血的人可以给哪些血型的人供血？

O 型血的人又叫做万能供血者。

AB 型血的人能接受哪些血型的血？

AB 型血的人又叫做万能受血者。

小结

- 体型较大的动物需要一套体内运输系统负责体内各种物质的循环。
- 动脉将血液带到体细胞。
  血液顺着静脉流回心脏。
- 毛细血管连接动脉和静脉。
- 毛细血管是血液与体细胞之间完成化学物质交换的场所。
- 心脏是维持血液循环的肌肉泵。
  左半边心脏和右半边心脏同时收缩，同时舒张。
- 血液由血浆、红细胞、白细胞和血小板组成。
  红细胞将氧运送到身体各处。
  白细胞为机体抵御病原体的攻击。
  血小板参与凝血过程。
  血浆负责运输二氧化碳、可溶性营养物质、尿素、激素和血清蛋白。
- 组织液是由毛细血管中的血浆渗出形成的。
  组织液有助于高效地完成物质交换。

▶ 练习

1. 句子填空：

血液由 ________ 的肌肉泵送往全身各处。

血液通过 ________ 流出心脏。

心脏收缩 ________ 血液向前流动，形成可感觉到的 ________。

血液通过 ________ 流回心脏。这种血管的血管壁比动脉血管的血管壁 ________。

________ 防止血液倒流。

2. 下图是血细胞的示意图：

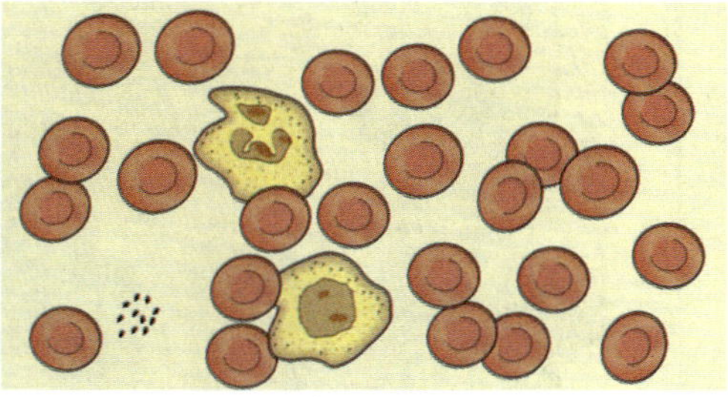

（1）请说出白细胞不同于红细胞的 3 个特征。

（2）请说出红细胞适于携带氧的 2 个特征。

（3）白细胞分哪两类？说说白细胞是如何保护机体、抵御疾病的。

3. 下图是人心脏的剖面图：

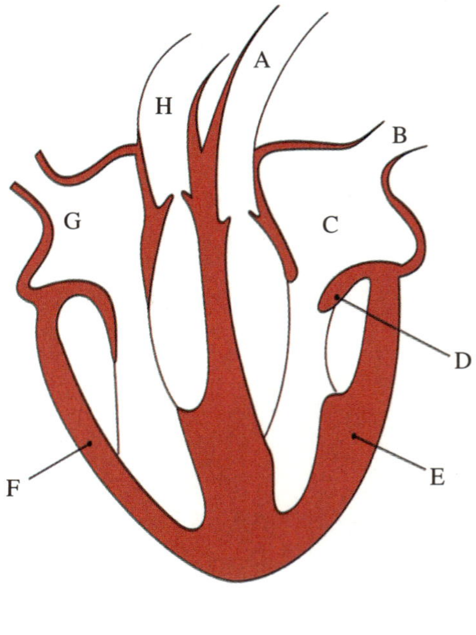

（1）写出 A ～ G 标示的部位名称。

（2）为什么 E 比 F 的壁要厚？

（3）D 有什么功能？

（4）含氧血在心脏的哪半边？

4. 看下图回答问题：

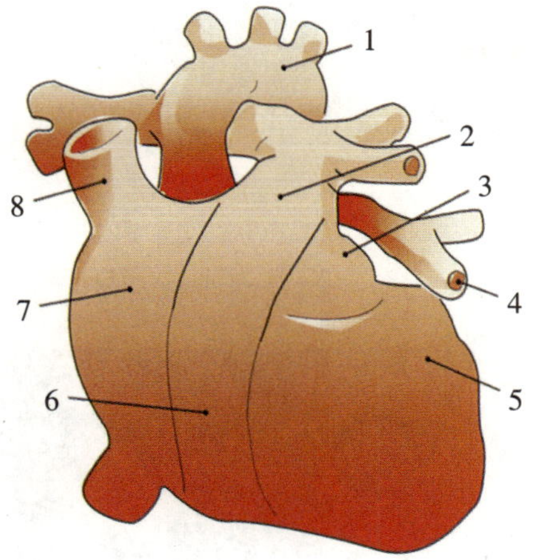

（1）写出 1 ～ 8 标示的部位名称。

（2）图中哪 2 条血管中流的是含氧血？

（3）哪条血管的血压最高？

（4）心脏的哪个部位收缩将血液送至肺？

5.（1）心脏在下列时期中会发生什么变化？

① 心舒期。　　　② 心缩期。

（2）请解释心是如何控制心舒期和心缩期变化的。

6. 下图显示了一次心跳过程中心室压力的变化。

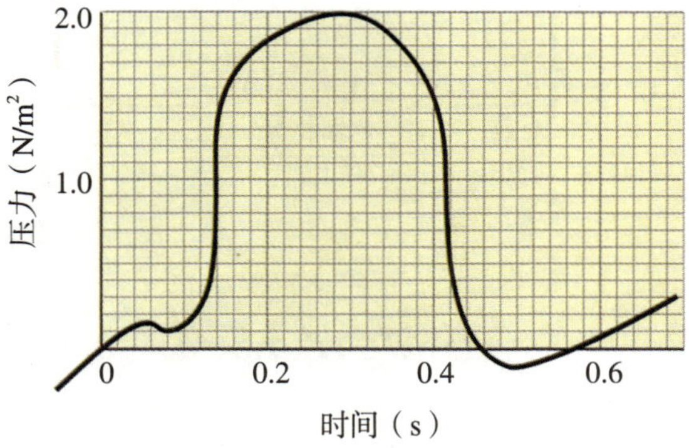

（1）心室压力的最大值是多少？

（2）心室中怎么会有这么大的压力？

（3）心室中的压力有什么重要性？

（4）压力在什么时候减小得最快？

（5）压力减小是由什么原因引起的？

7. 下图显示了邻近肌细胞的一条毛细血管：

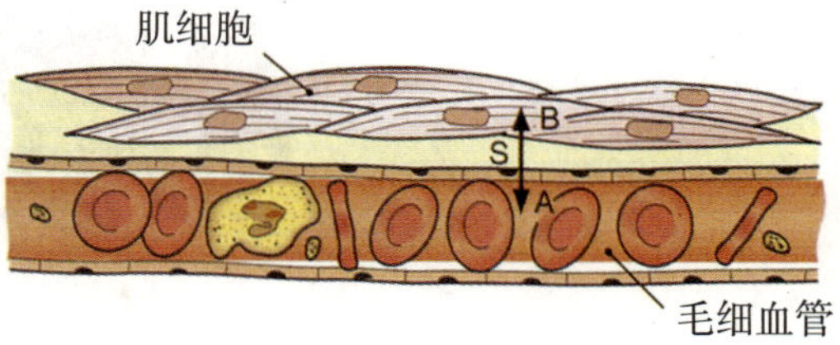

（1）存在于 S 中的液体是什么？

（2）说出两种会从 A 进入 B 的物质。

（3）说出两种会从 B 进入 A 的物质。

（4）毛细血管壁有哪些特征有利于物质在 A 和 B 之间交换？

8. 完成下表：

动　脉	毛细血管	静　脉
从心脏将血液送到 _____	连接 _____ 和 _____	将血液 _____ 心脏
血管壁 _____	血管壁非常 _____	血管壁 _____
通过 _____ 产生的压力使血液流动	血压低便于物质交换	通过 _____ 产生的压力使血液流动
没有 _____	没有 _____	有防止血液回流的瓣膜

9. 高海拔地区空气中的氧气比较稀薄，生活在高海拔地区的人体内红细胞含量较高，以便从空气中获取氧。下表显示了 3 个人的血液组成成分：

	A	B	C
红细胞 /mm^3	7 500 000	5 000 000	2 000 000
白细胞 /mm^3	5 000	6 000	5 000
血小板 /mm^3	250 000	255 000	500

（1）谁生活在高海拔地区？

给出你的理由。

（2）谁患有缺铁性贫血症？

给出你的理由。

（3）谁的血液无法发生正常的凝血反应？

给出你的理由。

拓展习题见第 167 页。

第 7 章 稳态

你用过烤箱吗？

用烤箱时先要调到你想要的温度。

烤箱预热到这一温度，再把要烤的东西放进去。

之后无须重新调节温度。

烤箱会基本保持在设定的温度上。

烤箱是怎么做到这一点的呢？

烤箱内部有一个**恒温器**。

恒温器将烤箱保持在你需要的温度上。

当恒温器探测到烤箱内温度太高时，就会把加热器关掉。

这样烤箱温度就会下降。

烤箱温度太低时，恒温器又会重新启动加热器。

这样烤箱的温度又会回升。

这是一个**负反馈**的例子。

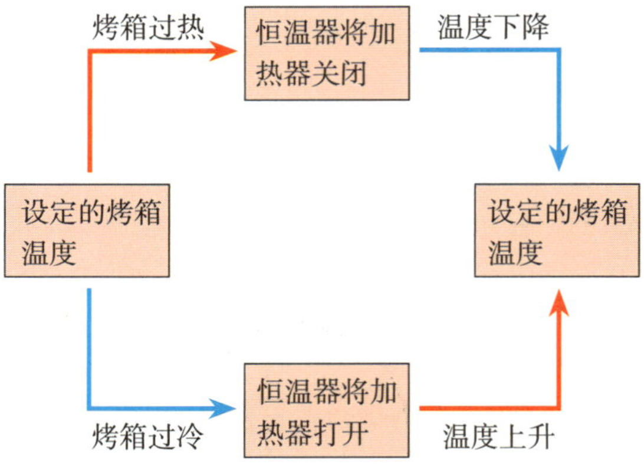

有关烤箱温度的信息被反馈给恒温器。

恒温器通过控制加热器的开关调节温度。

人体内的体温调节也是由负反馈系统控制的。

如果身体的一些状况发生了改变，比如说体温升高了，身体就会做出反应，逆转这样的改变，比如它会采取措施让你的体温下降，回到正常值。

保持稳定

你的身体时刻都在发生着许多化学反应。

在细胞内不停地合成和分解各种分子。

你还记得是什么调控着这些反应的吗？

酶在特定条件下才有最佳工作状态。

你还记得都有些什么条件吗？

身体状况发生任何微小的改变都能使酶的作用减弱，或完全失去作用。

因此保持体温、酸碱度和水分含量等因素的稳定是非常重要的。

▶ 身体稳态的调控

保持体内各种因素稳定的状态称为**稳态**（homeostasis）。

你觉得身体的哪个部分扮演恒温器的角色呢？

大脑调控着体内的各种进程。

当血液流过大脑时，大脑可获取下列条件的相关信息：

- 温度；
- 各类化学物质浓度（如二氧化碳浓度）。

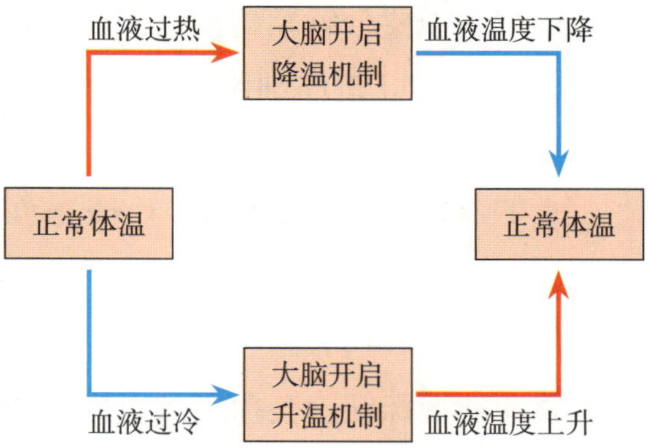

如果经过大脑的血液温度太高，会产生什么反应？

大脑会通过神经将信号传递给能帮助体温下降的身体部位。比如说，我们会开始出汗。

运动使我们出汗

如果温度下降太多，我们开始觉得冷了，又会怎样？

大脑还是会探测到血液温度。

这回它会通过神经将信号传递给能够帮助体温上升的身体各部分。我们就不再出汗了。

体温调节是稳态的一个例子。

这一例子中，血液为大脑提供负反馈信号。

▶ 其他控制系统

身体的理想温度是 37 ℃。

身体对其他条件有什么要求呢？

- **血糖**（blood sugar）水平必须保持稳定。
  血糖水平是由肝和胰共同调控的。
- 体内的**水分含量**由肾控制。
- 血液的 pH 稳定在 7.4 左右。

肾通过排除多余的离子来维持这一 pH 的稳定。

- 血液中的**二氧化碳浓度**由肺调控。

这些因素能保持稳定，都是负反馈调节的功劳。

大脑调控体内的各种因素

▶ 血糖调控

体细胞需要分解葡萄糖以获取能量。

同时，供应给体细胞的葡萄糖数量还要控制在一个范围。

吃下一餐富含糖类的饭，血糖会如何变化？

血糖水平可以升高 20 倍。

但不会一直这么高。

胰内的特殊细胞会探测到血糖过高。

胰会分泌一种叫**胰岛素**的激素。

胰岛素会作用于肝，使肝脏从血液中摄取葡萄糖。

葡萄糖在肝内转化成**糖原**。

胰岛素就是通过这样的机制让血糖**下降**，回到正常水平的。

跑步或做其他运动时，血糖会如何变化？

肌肉会消耗大量葡萄糖。

体内血糖水平会下降。

但不会一直下降。

这次胰会分泌另一种叫**胰高血糖素**（glucagon）的激素。

胰高血糖素通过血液进到肝里。

胰高血糖素作用于肝，使肝中的糖原分解成葡萄糖。

葡萄糖被释放到血液中。

胰高血糖素就是通过这样的机制让血糖**上升**，回到正常水平的。

富含糖类的一餐饭

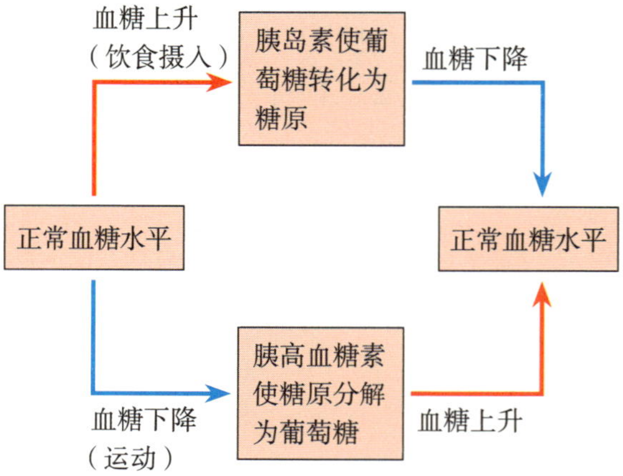

双向调控

上述情况下，血糖水平是由胰调控的，负责**监测**血液中的葡萄糖浓度。

通过一个负反馈机制，胰：

- 或者分泌胰岛素以降低血糖水平；
- 或者分泌胰高血糖素以升高血糖水平。

胰岛素和胰高血糖素都是重要的激素。

它们通过控制糖原的合成和分解，调节血糖供应水平。

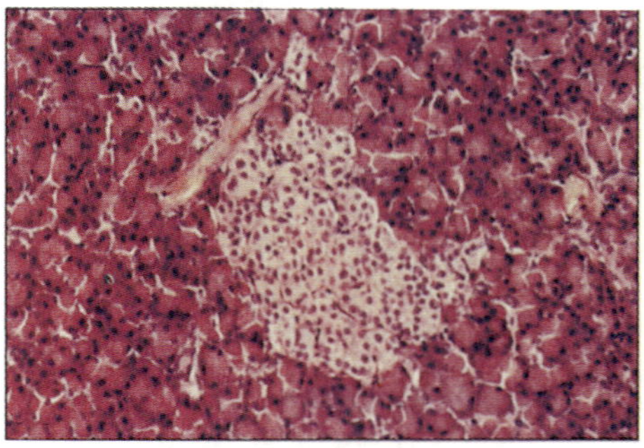

胰腺细胞

中间是分泌胰岛素和胰高血糖素的胰腺细胞

生物学的应用：糖尿病

有些人的血糖水平很高。

因为他们的胰腺不能分泌足够的胰岛素。

无法将足够的葡萄糖转化成糖原。

他们的血糖水平就会特别高。

血糖过高会让人常常觉得疲倦和口渴。

如不治疗，会引起体重减轻甚至死亡。

糖尿病可通过检测尿液中的葡萄糖进行诊断。

血液中葡萄糖浓度过高时，肾无法将葡萄糖完全吸收。

吸收不了的葡萄糖只好排出。

糖尿病可分为两种：**Ⅰ型**和**Ⅱ型**。

Ⅰ型糖尿病又称为早发型糖尿病，病因是体内无法分泌胰岛素。通常是因为体内产生了一种特殊的免疫反应，专门攻击和破坏胰内分泌胰岛素的细胞。

这种糖尿病通常在 20 岁前急性发作。

这种类型的糖尿病会伴随患者终生，但可通过定时定量注射胰岛素来进行治疗。开始时很难准确把握所需胰岛素的剂量。

剂量是由饮食和日常活动量共同决定的。

如果注射的胰岛素剂量太大，血糖就会过低。

这是为什么呢？

血糖过低会引起发抖、出汗和体虚。

Ⅰ型糖尿病患者要学会觉察这些症状，适时补充糖分以使血糖恢复正常。

Ⅱ型糖尿病也叫继发型糖尿病，比Ⅰ型糖尿病更常见。

Ⅱ型糖尿病多在 40 岁之后发病，往往与肥胖有关。

幸运的是Ⅱ型糖尿病的病情比Ⅰ型糖尿病轻，往往可以通过低糖饮食和加强锻炼共同控制。Ⅱ型糖尿病一般是由胰腺细胞分泌胰岛素的能力大幅下降引起的。

如果尿样中有葡萄糖，试纸会变蓝。提供这个尿样的人是否有糖尿病呢

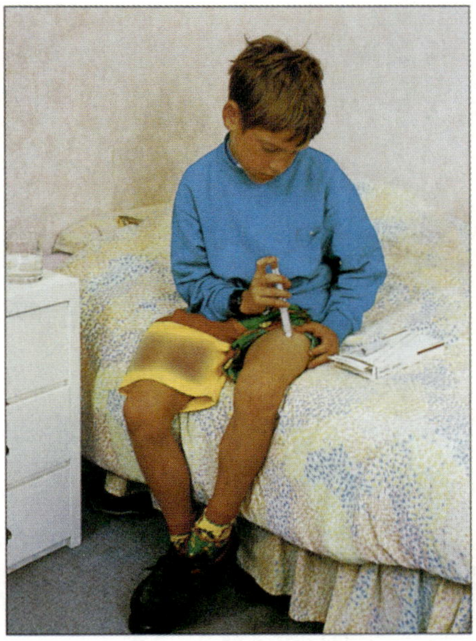

图中的小男孩患有Ⅰ型糖尿病，需要每天自己注射胰岛素。曾经有很长一段时间，胰岛素是从牛或猪体内提取的。它们的胰岛素和人胰岛素略有差别，会逐渐引起免疫反应，失去效果。现在，人胰岛素可以通过基因工程合成

皮肤

皮肤有很多重要职责：

- 保护身体不受伤害；
- 抵御致病菌入侵；
- 减少水分丧失；
- 让你有触觉，能感到疼痛、温度和压力；
- 帮助维持体温恒定。

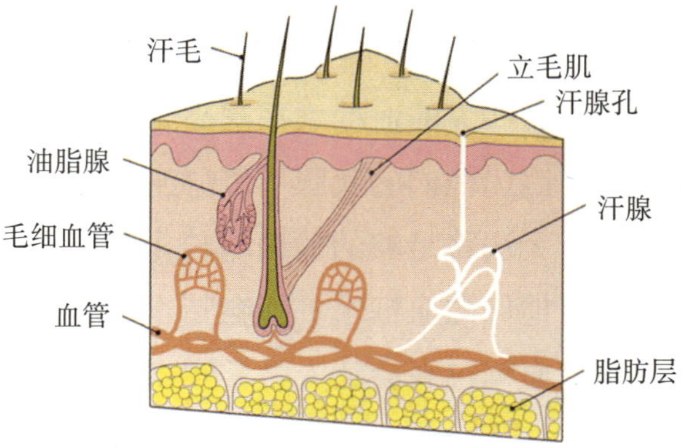

皮肤剖面图

冷还是热？

人是**恒温动物**。

也就是说我们能随时保持体温恒定。

不管是寒冷的冬天还是炎热的夏天，人体体温总是在 37 ℃左右。

这是人体内酶工作的最佳温度。

像蜥蜴那样的**变温动物**就做不到。

天热它们的体温就高。

天冷它们的体温就低。

因为体温低，冷血动物冬天都不经常活动。

许多恒温动物皮下都有一层脂肪。

这能够起隔热的作用。

海豹和北极熊等动物皮下脂肪非常厚。

这是为什么呢？

汗毛直竖的原因

许多恒温动物有毛发。

毛发在皮肤表面吸附了一层空气。

空气是热的不良导体。

因此可减少散热。

气候寒冷时汗毛会直竖。

这是立毛肌收缩造成的。

汗毛直竖时吸附在皮肤表面的空气就变厚了。

这样热量散失就更少了。

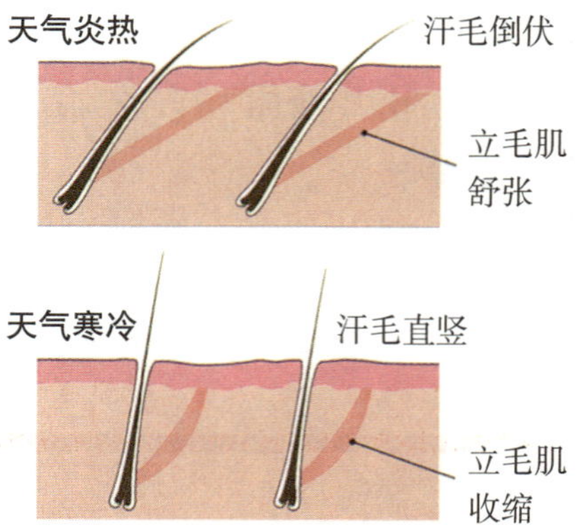

天热时汗毛倒伏在皮肤的表面，立毛肌处于舒张状态。

皮肤上吸附的空气层较薄。

这样通过辐射就能散失较多的热量。

▶ 体温调控

不管天气怎么变化，你的体温都基本保持在 37 ℃——除非你发烧了。

大脑监测着流经大脑的血液温度。

神经将皮肤温度的信息传回大脑。

皮肤帮助你保持体温恒定。

天热的时候：

你的皮肤会发生什么变化呢？为什么你会大汗淋漓、脸颊发红呢？

- 皮肤表层的**血管**扩张。这一过程叫做**血管舒张**。
  这样更多的血液能从皮肤表层血管流过。
  通过辐射就可以将更多的热量散发出去。
- 皮肤**汗腺**会分泌汗液。汗液蒸发可以降低体温。

天冷的时候：

皮肤会发生什么变化呢？

为什么你会脸色苍白、浑身打冷颤呢？

- 皮肤表层的**血管**收缩（变窄）。
  这一过程叫做**血管收缩**。
  这就减少了皮肤表层血管的血流量。
  通过辐射散发的热量也就减少了。
- **汗腺**停止分泌汗液。
- **发抖**
  肌肉开始快速收缩。
  肌肉收缩需要通过呼吸作用获取能量。
  呼吸作用产生的多余热量可帮助身体变暖。

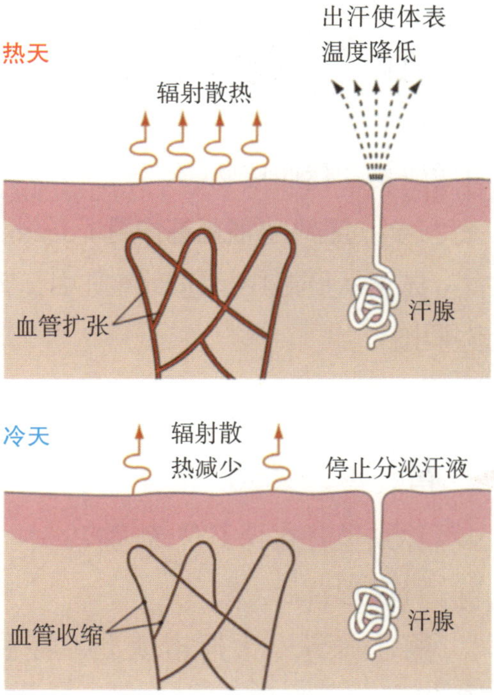

体温过低

体温过低是由身体逐渐变冷引起的。

最终身体内部的温度也会开始下降。

体温下降 2 ℃就会影响大脑。

身体运动和语速都会变慢。

人可能会休克甚至死亡。

为什么婴儿和老年人体温容易出现调节失衡的危险？

为什么吃热饭、穿暖和衣服有助于防止体温过低？

穿潮湿的衣服和吹冷风可以引起体温过低。

矿工和登山运动员体温过低的风险较大，你觉得是为什么呢？

此外，体温过高会引起中暑、脱水甚至死亡。

▶ 排泄

体细胞的化学反应会产生代谢废物。

代谢废物包括二氧化碳和尿素。

代谢废物必须被排出。

否则就会毒害我们的身体。

将细胞产生的代谢废物排出体外，这个过程叫做**排泄**。

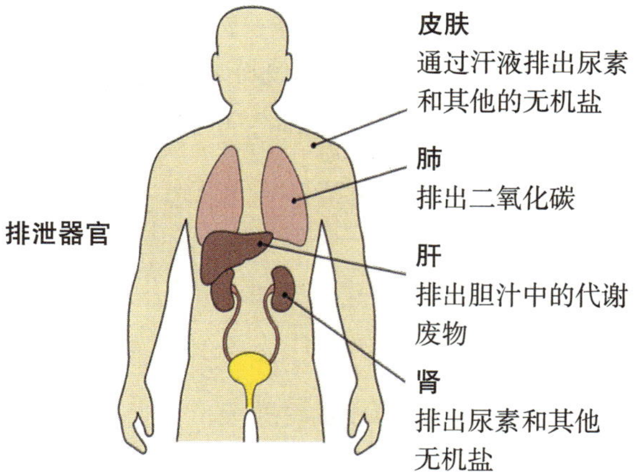

二氧化碳是从哪些器官排出的呢?

如果肺不将二氧化碳排出，人就不能生存，为什么呢?

身体不能储存过量的氨基酸。

所以氨基酸在肝脏中被分解形成一种叫做**尿素**的代谢废物。

这个过程叫做**脱氨基作用**（deamination）。

尿素从肝脏中运送到肾脏中，肾脏将尿素排出。

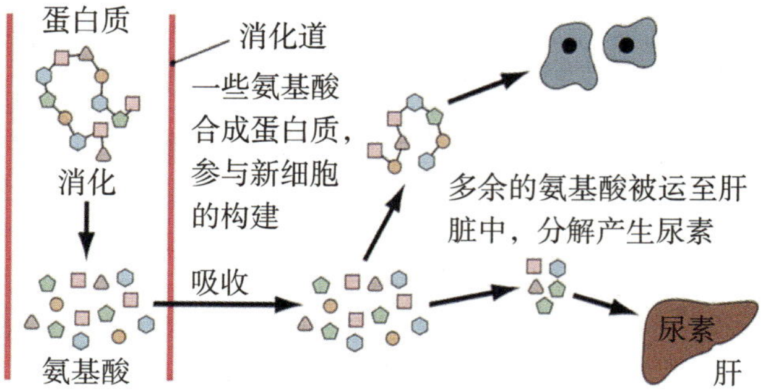

▶ 肾

你知道肾在什么位置吗?

肾靠近背后。

将手张开，大拇指朝上，将手背放在臀部上。

大拇指的位置大约就是肾的位置。

像尿素这样的代谢废物通过血液被带进肾。

当血液流过肾，肾就会将这些废物析出，然后随着尿液排出体外。

因此肾负责清洁你的血液。

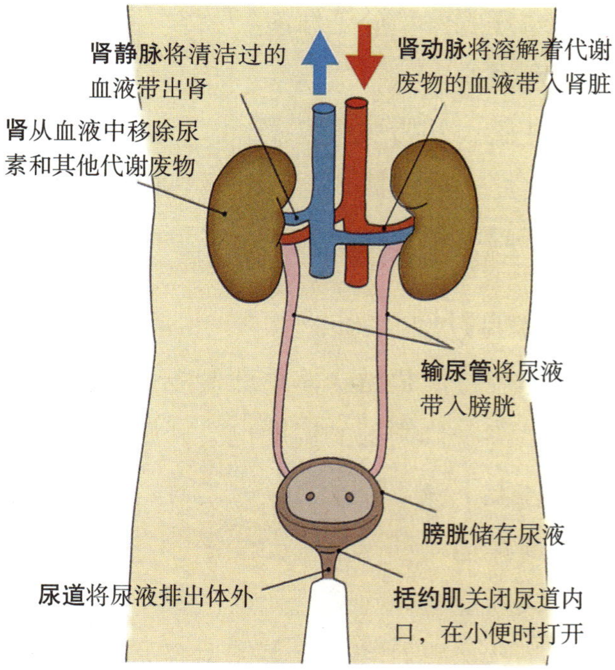

肾内部结构

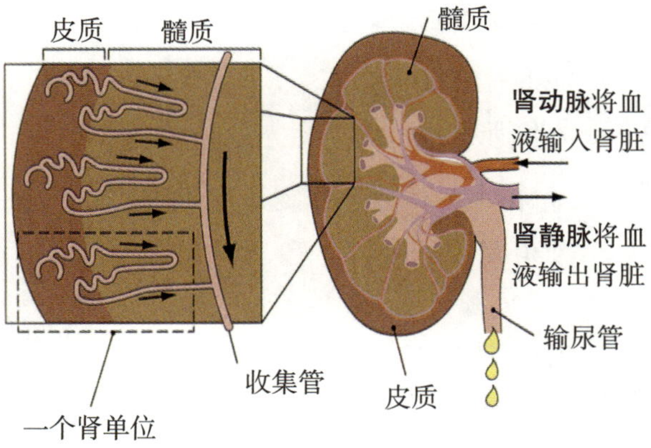

将肾纵向剖开，可观察其内部结构。

可以辨认出肾的两个部分：

颜色较深的外部——**皮质**；

颜色较浅的内部——**髓质**。

每个肾内有上千条叫做**肾单位**的小细管。

肾单位**过滤**血液，移除代谢废物。过滤是在皮质部分完成的。

代谢废物转化成尿液。

尿液通过输尿管流入膀胱。

肾是如何工作的

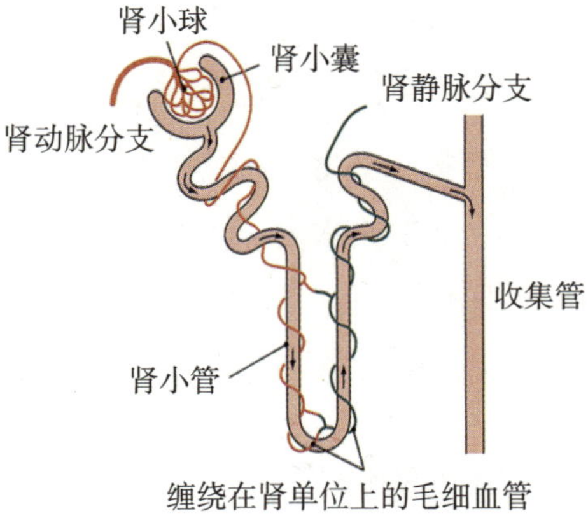

血液通过肾动脉被带进左右两侧的肾。

血液中含有大量像尿素这样的代谢废物。

肾动脉多层分支。

每个分支末端有一簇毛细血管，叫做**肾小球**。

肾小球被肾单位末端膨大成碗状的**肾小囊**所包裹。

毛细血管将血液从每个肾单位中带出。

毛细血管汇聚在一起，最终通入肾静脉。

血液流经每个肾小球时就会被过滤。

过滤血液的结构像一张有许多小洞的网。

血清蛋白这样的大分子无法通过这张网。

尿素、葡萄糖、盐和水这样的小分子就可以从肾小球中析出，进入肾小管。

所有的葡萄糖、一些无机盐和大部分水分仍是身体所需的。

它们需要从肾小管中逆浓度梯度被**重吸收**进入血液。

这个过程是通过主动运输完成的。

重吸收要消耗呼吸作用产生的能量。

重吸收过后，剩下的就是溶解在水中的尿素和盐类代谢废物。

这就是我们平常所说的尿液。

尿液通过输尿管进入膀胱。

净化过后的血液由肾静脉输出肾。

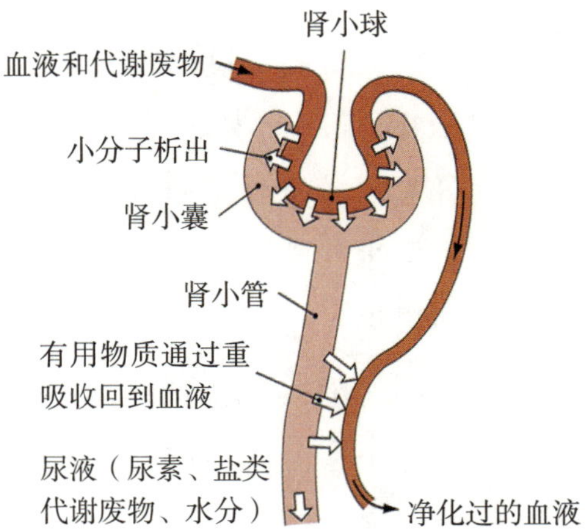

肾单位是如何工作的

▶ 水分调控

你每天都要摄入和排出水分。
如右图所示：
体细胞需要保持水分含量恒定。
身体摄入和排出的水分必须保持平衡。
这也是肾的职责。

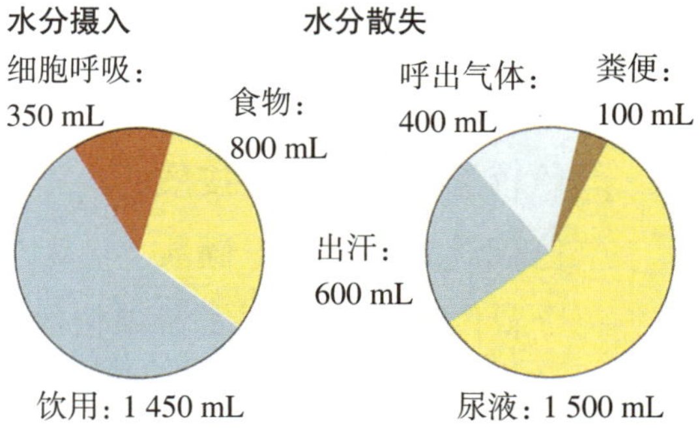

当你喝下许多水时，身体会有什么反应？
当然啦，你就需要多排尿。
多喝水会让血液变稀。
肾就会从血液中吸取更多的水分。
这些水分就会增加尿量。

如果天热，水又喝得不多，会有什么反应？
你的尿量就会减少。
血液会变得比较浓稠。
肾吸收的水分会减少。
排出的尿浓度比较高，尿量也比较少。
这是由什么机制调控的呢？

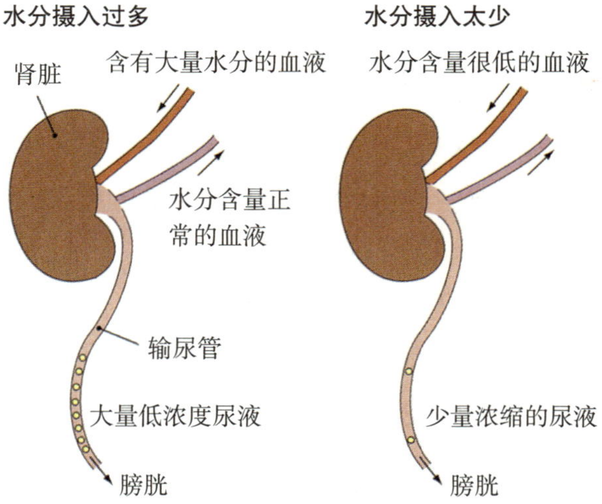

对肾的调控

大脑监测着血液的水分含量。
尿液中的水分含量由一种激素调控。
这种激素叫做**抗利尿激素**（简称 ADH）。
当大脑探测到血液中水分含量降低时，垂体就会分泌 ADH。
体内要保存水分时，就会分泌这种激素。
想象一下，如果你有挺长时间没有喝水：
- 你的血液会变得更加浓稠；
- 垂体会分泌 ADH；
- ADH 作用于肾，使通过肾单位的水分大部分又被重吸收回血液中，你会排出少量浓缩的尿液。

那如果你一下喝了很多水，又会怎样？
- 你的血液会被稀释；
- 垂体不会分泌 ADH；
- 通过肾小管的水分大多不会被重吸收回血液中，你会排出大量低浓度尿液。

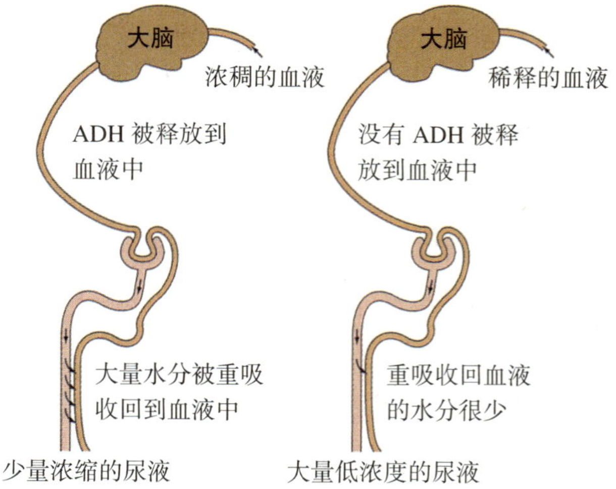

▶ 生物学的应用：肾透析仪和肾移植

肾透析仪

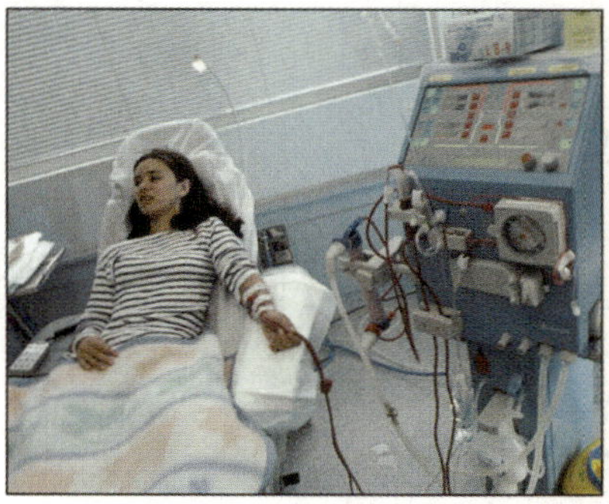

人只有一个肾也能存活。

但如果两个肾都病变或坏死，就是致命的。

幸运的是，现在可用肾透析仪从患者的血液中清除代谢废物。

患者需要每周使用 2～3 次肾透析仪，每次大约需要 5 小时：

- 首先要将患者静脉与一条管子连接。
- 血液经过管子流进透析仪。
- 在透析仪中血液被泵到**透析膜**上。
- 透析膜将患者血液与**透析液**分离。
- 尿素从血液中扩散出去，穿过透析膜，进入透析液。
- 透析液本身含有糖和盐。血液中的糖和盐就不会扩散到透析液中了。
- 尿素和其他的代谢废物随着透析液一起流出透析仪。
- 清洁过的血液流回患者的静脉。

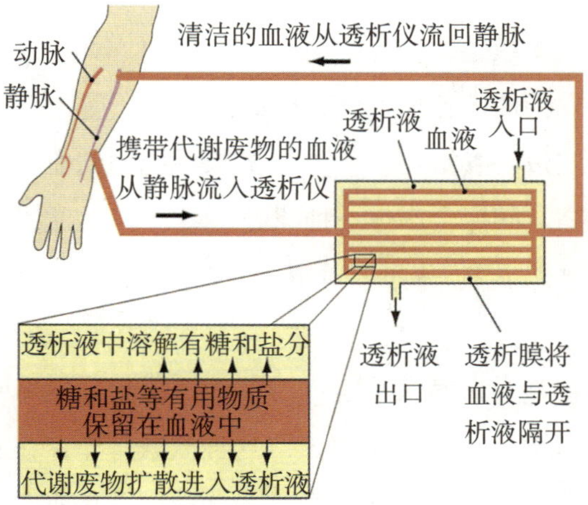

肾移植

双肾衰竭的病人可做肾移植。

肾移植就是用来自供肾者的一个健康肾替换患者病变的肾。

有时健康肾来源于患者的近亲，组织类型与患者相似，这就可以减少患者发生排异反应的概率。

为了防止排异反应，需要对患者的骨髓进行放疗，抑制白细胞生成。

此外还要服用药物，抑制患者免疫系统的活动。

手术中，外科医生将要进行移植的肾接在患者的膀胱上。

手术后患者需要在无菌条件下休息一段时间，之后就可以恢复正常生活了。

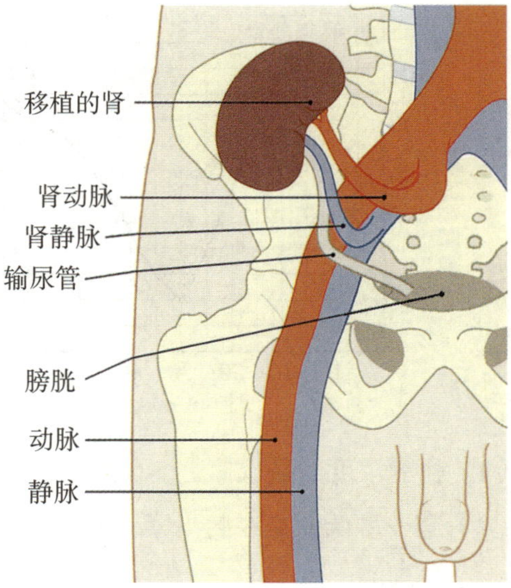

小结

- 稳态即保持体内各种条件稳定。
- 胰产生胰岛素和胰高血糖素。
  在肝中胰岛素将葡萄糖转化为糖原，使血糖下降。
  胰高血糖素将糖原转化成葡萄糖，使血糖升高。
- 大脑在稳态调节中起主要作用。
- 皮肤对于保持体温恒定十分重要。
  皮肤中的汗腺、血管和汗毛都参与到体温调控中。
- 肾参与排泄，负责清除尿素和其他代谢废物。
  肾也能调节血液中的水分含量。
- 肾衰竭可通过透析或肾移植进行治疗。

▶ 练习

1. 句子填空：

保持体内各种条件的稳定称作 ________。

吃过一餐富含 ________ 的饭后我们的血糖会升高。胰腺会产生一种叫做 ________ 的激素。这种激素能将葡萄糖转化为 ________，储存在 ________ 中。

赛跑时血糖水平会 ________。胰腺分泌另一种叫做 ________ 的激素。这种激素将储存在肝脏中的 ________ 重新转化为葡萄糖，在肌肉中被分解，释放 ________。

2. 下图显示了将一个单位的胰岛素注射到人体后引起的变化。血糖浓度变化曲线依照定期采集的数据绘制。

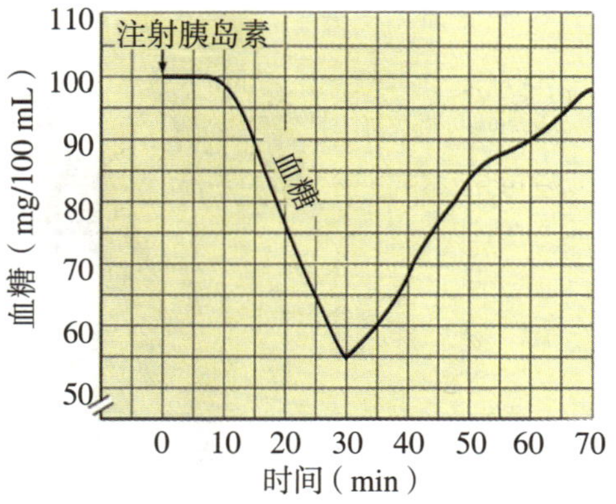

（1）血糖浓度的最低值是多少？

（2）这一最低值是在胰岛素注射后多长时间测量到的？

（3）血糖为何会下降？

（4）为何血糖下降后又重新上升？

3. 下图显示了外界气温变化对人体（恒温动物）体温和蜥蜴（变温动物）体温的影响：

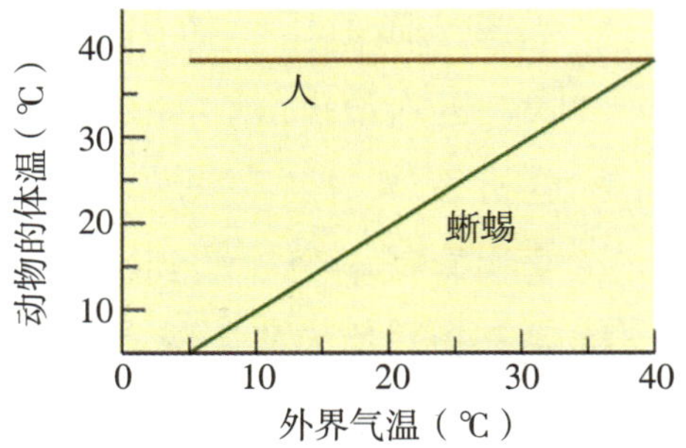

（1）外界气温升高时人体体温有什么变化？给出你的解释。

（2）外界气温升高时蜥蜴体温有什么变化？给出你的解释。

（3）为什么蜥蜴在天气暖和时最活跃？

（4）你认为蜥蜴是如何适应炎热天气的呢？

4. 观察皮肤的剖面图并回答问题。

（1）写出 A 到 D 标示部位的名称。

（2）你感觉太热时 B 和 D 会有什么反应？

（3）你感觉特别冷时 B 和 D 会有什么反应？

（4）请解释 A 和 C 在寒冷中会如何反应？

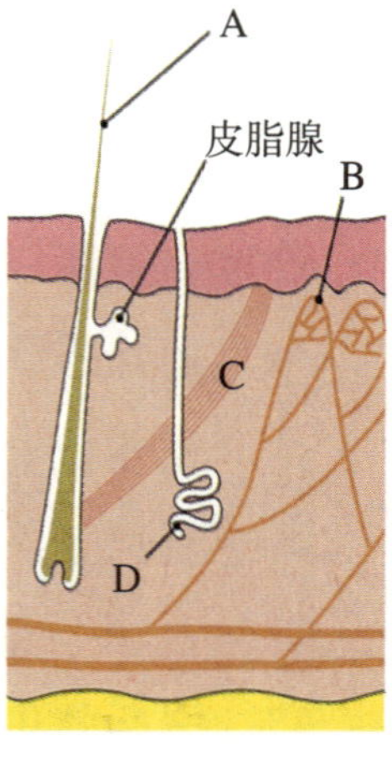

5.（1）身体哪个部位散失的热量最多？

（2）哪些人群体温过低的风险最大？

（3）你会建议老年人如何防止体温过低？

（4）为什么几件薄衣服套着穿比穿一件厚衣服要保暖？

6. 下图是肾透析仪的简化示意图。

患者的血液与透析液之间以透析膜隔开。

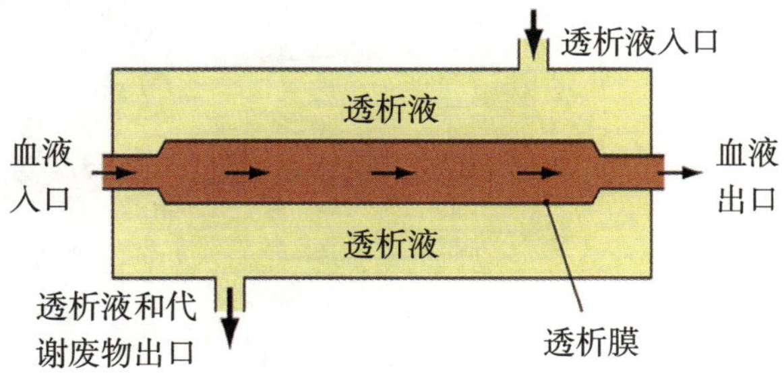

（1）代谢废物如何从血液进入透析液？

（2）为什么透析时血液中的蛋白质不会损失？

（3）为什么尿液中含有蛋白质就意味着肾功能受损？

（4）为什么尿液中含有葡萄糖被视为对健康的一种威胁？

7. 下表显示了 5 种物质在流入肾的血液中、在肾单位中和在尿液中的浓度（所有的浓度值单位都是 mg/L）。

物质名称	流入肾的血液	肾单位	尿液
尿素	0.4	20	20
葡萄糖	1.5	1.5	0
氨基酸	0.8	0.8	0
盐类	8.0	8.0	16.5
蛋白质	82	0	0

（1）哪些物质从血液进入到肾单位？

（2）这些物质是如何进入肾单位的？

（3）哪些物质从肾单位中被重吸收回血液？为何这些物质会被重吸收？给出你的解释。

（4）请对 3 个部位测得的蛋白质含量数据做出解释。

8.（1）给出下图 A 到 D 所标示的排泄系统各部位的名称：

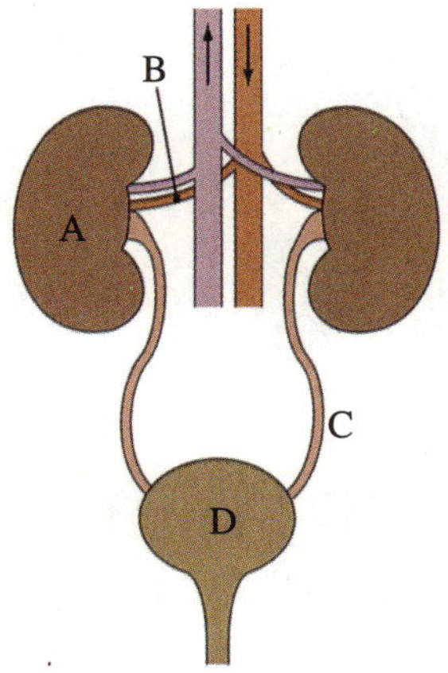

（2）找出与各部位对应的功能：

① 储存尿液。

② 将尿素和其他化学废物滤出血液。

③ 运输含高浓度尿素的血液。

④ 将尿液运至膀胱。

9. 下图为汗液和尿液的量随温度变化的曲线图。

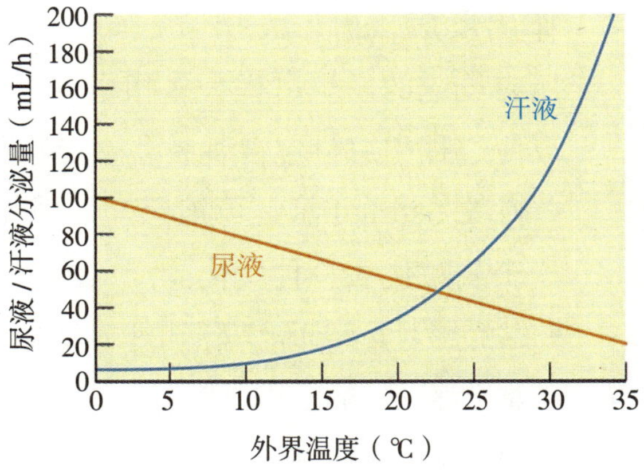

（1）在哪一温度下汗液和尿液的量相等？

（2）温度升高时汗液的量会如何变化？给出你的解释。

（3）温度升高时尿液的量会如何变化？给出你的解释。

拓展习题见第 167 页。

第 8 章 控制与协调

在你周围每时每刻都有许多事情发生。
你要探测周围的各种变化并做出应答。
你的身体是如何完成这一使命的呢？
身体可通过两条途径对外界变化作出应答。
一条途径是**神经系统**（nervous system），另一条途径是**内分泌系统**，或称**激素系统**。
神经系统将身体不同部位的信号以电信号的方式沿着神经传递至身体不同部位。
激素系统向血液中释放化学信号，再由血液将这种物质运往靶器官。
电信号和化学信号都可以告诉你的身体该怎么做。

作出反应

所有反应的发生过程大多相似。
反应过程中总会包含刺激、感受器和效应器等要素。

- **刺激**（stimuli）是可被感知的外界变化。

一个刺激代表一种变化。

- **感受器**（receptor）感知外界变化。
- **效应器**（effector）作出反应。

如果手指不小心碰到一枚图钉上，接下来会发生什么？
这里的刺激就是图钉。
接收到刺激的部位是皮肤上的痛觉感受器。
效应器是手部肌肉。
你作出的反应就是赶紧撤回手。
事件链接如下：
刺激 ⟶ 感受器 ⟶ 协调器 ⟶ 效应器 ⟶ 应答
协调器是决定实施行动的身体部位。
你认为上述例子的协调器是什么呢？
上述反应中包含了神经系统的作用。
你遇到过类似的例子吗？

⚠ 危险行为，请勿模仿！

▶ 神经系统

神经系统控制着你的行为。

神经系统**协调**身体各部分相互合作，正确应答外界刺激。

正因为有神经系统协调肌肉运动，你才能够走路、写字、读书和锻炼身体。

当你微笑时，神经系统要协调你的脸部肌肉。

无需意识参与，神经系统也能协调一些行为，比如吞咽、眨眼、呼吸等。

神经系统的主要组成部分是**脑**和**脊髓**。

两者合称**中枢神经系统**。

脑和脊髓都是由精细的神经组织组成的。

脑被颅骨保护着。

脊髓被脊柱保护着。

中枢神经系统通过**神经**（nerve）与身体各部分相连接。

每根神经都由许多**神经细胞**（nerve cell）或称**神经元**（neuron）组成。

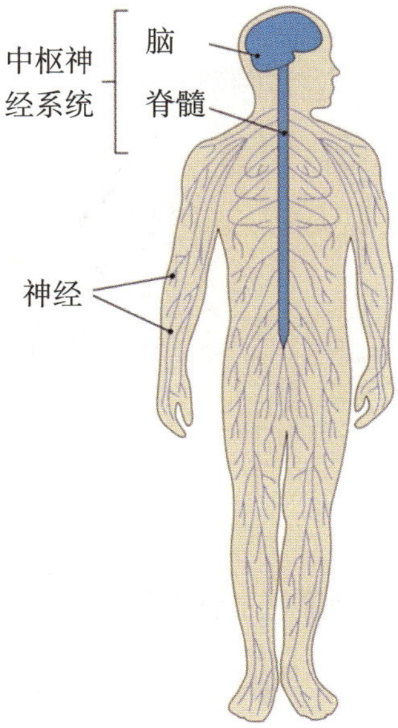

神经系统的主要组成部分

感觉器官（sense organ）是我们的感受器。

感受器将信息传导给中枢神经系统。

告诉它发生了什么事。

这些信息是通过**感觉神经元**（sensory neuron）传递的。

肌肉和腺体是我们的效应器。

中枢神经系统向它们发送信息，告诉它们该怎么做。

这些信息是通过**运动神经元**（motor neuron）发送的。

实验 8.1 脊髓的结构

将一片脊髓装片对着光仔细观察。

你能分辨出两个不同的区域吗？

中间的区域是灰质。

在显微镜下仔细观察灰质部分。

你能看见神经细胞吗？

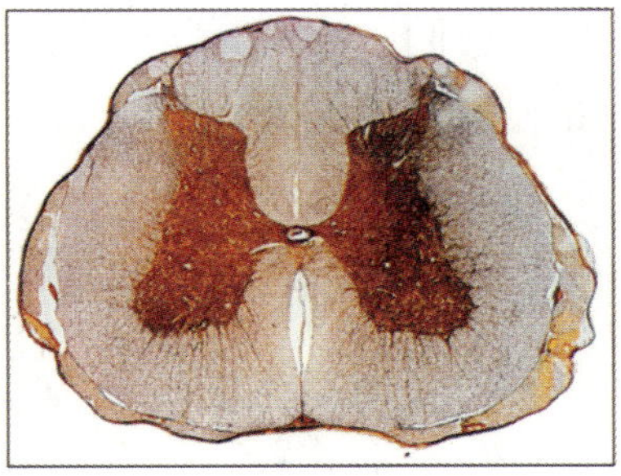
脊髓横切面

▶ 神经元

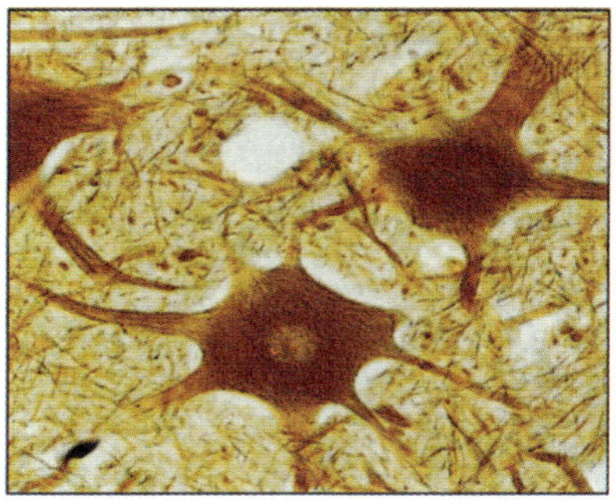

脑中的神经元

神经细胞和其他细胞是不一样的。
虽然，它们也有细胞膜、细胞质和细胞核。
但它们的形状与众不同。
神经细胞的一部分向外延伸，形成**轴突**（axon）。
轴突的长度可超过 1 m。

感觉神经元

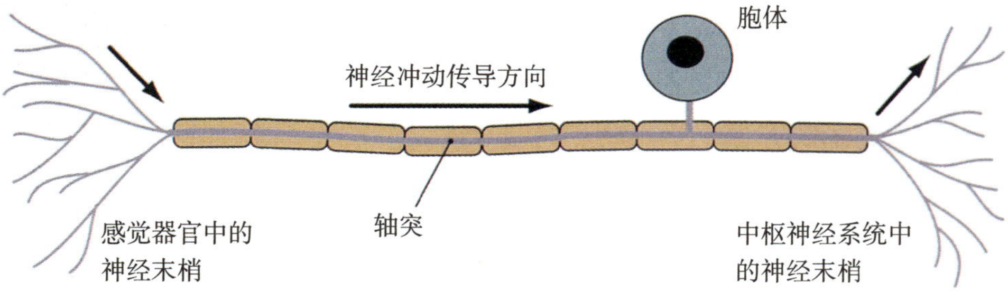

运动神经元

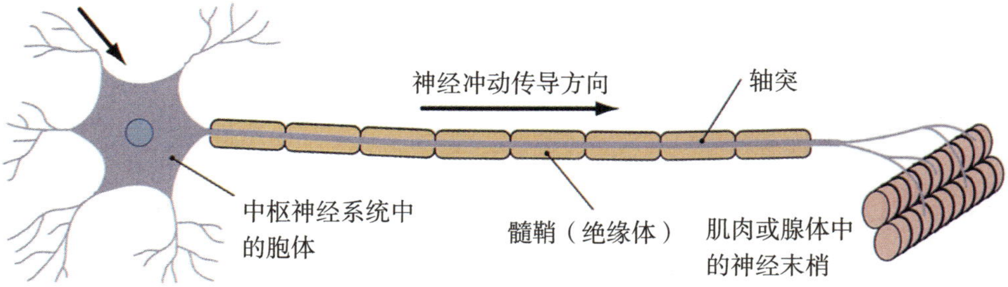

信息如何传递

神经所传导的信息叫做**神经冲动**（nerve impulse）。
神经冲动本质上是电信号。
电信号可沿着神经元的轴突快速传导。
神经冲动沿着轴突传导，就像火车沿着铁轨运动。
信号与信号之间是有间隔的。
它们一个接着一个地沿着轴突传递，就像一列列火车驶过同一段铁轨。
一些轴突外有**髓鞘**包裹。
髓鞘使轴突绝缘，这样神经冲动就可以传导得更快。
多发性硬化症就是由髓鞘受损引起的。
髓鞘受损可导致冲动传导变慢甚至停止。
患者会逐渐无法控制和使用肌肉。
因为神经冲动无法传导到肌肉。

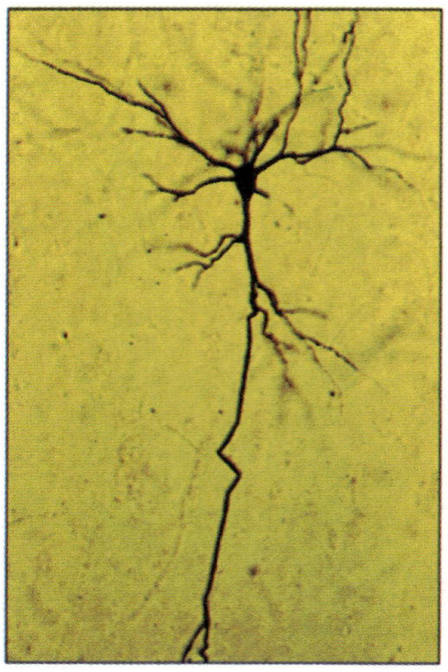

这个神经元的轴突很长

▶ 协调

神经系统使你能对不同情境作出反应。

下面用一个例子来说明在这个过程中究竟发生了什么。

手肘发痒时你会怎么做?

下图给出了接下来发生的一连串事件:

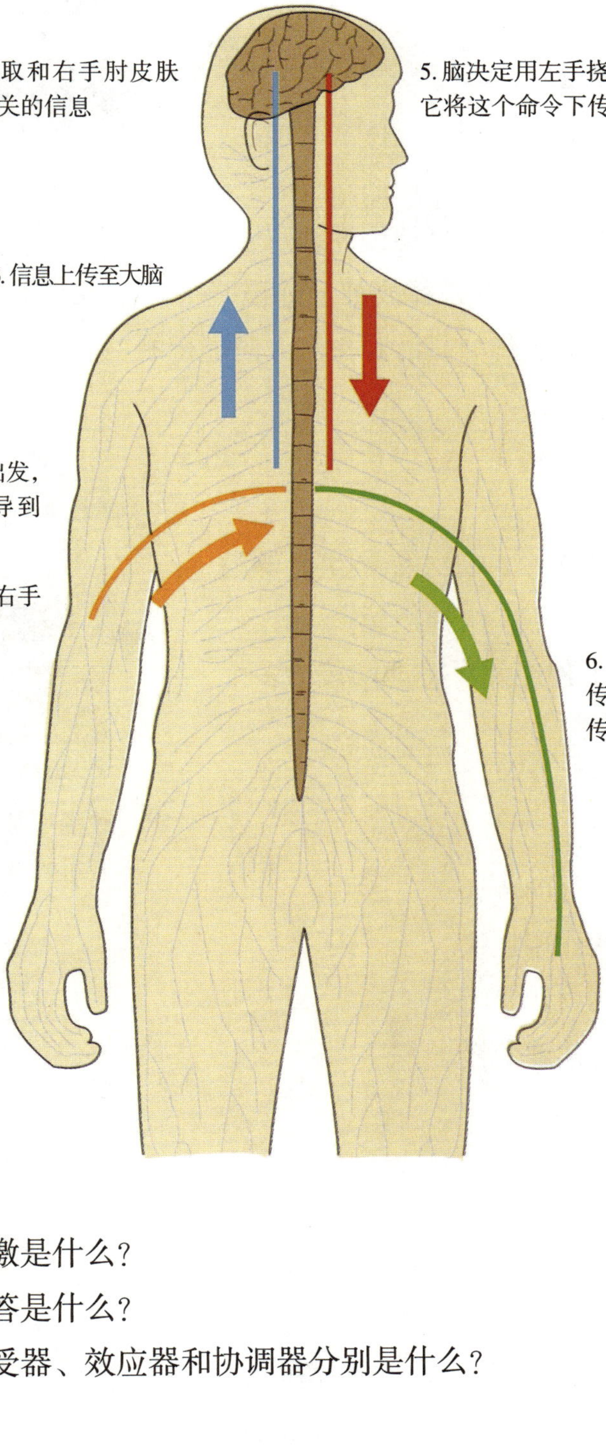

这个反应中的刺激是什么?

这个反应中的应答是什么?

这个反应中的感受器、效应器和协调器分别是什么?

突触

一个神经元的末端不是直接连接着下一个神经元。

两个神经元间总是存在着一个小空隙。

这个小空隙叫做**突触**（synapse）。

当一个神经冲动到达轴突末端时会产生一种化学物质。

这种化学物质叫做**神经递质**。

神经递质扩散到突触间隙，与后一个神经元细胞膜上的受体分子结合。

这种结合会引发下一个神经元产生神经冲动。

一个神经元只有一端可以产生并释放神经递质。

因此突触可保证神经冲动的传导是沿着一个方向进行的。

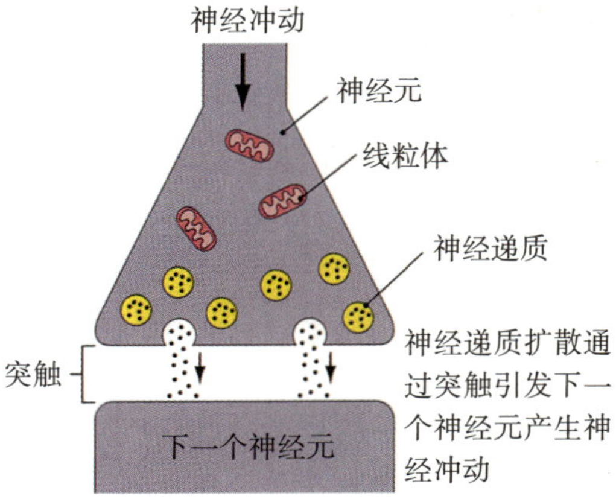

突触是如何工作的

突触还有其他两个功能。

它们可以作为：

- **电阻器**——有时需要多个冲动才能产生足够的神经递质将冲动传导到下一个神经元；
- **连接盒**——有时一个神经元可将冲动传给多个神经元。

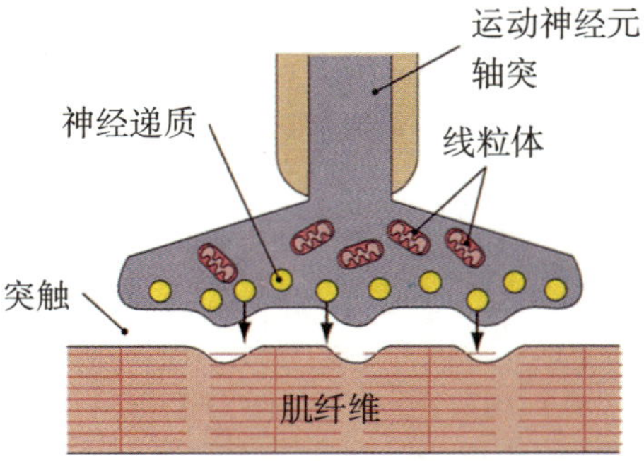

神经冲动是如何通过突触传导到肌肉的

突触很容易受到药物影响。

有些药物能够阻塞突触处的传递。

另一些药物能让突触的作用加快。

酒精可以影响大脑中的突触。

这种影响会使人的反应速度变慢。

到达肌肉

我们通过神经控制肌肉。

运动神经元末梢通过突触与肌细胞连接。

神经递质通过突触到达肌细胞，使肌细胞收缩。

运动神经元病变会影响与肌肉相连接的神经元。

运动神经元功能受损，无法传导冲动，因此肌肉就无法收缩，人就会瘫痪。

神经与肌肉的连接

▶ 反射弧

碰到烫的东西你的手会很快地缩回去。

这个反应是自动的，不需要思考。

你觉得为什么会这样呢？

许多反射都能够保护你。

它们发生得非常快，可以使你免受伤害。

请看下图。

试着追踪神经冲动沿神经元传导的路线。

这个路线叫做**反射弧**。

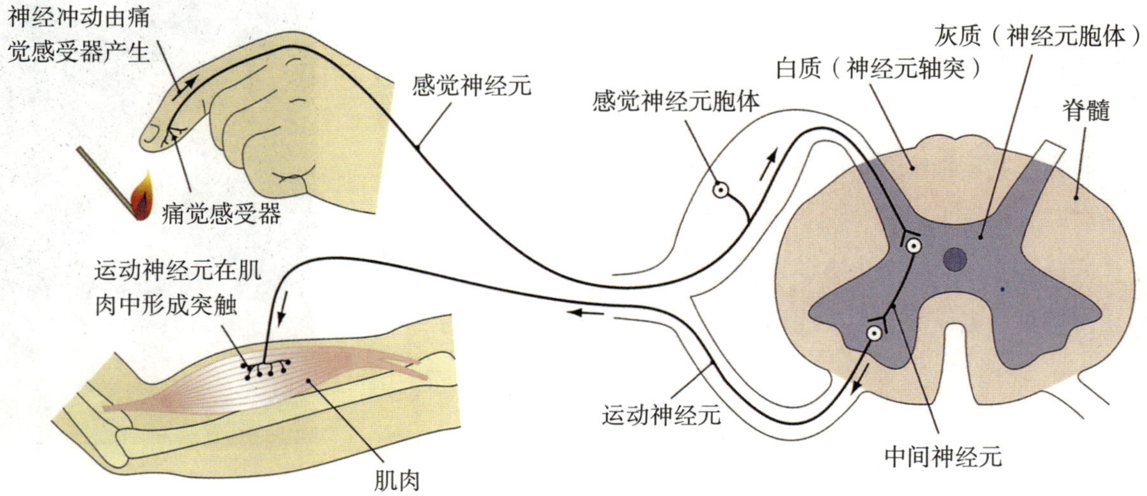

这个例子中，炙热的火焰是**刺激**。

炙热刺激皮肤的痛传感器称为**感受器**。

- 神经冲动沿着**感觉神经元**传导到脊髓；
- 在脊髓中神经冲动传导到**中间神经元**（relay neuron）；
- 中间神经元又将神经冲动传导到**运动神经元**。

运动神经元将神经冲动传导到手臂上的一块肌肉。这块肌肉就是**效应器**。

肌肉收缩将手从火焰上移开。这个动作是一个**应答**。

这个反射弧中有多少个突触？

每 2 个神经元之间有 1 个突触，运动神经元和肌肉之间也有 1 个突触，因而总共是 3 个突触。

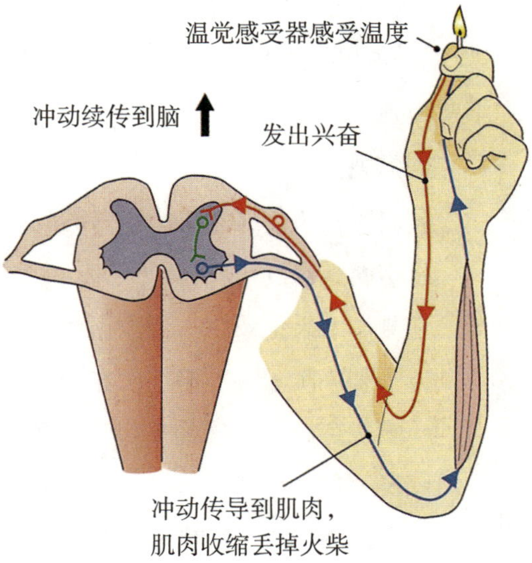

反射

- 将手从烫手的物体上移开；
- 当灰尘进入眼睛时眨眼；
- 当食物“走错路”时咳嗽。

这些反射有什么共同点呢？

至少有一点，你无法自己控制这些反应。

这些反应是自动的，它们往往能保护你。

实验 8.2　测试你的反应

和同桌一起测试你的一些反应。

看看以下这些刺激分别会引起什么反应：

- 坐在桌子上双腿放松。
  让同桌轻叩你膝盖下方。
- 双眼看着正前方。
  让同桌出其不意地在你眼前挥一下手。
- 跪在一张椅子上双脚自然下垂。
  让同桌轻叩你脚后跟上方的跟腱。
- 让同桌用手电筒照向你的眼睛。

有多快？

许多运动员都需要有迅速的反应。

都有哪些运动需要快速反应呢？

你可以通过测量**反应时间**测试你的反应速度。

实验 8.3　测量反应时间

反应时可通过以下方法测量。

如图所示，将手臂放在桌子上。

让同桌握住尺子的一端，将零刻度线对齐你的小指，但不要碰到。

同桌突然放开尺子时，你要尽快抓住它。

读出握住尺子时你小指所对的刻度。

将本测试重复 10 次。

将测试结果记录在一张数据表上。

再重复一次测试，但这次在开始时就让尺子碰到你的手。

- 多次练习后，你的反应时间是否缩短了？这是为什么呢？
- 尺子在开始时触碰或不触碰你的手，哪一个反应时间短一些？为什么？

修改这一测试，以测量听力的反应速度。

▶ 脑

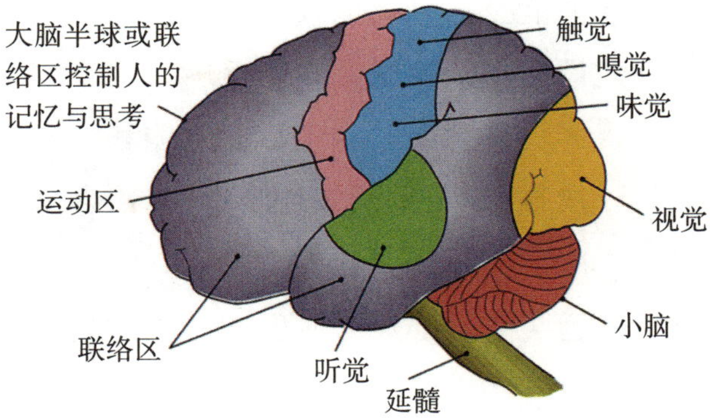

脑的不同部位职能不同

脑**协调**你的行动。

人的许多行动是非常复杂的。

如骑车、跳舞或踢足球等。

脑位于脊髓最顶端。

脑中含有超过 100 亿个的神经元细胞。

这些神经元之间相互连接，使你能够协调传入和传出的神经冲动。

这样你就能控制你的行动了。

脑的结构非常复杂。

它的工作机制还有许多地方有待探明。

脑的 3 个重要组成部分：

- 左右**大脑半球**负责调控复杂的行为。
  人的思维、记忆以及智力都由大脑掌控。
  大脑将视觉和听觉等感觉与负责运动的肌肉联系起来。
  左右大脑半球负责协调我们的**随意**行为。
  随意行为是有意识的行为，这种行为可包含决策过程，比方在图书馆里选一本书。
  非随意行为是基于反射的行为。这种行为不受大脑的意识控制。
  更多有关随意行为的内容见第 356 页。
- **延髓**是大脑与脊髓相连接的部分。
  它控制心跳、呼吸和血压等无意识行为。
- **小脑**控制着平衡感与肌肉运动。
  小脑使我们能够做出准确的动作，如走路、跑步、骑车等。

他的小脑一定是在超负荷运转

条件反射

脑可对反射产生影响。

嘴里吃东西时就会分泌唾液。

还有一些其他因素也会让你分泌唾液。

例如闻到食物的香味或者听到午餐铃声。

这类的反射有脑参与。

我们把这种反射叫做**条件反射**，它是一种学习行为。

你能想出其他条件反射的例子吗？

更多有关条件反射的内容见第 358 页。

感觉

我们能意识到周围发生的事。

我们能感知刺激并作出反应。

人体具有感受器，也称**感觉器官**：

- **皮肤**能感觉到触摸、压力、疼痛、热和冷。
- **舌头**能感受饮食中的化学物质。
  人就产生了味觉。
- **鼻子**能感觉到空气中的化学物质。
  人就产生了嗅觉。
- **耳朵**可以感觉到声音的振动和身体的运动。
  人就产生了听觉和平衡感。
- **眼睛**可以感觉到光线。
  人就产生了视觉。

图中的行为都需要用到哪些感官

眼睛

视觉是最重要的感觉之一。

它的重要性显而易见，想想生活在黑暗中是什么感觉吧！

眼睛位于颅骨上的眼窝中，3 对**眼肌**控制它的运动，这使眼球能在眼窝里旋转。

眼睛外层是透明的**角膜**。

光线从角膜进入眼睛，然后照进**瞳孔**。

瞳孔被有色的**虹膜**包围着。

角膜的最外层叫做**结膜**，这是一层非常纤弱而透明的膜。它受到**泪腺**的滋润。

眨眼时泪腺会分泌泪液以清洗眼睛。

人的两只眼睛都对着前方，但两只眼睛的位置不同，它们会从略有不同的角度看同一个视野。

两眼视野的重叠部分就叫做**双眼视觉**。

具有双眼视觉的动物有更加准确的距离感。这类动物的行为往往要求对距离作出正确的判断，如抓住树上的枝杈或者击打猎物。

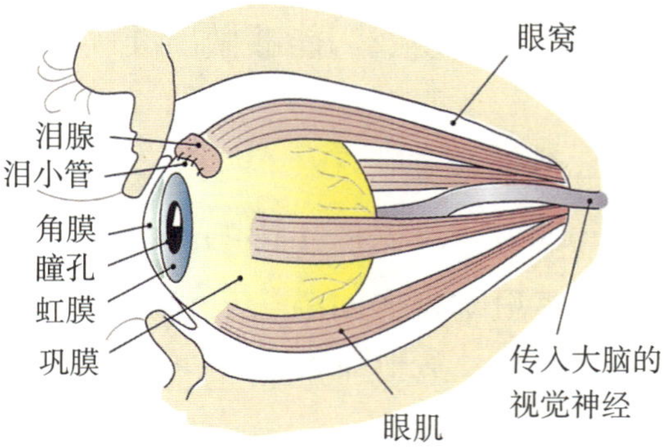

瞳孔反射

对着镜子观察，你可以看到虹膜中有两组肌肉。

一组是围绕着瞳孔的**环肌**。

另一组是从瞳孔向外散射出的**放射肌**，长得就像车轮上的辐条一样。

虹膜和瞳孔的作用是调节照射到敏感的**视网膜**上的光线强度。

在强光下，环肌**收缩**，放射肌**舒张**，瞳孔收缩变小，到达视网膜的光量减少。

在弱光下，环肌**舒张**，放射肌**收缩**，瞳孔扩张放大，使更多的光线到达视网膜。

这是一个反射弧的简单例子。

视网膜接收到的光量对它形成一个刺激。

这个刺激引发的神经冲动沿着视觉神经传入大脑。

大脑将神经冲动传入虹膜，引起瞳孔大小的改变。

在弱光中

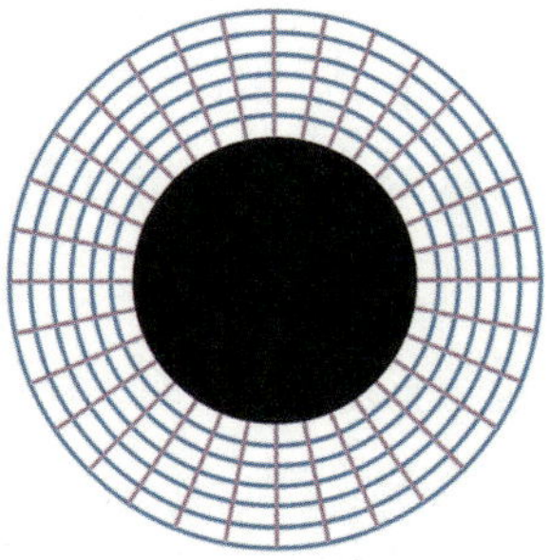

瞳孔扩张
环肌舒张，放射肌收缩

在强光中

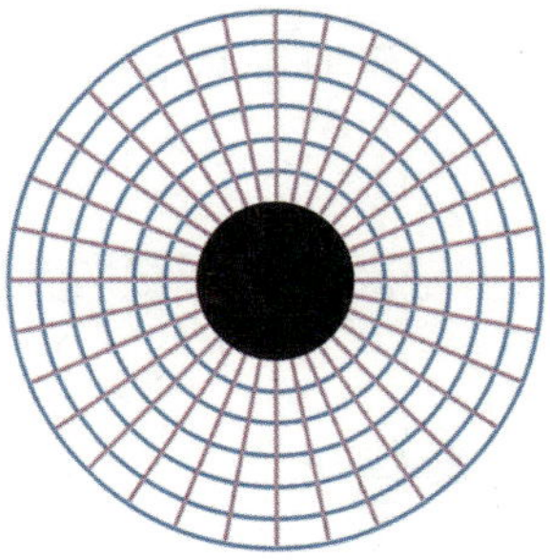

瞳孔收缩
环肌收缩，放射肌舒张

眼睛的内部结构

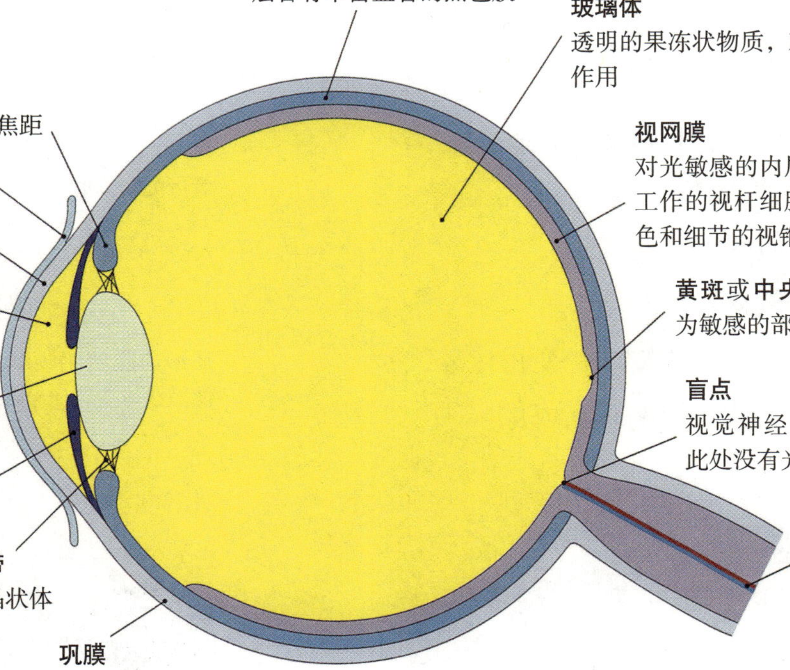

视网膜成像

光线通过透明的角膜进入眼睛，再通过晶状体聚焦在视网膜上。

视网膜上有两种对光敏感的细胞，分别叫做**视杆细胞**和**视锥细胞**。

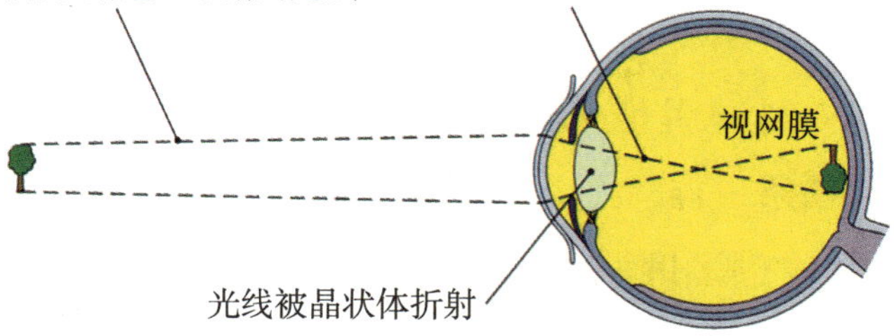

当光线刺激光敏细胞，它们就会发出神经冲动，沿着视觉神经传送到大脑。

大脑对这些神经冲动进行解读，就产生了你看到的图像。

视网膜上成的像是**倒像**，但你的大脑已学会把倒像变为正像。

视杆细胞可以感应相对微弱的光线，它们主要分布在视网膜外周。

视锥细胞可感受颜色和较强的光线，它们主要分布在中央凹中。

聚焦

光线折射主要是由弯曲的角膜所完成的。

但晶状体也可使光线稍微偏折。

晶状体的形状由睫状肌控制。

看远处的物体时：

- 睫状肌舒张；
- 悬韧带拉紧；
- 晶状体在牵拉作用下变得比较薄；
- 远处的物体在视网膜上成像。

看远处物体时

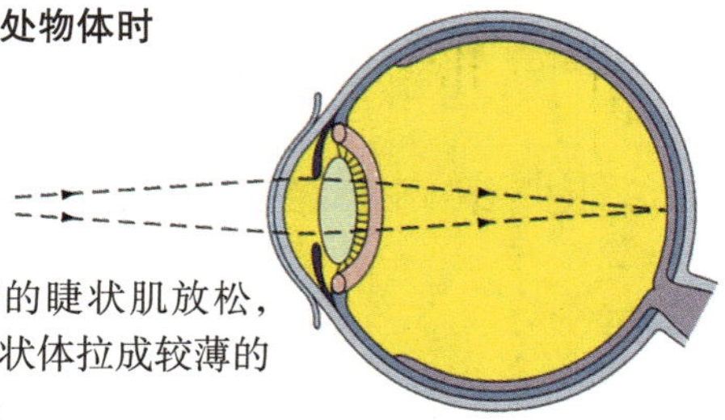

环形的睫状肌放松，将晶状体拉成较薄的透镜

看近处的物体时：

- 睫状肌收缩；
- 悬韧带放松；
- 有弹性的晶状体复原，变得比较鼓；
- 近处的物体在视网膜上成像。

看近处物体时

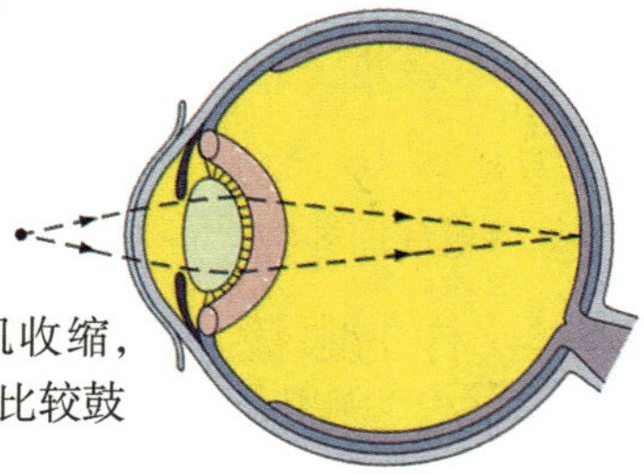

环形的睫状肌收缩，使晶状体变得比较鼓

实验 8.4　找盲点

将本书放在你正前方约一手臂的位置。

蒙上右眼，盯着图中的魔杖。将书缓缓向自己移动，直到图中的小兔消失为止。

发生这种现象，是因为从小兔处传来的光线落在了你的盲点上，而盲点上没有光敏细胞。

近视

只能看清近处物体，看远处物体时眼睛无法准确聚焦，叫做**近视**。

近视可能由以下两种原因引起：

- 眼球过长；
- 晶状体将光线弯折得太多（即使睫状肌处于放松状态，晶状体还是太鼓）。

因此来自远处物体的光线会在视网膜**前方**聚焦，视网膜上的像就是模糊的。

近视可以通过佩戴具有使光线发散的**凹透镜**的眼镜进行视力矫正。

这样的眼镜可使光线在进入眼睛前先向外弯曲，这样就可在视网膜上正常聚焦。

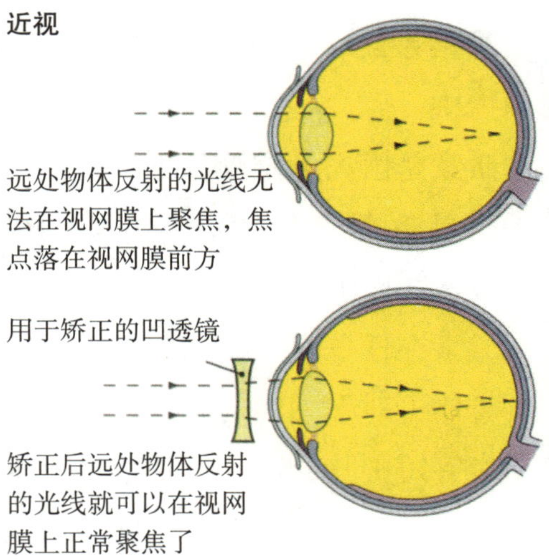

远视

只能看清远处物体，看近处物体时眼睛无法准确聚焦，叫做**远视**。

远视可能由以下两种原因引起：

- 眼球过短；
- 晶状体无法让光线发生足够的弯折（即使睫状肌处于收缩状态，晶状体还是太薄）。

因此来自近处物体的光线就会在视网膜**后方**聚焦，视网膜上的像就是模糊的。

远视可以通过佩戴具有使光线会聚的**凸透镜**的眼镜进行视力矫正。

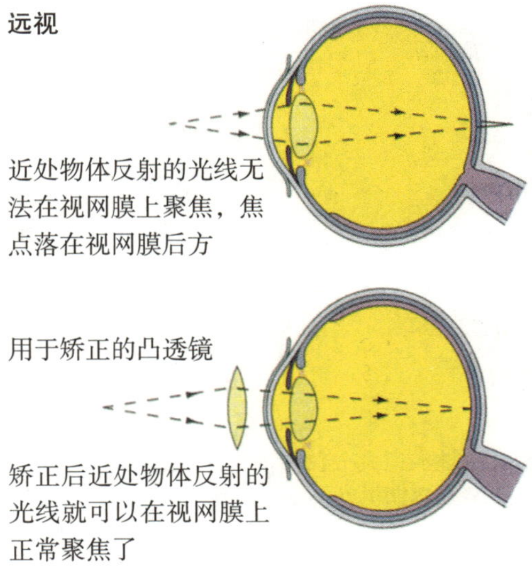

这样的眼镜可使光线在进入眼睛前先向内弯曲，这样就可在视网膜上正常聚焦。

角膜激光手术是一项新兴技术。

实施手术后，近视或远视患者不再需要戴眼镜或隐形眼镜。

例如，治疗近视，可用激光将角膜打薄。

这样一来，眼睛就可正常聚焦成像了。

一些老年人的眼睛无法正常聚焦。

因为随着年龄增大，晶状体逐渐失去弹性。

晶状体也可能变浑浊，形成**白内障**。

这就会造成视物困难。

现在也可以通过手术，用人工的塑料晶状体取代原有晶状体来解决这个问题。

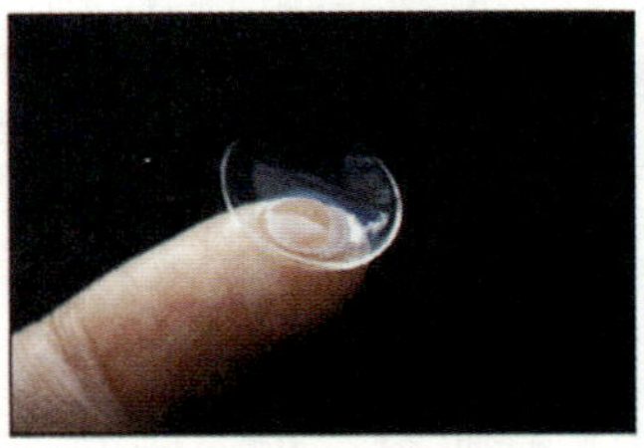

现在流行用隐形眼镜代替一般眼镜

激素

激素系统，或称**内分泌系统**，也同样要参与到身体的调控中。

激素是由**内分泌腺**分泌的化学物质。

少量激素进入血液，被运至**靶器官**。靶器官可识别特定激素并作出应答。

激素在任务执行完成后会被运至肝，在那里被分解。

身体可对下图中的激素作出应答。

应答短则几分钟，长则数年。

激素能对代谢速率、生长发育和性发育等方面产生影响。

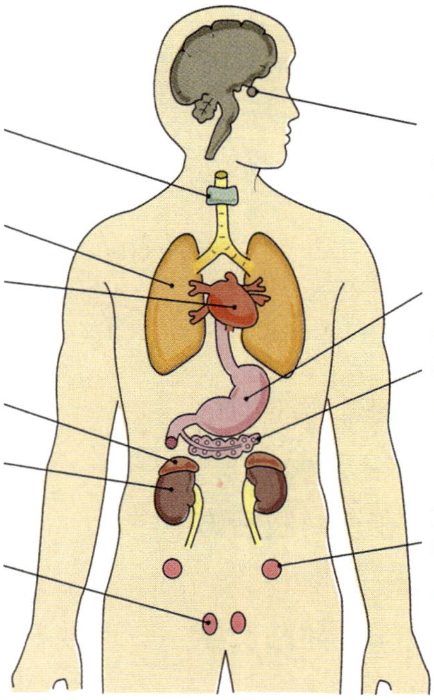

激素也参与稳态的调节。

负反馈可作用于分泌激素的腺体。

当血液内激素含量过高时，腺体就会减少激素分泌的量。

有时激素分泌会失常。

腺体分泌激素过多或过少都会造成问题。

例如，垂体生长激素分泌过量会导致巨人症，分泌过少又会导致侏儒症。

如果胰岛素分泌过少会造成什么问题呢？

肾上腺素

肾上腺素是由肾上腺分泌的，肾上腺位于左右两肾的顶部。

激动、害怕或压力增大时，都会分泌肾上腺素。

肾上腺素被戏称为“战斗或逃跑”激素，能激发以下反应，为接下来的身体活动做准备：

- 将肝中的糖原转化为葡萄糖，这样就能有更多葡萄糖被运至肌肉，在突发动作中为肌肉收缩提供更多能量；
- 使心率增加，这样葡萄糖和氧就可以更多更快地被运至肌肉，以释放能量；
- 细支气管扩张，使更多的空气进入肺；
- 通往脑和肌肉中的血管扩张，使更多葡萄糖和氧能被运入这些器官；
- 通往消化道和其他器官的血管收缩变窄，让血液能够集中到对维持生命更关键的器官；
- 毛发竖起（起鸡皮疙瘩）。

这一点对人用处不大，但是对于长毛动物来说，毛发竖起能使它们看起来体型更大，更易吓退攻击者。

肾上腺素是一种进化产物，对动物（包括人）起保护作用。

如果人处在持续压力下，肾上腺素分泌过多，容易引起高血压和心脏病。

β 受体阻滞剂是一类能与肾上腺素结合使其效果减弱的药物。

其他激素

以下是本书中其他有关激素的介绍：

胰岛素和**胰高血糖素**对血糖的调控（见第 94 页）。

抗利尿激素对体内水分的调控（见第 100 页）。

看表并思考，神经系统和内分泌系统是如何合作调控身体活动的。

神经系统	内分泌系统
信息以电信号的形式沿着神经细胞传导	信息以化学信号的形式在血液中传导
作用速度快、时间短	作用通常速度较慢，但延续时间较长
作用于特定器官	作用于全身
往往包含反射	调控生长发育、新陈代谢和生殖

▶ 青少年

你生来就有一套完整的性器官。

但它们要在多年以后才会发育成熟。

大约是在 10 ~ 14 岁之间，睾丸开始产生精子，卵巢开始排卵。

我们把生命中的这段时间叫做**青春期**。

女孩一般比男孩发育得早。

但具体的发育时间也是因人而异的。

这些变化是如何发生的呢？

答案就是激素。

进入青春期后，位于人脑基部的**垂体**开始分泌激素。

这些激素使性器官活跃起来。

性器官分泌性激素使**第二性征**（secondary sexual characteristics）开始发育。

睾丸开始分泌**睾酮**。

睾酮使男孩的身体发生一些变化：

- 睾丸开始制造精子；
- 脸上和身上的体毛开始生长；
- 声音变得低沉；
- 肌肉发育。

卵巢开始分泌**雌激素**。

雌激素使女孩的身体发生一些变化：

- 卵巢开始排卵；
- 身上有的地方开始生长体毛；
- 乳房发育；
- 臀部变宽；
- 开始来月经。

青春期开始后你就是青少年了。

大约在 18 岁时生长发育基本完成，青春期结束。

青春期是情绪容易冲动的时期。

激素能引起情绪变化，性欲望也会增强。

大多数人能够正确对待青春期，处理好自己的情绪，成长为有责任感的成年人。

▶ 排卵与月经周期

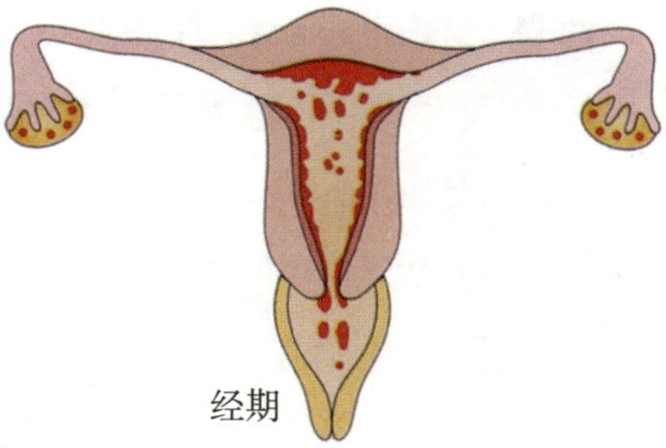
经期

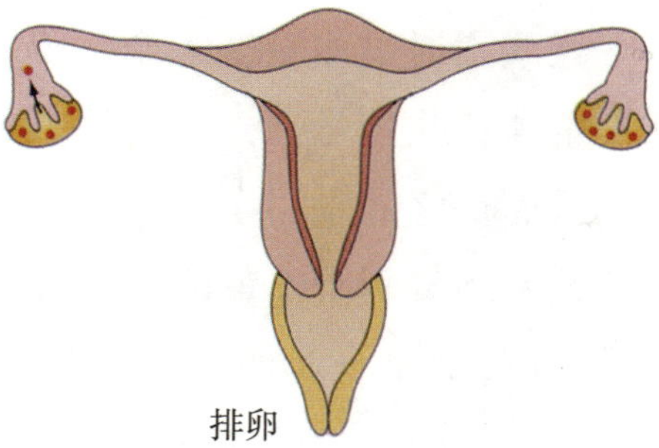
排卵

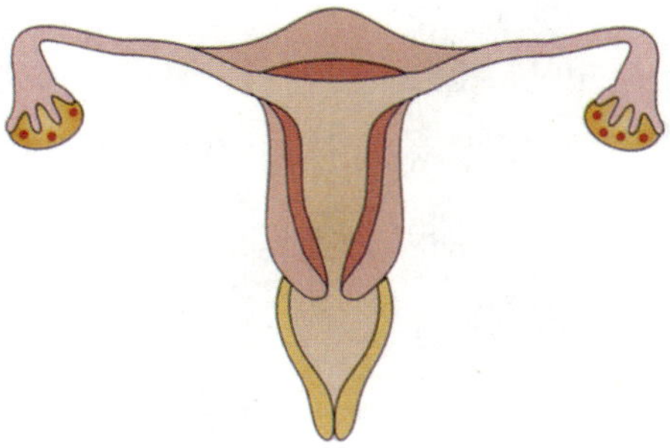
可以接受受精卵植入的子宫

月经来潮是女孩在青春期发生的一个重要变化。

一般女孩初潮发生在 8 ～ 15 岁之间。

每个月有一段时间，由于子宫内膜脱落，少量的血和细胞会从阴道排出。

这个时期叫做**经期**。

经期结束，新的卵就会在卵巢中发育。

卵是在一个叫做卵泡的充满液体的小球中发育的。

卵泡越长越大，就会靠近卵巢的边缘。

最终卵泡破裂将卵释放进入输卵管。

这个过程称为**排卵**。

空卵泡则会形成**黄体**。

当卵在卵巢中发育时，子宫内膜也开始增厚。

排卵后的一个周中，子宫中形成了包含丰富的血管和腺体的内膜。

如果女性受精，受精卵会**植入**增厚的子宫内膜中。

这样女性就怀孕了。

如果未受精，卵就会死亡，从阴道中排出。

卵巢中的黄体也会被分解。

增厚的子宫内膜会脱落，在月经期间一起被排出。

整个周期又会从头开始。

已经怀孕时子宫内膜会发生什么变化呢？

为什么子宫内膜增厚有助于胚胎发育？

女性会在 45 ～ 55 岁之间停止月经。这个过程叫做**更年期**。

排卵和经期都是由激素控制的。

▶ 月经周期的调控

垂体分泌激素调控月经周期。

一种称为**促卵泡激素**（FSH）的垂体激素启动月经周期。

在这种激素作用下，卵巢中生成一个卵。

卵泡和卵开始发育。

发育过程中卵巢得到信号，开始分泌**雌激素**。

雌激素使子宫内膜增厚，并阻止更多卵发育。

雌激素通过血液被运至垂体。

垂体接收信号，停止分泌 FSH。

取而代之的是另一种垂体激素。

这种激素叫做**促黄体素**（LH）。

LH 使卵巢释放卵（排卵）。

同时也使排空的卵泡形成**黄体**。

黄体会分泌**黄体酮**。

黄体酮会使子宫内膜进一步增厚。

雌激素和黄体酮都促使子宫内膜成熟，预备接受受精卵的植入。

如果女性受孕，这两种激素会持续产生。

它们可保持子宫内膜不脱落，并使月经周期停止。

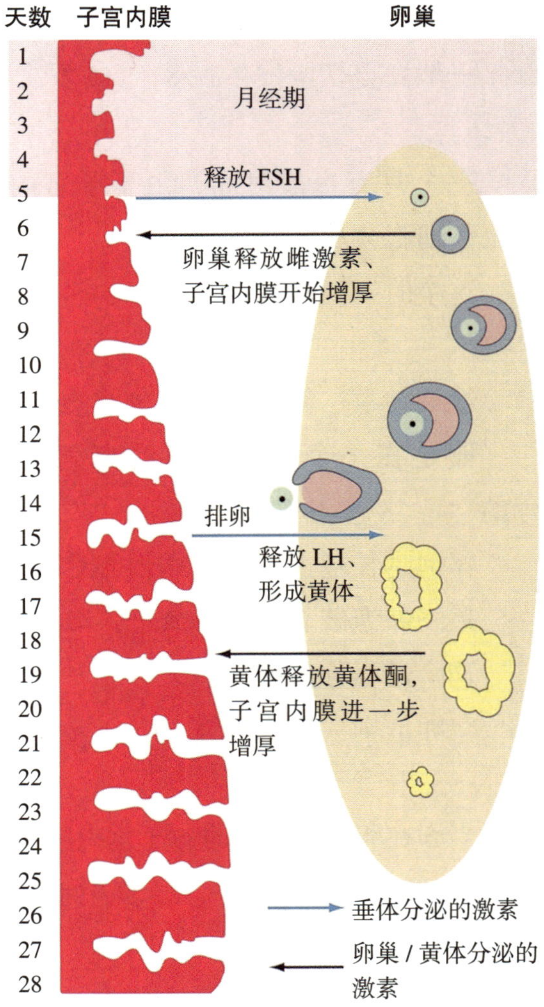

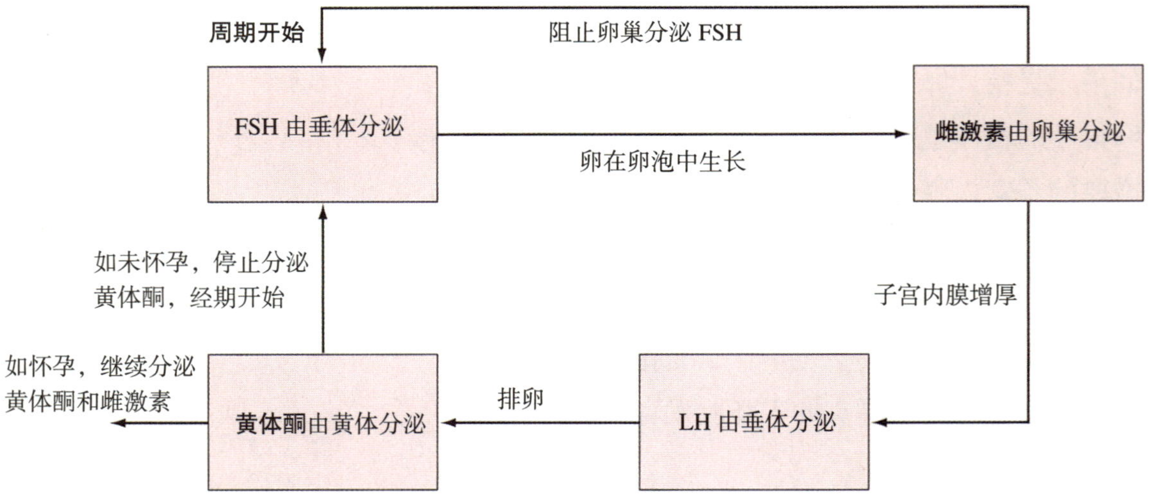

女性如何调节排卵和月经

▶ 生物学的应用：体外受精

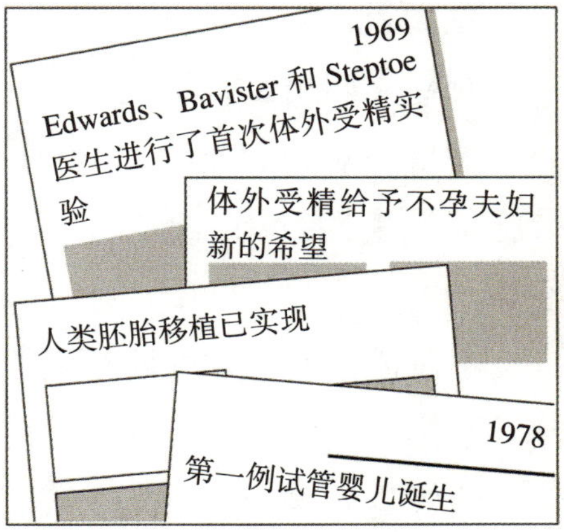

有些夫妇无法正常生育小孩。

可能是丈夫不能产生足够的精子。

也可能是妻子的输卵管堵塞。

两种原因都能妨碍精子和卵的结合。

体外受精技术（in vitro fertrlization，简称IVF）可帮助这些夫妇受孕。

“体外”其实就是在玻璃试管中。

体外受精就是让人的卵在体外发生受精过程。

以前叫做“试管婴儿”。

首先女性要接受促卵泡激素注射。

这会让她产生卵。

医生会在她身上开一个小口。

用一根细管从小口插入，将卵吸出来。

卵被存放在含有营养物质与氧的培养液中，以保持活性。

取丈夫的精液与卵混合。

受精卵还要继续在溶液中生存数天。

在生成胚胎的过程中，受精卵一直受到显微监控。

之后，医生将一枚胚胎植入母亲的子宫。

胚胎正常发育成婴儿。

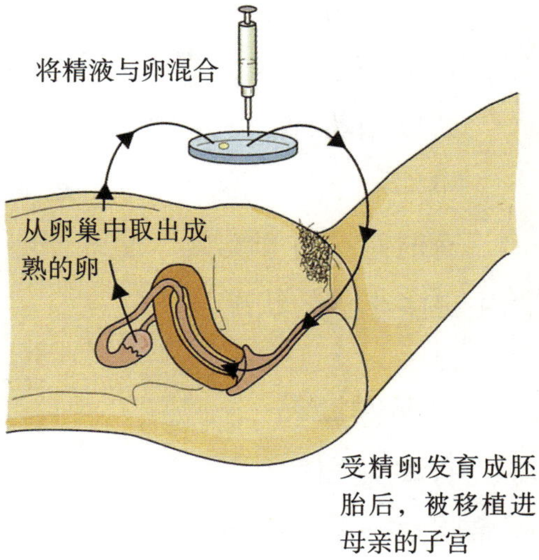

想一想，为什么卵要存放于含有营养物质和氧的培养液中？

为什么受精卵需要在培养液中存放数天后才植入子宫？

有时这个过程中会产生多于所需的胚胎。

许多人认为销毁多余的胚胎是不对的。

你怎么看？

有时这些多余的胚胎会被冷冻。

如果第一次植入的胚胎未能生长，可再使用冷冻保存的胚胎。

你觉得这么做对吗？

生物学的应用：控制生育

生育药

有些夫妇想要孩子但女方总是不能怀孕。

如果一对夫妇连续 12 个月有规律、无保护措施地发生性行为，但并未怀孕，就可被看做不孕。

不孕通常是因女性卵巢未能排卵。

不排卵是因为垂体分泌的促卵泡激素太少。

治疗这一类型的不孕，需要规律注射含有促卵泡激素的**生育药**。

促卵泡激素能刺激卵巢排卵。

另一种治疗手段是服用能使垂体对雌激素不敏感的口服药片。

你应该还记得，雌激素会抑制促卵泡激素的生成。

所以用药物阻止雌激素形成后，垂体就会继续分泌促卵泡激素，促进排卵发生。

不幸的是生育治疗并不一定能奏效。

有时它又过于奏效，使多个卵子同时排放，产生双胞胎、三胞胎、四胞胎甚至一胎生更多小孩的状况。

口服避孕药

有些夫妇往往希望只发生性行为但暂时不希望女方怀孕。

口服避孕药中含有雌激素，能抑制垂体产生 FSH。

这样一来，卵巢不会释放成熟卵子，女性也就不会怀孕。

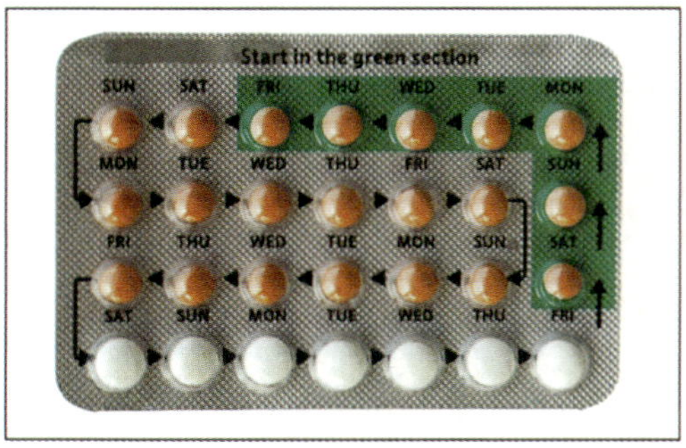

避孕药

使用这种方法避孕，女方每天都要服药。

对许多夫妇来说，服避孕药是一种可靠且方便的避孕方法。

这种方法的缺点在于，若未能做到规律服药，可能会导致怀孕。

有些女性还会出现头痛、恶心等不良反应。

极少数女性还会因服药导致心脏和血液循环疾病。

小结

- 感觉器官（感受器）能感受刺激，引起效应器中的应答反应。
- 神经系统和激素系统共同调控人的行动。
- 神经元将神经冲动传导到全身。
  两个神经元之间存在着称为突触的间隙。
- 反射弧是一种神经通路。
  反射是自动、快速进行的，往往对人体有保护作用。
- 脑是神经系统的控制中心。
- 感觉包括触觉、味觉、嗅觉、视觉、听觉和平衡感。
- 感受器通过感觉神经元将冲动传导至脑中。
- 冲动通过运动神经元传至效应器。
- 眼睛可将光线刺激转化为神经冲动。
- 激素是由腺体产生的（如肾上腺素是由肾上腺产生的），它们通过血液被带往靶器官。
- 第二性征的发育是由雌激素（女性）和睾酮（男性）引起的。
- 垂体和卵巢分泌的激素调控月经。

▶ 练习

1. 句子填空：

脑和 ________ 组成中枢神经系统。

脑受 ________ 的保护，脊髓受 ________ 保护。

神经冲动通过 ________ 神经元传导到脊髓。

在脊髓的 ________ 质中冲动传至 ________ 神经元。

冲动沿着 ________ 神经元从脊髓传出。

两个神经元之间的间隙叫做 ________。

2.（1）说出下列名词的含义。

① 刺激；　② 感受器；　③ 应答。

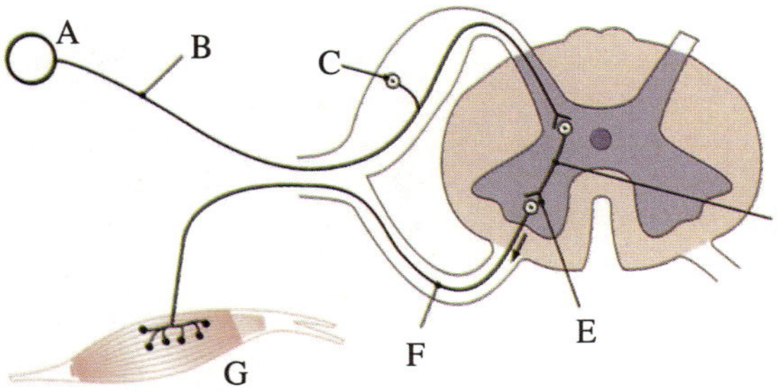

（2）写出 A 到 G 各部位标示的名称。

（3）描述 A 到 G 之间各部分分别发生了什么。

3. 图示为一个运动神经元：

（1）写出 A 到 D 所标示的各部分名称。

（2）写出 B、C、D 三部分的功能。

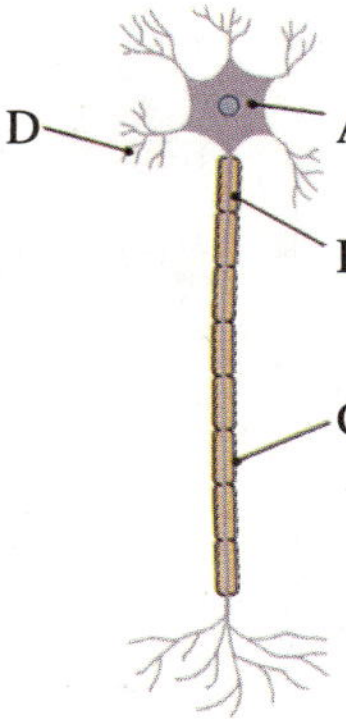

4. 在 B 栏中找出与 A 栏各部位对应的功能。

A 栏	B 栏
• 突触	• 将冲动从脊髓传导至肌肉
• 小脑	• 学习和记忆的调控
• 感觉神经元	• 神经元之间的间隙
• 大脑半球	• 平衡感调节
• 运动神经元	• 调控心跳、呼吸和血液
• 延髓	• 将冲动从感觉器官传导至脊髓

5.（1）什么是反射作用？

（2）在下列情形中分别会发生哪种反射：

① 灰尘进入气管。

② 强光照进眼睛。

③ 看见好吃的食物或闻到食物的香气。

④ 站在冷风中。

（3）这些反射分别对你有什么用处？

6.（1）说出激素系统与神经系统的 4 个不同点。

（2）哪种激素

① 为身体行动做准备。

② 减少血液中的葡萄糖含量。

③ 控制体内化学反应速率。

④ 由男性睾丸产生。

⑤ 由女性卵巢产生。

7.（1）青春期卵巢分泌哪种激素？

（2）这种激素会引起女孩的身体发生哪些变化？

（3）青春期睾丸分泌哪种激素？

（4）这种激素会给男孩身体带来哪种变化？

8. 一名女性的卵巢在 3 月 7 日排了一个卵。

（1）这名女性哪几天容易受孕？

（2）如卵没有受精，3 月 7 日后还要过多久她的经期才会开始？

（3）经期一般持续多长时间？

（4）下一个卵大约在什么时间被排出？

9. 给出下列眼睛各部分构造的生物学名称：

（1）光敏细胞层。

（2）控制眼睛的进光量。

（3）眼睛前部纤弱透明的薄层。

（4）白色较硬的眼球外层。

（5）保持眼球形状的果冻状物质。

（6）将神经冲动传回脑。

（7）黑色的中间层。

（8）调节晶状体的形状。

（9）将晶状体固定在睫状肌上。

10. 下图是人眼睛的剖面图：

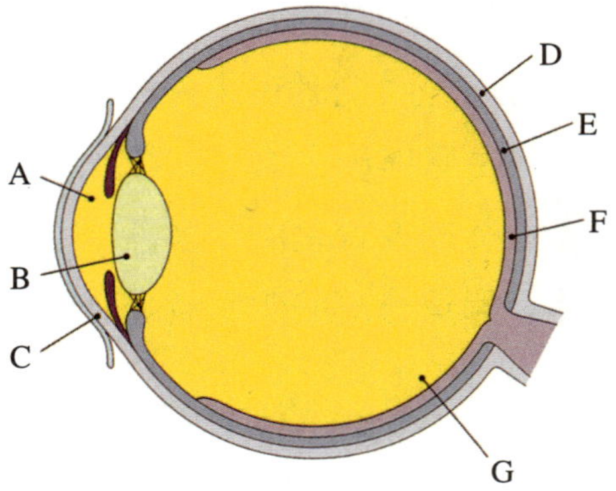

（1）写出 A 到 G 标示的各个部位名称。

（2）哪些部位让光线在 F 聚焦？

（3）写出光线从 C 到 F 所走过的路线。

（4）神经冲动如何从眼睛传到脑？

拓展习题见第 167 页。

第 9 章

支撑与运动

动物都需要支撑身体。

动物还要活动。

大多数动物需要一副支撑身体的支架，也就是一副**骨骼**。

骨骼有以下功能：

- 支撑身体并赋予身体形状；
- 保护体内柔软的器官；
- 在肌肉的帮助下移动身体。

▶ 液态骨骼

有些动物看上去好像没有骨骼，例如图中的水母：

它是如何支撑自己的身体游来游去的呢？

它柔软的身体中充满了水。

随着水母伞盖肌肉一张一合的运动，身体内的水喷射出来，推动身体向相反的方向前进。

蠕虫也有液态骨骼。

它们的体腔中充满液体。

肌肉挤压体腔中的液体。

这使它们的身体变得更坚硬。

蠕虫身体不同部位的肌肉都可以收缩。

这就使蠕虫的体形发生改变，控制它们向前蠕动。

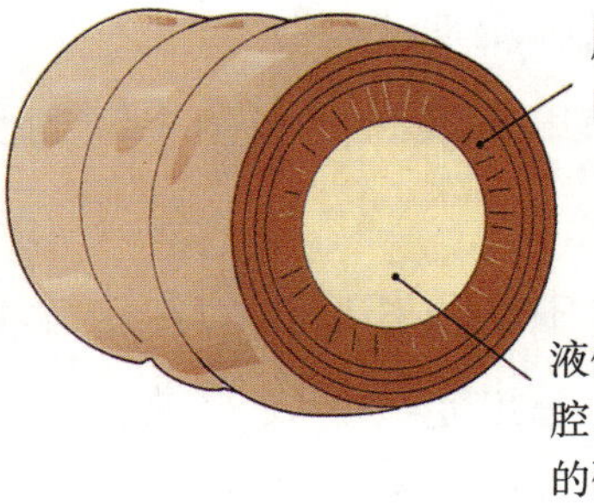

外骨骼

许多动物在体外长有骨骼。

这种骨骼叫做**外骨骼**。

你知道哪种动物是有外骨骼的吗?

一切节肢动物都具有外骨骼。

节肢动物包括昆虫、蜘蛛和螃蟹等。

它们的外骨骼由**几丁质**构成。

这是一种复杂的糖类。

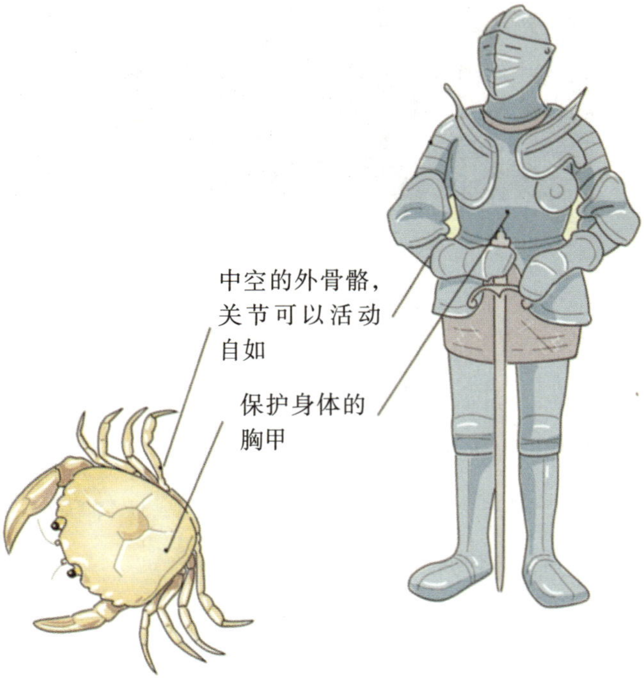

请看图中的螃蟹：

它的外骨骼就像一副盔甲。

这副“盔甲”包含保护身体的“胸甲”。

中空管状的外骨骼包裹着肢体，使得**关节**（joint）能够活动自如。

和盔甲一样，外骨骼具有良好的支撑和保护作用，但同时和盔甲一样，外骨骼比较笨重，“穿着”外骨骼走来走去不大方便。

有外骨骼的动物都不会长得很大。

因为如果体型过大，外骨骼会太重，无法被肌肉带动。

这些动物身体较柔软的部分在骨骼内部。

但外骨骼无法随着身体其他部位的生长而生长。

所以每隔一段时间硬壳就要脱去，长出一个新壳。这个过程叫做**蜕皮**（moulting）。

动物生长过程中身体形状发生改变，叫做**变态发育**（metamorphosis）。

蝴蝶、绿头苍蝇和图中的蜻蜓等昆虫都要经历变态发育。它们小的时候叫做**幼虫**。幼虫的长相与成虫差别很大。

幼虫每蜕一次皮，就长大一些，直到进入静止期形成一个**蛹**。

最终成虫破蛹而飞。

这种从幼虫到成虫的完全不同的变化叫做**完全变态发育**。

变态发育中幼虫和成虫的食物源不同。

例如，毛毛虫吃叶子，而蝴蝶吃花蜜。

这对昆虫有什么好处呢?

昆虫的幼体和成体栖息地往往不同。

这就减轻了稀缺资源的种内竞争压力。

一只蜻蜓的幼虫正在蜕皮（外骨骼）

内骨骼

骨骼位于身体内部的，叫做内骨骼。

内骨骼由硬骨和软骨组成。

身体内部的骨骼可为肌肉提供强有力的支架，同时也能随着身体的生长而生长。

鱼类、两栖动物、爬行动物、鸟类和哺乳动物都有内骨骼。

它们统称为**脊椎动物**（vertebrate）。

有一些鱼（如鲨鱼）的内骨骼完全由软骨组成。

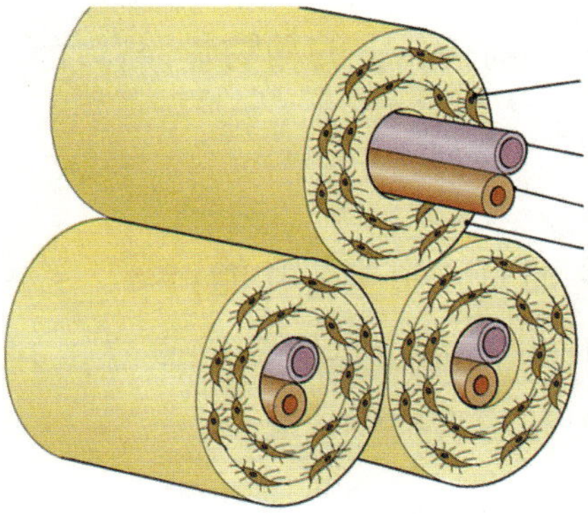

右图是依显微镜图像绘制的骨剖面图：

你能看出骨中的细胞吗？

硬骨和软骨都是**活**组织。

这样骨骼就能随着身体其他部分的生长而生长。

活细胞能修复受损的骨头。

所以当我们骨折时用石膏固定住就可以长好。老年人的骨质较疏松，因此更容易骨折。

这种状况叫做**骨质疏松症**，成因是饮食中缺少钙质或者是身体对钙质吸收能力下降。

所有脊椎动物的骨骼基本组成都相同：

- 容纳并保护脑的**颅骨**；
- 小块椎骨，通过关节连接组成**脊柱**；
- 保护胸腔的**胸廓**；
- **肢体**（手臂和腿）和**肢带**（肩膀和髋骨）。

请看这两副骨骼。

你是否能在每副骨骼中找出上述基本组成部分呢？

这两副骨骼分别属于哪两种动物？

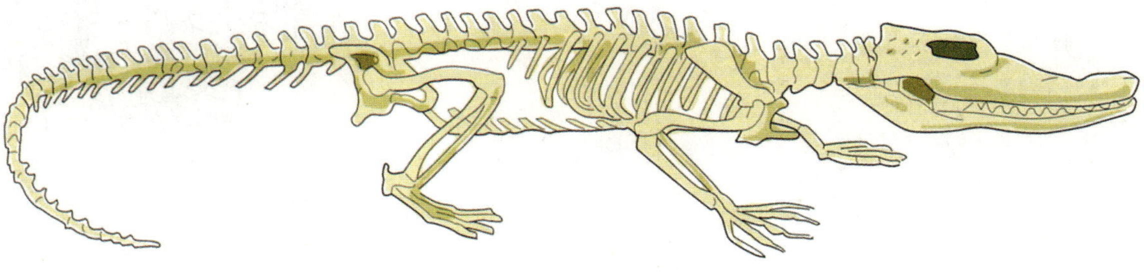

人的骨骼

人体的骨骼由 200 多块骨头组成。

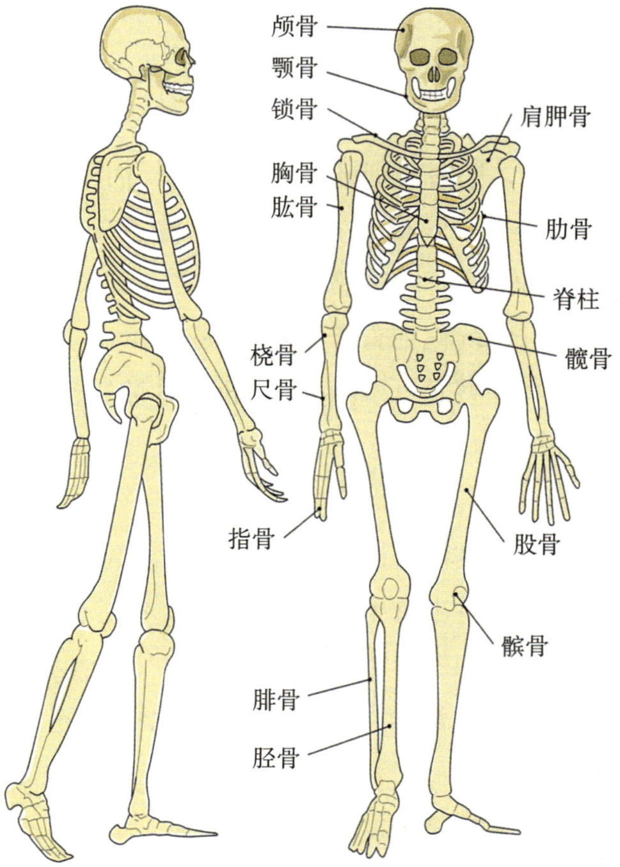

请看右图：

你能找出脊椎动物骨骼的 4 个基本部分吗？

你能说出多少块骨头的名称？

这副骨骼和前一页上的动物骨骼有什么区别？

我们的骨骼有 4 个主要功能：

- **支撑**——骨骼让我们能够直立，并为组织和器官提供支架；
- **保护**——胸廓保护心脏和肺；
  还记得是什么保护了大脑和脊髓吗？
- **运动**——在关节处肌肉可以带动骨骼活动；
- **产生血细胞**——红细胞和白细胞都是在骨髓中制造的。

人类骨骼的发育都是从软骨开始的。

随着钙和磷的加入逐渐转化为硬骨。

这个过程叫做**骨化**。

科学家可通过一个人的骨骼中还有多少软骨来判断他是否还处在生长期。

你能想到身体的哪些部分是只由软骨组成的吗？

你的外耳、鼻子和长骨末端是否都是由软骨组成的呢？

实验 9.1　骨骼的各部分

仔细观察一副人体骨架模型上的不同骨头。

- 颅骨和脊柱是如何连接的？
- 肋骨和脊柱是如何连接的？
- 四肢与肩膀和胯是如何连接的？
- 你觉得手臂骨和腿骨有什么共同点吗？
- 长骨是中空的。

中空的骨头为何会比致密的骨头轻巧牢固？

▶ 关节

关节是两根骨头的连接处。

关节使我们能够运动。

有的关节比另一些关节更灵活，运动的范围更大。

有的关节完全不能动。

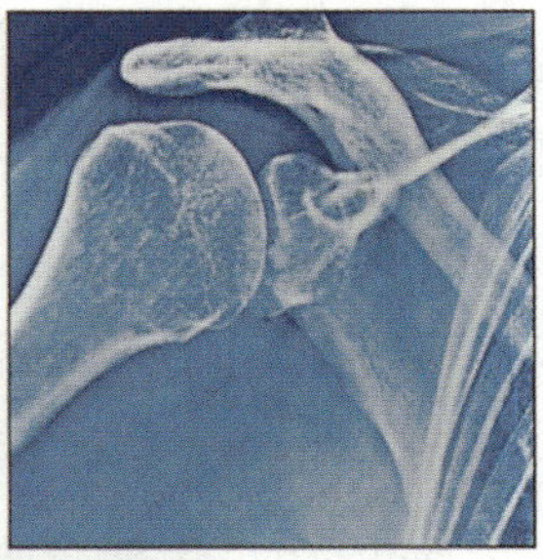

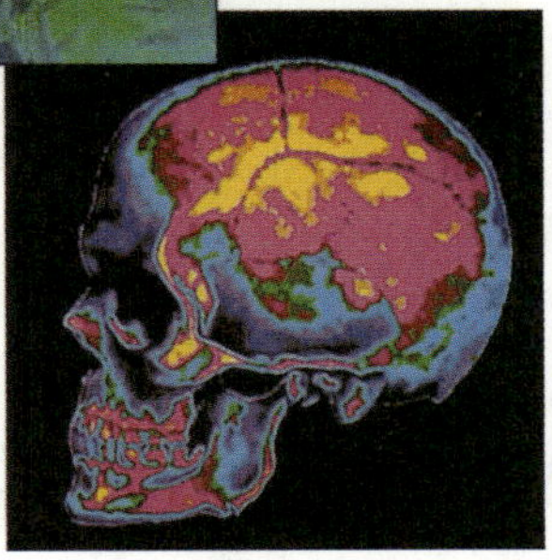

请观察各种不同关节的 X 光片，然后与下表中各种关节运动类型的描述进行比对。

关节	在身体何处	运动类型
铰链式	肘部、膝盖、手指	只能在一个平面上运动，与门的铰链类似
球窝式	髋骨与肩膀	可向各个方向运动
车轴式	脖子	可以点头和扭头
固定式	颅骨和骨盆	不能运动
滑动式	脊柱	可轻微运动

滑液关节

大多数运动是在**滑液关节**处发生。

铰链式关节和球窝式关节都是滑液关节。

关节处的活动会引起摩擦。

滑液关节能减少摩擦：

- 骨的两端都被**软骨**覆盖。软骨在滑液关节中充当减震器，防止两根骨头相互摩擦；
- **滑膜**中贮有**滑液**。滑液对关节起润滑作用，减小活动时的阻力；
- 关节通过坚韧的**韧带**将两根骨头连在一起的；
- 肌肉通过肌腱与骨相连，肌肉收缩时，拉动肌腱从而带动骨头。

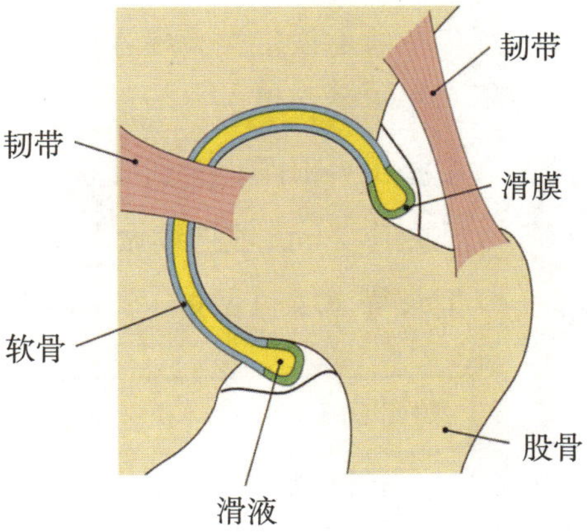

实验 9.2　人的关节

仔细观察人骨骼模型。

看你是否能找出上表中列出的各类不同的关节。

▶ 工作中的肌肉

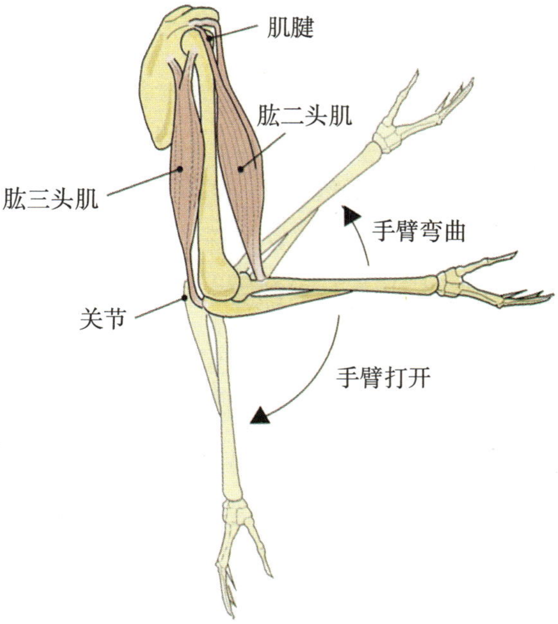

肌肉为骨关节的活动提供牵引力。

肌肉不能**推动**，只能**拉动**。

肌肉**收缩**时，会变得较短较粗大。

当肌肉不收缩时就恢复原状——我们把这种状态叫做**舒张**。

像**肱二头肌**和**肱三头肌**这样的肌肉是成对工作的。

一块收缩时，另一块舒张。

它们形成了一对**拮抗肌**。

当你捡起一本书时，肌肉都发生了哪些变化？

神经将冲动从脑传入手臂上的肌肉。

神经冲动形成指令，让肱二头肌收缩，肱三头肌舒张。

肱二头肌缩短时就牵拉肌腱，抬起与其相连的下臂。

手臂在肘部的铰链式关节处弯曲。

当你把书放回到桌上时，手臂肌肉又会发生什么变化呢？

这次是肱三头肌收缩，肱二头肌舒张，使手臂伸直。

实验 9.3　测试你的指力

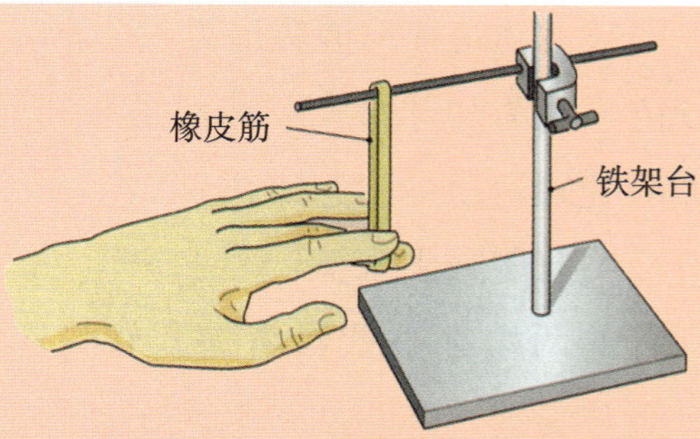

如图所示设定实验装置：

将手平放在桌上，中指穿过橡皮筋。

中指尽力下压，碰到桌面。

数数你 2 min 能连续做多少次。

记录每 20 s 可做指压运动次数，填入下表：

时间间隔（s）	0～20	20～40	40～60	60～80	80～100	100～120
指压运动次数						

将得出的数据做成一张线状图：

给出你的解释。

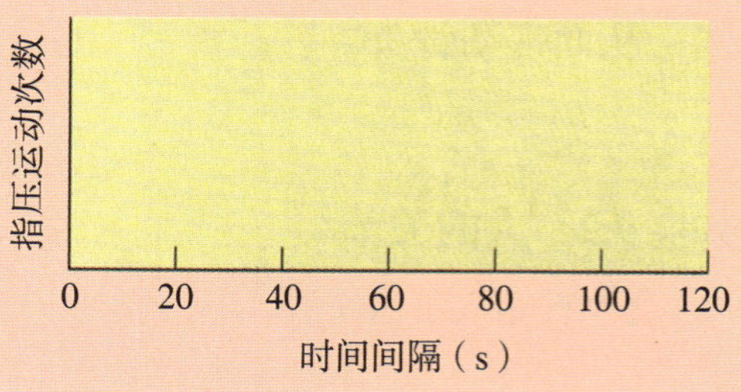

▶ 生物学的应用：运动损伤

许多运动员有运动损伤的风险。
常见运动损伤包括肌肉、肌腱、骨和关节的损伤。
这类损伤常常发生在赛季训练初期。

肩膀脱臼

肌肉拉伤

肌肉拉伸过度时会发生肌肉拉伤。
一些肌肉纤维会被撕裂，导致肌肉收缩。
内出血会引起肌肉肿大。

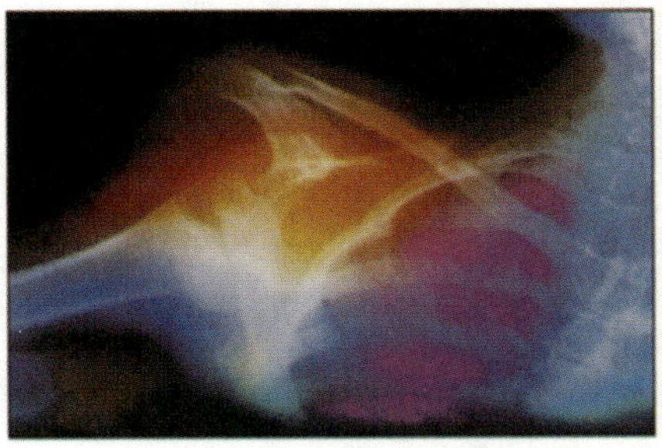

你能从 X 光片中看出脱臼吗

扭伤

韧带将关节处的两根骨头连在一起。

如果关节活动超出正常范围，韧带可能会被撕裂。

这一类的损伤需要静养，绷带和冰袋可缓解扭伤带来的疼痛。

如果撕裂的韧带过多，骨头可能会滑脱。
我们把这叫做**脱臼**。
医生可以把脱臼的关节复位。

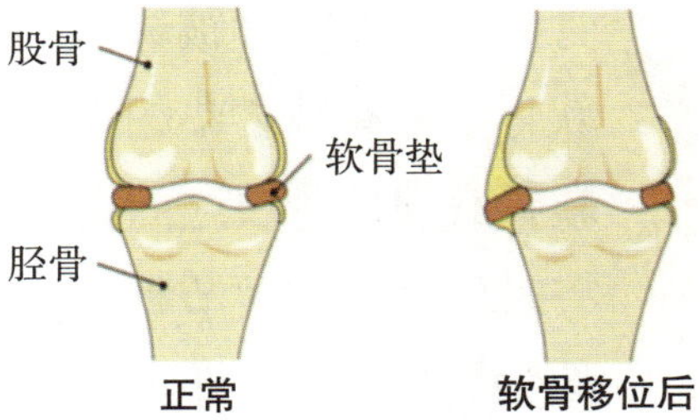

膝盖软骨移位

软骨移位

膝盖的负担很大。膝关节上有两片软骨，可起减震垫的作用。

如果膝盖突然被扭到，软骨中的某一片可能受损或移位。
足球运动员有时需要接受手术，以便取出移位的软骨。

骨折

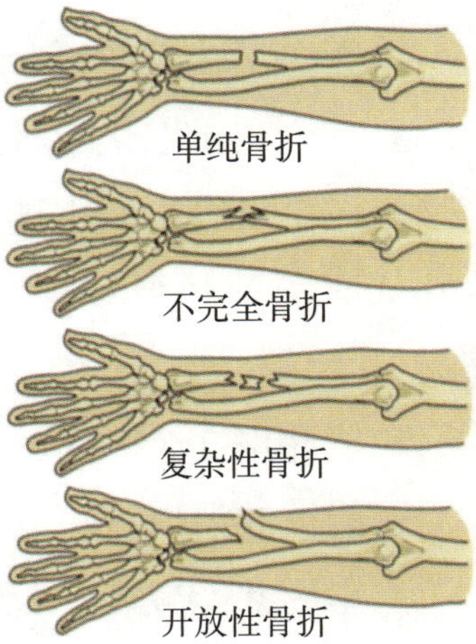

运动中骨头可能会受伤碎裂。
如果骨头折成两半，叫做**单纯骨折**。
如果骨头只有一侧裂开，叫做**不完全骨折**。
如果骨头有多于一处的断裂，叫做**复杂性骨折**。
如果破损的骨片刺穿皮肤，叫做**开放性骨折**。
骨折可通过复位来治疗。
依照 X 光片的结果，可给骨折患者上夹板或石膏。

▶ 生物学的应用：关节炎和关节替换

当我们年纪渐长，关节的活动就不能像以前那么灵活了。

有时骨头会彼此摩擦或碾压。

摩擦会引起疼痛并使人行动困难。

关节炎会使状况恶化。

身上一些较小的关节发炎，称为**类风湿性关节炎**。

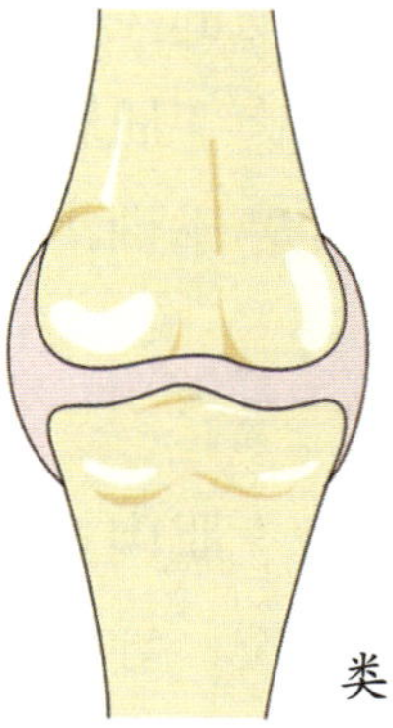

类风湿性关节炎

关节内部组织增生，使行动更困难。

关节可能会永久性融合，以致完全不能活动。

这种疾病往往是遗传性的。

软骨损伤速度的个体差异很大。有些人许多年才会有损伤。有些人几个月就会出现损伤。

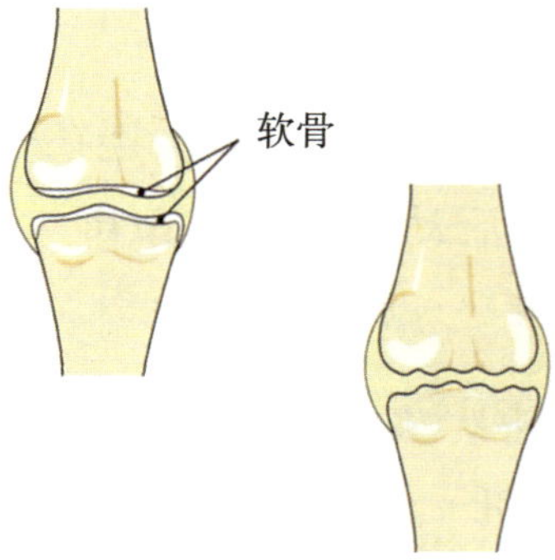

正常关节（左）；骨关节炎（右）

骨关节炎是老年人易得的病。

骨头末端的软骨被磨损。

软骨本来有减震垫的作用。

软骨磨损后骨头之间会产生大量摩擦，关节运动可能会引起疼痛。

有时可用人工关节替换病变关节。

骨关节炎通常由非遗传因素导致。

一般认为肥胖症患者容易患这种疾病。

体重过重会给关节增加很多负担，特别是在膝关节、髋关节和踝关节处。

过重的负担会加剧关节软骨的磨损。

人工关节可用来替换髋部的球窝式关节。

人工关节由两个部分组成：

- 一个用于取代股骨头的不锈钢球；
- 一个可容不锈钢球在内旋转的塑料帽。

人工关节必须具有天然关节的所有重要特质：

- 能允许 3 个方向的运动；
- 能被润滑以减小摩擦；
- 牢固并能减震。

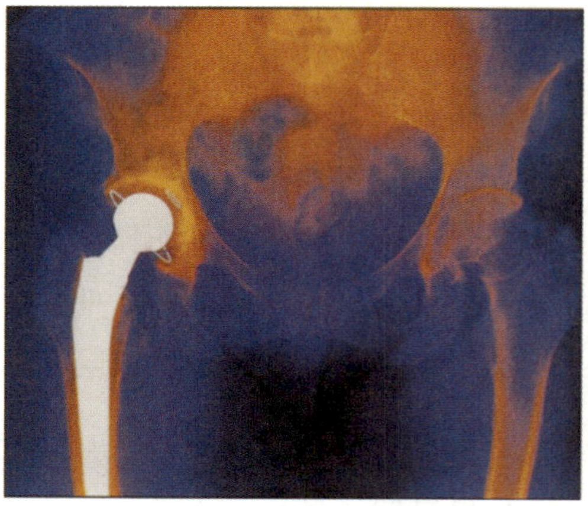
人工关节的 X 光片

小结

- 大多数动物需要骨骼支撑、保护身体，进行活动。
- 外骨骼能很好地行使保护功能，但缺点是太重，且不能和身体其他部分一同生长。
- 脊椎动物的内骨骼是由硬骨和软骨组成的，可与身体的其他部分一同生长。
- 脊柱由肌肉支持，可保护脊髓。
- 两根骨头衔接处叫做关节。
  不同种类的关节，运动方式不同。
- 关节处的两根骨头被韧带连在一起，肌肉通过肌腱与骨头连在一起。
- 滑液关节中贮有能够润滑关节的滑液。骨头的末端被软骨覆盖，软骨有减震垫的作用，可防止骨头相互摩擦。
- 肌肉通过收缩牵拉骨头，完成运动。
- 肌肉常以成对拮抗肌的形式工作——当一块肌肉收缩时，另一块肌肉舒张。
- 骨折的骨头可被复位并用夹板或石膏做支撑。
- 如果关节的骨末端的软骨被磨损，就会发生关节炎。
- 人工关节可用于替代髋关节和膝关节。

▶ 练习

1. 句子填空：

关节是在两根 ________ 衔接的部位。关节处的两根骨头通过 ________ 连接在一起。

关节处的运动是由 ________ 带动的。

当肌肉 ________ 时会缩短变粗，当肌肉 ________ 时就会恢复原状。肌肉常常两两配合运动。当一块肌肉收缩时，另一块肌肉会 ________。我们称这样的两块肌肉为 ________。

2. 下图为手臂的示意图：

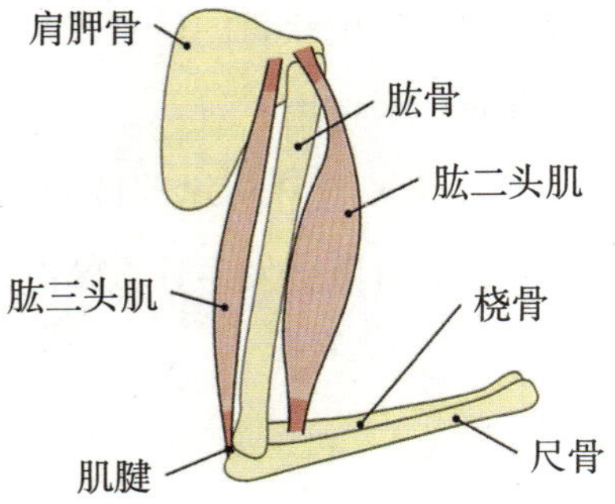

（1）手臂抬起时哪块肌肉收缩？

（2）手臂放下时哪块肌肉收缩？

（3）为什么把肱二头肌和肱三头肌叫做“一对拮抗肌”？

3.（1）骨骼有哪些功能？

（2）外骨骼和内骨骼有哪些区别？

（3）为什么外骨骼对动物个体大小有限制？

（4）为什么长有外骨骼的动物在生长过程中要蜕皮？

4. 在 B 栏中找出与 A 栏中相对应的描述：

A 栏	B 栏
肱骨	保护大脑
骨盆	协助呼吸
颅骨	人体内最大的一块骨头
股骨	组成脊柱
椎骨	上臂骨
肋骨	连接下肢骨与脊柱

5. 说出下列描述分别属于什么结构：

（1）衔接两根骨头。

（2）连接骨头与肌肉。

（3）充当骨头接触面的减震垫。

6. 以下是滑液关节示意图：

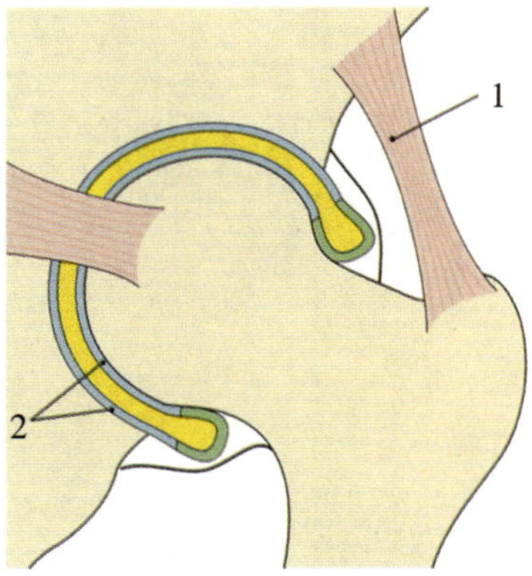

（1）这个滑液关节是什么类型的？

（2）这个关节在身体的什么部位？

（3）这个关节可以做什么样的运动？

（4）图中 1 所标示的结构叫什么？有什么功能？

（5）图中 2 所标示的结构叫什么？有什么功能？

（6）为什么这个关节中有液体？

7. 以下是人的右手掌骨示意图：

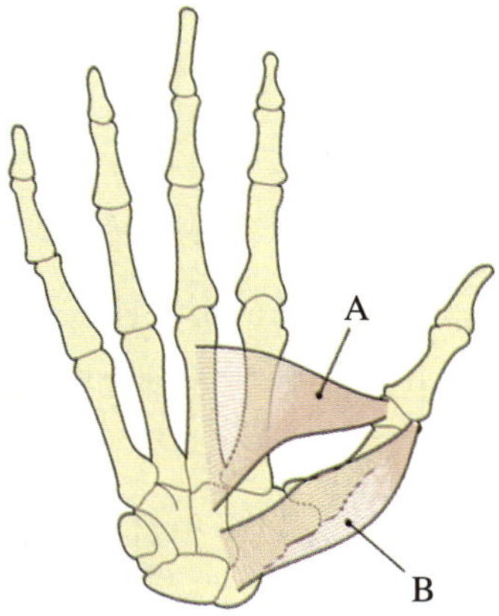

（1）当大拇指屈向其他手指时，哪块肌肉收缩？（A 还是 B？）

（2）此时，另一块肌肉处于什么状态？

（3）请解释为何有两块肌肉与大拇指相连？

8.（1）脊柱由多块椎骨组成有什么好处？

（2）在身体何处可以找到下列关节？它们分别允许哪种运动类型：

① 固定式关节。

② 车轴式关节。

③ 滑动式关节。

（3）为什么鸟的骨头是中空的呢？

9. 下图显示了人手臂的骨骼和部分肌肉。

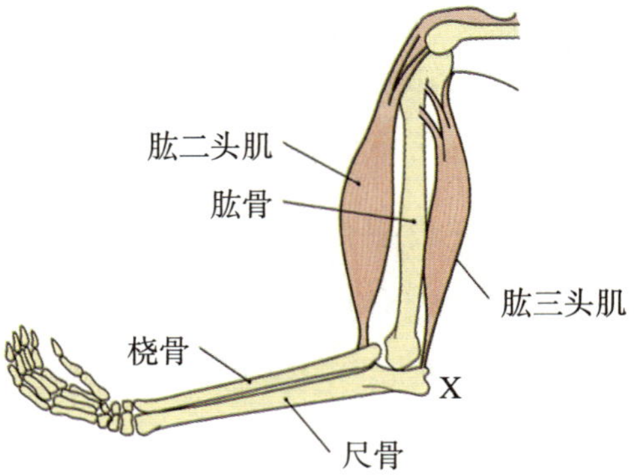

（1）图中标示的哪一部分能使手臂弯曲？

（2）用图中所给的部位名称解释弯曲的手臂是怎样伸直的？

下图显示了上图 X 处的滑液关节。

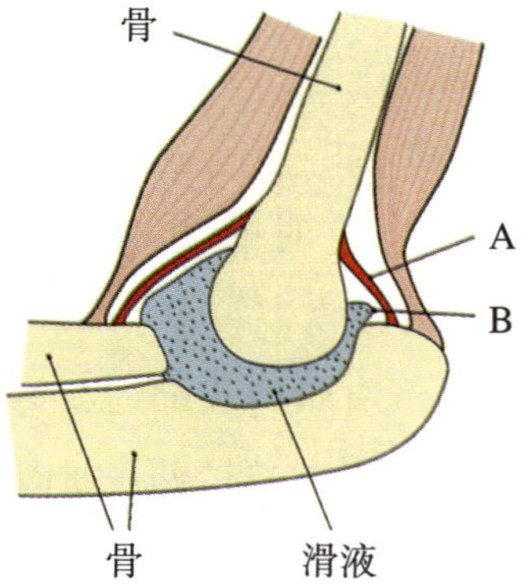

（3）① 请在图上标出软骨的位置。

② 软骨起什么作用？

③ 写出图中 A 与 B 标示部位的名称。

④ 如果缺少滑液会发生什么情况？

疾病

第 10 章

▶ 微生物与疾病

路易斯·巴斯德

罗伯特·科赫

19 世纪，**路易斯·巴斯德**证明，**微生物**（microbe）会使食物腐败。

他认为微生物也可以引起疾病。

他证明了霍乱菌可在鸡群中引起传染病，而炭疽菌可在羊群中引起传染病。

同一时代的**罗伯特·科赫**证实了肺结核等疾病是由微生物引起的。

他把引起一种疾病的微生物纯化培养物注入健康动物体内时，会引起与这种疾病相同的症状。

巴斯德和科赫想象不到的是，随着科学和技术的进步，人们不但能识别某种疾病所对应的病原微生物，还能接种疫苗、预防感染，甚至将这种疾病从世界上根除——比如说天花。

病原体是什么?

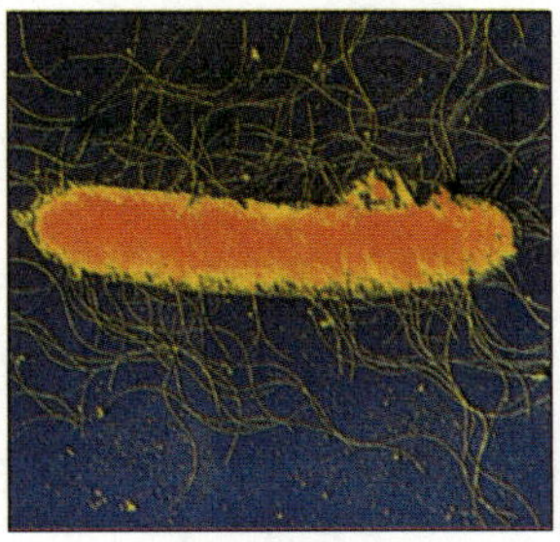

肠道中的一种细菌

细菌、病毒和真菌都是微生物。

并非所有的微生物都有害。有些微生物十分有用，能帮助我们制造面包、奶酪和葡萄酒等。

引起疾病的微生物叫**病原体**（pathogen）。

（注意：并不是**所有的**疾病都是由病原体引起，比如糖尿病就是因胰腺无法分泌足够的胰岛素引起的。）

细菌

细菌的细胞可在光学显微镜下观察到。

细菌遍布各处——空气中、水中、土壤中都有细菌。

生物体内也有细菌。

有些细菌是益生菌，但另一些能引起如肺炎、猩红热和肺结核等疾病。

细菌细胞的基本结构如图所示：

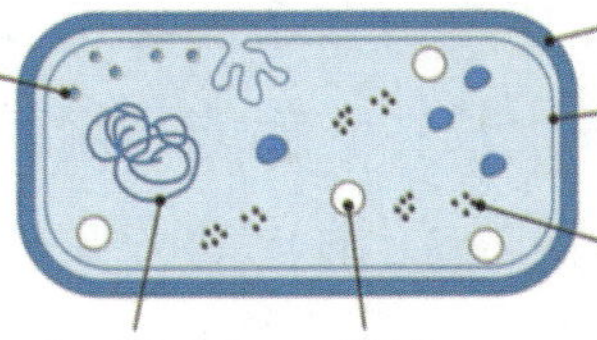

细菌的结构

这种细胞和动物或植物细胞有什么不同?

细菌细胞有细胞壁，但不像植物细胞那样由纤维素构成。

细菌没有真正的细胞核，只有一个环状 DNA。

线粒体等许多存在于其他细胞中的结构，细菌中都没有。

细菌细胞质中还有一些环状 DNA，叫做**质粒**（plasmid）。

细菌生长

经过灭菌处理后的实验室可以培养细菌（见第 344 页）。

一个细菌就能长成一个菌落。

条件适合时，1 个细胞分裂成 2 个，2 个分裂成 4 个，4 个分裂成 8 个，8 个分裂成 16 个，如此下去。细菌可快速增殖形成**菌落**。

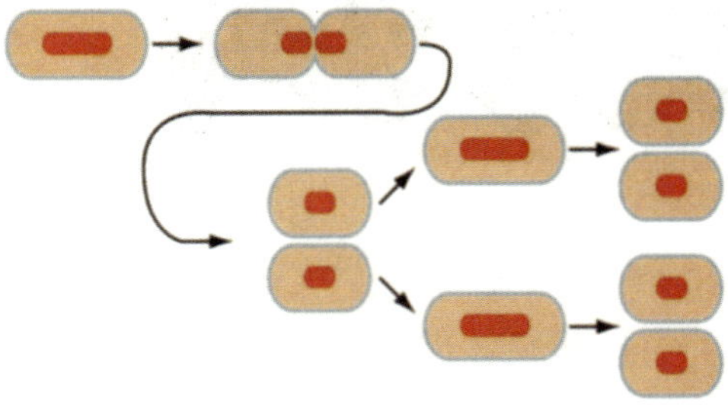

如图所示，菌落生长有 4 个主要阶段：

- **延滞期**——菌落生长迟缓，细菌细胞主要在吸取水分，制造生长所需的各种酶；
- **指数生长期**——细菌快速增殖，种群数量以持续翻倍的速度增长，不缺乏水分和食物；
- **稳定期**——细菌增殖和死亡速度基本持平，可能是由食物短缺或代谢废物累积引起；
- **衰亡期**——死亡的细菌比增殖的多，种群数量下降。

  死亡原因可能是缺乏食物、缺乏氧气或有毒代谢产物的积累。

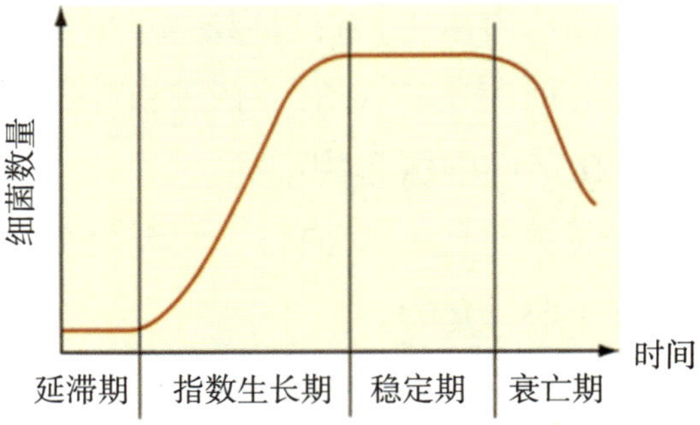

引起疾病的细菌往往能在热、冷、干燥等不良条件下存活。

它们能以**芽孢**的形式长时间休眠。

当生存条件好转时，芽孢萌发，又可重新快速增殖。

细菌有 3 种主要形态：**杆菌（杆状）**、**球菌（球状）**和**螺旋菌（螺旋状）**。

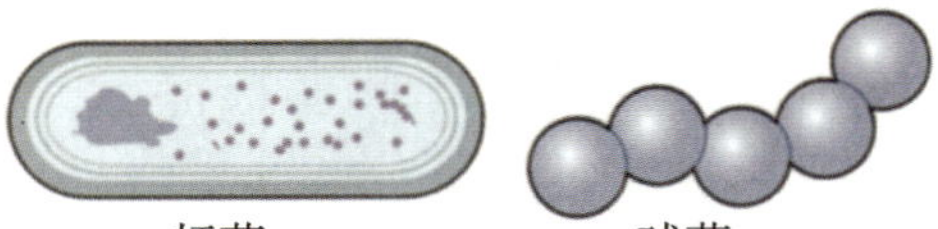

真菌

有些**真菌**（fungi）可引起疾病，如脚气、癣。

真菌没有叶绿素，因此不是植物。

真菌的主体叫做**菌丝体**。

菌丝体是由多条**菌丝**组成的网状结构。

菌丝生长在它们能利用的物体表面。

它们可分泌消化酶，体外消化食物。

被消化的食物被菌丝吸收。

真菌通过产生孢子进行繁殖，孢子散播后可感染人或其他的动物。

真菌在光学显微镜下可见；卫生条件差时，真菌引起的疾病容易在人群中扩散。

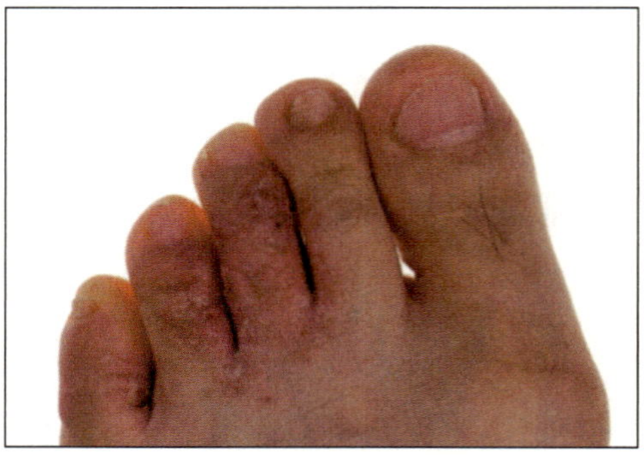

脚气

病毒

和一些细菌与真菌一样，病毒（virus）也是病原体。

也就是说，它们可以引起疾病。

病毒是**寄生生物**（parasite）——意思就是，要依赖其他生物体的细胞（**寄主**）来获得营养物质并繁殖。

病毒非常小，比细菌和真菌都要小得多。

病毒只有在电子显微镜下才能看得见。

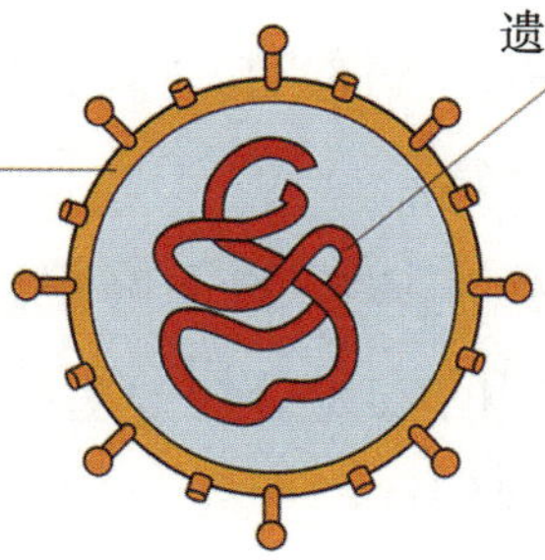

病毒结构

病毒由**蛋白质外壳**和包裹在内的 DNA 或 RNA（较为少见）组成。

其实病毒根本不能算真的细胞。

因为它们没有细胞核，也没有细胞膜。

那么它们如何存活和增殖呢？

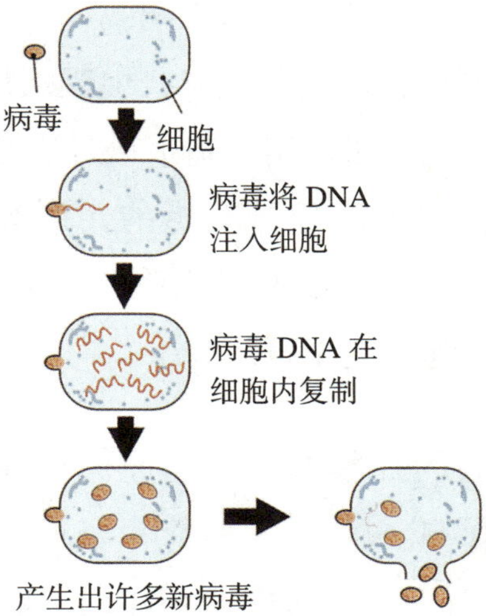

病毒只能生存在活细胞中。

一旦它们进入到寄主细胞，就会绑架寄主细胞中的酶，利用它们制造新的病毒。

过程是这样的：

- 病毒进入机体；
- 病毒 DNA 注入寄主细胞中；
- 病毒 DNA 利用寄主细胞中的酶制造新的蛋白质外壳；
- 病毒 DNA 也在寄主细胞中复制；
- 新的病毒 DNA 和蛋白质外壳整合形成新的病毒个体；
- 寄主细胞裂解，释放新的病毒；
- 新病毒感染其他细胞。

病毒的害处很大，它们增殖速度很快，能引起多种疾病。

病毒对抗生素没有反应，而且它们可以持续发生变化，产生新的抗性毒株。

病毒引起的疾病包括流感、感冒、麻疹、水痘以及艾滋病。

一种传染病在某一人群中快速扩散就会形成**流行病**，例如新型流感的流行。

如果一种疾病的发病人群分布较广，遍布一个大陆，或者全世界，就叫做**大流行病**。肺结核和艾滋病都是大流行病。

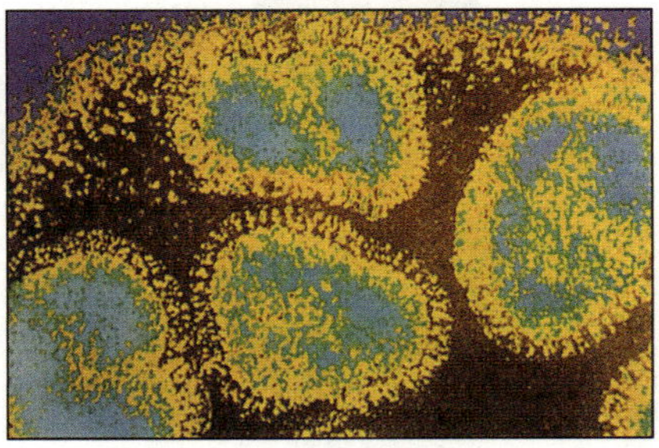
流感病毒

病原体是如何影响我们的？

病原体在对我们造成危害之前必须先进入我们的身体。

它们可以从鼻子、嘴巴和皮肤上的任何小伤口钻进去。

一旦病原体进入身体，它们就会开始复制增殖。

我们体内的条件很适于它们生长，所以它们的数量会快速上升。

我们往往要过一段时间才会感觉不舒服。

疾病所处的这种难以察觉的早期状态就叫做**潜伏期**。

那么病原体是如何影响我们的呢？

病原体可通过两种方式引起疾病：

- 它们可对活组织造成破坏，比如肺结核菌会对肺组织造成破坏；
- 它们也能分泌有毒的代谢废物，即**毒素**，比如沙门氏菌就可分泌毒素，引起食物中毒。

疾病的**症状**取决于病原体对身体有什么样的影响。

症状往往是由病原体分泌的毒素引起的。

当人体中的病原体转移到另一个人身上时，疾病就被传播了。

患病者是有**传染性的**（infectious）。

他们可能会把疾病传播给他人。

你知道哪些疾病传播的方式？

食物问题爆发，死亡人数上升

已有 5 人死于英国最严重的大肠杆菌污染造成的食物中毒事件。

已有一所医院不再接受普通门诊病人，全力救治疑似大肠杆菌 O157 引起的食物中毒的病人。

当地的一家被认为可能是污染源的肉店已于昨天宣布暂时歇业。

苏格兰已有 7 名参与处理食物中毒事件的工作人员被感染。

32 名成年人和 1 名儿童昨天被送往拉纳克郡传染病防治医院进行治疗。

这个周末，状况堪忧的病例已从 10 人升至 15 人。症状群体已由 189 人升至 209 人。

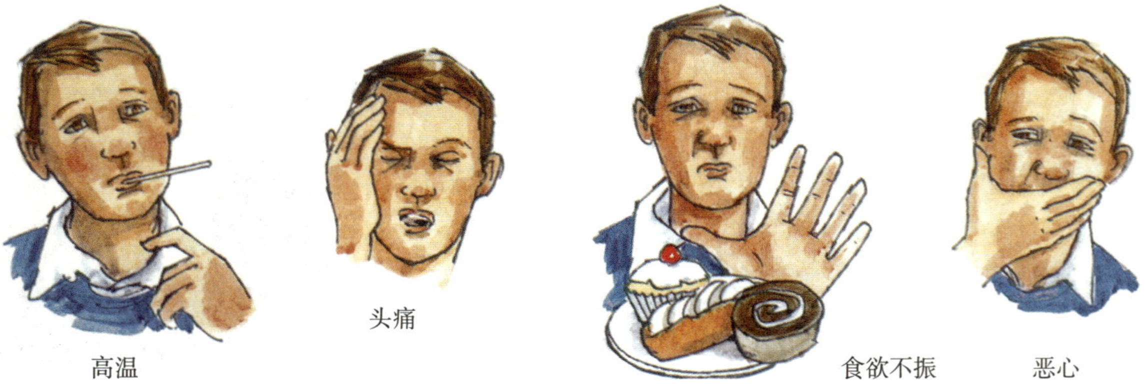

高温　头痛　食欲不振　恶心

所有这些症状都是身体与致病微生物抗争引起的

▶ 病原体是如何传播的?

以下是人们可被病原体感染的一些渠道。

空气传播

病原体可在我们呼吸时从空气进入身体。

病原体可黏附在空气中悬浮的灰尘上。

白喉病菌就可以通过这种方式传播。

一个白喉患者打喷嚏或咳嗽时会发生什么呢?

许多小液滴会被喷入空气中。

这就是为什么在咳嗽或打喷嚏时要用手帕捂住嘴。

引起流感和普通感冒的病毒也是通过这种方式传播的。此外还有肺结核，当有活性的肺结核菌通过咳嗽和喷嚏进入空气时，就可传染给他人。

接触传播

有些病原体可通过接触传染。

接触患者或患者的用具，如杯子或毛巾等都能被传染。

引起脚气的真菌就是通过这种方式传染的。

走过感染者踩过的湿地板就会被传染。

能通过接触传染的疾病被称作**接触传染病**。

这种类型的疾病很少。

通过食物和水传播

饮食可被病原体感染。

伤寒和霍乱都是由于具有感染性的排泄物进入饮用水而传播的。

我们用脏手拿食物时可能污染食物。

这就是为什么饭前便后要洗手的原因。

有些来源于肉类制品的细菌只有在完全煮熟后才能被灭活。

一些禽类制品中含有的沙门氏菌就是这样的例子。

动物传播

一些有害动物可携带它们从排泄物中沾染的病原体。

苍蝇会在动物粪便上停留。

它们爬过没盖好的食物就会将排泄物中的致病菌，如痢疾细菌，传播到食物中。

因此应将食物盖好或放入冰箱，以避免这种问题。

家蝇是痢疾的主要传播媒介

蚊子叮过一个疟疾患者后就有可能传播疟疾。

它们可将病原体携带到下一位被叮咬的人体内，这样疾病就会被传播。

以这种方式携带病原体的昆虫叫做**传播媒介**（vector）。

通过带菌针头传播

瘾君子们不应共用针头。

如果一个感染者使用过针头，疾病就可传染给再次使用它的人。

艾滋病病毒或肝炎病毒可通过这种方式被传播到血液中。

预防传染

讲卫生是预防疾病传播的关键。

- 饭前便后要洗手，做饭前也要洗手。
- 定期洗头——特定的洗头液可清除头皮屑和头虱。
- 定期泡澡或淋浴，尤其是在热天。
- 一天至少刷两次牙——这是早起第一件事和睡前最后一件事。
- 任何伤口或擦伤都应彻底清洗，在伤口上敷药膏可防止微生物入侵。
- **食物**要盖好，以免苍蝇叮咬。
  食物要完全煮熟，及时吃掉，或者放进冰箱或冷柜保存。
  熟食与生食要分开。
- **饮用水**要烧开，或经化学消毒，以预防病原体污染。

你能在图中找出多少种疾病传播的途径

消灭病原体

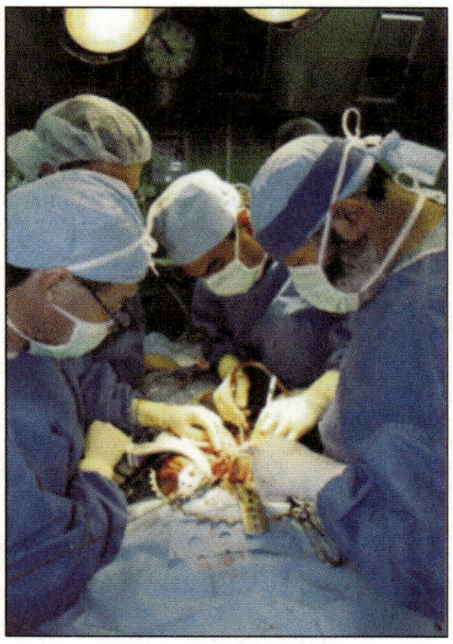

经过**消毒**的物品没有病原体。

你能想出哪些在体外杀死病原体的方式?

- **加热**是消毒的一种方式。
  医院通过加热来消毒器具。
  他们在**高压灭菌锅**中将器具加热到 120 ℃。
- 敷料可通过**放射**处理来杀灭微生物。
- **消毒剂**是一种可以杀灭病原体的化学物质。
  它们一般用于非生物表面的消毒。
  厨房工作台和厕所的清洁消毒都使用消毒剂。
- **杀菌剂**是可杀死活体组织表面病原体的化学物质。
  与消毒剂相比，杀菌剂对我们人体细胞的伤害要弱一些。

1860 年英国外科医生**约瑟夫 · 李斯特**首次使用了杀菌剂。

李斯特注意到手术后病人的伤口常常会**化脓**。

他的结论是：这是由空气中的病原体进入伤口引起的。

手术中，李斯特用一种叫做**石炭酸**的杀菌剂喷洒在伤口上。

他也用这种杀菌剂清洗手术刀和敷料。

这样死于伤口感染的病人就大大减少了。

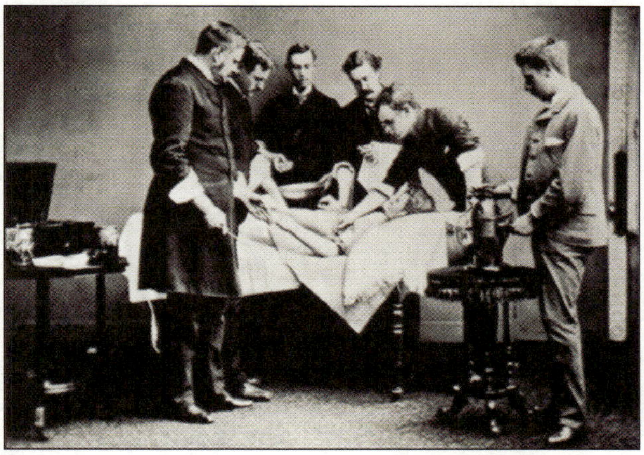

约瑟夫 · 李斯特第一次在手术中使用杀菌剂

耐甲氧西林金黄色葡萄球菌（简称 MRSA）受到传染病专家的极大关注。

现在当人们去医院做手术，或有开放性伤口时，被 MRSA 超级菌侵入的概率增大。

MRSA 可引起感染，使伤口愈合延迟。在 1940 年，用**青霉素**就可有效控制 95% 的 MRSA，但现在只有不到 10% 的 MRSA 对青霉素有反应了。

感染 MRSA 的病人需要用复合型的强力抗生素进行治疗。

预防 MRSA 感染首先应该从医疗从业人员开始，包括转移治疗对象时要洗手，医院的清洁程序要更加严格。

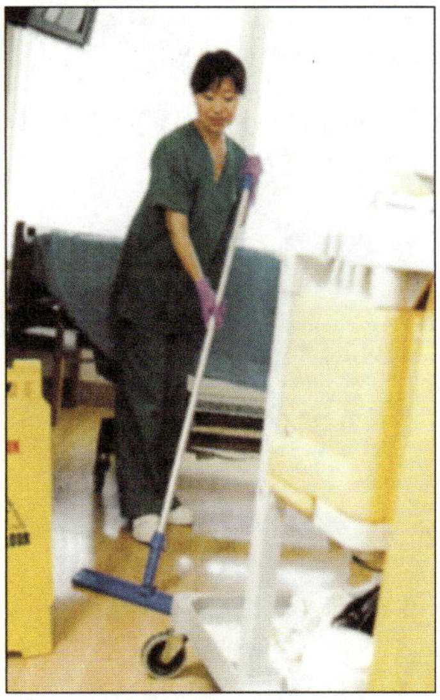

做好清洁工作，预防 MRSA

▶ 身体防线

身体是如何防御病原体的呢？

防止微生物入侵有以下几道防线。

肺

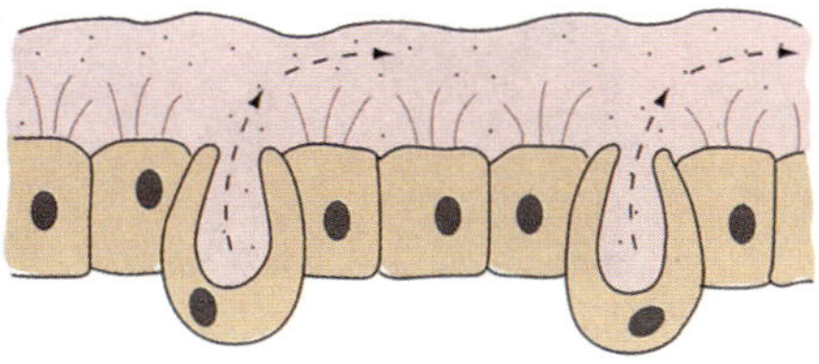

呼吸道表面的细胞能够分泌黏液。黏液是一种黏滑的液体，可黏附空气中的灰尘与微生物。此外，气管中生有**纤毛**，可以来回摆动，将黏液推上喉咙，吞咽到消化道中

毛囊

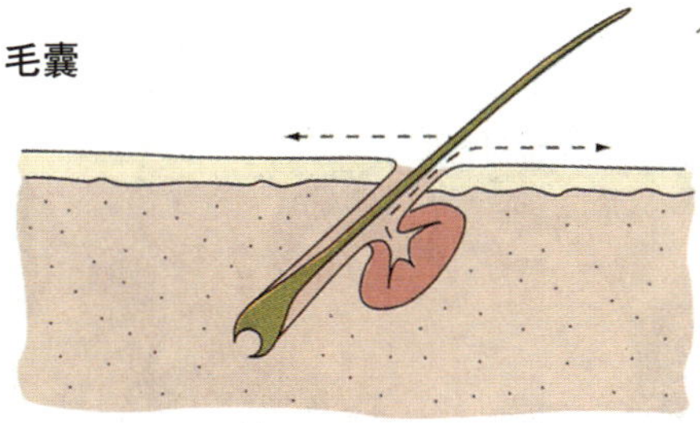

皮脂腺可分泌一种杀菌油，它可杀死多种病原体，并保持皮肤柔软

伤口

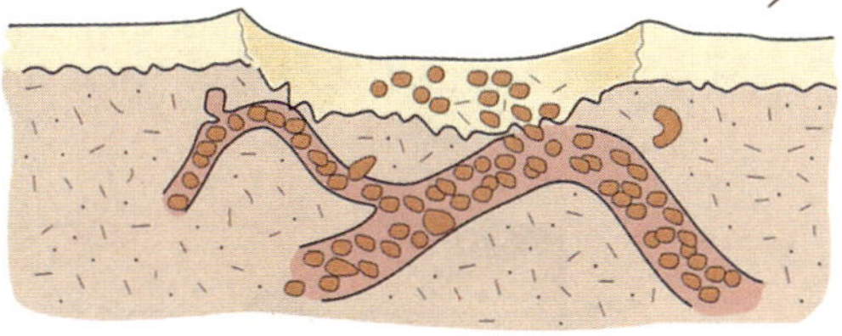

受伤时伤口处的血液会凝结形成痂，这可防止病原体入侵

眼睛

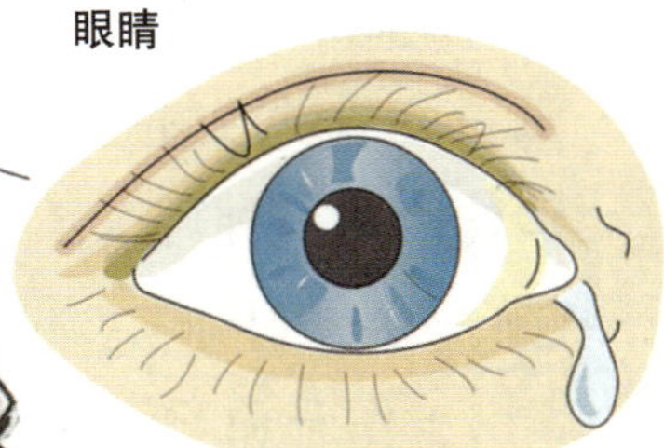

泪腺可分泌一种杀菌剂，其中所含的**溶菌酶**可杀死致病菌。眨眼时可将这种杀菌剂涂抹在眼睛表面

胃

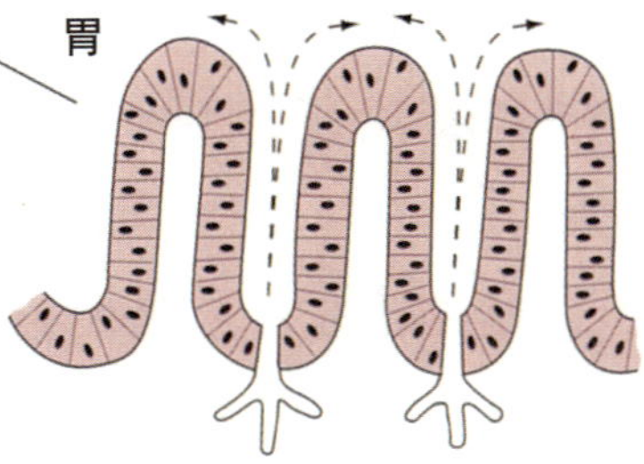

胃的内壁分泌胃酸，可杀灭食物中的病原体

皮肤

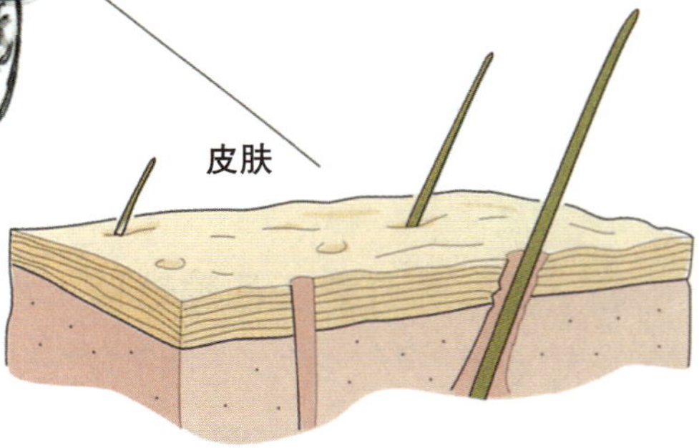

皮肤表层的死亡细胞形成一道对抗病原体的防线

免疫

你知道进入体内的病原体是怎样被杀死的吗?

所有的病原体表面都有称为**抗原**的化学物质。

这种化学物质主要由蛋白质构成。

当你生病，例如，出麻疹时，身体会产生一种叫做**抗体**的物质。

抗体可与病原体表面的抗原结合。

抗体与病原体表面的抗原结合，就可将病原体粘在一块儿。

这便于白细胞攻击和消灭病原体。

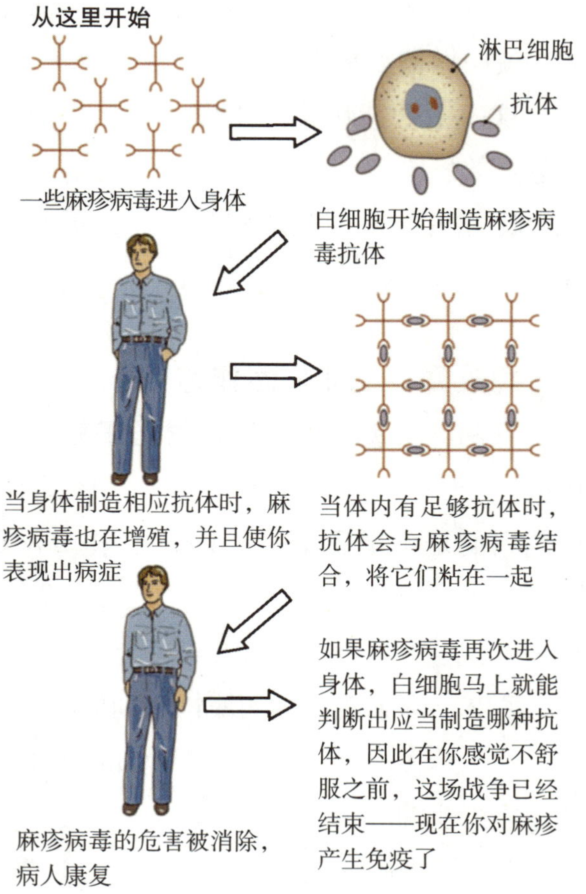

每种病原体表面的抗原不同。

因此每种病原体只能被特定种类的抗体消灭。

一旦你体内产生了一种特定的抗体，它会在你的血液中长期存在。

如果你又遭遇同种病原体攻击，你体内的抗体就可将它们消灭。

这样你就对这种疾病产生了**免疫**。

白细胞也可产生一类叫做**抗毒素**的物质。

抗毒素可破坏病原体制造的毒素（有毒的代谢废物），采用**接种疫苗**的方法无须得病也可产生免疫力。

疫苗中含有死亡或无活性的病原体。

这些病原体表面仍具有抗原，它们可刺激白细胞产生抗体。

之后抗体就可将抗原破坏掉。

一旦被**接种疫苗**后，当身体受到同种病原体感染时，免疫系统就能快速做出反应。

反应过程中会生成抗体破坏抗原，但你可能不会出现任何症状。

这叫做**主动免疫**。

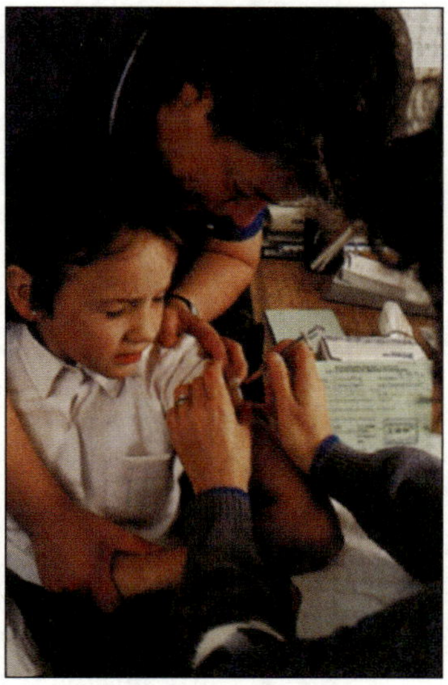

接种风疹疫苗

被动免疫

如果注射的不是灭活的病原体，而是抗体的话，就叫做**被动免疫**。

这一治疗能快速产生保护效果，用于对抗特别危险的病原体。

比如说如果你被疯狗咬伤，为了避免得**狂犬病**，就要接受这种治疗。

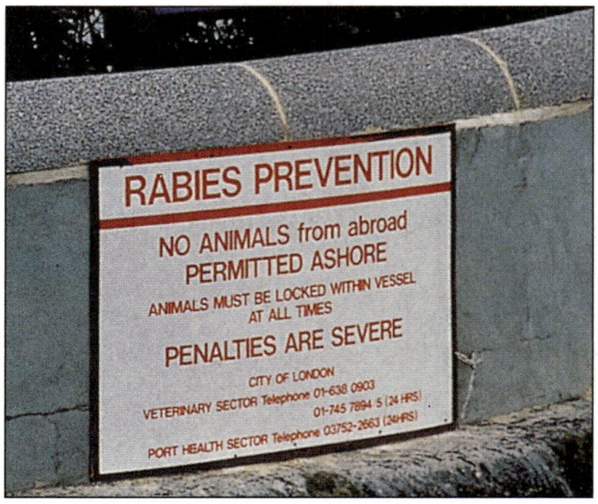

免疫系统是如何运作的?

有两种类型的白细胞（**淋巴细胞**）参与免疫反应。

它们是 **T 淋巴细胞**（T cell）和 **B 淋巴细胞**（B cell）。

T 淋巴细胞能识别病原体表面的抗原。

这一识别工作是由 T 淋巴细胞表面的特殊受体完成的。

T 淋巴细胞通过受体与抗原相连，而后便可将它们破坏掉。

T 淋巴细胞还有另一个重要功能：它们可刺激 B 淋巴细胞增殖。

B 淋巴细胞可增殖，生成 B 淋巴细胞**克隆**（clone）（基因完全相同的细胞）。

克隆细胞系产生对抗特定抗原的抗体。

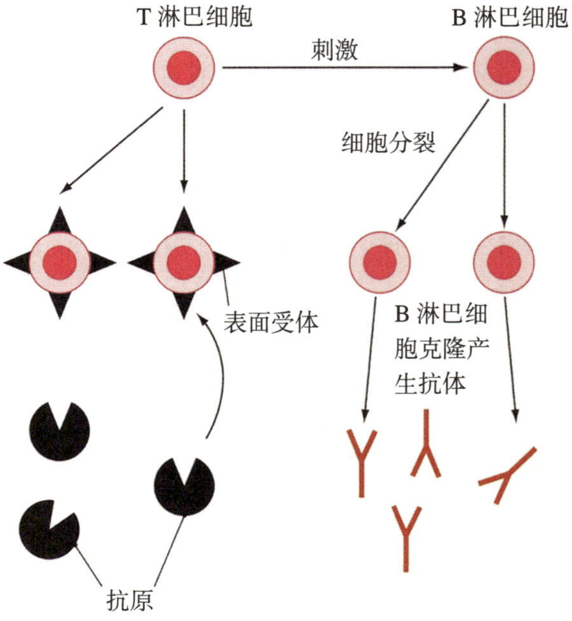

T 淋巴细胞和 B 淋巴细胞的产生

人体大约有 1 000 万种不同的 B 淋巴细胞。

因此，几乎对进入身体的每一种病原体，都会有一种 B 淋巴细胞可以产生对抗它的抗体。

有些 B 淋巴细胞叫做**记忆 B 细胞**。

它们不能产生抗体，但仍有很重要的作用。

记忆 B 细胞可在血液中长期存在，它们可**记住**特定的病原体。

也就是说，下一次你感染了某一种病原体，你的免疫系统就可以迅速对它做出反应。

这类 B 淋巴细胞使我们产生**免疫记忆**。

▶ 疫苗

大约 200 年前，**天花**（smallpox）还是一种致死疾病。

爱德华·詹纳是格洛斯特郡的医生，他注意到得过牛痘的人就对天花产生免疫。

牛痘（cowpox）是一种比较温和的疾病，一般是从家畜那里传染的。

詹纳在一个小男孩身上划了一个口子。

然后他从一个牛痘患者身上取了一点脓水涂在男孩的伤口上。

小男孩患了牛痘，但很快就好了，且对这种疾病产生了免疫。

接着他给男孩注射了从天花患者身上取来的脓水。

男孩却并没有患上致死的天花。

小男孩能对天花免疫，是因为天花病毒与牛痘病毒的抗原相似。

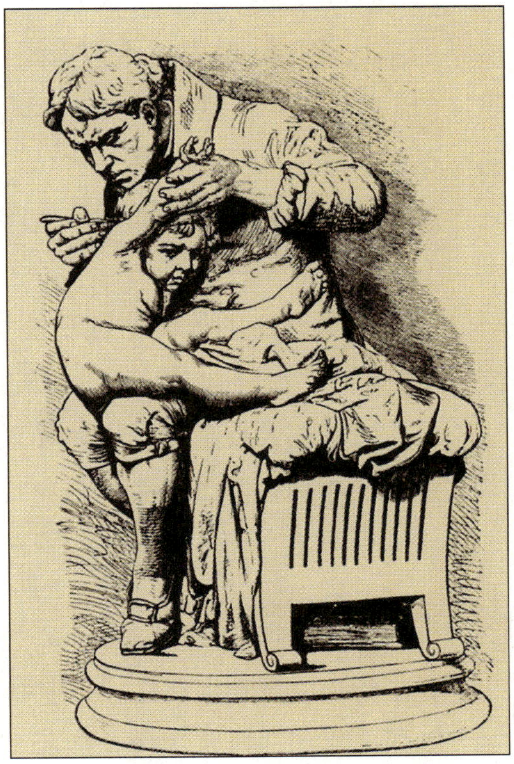

詹纳为自己的儿子接种疫苗

脊髓灰质炎病毒是一种可摧毁神经细胞的病毒。这种病毒能对脊髓造成非常大的破坏，使患者瘫痪。

1953 年，**乔纳斯·索尔克**发明了一种能预防脊髓灰质炎的疫苗。
他首先将病毒样品灭活。
将死病毒注入人体可使人产生免疫力。
现在脊髓灰质炎在发达国家基本已绝迹。

1999 年，英国成为世界上第一个使用新疫苗预防 **C 型脑膜炎**的国家。
C 型脑膜炎是一种由细菌引起的疾病。
这种疾病使许多儿童死亡。

1988 年，复合型 MMR 疫苗首先在英国使用。
这种疫苗可使人对 3 种疾病产生免疫：麻疹、流行性腮腺炎和风疹（德国麻疹）。
疫苗的使用曾引起争议，有些人错误地认为疫苗会使孩子更容易患上**孤独症**。
（孤独症是对外界反应能力降低的精神疾病。）

你还知道哪些疾病已开发出疫苗？
你有没有接种过破伤风、百日咳、麻疹、白喉、风疹、流行性腮腺炎和流感等疫苗？

加强免疫

有些类型的疾病无法开发疫苗。

如果这类疾病暴发，人们需要得到及时保护。

这时可注射现成的抗体。

这种抗体是其他人或动物体内产生的。

但非自身产生的抗体往往不能在体内长期存在。

过一段时间还要再次注射抗体才能维持免疫力，这就叫加强免疫。

预防伤寒和霍乱都需要加强免疫。

▶ 抗生素

有些药物可减轻疾病症状，但并不能杀死病原体。

例如，阿司匹林常用作止痛药。

另一些药物，如**抗生素**，可通过杀死病原体缓解症状。

亚历山大·弗莱明在实验室工作

第一种抗生素由**亚历山大·弗莱明**在 1928 年发现。

他本来用琼脂平板培养细菌，但一次他偶然忘记盖上培养皿的盖子。

培养基表面长了霉菌。

弗莱明注意到霉菌使细菌停止扩散。

这种霉菌似乎产生了一种能杀死细菌的物质。

这种霉菌叫做**青霉菌**。

在培养皿中心的青霉斑周围没有细菌生长

10 年后**霍华德·弗洛里**和**厄恩斯特·查恩**发明了从这种青霉菌中大量提取活性物质的方法。

这种物质叫做**青霉素**，它是人类发现的第一种抗生素。青霉素很快在第二次世界大战时被用于治疗士兵伤口。

现在我们所说的青霉素涵盖了一个大类的抗生素。这些抗生素都是由各种不同的青霉株系产生的（有关抗生素抗性见第 264 页）。

▶ 临床试验

一些疾病可通过药物有效治疗。

但任何医疗手段在广泛使用之前都需要经过大量的检测和试验。

临床试验用于检验新药物或治疗手段是否安全有效。

新疗法只有在实验室实验和动物试验中得到良好结果后，才会用于临床试验。

所有的临床试验都必须遵照一套叫做**药品临床试验管理规范**的准则。

这套管理规范规定了哪一类人群可参与临床试验，也包含了试验日程、流程、药物和用量以及试验持续时间长度方面的规定。

在临床试验中研究人员要定期和受试者会面，监控他们的健康状况，并以此判断治疗方案的安全性和有效性。

反应停是一种减轻孕期妇女晨呕症状的药物。但这种药物在推广使用前未经充分试验，服用此种药物的母亲所生的孩子，许多都有严重的肢体畸形

新药的临床试验通常要经过 4 个阶段：

- 第一阶段：研究人员将新药试用于一个较小组群（20～80 人），以对药物的安全性做出评估，确定安全用量，并甄别各种副作用；
- 第二阶段：药物或治疗方案试用于一个较大组群（40～100 人），对安全性和有效性做出评估；
- 第三阶段：在更大的人群中（多于 200 人）试用，以进一步确定有效性，对副作用进行监测，并与常用治疗手段做比较；
- 第四阶段：这一阶段的研究是在药品或治疗手段进入市场后开展的。这类研究继续对药品或治疗手段进行测评，收集信息以确定药物对各类不同人群的疗效，以及长期使用可能会带来的副作用。

安慰剂是一种没有疗效的无活性物质。在临床试验中，往往用实验组和安慰剂组进行比较，以测评治疗方案的有效性。

单盲法试验是一种常用研究方法。使用这种方法时，受试者不知道自己是被分在实验组还是安慰剂组。

另一种研究方法是**双盲法试验**，使用这种方法时，受试者和研究执行人员都不知道具体受试者接受的是实验药物还是安慰剂。进行此类研究，是为了确保医生和病人对实验药物的期望不会影响试验的结果。

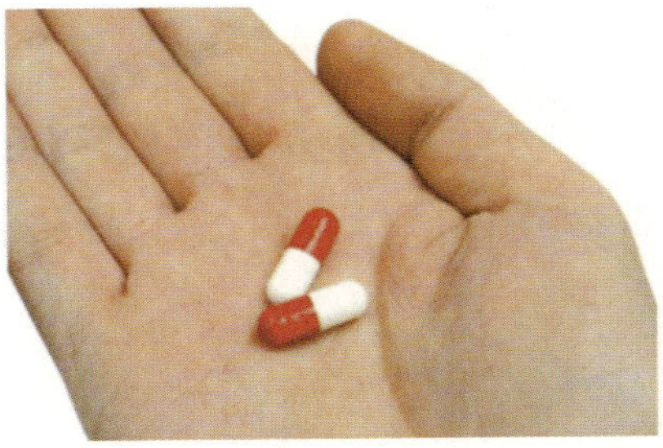

哪一粒是安慰剂

肺结核

肺结核是由结核分枝杆菌感染引起的。

这种细菌主要感染肺，继而也可以感染身体其他部分。

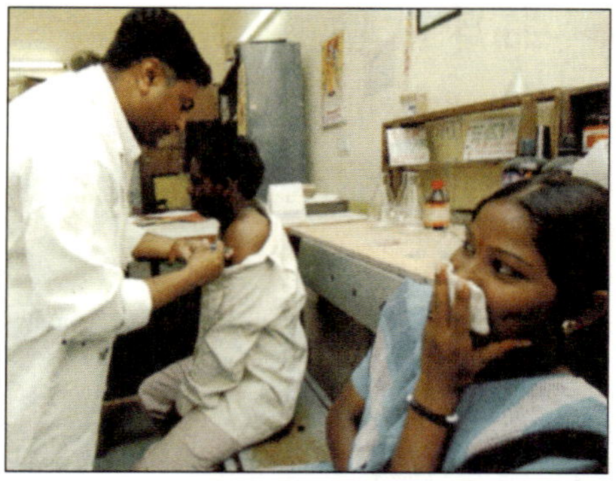

肺结核患者掩口防止疾病传播

结核杆菌可通过结核病患者咳嗽、打喷嚏散布到空气中，形成带菌小液滴。如果将这些小液滴吸入，细菌就会进入肺中并增殖。

大多数健康状况良好的人，即使吸入了结核杆菌，也不会发展成活动性的结核病。因为他们的免疫系统能在细菌扩散之前将其扼杀。

大约有 1/20 的人吸入结核杆菌后会发展成活动性结核病。

细菌在肺中增殖，可引起持续 2 周以上的剧烈咳嗽、胸痛、咳痰或咳血。

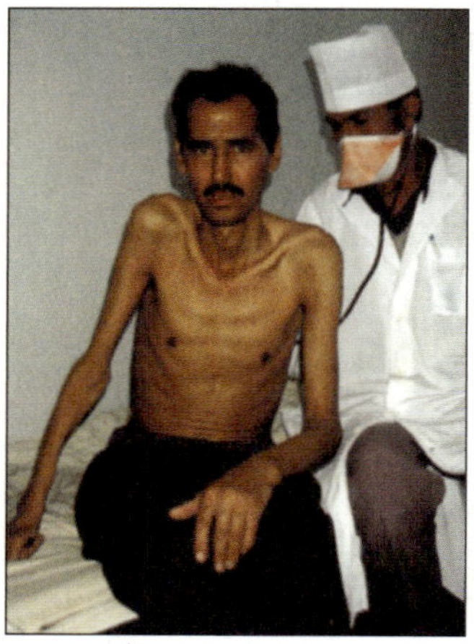

护士为一位结核病人做检查，该病人体重已大幅度下降

肺结核的易感人群一般是健康状况较差的，如发展中国家的一些营养不良的儿童。

但有些人在一次小感染被中止后数月或数年，会发展出活动性的肺结核。有些结核杆菌可休眠多年，当免疫系统功能下降时再开始增殖。老人或身体虚弱、营养不良以及患糖尿病和艾滋病的人都属于高危人群。

一般只有近距离接触或大量接触肺结核患者，才会感染肺结核。肺结核的传播在贫困和过于拥挤的地区较为普遍。卫生条件和住房条件差都会使感染肺结核的概率升高。

外来移民不是英国肺结核传播的源头

研究指出，外来移民不应为英国肺结核病例数量上升负责。

萨里大学的研究人员用 DNA 指纹技术鉴定了英国境内不同的结核杆菌菌株，发现生于英国的肺结核患者和外来肺结核患者的结核杆菌 DNA 差别很大。

肺结核基本上都能治愈，但一般的抗生素无法杀死结核杆菌。一般需要同时服用 3 或 4 种特殊抗生素。

经过治疗患者可完全康复，但关键是要正确服用药物，并坚持整个疗程。

多药耐药型肺结核（MDR-TB）由对多种抗生素具有抗药性的结核杆菌引起。如果病人未按处方服药，就可能发生这种情况。当某种抗生素不再能杀灭结核杆菌时，肺结核就对其产生了抗药性。

MDR-TB 较一般肺结核严重，很难治愈。

英国肺结核病例的增多，可能是因为之前被免疫系统控制住的结核杆菌再次被活化了。

▶ 疟疾

疟疾是一种由雌性按蚊叮咬传播的疾病。

引起疟疾的既不是细菌也不是病毒，而是一种原生动物。

这种微小的单细胞寄生虫叫做**疟原虫**。

蚊子有可以刺穿皮肤的口器

当蚊子叮咬一个未被感染的健康人时，疟原虫就与蚊子的唾液一起进入血液。

疟原虫会入侵红细胞和肝细胞，在这些细胞中进行增殖，产生更多的寄生虫。

疟疾有什么症状呢?

疟疾患者会一阵阵发烧，伴随有发冷和大量出汗的症状。

这些症状的发作与红细胞破裂和其中的疟原虫释放有关。

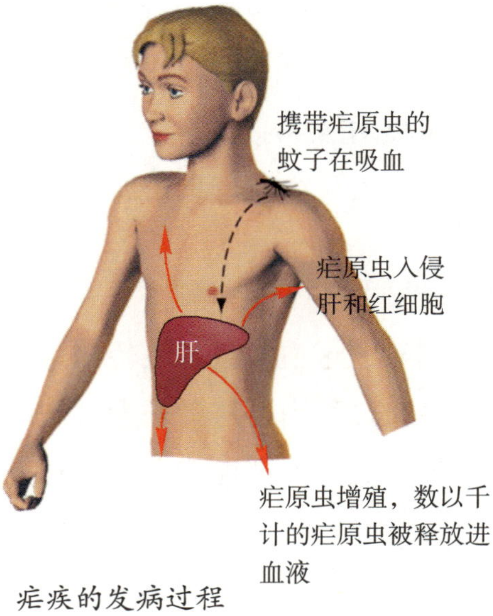

疟疾的发病过程

最危险的一种疟疾会使红细胞粘在一块儿，阻塞对大脑等重要器官的血液供应，造成死亡。

疟疾如何预防?

主要预防手段是消灭蚊子以防止疟疾传播。

一些具体措施包括：

- 用杀蚊剂杀死池塘中的蚊子幼虫；
- 在池塘中养鱼，鱼可吃掉池塘中的蚊子幼虫；
- 将作为蚊子滋生地的池塘抽干；
- 在床周围挂上喷有杀虫剂的蚊帐。

保健工作人员对房屋进行熏蒸消毒以清除蚊子

其他一些预防手段是用于人的：

- 服用抗疟药物如奎宁，防止疟原虫在体内扩散；
- 开发疫苗；
- 在身上喷驱虫剂。

▶ 艾滋病（获得性免疫缺陷综合征）

多数人都听说过**艾滋病**（AIDS）。

但有多少人知道艾滋病究竟是一种什么病呢？

实际上，艾滋病是由免疫系统衰弱引起的多种疾病的合称。

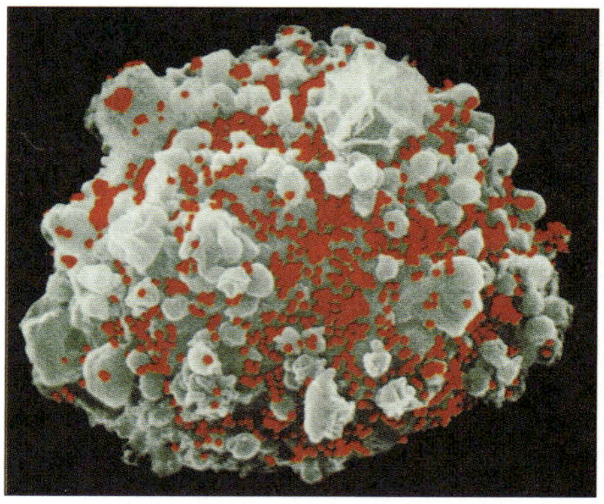

感染了 HIV 的白细胞（呈红色）

艾滋病是由一种叫做 HIV 的病毒引起的。

HIV（人免疫缺陷病毒）可攻击和破坏体内有防御感染功能的白细胞。

这会使身体抵御疾病的能力下降。

艾滋病的早期症状和流感很像，会有腺体肿大、体温升高的迹象。

晚期症状则包括体重减轻、各种癌症和脑功能衰退等。

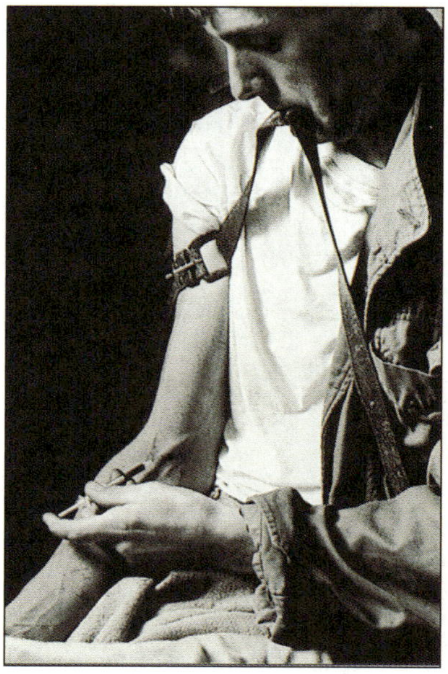

HIV 可通过污染的针头传染

感染 HIV 并不一定会得艾滋病。

有些人仅为病毒携带者，无任何症状。

HIV 是如何传播的？

HIV 通过血液或精液传播。

性交过程中，这种病毒可从一方传给另一方。

即性交双方都可能传染给对方。

使用被感染者血液污染的针头进行皮下注射，也可传染 HIV。

通过这种方式，HIV 可在吸毒者中迅速传播。

未出生的婴儿也有感染 HIV 的危险。

这是因为 HIV 可通过胎盘进入胎儿体内。

政府发放的宣传艾滋病危害的小册子

如何预防艾滋病？

虽然艾滋病还无法治疗，也尚未开发出对抗 HIV 的疫苗，但已有一些能减少艾滋病传播的预防措施，如：

- 在性交时使用避孕套；
- 设立免费的针头交换处以减少吸毒者共用针头的问题；
- 仔细筛选献血者的血液。

▶ 生物学的应用：抗体与妊娠检测

本章前面的内容曾提到，抗体在免疫系统中扮演重要角色。

其实抗体还有多种其他用途，比如妊娠检测和解毒。

这些用途都涉及获取抗体的纯样品。于是，科学家们发明了制备**单克隆抗体**（monoclonal antibody）的方法。

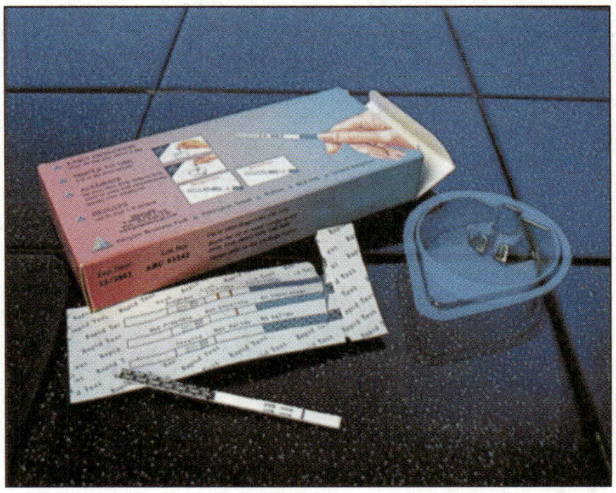

市面上出售的妊娠检测试剂盒

单克隆抗体是如何制备的呢？

首先，获取只能产生特定抗体的 B 淋巴细胞。

然后将这种 B 淋巴细胞与一种能够快速分裂的肿瘤细胞相融合。

这种具有融合核的细胞，叫做**杂交瘤细胞**。

它们通过多次细胞分裂，可产生多个具有相同遗传物质的杂交瘤。

每个杂交瘤都可生产由先前那种 B 淋巴细胞编码的特定抗体。

妊娠检测试剂盒能利用单克隆抗体检验**人绒毛膜促性腺激素**（简称 HCG）的存在。

HCG 会出现在怀孕早期妇女的尿液中。

妊娠检测试剂盒包含一支试纸条，这个试纸条表面有一条抗体带。

将试纸条浸入尿样中，如果尿样中含有 HCG 分子，抗体就可与之结合。

激素分子与抗体的结合物会向试纸条上方移动。

最终它会到达试纸条上另一条可与 HCG 结合的抗体带，这时 HCG 与抗体的结合物就会呈现出一条色带。

如果试纸条上出现这条带，验孕结果就是阳性，说明这名女性怀孕了。

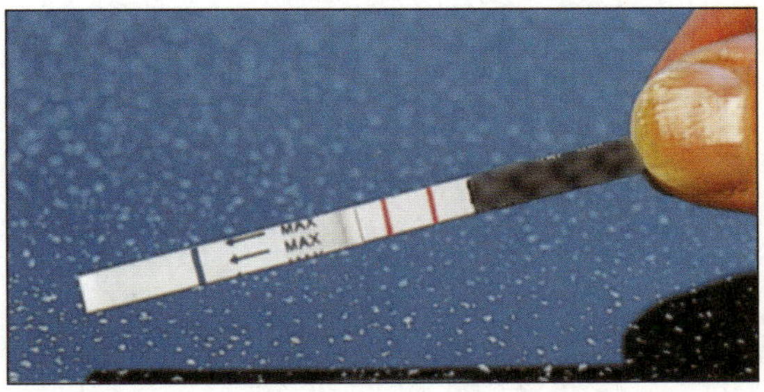

妊娠检测试纸呈阳性

生物学的应用：食物的保存

你知道食物为什么会腐败吗？
空气中的细菌与真菌进入食物。
它们作用于食物使它的味道变坏。
有些微生物能让人患病。

这些葡萄很奇特吧

为防止食物腐败，我们需要将食物**保存**起来。
食物保存有以下 2 个要素：

- 杀死食物中的微生物；
- 不让新的微生物进入食物。

你能想到哪些防止食物腐败的办法呢？

- 将食物高温**加热**以消毒。
  之后可将食物密封在干净的罐头或玻璃瓶中。
- **巴氏灭菌法**可杀死牛奶中的细菌。
  这种方法是由**路易斯·巴斯德**发明的。
  将牛奶加热到 72 ℃，保持 15 s，然后迅速冷却。
  这种方法能够杀死大多数细菌却不影响牛奶的风味。

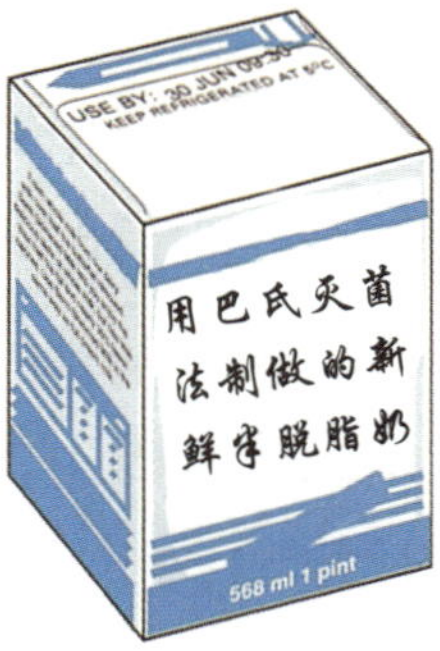

- 将食物**冷藏**可使微生物停止生长繁殖，但不能杀死它们。
  冰箱可将食物保持在大约 5 ℃。
  这个方法可将食物保存数天。
  冷柜将食物保存在−18 ℃以下。
  这可使微生物的一切活动停止，让食物数月不坏。但一旦食物解冻，微生物又可以开始生长了。
  冷冻食品应当完全解冻，彻底煮熟，否则烹饪只会让微生物暖和过来，迅速增殖。

- **干燥法**可以保存水果、蔬菜和一些肉类食品。

  微生物的存活不能离开水。

  如咖啡和汤等食品可用**冷冻干燥法**保存。

  将食物冷冻后，在高真空条件下将其中的冰去除，再封袋。

- 一些**化学物质**可杀死食物中的微生物。

  许多**食物添加剂**有防腐功能，包括二氧化硫、硝酸盐和亚硝酸盐等。

冷冻干燥食品

此外还有一些传统食物保存中使用的化学物质：

在醋中**腌制**食物，让食物变酸，使微生物无法生存。

向食物中加**盐**，利用渗透作用除去食物中的水分，使微生物脱水死亡。

制作果酱时加入大量的**糖**，也能使微生物因渗透作用失水死亡。

鲱鱼和三文鱼等可通过**烟熏**的方法保存。

熏制时的烟能杀死食物中的微生物。

- **辐射**也可杀死引起食物腐败的细菌和真菌。

  可让食物接受 γ 射线照射。

  γ 射线可杀死微生物，但不会使食物中的酶变质。

  这样水果和蔬菜的质地与成熟过程就不会受到影响。

  辐射消毒后 24 h 内，食物不可被销售。

  在过去，人们对这种技术曾有抗拒心理。

  想想看，使用辐射消毒或化学防腐剂保鲜食物有何利弊？

这些食物都是如何保存的

小结

- 病原体是可以引起疾病的微生物。种类包括细菌、真菌和病毒。
- 疾病的症状是由病原体分泌的毒素引起的。
- 病原体可经由空气、接触、食物和水以及动物传播。
- 良好的卫生条件是防止疾病传播的最佳方式。
- 消毒剂和杀菌剂能帮助预防病原体的传播。
- 身体自身防线包括皮肤、血液和气管内壁的黏液。
- 生病时身体制造抗体，使你获得免疫力。
- 疫苗是一种死亡的或无活性的疾病微生物样品。
- 抗生素类药物在疾病治疗中非常有效。
- 临床试验被用于判断新药物和治疗手段是否安全有效。
- 肺结核、疟疾和艾滋病是由不同种病原体引起的不同疾病，它们以不同的方式传播。

练习

1. 句子填空：

病原体是引起疾病的 ________。

人类疾病由 ________、细菌和 ________ 引起。疾病早期尚未出现症状时称为 ________ 期。疾病的症状是由病原体制造的 ________ 引起的。如果一样物品上没有微生物，我们说它是 ________ 的。工作台表面的微生物可用 ________ 杀灭，活组织表面的微生物可用 ________ 杀灭。你的气管中有可以制造 ________ 的细胞。这种物质可以黏附灰尘和 ________。一种叫做 ________ 的小绒毛可将这种物质推向喉咙顶部。

2. 解释一下我们为什么应该：

（1）在处理食物前先洗手。

（2）不与他人共用毛巾。

（3）便后洗手。

（4）不让小狗舔脸。

3.（1）对一种疾病免疫是什么意思？

（2）如何产生免疫力？

（3）什么是疫苗？

（4）疫苗是如何发生作用的？

4. 下图中的实验装置用于探究在哪种条件下牛奶会变质。

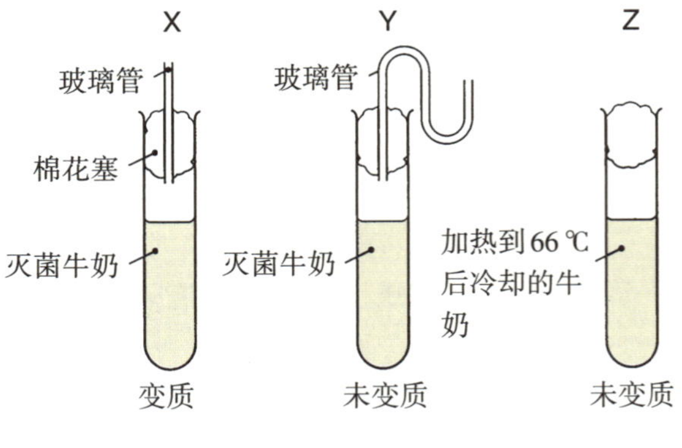

试管 X、Y 中的牛奶是经过煮沸灭菌的。

（1）哪种生物可使食物腐败？

（2）请解释为什么试管 X 中的牛奶变质了，而试管 Y 中的牛奶没有变质。

（3）牛奶通常使用试管 Z 的方法处理保存。为什么用这种方法比将牛奶煮开更好？

5. 下图显示细菌性疾病患者的体温。

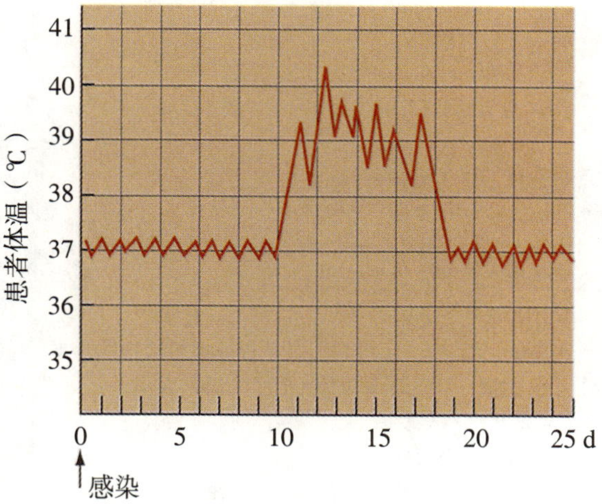

（1）图中疾病的症状是什么？

（2）潜伏期有多长？

这段时间又发生了什么？

（3）发烧的原因是什么？

持续了多长时间？

6.（1）什么是抗生素？

（2）第一种抗生素是如何被发现的？

（3）1960 年美国越战士兵用青霉素治疗梅毒。但有一些梅毒病原体变得对青霉素有抗药性。为什么会这样呢？

7. 完成下表，给出疾病的传播途径。

疾　病	传播途径
破伤风	
感冒 / 流感	
霍乱	
肺结核	
鼠疫	
梅毒	
痢疾	
脚气	

8. 有一些抗生素能直接杀死细菌，而另一些抗生素能阻止细菌分裂。在 3 个试管中培养细菌，在每个试管中加入等量的抗生素，但各试管中抗生素的种类不同，每小时记录活细菌的数量，共记录 10 h。下图显示的是实验结果。

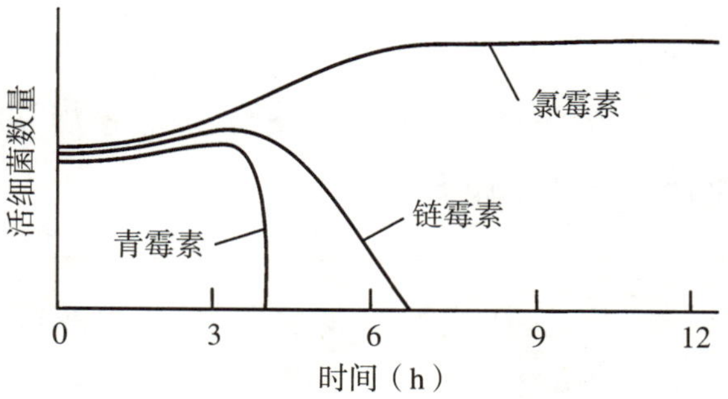

（1）哪种抗生素最快将细菌杀死？

（2）请你对（1）题的答案进行解释。

（3）哪种抗生素对细菌数量几乎没有影响？

（4）请你对（2）题的答案进行解释。

（5）为何只能阻止细菌分裂的抗生素也很有用？

9. 下图显示了在 1940 年到 1990 年这 50 年中英国肺结核患者的数量和死于肺结核的人数是如何变化的。

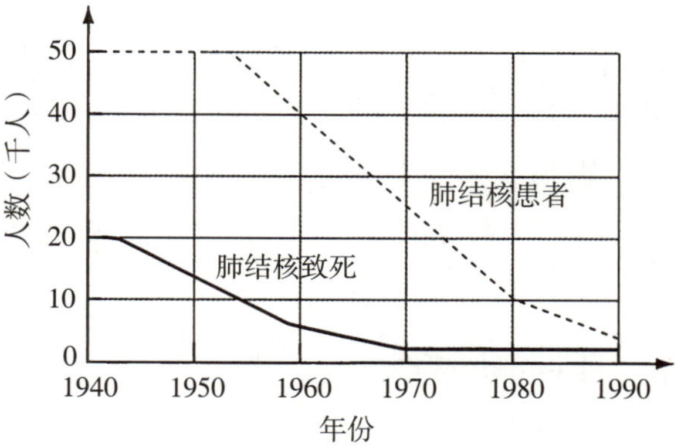

（1）看图后你觉得接种肺结核疫苗是从哪年开始的。

（2）看图并回答：

① 1960 年的患者人数。

② 1960 年的死亡人数。

③ 计算 1960 年的患者死亡率。

拓展习题见第 167 页。

第 11 章 麻醉剂

阿司匹林、大麻、酒精、扑热息痛和海洛因都属于**麻醉剂**。

> **麻醉剂是能对神经系统产生影响的化学物质。**

百利通片（含 4 mg 扑尔敏）
能够快速缓解荨麻疹、急性荨麻疹、痱子、汗疹、皮炎症状；对食物、药物或蚊虫叮咬的过敏症状；眼、鼻花粉过敏症状。
有效成分：扑尔敏。其他成分：乳糖、玉米淀粉、硬脂酸镁、色素：氧化铁黄（E172）。
成人用量：每隔 4～6 小时一片（日最大用量 6 片）。6～12 **岁儿童用量**：每隔 4～6 小时半片（日最大用量 6 个半片）。6 岁以下儿童不宜使用。
如果症状不减请寻医就诊。
本品不可和单胺氧化酶抑制剂同时服用
使用前请仔细阅读内附产品说明书
请将药物放在儿童不易触及的地方

注意：可能会引起困倦，如有此症状请勿驾车或操作机械。不要饮酒或饮用酒精类饮料。

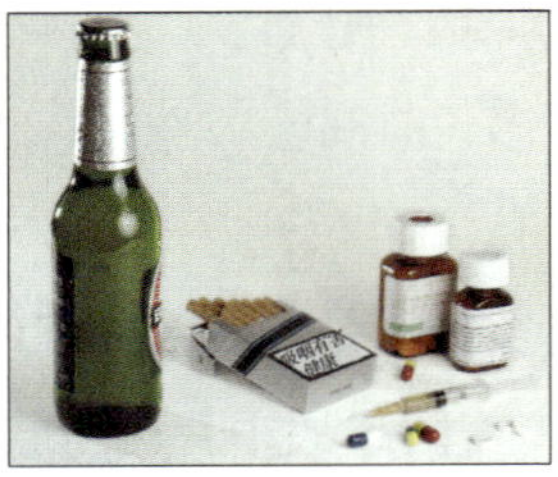

究竟什么是麻醉剂呢？

麻醉剂有利也有弊。抗生素和止痛药等药物都含有有益的麻醉剂。

药物中至少含有一种麻醉剂。

这就是为什么要小心使用药物。

有些药物是处方药，只有凭处方才能买到。如果用药量超过处方用量，会有危险。

但也有些麻醉剂是无益的。

无益的麻醉剂中有一些是合法的，比如烟草。但也有非法的，比如大麻和摇头丸。

酒精和烟草是最常见的两种麻醉剂。

它们十分易得，却会引起严重的健康问题。

麻醉剂分很多种。

不同的麻醉剂对人的影响不同。

同种麻醉剂，强度不同，影响也会不同。

有些人在并不知道麻醉剂的成分和强度的情况下就服用了麻醉剂。

这样的危险性就更大了。

英国法律严格禁止人们拥有、出售或传递某些特定的麻醉剂。

违反此类法律，可被罚款、警告，甚至监禁。

在英国，麻醉剂在法律上有等级之分。A 级危险性最大，对应的惩罚最重；C 级危险性最小，对应的惩罚最轻。

A 级麻醉剂包括可卡因、海洛因、迷幻药、美沙酮（镇痛剂）、吗啡、鸦片、摇头丸和大麻酚（大麻和大麻脂中含有的大麻酚不在此列）。

B 级麻醉剂包括苯丙胺、可待因（采自鸦片的镇痛止咳剂，含量在 2.5% 以上）、利他林、巴比妥酸盐。B 级麻醉剂如果用于注射，即作为 A 级麻醉剂处理。

2008 年 5 月，大麻被重新评级，从原来的 C 级升至 B 级。

C 级麻醉剂包括作用缓和的苯丙胺（如减肥药）、镇静剂（如安定）以及合成代谢类固醇。

▶ 麻醉剂是如何起作用的？

根据作用的类型，麻醉剂可分为以下几大类：

- **兴奋剂**是可增加神经系统反应速度，缩短反应时间的麻醉剂。
  兴奋剂可提升突触间神经冲动的传导速度。
  咖啡因是咖啡和可乐中含有的一种温和兴奋剂。
  苯丙胺和可卡因等兴奋剂药力强得多。
  摇头丸也是兴奋剂，有些人通过吃摇头丸来让自己更亢奋。
  有的年轻人因服用摇头丸而死亡。
- **镇静剂**是能够使神经系统反应速度变慢、延长反应时的麻醉剂。
  镇静剂通过降低神经冲动的突触传导速率实现其作用。
  巴比妥酸盐和海洛因都属于镇静剂（或称镇定剂）。
  苯二氮草类药物，如羟基安定，已取代巴比妥酸盐成为现今主要的医用镇静剂。

许多医用麻醉剂只能凭处方购买，服用时不加以控制会造成危险

- **止痛药**，如阿司匹林和扑热息痛，可帮助缓解各种疼痛症状，如头痛、偏头痛、神经痛以及流感和风湿痛。
  止痛剂如吗啡，可阻止突触间的神经冲动传导。
  扑热息痛与其他医用麻醉剂一样，不可超量服用。
  若超量服用，即使身体感觉良好，也必须立即就医，因该种药物过量服用后可能造成严重肝损伤。
- **提高运动比赛成绩的药物**，如合成代谢类固醇。有些运动员使用这种药物促进肌肉生长。（见第 164 页：体育界的药物滥用。）
- **迷幻剂**是一种能产生身份错觉、幻视幻听的麻醉剂。
  药如其名，迷幻剂能引起幻觉。
  迷幻剂包括大麻和药力更强的迷幻药 LSD（麦角酸酰二乙胺）。20 世纪 60 年代后期的迷幻摇滚和艺术运动都是由 LSD 推进的。（关于植物性麻醉剂的重要性和医疗价值见第 352 页。）

Cream 乐队的专辑

滥用麻醉剂

一些致瘾麻醉剂极端有害，可引起严重的健康问题，对神经系统、肝、肾的影响特别大。

在与麻醉剂相关的违法行为中，约 10% 的案例与致瘾麻醉剂有关，如海洛因和可卡因等。

同时，76% 的案例与大麻有关，12% 的案例与苯丙胺有关。

注射麻醉剂是最危险的使用方式！

一是容易过量，二是共用针头可传播肝炎和 HIV。

一些麻醉剂能让身体产生适应性。服用时间越长，获得同样的效果所需药量就越大。

这就是说身体已经对这种药物产生了**耐受性**。

如果一个人感到必须定期服用某种药物，那就是对它产生了**依赖性**。

成瘾是指对某种药物产生了很强的依赖性，以致对自身造成了很严重的伤害。

如果对药物成瘾后又停用，会产生**脱瘾症状**。但若能坚持不再服药，经过 2～3 周的**康复**后，脱瘾症状会逐渐消退。

大麻与鸦片制剂

吸食大麻可能会引起一些精神问题。

大量使用大麻的人若突然撤药，会出现攻击性行为。

有政府报告显示，服用大麻与重大的健康和社会问题没有必然联系，但服用大麻之后，就可能接触一些危害更大的毒品，如海洛因和可卡因。

大麻植株

大麻的焦油含量比烟草要高，因此吸大麻也和吸烟一样，会增加患支气管炎、肺气肿和肺癌的概率。

臭麻是一种药力非常强劲的大麻，据说比普通大麻的药力要强 10 倍以上。医学研究发现，臭麻可引起严重的精神病行为，如幻觉或妄想症等。

大麻的医疗价值广为人知，它可在一些严重疾病的治疗中用于缓解疼痛。

- 癌症：大麻可抑制化疗导致的恶心感。
- 艾滋病：大麻可增强食欲，减缓体重减轻。
- 青光眼（一种眼疾）：大麻可降低眼压。
- 多发性硬化症：大麻可减轻痉挛、疼痛和震颤。

鸦片制剂是一类含有鸦片衍生物的麻醉剂，鸦片是从罂粟中提取的。

鸦片制剂中含有吗啡，吗啡常用于缓解临终病人的疼痛。

维多利亚女王曾用大麻治疗痛经

▶ 溶剂

胶水、干洗液、喷雾剂和打火机燃料等日用化工产品都属于常见的溶剂。

这些溶剂都有较强烈刺激的气味。极个别**吸毒者**受异常心理支配会嗜好吸入这些气体。溶剂中含有可致死的化学危险品。

在英国，12～16 岁的青少年中，滥用溶剂已成为一个日渐突出的问题。

法律不允许将溶剂出售给 18 岁以下的未成年人。

但许多种溶剂是一般家庭常备的。

溶剂散发的气体先是被肺吸收，很快就会到达脑。

这种气体会减缓呼吸和心跳速率。

反复吸入或深呼吸可导致身体失去控制或丧失意识。

溶剂可对肝、肺和脑造成损伤。

滥用溶剂造成的死亡案例比吸食海洛因和可卡因致死的案例加在一起还多！

一些人在吸入喷雾剂、清洁剂和丁烷气体等化学物质后立即死亡。

这种突然死亡的案例往往是由心力衰竭引起的。

如果从大塑料袋中吸入这些气体还会造成窒息。

喷雾剂若喷在口中也会使气管僵硬引起窒息。

以鼻吸毒者可能会有类似喝醉的表现。

他们也会遭受类似醉酒者承受的风险，比如说：

- 坠楼或发生车祸；
- 昏迷和因自己的呕吐物而窒息。

同时还有发生火灾的危险，因为很多溶剂是易燃的。

最佳建议是**永远不要吸入溶剂**。

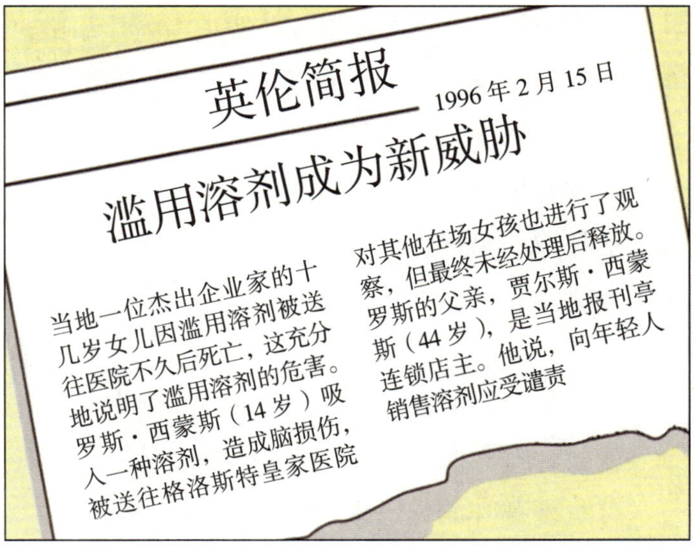

请你描述溶剂和烟草对身体的损害以及注射毒品时被传染艾滋病和肝炎的危险。

酒精

酒精是一种社会接受度很高的麻醉剂。

它已是许多人社交生活的一部分。

在含糖溶液如葡萄汁中加入酵母，就可制造酒精。酵母将糖分解为酒精和二氧化碳，这个过程叫做发酵。

酒精是一种**镇静剂**，它可使身体反应变慢。

酒精与许多其他麻醉剂一样会被**滥用**。

酒精一般不会致死——通常人们在喝下致死含量之前已经丧失意识。

有些人会对酒精产生依赖性。

他们的身体对酒精产生了耐受性，要对神经系统产生同样的影响就需要喝下更多酒精。

对酒精上瘾的人没有酒就无法生活。

这类人叫做**酗酒者**。

喝酒后酒精从消化道吸收，通过血液运至大脑。

它作用于人脑，对神经系统产生影响。

许多人觉得喝一点酒会让人放松，喝得太多就会感到眩晕。

喝酒后人们的判断力和反应能力都会受到影响。

因此酒后不得驾车。

喝大量的酒会让人丧失对肌肉的控制，说话含混不清。

在这种状态下更可能参与斗殴或者发生事故。

由于协调能力变差，醉后甚至不能走路，最终会昏迷不醒。

看图并思考：

一杯双份威士忌和一品脱啤酒分别含多少单位的酒精？

不同品牌的酒度数不同。

为什么喝烈酒的杯子比喝啤酒的小？

有些窖藏啤酒比一般啤酒度数高得多。

酒的度数一般以酒精含量的体积百分比形式标注在标签上。

以上这些酒分别含有一单位酒精

酒精的长期影响

长期饮用大量酒精可引起严重的健康问题。

这些问题包括胃溃疡、心脏病和脑损伤。

酒精是在肝中被分解的。

长期滥用酒精会引起**肝硬化**。

肝组织会变得瘢痕累累，健康的肝细胞被脂肪或纤维状组织所取代。

肝从血液中清除毒素的功能会变得越来越弱。

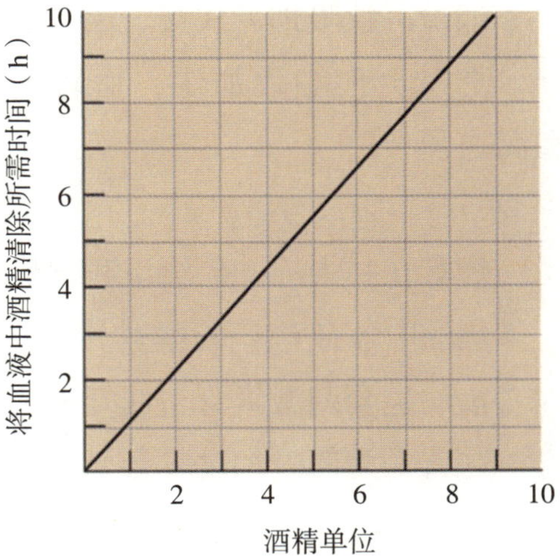

即使肝健康，将酒精分解为无害物质也需要不少时间。

一般来说，从血液中清除一个单位的酒精大约需要 1 h。

因此根据酒的度数和喝下的量不同，将酒精清除出血液的时间也不同，酒后往往需要好几个小时体内酒精才能被清除。

不同酒的酒精含量不同。

“安全”酒量也因人的年纪、体型和代谢速率而异。

一般而言，女性的安全酒量是同体重男性的 2/3。

为什么对司机和飞行员血液和呼吸中的酒精浓度都有法律限制呢?

和许多其他麻醉剂一样，酒精也易使人上瘾。

为参与社交而喝酒也可能转变为酗酒问题。

许多有酒精依赖问题的人并不认为自己有问题。

他们会试图说服自己这不是什么问题。

可他们若不喝酒，会变得紧张易怒，难以处理日常问题。

酗酒者会给其家庭带来痛苦与不幸。

他们在酒后会有攻击性，还会花费大量金钱买酒。

像匿名戒酒协会这样的组织可帮助酗酒者戒酒。

吸烟与健康

吸烟有害健康。

吸烟可引起肺和心脏的疾病。

据估测，每吸一根香烟，吸烟者的生命会缩短 14 min。

很多烟瘾大的人会死于吸烟引起的疾病。

有毒物质

烟草烟雾含有多种物质。

其中多数都是有害物质：

烟碱即尼古丁是一种麻醉剂。

它可影响脑和神经系统。

烟碱可让吸烟者成瘾，因此戒烟会很困难。

烟碱会使心跳加快，血管变窄，它可引起心脏病和高血压。

烟雾在肺中冷却后会沉积出**焦油**。

焦油中含有上千种化学物质，其中有些物质是**致癌的**。

焦油也会刺激气管，使气管变窄。

这就是为何吸烟过多会患“吸烟者咳嗽病”。

一氧化碳是一种有毒气体。它可取代氧与血液结合。

因此吸入多少一氧化碳，就会阻碍多少氧运输。如果妇女在怀孕期间吸烟，血液中氧含量减少可能会导致胎儿缺氧而无法正常发育。出生的婴儿会较瘦弱，有时还会早产。

烟草燃烧后会形成悬浮的**微粒**。微粒可在肺中累积。

吸烟导致的疾病

气管发炎会引起**支气管炎**，发炎后气管内壁细胞上的纤毛停止摆动。黏液、灰尘和细菌等就会滞留肺中，无法排出。

细菌增殖会让病情进一步严重化，转变成慢性支气管炎和“吸烟者咳嗽病”。患者体内累积了大量的**痰**—— 一种黏液、细菌和白细胞的混合物，他们会不断想将痰咳出来。

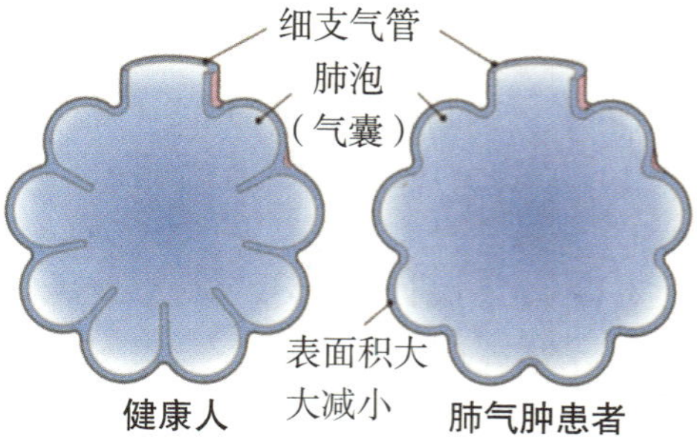

肺气肿患者呼吸非常短促。他们的肺泡表面积较小，一次呼吸中肺的气体交换量也较小

烟草烟雾中的化学物质可使肺泡壁变得脆弱，引起**肺气肿**。咳嗽久了会损伤肺组织，有的人因为肺部氧气不足而觉得气喘吁吁。

心脏病

烟碱和一氧化碳会使血液更易凝结，容易引起血管堵塞，尤其是当血管内壁有脂肪沉淀附着时。

血管堵塞会使心脏供氧量下降，对心肌造成损害。

肺癌

90% 的肺癌患者都是烟民。

焦油被认为是吸烟引起肺癌的主要原因。

肺癌患者的肺中会形成**肿瘤**，若不及时发现可扩散到全身。

癌症也可能发源于口腔、喉咙和食道。

右图显示的是 1920—1960 年间英格兰和威尔士因肺部疾病死亡的人数。

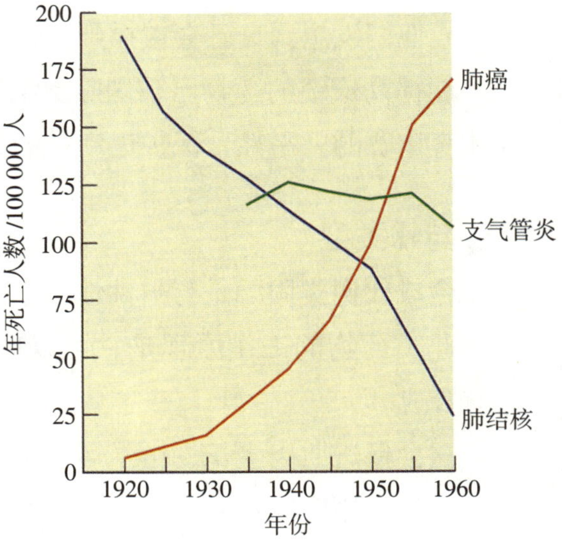

在这一时期支气管炎和肺结核死亡人数的变化趋势如何？

你能解释这一现象吗？

这一时期肺癌死亡人数的变化趋势如何？

你能解释这一现象吗？

演示 11.1　吸烟机

首先设置如图的实验装置，先不要放入香烟。

开启真空泵抽吸 5 min 左右。

观察温度变化以及玻璃纤维和石灰水的颜色变化。

插入点燃的香烟再重复一次这个实验。

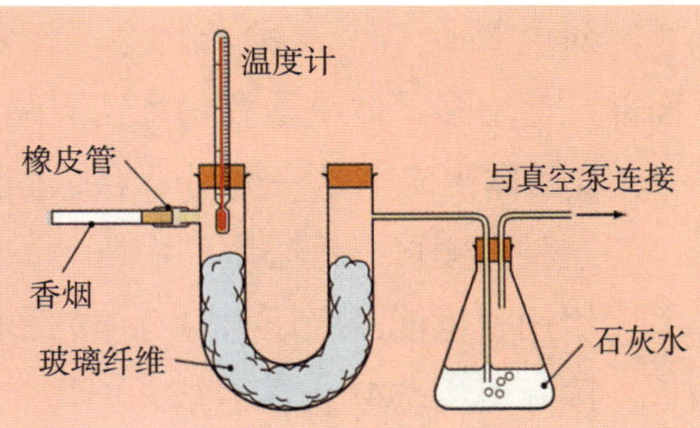

二手烟

许多不吸烟的人也会被吸烟者连累。

烟雾会刺激眼睛，使人头痛、喉咙痛，对患有哮喘或花粉热的人影响尤其明显。

与吸烟者共同生活和工作的人也易患上各种由吸烟引起的疾病，包括肺癌。

人们越来越不能忍受**被动吸烟**了。

越来越多的公共场所都已禁烟。

在英国，所有室内公共场所都禁止吸烟。

如果你吸烟，戒烟是绝对值得尝试的。

吸烟者戒烟后患肺癌和其他疾病的风险会大大下降。

▶ 生物学的应用：体育界中的药物滥用

一些运动员服用药物以提高成绩。

他们之所以这么做，是因为：

- 媒体给他们施加赢得比赛的压力；
- 他们认为在体育比赛中获胜可以致富；
- 他们以为别人也是这么做的；
- 他们没想到自己会被抓到。

能提高成绩的药物已被国际奥委会（IOC）禁用，以保证体育比赛的公平性，保护运动员的健康。

本·约翰逊赢得1988年奥林匹克百米冠军，但因滥用药物问题被取消资格

药物类型

合成代谢类固醇是与男性性激素睾酮类似的物质。

此类药物的工作原理是它可以像睾酮一样促进大量蛋白质合成。

这会促进肌肉生长，增强运动员的力量和耐力。

过量服用合成代谢类固醇会引起多种毒副作用。

男性使用这种药物会造成攻击性增强、阳痿、秃发、肾功能和肝功能受损，甚至乳房发育。

对女性而言，这种药物会引起男性特征发育，比如，面部汗毛增多、体毛增多、月经不调。

加拿大斯诺克球手比尔·温本纽克服用β受体阻滞剂以使击球时的手臂保持稳定

β受体阻滞剂是一类用于治疗心脏病的药物。

这种药物可降低心率和血压。

服用它也能减轻压力对身体的影响。

国际奥委会禁止在射箭、射击、跳台滑雪、雪橇比赛、冬季越野滑雪射击比赛和五项全能等项目中使用这种药物。

兴奋剂，如苯丙胺、可卡因，可提升田径运动员的状态，唤起竞争力。

戴安·莫道尔成功证明她并未服用违禁药物

兴奋剂能加快反射速度，减轻疲劳感。

同时，药物兴奋剂能加速心跳、升高血压、减轻疼痛感，它们也能对身体造成危害。

兴奋剂还会成瘾，引起惊恐症和攻击性增强。

麻醉性镇痛药，包括美沙酮、可待因和海洛因。这些药物可起止痛作用，暂时遮掩受伤部位的疼痛。

如果运动员继续参加比赛，后果则是受伤部位的病情会加重，甚至变为永久性损伤。

一些麻醉性镇痛剂很容易让人上瘾。

小结

- 麻醉剂是会对神经系统产生影响的化学物质。
- 一些麻醉剂是有益的，也有不少麻醉剂是有害的。
- 麻醉剂有镇静剂、兴奋剂、止痛剂和迷幻剂等不同种类。
- 易上瘾的麻醉剂如可卡因和海洛因，可引起严重的健康问题。
- 吸食大麻可引起精神问题。
  大麻和鸦片制剂可用于减轻一些患者的疼痛。
- 有些溶剂可影响人的行为，对肺、肝和脑造成损害。
- 酒精可使反应迟钝，让人丧失自我控制能力，失去意识，甚至陷入昏迷。
- 长期饮酒会造成肝和脑的损伤。
- 烟草烟雾中含有尼古丁、焦油、一氧化碳和微粒等有毒物质。
- 与吸烟相关的疾病包括支气管炎、肺气肿、肺癌和心血管类疾病。
- 一些运动员服用提高成绩的药物如合成代谢类固醇以促进肌肉的生长。

▶ 练习

1. 句子填空：

麻醉剂是一种能影响人体 ______ 系统工作的 ______ 物质。镇静剂使神经系统反应 ______，延长 ______ 时间。______ 可以加快神经系统反应速度，______ 反应时。可卡因和 ______ 是特别容易 ______ 的麻醉剂，可对 ______ 造成严重伤害。有些人会对酒精 ______。他们的身体会对酒精产生 ______，他们最终可能会成为 ______。

烟草烟雾中含有 ______、焦油、______、______ 等有毒物质。与吸烟相关的疾病包括 ______、肺癌和 ______。

2. 巴比妥盐和海洛因等麻醉剂被称为镇静剂。苯丙胺、可卡因等麻醉剂被称为兴奋剂。

（1）请解释镇静剂是如何作用于神经系统的。

（2）苯丙胺和可卡因是如何影响神经系统的？

（3）名词解释：

① 耐受性。

② 成瘾。

③ 脱瘾症状（戒断症状）。

④ 戒毒。

3. 下面两张图显示健康人和肺气肿患者肺的一小部分。两图绘制的比例相同。

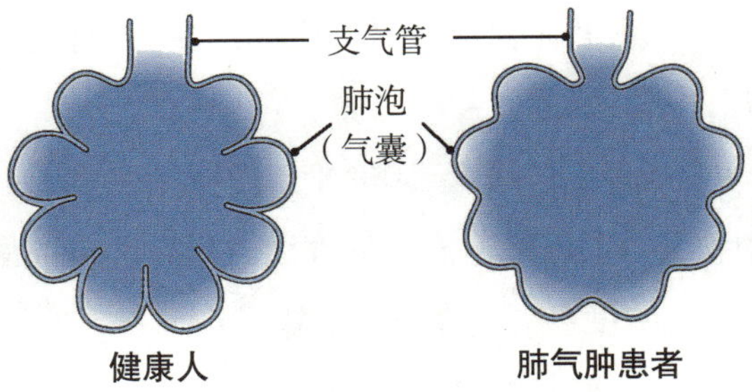

（1）肺泡有什么功能？

（2）请说出健康肺泡与这一功能相适应的 2 个结构特征。

（3）说出图中健康肺和病变肺的 2 个不同点。

（4）请解释你所发现的不同点会如何影响病变肺的功能。

4. 表中哪一行显示的 2 种麻醉剂均可对肝造成严重伤害？

	麻　醉　剂	
A	酒精	巴比妥酸盐
B	巴比妥酸盐	咖啡因
C	咖啡因	扑热息痛
D	扑热息痛	酒精

5. 在下午一点吃午饭之前，丹尼斯喝了一杯雪利酒，午饭时他喝了两杯红酒、一杯白兰地，两点钟他开始工作，工作到五点半，下班后，丹尼斯喝了两品脱啤酒，八点钟他打车回家。

下图显示了丹尼斯从午饭时间之后血液中的酒精浓度变化。

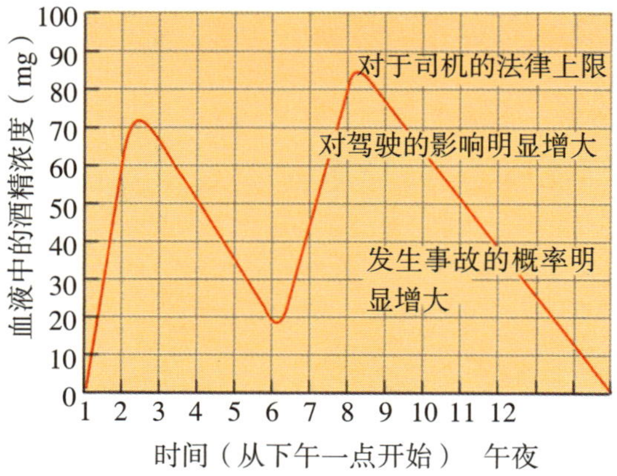

（1）看图并说出：

① 丹尼斯血液中的酒精浓度何时达到最高点。

② 在丹尼斯工作时何时最容易出事故。

（2）如果丹尼斯没有喝啤酒，他血液中的酒精浓度可能会在何时清零？

（3）他何时才可能合法地开车回家？

（4）他血液中的酒精浓度何时可以清零？

6. 请解释下列各项不正确的原因：

（1）喝啤酒没有喝烈酒伤身。

（2）酒精是一种兴奋剂。

（3）体内酒精含量低于法定标准，就能够安全驾驶。

（4）长年大量饮酒不会对身体造成伤害，因为身体已经习惯了。

7. 下表显示了 1983 年死于吸烟相关疾病的人数。

疾　病	死亡人数		
	男	女	总人数
肺癌	33 000	10 000	43 000
心脏病突发	103 000	77 000	180 000
支气管炎和肺气肿	12 000	4 500	16 500

（1）根据各类疾病死亡总人数做一张柱形图。

（2）在柱形图中分割出男女比例。

（3）请解释吸烟是如何引起下列疾病的：

① 肺气肿。　② 心脏病。

③ 肺癌。　④ 支气管炎。

8.

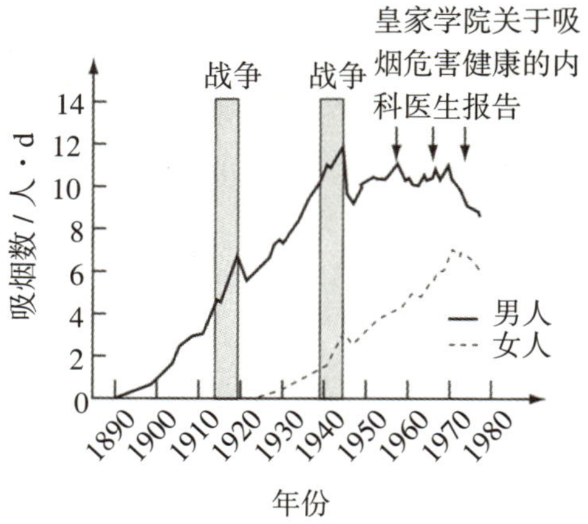

（1）① 男人是何时开始吸烟的？

② 女人是何时开始吸烟的？

（2）请描述一下总人口吸烟状况的变化趋势。

（3）① 1914—1918 年的第一次世界大战对吸烟习惯有何影响？

② 请对你的回答做出解释。

③ 1939—1945 年的第二次世界大战对吸烟习惯有何影响？

④ 请对你的回答做出解释。

（4）皇家学院的报告对于男人和女人的吸烟状况分别有什么影响？

（5）请预测肺癌死亡人数何时会呈下降趋势，并对你的预测做出解释。

拓展习题见第 167 页。

▶ 食物与消化

1. 尼尔到一家名为"健康人"的诊所进行体检。医生量了尼尔的体重和身高，之后计算了尼尔的体重指数。他告诉尼尔："你超重了，必须节食。"

（1）尼尔重 86 kg。

他的身高是 1.68 m。

① 用下表计算尼尔的体重指数。

体重（kg）

身高（cm）	54	59	64	68	73	77	82	86	91	95	100	104	109	113
137	29	31	34	36	39	41	43	46	48	51	53	56	58	60
142	27	29	31	34	36	38	40	43	45	47	49	52	54	56
147	25	27	29	31	34	36	38	40	42	44	46	48	50	52
152	23	25	27	29	31	33	35	37	39	41	43	45	47	49
158	22	24	26	27	29	31	33	35	37	38	40	42	44	46
163	21	22	24	26	28	29	31	33	34	36	38	40	41	43
168	19	21	23	24	26	27	29	31	32	34	36	37	39	40
173	18	20	21	23	24	26	27	29	30	32	34	35	37	38
178	17	19	20	22	23	24	26	27	29	30	32	33	35	36
183	16	18	19	20	22	23	24	26	27	28	30	31	33	34
188	16	17	18	19	21	22	23	24	26	27	28	30	31	32
193	15	16	17	18	20	21	22	23	24	26	27	28	29	30
198	14	15	16	17	19	20	21	22	23	24	25	27	28	29
203	13	14	15	17	18	19	20	21	22	23	24	25	26	28

□ 体重过轻　□ 健康体重　□ 超重　□ 肥胖

② 尼尔的体重属于哪个等级？

③ 尼尔要达到健康体重，需要减肥多少千克？

（2）请解释为何尼尔的医生要计算他的体重指数，而不是仅仅通过体重判断尼尔是否超重。

（3）世界上有些地区的人还在挨饿。

摄入足够的蛋白质是十分重要的。

每日的合适蛋白质摄入量可用下列公式进行计算。

每日蛋白质摄入量（g）= 0.75 × 体重（kg）

① 计算尼尔每天应吃多少蛋白质？

② 尼尔有一个十多岁的儿子，请说明为什么尼尔的儿子每天摄入的蛋白质应当比尼尔多。

2. 下图显示了人体消化系统的主要构成。

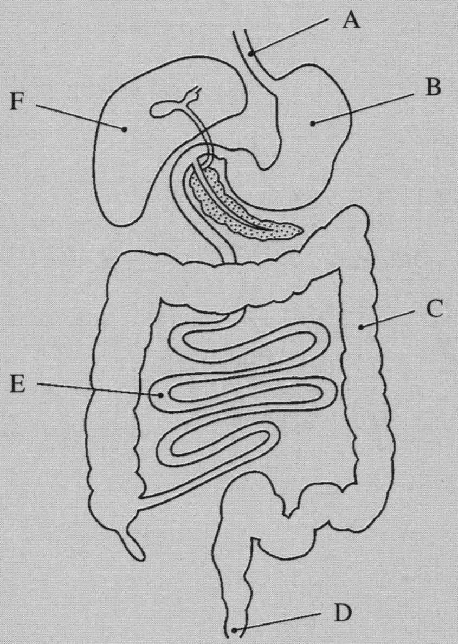

（1）写出图中 A、B、C、D、E、F 所标示的各部位名称。

（2）下列活动分别发生在哪个（些）标注部位中？

① 脂肪酸和甘油被吸收。

② 大多数水分被吸收。

③ 排泄。

3. 下表给出了一个传统牛肉汉堡和一个素食汉堡的营养成分。素食汉堡是用真菌蛋白做的，加味加色以模仿牛肉口味。

每 100 g 含	牛肉汉堡	素食汉堡
热量	1 192 kJ	970 kJ
蛋白质	15 g	18.5 g
糖类	3.7 g	11.7 g
脂肪	23.8 g	12.7 g
钠盐 **	0.5 g	1.3 g
纤维	0.4 g	4.5 g

** 多为氯化钠

（1）① 哪种汉堡每 100 g 含蛋白质更多？

② 120 g 牛肉汉堡含多少克蛋白质？

③ 糖类储存在身体的哪个器官？

④ 这个器官中储存着哪种糖类?

(2) 为什么非常注意健康饮食的人会选择吃素食汉堡而非牛肉汉堡? 请给出 **2** 个可能的原因。

对每个原因都要给出完整解释。

4. 食物中的物质在进入血液之前先要被消化。许多食物含有脂肪。

(1) 脂肪消化的产物是什么?

(2) 肝脏会分泌一种叫做胆汁的化学物质。在消化过程中,胆汁与食物混合。请解释胆汁是如何帮助脂肪消化的。

(3) 摄入太多动物脂肪(饱和脂肪)含量高的食物会带来什么影响? 请说出其中 **1** 种影响,并解释这种影响会导致哪些健康问题。

▶ 呼吸与呼吸作用

5. (1) 请尽可能详细地解释为何运动中呼吸作用会更为剧烈。

(2) 运动中呼吸作用会产生过多的热量。请解释身体是如何避免这些热量引起身体内部温度升高的。

(3) 4 组田径运动员参与了一项研究,研究中先是测量了每位运动员氧消耗速率的最大值和每组运动员氧消耗速率的平均值。然后通过数次 10 km 长跑,计算出每一组运动员个人最佳成绩的平均值,结果如下表所示:

运动员分组	最大氧消耗速率(mL/kg · min)	10 km 长跑的最好纪录 (min)
A	78.6	48.9
B	67.5	55.1
C	63.0	58.7
D	57.4	64.6

① 氧消耗最大值和 10 km 长跑耗时之间有什么关系?

② 请给出你的解释。

6. 下图所示为人的呼吸系统。

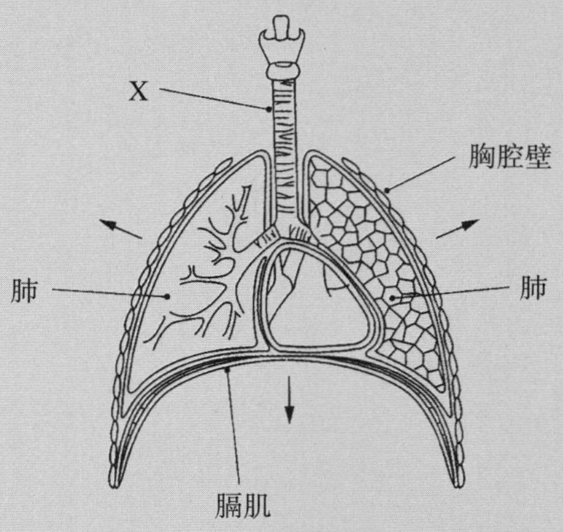

(1) 请给出管 X 的名称。

(2) 请解释管 X 是如何保持畅通的。

(3) 为什么管 X 必须保持畅通?

(4) 请解释当胸腔壁和膈肌朝着图中箭头所示方向运动时,肺中的空气体积和气压是如何变化的。

(5) 膈肌朝着图中所示方向的运动是如何发生的?

(6) 下图显示了 3 种不同活动中呼吸的气体体积。

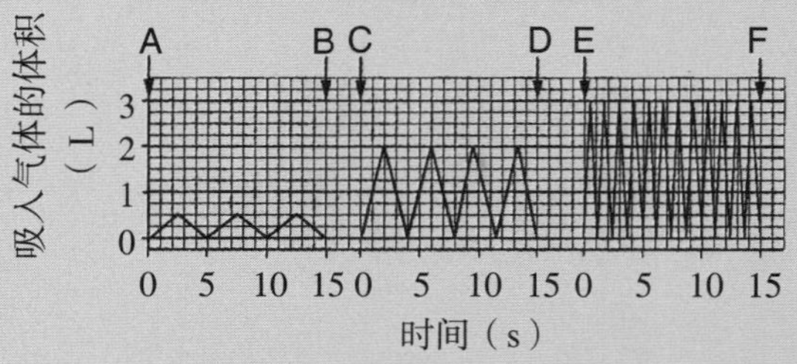

① 在 C 点到 D 点之间进行的活动中,每分钟的呼吸次数是多少?

② 在 E 点到 F 点之间的活动中每次呼吸的气体交换量是多少?

③ 请将下列活动名称填入表内,使之能与上图所示活动特征相匹配。

奔跑　　休息　　慢跑

活动所对应的时间段	活动名称
A 到 B	
C 到 D	
E 到 F	

7. 香烟盒往往有以下标示：

警告：吸烟可引发致命疾病

（1）请说出吸烟可引起的 2 种呼吸系统疾病。

（2）下图所示为一个肺泡。

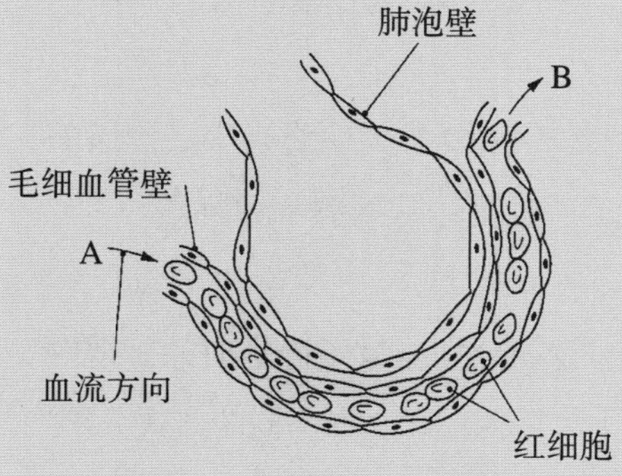

① 氧从肺泡进入红细胞要通过多少层细胞？

下表显示了上图所示毛细血管两端的血液中氧和二氧化碳的相对含量：

气体	A 端	B 端
二氧化碳		
氧	含量低	

② 请在表内空格中填入“**含量高**”或“**含量低**”。

（3）① 请说出上图中未显示的一种血细胞。

② 请解释这种血细胞是如何参与身体的疾病防御的。

▶ 血液与循环

8. 下图为一张显微镜下血液涂片的示意图。

（1）① 图中能看到多少红细胞？

② 图中能看到多少白细胞？

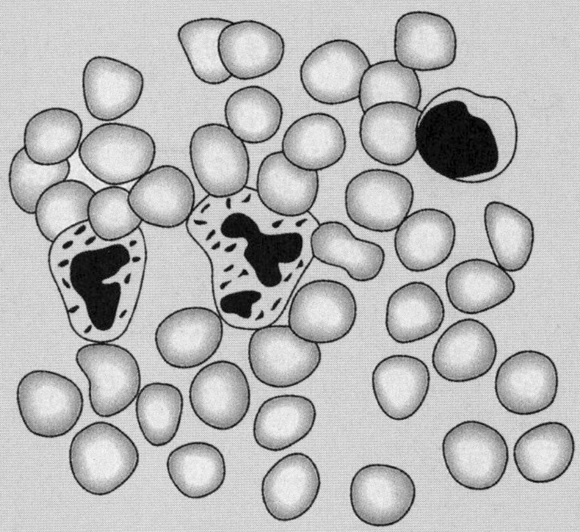

（2）① 红细胞有什么功能？

② 请给出红细胞适应其功能的两种结构特征。

（3）请解释一氧化碳是如何影响红细胞功能的。

（4）红细胞的平均寿命大约在 100 d 左右，新的红细胞由骨髓产生。

① 为何红细胞不能自行增殖？

② 1 μL 的血液含有 500 万个红细胞。1 mL（1 000 μL）的血液中含有多少红细胞？

③ 一个成年人有 5 000 mL 血液。平均每天骨髓需要制造多少红细胞？请给出计算过程。

（5）有些人的骨髓发生了病变，无法生产足够的红细胞。这样的患者需要骨髓移植。请解释下列措施对防止骨髓移植的排异反应分别有什么帮助。

① 在移植中采用患者兄弟或姐妹的骨髓；

② 让患者服用可抑制白细胞活动的药物。

（6）移植手术过后患者需要被隔离一段时间，请解释其原因。

9. 医生认为心脏病与血液中的胆固醇含量有关。

健康的胆固醇含量在 5 个单位以下。

表中显示了胆固醇含量高于 5 个单位的成年人在各年龄段人群中所占百分率。

年 龄（岁）	男性百分比	女性百分比
15 ~ 24	22	26
25 ~ 34	48	42
35 ~ 44	66	46
45 ~ 54	74	68
55 ~ 64	78	86
65 ~ 74	74	88
75 以上	68	86

（1）请用表中数据做一个柱形图。

（2）请描述一下男性高胆固醇人群百分比是如何随年龄变化的。

（3）请描述女性胆固醇水平如何随年龄变化而变化，变化情况与 50 岁以上的男性有何不同。

请给出一个可能的解释。

（4）胆固醇含量高会导致冠状动脉阻塞。

① 请解释这会对动脉血流造成什么影响。

② 这会对心脏造成什么危害。

10. 严重受损的心脏可被置换。

一些患者接受的是真的心脏，另一些患者接受的是人工心脏。

（1）请用下列词语描述使用人工心脏的**优点**和**缺点**。

药物　　动力源　　排斥反应　　大小

（2）当有可捐赠的心脏时，大多数有需要的患者又不能接受移植，请说说这是为什么。

（3）心脏捐赠是十分短缺的。

有些人会随身携带捐赠卡。

有些人认为法律应将随身携带捐赠卡列为公民义务。

也有人不同意这种观点。

① 请推测一下，同意和反对携带捐赠卡的人可能各持什么理由。

② 有的医生认为，他们应当有权不需任何许可就使用死者的器官，除非死者携带他声明拒绝捐赠器官的卡片。

你是否同意上述观点被写入法律？请给出理由。

11. 3 个小学生要找出他们当中最健康的人。他们决定通过测量脉搏频率做判断。

具体操作如下：

（1）他们分别测量了静坐时的脉搏频率。

（2）而后他们以 3 种不同的方式分别做了 3 min 运动：

皮特在楼梯上跑上跑下；

玛格丽特做了蹬台阶运动（用双脚在台阶上一上一下交替跳动）；

约翰原地跑步。

（3）运动结束后他们立刻测量了每人的脉搏频率。

（4）在运动停止后 3 min 和 6 min 时他们分别测量了脉搏频率。

他们得到的结果如下所示。

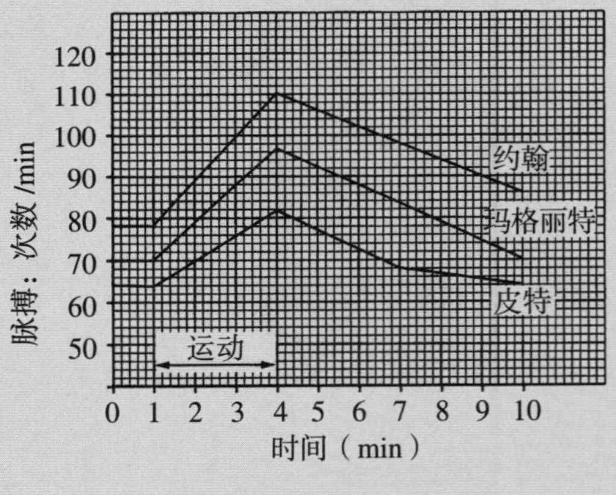

① 玛格丽特运动停止后 3 min 的脉搏频率是多少？

② 他们得出的结论是：皮特是3人中最健康的。给出他们得出这一结论的理由。

③ 指出这项研究可以从哪些方面改进（至少2个方面）。

▶ 稳态

12. 体温调节是通过平衡能量释放与能量散失实现的。

运动中能量释放更剧烈。

（1）在运动中代谢速率会发生变化。这种变化对能量释放有什么影响？

（2）解释一下为什么在运动过程中身体的能量散失会增加。

（3）**负反馈**在体温调节中起什么作用？

（4）在静息状态下，多余的糖被储存起来，这是如何实现的？

（5）下图显示了12 h中血糖浓度和与葡萄糖存储相关的激素浓度是如何变化的。

① 糖尿病患者一次性把日剂量的激素全部注射完，是无法正常调节血糖的，请利用下图数据对此做出解释。

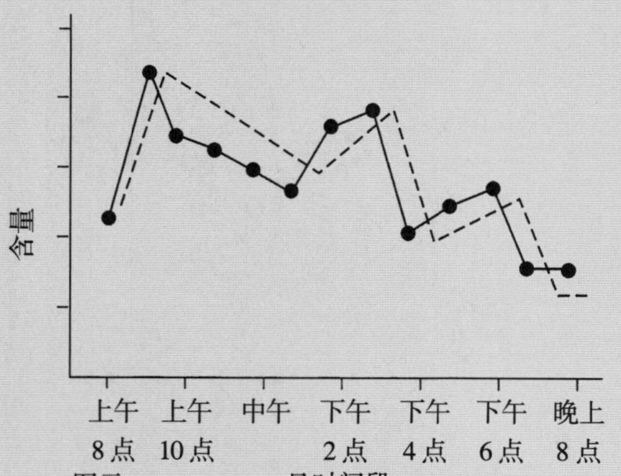

② 请解释为何体育锻炼会影响与葡萄糖储存相关的激素分泌量。

13. 下图显示了一成年人平均每日摄入和排出的水量。

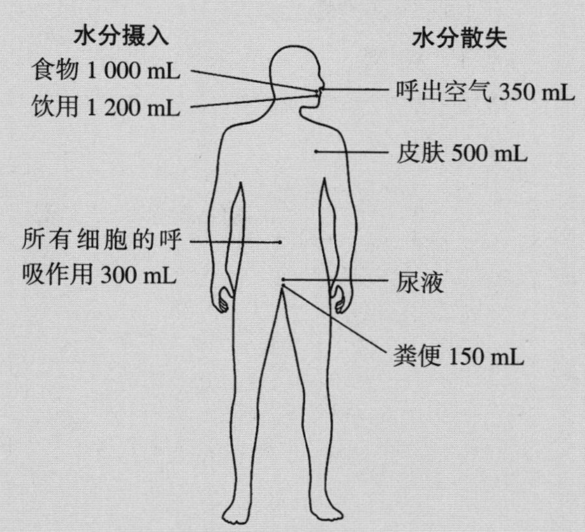

（1）呼吸作用是体内水的来源之一。

请完成下列描述呼吸作用的方程式：

糖 + ________ → 水 + ________ + 能量

（2）肾通过调节由尿液排出的水量来保持体内水分平衡。

① 请用图中数据计算每日由尿液中排出的水量，给出计算过程。

② 说一说肾是如何控制身体中的水量的。

（3）治疗肾功能衰竭有2个途径，一是通过肾透析仪，二是通过肾移植。

说一说患者血液通过透析仪时都发生了什么。

（4）关于肾衰竭治疗：

① 与透析仪疗法相比，给出肾移植疗法的2个优势。

② 与透析仪疗法相比，给出肾移植疗法的2个劣势。

14. 肾将代谢废物从血液中移除。下表显示了特定物质在以下部位的含量变化：

- 在血液中；
- 在从血液滤入肾的液体中；
- 在膀胱所盛液体中。

（1）① 表中哪一种物质未被滤进肾？

	浓度（%）		
物　质	在血液中	从血液滤入肾脏的液体中	在膀胱所盛液体中
蛋白质	7.0	0	0
盐	0.35	0.35	0.5
葡萄糖	0.1	0.1	0
尿　素	0.03	0.03	2.0

② 为何这种物质未从血液中滤出，请给出至少一个理由。

（2）请解释为何膀胱中的液体比滤进肾的液体尿素含量高。

（3）① 请描述一下肾透析仪是如何工作的。

② 请用表中数据说明透析液中盐浓度应当如何设置。

给出你的解释。

15. 下图显示了血液中水含量的变化产生的影响。

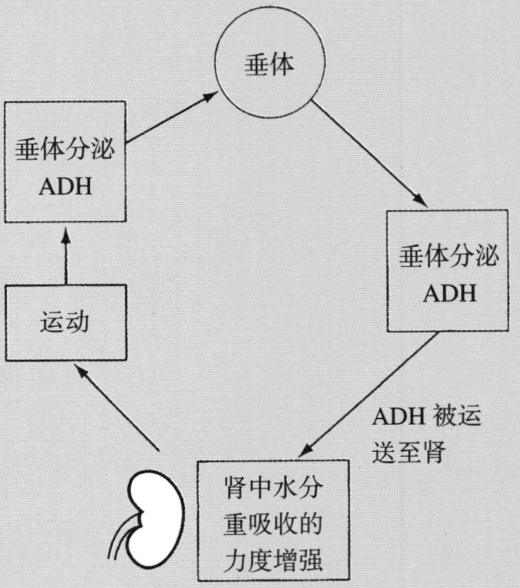

（1）① ADH 是一种什么物质？

② 引发垂体分泌 ADH 的刺激是什么？

③ ADH 是如何被运送到肾的？

（2）① 利用上图给出的信息描述并解释人停止运动并喝下 1 品脱（英制单位，约等于 0.568 L）水后发生的一系列事件。

② 请解释为何身体在 20 min 后才对这一变化做出应答。

控制与协调

16. 下图显示了一根手指碰到灼热物体后的反应。它同时也显示了神经元 A、B 和 C 如何将电信号从触觉感受器传导到肌肉效应器。

神经元 D 和 E 分别担负将信号传入和传出脑的使命。

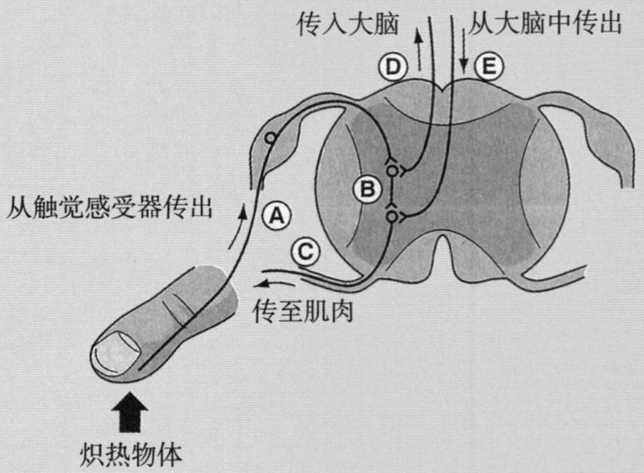

（1）电信号经由神经元 A、B、C 传导的途径叫什么？

（2）肌肉效应器会做出何种应答？

（3）神经元 D 和 E 未参与肌肉效应器的应答。这样有什么优势？

（4）如果 A、B、C、D、E 中的某一神经元受损，你在碰到灼热物体时的应答能力或感知碰触的能力会受影响。

完成下表，将符合左栏信息的神经元所对应的字母填入右栏中。

有关神经元的信息	神经元对应的字母
如果这一神经元受损，你仍能在碰到灼热物体时将手指移开，但却不会知道你曾碰过这个物体	________
如果这一神经元受损，即使你知道你手指碰到了灼热物体，也无法将它移开	________
如果这一神经元受损，你的手指在碰触到灼热物体时不会有知觉，也无法将手指从灼热物体移开	________

17. 下表显示了在一个完整的月经周期里一名女性血液中雌激素和黄体酮等性激素浓度的变化。

	血液中激素浓度（任意单位）	
天数 (d)	雌激素	黄体酮
0	50	46
7	54	40
14	66	58
21	52	112
28	50	46

（1）① 请用上表关于雌激素和黄体酮的数据绘制**线形图**（先描点，后以平滑曲线连接）。

② 在第 18 d 时，血液中雌激素的含量是多少个单位？

③ 哪一种性激素是控制排卵的？

请利用表中信息和你作的线形图中的信息对你的答案作出解释。

（2）从医学意义上说一说性激素对人体的 2 种作用。

▶ 疾病

18.（1）下图所示为一个细菌的结构。

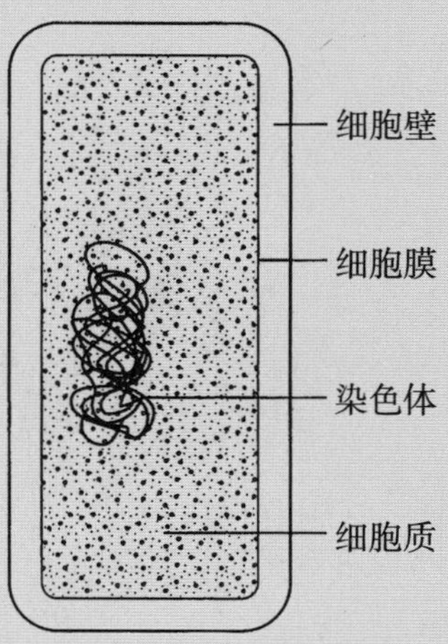

细菌细胞比人的体细胞要小，请说出细菌细胞与人体细胞有何不同，至少 2 点。

（2）请描述并解释 2 种自然防御帮助人体阻止细菌进入和伤害人体的方式。

（3）下表显示了 1991—1996 年之间，一种细菌对青霉素的抗药性的变化情况。

年 份	细菌对青霉素有抗药性的案例所占百分比
1991—1992	7
1993—1994	14
1995—1996	22

一位医生要治疗一名咽喉炎的患者。

① 青霉素治疗感染的原理是什么？

② 利用表中数据说明为何医生不应给这名患者开青霉素。

19.（1）请分别写出引起下列疾病的病原体类型（细菌、真菌、原生动物、病毒）。

① 流感。

② 霍乱。

③ 痢疾。

④ 脚气。

（2）人体有多种防御病原体的机制。

请看下图并解释图中标示的部位是如何帮助我们防御疾病的。

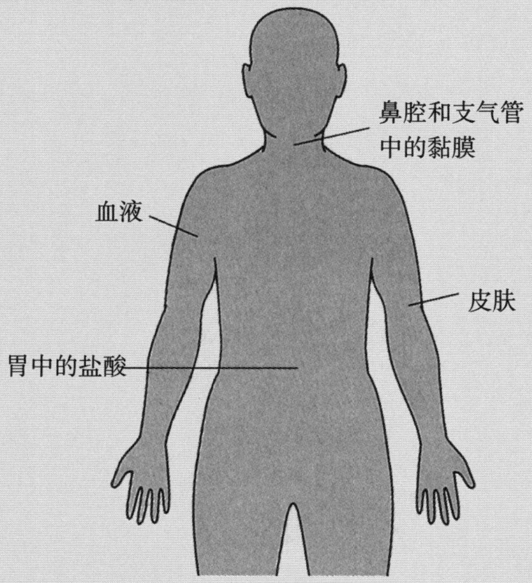

20. 18 世纪时，外科医生在手术前不会特殊着装，也不会洗手。许多病人死于手术后的感染。

（1）请分析为何当时的患者会常死于术后感染。

（2）19 世纪时，约瑟夫 · 李斯特建议外科医生应在术前洗手并在手术中使用苯酚喷雾。

下图显示了推广采纳李斯特的建议后，死于术后感染的患者人数的变化。

请分析李斯特建议的方法是如何引起这一变化的。

（3）肾移植手术出现于 20 世纪，是治疗肾衰竭的一种方式。

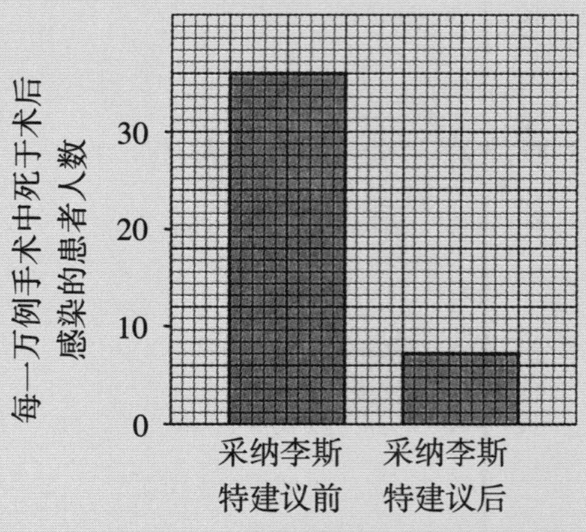

① 请给出治疗肾衰竭的另一种方式。

② 如果医生没有采取恰当的预防措施，患者可能对植入的肾发生排异反应。

以下是一些常用的预防措施：

- 要使用经过特殊筛选并与患者匹配的肾源；
- 接受肾源的患者骨髓先要经过放射治疗；
- 患者要接受药物治疗；
- 患者接受移植后，需要在无菌环境下生活一段时间。

请解释以上预防措施如何提高患者的手术成功率。

21.（1）蛋白质转化为氨基酸的过程如下所示。

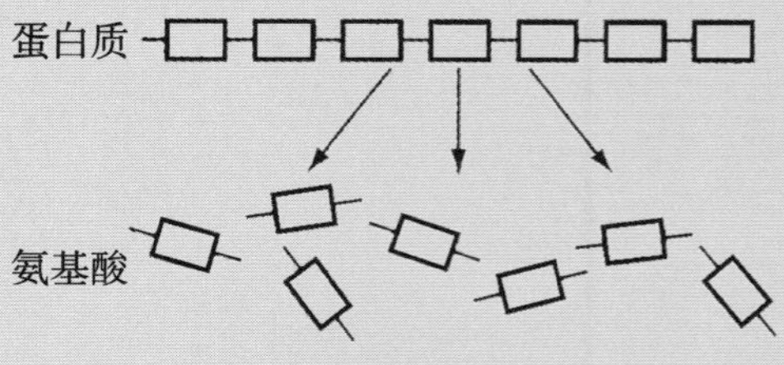

① 在体内将蛋白质分解为氨基酸的过程称为什么？

② 请说出氨基酸在体内的**一种**用途。

（2）当身体受到感染时，在血液中由免疫系统产生的一类蛋白质称为抗体。

① 免疫系统的哪个部分负责产生抗体？

② 使用药物可抑制免疫系统的功能，此外还有哪种方式能抑制免疫系统功能？

③ 患者进行了肾或其他器官移植后，需要服用药物以抑制免疫系统功能，请对这一措施做出解释。

（3）**主动**免疫是身体对感染做出反应的结果，是一种永久的免疫。**被动**免疫通过注射等方式使外来抗体进入体内，是一种暂时性的免疫。

婴儿可通过注射**之外**的哪**一种**方式获得被动免疫？

（4）下图显示了一个人对某种特定病原体的免疫力变化。

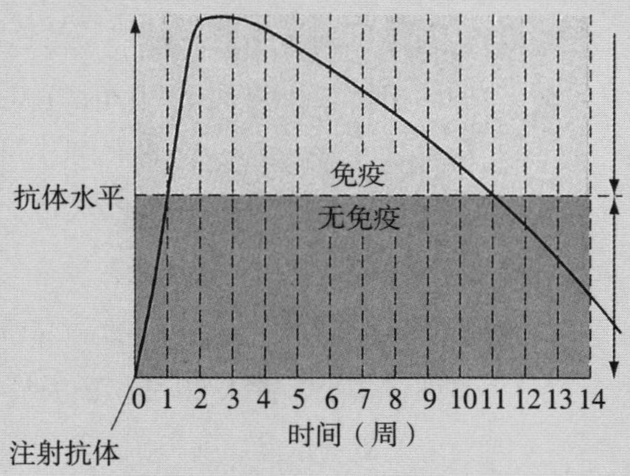

① 这个人的免疫力持续了多长时间？

② 这个人的免疫属于主动免疫还是被动免疫？请给出你的解释。

▶ 麻醉剂

22.（1）科学家们正在不断研发新的麻醉剂。所有的麻醉剂在推广应用之前必须先经过实验室检验和健康志愿者的试验。

反应停是作为一种安眠药被开发的。不幸的是服用反应停减轻孕早期晨呕反应的妇女常生出患有肢体畸形的婴儿。

① 请解释为何新药的药物试验需要健康志愿者参与。

② 请解释为何反应停的药物试验未能显示上述副作用。

（2）有人认为吸大麻可缓解多发性硬化症的多种症状。

请从科学和伦理方面论证为何多数医生不会建议患者为这个目的吸食大麻。

23. 下表显示了一些国家人均酒精摄入量和肝脏类疾病死亡人数之间的关系。

国家	人均酒精摄入量（L/人·年）	肝脏类疾病死亡人数（人/100 000人·年）
英国	8	4
法国	17	34
德国	13	27
冰岛	4	1
西班牙	15	22
瑞典	6	12

（1）请利用以上数据做一张条形图。

（2）酒精能引起肝损伤。请说明上表数据是如何为这一观点提供证据的。

（3）德国的人均酒精消耗量低于西班牙，然而德国人的肝脏类疾病死亡率却比西班牙高，请给出一种可能的解释。

24. 肺气肿和肺结核都是肺部疾病。以下的柱形图显示了吸烟与这两种疾病的关系。

请看图回答问题。

（1）吸烟对两种肺部疾病各有何影响？

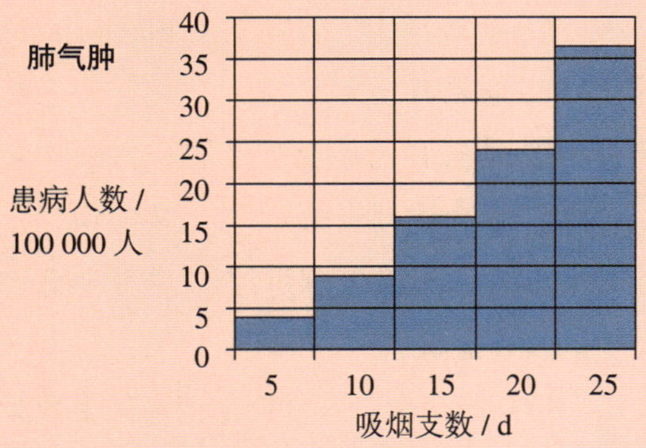

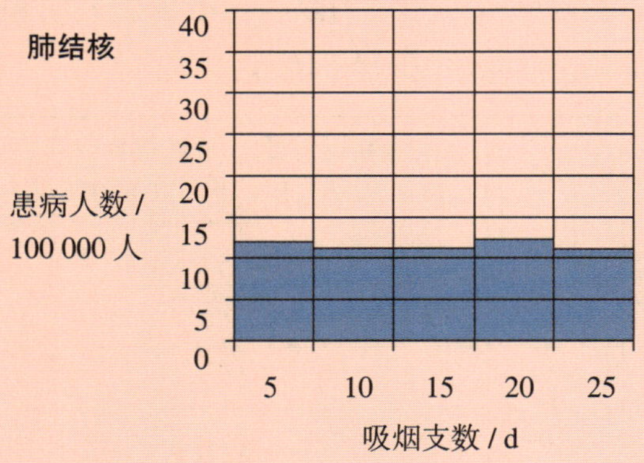

（2）吸烟还能引起其他疾病。

在下列疾病中，哪 2 种可由吸烟引起：

脚气　癌症　糖尿病　心脏病　流感　镰状细胞贫血

25. 下表显示了体重不同的男性和女性酒精摄入量和血液中酒精浓度的关系。

（1）① 酒精摄入量和血液中的酒精浓度之间有何关系？

每小时酒精摄入量	血液中的酒精浓度（mg/100 mL）			
	男性 45 kg	女性 45 kg	男性 90 kg	女性 90 kg
3 个单位	37	45	19	22
6 个单位	75	90	37	45
12 个单位	150	180	70	90
24 个单位	300	360	150	180

② 对于酒精摄入量相同的人，血液中的酒精浓度与体重有何关系？

③ 对于体重相同，酒精摄入量也相同的人来说，血液中的酒精浓度与性别有何关系？

（2）① 利用上表中与 45 kg 男性和 90 kg 男性有关的数据作图（先描点，再以直线连接各点）。

② 一些国家的法律规定，驾驶员血液中的酒精浓度不得超过 80 mg/ 100 mL。从你作的图来看，一名体重为 45 kg 的男性，每小时要摄入多少单位的酒精，才会达到这一法律上限？

③ 体重为 45 kg 的男性和体重为 90 kg 的男性在每小时摄入 20 单位酒精后，血液中的酒精浓度有何差别？

（3）下表显示了血液中酒精浓度升高引起的行为变化。请填写表中空格部分，注明受影响的脑结构（其中一项已给出）。

血液中的酒精浓度（mg/100 mL）	行为改变	受影响的脑结构
50	决断力下降	大脑半球
100	丧失平衡感	
200	重影	
400	呼吸衰竭	

植物的营养

大自然中最常见的颜色是什么？

我们见到的绿色大部分来自叶片。

它们为什么是绿色的？

在显微镜下观察叶片，你会看到什么？

有很多圆形的、绿色的结构，那就是**叶绿体**。

它们有什么作用呢？

苔藓细胞中的叶绿体

我们把绿色植物称为**生产者**。

你知道为什么吗？

绿色植物能够利用它周围自然存在的简单物质为自己制造养料。这个过程叫做**光合作用**（photosynthesis）。

光合作用需要的能量来自太阳光。

叶绿素能吸收光能，叶绿体中含有大量叶绿素。

植物利用光能将二氧化碳和水转变为糖类物质（葡萄糖），糖类物质就是植物的食物。氧是光合作用的副产物。

在光合作用中，来自太阳的光能转变为葡萄糖分子中的化学能。

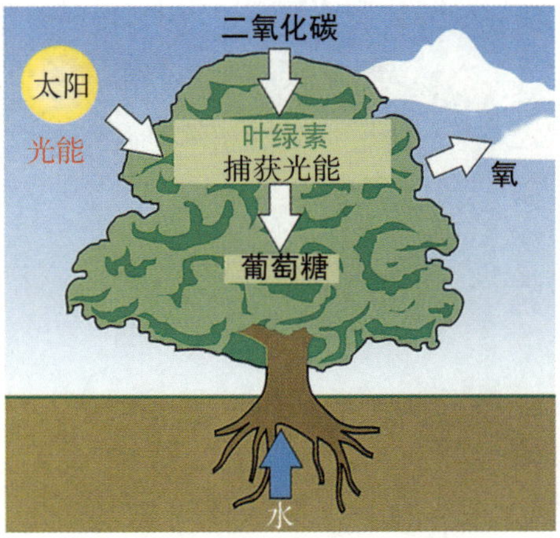

光合作用不是一个简单的化学反应，它包含了一系列的化学反应步骤。光合作用总反应式如下：

$$\text{二氧化碳} + \text{水} \xrightarrow[\text{叶绿素}]{\text{光照}} \text{葡萄糖} + \text{氧}$$

$$6CO_2 + 6H_2O \xrightarrow[\text{叶绿素}]{\text{光照}} C_6H_{12}O_6 + 6O_2$$

▶ 探究光合作用

绿色植物能利用简单物质制造养料。从前一页的光合作用反应式中，我们知道绿色植物可以制造葡萄糖。

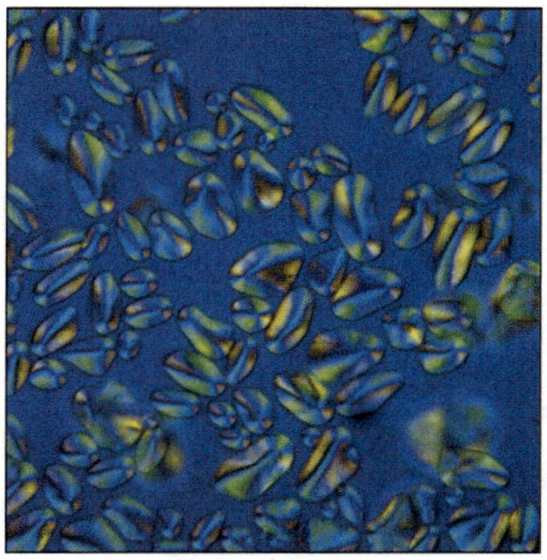

淀粉颗粒是一种不溶性的养料存储物

实验 12.1 检测植物中的葡萄糖 ⚠ 需戴护目镜

取一片生洋葱放入碾钵，加少量沙和 10 mL 水，将洋葱碾碎。

将液体过滤后装入试管。

加 10 滴班氏试剂并在水浴锅中加热试管。

液体会变成橙红色吗？

如果过多的葡萄糖溶解在细胞液中会形成高浓度的细胞内溶液，该细胞会因为渗透作用而从周围细胞吸收大量水分。淀粉在细胞内是不可溶的，所以不会引起这一问题。这就是为什么植物会以淀粉这一类不溶性物质作为养料存储物的原因。

实验 12.2 检测叶片中的淀粉 ⚠ 需戴护目镜 ⚠ 乙醇易燃

将叶片放入沸水中 1 min 使之软化。

熄灭本生灯。

把叶片放入装有乙醇的试管中，将试管直立在装有热水的烧杯中 10 min。

用冷水冲洗叶片。

把叶片平铺在培养皿中，在叶片表面滴加碘液。如果叶片变成蓝黑色说明有淀粉存在。

- 为什么要在加热乙醇前熄灭本生灯？
- 为什么要在检测叶片淀粉之前提取叶绿素？

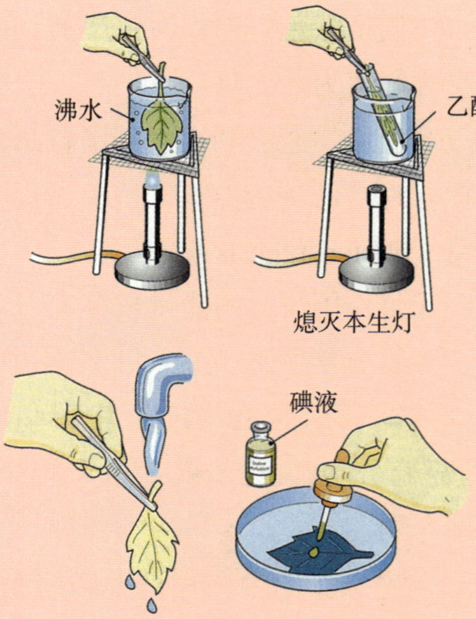

▶ 光合作用的原料

植物都需要什么物质才能进行光合作用呢?

前面已经提过，光合作用需要光能来驱动反应的进行。看一看第 177 页的反应式，你会发现其他的必需物。

- **叶绿素**吸收光能。叶绿素存在于叶片的叶绿体中。
- **二氧化碳**从大气中扩散进入叶片中。
- **水**由根部从土壤中吸收。

我们可以通过实验来证明上述物质是光合作用的必需原料。**除了**我们考察的因素，光合作用的所需要的其他条件也要满足。

如果植物无法进行光合作用就不会产生淀粉。首先我们必须确保在实验之前植物中没有淀粉。我们可以将植物放置在黑暗环境中 24 h，这样可以达到**去淀粉**的目的。

“救命，我没有淀粉了！”

实验 12.3　光合作用需要叶绿素吗?　⚠ 需戴护目镜

准备一株去淀粉的杂色天竺葵（叶片的某些部分因为不含叶绿素而呈现白色）。

将植株光照数小时。

选取一个叶片，区分开它的白色和绿色部分。

分别检测各部分是否有淀粉产生。

- 滴加碘液后是否只有绿色部分会变成蓝黑色？为什么会这样?
- 为什么你不能提取叶片的叶绿素然后再看叶片是否能进行光合作用?

杂色天竺葵的叶片

对水和空气的需求

你如何证明植物制造养料需要**二氧化碳**？

提供除了二氧化碳以外的所有光合作用必需物，检测是否有淀粉生成。

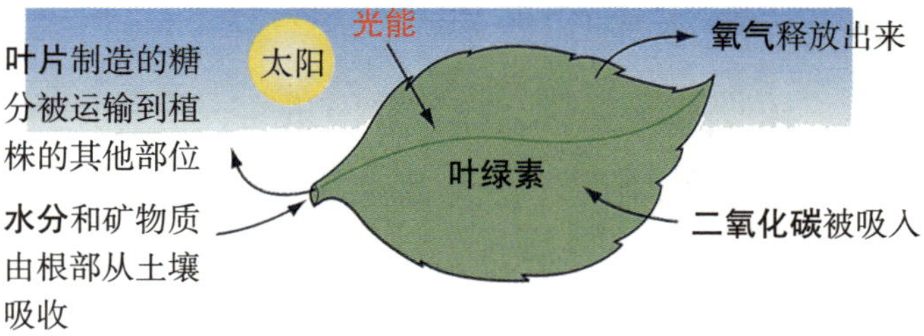

实验 12.4　光合作用需要二氧化碳吗？　⚠ 需戴护目镜

准备一株去淀粉的天竺葵，用塑料袋密封植株，袋内放有吸收二氧化碳的物质。

碱石灰能吸收二氧化碳。

将植株放置在光照环境数小时后检测淀粉的产生情况。

- 叶片中有淀粉吗？为什么没有？
- 植株进行了光合作用吗？
- 你会怎么设置**对照**植株呢？

应该给对照植株提供**包括**二氧化碳在内的光合作用所必需的一切因素。

实验 12.5　光合作用需要光照吗？　⚠ 需戴护目镜

准备一株去淀粉的天竺葵。用锡箔纸覆盖叶片的局部（可以阻挡光线进入）。在光照环境放置数小时，检测淀粉产生情况。

- 受试叶片的哪部分变成蓝黑色了？
- 为什么叶片被遮盖的部分没有淀粉产生？

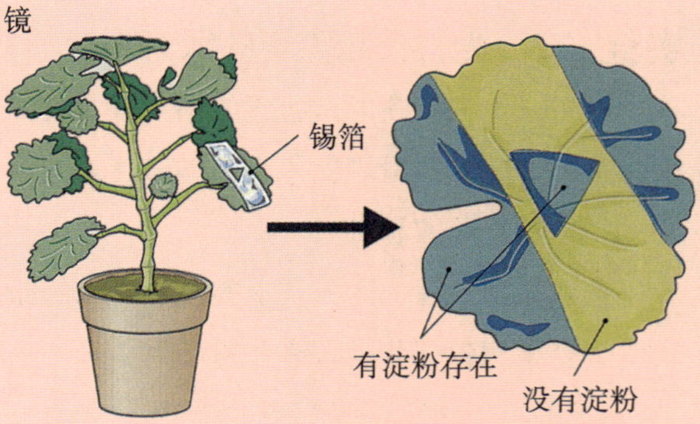

植物进行光合作用还需要水分。

你能设计一个简单的实验来证明这一点吗？

不容易吧？

如果你去除全部水分，植株会枯萎。

科学家们可以给植物提供一种特殊形式的水分——重水。他们可以追踪这种水分在植株内的分布状态。通过对重水的追踪，科学家们证实水分被植株摄取后参与了光合作用。

光合作用的产物

回想一下光合作用的反应式：

$$二氧化碳 + 水 \xrightarrow[叶绿素]{光照} 葡萄糖 + 氧$$

光合作用的产物有什么作用呢？

绝大多数光合作用都发生在叶片中。

所以大部分养料是在叶片中产生的。

但是植物的**所有部分**都需要养料。

可溶性养料通过运输系统被输送到植株的其他部位。

光合作用制造了食物

接着又发生了什么呢？

- 部分**葡萄糖**被用于呼吸作用，为植物提供能量；
- 部分葡萄糖变成淀粉储存在**根部**（roots）供将来使用；
- 部分葡萄糖被制造成**纤维素**，用于构建植物细胞壁。

植物细胞壁中的纤维素构成的束状物

葡萄糖还能被转变为其他物质：

- 植物从土壤中吸收硝酸盐获得氮元素。葡萄糖和氮元素可以构成**氨基酸**。蛋白质由氨基酸组成。植物的生长和细胞修复需要**蛋白质**。
- 以**脂肪和油**的形式储藏于种子中。

氧也是光合作用的产物。光合作用释放的氧可以替换呼吸作用消耗的氧。

实验 12.6 光合作用产生氧气

准备可以收集水草释放气泡的装置（参照图片）。

将少量碳酸氢钠溶解于水中，然后把整个装置放在光照条件下。

用点燃的薄木条检测气体中是否有氧气。

- 为什么要在水中加碳酸氢钠？
- 为什么在烧杯和漏斗之间留有空隙很重要？

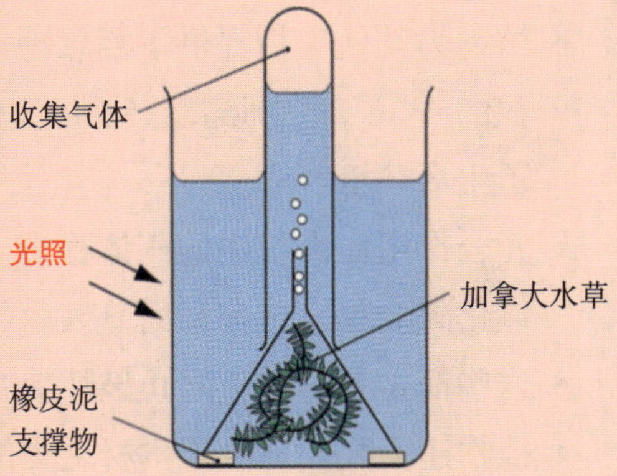

富含二氧化碳的水在水草周围循环流动，会增加光合作用作用。

- 在该实验中必须用水生植物（如加拿大水草），为什么？（提示：想一想气体的收集方式。）
- 为什么收集的气体不可能是纯氧？

▶ 为何光合作用如此重要?

想一想你最近 24 h 内吃的食物。
有多少是来自植物?
你首先会想到米饭、马铃薯、玉米片和花生吧?
那么，肉排和煎牛肉饼呢?
它们来自何处?
它们来自以植物为食物的动物。
还有诸如烹饪用油和低脂肪人造黄油之类的食物。
它们都来自植物的某些部分。
没有植物，我们很快就会饥肠辘辘。

探究 12.7　食用植物

看一看图片上显示的食用植物：

指出它们分别是植物的什么**结构**，比如，芹菜食用的是叶柄。

画出植物的可食用部位。

解释可食用部位在活的植株中起什么作用。

检测不同植物食用部分的性质。

可以尝试检测胡萝卜、洋葱、马铃薯和各类种子。

检测糖、淀粉、蛋白质和脂肪存在的情况。

（查阅实验 4.1，4.2，4.3，4.4，第 39～41 页）

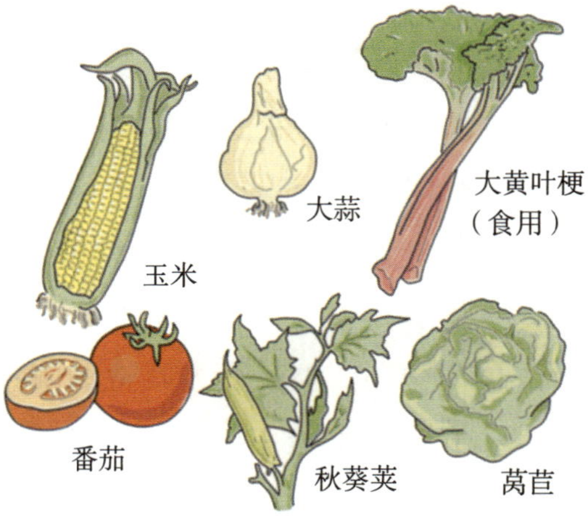

可食用植物

⚠ 需戴护目镜

- 植物为人类提供了**药物**。人们已从成百上千种有花植物中提取了药物。热带雨林是这些植物的主要来源地。
- 植物为其他生物提供了**栖息地**。热带雨林只占地球表面积的 6%，却为地球上 50% 以上种类的动物和植物提供了生活环境。
- 光合作用使**大气中的气体**稳定。没有植物，大气中的二氧化碳会越来越多，而氧气会越来越少。
- 这些都是我们应该阻止破坏热带雨林的充分理由。
- 植物还为我们提供了木材之类的建筑材料。
  石油、煤、泥炭等燃料来自植物化石。

光合作用速率

收割甘蔗

说起速率，就不得不提到时间。

光合作用速率可以通过测量一定时间内葡萄糖的合成量来计算。

人们为何对光合作用速率感兴趣?

要知道，光合作用越快，制造的养料就越多，植物就生长得越高大。

科学家们试图通过提高光合作用速率来增加作物**产量**。

哪些因素会影响光合作用速率呢?

甘蔗是一种在热带生长良好的作物。

气候会影响它的光合作用速率吗?

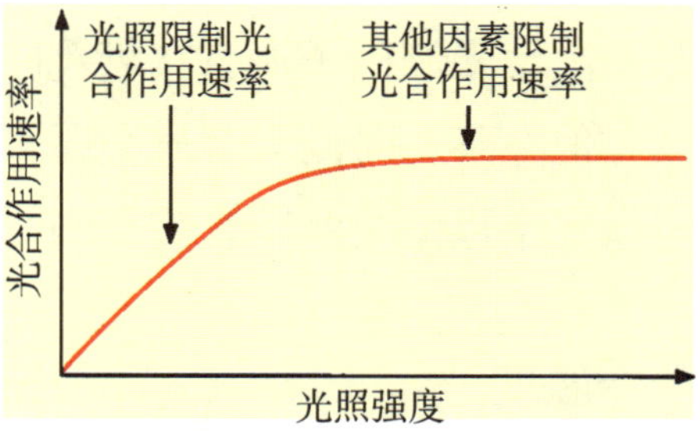

光照

在一定光照强度内，光照增强，光合作用速率会增加。

当光照增加到一定强度后，光合作用速率保持恒定，不再随着光照强度的增加而增加。

实验 12.8　光合作用与光照强度

你可以使用图片所示装置来测量光照强度对光合作用速率的影响：

取一段 5 cm 的加拿大水草，用回形针夹住水草一端使之下沉。

将台灯依次放置在不同的距离处，分别记录不同光照强度下植物释放的气泡数量。

- 当台灯越靠近植物，植物释放的气泡是否越多?

  想一想，为什么会是这样呢?

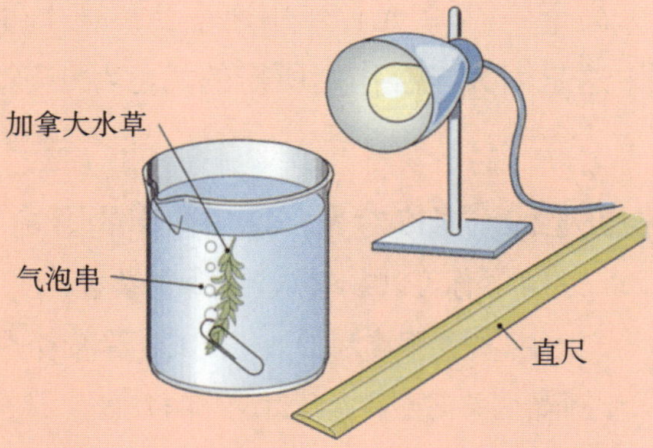

蓝铃花

许多植物伸展叶片，可以尽可能多地捕获光线。

但光照过强会损伤叶绿体。

林地里生长的植物喜欢阴暗的光线，我们把它们称为**阴生植物**。

它们能够利用阳光穿透树冠后照射到森林地表的有限的光照。

▶ 限制因子

温室可以调控限制因子

像光照强度那样能够影响光合作用速率的因素称为**限制因子**。

在光照不足的情况下，植物即便有充足的二氧化碳和水分、良好的温度条件，也不能很好地生长。

如果光照不足，光照就会限制光合作用速率。

我们可以说光照强度限制了光合作用。

这时增加光合作用速率的唯一办法就是**增加**限制因子——光照强度。

其他限制因子还有二氧化碳和温度。

但在某一时刻只有**一个**因素是限制因子。

那个最短缺的因素就是当时的限制因子。

温度

增加温度通常可以增加光合作用速率。

大多数化学反应的速率会随着温度提高而增加。

但在 40 ℃左右时，光合作用速率会减慢。

高于 40 ℃，光合作用速率会迅速下降。

这是因为光合作用所需的酶已经被破坏了。

探究 12.9　温度对光合作用速率的影响

（提示：你可以参考实验 12.8 的装置，使用水浴加热。）

记住：光照强度和二氧化碳浓度等因素必须保持恒定不变。

开始实验前要和老师讨论你的方案。

为什么葡萄、西瓜等农作物在温室内会生长得更好？

温室内温暖的温度有利于增加光合作用速率。

我们可以用这种方式种植不能在本地正常生长的植物。

不同的植物有各自不同的最佳生长温度。

每种植物都有其**最适**生长温度。

二氧化碳

给植物提供越多的二氧化碳，植物进行的光合作用就越多。

这对于露天作物是不现实的。

大气中二氧化碳的浓度通常是0.04%。

想一想，为什么温室大棚内需要经常添加二氧化碳？

看看图片显示的温室内的莴苣：

图A中莴苣生长温室内的二氧化碳浓度高于图B中的浓度。

哪个图中的莴苣能卖好价钱？

为什么图A中的莴苣长得更大？

探究 12.10 二氧化碳对光合作用有什么影响？

你如何在实验12.8的基础上研究二氧化碳对光合作用的影响？

（**提示**：向水中添加碳酸氢钠会增加二氧化碳的浓度。）

记住，光照和温度等因子必须保持恒定。

开始操作前和老师一起检查你的方案。

能够限制光合作用速率的因子：

- **光照强度；**
- **温度；**
- **二氧化碳浓度。**

这些被称为限制因子。

所以，如果我们提供更多的二氧化碳，光合作用就会以更快的速率进行。

大气中的二氧化碳浓度不高，只有0.04%。

看一看右边的图：

*X*点的光合作用限制因子是什么？

*Y*点的光合作用限制因子是什么？

如果二氧化碳的浓度由0.04%增加为0.4%，光合作用速率会发生什么变化？

同样，这意味着可以制造更多的食物。

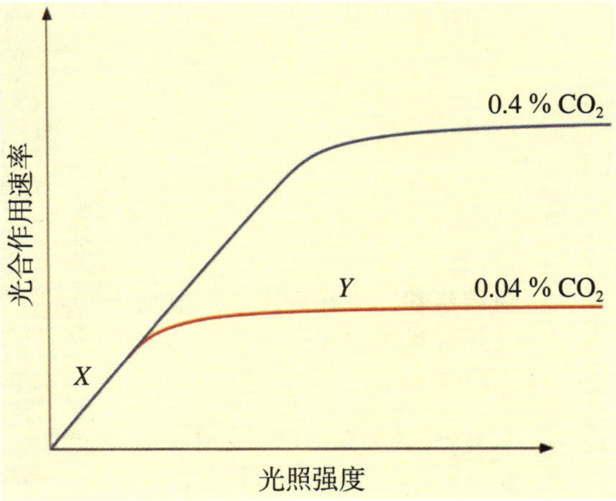

▶ 叶

你会用什么词语来描述一片叶子？

扁平的？薄薄的？绿色的？

叶片是光合作用发生的场所。

它们非常适合这项工作。

叶片有如下特征：

- **宽大的表面** —— 吸收光线；
- **薄薄的外形** —— 气体容易扩散进出；
- **绿色的叶绿素** —— 吸收光能；
- **叶脉**——支撑叶的表面，运输叶中细胞的物质。

实验 12.11　观察叶片

用放大镜仔细观察叶片的每个表面。

- 叶片的上表面更光滑吗？为什么？
- 哪一面的绿色更深？
  光线能到达这个表面吗？

叶的内部结构

要了解叶片是如何工作的，我们必须把叶片切成薄片在显微镜下观察。

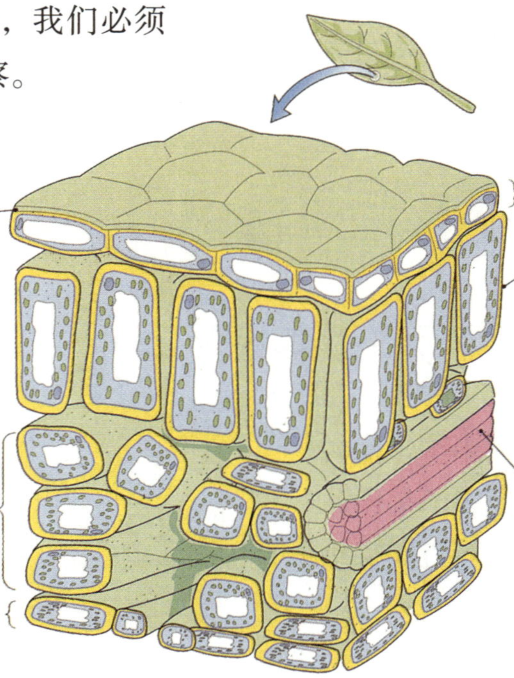

实验 12.12　观察叶片的切片

在显微镜下观察叶片切片。

首先在低倍镜下找到这些结构。

在高倍镜下仔细观察每种组织。

▶ 气孔

叶片下表面分布着一些小孔，那就是气孔。气体从气孔扩散进出叶片。

- 二氧化碳从气孔进入参与光合作用。
- 光合作用产生的氧气从气孔排出。
- 水蒸气从气孔扩散出去。

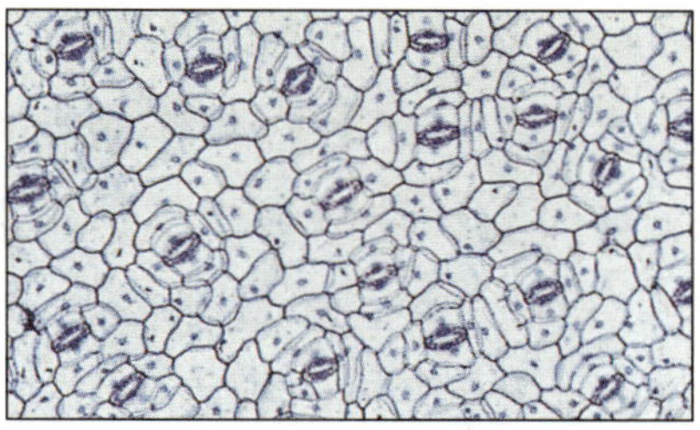

实验 12.13　气孔在哪里？

将一片绿叶放入烧杯的沸水中。

叶片的哪一面会有气泡出现？

气泡中的气体是什么？

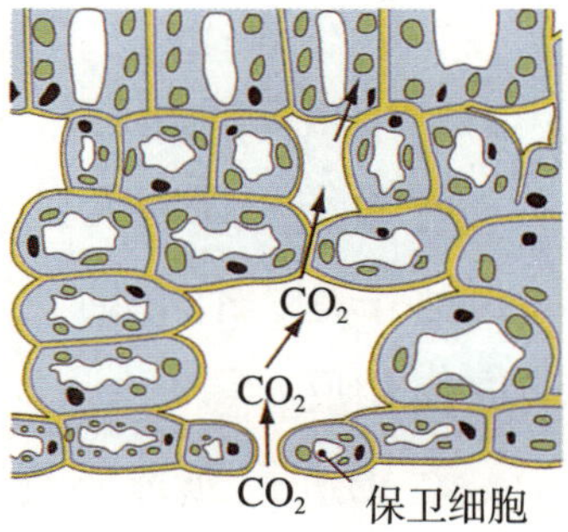

二氧化碳扩散进入叶片进行光合作用

为什么气孔主要分布在叶片的下表面？

如果气孔分布在上表面可能会被什么阻塞？

气孔分布在遮阴的下表面，从气孔蒸发出去的水分多吗？

如果气孔分布在朝阳的上表面，会有更多水分被蒸发掉吗？

气孔的开放与关闭

气孔通过**保卫细胞**（guard cell）开放与关闭。

气孔在白天通常是开放的。

水分通过**渗透作用**进入保卫细胞。

保卫细胞膨胀后发生弯曲，气孔被打开。

二氧化碳扩散进入叶片进行光合作用。

气孔在夜晚关闭。

水分通过渗透作用排出保卫细胞。

保卫细胞变直，气孔关闭。

在天气干燥炎热的时候，气孔处于关闭状态。

想一想，这是为什么？

植物失去大量水分后还能保持直立挺拔的状态吗？

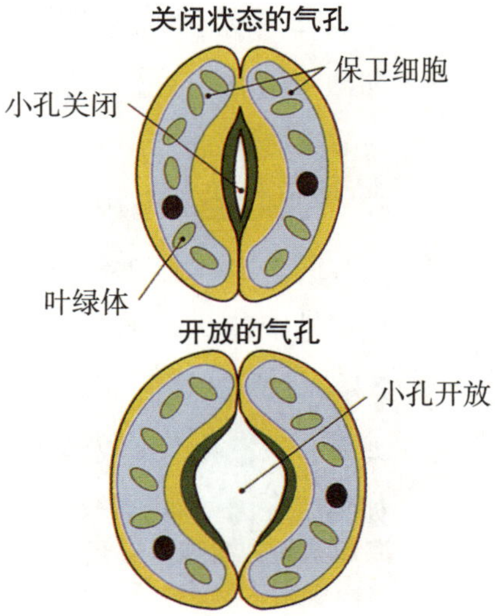

实验 12.14　观察气孔

用指甲油在叶片下表面涂抹 1 cm × 1 cm 的小方块。

指甲油会印记出叶片的表面。

等指甲油完全干透后，将它撕下来。

在载玻片上加 1 滴水，将指甲油印片放入，盖上盖玻片。

在高倍镜下观察，绘制 2～3 个气孔的形态。

在叶片的上表面重复这个实验。

▶ 气体交换

包括植物在内的所有生物体都要进行呼吸作用。

生物体进行呼吸作用需要什么气体？

生物体的呼吸作用会排出什么气体？

对于进行呼吸作用的植物而言，它们需要：

- 摄入氧；
- 排出二氧化碳。

呼吸作用**无时无刻**不在进行着。

想一想，什么时候二氧化碳和氧的运输方向相反？

对于进行光合作用的植物而言，它们需要：

- 摄入二氧化碳；
- 释放氧。

光合作用只**在光照条件下**进行。

这些气体通过气孔进出叶片。

光合作用 二氧化碳 + 水 ⟶ 葡萄糖 + 氧

呼吸作用 葡萄糖 + 氧 ⟶ 二氧化碳 + 水

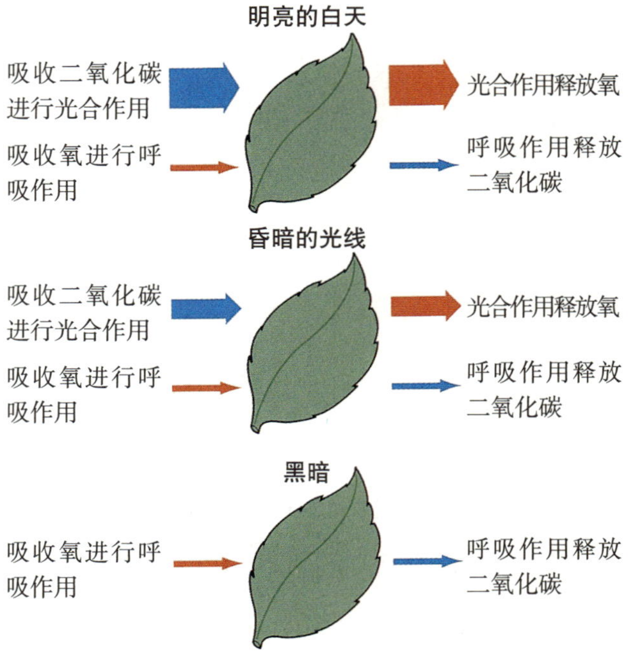

实验 12.15 光合作用和呼吸作用

如图所示准备 3 支试管：

每支试管中加入 5 mL 的碳酸氢盐指示剂。

在 1 号和 2 号试管中各放入一片绿叶，叶片紧贴着试管壁。

叶片的下表面朝向试管内部。

用锡箔纸包裹 1 号试管，使叶片处于黑暗状态。

2 号和 3 号试管在光照环境中放置 2～3 h。

如果有二氧化碳释放到试管内空气中，指示剂会变成黄色。

如果试管内二氧化碳被消耗用尽，指示剂会变成紫色。

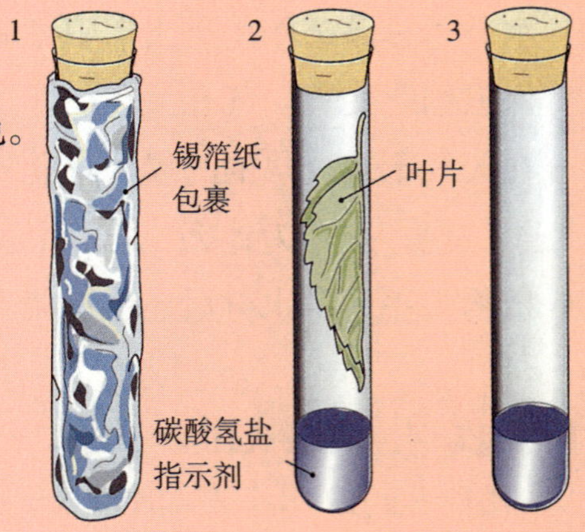

现在查看你的实验结果。

- 哪支试管中的叶片释放了二氧化碳？
- 哪支试管内的叶片摄取了二氧化碳？
- 设立 3 号试管的目的是什么？

植物白天进行光合作用产生的氧气量多于呼吸作用消耗的氧气量。
植物在夜晚进行呼吸作用，只释放二氧化碳。

▶ 植物的营养元素

你见过出售的瓶装营养液吗？

知道瓶子里都有什么吗？

除了二氧化碳和水，植物健康生长还需要很多其他的物质。

它们需要**无机盐**（mineral salt）或**营养元素**（nutrient）。

通常可以在土壤中找到这些物质。

植物通过根摄取少量的营养元素。

你还记得植物为什么需要硝酸盐吗？

它们需要氮元素合成蛋白质。

所以氮是植物生长必需的元素之一。

缺乏镁元素的灌木丛

镁用于合成叶绿素。

如果土壤中缺乏镁，叶片会长成什么样子？

没有足够的镁，叶片会变黄。

我们说这样的植株**缺乏**镁元素。

实验 12.16　营养元素对植物生长的影响

你可以用**水培法**来分析不同的营养元素是如何影响植物的生长的。

将 5 株大小近似的种苗分别放入 5 个试管中。1 号试管含有植物所需的全部营养元素，其他试管中每一个分别缺少一种营养元素。

在充足光照下培养 6 周，如图所示。

- 6 周后你会观察到植物哪些方面的情况变化？
  叶片的颜色和大小如何？
  茎和根的长度如何？
- 你如何测量植物发生的变化呢？
- 为什么用锡箔纸包裹试管？
  这样会阻止其他植物在水中生长吗？

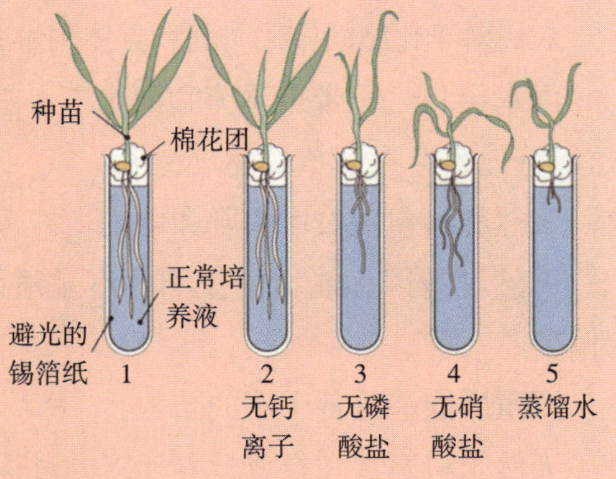

植物缺乏营养元素会出现下列症状：

- **缺乏硝酸盐——生长缓慢，老叶发黄；**
- **缺乏磷酸盐——根生长不良，幼叶发紫；**
- **缺乏钾元素——叶片发黄，有枯斑。**

肥料

如果土壤没有足够的营养元素会发生什么事情呢？

农夫或园丁会向土壤中添加**肥料**。

肥料能补充土壤中缺少的营养元素。

曲线图显示了施用不同量的氮肥后冬小麦的产量：

不施用氮肥时的产量是多少？

换作是你，你会施用多少氮肥呢？

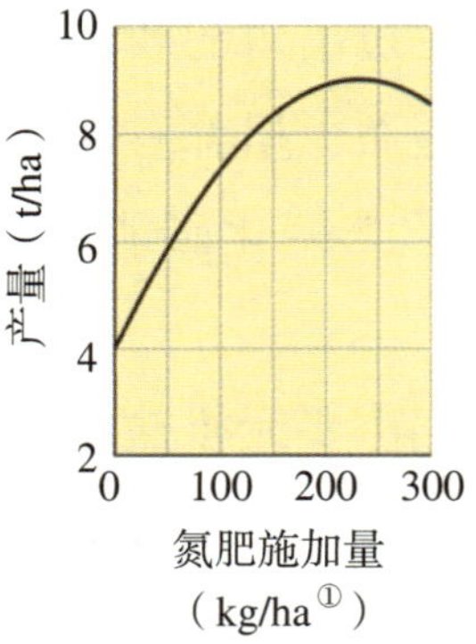

氮磷钾复合肥含有：

- 植物叶和茎生长需要的氮元素（N）；
- 根健康生长需要的磷元素（P）；
- 叶正常和开花需要的钾元素（K）。

钾和磷元素帮助光合作用和呼吸作用中的反应顺利进行。

肥料中氮磷钾的比例（N：P：K）会标注在包装袋上。

某种肥料袋上写着 25：0：16。

想一想，这是什么意思？

天然肥料和化学肥料

化学或人造肥料被大量使用。

它们容易保存，使用起来也方便。

农民可以知道人造肥料内每种元素的确切含量。

农民对于化肥的施用时间和具体用量必须小心谨慎。

雨水会将化肥带进溪流和河水中，这会导致水污染。（这部分内容会在第 20 章涉及。）

天然肥料包括农家粪肥和堆肥。

天然肥料因为能增加土壤的**腐殖质**而受到一些农民的偏爱。

腐殖质能够改善土壤的结构。

天然肥料腐败和释放营养元素的过程比较缓慢。

对环境的危害很小。

对农民而言，使用天然肥料的问题是不确定肥料中每种营养元素的含量。

列表写出天然肥料和人工肥料的优缺点。

---

① ha：公顷，1 ha=10 000 m^2

▶ 生物学的应用：水栽培法

水栽培法是一种不用土壤栽培植物的方法。

大部分番茄、黄瓜和甜椒就是用这种方法栽培的。

泥炭栽培法

你见过长在生长袋里的马铃薯吗？

这种种植方法叫做**泥炭栽培法**。

泥炭栽培法在商业化种植中的使用并不多。

泥炭是酸性的，含有的营养元素不是很多。

所以泥炭在使用以前必须要进行处理。

泥炭栽培法普遍用在园艺栽培中。

使用泥炭意味着要在沼泽中挖掘泥炭，这会破坏环境。

生长在人造基质中的黄瓜

营养液膜栽培技术

使用这种技术可以在贫瘠的沙地或石棉上种植作物。

营养液被循环运送到每棵植株的根部。

营养液中有：

- 充足的氧——供根呼吸；
- 配方正确的各种营养元素；
- 适合植株生长的最佳 pH。

采用营养液膜栽培技术种植番茄

营养液中矿物盐的种类和含量的变动很容易实现。

不同的作物以及作物在不同的生长阶段需要的营养液是不一样的。

这种技术已经在埃及等地进行了成功尝试。

▶ 生物学的应用：温室种植

种植业者一直在尝试提高作物的产量。

他们为作物提供各种最好的条件，保证光合作用有效进行。

温室（greenhouse）内的良好环境可以让植物：

- 提前成长；
- 在不适宜的季节或地区生长。

创造人工可控的环境条件，使作物能够正常生长。

- **温度**

  光照会使温室内气温升高。

  玻璃能阻止大量热能的散失。

  在寒冷的冬天可以使用加热器保持温度。

  如果温度太高，可以打开温室的通风板降温。

自动化的通风板

- **光照**

  阳光可以透过玻璃照射进温室。

  光照不足时可以采用人工照明。

  遮光板可以遮挡过强的光线。

- **二氧化碳**

  种植者可以向温室内泵入二氧化碳以提高光合作用速率。

  有时也会用石蜡加热器。

  因为石蜡燃烧时不仅会使温室内温度升高，还会释放出二氧化碳。

- **水**

  很多温室都有自动供水系统。

  有需要时，洒水器和增湿器会自动开启。

温室内环境条件可用计算机控制。

每个环境因素的变化信息由不同的传感器感知后传递到控制中心，控制中心对信息进行加工处理。

给卷心菜喷雾施水

▶ 植物的生长

在动物中，细胞的分裂和生长发生在身体的所有部分。

在植物中，生长被限制在特定的生长区域。细胞分裂和生长主要发生在根尖和芽的顶端。

我们怎样才能评估植物的生长呢？

你可以测量根的长度或者植株的高度。

你还可以用**样方**来评估植株覆盖的面积。

如果你收割样方内的植株，加热烘干去除水分，你就可以测量这些样品的**干重**（见第 284 页）。

生长控制

如果你把植物芽的顶端去掉，芽就会停止生长。

但是你把芽的顶端再放回去，芽又会开始生长。

芽顶端内产生了一种叫做**植物生长素**（auxin）的物质。

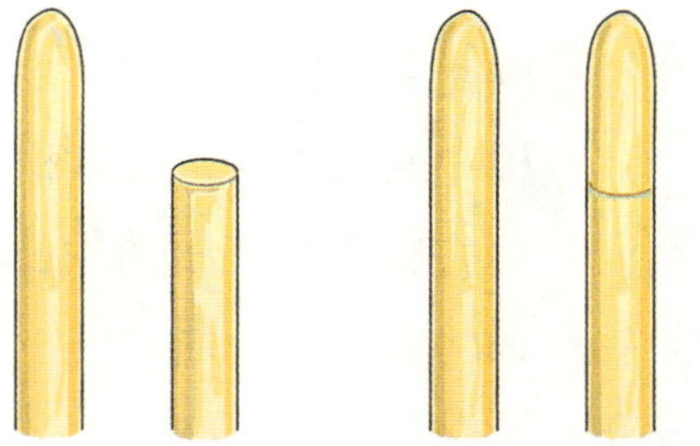

植物生长素刺激芽的生长。

植物生长素还会使细胞伸长。

植物会对光照、重力和水产生反应。

植物体的一部分会趋向或远离这些外部刺激而生长。

植物这种缓慢的生长反应称为**向性**（tropism）。

光照如何影响生长

看看图片中的水芹幼苗：

它们被放置在窗边有一阵子时间了。

幼苗的芽都朝向光的方向生长。

这是怎么发生的呢？

- 当芽仅在一侧受光照时，植物生长素主要分布在避光面；
- 植物生长素使植株的避光面生长得更多；
- 芽向光照方向弯曲。

植物的这种反应称为**向光性**（phototropism）。

因为芽是向着光的方向生长，我们把这种现象叫做**正向光性**。

芽向光生长有什么好处呢？

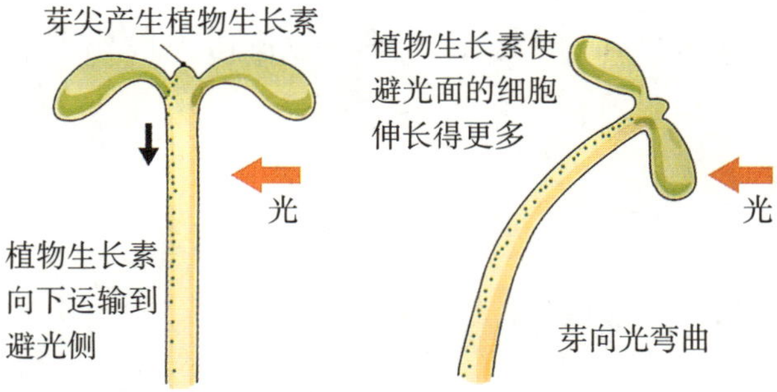

重力如何影响生长

无论你如何放置种子，为什么根总是向下生长，而芽总是向上生长？

刺激因素就是重力。

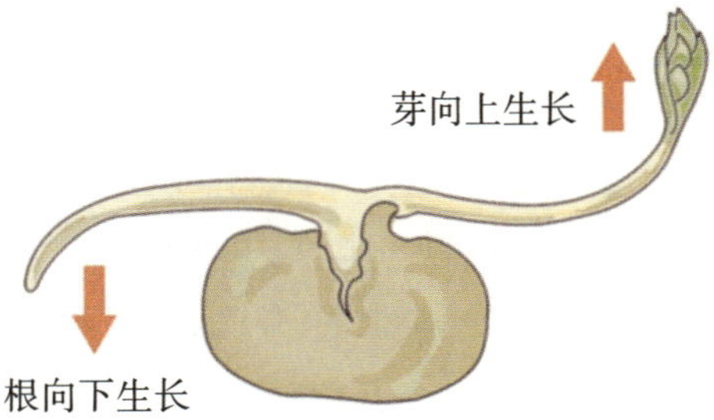

芽避开重力向上生长。

根趋向重力向下生长。

这些生长同样受植物生长素的控制。

把一棵植物侧放，植物生长素会在根和芽向下的那一面累积。

- 芽中的生长素会刺激向下的那一面生长得更多；
- 因此芽会向上弯曲；
- 根中的生长素也会累积在向下的一面；
  但生长素会使根的生长**减缓**；
- 根向上的那一面比向下的那一面生长得要快一些；
- 所以根向下弯曲。

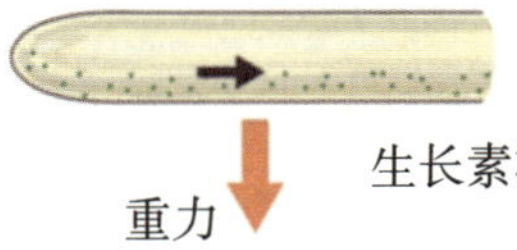

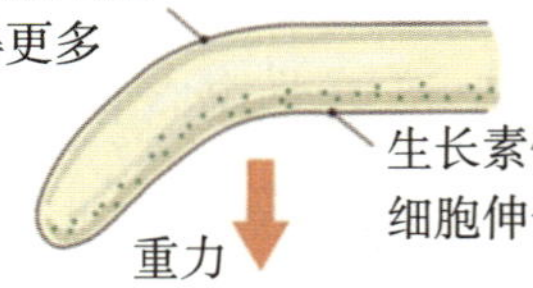

植物对重力的生长反应称为**向地性**（geotropism）。

解释为什么：

- 根具有**正向地性**；
- 芽具有**负向地性**。

植物的芽避开重力生长，根趋向重力生长，这对植物有什么好处？

植物生长素对植物还有其他影响。

当它从茎尖向下运输时，生长素会阻止侧芽的形成。

想一想，如果茎尖被去除会发生什么现象？

生长素无法继续合成，侧芽开始生长。

为什么树篱在修剪后会长得更茂密？

▶ 生物学的应用：植物激素

生根粉中含有人工合成的生长素。

将插条浸入生根粉溶液中。

生根粉会刺激插条长出根。

康乃馨和菊花就是用这种方法栽种的。

人工合成的生长素还可用作选择性**除草剂**。

它们会使杂草因生长过快而死亡。

将生长素喷洒在叶片上，那些叶片宽阔的杂草会受影响。

窄叶的禾本科杂草和谷类作物不受影响。

植物生长素可以使子房发育为果实，所以可用生长素控制果实的**成熟**。

通常发育中的胚胎会产生生长素。

一些种植者向未受粉的番茄花和梨树花喷洒人工生长素。

没有受精的子房会发育成果实。

当然，这些果实里没有种子。

你吃过无籽葡萄或无核小蜜橘吗？

这些水果就是在人造植物激素的作用下种植出来的。

植物激素还可用于运输过程中果实成熟度的控制。

许多水果都会产生**乙烯**。

它会诱导果实的成熟。

香蕉在未成熟时就被采摘下来，包装后装船运输。

在储藏过程中可以用乙烯让它们成熟。

所以当它们被运到市场上销售时，它们由绿色变成了黄色。

小结

- 绿色植物利用光能进行光合作用制造养料。
  叶绿体中的叶绿素能吸收光能。
  光合作用需要二氧化碳和水。
  光合作用生成糖，糖可进一步形成其他的糖类、氨基酸、蛋白质和脂肪。
  光合作用会释放氧，它是光合作用的副产物。
- 植物是食物、医药的重要来源，它们为其他生物提供了栖息地，控制着大气中二氧化碳和氧气的含量。
- 光合作用速率受到光照强度、二氧化碳和温度的限制。
- 叶片结构非常适应其吸收光能和进行气体交换的功能。
- 气孔控制气体交换和水分流失。
- 光合作用仅在光照条件下进行，而呼吸作用一直在进行。
- 无机盐对植物的健康生长非常重要。
- 激素控制着植物的生长和发育。
  这些激素在商业上可用于生产无籽水果、生根粉和选择性除草剂。

▶ 练习

1. 句子填空：

绿色植物通过 ________ 制造自己的养料。

叶片中叶绿体里的 ________ 捕获光能。

光合作用的原料有 ________ 和 ________。

糖在叶片中合成后很快会变成 ________。

光合作用还生产 ________ 气。

2. 下面曲线图显示了二氧化碳含量增加对水草光合作用速率的影响。

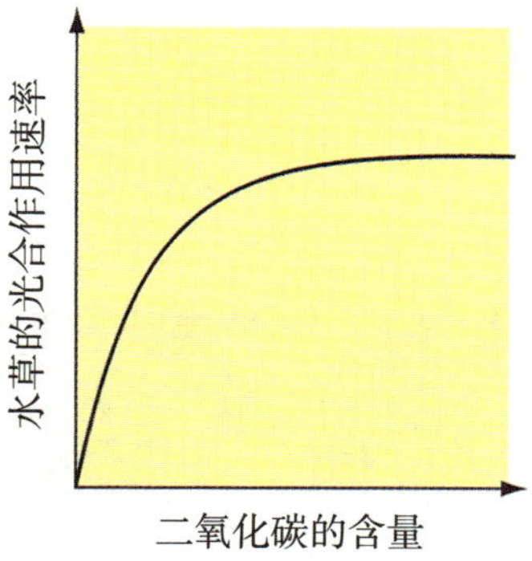

（1）要保证实验的合理性，必须保持其他哪些因素恒定？

（2）二氧化碳含量如何增加？

（3）为什么曲线开始会上升？

（4）为什么曲线最终会保持稳定？

3. 3 株天竺葵在黑暗条件下放置 24 h。如图所示，分别用钟形广口瓶盖住植株，然后进行光照 5 h。

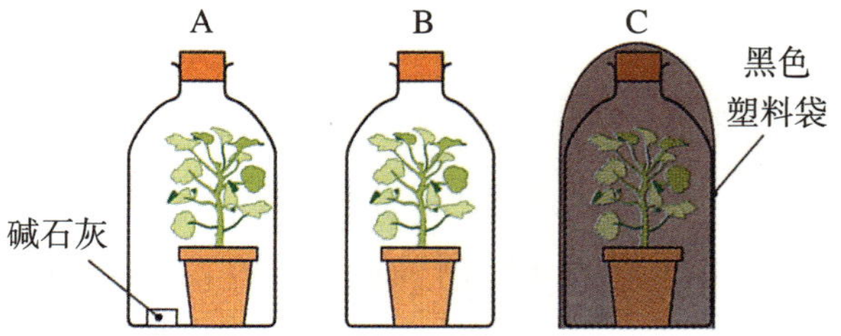

（1）为何实验开始前要将植株放置在黑暗中？

（2）瓶 A 中的碱石灰起什么作用？

（3）为什么用黑色塑料袋盖住瓶 C？

（4）5 h 后从每棵植株上取一片叶子做淀粉测试。3 棵植株的叶片在滴加碘液后分别是什么颜色？解释每个叶片的测试结果。

4. 可以将莴苣种植在透明聚乙烯制成的拱棚中。

（1）为什么用透明聚乙烯可以增加莴苣产量？请给出 2 个理由。

（2）给植株供水时为什么不需要去掉聚乙烯拱棚？

（3）为什么要向拱棚中加入二氧化碳？

5. 用图中装置收集水生植物释放的气体：

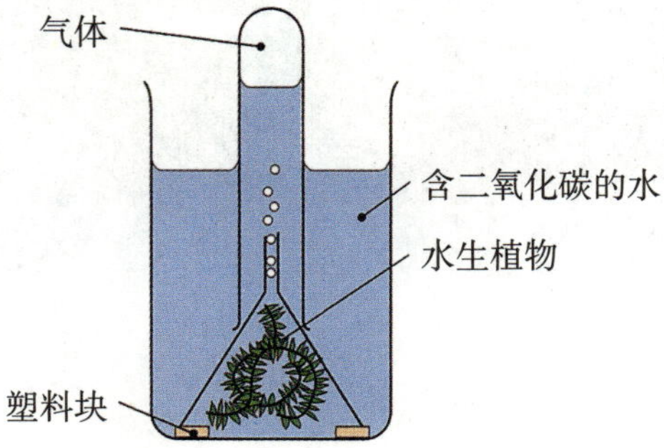

（1）你如何检测气体中有氧气？

（2）为什么试管中收集的气体不是纯氧？

（3）为什么要用富含二氧化碳的水？

将一盏台灯依次放在离植物不同距离的地方。记录每分钟释放的气泡数。

台灯放置距离（cm）	每分钟释放气泡数目
100	6
60	10
40	18
30	24
20	25

（4）用表格中数据做曲线图。

（5）你在结果中发现了什么规律？解释你的发现。

（6）为什么要在台灯和植物之间放置一块厚玻璃？

6. 我们可以通过实验来证实叶片中是否发生了光合作用。

将左侧的步骤按正确顺序排列好，然后与右侧中的理由正确匹配。

测试步骤	理由
用冷水清洗叶片	检测淀粉
在乙醇中煮沸	软化叶片
在叶片表面滴加碘液	去除乙醇
将叶片浸在沸水中	提取叶绿素

7.（1）写出图中 A 到 G 各部分的名称：

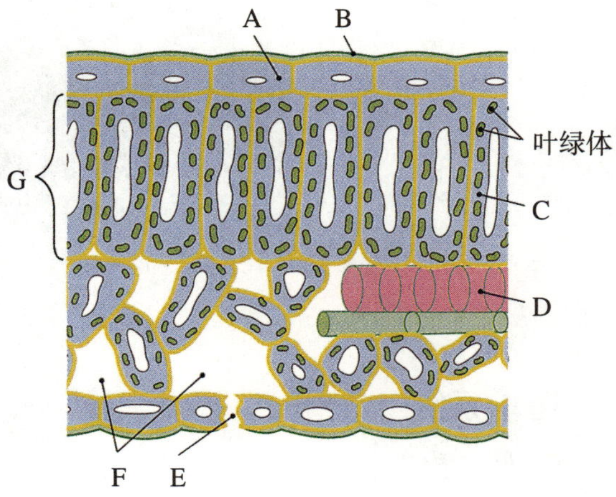

（2）将上述结构与下面的功能正确匹配：

① 将水分和矿物盐运输到叶片。

② 阻止过多的水分从叶片上表面丧失。

③ 处于开放状态，让气体进出叶片。

④ 光合作用发生的主要场所。

⑤ 气体由此进入海绵组织。

⑥ 光线可以穿透该层。

⑦ 大多数叶绿体分布的细胞。

8. 下面的曲线图显示的是一棵树 36 h 的光合作用速率变化情况。

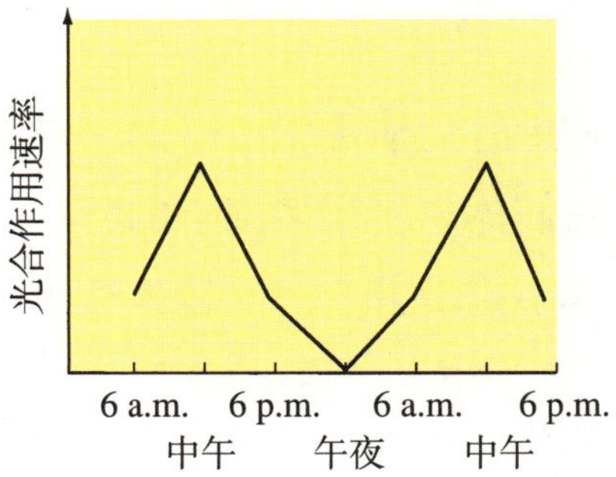

根据图片回答下列问题。

（1）光合作用速率最大是在什么时候？

（2）什么时候释放的二氧化碳最多？

（3）什么时候释放的氧最多？

拓展习题见第 207 页。

第 13 章 植物的物质运输

运输系统

绝大多数生物体都需要运输系统。

有些生物体体型巨大，难以通过简单扩散完成体内物质的运输。

仅有非常微小的生物体才能依靠简单扩散将物质运送到全身各处。

这些生物的表面积与体积之比较大，物质扩散距离较短。

所以物质能比较容易地扩散进出。

细胞保持存活需要哪些物质呢?

它们又需要排出什么物质呢?

我们人体的运输系统就是血液。

它将氧和养料运送到细胞，并将二氧化碳和代谢废物带走。

红杉树

植物也有运输系统。

在它们体内有很多细小的管状结构。

这些小管沿着茎上下运送液体到植株的各个部分。

这些小管的一部分称为**木质部**，用于运送水分和无机盐。

植物根部吸收水分以及溶解在水中的无机盐。

它们被茎中的木质部运输到叶片中。

小管中的另一部分被称为**韧皮部**，它们运输叶片中光合作用产生的糖分和氨基酸等可溶性养料。

韧皮部将养料运输到植株的各个部分。

植株体内**激素**也通过韧皮部运输。

激素控制着茎、根和叶生长时的细胞分裂。

激素还控制着植物的开花和结果。

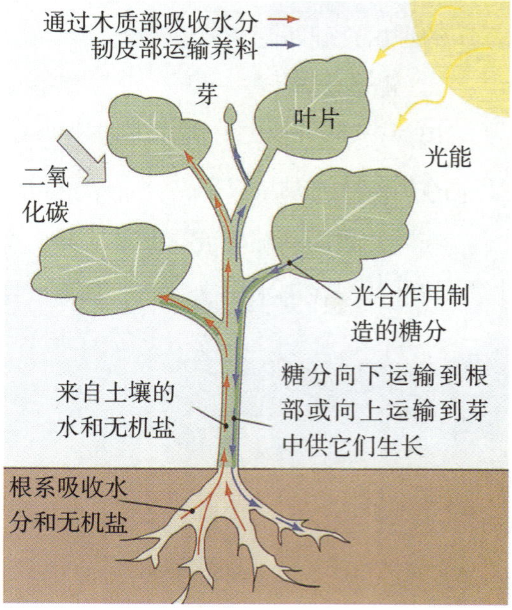

根的内部结构

把植物的根切成薄片，我们可以观察根中的输导组织。

根尖切片的显微镜观察示意图如下：

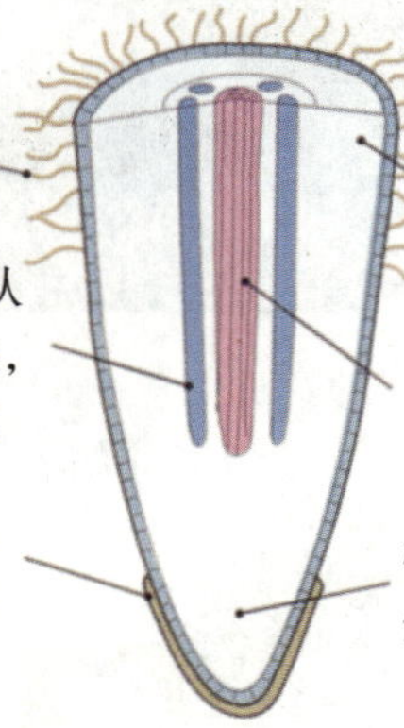

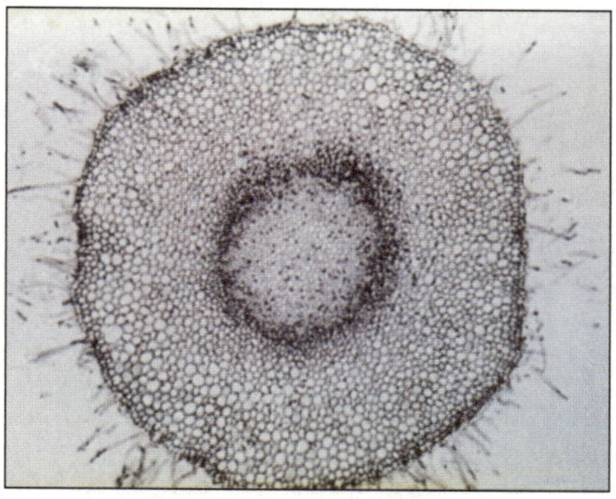

幼根的横切面

注意根表面的根毛

茎的内部结构

制作茎的薄切片，在显微镜下观察：

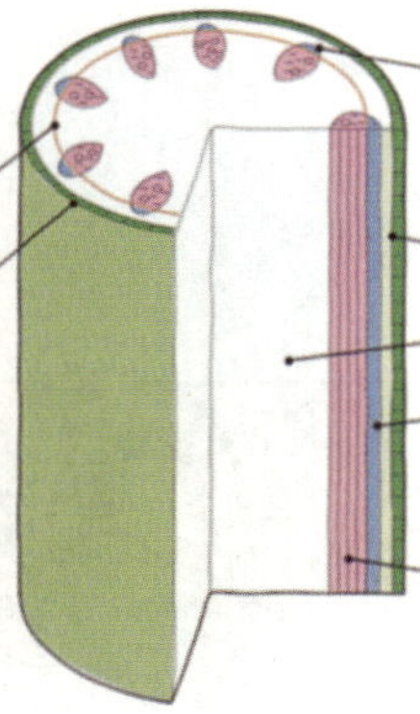

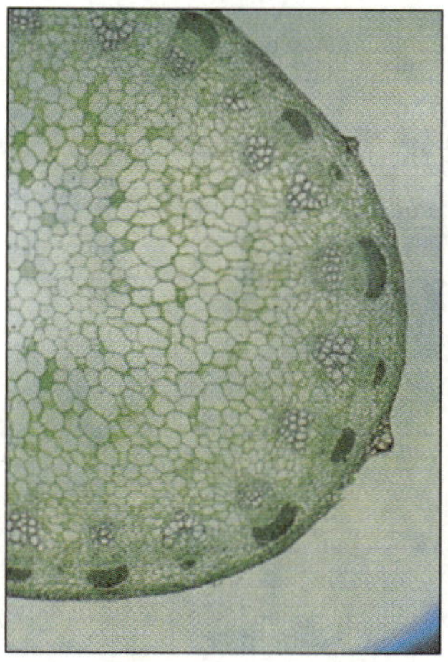

幼茎横切图

实验 13.1　木质部运送水分

⚠ 刀口锋利

将芹菜直立在蓝色溶液中数小时。

小心从端部切下 2 cm 长的一小段。

仔细查看切口。蓝色染料在哪里？

染料已经被运输到了木质部的小管中。

小心切出 2 cm 长的木质部。

放在载玻片上，盖上盖玻片。

在显微镜下观察。

▶ 根部的水分吸收

根将植物牢牢地扎在土壤中。

根的另一个重要作用是摄取水分和无机盐。

在根尖后面的区域有很多微小的毛状物，称作**根毛**。

水通过**渗透作用**进入根毛。

还记得渗透作用是怎么发生的吗？

土壤中水是浓度较低的盐溶液。

根毛细胞的细胞液浓度较高。

水通过渗透作用从土壤进入根毛细胞。

水稀释了根毛细胞内的细胞液浓度。

根毛细胞的细胞液浓度低于细胞 A。

水从根毛细胞渗透进入细胞 A。

水稀释了细胞 A 的细胞液浓度。

细胞 A 的细胞液浓度低于细胞 B。

所以水从细胞 A 渗透进入细胞 B。

这个过程在根的皮层持续发生。

水最终到达木质部。

水沿木质部向上运输到叶片。

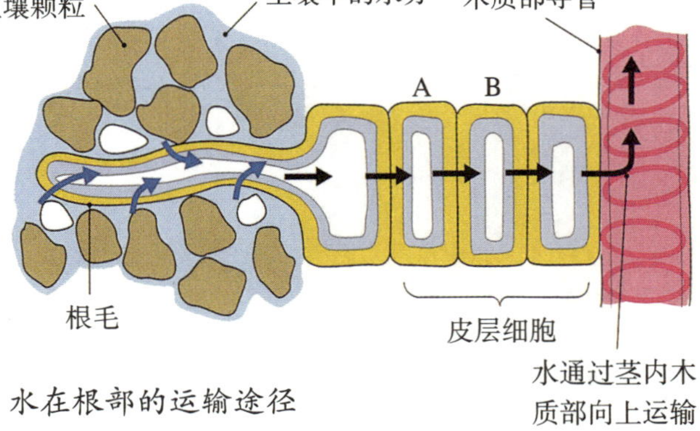

水在根部的运输途径

> **实验 13.2　观察根毛**
>
> 在显微镜下仔细观察幼根切片。
>
> 观察根毛。
>
> - 它们长得像什么？
> - 它们的外形如何有助于水分吸收？

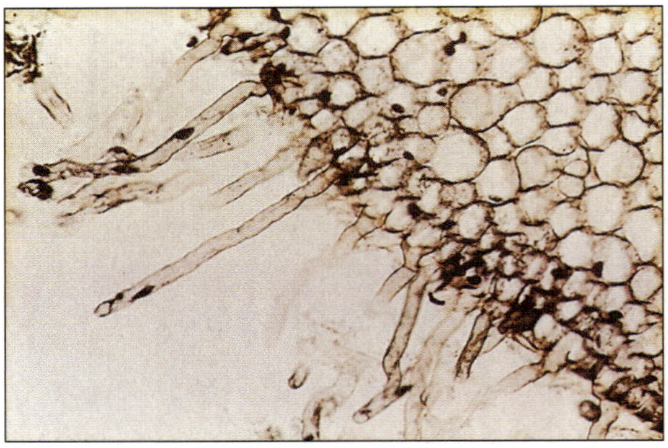

根毛又长又薄，它们为水分和无机盐的摄取提供了很大的表面积。

蒸腾作用

水和无机盐从根部吸收后被木质部向上运输到叶。

水被用于光合作用和防止植物萎蔫。

水从叶片中蒸发进入大气。

这个过程叫做**蒸腾作用**（transpiration）。

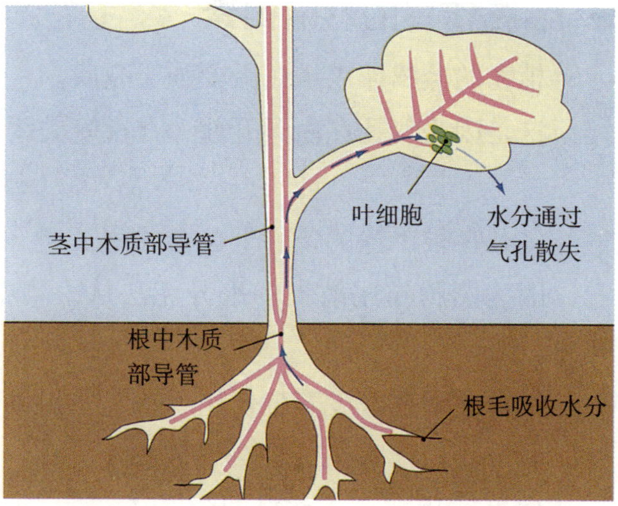

当叶片水分被完全消耗或蒸发掉时，会从木质部吸取更多的水分。

这有点像我们用吸管吸水一样。

所以一个连续的水流会在根部和叶片之间形成。

这种水分沿着木质部向上的连续运动称为**蒸腾流**。

实验 13.3　演示蒸腾作用

你可以使用图片显示的装置证实蒸腾作用的发生：

清楚标识出每个烧瓶的水位高度。

称取烧瓶重量。

将烧瓶放置 24 h。

- 烧瓶 A 中的水位下降了吗？为什么会下降？
- 烧瓶 A 的重量变轻了吗？为什么会这样？

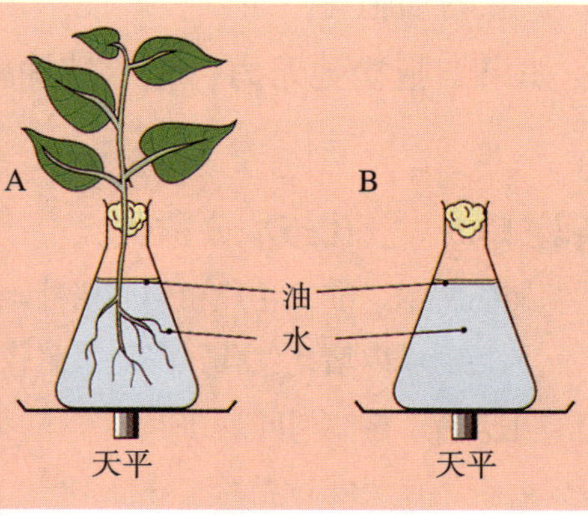

进一步了解蒸腾作用

- 水分首先从海绵组织的细胞蒸发进入气室。
- 气室内充满了水蒸气。
- 水蒸气通过气孔扩散到大气中。
- 海绵组织失去的水分会从木质部得到补充。

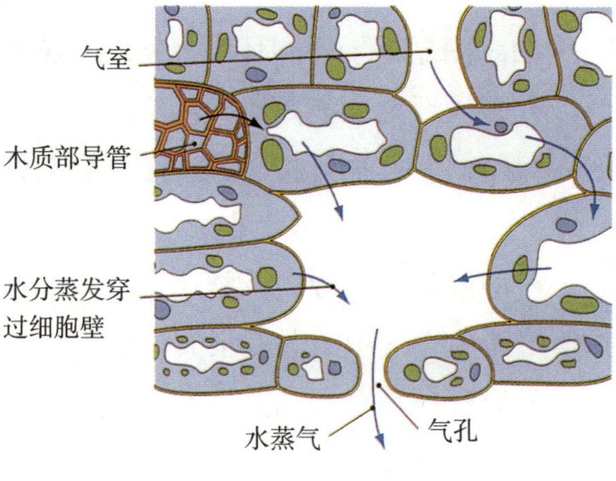

实验 13.4　比较叶片两侧的水分散失

氯化钴试纸干燥时为蓝色，遇水就会变成粉红色。在叶片的上下两侧各放一片试纸，用载玻片和弹性带固定试纸。

观察哪一面的试纸会先变成粉红色。

- 会是有很多气孔的那面吗？

蒸腾作用是水分从叶片表面以水蒸气状态散失到大气中。

▶ 蒸腾作用的影响因素

植物的蒸腾作用在白天要强于夜晚。

这是因为气孔在白天开放，在夜晚关闭。

气孔的扫描电镜图片

气孔在很干燥的条件下也会关闭。

因为蒸腾作用散失的水分无法从土壤中吸收补充。

气孔关闭以减少蒸腾作用。

如果植物还是不能及时得到充足水分，就会**萎蔫**。

植物细胞失去了大量水分，它们不再因为充满水分而**膨胀**。

膨胀的细胞有一定硬度，能给植物提供支撑力。

如果细胞**松弛无力**，整个植株就会变软，茎不再挺拔向上，叶片下垂。

实验 13.5　气孔与水分散失

如图所示，准备 4 片相同的树叶。

凡士林可以堵塞气孔，降低蒸腾作用。

几天后，观察树叶。

- 哪一片树叶散失的水分最多？

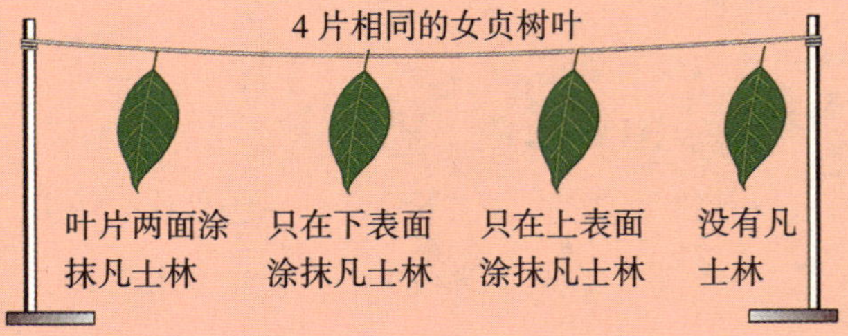

曲线图显示了不同环境因素对蒸腾作用的影响：

- 多风环境会提高蒸腾速率。
  风将叶片表面水分子吹走，会促使更多水分子从气孔扩散出来。
- 潮湿环境会减弱蒸腾速率。
  因为空气中的湿度很大。
- 温暖环境会提高蒸腾速率。
  大气能保持更多的水蒸气。
- 光照会使气孔开放。
  这会增加蒸腾速率。

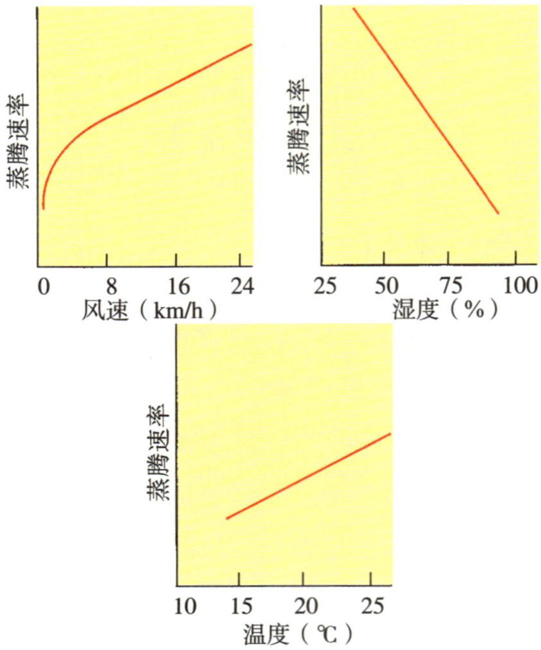

这有点像晾晒在绳子上的衣服。

想一想，什么时候衣服干得最快？

什么时候衣服干得慢呢？

▶ 测量蒸腾作用

测量蒸腾速率并不是件容易的事情。

但是你可以用**蒸腾计**来测量水分的**吸收率**。

水分的散失量少于根部吸收水分的总量。

因为有部分水分用于光合作用了。

实验 13.6　测量水分的吸收率

⚠ 刀具锋利

把一根毛细管浸入水中，使管腔充满水。在水中将枝条的一端剪切。用一段橡胶管连接枝条和毛细管。

从水中拿出毛细管。

把毛细管夹在固定位置。

观察 5 min 内毛细管内气泡的运动情况。

现在在附近使用风扇。

- 这时的吸水率增加了吗？为什么？

现在用聚乙烯塑料袋罩住枝条。这会形成潮湿的环境。

- 吸水率降低了吗？为什么？
- 用黑色塑料袋能使吸水率降低得更多吗？为什么会这样？

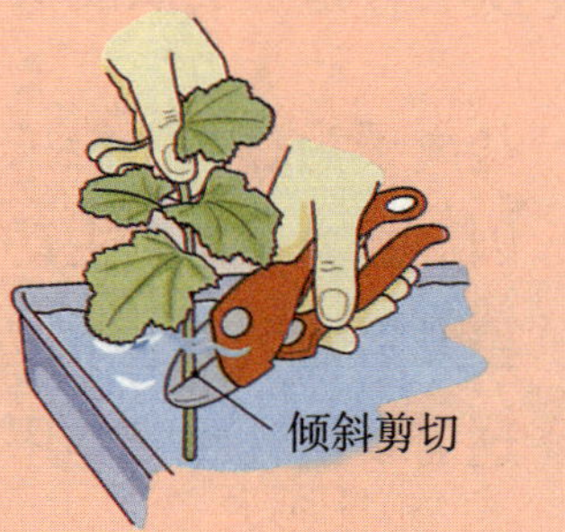

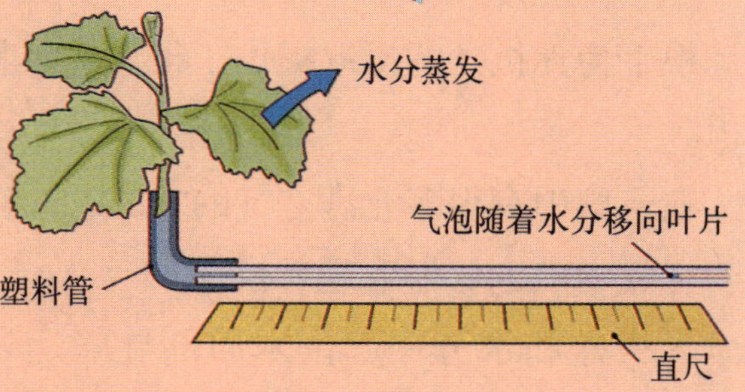

这次使用更精确的蒸腾计。

它的工作原理和前面的装置是一样的。

在胶塞上涂抹凡士林。

蓄水室有什么作用？

怎样才能使气泡回到刻度的起点？

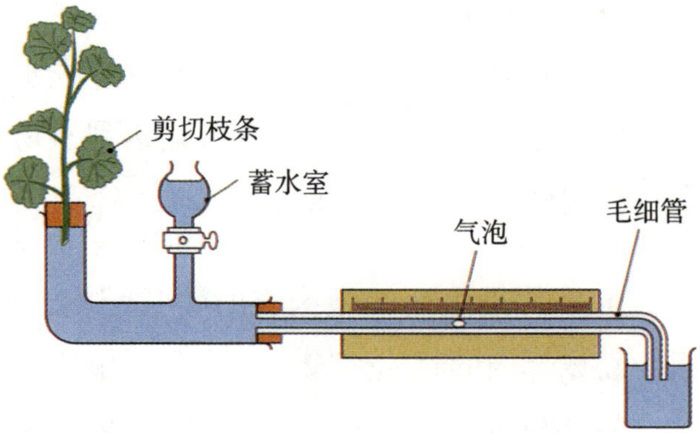

探究 13.7　探究蒸腾速率

你可以用重量减少量和水分吸收量来测量蒸腾速率。

你可以分析不同变量对不同植物的影响。

你可以探究气孔数目的多少对蒸腾速率的影响。

记得在开始前和老师讨论你的计划。

▶ 无机盐

植物需要无机盐或营养元素。

比如，植物需要硝酸盐来制造蛋白质。

土壤里这些盐溶液的浓度很低。

即使土壤中盐离子浓度低于根细胞中的盐离子浓度，植物仍然能从土壤中吸收盐离子。

盐离子为什么不能扩散进入根细胞?

因为盐离子是以**主动运输**方式摄取的。

主动运输可以逆浓度梯度累积盐离子。

这需要消耗呼吸作用产生的能量。

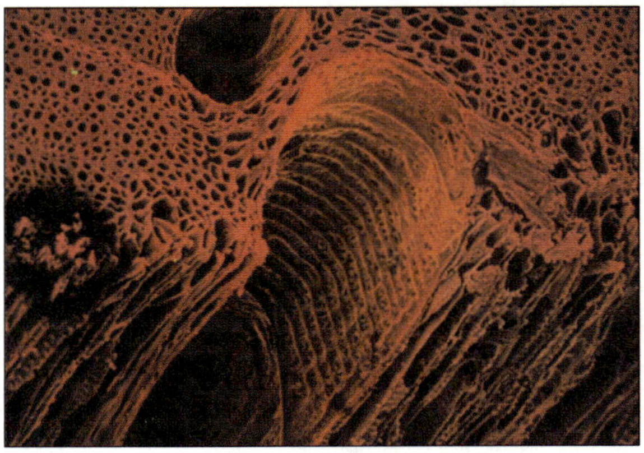

木质部导管的扫描电镜图片

注意导管中加厚的横纹，对导管起支持作用

根毛为无机盐的摄取提供了很大的吸收表面积。

在土壤中有很多充满空气的空隙。

空气中氧也从根毛进入根部。

无机盐和水分一起由木质部导管运送到叶片。

主动运输是逆浓度梯度的分子或离子摄取方式，需要消耗呼吸作用产生的能量。

▶ 有机养料的运输

叶片进行光合作用，制造有机养料。

这些可溶性产物有糖、氨基酸和脂肪酸。

它们以溶液状态通过韧皮部输送到植物的各个部分。这个过程叫做**转运**（translocation）。

木质部是由死细胞构成的管状结构，而韧皮部是**活组织**。韧皮部内的物质运输是以主动运输方式进行的。

植物细胞运输溶解状态的物质必须消耗能量。

这些有机养料最终会被运送到哪些地方?

- 糖变成淀粉储存在根的皮层和种子里。糖还可以形成纤维素，参与茎尖和根尖生长点处新细胞壁的构建。糖还会运输到果实中。
- 氨基酸用来制造蛋白质，参与新细胞的形成。
- 脂肪酸形成脂肪，储存在种子中。

韧皮部筛管的光学显微镜图片

生物学的应用：单一栽培和轮作

单一栽培

单一栽培是指每年在同一块土地上栽种相同的作物。

单一栽培的好处主要是经济上的：

- 可以增加机械化耕种程度，降低劳动力成本，提高单位面积的经济效益。
- 可是，单一栽培需要使用大量化肥和杀虫剂来保证高产。
- 有机肥腐败后能为土壤提供腐殖质和营养元素，化肥不能像有机肥那样改善土壤结构。
- 必须根据栽种作物的需要，小心调节土壤的 pH。如果土壤过酸，可加石灰；土壤偏碱，可加泥炭。
- 单一栽培会造成病虫害的大面积发生，必须进行严格的控制和管理。**蚜虫**能传播**烟草花叶病毒**。

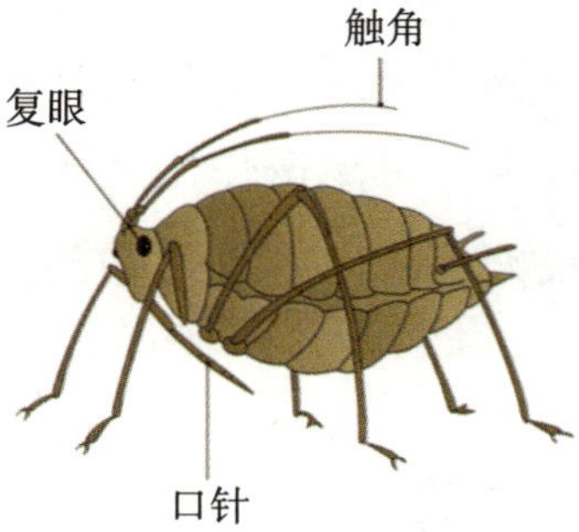

蚜虫以作物茎韧皮部中汁液为食。它们的口器为刺吸式，**口针**能刺入植物的韧皮部。昆虫唾液中的病毒随之进入植物体内增殖。蚜虫是植物之间致病病毒的主要**载体**，也就是病毒的传播者。

作物轮种

由于无机化肥的大量使用和单一栽培的广泛采用，传统的作物轮种模式使用得越来越少。

作物轮种会影响土壤营养元素的含量，栽种不同作物前必须添加土壤中的营养元素。

例如，在禾谷类作物之后栽种冬小麦，就比在块根类作物之后栽种需要更多的营养元素。

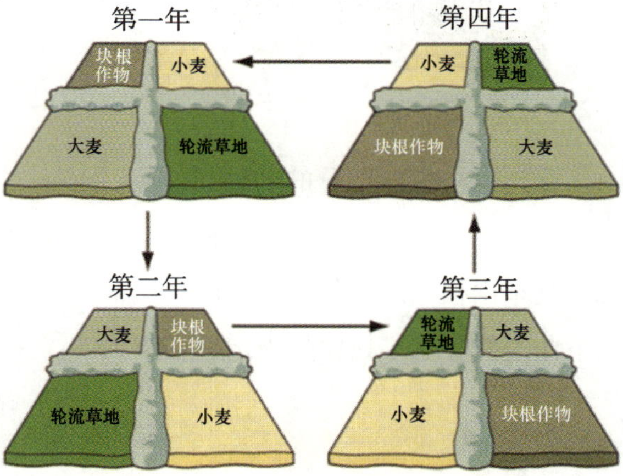

四年轮作制

因为块根类作物，比如马铃薯，对营养元素的吸收要少于禾谷类作物。

每年按照预定的顺序栽种不同作物的耕种方式已经被实践很多年了。诺福克四年轮作制使用了**轮流草地**。这种草地由混合生长的杂草和豆类植物组成，这些混合物可为牲畜提供饲料。

豆科作物能增加土壤的含氮量，从而提高土壤肥力。

不同作物需要不同的耕种方式，这能改善土壤的质地。

栽种不同作物还能破坏作物害虫的生活史。

因此，轮种时某种病虫害的发生率要低于单一栽培时的发生率。

小结

- 植物的运输系统由木质部和韧皮部的小管组成。
  木质部把水和无机盐由根部运送到叶片中。
  韧皮部把叶片中溶解态的养料运送到植物的其他部分。
  韧皮部还负责植物体内的激素运输。
- 水通过渗透作用从土壤中进入根毛。
- 无机盐以主动运输的方式吸收。
- 叶片通过蒸腾作用失水。
  蒸腾流使水从根部沿着茎向上运输到叶。
  蒸腾作用的控制由气孔的开放和关闭来实现。
  风速、湿度和温度等环境因素会影响蒸腾作用。
- 植物的柔软部分依靠膨胀的细胞获得支撑力。

▶ 练习

1. 以下图片显示了土壤中的根毛：

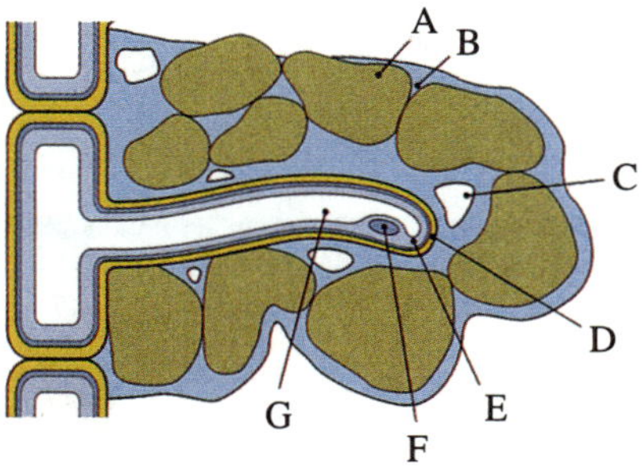

（1）标出 A～G 各部分的名称。
（2）解释土壤中的水如何进入根中。
（3）列举出根毛的其他 2 种功能。

2. 以下曲线图显示了松树的吸水率和蒸腾率：

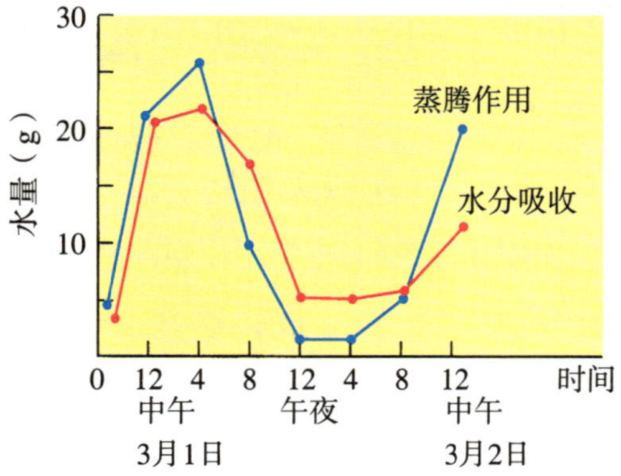

（1）分别比较白天和夜晚的蒸腾率和吸水率。
（2）说出蒸腾作用最强时的日期和时间。

3. 句子填空：
水通过 ________ 进入根 ________ 中。
无机 ________ 以 ________ 运输方式摄取。
根毛有 ________ 的表面用于水分和无机盐的摄取。
叶片的水分因为 ________ 而散失。这个过程通过 ________ 的开闭来进行控制。
可溶性的 ________ 和激素通过 ________ 被运输到植物的各个部分。

4. 用蒸腾计测量树叶茂盛的枝条的吸水情况。

条　件	水移动 100 mm 所需时间（min）
白天、寒冷、流动的空气	2
白天、寒冷、静止的空气	6
白天、温暖、流动的空气	1
白天、温暖、静止的空气	3
夜晚、温暖、静止的空气	60

（1）根据表格写出 3 个影响植物吸水的因素。
（2）计算出在寒冷、有流动空气的白天水的移动率（mm/min）。
（3）如果用透明塑料袋罩住枝条，枝条周围的空气会受到哪两方面的影响？
（4）给出 2 个理由说明植物通过叶片散失水分的重要性。

拓展习题见第 207 页。

▶ 植物的营养

1. 叶片是进行光合作用的器官。它们大小不一，形态各异，但是都尽可能地吸收光能。

（1）举 1 个例子说明叶片结构是如何适应吸收光能的。

（2）叶片横切面示意图如下：

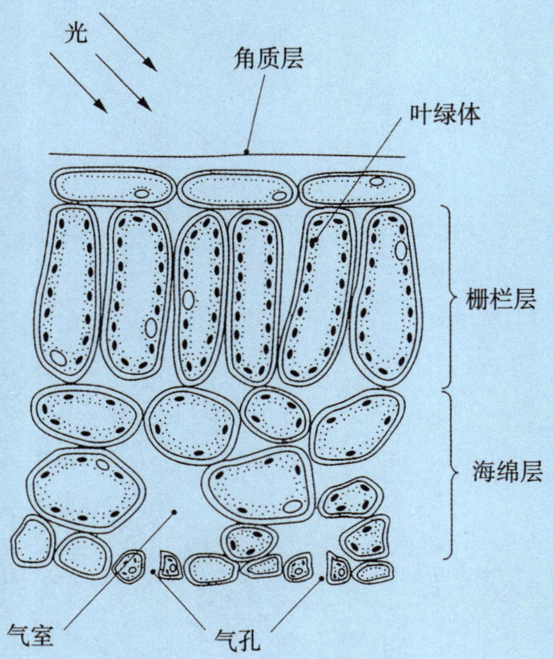

解释下列现象：

① 角质层透明；

② 叶绿体主要分布在栅栏层细胞中；

③ 气室主要分布在海绵层。

（3）叶绿体中的什么物质吸收光能？

（4）解释下列情形对盆栽植物的光合作用速率的影响：

① 移向离窗口更近的地方；

② 搬到更冷的房间。

2. 一位学生就植物制造淀粉是否需要光照的问题进行探究活动。

老师提供了一盆在黑暗条件下放置了 48 h 的植物。该同学用铝箔纸遮盖住叶片部分区域，具体情况见图。

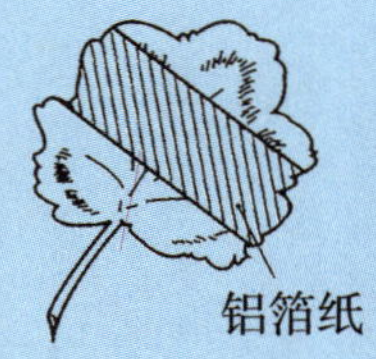

（1）她为什么用铝箔纸遮盖叶片？

（2）该同学把盆栽植物放在光照下 4 h，然后取下叶片，去掉铝箔纸，做叶片淀粉测试。

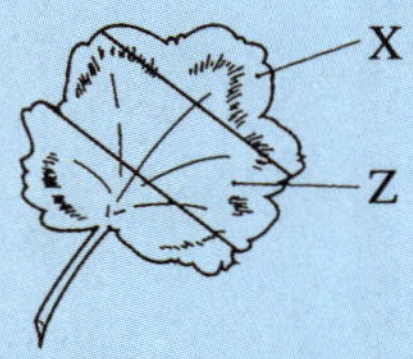

① 说出检测淀粉的试剂名称。

② 图片显示淀粉测试的结果。叶片的 X 和 Z 区域会是什么颜色？

（3）对这位同学的实验进行总结。

3. 以下曲线图显示的是温室内某种植物一周内叶片糖总量的变化情况。

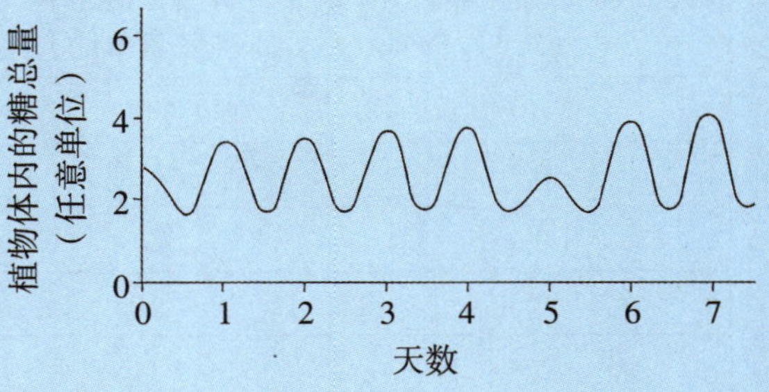

（1）① 完成糖合成的反应式：

$$\_\_\_\_ + \_\_\_\_ \xrightarrow[\text{叶绿素}]{\text{光照}} \text{葡萄糖} + \text{氧气}$$

② 写出反应式的名称。

（2）① 解释糖总量每天的升降变化情况；

② 给出一个理由解释每天糖总量升高的原因；

③ 给出一个理由解释第 5 天峰值偏低的原因。

（3）为什么在温室内使用煤气取暖器能增加作物的糖产量？至少给出 2 个理由。

4. 植物通过光合作用将光能转变为化学能。下图曲线反映了光照强度对光合作用速率的影响。

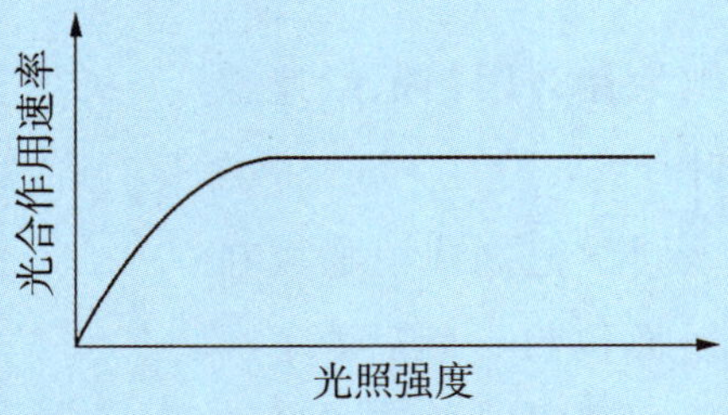

（1）① 解释光照强度和光合作用速率的关系。

② 列举出另一个影响光合作用速率的变量。

③ 用曲线图表示该变量对光合作用速率的影响（以变量为横轴，以光合作用速率为纵轴）。

（2）葡萄糖是光合作用的产物。植物如何利用葡萄糖？

5. 下面表格显示的是二氧化碳浓度对光合作用速率影响的实验结果。

空气中二氧化碳浓度（%）	光合作用速率（任意单位）
0	0
0.2	35
0.4	70
0.6	105
0.8	115
1.0	120
1.2	120
1.4	120

（1）利用表格中数据在绘图纸上制作线条图。

（2）据图描述二氧化碳浓度是如何影响光合作用速率的。

（3）除了二氧化碳浓度，光合作用速率还受哪些其他因素的影响，请说出其中的 **2 种**因素。

（4）一些农作物可以种植在温室中。请说出温室种植的 **2 种**好处。

6. （1）植物正常生长需要无机盐。请说出 2 种无机盐的化学名称。

（2）一位农民想通过合理使用化肥增加产量。以下曲线图显示了某块土地的作物产量与氮肥使用量的依赖关系。

使用化肥后这块土地的最大产量可以达到多少？

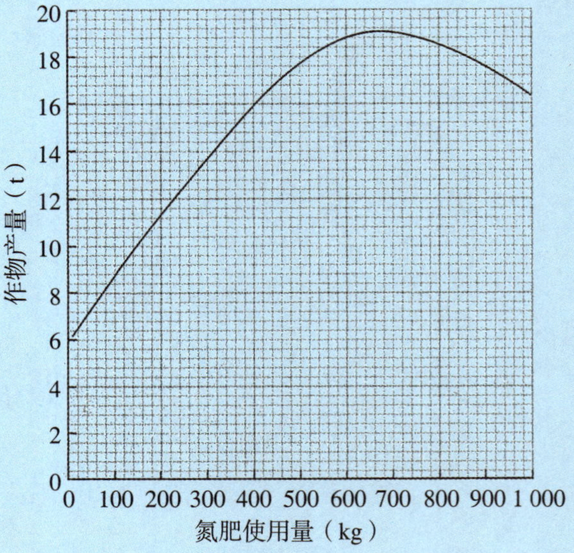

（3）化肥中的大部分化学物质能溶解于水。下雨时，化肥中的物质被雨水冲洗出土壤，流入溪水和河流。河水中的化肥物质会对河流中的植物产生影响：

① 有什么立即的或短期的影响？

② 有什么长期影响？

（4）有些人喜欢食用有机种植食品。这类食物在种植时没有使用人造化肥、杀虫剂和除草剂。除了成本因素外，请列举出食用有机种植食品的 **2 点**益处和 **2 点**不利之处。

7. 示意图显示的是光合作用中的叶片。

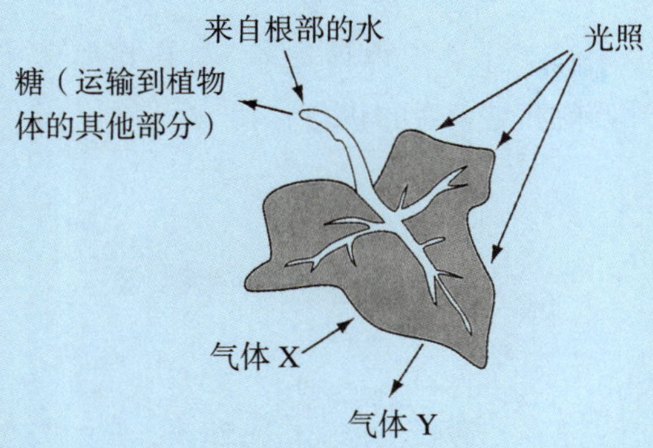

（1）写出气体的名称：

① 气体 X；

② 气体 Y。

（2）① 是什么结构把水运送到叶片？

② 是什么结构把糖运出叶片？

（3）为何光照是光合作用的必需条件？

（4）光合作用产生的部分糖以淀粉的形式储存在根中。尽可能全面地解释以淀粉而不是以糖来储存糖类对植物更有利。

8. 下图显示的是叶片的横切结构。

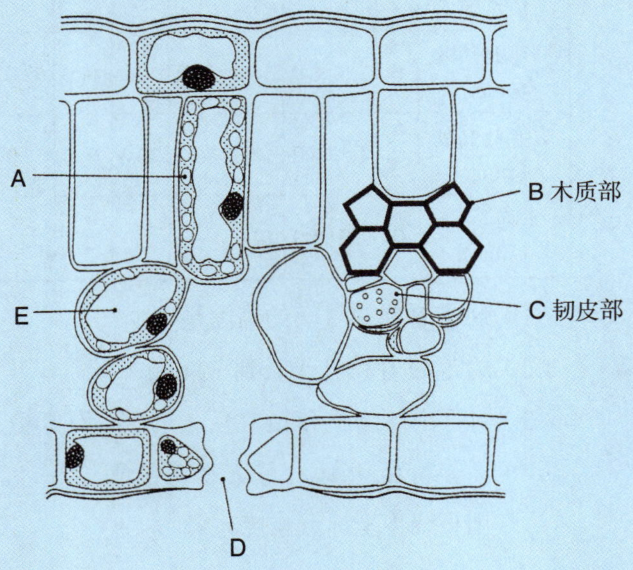

（1）将图中字母填写在表格中恰当的位置。

字　母	功能描述
	运输糖分
	吸收光能
	产生细胞膨压
	把水从茎运送到叶片
	让水蒸发散失

（2）在不同日期（标记为 X 和 Y）测量一株小麦周围空气中二氧化碳的含量。结果见图。

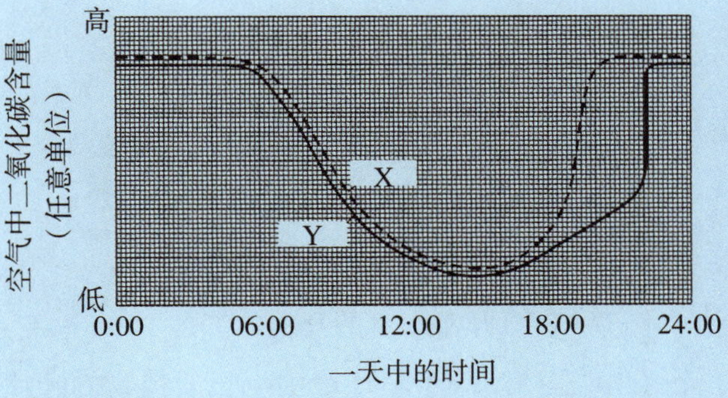

① 二氧化碳浓度降低主要是由什么作用造成的？

② 为什么 X 和 Y 日期的曲线图会有差异呢？

（3）在什么时候小麦能释放出最大量的氧气？

（4）写出土壤中 2 种有利于小麦生长的物质的名称。

植物的物质运输

9.（1）植物通过叶片散失水分。

① 水分从叶片散失的现象被称为什么？

② 水分从叶片上的小孔散失，写出小孔的名称。

③ 为什么植物体内水分的移动对植物至关重要？

（2）如图所示，可以用蒸腾计测量多叶枝条的水分散失。当水分从叶片散失时，气泡会沿着刻度尺缓慢地从左向右移动。

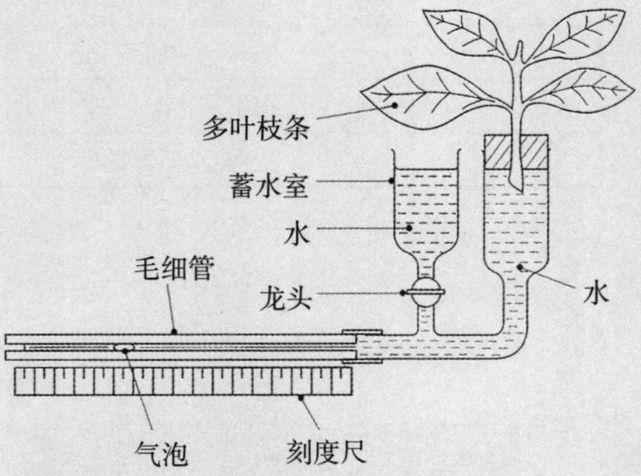

写出下列条件对气泡移动的影响效果：

① 提高枝条周围的温度；

② 增加枝条周围的空气湿度；

③ 打开蓄水室的开关。

（3）在沙漠等干旱环境中生长的植物的叶片通常变成针刺状。从两方面说明针刺形叶片有利于植物在沙漠中生存。

10. 绿色植物的根紧紧联系着植物和土壤中的水分。

（1）绿色植物的什么生理过程需要以水为原料？

（2）下图为土壤中根毛的剖面图。请描述水分从土壤进入根毛的详细过程。

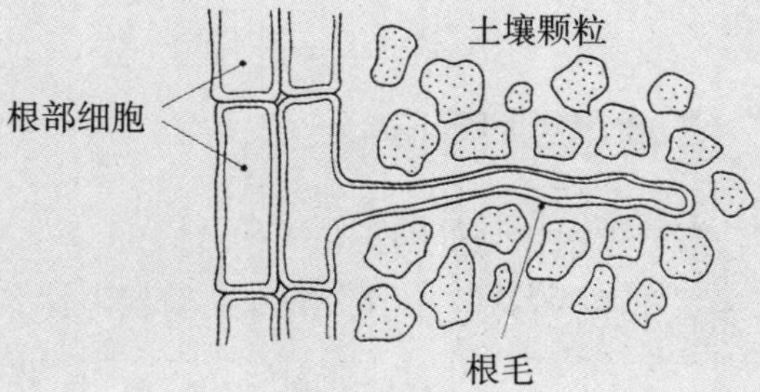

（3）进入根的水分大部分被运送到叶片中。解释水分如何通过茎向上运输到叶片中。

11. 下图显示了 3 个植物茎部 A、B 和 C 在实验开始前和结束后的状态。

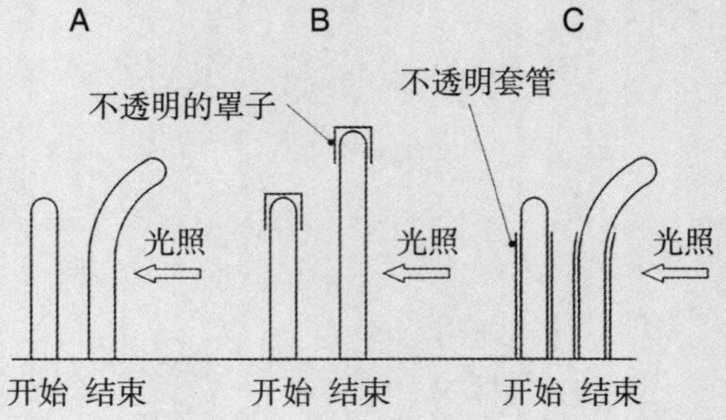

（1）该实验提示植物茎部的哪一部分对光刺激敏感？解释你的答案。

（2）解释是什么物质引起了植物的茎向光弯曲。

（3）指出这种反应是如何有益于植物的。

12. 下表显示的是 2 株豌豆苗在萌发后前 8 d 的生长高度。

萌发后天数	1	2	3	4	5	6	7	8
幼苗 P 高度（mm）	0	2.5	6.0	14.0	24.0	32.0	44.0	62.0
幼苗 Q 高度（mm）	0	1.5	4.0	10.0	16.0	20.0	36.0	58.0
平均高度（mm）	0	2.0	5.0	12.0				

（1）幼苗 P 在第 3 天的高度是多少？

（2）幼苗 Q 在第几天长到 20 mm？

（3）计算出幼苗 P 和 Q 在后 4 天的平均高度。

（4）在坐标纸上标出每天幼苗的平均高度。用直线将坐标点连接起来。

繁殖

繁殖（reproduction）意味着产生新的生物体。
不管是动物还是植物，都通过繁殖增加物种的新个体。
如果生物体不能繁殖，这个世界会是什么样子呢？

马铃薯产生块茎。这些块茎切成小块后会长成新的植物个体

生物体的繁殖方式主要分为：

- 无性繁殖（asexual reproduction）；
- 有性繁殖（sexual reproduction）。

▷ 无性繁殖

在无性繁殖中只有一个亲本。
所有后代都和这个亲本相同。
它们的基因完全一样。
这些后代被称为**克隆生物**。

这株虎耳草长出很多小苗。这些小苗脱离母体后形成新的植株

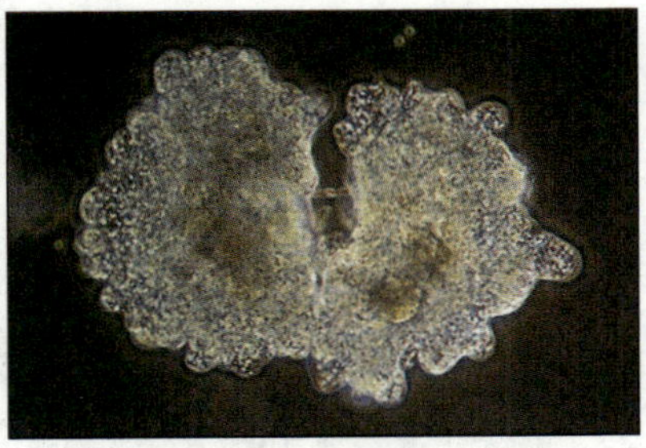

变形虫这类微生物由单细胞构成。它们通过一分为二的细胞分裂方式进行无性繁殖

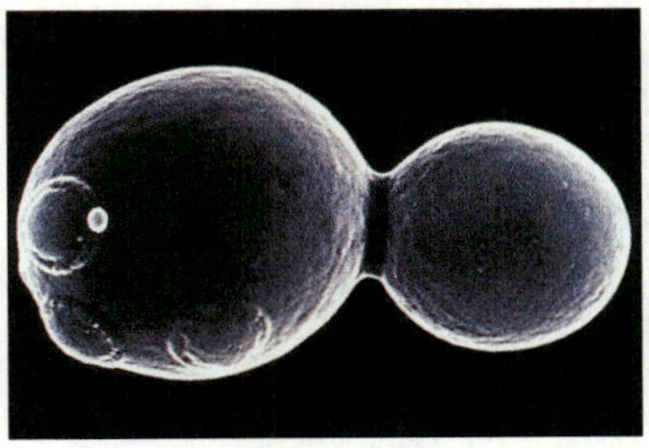

酵母也是通过细胞分裂产生新细胞。分开后的每个细胞会形成新个体

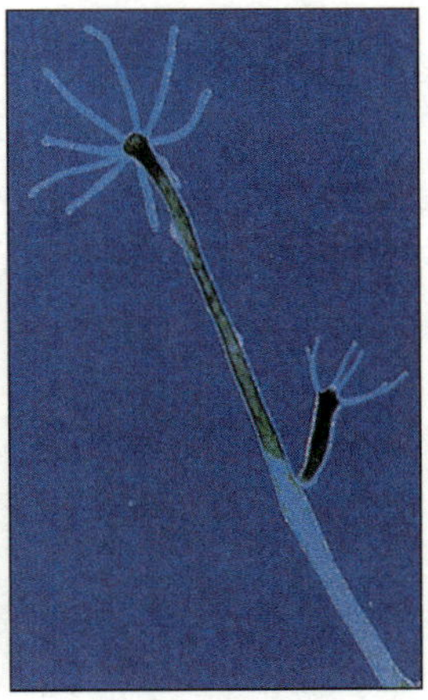

水螅是一种多细胞的淡水动物。水螅母体上会长出小的芽体。这些芽体脱离母体后会长成新的个体

在这样的动物和植物中，所有后代来自一个亲本。

> 无性繁殖产生的个体有着和亲本相同的遗传信息。

有性繁殖

有性繁殖需要两个亲本。

亲本有**性器官**（sex organ）。

性器官产生**性细胞**（sex cell）或**配子**（gamete）。

藤壶的交配

雄性动物的性细胞称为**精子**（sperm）。

精子由被称为**精巢**的性器官产生。

人的受精卵

雌性动物的性细胞叫做**卵细胞**（egg）。

卵细胞由被称为**卵巢**的性器官产生。

在有性繁殖过程中，精子和卵细胞会结合在一起。这个过程叫做**受精**（fertilisation）。

受精后产生**受精卵**或**合子**（zygote）。

受精卵经过多次分裂后形成细胞团。

细胞团很快会长成一个**胚胎**（embryo）。

胚胎最终发育为一个独立的个体。

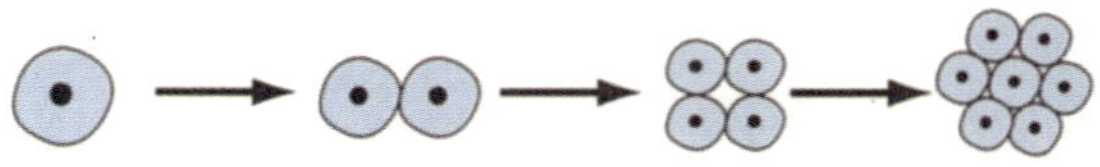

有性繁殖涉及雌雄配子（性细胞）的结合。

精卵结合

精子中有来自父本的基因。

卵细胞中有来自母本的基因。

受精卵中父本和母本的基因混合在一起。

所以有性繁殖会产生具有大量变异的后代。

有性繁殖子代的变异要远远多于无性繁殖子代的变异。

受精可以发生在体外，比如水中。

这叫做**体外受精**。

你知道有哪些动物以这种方式繁殖吗？

在哺乳类、鸟类和爬行类中，精卵的结合发生在雌性动物体内。

这叫做**体内受精**。

你能说出一些以这种方式繁殖的动物名称吗？

性细胞

精子是一种特别的细胞，它可以游动。

它携带父方的遗传信息进入母方的卵细胞。

来自父方的基因位于精子的细胞核中。

卵细胞要比精子大很多。

它含有卵黄，作为营养物质的储备。

它同样有一个细胞核。

来自母方的基因就在卵细胞的细胞核中。

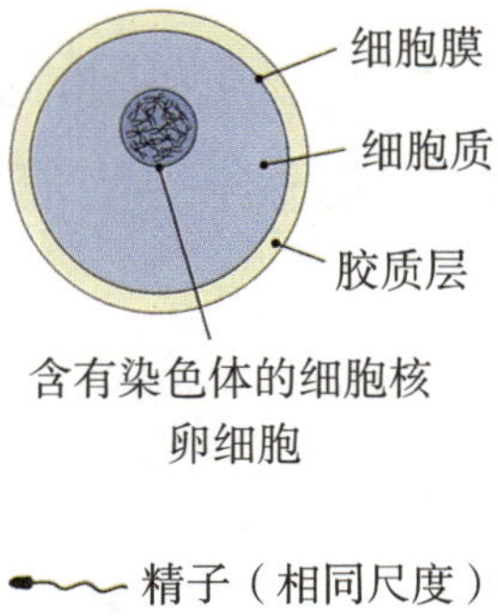

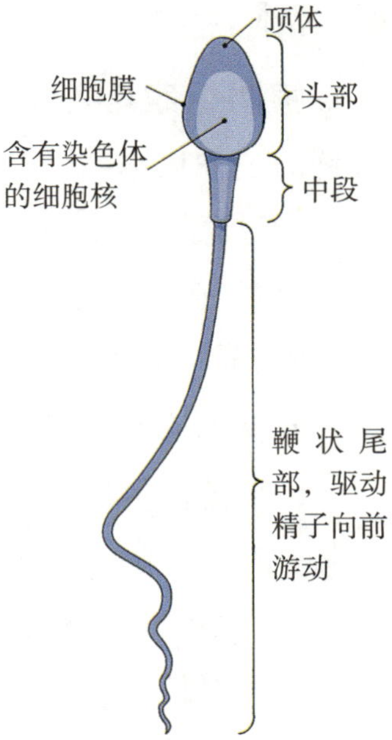

当精子的细胞核与卵细胞的细胞核发生融合时，受精作用就发生了。

想一想，精子和卵细胞都有哪些不同之处？

精　子	卵细胞
小	大
使用尾部游动	不能运动
没有营养物质储备	有营养物质储备
产生数量巨大	产生数量较少

精子中还有大量线粒体，为精子提供能量。这些能量用来干什么？

顶体是精子头部的一部分。

它释放出酶类消化卵细胞膜，为精子的进入打开通道。

那么卵细胞和精子有什么相似之处呢？

很多卵细胞

像鱼那样的动物进行的是体外受精。

精子和卵细胞在水中结合。

这些鱼产生数百万的卵细胞和数十亿的精子。

想一想，这是为什么？

鱼卵有可能被吃掉吗？

精子和卵可能会被什么冲走？

在一个女性体内，通常一次只产生一个卵。

卵在女性身体内可以得到很好的保护。

▶ 克隆植物

植物组织培养（plant tissue culture）是克隆植物的一种技术。

通过克隆，可以产生大量遗传物质相同的植株。

这些植株被培养在无菌的适合的培养基上（通常用琼脂凝胶）。

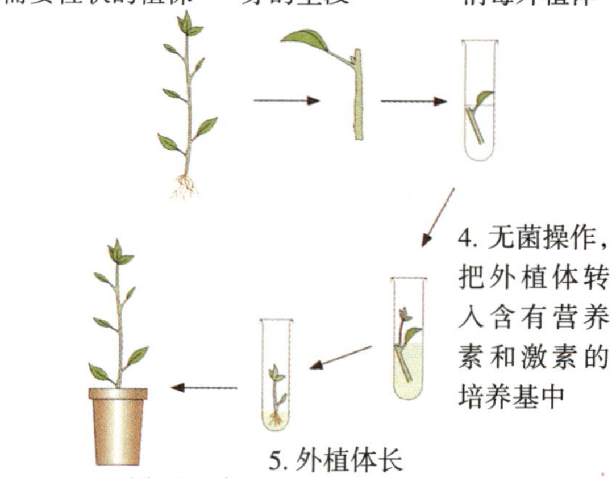

- 首先选择性状理想的植株；
- 从植株上切下一小块组织；
- 对组织块进行无伤害消毒（常用漂白剂）；
- 把组织块转移到无菌培养瓶中的培养基上；
- 如果培养基中的营养和激素比例恰当，组织块的细胞开始分裂和生长，芽、叶和根逐渐长出，形成**外植体**（explant）；
- 最终，外植体长到足够大，可以栽种在有肥料的花盆中。

组织培养有很多商业价值：

生长在培养基中的外植体

- 可以从一个母本植株获得大量的新植株；
- 生产成本相对较低；
- 它不依赖于授粉和种子的产生，能缩短培养时间；
- 组织培养在全年都可以进行；
- 可以运输或储存大量的植株；
- 可以保持健康的、有优良性状的植株，如高产、抗霜冻等；
- 可以大量生产有重要经济价值但难以用种子栽培的植物，如香蕉和油棕。

然而，这个技术也有不足：

- 如果这些植物易感病害或对环境条件改变敏感，那么所有植株都会受到影响；
- 由于所有植株来自一个克隆，它们缺乏遗传变异。

但是植物克隆要比动物克隆容易多了，因为很多植物细胞都有分化能力，而动物细胞在很早时期就丧失了这种能力。

实验 14.1　扦插

准备没有花蕾的天竺葵枝条。

在叶柄下方切断枝条。

去掉枝条最下面的叶片。

把枝条浸入生根粉中。

将枝条插入混合肥中让其长出新根。

整个过程大约需要 2 周时间。

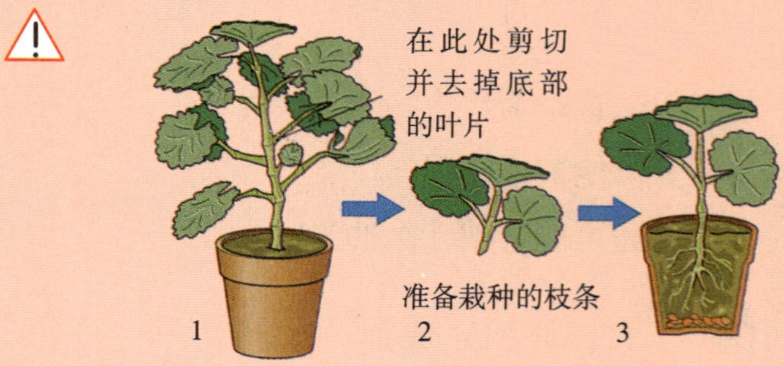

▷ 克隆动物

尽管人们早在1952年就得到了首个克隆动物——蝌蚪，但最广为人知的克隆动物是绵羊“多利”。

“多利”，世界上首个克隆的家畜动物，诞生于1996年。

“多利”的特别之处在于它来源于单一的亲本。

那么这只芬兰多塞特绵羊是怎么诞生的呢？

- “多利”的芬兰多塞特绵羊妈妈的一个乳腺细胞的细胞核被取出；
- 来自苏格兰黑面母羊的未受精卵被去除细胞核；
- 乳腺细胞的细胞核被移入去核的未受精卵中；
- 细胞开始分裂，6 d后形成细胞团；
- 这个细胞团被植入另外一只苏格兰黑面母羊的子宫中；
- 148 d后，“多利”出生了；
- “多利”在遗传上与它的芬兰多塞特妈妈一样。

但是这项技术伴随有胚胎发育不良的风险。

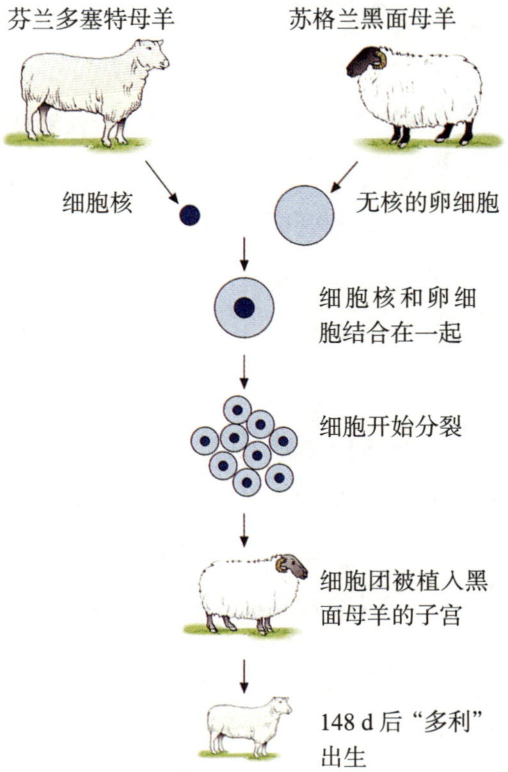

克隆动物步骤

同样令人遗憾的是“多利”死于2003年，患有肺癌和严重关节炎，存活了6年——仅有同种绵羊寿命的一半。

所以关于动物克隆和动物福利还存在很多伦理争议。

能否用克隆动物生产合适的器官，用于人体器官移植？人类必须反复权衡和思考，慎重处理这类问题。

▷ 胚胎移植

简单地说，**人工授精**就是从最健壮的公牛身上获取精子，然后把它放入最健壮的母牛体内。

这样做会给养殖户带来什么好处呢？

首先，你应该了解什么是**体外受精**。

从最健壮的母牛获得卵细胞，用最健壮公牛的精子让卵细胞在培养皿中受精。

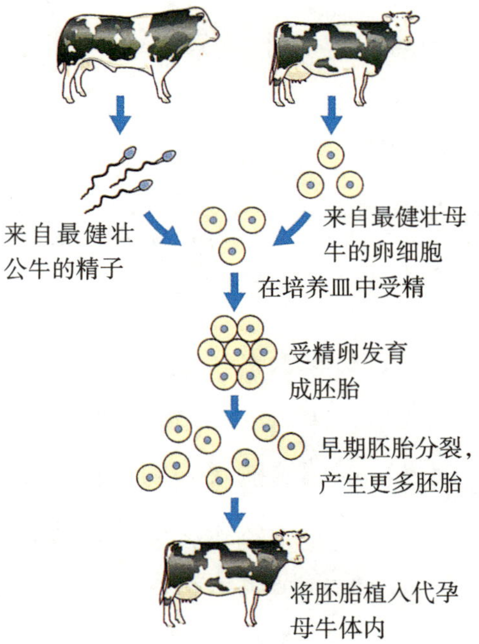

胚胎克隆步骤

受精卵分裂形成细胞团。

细胞团的细胞被分开，每一个细胞能形成一个新的胚胎。

这个过程叫做**组织培养**（tissue culture）。

每个胚胎会长成一个个体，它们在遗传上是相同的——这就是克隆。

这些胚胎可以被植入其他母牛体内，这些母牛称为**代孕母亲**。

这项技术就叫做**胚胎移植**。

使用该技术可以产生大量拥有养殖者需要的优良性状的子代。

▷ 人胚胎克隆

2005 年春天，英国科学家创造了首例人类胚胎克隆。

来自纽卡斯尔大学的研究小组使用曾让“多利”羊诞生的相同技术，成功获得一个早期的人胚胎。

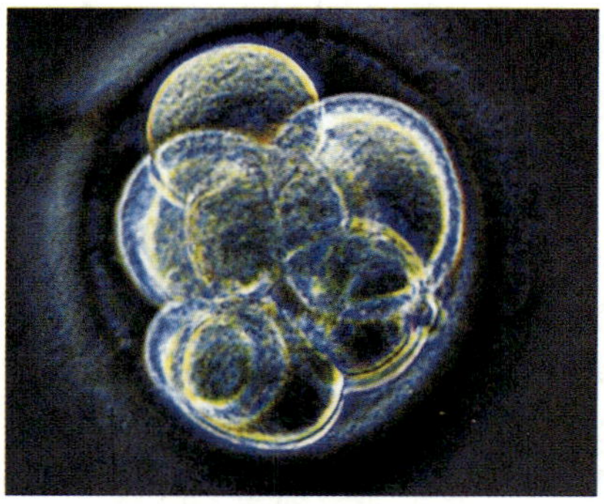

英国首例人胚胎克隆

与此同时，韩国研究者宣称他们首次利用克隆技术获得人胚胎**干细胞**（stem cell）。干细胞与细胞提供者的糖尿病和脊髓受损等特征吻合。干细胞是还未分化的细胞，具有分化为体内任何组织（如神经细胞）的潜能。

所以人类最终能从与供体遗传背景相同的克隆胚胎中获得干细胞，这些干细胞能分化成不同的组织，可用于替代供体内受损的组织。这些细胞拥有与供体相同的基因，移植时不会被供体自身的免疫系统排斥。

不幸的是，韩国人的研究结果后来被证实是伪造的。

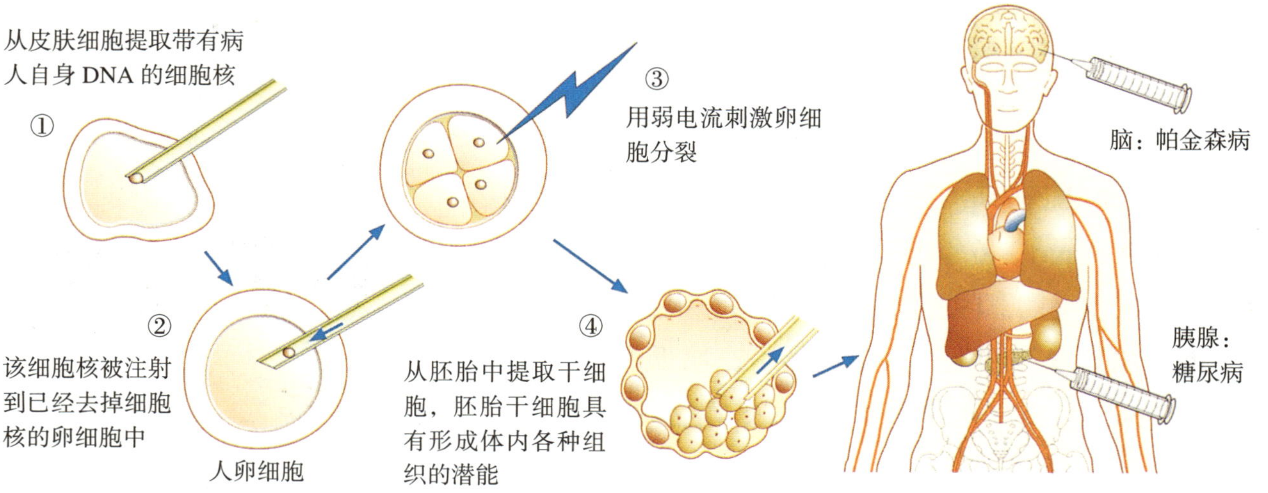

“制造克隆干细胞”

科学家们仍然坚信，这些技术使人类在与目前还无法治愈的疾病的斗争中向前迈进一大步，比如帕金森病、阿尔茨海默病、运动神经元病和糖尿病等。

虽然这些疾病的治疗需要数年的时间，克隆细胞还有可能代替实验动物进行药物测试。

那么用这项技术是如何制备克隆细胞的呢？

- 首先，从病人皮肤细胞中提取携带病人 DNA 的细胞核；
- 将细胞核注射入预先去除细胞核的卵细胞中；
- 采用电脉冲刺激细胞，诱发细胞分裂；
- 胚胎生长 5 d 后提取干细胞，胚胎被破坏。

能否使用这个技术克隆一个新的人个体呢？

在英国，禁止进行人生殖克隆。

关于这个问题，存在很多道德和伦理上的争论。

一位反堕胎联盟的发言人说：“出于研究目的的克隆，也就是制造人胚胎用于特定实验，之后胚胎被毁掉，是完全不道德的。”

小结

- 无性繁殖只需要一个亲本，产生的后代在遗传上与母本完全相同。
- 有性繁殖需要 2 个亲本，父本和母本产生配子（性细胞）。
- 受精涉及配子的结合（如精卵结合）。
- 与无性繁殖相比，有性繁殖能产生更多的遗传变异。
- 组织培养涉及在无菌条件下培养一小块植物组织细胞。通过植物组织培养可以低成本地生产大量具有亲本植株优良性状的新植株。
- 通过扦插可以很廉价地、快速地产生新植株。
- 把体细胞的细胞核转入未受精的卵细胞（已经去除细胞核）中能产生像"多利"羊那样的克隆动物。
- 用同样的技术制造人类胚胎克隆可获取干细胞，干细胞可用于帕金森病、糖尿病等目前无法治愈的疾病的治疗研究。
- 发育中的胚胎细胞在分化之前可以被分离开，然后植入代孕母亲的子宫。

▷ 练习

1. 句子填空：

无性繁殖只需要 ________ 亲本，产生 ________ 相同的后代，这些后代称为 ________。

有性繁殖需要 ________ 亲本和 ________ 的产生，它们通过 ________ 融合在一起。

在遗传的 ________ 方面，________ 繁殖要比 ________ 繁殖多得多。

在遗传上 ________ 的植物可通过 ________ 培养技术在 ________ 条件下生长。

人 ________ 克隆可以提供 ________ 细胞，可在将来用于治疗 ________ 的疾病。

2.（1）一个卵细胞受精需要多少精子？

（2）为什么卵细胞受精后会在周围形成一层膜？

（3）举出精子和卵细胞的 3 个不同之处。

（4）精子和卵细胞各自拥有正常染色体数目一半的染色体，这具有重要的生物学意义。你知道是为什么吗？

3. 20 世纪，一种啃食葡萄根的昆虫几乎摧毁了整个欧洲的葡萄园。美洲葡萄对这种昆虫有抗性。现在种植欧洲葡萄的方法是将其枝条嫁接在美洲葡萄藤根部砧木上。

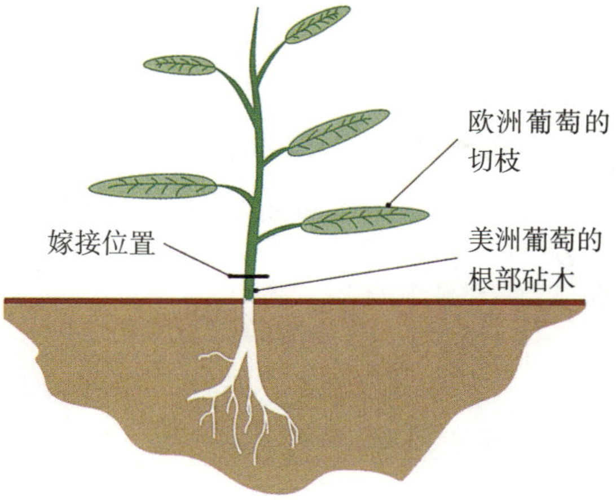

（1）为什么这种葡萄藤上结出的葡萄果实是欧洲葡萄而不是美洲葡萄？

（2）最近，生物技术专家们培育出了一株对昆虫有抵抗力的欧洲葡萄植株。怎样才能从这一株抗性植株快速获得大量的抗性植株呢？

拓展习题见第 272 页。

第 15 章

看看你周围的同学。
大家都有很多共同的特征。
每个人都有两只胳膊、两条腿、两个耳朵、一个鼻子等。
我们都属于同一个**物种**（species）。

如果你再仔细看看，你会发现同学间还是有很多不同的地方。
没有两个人是完全一样的。
有些人高一些，有些人胖一些，每个人有着不同的眼睛、头发和肤色。
这就叫做**变异**（variation）。
同一个物种的个体之间也会有很大程度的变异。

看看这些玫瑰花丛：
它们也表现出变异。
它们的花色不同、植株高度不同，花朵的数量也不同。

杂交茶玫瑰　丛生玫瑰　月季玫瑰

再说说人与人之间的不同。
如果你测量了你们年级所有同学的身高，你会发现什么？
你会得到一个从低到高的身高范围。
大部分同学可能位于平均身高附近的范围内。
这种变异叫做**连续性变异**。
因为身高值有一个从低到高的连续范围。
你能举出其他连续性变异的例子吗？

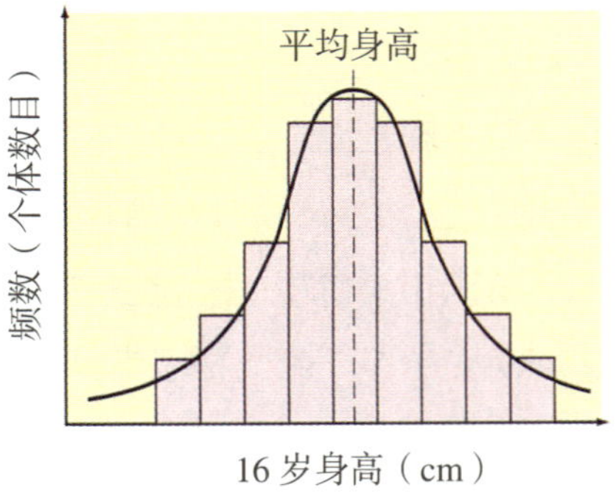

有些人的耳垂是附着型的，有些人的耳垂是游离型的。
有些人的舌头能卷起来，有些人则不能。
这些都是**非连续性变异**的例子。
这些性状没有范围或中间类型。
你要么能做，要么不能。
你要么拥有，要么没有。

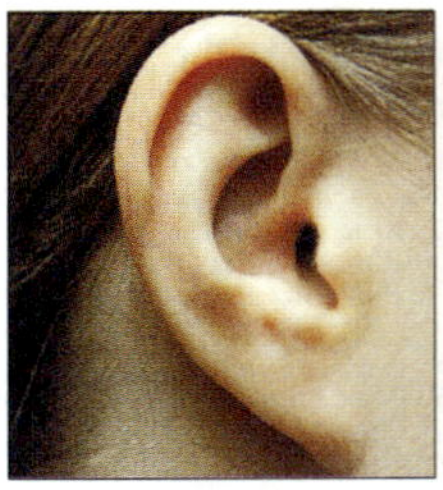

附着型耳垂

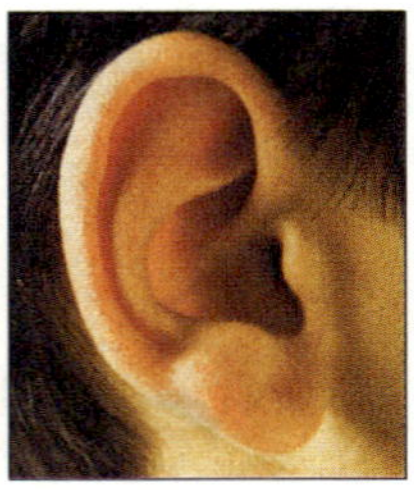

游离型耳垂

遗传与环境

试想一下，如果从一棵胡萝卜植株克隆出无数的小植株，这些植株在遗传上是一样的。

当这些小植株生长成熟时，它们还会一样吗？

这取决于它们是否生长在相同的环境中。

如果有些植株没有足够的光照、水或营养元素，它们会长成什么样子？

它们应该不会茁壮生长。

因此产生个体之间的变异主要有**遗传与环境**两方面的原因。

你为什么会长成现在的样子？

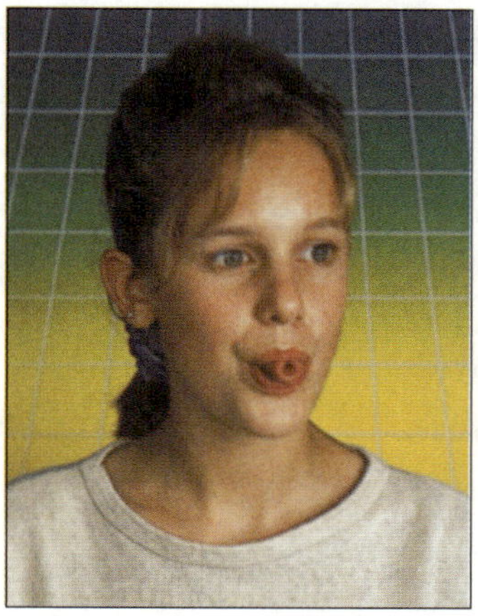

你有和父母相似的特征，是你从父母那里**遗传**而来的。但是有些特征并不是来自你的父母。它们是由你的生活方式导致的。这要归因于你的生活**环境**的影响。

你能像照片中的女孩那样卷起舌头吗？

那可不是通过练习就能做到的。

因为遗传，你要么能够做到，要么不能做到。

看看这名奥运会运动员：

她需要速度，敏捷和力量。

这些不能仅靠遗传获得，还需要通过训练、饮食和合理的生活方式来加以改善。

这是由于环境导致的变异。

你知道还有哪些人体特征是受生活环境影响的吗？

下列特征哪些是可遗传的？哪些是受环境影响的？

血型	整洁的书写	头发长度
雀斑	眼睛颜色	口音
鼻子形状	疤痕	头发颜色
体重	语言技能	

生物多样性

世界上有数百万种不同的植物和动物。它们的外形不同、行为不同，栖息地不同。

如果仔细观察，我们会发现它们既有不同的地方，也有相似的地方。麻雀、胡蜂、知更鸟和蜜蜂都是会飞的动物。但是麻雀和知更鸟是一类，胡蜂和蜜蜂属于另一类。

我们可以把生物分成不同的类群。

同一类群的成员拥有相似的特征。

例如，猫和狗属于哺乳类，因为它们体表都有毛。但是它们之间还是有很多不同的地方，所以我们把哺乳类进一步分成更小的类群，如猫科和犬科。

蛇和蜥蜴属于爬行类，因为它们的体表有鳞片覆盖。但是它们之间有很多不同之处，所以我们把爬行类进一步分成更小类群，如蛇科和蜥蜴科。

科学家们采用拉丁语的**双名法**来为生物命名。第一个名代表**属**，第二个名代表**种**。属是一组密切相关但不能进行种间交配的物种。种是可以交配产生可育后代的单个生物的群体。狮子的拉丁名是 *Panthera leo*，老虎的拉丁名是 *Panthera tigris*。所以这些猫科成员有相同的属名，但是种名不同。

注意属名的首字母是大写的，但种名字母全部小写，比如你（人）的学名：*Homo sapiens*。

双名法作为一种国际命名法规被全世界的科学家所采用。

所有的驯养犬都属于同一个物种。它们看起来很不一样，但是它们能相互交配，生出完全健康的杂交种

生物体间的变异可分为 2 类：

- **种间变异**；
- **种内变异**。

▷ 物种查询

你怎样才能找出某种植物或动物的名称？

你可以查阅书中的图片，直到你找到它们为止，但是这样做很费时费力。

科学家们使用**检索表**来鉴定生物体。检索表包括了一连串的问题。你从起点开始，用“是”或“否”回答每一个问题。这些问题会很快把你带到你要找的植物或动物那里。

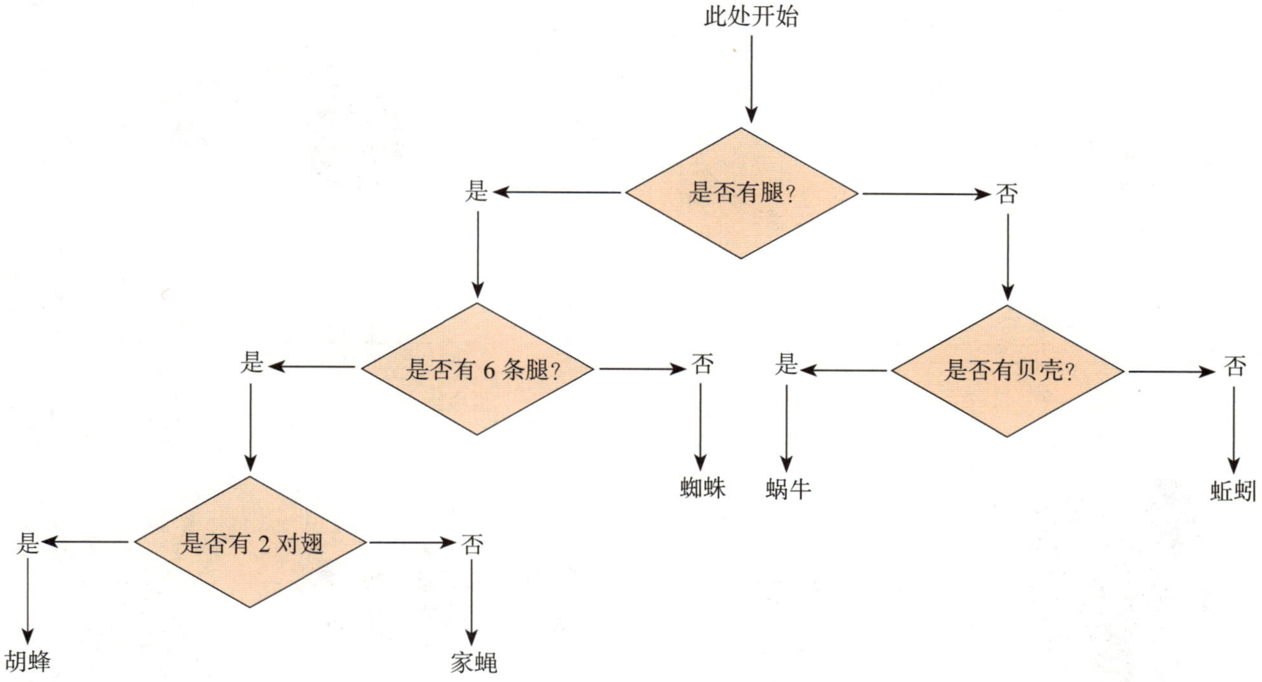

使用上图的分支检索表鉴定动物。

使用下列带数字编号的关键词鉴定图中的这些动物。这种方式与第一个检索表的形式不同，但工作原理是一样的。从起点开始，然后回答每个阶段的问题。

1	有腿	……2
	无腿	……4
2	有6条腿	……3
	有8条腿	蜘蛛
3	有1对翅膀	家蝇
	有2对翅膀	胡蜂
4	有贝壳	蜗牛
	无贝壳	蚯蚓

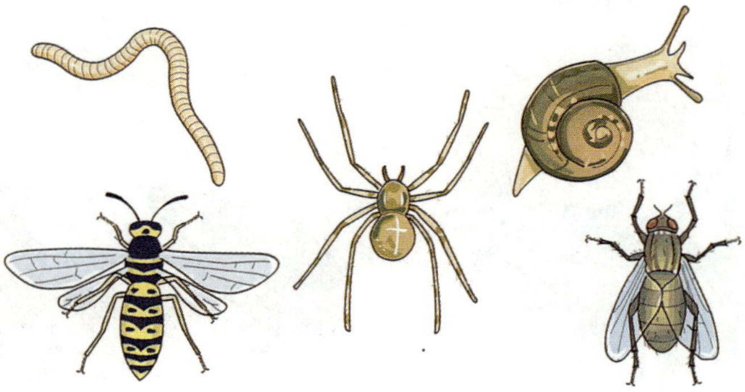

科学家们尝试给每个物种命名。他们把相似的生物放在一个类群。这就是**分类**。

最大的分类单位是**界**。

生物分为五界。

动物界

无脊椎动物
腔肠动物
囊状体形，
有触角
扁形动物
身体扁平，
一端有口
线形动物
身体长，线状
环节动物
身体分节
软体动物
有贝壳和肉足
棘皮动物
体表有棘突，身
体呈五辐射对称
节肢动物
有外骨骼和附肢
甲壳纲
几丁质外骨骼
多足纲
身体分节，多对步足
昆虫纲
身体分为 3 部分，
3 对足，2 对翅膀
蛛形纲
身体分为 2 部分，4 对足
脊椎动物
鱼纲
有鳞片、鳍和鳃
两栖纲
皮肤软而潮湿，
在水中繁殖
爬行纲
体表干燥，有
角质鳞片
鸟纲
有羽毛和翅膀
哺乳纲
全身披毛

植物界

植物

苔藓植物
没有真正的根和茎，叶片小而薄，易失水，产生孢子

蕨类植物
有真正的根茎叶的分化，产生孢子

松柏类植物
针状叶，种子形成于球果中

显花植物
形成花和种子

其他三界

低等生物

细菌
微小，没有真正的细胞核

原生生物
单细胞的原生生物和藻类

真菌
细线状真菌丝，产生孢子

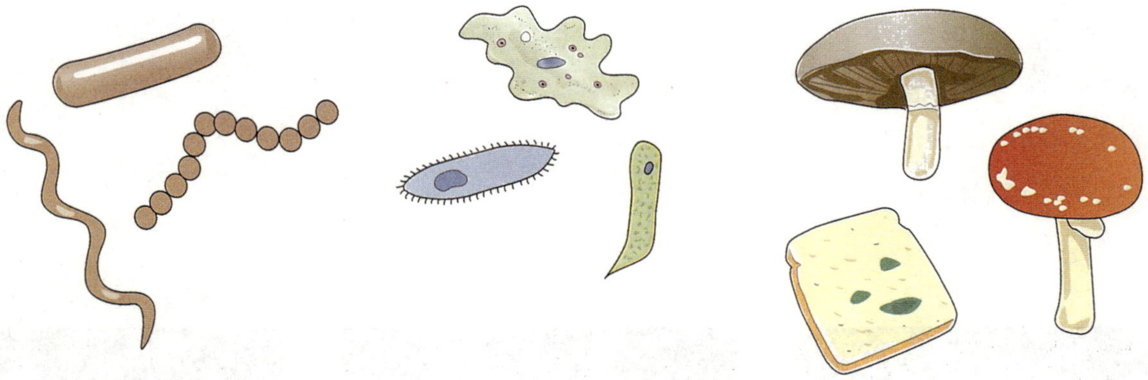

动物

无脊椎动物

我们把没有脊椎的动物称为**无脊椎动物**（invertebrate）。

无脊椎动物主要分为如下的类群：

1. 腔肠动物

- 它们多数生活在海洋中；
- 它们形状呈袋状体，一端有开口；
- 开口周围有触角，触角上有刺细胞；
- 它们用刺细胞麻痹猎物，然后推入口中。

海葵用吸盘附着在岩石上

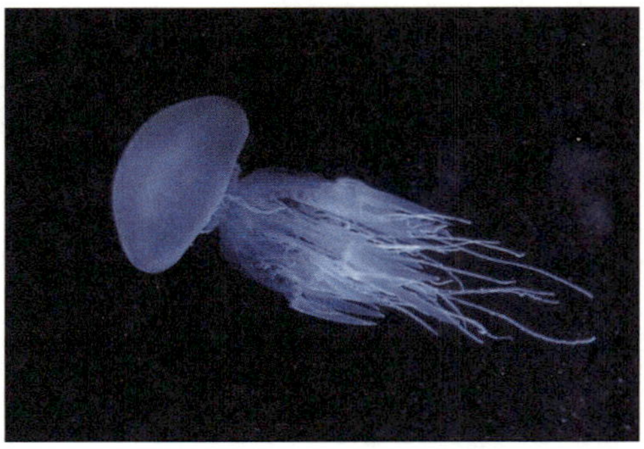

水母游动就像雨伞的撑开与收拢

2. 蠕虫

蠕虫主要有三大类：

扁形动物的身体扁平，一端有口。

有些种类生活在淡水中，但多数是动物体内的寄生虫，如寄生于人体的绦虫。

线形动物的身体较长，呈线状。

有些线虫生活在土壤中，但有很多是寄生在动物和植物体内。

环节动物的身体为长管状，由许多体节组成。

蚯蚓生活在土壤中，但多数环节动物生活在海洋中。

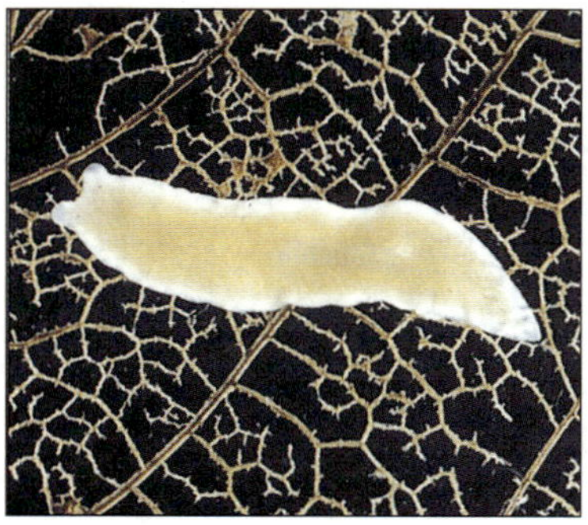

这只扁虫利用纤毛在水中滑行

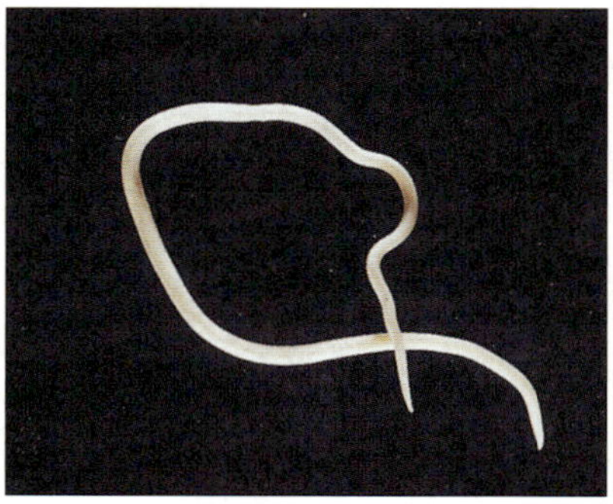

线虫身体不分节

肥沃的土壤中有大量蚯蚓

3. 软体动物

这类动物有蜗牛、蛞蝓和乌贼。

- 它们的身体柔软，不分节；
- 多数有 1～2 个贝壳保护身体；
- 它们有肌肉质的腹足，可以挖洞或四处移动。

蜗牛用腹足爬行后会留下一道黏液的痕迹。它们的齿舌可以切碎植物

鸟蛤和其他双壳类有 2 片贝壳。它们过滤水中微小的动物和植物，以此方式摄食

4. 棘皮动物

- 这类动物都生活在海洋中；
- 它们的外皮坚硬多刺；
- 身体为五辐射对称型；
- 依靠管足四处移动。

海星有 5 条臂，它能用臂拉开贻贝的 2 片贝壳，然后吃掉里面的软体部分

海胆的外壳呈五辐射对称。它们的体表有尖锐的骨刺保护，依靠管足附着在岩石上

5. **节肢动物**

节肢动物是无脊椎动物中最大的一个类群。

- “节肢”是指有关节的附肢；
- 躯体具有关节的附肢是节肢动物的共同特点；
- 它们的身体分成不同的体节；
- 体表覆盖坚硬的骨骼，称为**外骨骼**，起保护作用；当外骨骼无法与它们日渐长大的身体匹配时，它们会**蜕皮**，然后长出新的外骨骼；
- 头部有触须或**触角**。

节肢动物主要包括4个更小的类群：

虾的外骨骼不厚，它们有长长的敏感的触须

甲壳纲

- 几乎都生活在水中（木虱除外）；
- 用鳃呼吸获得氧；
- 附肢一般多于4对，但少于20对；
- 多数有几丁质的外骨骼，像盔甲一样保护着它们；
- 有2对触须。

螃蟹有5对附肢。它们有厚厚的外骨骼保护着身体

多足纲

- 蜈蚣和马陆（又称千足虫）属于这一类；
- 它们的身体很长，分成很多体节。

蜈蚣真的有一百条腿吗？

千足虫真有一千条腿吗？

蜈蚣的每个体节上都有1对附肢，所以附肢的数目取决于体节的数目。蜈蚣是行动迅速的食肉动物。它们的颚片强劲有力，可以攻击猎物使之瘫痪

千足虫的每个体节上有2对附肢。它们是行动迟缓的食草动物。你能发现它们经常在落叶层摄食

昆虫纲

这是节肢动物中最大的一个类群。

包括了几十万个不同的物种。

它们遍布于世界各地，占据了最多的栖息地。

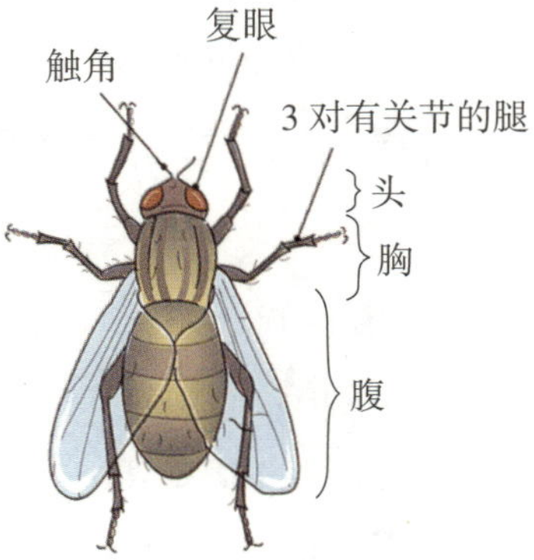

昆虫的结构

它们能如此成功地生活于陆地，原因之一是它们有一层防水的**表皮**，可以阻止身体的水分流失过多。

它们的躯干分为 3 个部分：头、胸和腹部。

在胸部有 3 对附肢和 2 对翅膀。

头部有 1 对触角和 1 对**复眼**。

它们通过身体两侧的**气孔**（spiracle）呼吸。

在昆虫的生长过程中，它们要经历不同的**幼虫**阶段。

蝴蝶可以为花朵授粉

你能区分出这只胡蜂的躯干的 3 个部分吗？

蛛形纲

包括蜘蛛类的节肢动物。

- 身体分为 2 部分；
- 有 4 对分节的腿，没有翅膀；
- 没有触角，用毒牙麻痹猎物。

很多蜘蛛吐丝结网来捕获猎物

蝎子用尾部的毒刺麻痹猎物

脊椎动物

我们把有脊椎的动物称为**脊椎动物**。

所有脊椎动物都有由骨或软骨组成的内骨骼。

脊椎动物主要分为以下 5 个类群：

1. 鱼纲

- 它们终生生活在水中；
- 身体呈流线型，有鳍，用于游动；
- 用鳃呼吸获得水中的氧；
- 体表覆盖鳞片。

鱼的鳞片向后排列以维持流线型的体形

鱼用鳍来控制在水中的运动

2. 两栖纲

- 它们的皮肤光滑湿润；
- 它们在水中繁殖；

  精子和卵都释放到水中，这种生殖方式称为体外受精；
- 受精卵孵化成能游动的蝌蚪。
- 成体在陆地上用肺呼吸，在水中能通过皮肤呼吸。

两栖类有柔软潮湿的皮肤

蝌蚪为幼体阶段，用鳃呼吸

其他脊椎动物

3. 爬行纲

- 它们的体表干燥，有鳞片，可以减少水分散失；
- 它们能生活在远离水源的干燥环境中；
- 它们用肺呼吸空气；
- 受精发生在雌性体内；
- 它们产出的卵有革质外壳。

爬行类的表皮干燥，有鳞片

这只可怕的食肉动物是否让你想起了恐龙？恐龙也是爬行类

4. 鸟纲

- 它们有羽毛和翅膀；
- 它们中的大多数能飞；
- 它们没有牙齿，但是它们的喙可以处理各种类型的食物；
- 它们产卵，卵有坚硬的外壳保护。

鹰的喙和爪适合于捕捉和撕碎猎物

莎草莺正在喂食巢中小鸟

5. 哺乳纲

- 它们体表有毛；
- 所有哺乳类动物，包括水生类型，都用肺呼吸；
- 受精发生在体内，幼崽出生时已经发育完全；
- 雌性动物由**乳腺**分泌乳汁哺育幼崽；
- 鸟类和哺乳类都是**恒温动物**；

这意味着它们能够调节自己的体温。即使是体外的温度发生变化，它们也能保持体温恒定。

哺乳类动物照料幼崽

水生哺乳动物也用肺呼吸

植物

植物分为两大类型：

孢子植物，如苔藓和蕨类。它们产生**孢子**，孢子长成新的植株。

种子植物，如松柏类植物和显花植物。它们产生**种子**（seeds），种子能长成新的植株。

1. 孢子植物

苔类和藓类

- 它们生长在潮湿的环境中；
- 叶片很薄，很容易失去水分；
- 没有真正的根和茎；
- 产生微小的孢子而不是种子。孢子能随风扩散。

苔类植物生长于地表，形状扁平

苔藓在夏天会长出孢蒴，成熟的孢蒴开裂，孢子随风散落

蕨类

- 有结实的根、茎和叶；
- 叶片具有蜡质层，可以减少水分散失；
- 植株内有木质部导管；
  这些导管起着水分运输和支持植株的作用；
- 孢子生长在叶片的下表面。

叶片背面的每个小叶上都有大量孢子

丛生的蕨类叶片由地下茎或根状茎长出

2. 种子植物

松柏类植物

- 多数为常绿植物，终年不落叶；
- 针形叶片可减少水分散失；
- 有木质部运输和供应水分；
- 没有真正的花，而是形成雌球**花序**和雄球**花序**。

针叶林覆盖的山峦

受精后雌球花序内会产生种子

显花植物

- 会开花，花内有繁殖器官；
- 由昆虫或风传播花粉；
- 受精后花会形成种子，这些种子会形成新的植株；
- 显花植物非常成功地占据了陆地生存环境；
  它们能够生存在干燥、水分稀少的炎热地域。

很多显花植物由昆虫授粉

像榛树之类的植物依靠风来授粉

栗树开花后会结出果实，果实内有种子

其他三界

1. 细菌

- 由单细胞构成，没有真正的细胞核。
- 只能在显微镜下看见它们。
- 有不同的细胞形状——杆状、球状和螺旋状。
- 细菌无处不在——水中、空气中和土壤中。它们还能生活在动物和植物体的体内和体外。

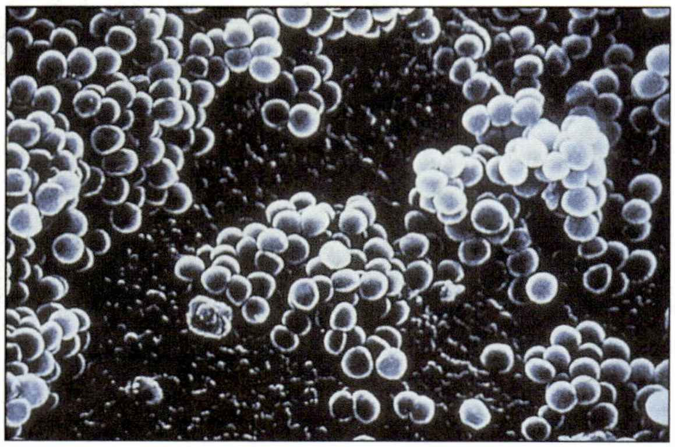
这些球菌会引起喉咙疼痛

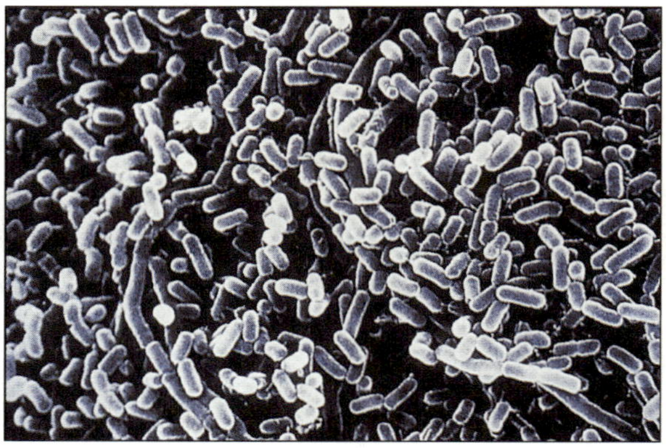
生活在人肠道中的杆菌

2. 原生生物

- 一些原生生物为单细胞生物，另一些为多细胞类型，如**藻类**（algae）。
- 细胞内有一个真正的细胞核。
- 生活在水中或其他生物体内。
- 它们不是植物、动物、细菌或真菌。
- 部分类型有叶绿素，能像植物那样制造养料。
- 有些类型必须从细胞外摄取养料。

单细胞的原生生物

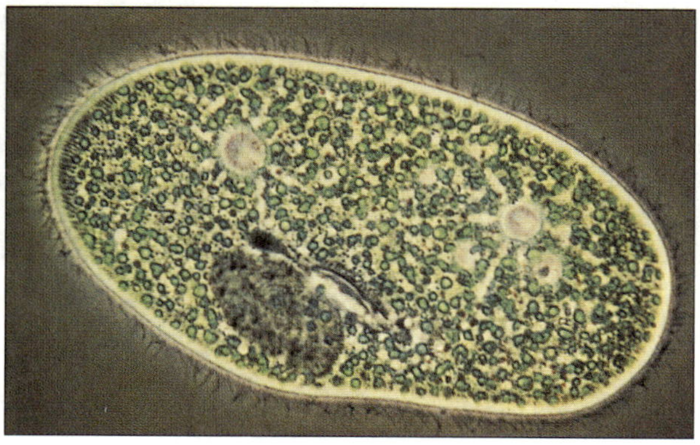
草履虫体表有纤毛，依靠纤毛的摆动在水中游动

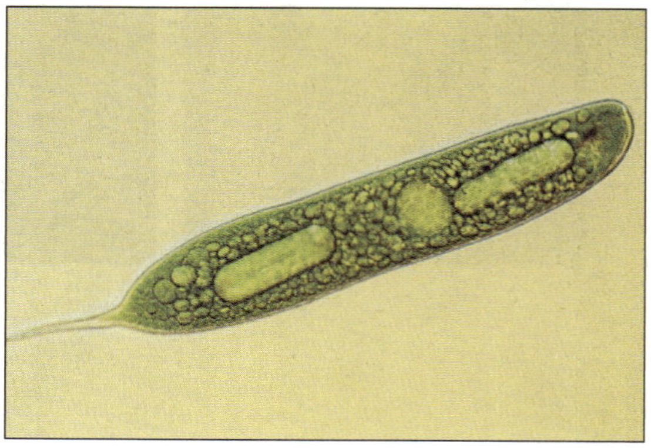
眼虫藻也能游动，但是它们有叶绿素，能像植物一样为自己提供养料

藻类

- 这些大型的原生生物通常生活在池塘或海洋中；
- 它们有点像植物：有叶绿素，能自己制造养料；
- 与植物相比，它们没有根、茎和叶。

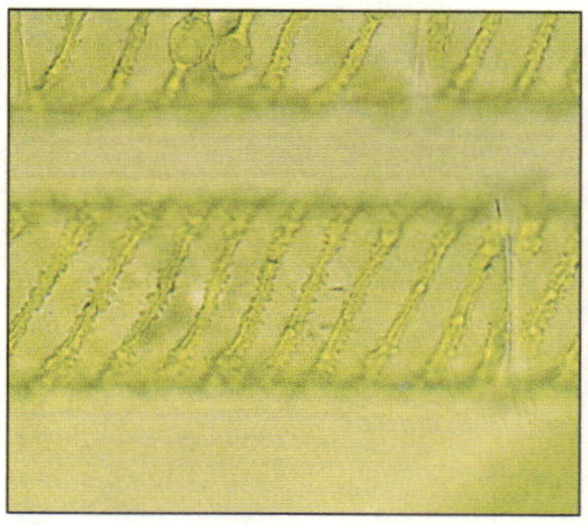

有时你在池塘表面看见的绿色黏稠物就是由这种漂亮的水绵丝构成的

泡叶藻是生活在中海岸的一种褐藻，它含有褐色素和叶绿素

这种红藻叫做掌状红皮藻，生活在浅海岸。这种植物的红色素遮盖了叶绿素

3. 真菌

- 这一类群有蘑菇、毒菌、霉菌和酵母。
- 它们由细丝状的**菌丝**构成。
- 它们中有些看起来像植物，但是没有叶绿素，不能自己制造养料。
- 它们产生孢子，孢子萌发形成新的个体。
- 多数真菌为**腐生菌**，它们从死亡和腐败的生物体中摄取养料。
- 其他的为**寄生菌**，它们生活在其他生物的体表或体内。

面包霉的菌丝体在暴露的食物表面蔓延，食物腐烂变质

蕈和蘑菇是产生孢子的真菌类型。这些毒蝇鹅膏菌有毒

小结

- 物种是一群可以在自然条件下繁殖并产生可育后代的个体。
- 变异发生在不同物种之间，也发生在同一个物种的不同个体之间。
- 检索表包括若干问题，这些问题会引导你鉴定出生物的类型。
- 生物可以分为五界：细菌、原生生物、真菌、植物和动物。
- 动物分为脊椎动物和无脊椎动物。
- 植物可分为孢子植物和种子植物。

▷ 练习

1. 句子填空：

有脊椎的动物称为 ______。它们可以分为 5 大类：鱼纲、______、爬行纲、______ 和哺乳纲。

无脊椎动物中最大的一个类群是 ______。这一类又可以分为 4 个更小的类群：甲壳纲、______、昆虫纲和 ______。

植物界分为 4 个不同的类群：苔类和藓类、______、显花植物和 ______。

其他三界分别是 ______、原生生物和 ______。

2. 示意图中的动物生活在蛙类的膀胱中。它的身体扁平，不分节，肠道只有一个开口，没有骨骼。

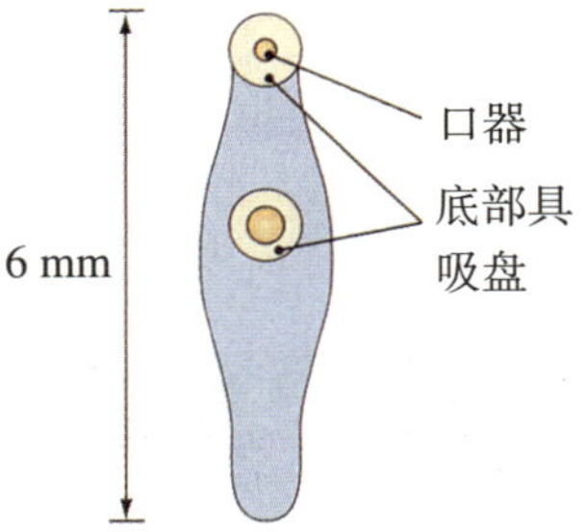

观察图片后回答下列问题：

（1）给出 2 个理由说明这个动物不属于环节动物。

（2）给出 2 个理由说明这个动物不属于软体动物。

（3）你认为这个动物属于哪一类？

（4）吸盘有什么作用？

3. 观察图片上的 3 种动物：

A　　B　　C

（1）列举出图片上动物共有的 3 个特征。

（2）它们属于哪一类动物？

（3）动物 C 生活在哺乳类动物的皮毛中，吸食它们的血液。

举出一个有利于动物 C 生活于皮毛中的特征，并说明原因。

4. 有位科学家到一个荒岛上调查，她发现了一些昆虫。她画下了这些昆虫的特征并将图稿带回了实验室。昆虫的绘制图如下：

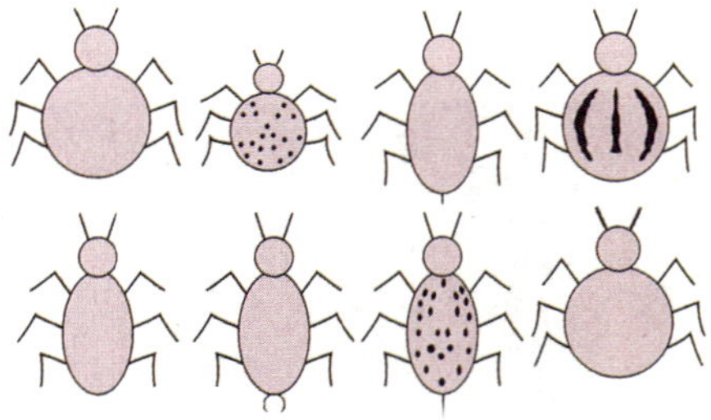

（1）给图中每一个昆虫起个名字。

（2）编制一个鉴定这些昆虫的检索表。

5. 根据下列各组的描述确定它们分别属于哪一类：

（1）在陆地产卵，卵有壳；有翅膀和羽毛，没有牙齿。

（2）身体分为 3 部分，有 6 条腿和 2 对翅膀。

（3）叶片很薄，生活在潮湿的地方，用孢子繁殖。

（4）身体不分节，有肌肉质的足，部分种类有贝壳。

（5）没有叶绿素，由菌丝体组成。

（6）体温恒定，有毛，雌性用乳汁喂养幼崽。

6. 用检索表鉴定图中的海洋动物。

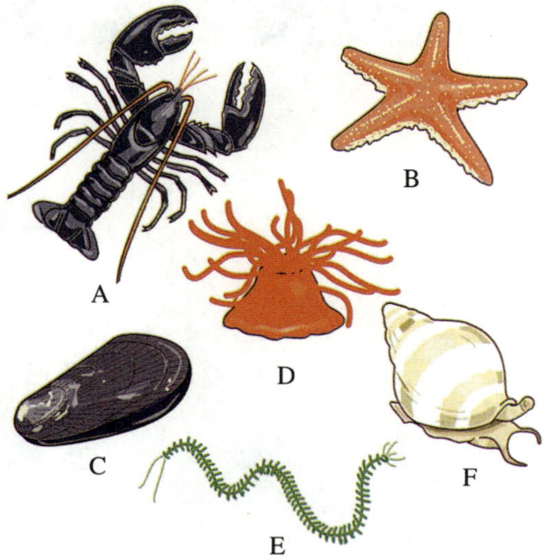

1	身体分节	转到 2
	身体不分节	转到 3
2	有螯	龙虾
	无螯	沙蚕
3	有贝壳	转到 4
	无贝壳	转到 5
4	贝壳为 2 片	贻贝
	贝壳为 1 片	苦螺
5	有 5 条臂	海星
	没有 5 条臂	海葵

7. 根据结构确定每组中哪一个生物与其他的不一样：

（1）水仙、水母、风信子、草。

（2）骆驼、蛇、鹰、绦虫。

（3）蜗牛、蝗虫、蜘蛛、蜈蚣。

（4）霉菌、毒菌、海藻、蘑菇。

（5）青蛙、蝾螈、蟾蜍、蜥蜴。

（6）松树、梧桐、雏菊、蒲公英。

（7）鲤鱼、海豚、三刺鱼、鲨鱼。

8. 使用下列检索表鉴定这些常见树种的叶片：

1	单叶	转到 2
	复叶	转到 5
2	叶片五裂	美国梧桐
	叶片非五裂	转到 3
3	叶片边缘光滑	女贞
	叶片边缘不光滑	转到 4
4	叶片边缘呈齿状	银桦
	叶片边缘为圆形裂片	橡树
5	小叶呈掌状排列	七叶树
	小叶成对排列在叶片轴上	花楸

拓展习题见第 272 页。

第 16 章 遗传

我们自己为什么很像父母？

为什么我们有些地方像父亲，而有些地方又像母亲？

遗传就是父母把他们的性状传递给后代的过程。

研究遗传现象的学科称为**遗传学**（genetics）。

父母把他们的基因传递给了后代。

精子的细胞核中带有父方的基因。

卵细胞的细胞核中带有母方的基因。

通过**受精**，精子的细胞核与卵的细胞核融合在一起。

受精卵会发育成一个新的个体。

所以新个体的一半基因来自父方，一半基因来自母方。

▷ 遗传物质

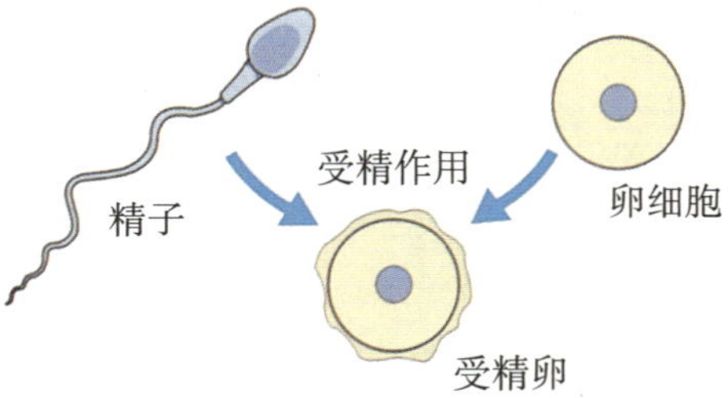

几乎每个细胞内都有一个细胞核。

细胞核内有细丝状的**染色体**（chromosome）。

这些染色体上携带着控制你所有性状的**基因**。

看看人类染色体图片：

数一数，你会发现有 46 条染色体。

这个染色体总数称为**二倍体**（diploid）的染色体数。

它们的大小和形状各不相同。

你可以把相同的染色体成对排列。

那么这里的染色体有多少对呢？

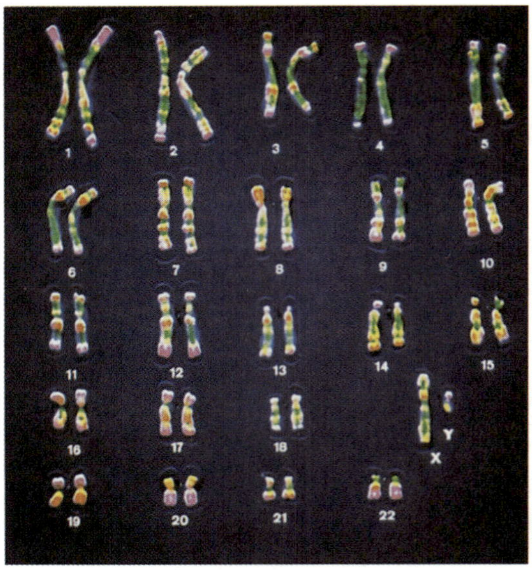

染色体是成对存在的，这种成对出现的染色体，我们称为二倍体。

不同的动物和植物种类有不同的染色体数目。

人有 23 对染色体，猫有 19 对，果蝇只有 4 对染色体。

▶ 什么是基因？

每条染色体上有数千个**基因**（gene），它们就像项链上的珠子那样排列在一起。

基因携带着遗传信息，这些信息控制着我们的发育和最终的长相。

例如，有一对基因控制着眼睛的颜色，还有其他基因控制着毛发的颜色和长度。

如果我们把一条染色体拆开，它会是一条很长很长的细线。这条细线由一种叫做 DNA 的化学物质组成。DNA 是**脱氧核糖核酸**的缩写。

一个基因由一段 DNA 组成。

一条染色体细线上包含着数百个基因。

一个 DNA 分子由数千个**核苷酸**（nucleotide）组成。

一个核苷酸由 3 种分子组成：

- 一个磷酸分子；
- 一个糖分子；
- 一个碱基。

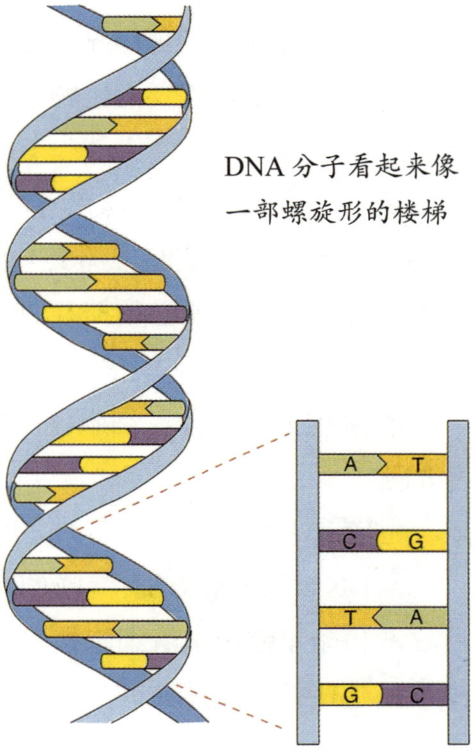

DNA 分子看起来像一部螺旋形的楼梯

碱基对组成楼梯的横档

糖和磷酸分子结合在一起，构成 DNA 链的骨架。碱基附着在糖分子上。

观察示意图，你会发现 DNA 分子实际上有 **2 条**核苷酸链。它的样子很像梯子。糖和磷酸是梯子的两侧，而碱基是梯子的横档。

整个 DNA 分子拧成**双螺旋结构**—— 有些像螺旋形楼梯。

碱基配对

那么 DNA 分子是如何连接在一起的呢？

观察示意图，你会发现每条链的碱基结合在一起。两条链由碱基对之间的氢键连在一起。

DNA 分子中有 4 种不同的碱基：**胸腺嘧啶（T）、腺嘌呤（A）、胞嘧啶（C）、鸟嘌呤（G）**。

这些碱基总是按相同的方式配对：

A 和 T 配对，C 和 G 配对。

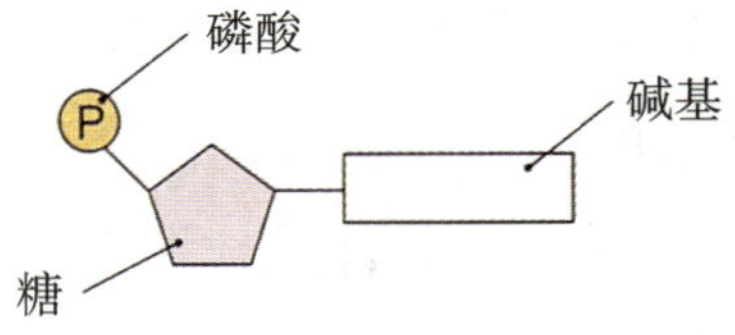

核苷酸

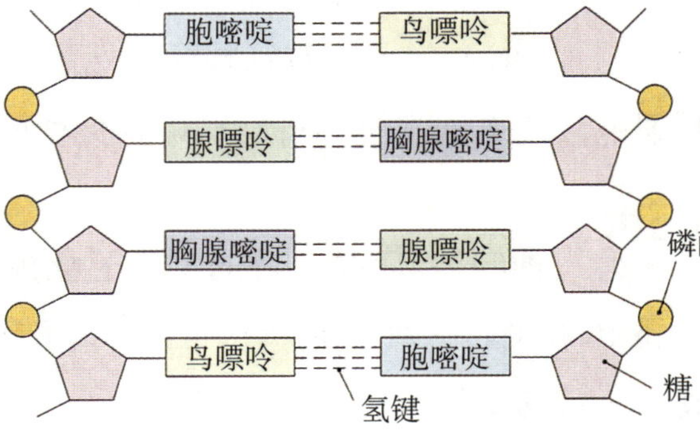

尽管 2 个核苷酸之间的氢键很微弱，2 条链之间的氢键数量却很多。

众多的氢键维系着 DNA 分子的双螺旋结构。

合成新的 DNA

细胞分裂时，染色体纵向分裂，每一半分别进入新的子细胞。这个过程有着重要的生物学意义。你知道是为什么吗？

每一个新细胞必须具有与母细胞相同的染色体数目。如果染色体能精确地自我复制，那么基因和 DNA 分子也是如此。否则新细胞就无法保持它所必须拥有的全部的正确的遗传信息。

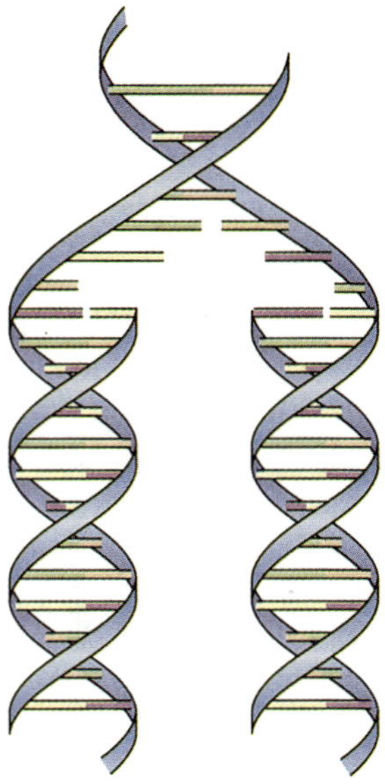

一个 DNA 分子产生两个相同的拷贝

在细胞分裂之前，细胞核内的 DNA 的量会加倍。这是如何发生的呢？

- 首先，两条链上碱基对之间的氢键断裂。
- DNA 双螺旋解旋，释放出 2 条单链。
- 每条单链吸引着细胞核内游离的核苷酸。
- 这些核苷酸遵循碱基配对原则与单链上的碱基联合，也就是 C 与 G 联合，A 与 T 联合。
- 这些核苷酸分子之间发生连接，这样就形成了 2 个新的 DNA 分子。每个新分子都与母细胞的 DNA 分子相同。

合成蛋白质

要合成蛋白质，必须将众多的氨基酸连接在一起。氨基酸的类型和排列顺序决定了蛋白质的类型。它可能是一种酶、激素或肌肉蛋白质。

DNA 只存在于细胞核中。蛋白质是由一种叫做**核糖体**的结构合成的，它分布在细胞质内。如果 DNA 控制着蛋白质的合成，那么信息是如何从细胞核传递到核糖体的呢？

答案就在于另一种**核糖核酸 (RNA)** 分子。它的形成方式与新 DNA 分子的合成方式相似。mRNA 分子复制了 DNA 分子的碱基顺序，然后穿过核膜孔离开细胞核进入细胞质，将信息带到核糖体。

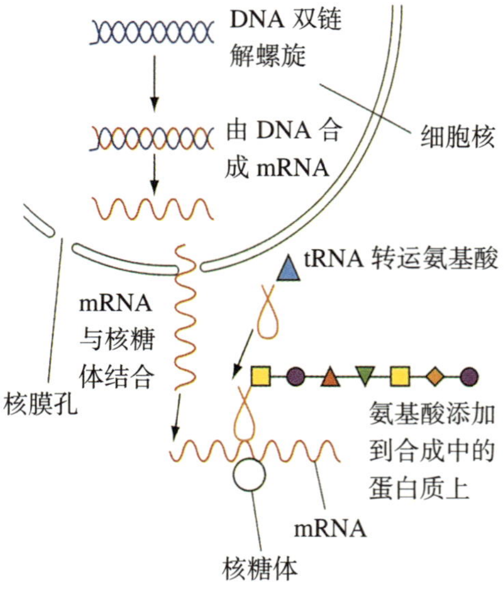

DNA 如何控制蛋白质的合成

另一种叫做 **tRNA** 的 RNA 分子会挑选氨基酸分子，并将它们带到核糖体。tRNA 分子与 mRNA 结合，释放它所携带的氨基酸分子。氨基酸分子通过化学键连接在一起，最后形成一个长的氨基酸链——蛋白质。每一个氨基酸由 **3 个**碱基编码。DNA 分子上编码蛋白质的碱基顺序就是**遗传密码**。

▷ 生物学的应用：DNA 探索者

20 世纪 50 年代，那些热衷于 DNA 结构和性质研究的科学家们进行了大量的工作。

美国生化学家查加夫分析了来自不同生物体的 DNA 样本。

他发现 A 的含量总是等于 T 的含量，而 C 的含量也总是等于 G 的含量。

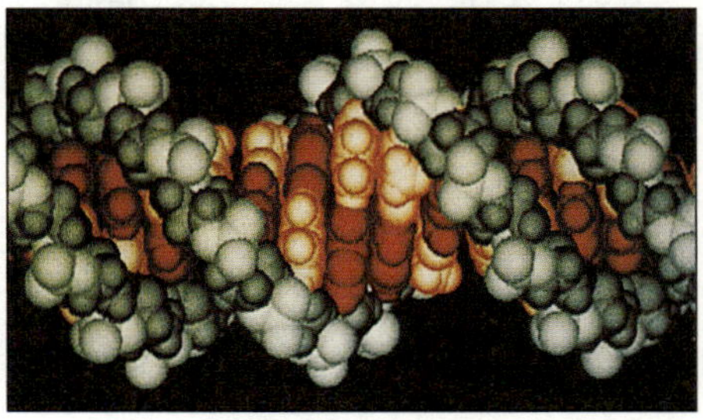

DNA 分子的计算机模拟图

根据这个证据你能得出什么结论？

它提示：A 与 T 配对，C 与 G 配对。

与此同时，**富兰克林**和**威尔金斯**在伦敦的国王学院进行着他们的研究工作。他们使用一种叫做 **X 射线衍射**的技术来计算 DNA 分子中各种原子的距离和空间排列情况。

首先他们用 X 射线照射 DNA 的晶体。X 射线碰撞到原子后发生衍射落在成像板上，显影得到成像板的图像，这个图像能帮助研究者构建出 DNA 的三维结构图。

罗莎琳德 · 富兰克林

双螺旋

1953 年，剑桥的**沃森**和**克里克**计算出了 DNA 分子的结构。

沃森是美国人，在英国从事生物化学研究工作。克里克是英国人，由物理学转向生物化学的研究。他们使用了查加夫的实验结果以及富兰克林和威尔金斯制作的 X 射线衍射图。

他们裁剪出有关分子的模型，然后把它们拼凑在一起。

他们进行数小时的讨论，然后废寝忘食地研究那些模型。

终于，他们成功地构造出 DNA 分子的三维结构模型。

那是一个漂亮的双螺旋结构模型。

而且，分子的每一半能相互分开，能够进行精确的复制。

这就意味着，细胞分裂时染色体及其基因能够进行精确的复制。

沃森和克里克是如此兴奋于他们的发现，他们冲出实验室来到大街上，向路人宣布他们的发现。

富兰克林于 1958 年死于癌症。

1962 年，沃森、克里克和威尔金斯因为他们在 DNA 结构研究中的贡献获得了诺贝尔奖。

沃森和克里克与他们的 DNA 模型

▷ 有丝分裂

你应该还记得新细胞是通过细胞分裂产生的。

有丝分裂（mitosis）是细胞分裂的方式之一。

除性细胞外，所有细胞都是通过有丝分裂产生的。

一个进行有丝分裂的细胞会分裂成 2 个**子细胞**。

子细胞具有与母细胞相同的特征，而且子细胞彼此也相同。

每个子细胞包含二倍体数目的染色体。

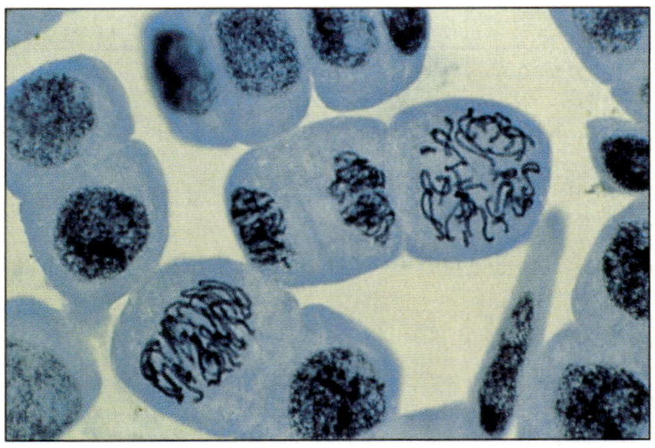

正在进行有丝分裂的细胞

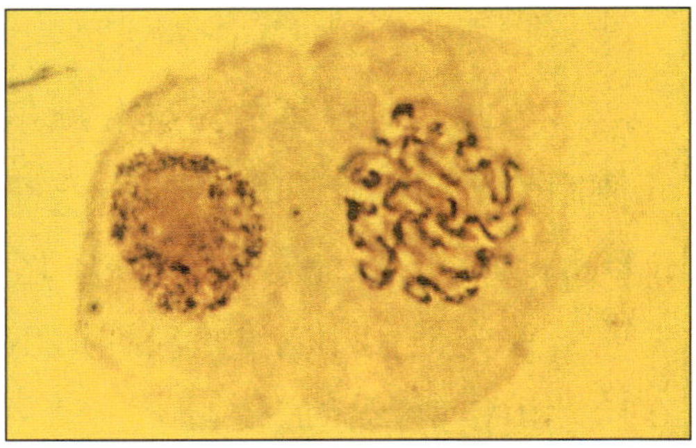

右边细胞内的染色体明显可见

有丝分裂发生在什么时候？

- 生长时会发生有丝分裂。
  生物体生长时会发生有丝分裂。生物体在产生新的个体、伤口愈合、种子萌发和红细胞替换时都会通过有丝分裂产生新细胞。
- 无性繁殖时会发生有丝分裂。
  母体的细胞通过分裂产生新细胞，新细胞形成新的个体。

有丝分裂时期

在细胞进行有丝分裂之前，它必须合成出第二套染色体。

如果细胞没有准备好另一组染色体就发生分裂会有什么后果？

每个子细胞中会有多少条染色体？

细胞处于分裂间期时，染色体像一团乱线。细胞开始分裂时，染色体变得清晰可见。

下图显示了有丝分裂中一对染色体的变化：

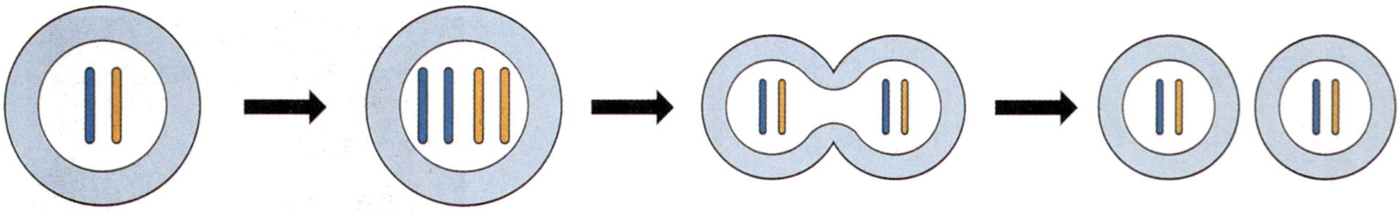

分裂之前细胞核内 23 对染色体中的 1 对

每个染色体复制出相同的 1 条染色体。此时的细胞核内有 92 条染色体

细胞一分为二，形成 2 个子细胞。每个子细胞获得一套完整的染色体

2 个子细胞，与它们的母细胞相同

▷ 减数分裂

如果精细胞和卵细胞像体细胞一样有 46 条染色体，那么受精之后会怎样？

受精卵会有 92 条染色体—— 那是正常数目的 2 倍！

幸运的是，像精细胞和卵细胞这样的性细胞是通过另外一种细胞分裂方式产生的。

这种细胞分裂方式就是**减数分裂**（meiosis）。

减数分裂使染色体数目减半。

所以卵细胞和精细胞中只有 23 条染色体。

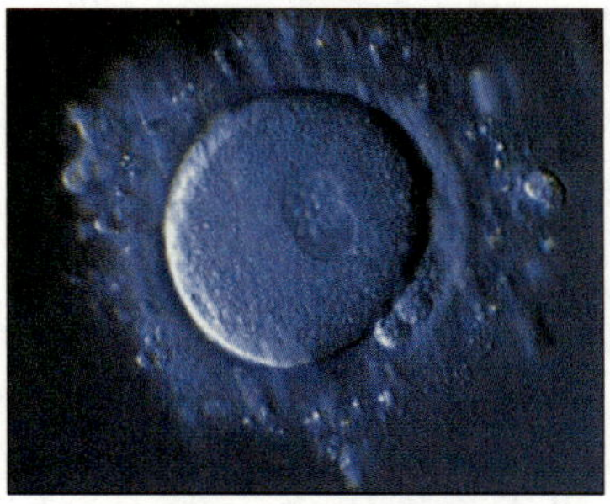

人受精卵

受精卵有 46 条染色体，其中的 23 条来自母方，由卵细胞提供，另外 23 条来自父方，由精子提供。

二倍体染色体数目减半后称为**单倍体**。

在女性体内的什么地方发生减数分裂呢？

在男性体内的什么地方发生减数分裂呢？

减数分裂发生在性器官中。

卵巢通过减数分裂产生卵细胞。

睾丸通过减数分裂产生精细胞。

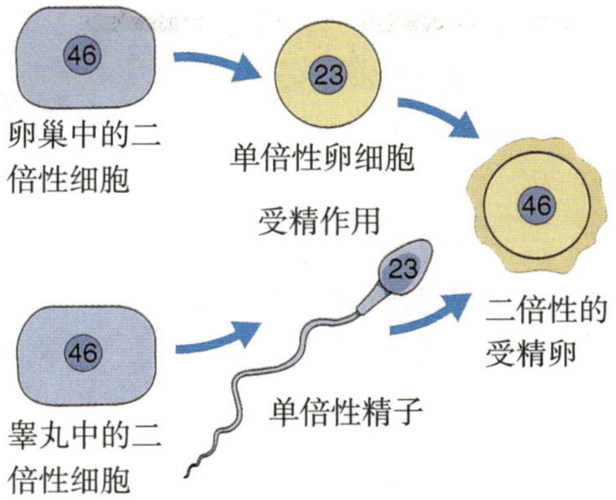

减数分裂发生在植物的哪些部位？

花药通过减数分裂产生花粉。

子房通过减数分裂产生卵细胞。

下图显示了减数分裂过程中一对染色体的变化：

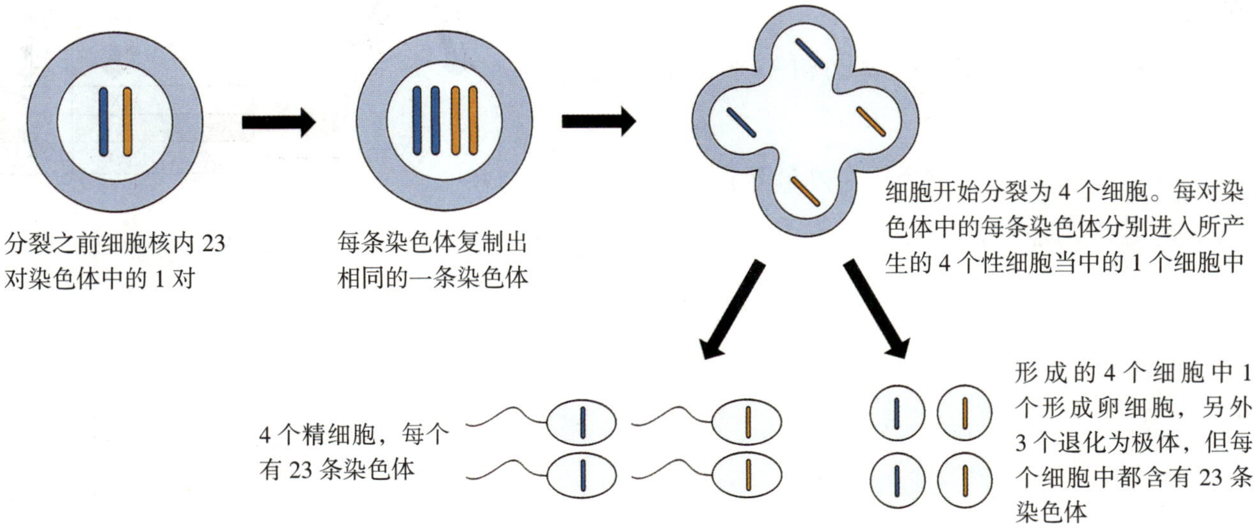

减数分裂产生的子细胞彼此并不相同。它们在遗传上不一样，这有利于变异的产生。

▷ 是男孩还是女孩？

你的染色体决定了你的性别。

你还记得人有多少条染色体吗？

46 条，23 对。有 22 对能完全配对，但是最后 1 对不能完全匹配。

第 23 对被称为**性染色体**（sex chromosome）。正是这对染色体决定了你是男孩还是女孩。

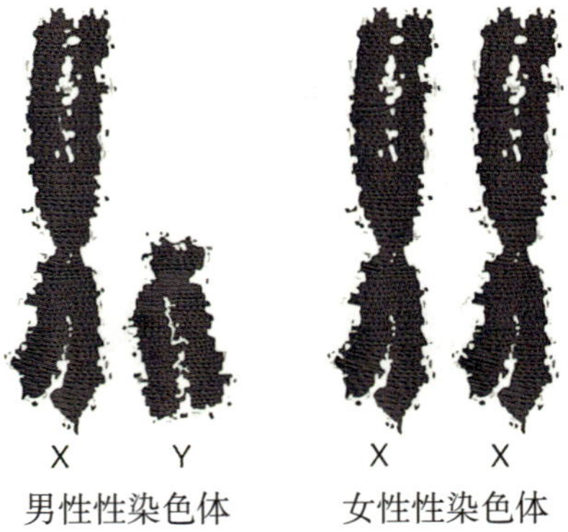

如果你是男孩，一条性染色体要比另一条长。你有一条长的 **X 染色体**和一条短的 **Y 染色体**。

如果你是女孩，你的性染色体看起来一样。你有 2 条相同的 **X 染色体**。

精子和卵细胞的形成过程中染色体有怎样的变化呢？

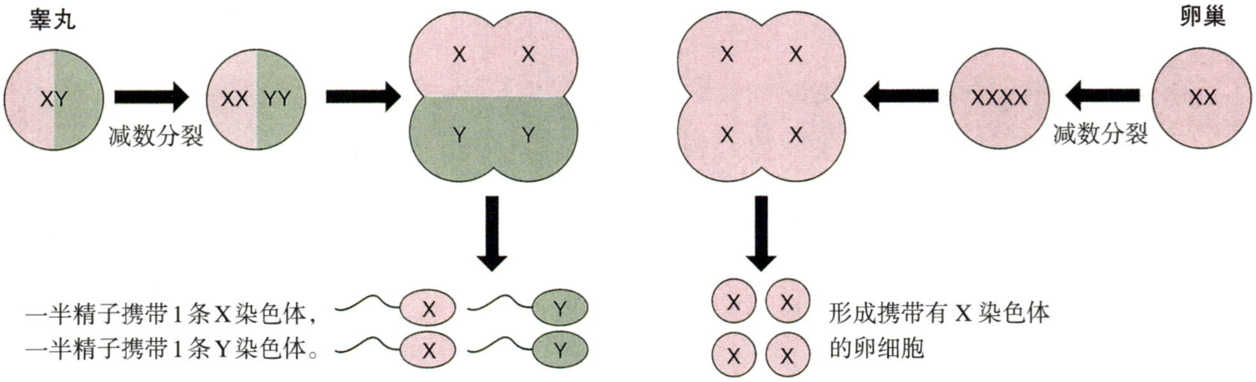

示意图显示了性别是如何遗传的：

所有的卵细胞含有 X 染色体。

一半精子含有 X 染色体，一半精子含有 Y 染色体。

受精时，一个卵细胞要么和一个 X 精子结合，要么和一个 Y 精子结合。

因为 X 精子和 Y 精子的数量相同，所以这个孩子是男孩或是女孩的概率相同。

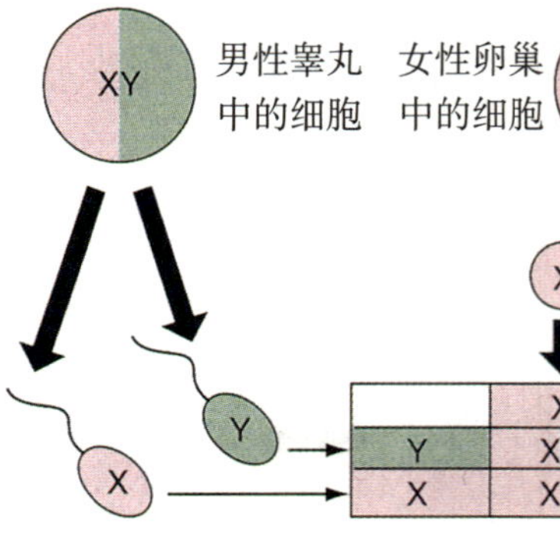

	X	X
Y	XY	XY
X	XX	XX

▷ 格雷戈尔·孟德尔

格雷戈尔·孟德尔是一名奥地利牧师和教师。他于 1822 年出生在一个农民家庭。在修道院里，孟德尔有一个小花园，他在那里种植豌豆进行实验。他想知道性状是如何从上一代传递到下一代的，想寻找其中的规律。

孟德尔选择一些容易观察的性状进行研究，比如植株的高度、花朵的颜色和种子的形状。豌豆很容易种植，它们的花既可以进行自花授粉，又可以进行异花授粉。

孟德尔辛苦地进行着他的研究工作：制订研究计划，小心翼翼地收集和记录好实验数据。他对收集到的大量实验数据进行了统计分析，最终得出了合理的科学结论。

令人惊叹的是，孟德尔的研究工作是在人们不知道 DNA、基因或染色体的情况下揭示了遗传的规律。

如果当时科学家们知道了基因和染色体的存在，他们就能解释孟德尔的“遗传因子”是怎样在世代之间传递的。孟德尔的研究工作直到他去世多年之后才被人们认识到了它的重要性。

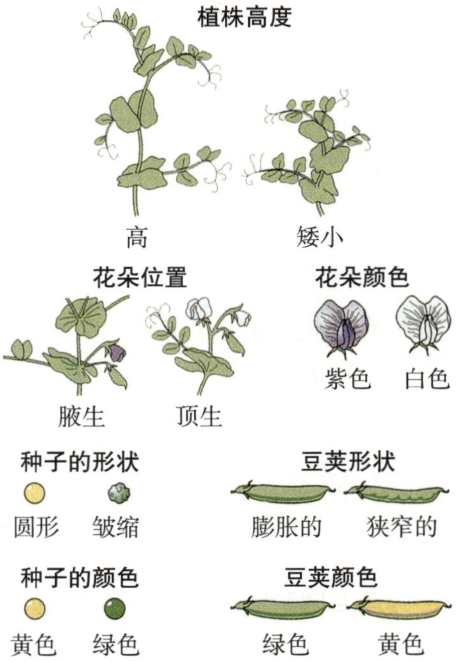

看一看示意图，图上显示了孟德尔研究过的豌豆的性状：

你注意到了什么？

他研究的性状表现出非此即彼的特征：例如，生长高度要么高，要么矮；花的颜色要么是紫色，要么是白色。

这提示它们是由单一基因控制的。

基因成对存在

现在我们已经知道，染色体是成对存在的，相同的染色体成为一对。那么一对染色体中的每一条染色体携带着排列顺序相同的基因。

以毛发颜色这个性状为例子。控制毛发颜色性状的基因位于某个特定的染色体上。既然染色体是成对的，那么另一条染色体上也有控制毛发颜色的基因。

所以对于某个性状而言，它的控制基因有 **2** 个。成对的染色体上各有 1 个。所以你有 2 个基因控制毛发颜色，2 个基因控制眼睛的颜色，等等。

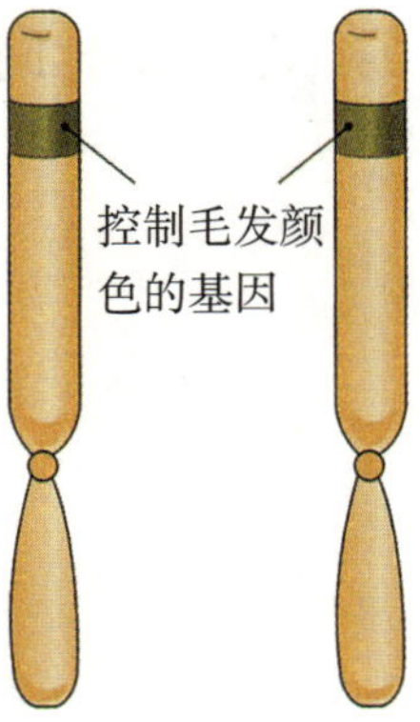

一对染色体

进一步了解基因

你还记得一个性状由多少个基因决定吗？

一个性状由 2 个基因决定。

这 2 个基因分布在邻近染色体对等的位置上。

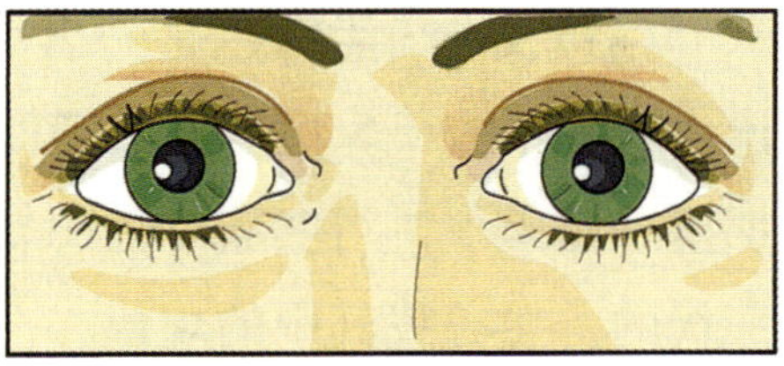

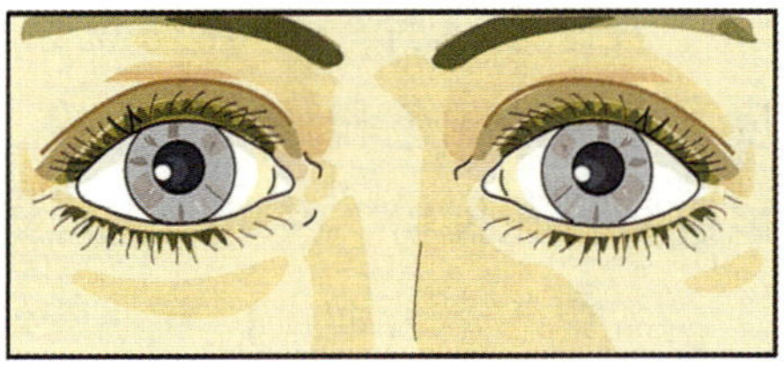

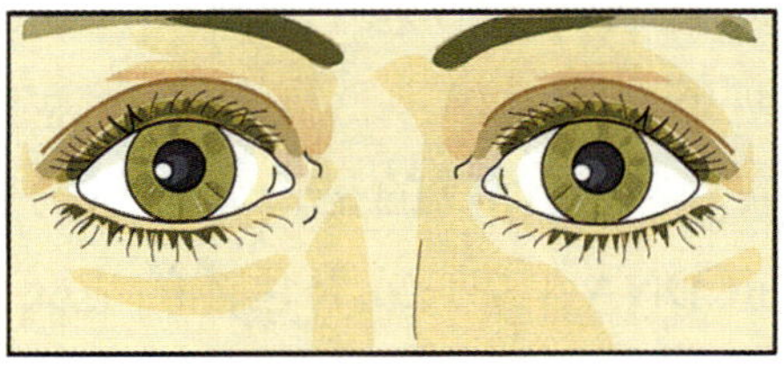

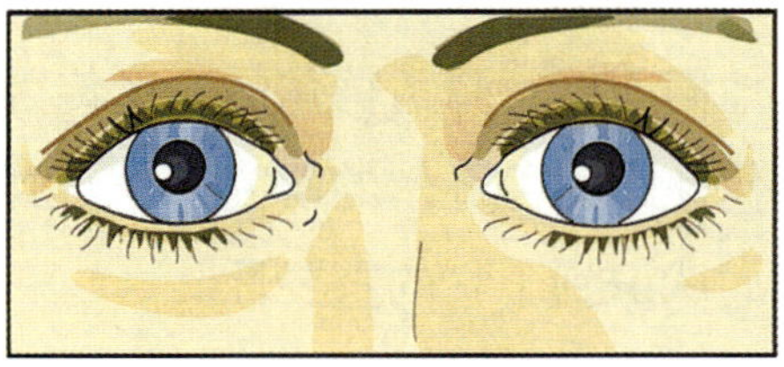

看一看控制眼睛颜色的基因。

控制眼睛颜色的基因有不同的形式。

有蓝色眼基因、棕色眼基因、绿色眼基因，等等。

同一个基因的不同形式叫做**等位基因**（allele）。

所以你应该说你有 2 个控制眼睛颜色的等位基因，而不是 2 个基因。

事实上，眼睛颜色的遗传是由很多等位基因控制的。

因此，不用担心，如果你父母都是蓝色眼睛而你的眼睛却是棕色的。

在下面的例子中，为了使问题简化，我们只提及 2 个等位基因。

我们用 *B* 表示棕色眼等位基因。

我们用 *b* 表示蓝色眼等位基因。

如果你有 2 个基因 *B*，那么你的眼睛是棕色的。

基因型（genotype）是指你拥有的等位基因的类型。

表现型（phenotype）是指你所表现出来的性状。

所以你的基因型是 *BB*，表现型是棕色眼。

就眼睛颜色而言，你是**纯合的**，因为你的**两个**等位基因是相同的。

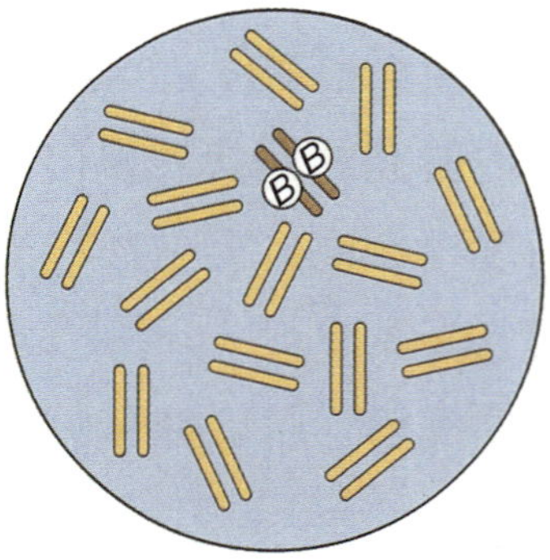

眼睛颜色的等位基因是相同的：棕色

显性和隐性

如果你有 2 个基因 *b*，那么你有蓝色眼睛。

你的基因型是 *bb*。

你的表现型是蓝色眼睛。

就眼睛颜色而言，你是**纯合的**（homozygous），因为你的等位基因是相同的。

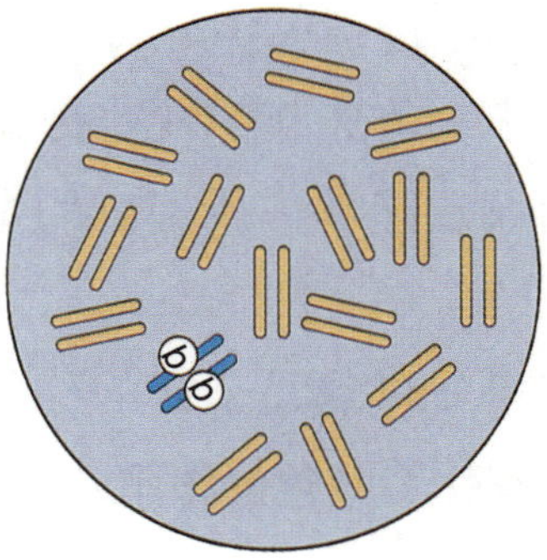

控制眼睛颜色的等位基因相同：蓝色

如果你有一个基因 *B* 和一个基因 *b*，你会有怎样的眼睛？

你的基因型是 *Bb*。

就眼睛颜色而言你是**杂合的**（heterozygous），因为你的 2 个等位基因是不一样的。

那么表现型如何呢？

你会有一只蓝色眼睛和一只棕色眼睛吗？

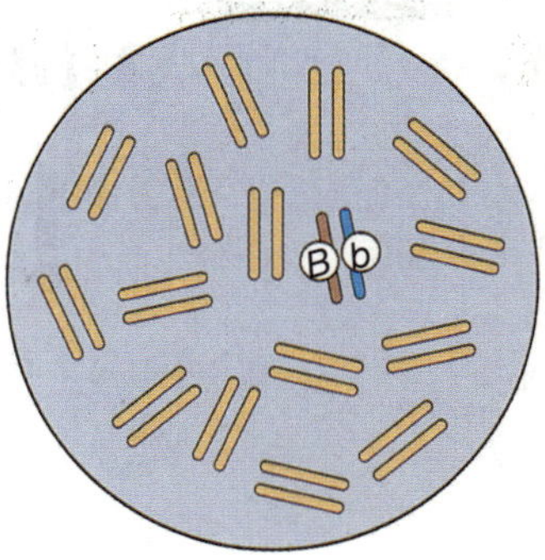

控制眼睛颜色的等位基因不同：一个棕色，一个蓝色

当 2 个等位基因**不一样**时，其中一个的作用要比另一个的强一些。

强势基因的作用掩盖了弱势基因的作用。

棕色等位基因的作用强于蓝色等位基因，棕色掩盖了蓝色。

所以这种基因型的人会有棕色的眼睛。

我们说棕色等位基因是**显性的**（dominant），蓝色等位基因是**隐性的**（recessive）。

表格中列举了人体的一些显性和隐性性状：

显　性	隐　性
有雀斑	无雀斑
黑发	浅色发
舌头可卷	舌头不可卷
游离耳垂	附着型耳垂
肤色正常	白化体

你的眼睛颜色是怎么遗传的？

前面学过染色体是成对的。

其中一条来自你的父亲，一条来自你的母亲。

那就意味着你所拥有的每一对等位基因，一个来自父亲，一个来自母亲。

如果父母都是杂合的棕色眼会怎样呢？他们的孩子会有什么颜色的眼睛？

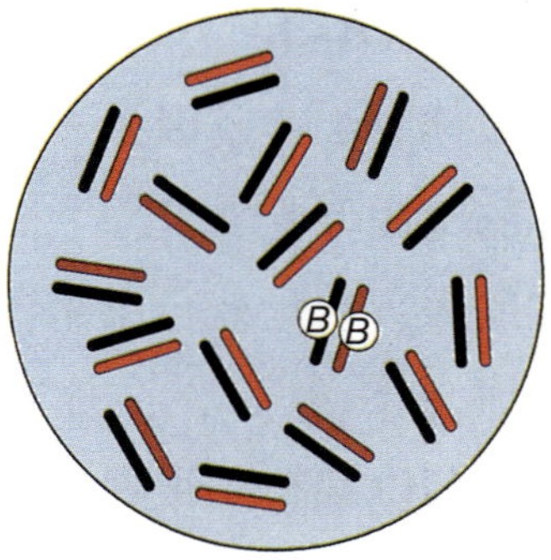

黑色染色体来自父亲，红色染色体来自母亲

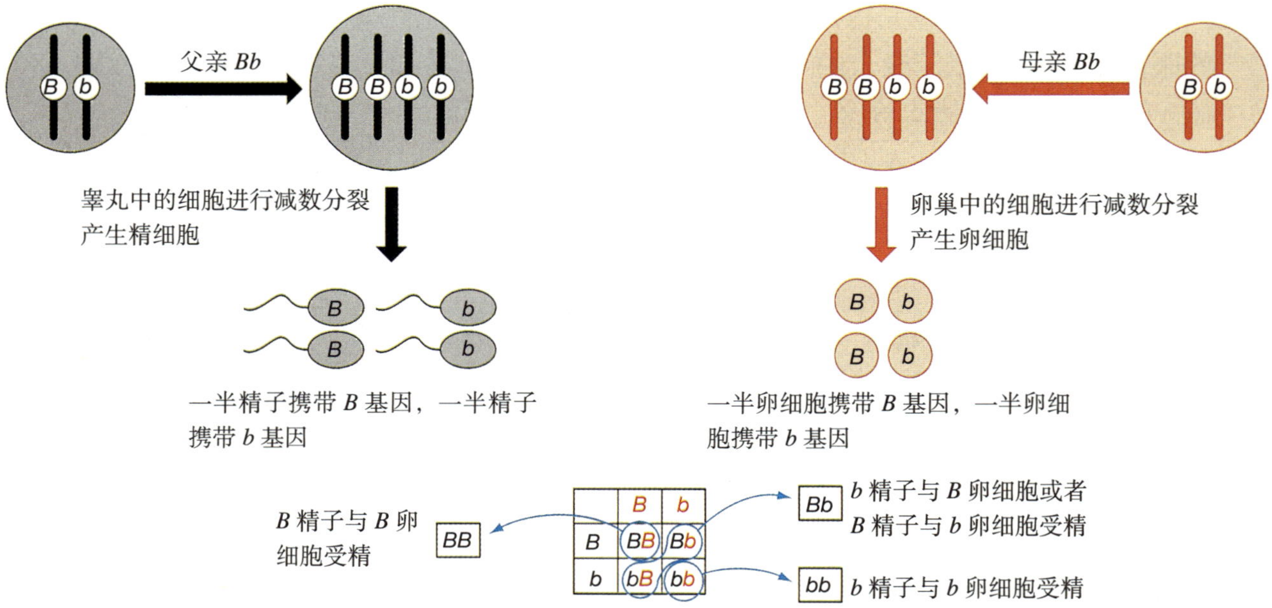

所以杂合棕色眼父母的孩子可能是棕色眼，也可能是蓝色眼。

他们的眼睛为哪一种颜色的可能性更大？

如果母亲是纯合蓝色眼，父亲是纯合棕色眼，他们的孩子会有什么颜色的眼睛？

如果母亲是纯合蓝色眼，父亲是杂合棕色眼，他们的孩子会有什么颜色的眼睛？

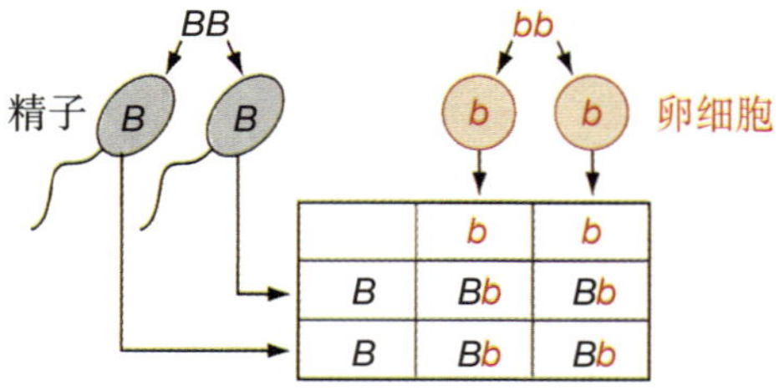

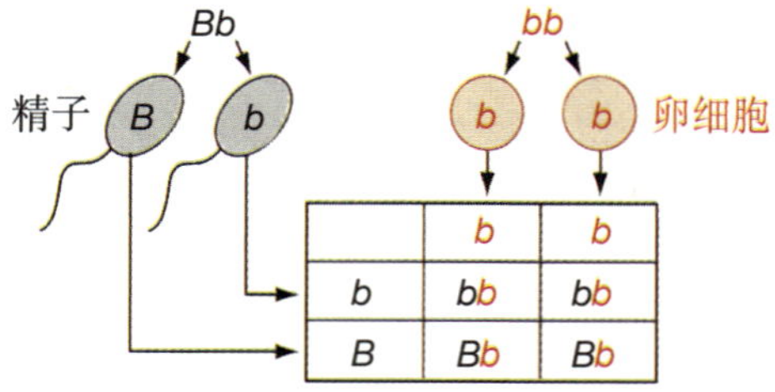

▷ 基因的作用

假设你在从事植物育种工作。

你想用红花植株与白花植株杂交。

你会怎么做呢?

你从红花中取出花粉，然后把它们放到白花的柱头上，进行**杂交**（cross）。

种子结出来后，你把它们播种长出新的植株。这些植株都开红花。

你如何解释这个现象?

甜豌豆的花朵表现出变异

图片给出了解释:

花色由 2 个等位基因决定。

R 表示红花基因，*r* 表示白花基因。

红花植株是纯合红色（*RR*）。

白花植株是纯合白色（*rr*）。

花粉粒只有 1 个等位基因 *R*。

卵细胞只有 1 个等位基因 *r*。

所以受精后全部子代的基因型都是 *Rr*。

它们是杂合红色，因为红花基因是显性的。

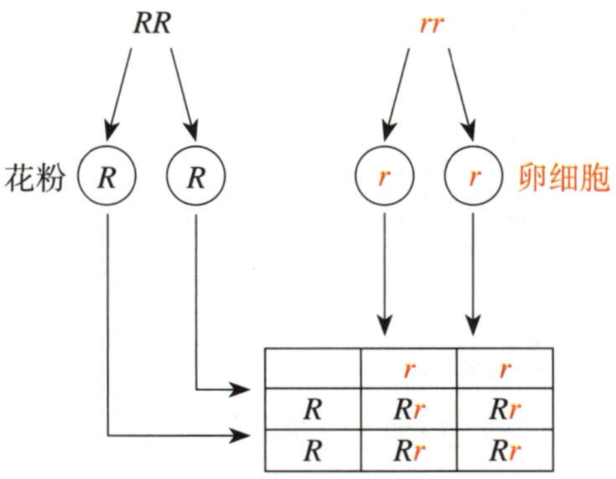

都是红色

进一步杂交

现在你需要进一步繁殖第一次杂交得到的子代。

这次用红花植株（*Rr*）与另一个红花植株（*Rr*）杂交。所有亲本植株都是杂合的。

杂交后代既有开红花的，也有开白花的。

你如何解释这个结果?

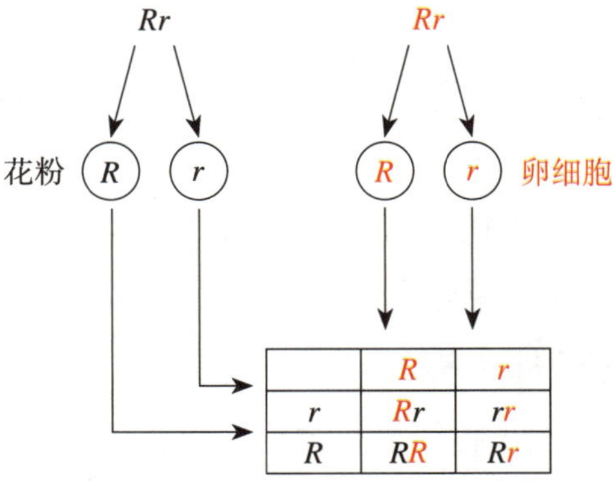

这次亲本植株产生的花粉或卵细胞中，一半有红花基因（*R*），一半有白花基因（*r*）。

在受精时，这些等位基因可以有 4 种配对组合:

1 × *RR* 红花;

2 × *Rr* 红花;

1 × *rr* 白花。

红花植株与白花植株的比例是 3 : 1。

其他杂交

在动物中也会出现相同的情况吗？

让我们看一看小鼠皮毛颜色的遗传。

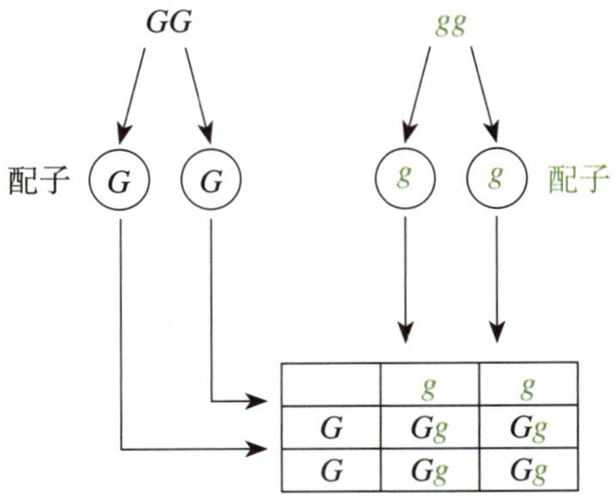

有灰色小鼠和白色小鼠。

用 *G* 表示灰色等位基因。

用 *g* 表示白色等位基因。

如果用纯合灰鼠与纯合白鼠杂交会出现什么情况呢？

如图所示：所有的子代都是灰色。

所以灰色基因 *G* 对于白色基因 *g* 是显性。

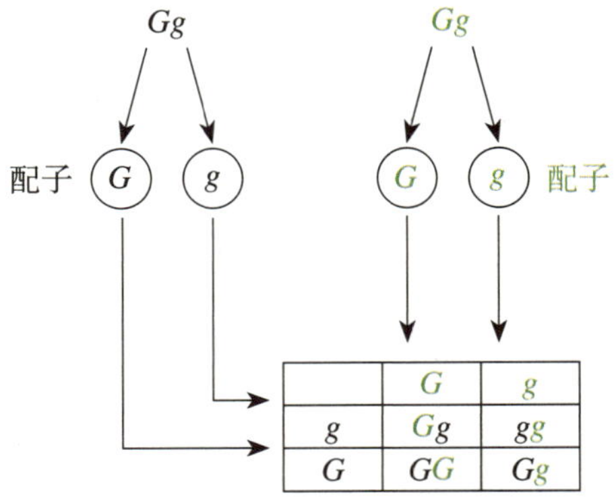

现在用 2 只杂合灰鼠（*Gg*）杂交：

后代中灰鼠和白鼠的比例是 3 ∶ 1。

白鼠必须有 2 个隐性基因，它是纯合白鼠（*gg*）。

灰鼠的基因型可能是杂合的（*Gg*），也可能是纯合的（*GG*）。

后代的表现型比是：3 灰鼠 ∶ 1 白鼠。

基因型的之比是：1*GG* ∶ 2*Gg* ∶ 1*gg*。

测交

我们如何辨别一只灰鼠是纯合（*GG*）的还是杂合（*Gg*）的呢？

我们如何知道一株红花植株是纯合（*RR*）的还是杂合（*Rr*）的呢？

其实从外观是无法判断的。

但是我们可以进行**测交**。

就是用一个基因型未知的亲本与纯合隐性亲本杂交，比如这里用纯合白鼠或纯合白花植株。

让我们再次用遗传图解来解释：

如果红花植株是纯合（*RR*）的，那么它与纯合白花植株（*rr*）杂交后，子代应该都是红花植株（*Rr*）。

如果红花植株是杂合的（*Rr*），那么它与白花植株（*rr*）杂交后得到的子代一半开红花，一半开白花。

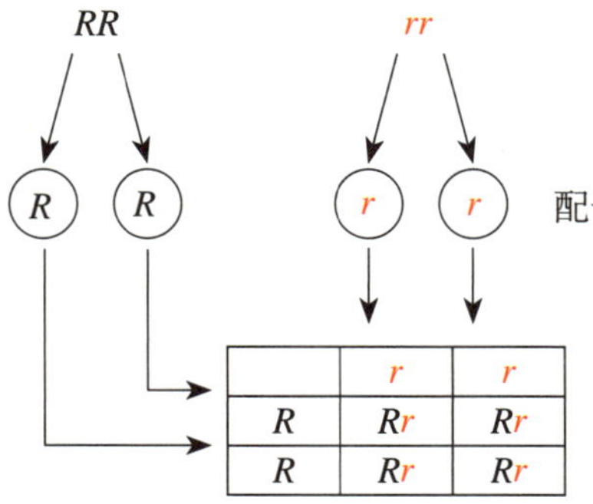

全是红花

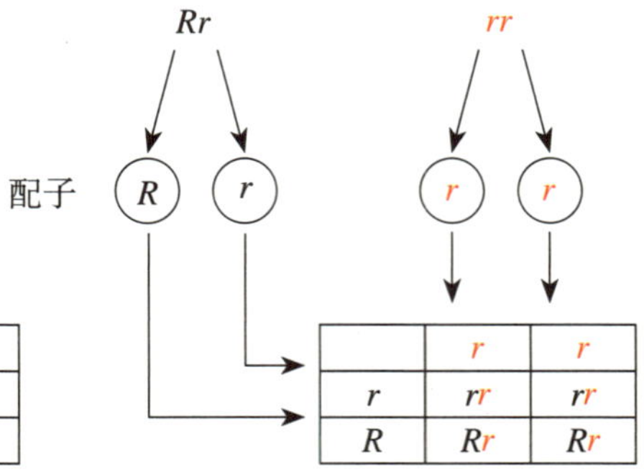

一半红花一半白花

▶ 突变

突变（mutation）是指基因或染色体发生了改变。这种改变会引起性状的改变。这种改变有时是有害的，有时是中性的甚至是有益的。

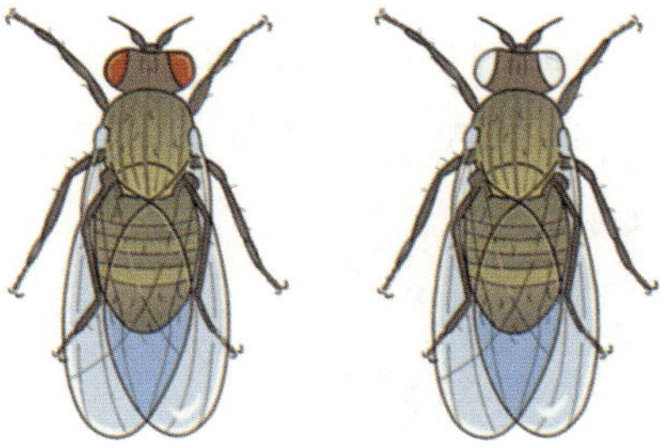

果蝇是第一个被用来研究突变的生物。正常果蝇复眼的颜色是红色。但是研究者发现了一只突变的白眼果蝇。控制复眼颜色的基因突然发生了改变。这种改变是由编码基因的 DNA 碱基序列的变化引起的。改变了的基因不再编码产生红眼所需的信息，而是编码产生白眼的信息。

另一个相似的例子就是**白化病患者**的产生。有一个基因控制着皮肤中黑色素的产生。这种色素能保护我们的皮肤免受紫外线的伤害。它也会使你的皮肤被晒黑和长雀斑。

在白化病患者中，基因的结构改变了，即发生了**突变**。它不再编码信息控制**黑色素**的产生。在动物中也会出现白化个体。你知道图片中的这只刺猬会处于怎样的不利境地吗？

想象一下，如果一种病原体，比如细菌，发生了突变后具有了抗生素抗性，这会有什么后果？突变的基因编码一种酶能分解抗生素。所以这种细菌的数量增加，在与无抗性细菌的竞争中大获全胜。这种突变对细菌是好事，可对我们就不太妙了！

基因突变通常是隐性的。它们的作用会被显性等位基因遮盖。在下一页你会看到一种由基因突变导致的遗传性疾病——**囊性纤维化**。

突变在自然状态下随机发生，但是辐射和一些化学物质能引起突变。紫外线辐射、X 射线和伽马射线的危害最大。辐射的剂量越大，突变发生的概率就越大。

1946 年 3 月的日本广岛

1945 年 8 月 6 日和 9 日，美国先后在日本广岛、长崎投下两枚原子弹。原子弹爆炸后，产生了巨大剂量的辐射，这种辐射极大地增加了突变率。很多有缺陷的婴儿出生，在很长一段时间内各种癌症在人群中频发。

▶ 遗传病

基因在世代之间传递着性状。

一些人遗传到了让人患病的缺陷基因。

囊性纤维化

这是一个由基因突变引起遗传病的例子。

大约 2 000 个小孩中会有 1 个患上这种疾病。他们会产生很浓稠的黏液。这些黏液能阻塞气管和向肠道释放消化液的管道。所以这些孩子会不时地发生呼吸和食物吸收方面的疾病。

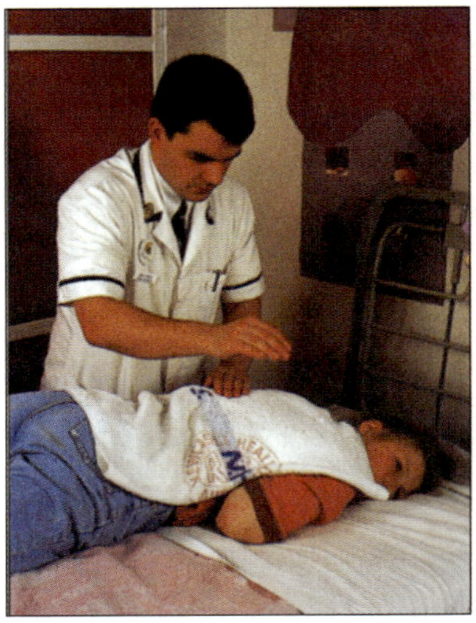

患者需要进行胸部物理疗法。黏液是微生物生长的良好介质。患者会经常受到感染，不得不使用药性很强的抗生素进行治疗。每发生一次感染，就使肺部受到更多的损伤，孩子也越来越虚弱。

科学家们正在尝试用一个好的基因去替换有缺陷的基因。研究者用吸入器将上百万正确基因的拷贝导入到肺泡细胞。这种称为**基因治疗**（gene therapy）的技术能缓解患者的症状（见第 253 页）。

囊性纤维化是由隐性基因引起的。我们用 *c* 表示。患病的人一定有 2 个隐性基因（*cc*）。杂合个体（*Cc*）不会患病，但他们是携带者，会将致病基因遗传给他们的孩子。

如果父母都是携带者（*Cc*），那么他们的孩子患囊性纤维化病的概率是多少？

从示意图可知，他们的孩子患这种疾病的概率是 1/4。

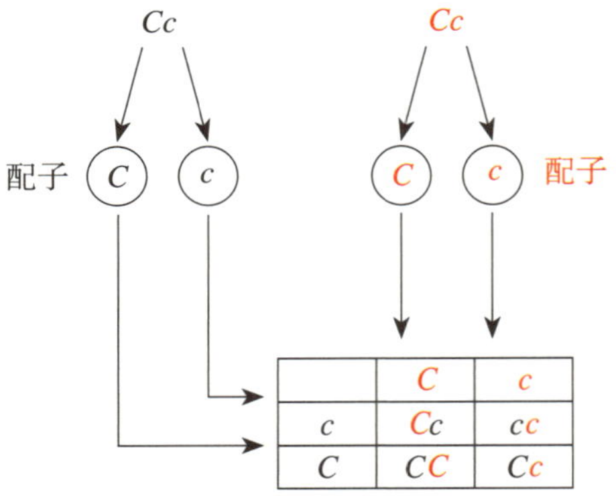

患囊性纤维化病的概率为 1/4

其他遗传病

亨廷顿病

这是一种罕见的遗传病。20 000 人中可能有 1 人患这种疾病。在病人 30～40 岁，病症才显现出来。病人的脑细胞退化，会出现笨拙的、快速的意外动作。患者还会变得喜怒无常，情绪低落。他们的记忆力受到影响，最终会完全丧失。

亨廷顿病是由一个显性基因导致的，也就是说只需要一个等位基因就能引起这种疾病。所以所有的杂合个体都是患病者。因为这种病发病比较晚，很多人在发现自己有病之前都已经组建了家庭。

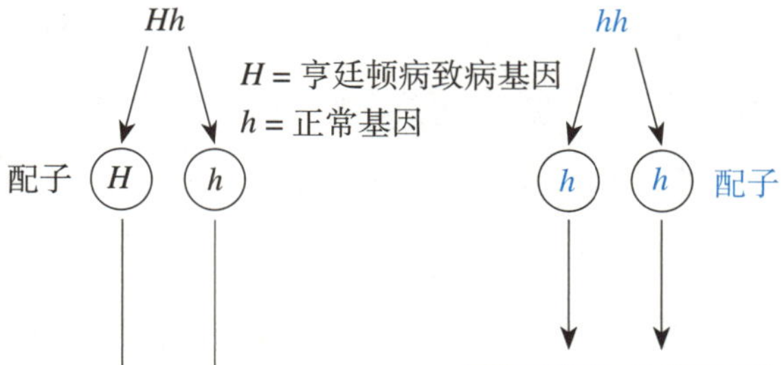

	h	*h*
h	*hh*	*hh*
H	*Hh*	*Hh*

一半后代患有亨廷顿病

镰状细胞贫血

镰状细胞贫血（sickle cell anaemia）是一种血液方面的遗传病。

看一看这 2 张红细胞的照片：它们有什么不同？

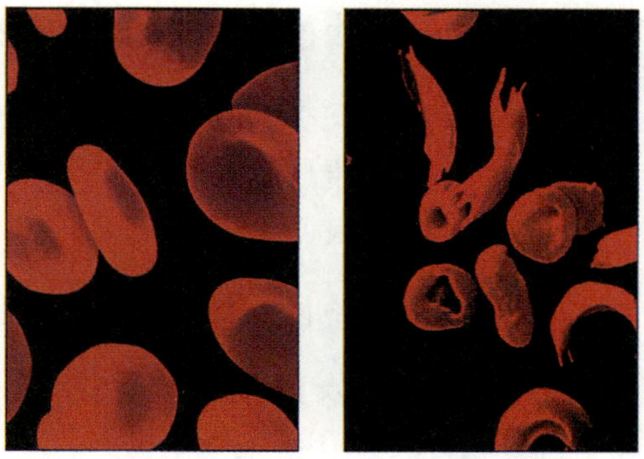

右边的红细胞来自一个镰状细胞贫血的患者。你注意到了红细胞的奇怪形状吗？它们呈 S 形，像一把镰刀。

这些红细胞的血红蛋白不正常。这使得红细胞无法有效地运输氧。这种遗传病在西非比较常见。

镰状细胞贫血由隐性等位基因引起。

患病的孩子从双亲各遗传一个等位基因，是隐性纯合个体。

有趣的是杂合个体对**疟疾**有抵抗力。疟疾是一种微生物侵入红细胞引起的致死性疾病（见第 149 页）。这种微生物却不能以相同的方式侵袭镰刀形的红细胞。

所以杂合个体或**携带者**在疟疾盛行的地区反而具有了一种优势。

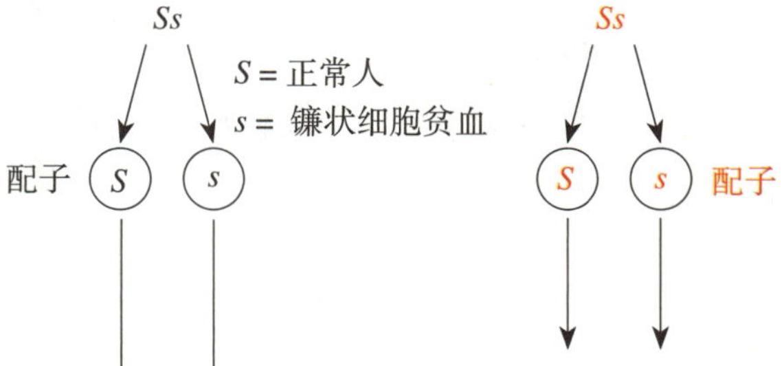

	S	*s*
s	*Ss*	*ss*
S	*SS*	*Ss*

患镰状细胞贫血的概率为 1/4

▶ 基因工程

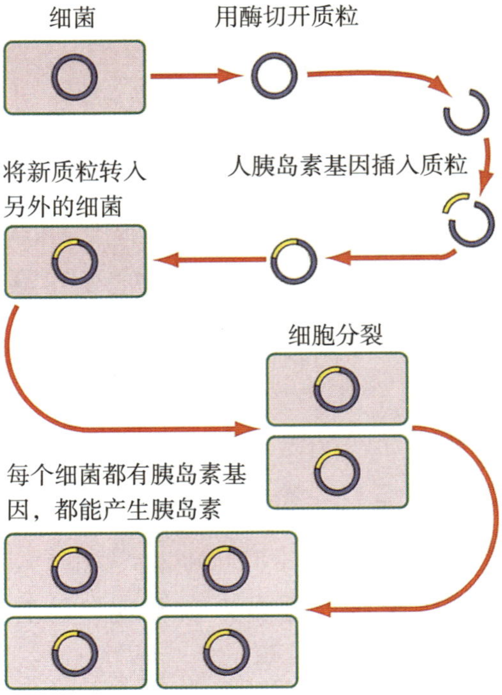

当身体不能合成某种特定的蛋白质时，往往会引发遗传病。

例如，血友病患者不能合成一种叫做因子Ⅷ的蛋白质。糖尿病患者不能合成胰岛素。

基因工程（genetic engineering）可用于大量产生这些人体所需的蛋白质。

简单地说，基因工程就是从一个生物体取出某个基因，然后把它放进另一个生物体。

下面是应用基因工程帮助糖尿病患者的过程：

- 首先鉴定出编码人胰岛素的基因；
- 使用“化学剪刀”——**限制性内切酶**从总的DNA中切出胰岛素基因；
- 从细菌中提取**质粒**——环状的DNA片段；
- 胰岛素基因的DNA片段两端与质粒DNA的两个末端精确匹配。这些末端称为**黏性末端**；
- 使用**连接酶**连接胰岛素基因和质粒的黏性末端；
- 将质粒转入细菌中；
- 细菌合成胰岛素；
- 细菌快速繁殖，所有增殖产生的细菌都有胰岛素基因。胰岛素可以被大量生产。

基因工程使快速、廉价和大规模生产胰岛素成为可能。细菌在大型工业发酵罐——**生物反应器**（bioreactor）中培养。微生物在理想状态下快速生长。每一个细菌都是相同的**遗传克隆**，都携带有胰岛素基因。胰岛素可从发酵液中提取并进一步纯化。

在基因工程出现之前，人们从绵羊或猪体内提取胰岛素用于糖尿病的治疗。这种胰岛素会经常产生副作用，毕竟它和人的胰岛素不同。

通过基因工程，人们能够快速地生产大量的更加安全的药物。

转基因动物

转基因生物（transgenic organism）获得了其他生物体的基因，这些基因是被转入它们体内的。

转基因绵羊

特蕾西是一只转基因绵羊。它看起来和普通的绵羊一样健康和正常，不同之处是有一个来自人的基因插入了它的 DNA 中。这个基因编码一种非常特殊的蛋白质。科学家们将这个基因转入到受精的绵羊卵细胞中，卵细胞分裂形成一个胚胎。细胞每分裂一次，基因就复制一次。最终特蕾西出生了，它的每一个细胞中都有这个基因。

在 Tracey 的乳汁中含有这种蛋白质，它可以被提取和纯化出来。这种蛋白质非常有用，能用于一种人肺部疾病——囊性纤维化的治疗。

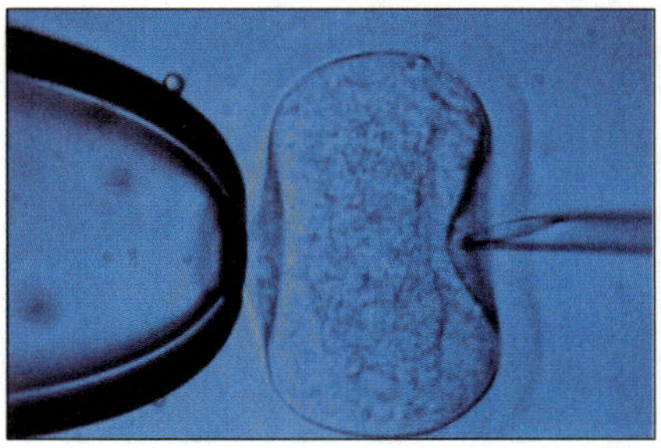

向受精卵注射基因

血友病患者缺少**因子**Ⅷ—— 一种帮助血液凝固的蛋白质。转基因绵羊的乳汁中已经能产生这种因子，并且还能被进一步纯化，这种含有人抗体，低胆固醇的奶称为**"设计型奶"**。

转基因植物

外源基因同样能被转入植物细胞。一种土壤细菌——根癌农杆菌，被用作**载体**向植物细胞内转入对作物有用的基因，比如抗病基因和抗除草剂基因（见示意图）。

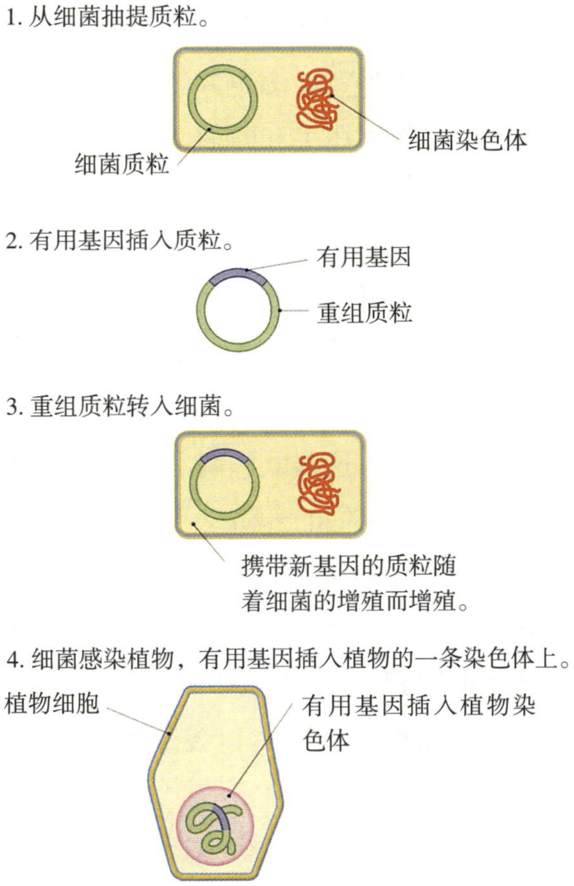

来自抗性植株的基因也能被转入大豆植株，从而增加它们对除草剂的抗性。喷洒除草剂后，杂草被杀死，而作物不受影响。由于减少了营养物质和生存空间的竞争，产量得到了增加，但是对环境产生了潜在危害（见第 257 页）。

豌豆、蚕豆和苜蓿等豆科植物的根中有固氮细菌。这些细菌能将大气中的氮气转变为硝酸盐（见第 310 页）。在不久的将来，有可能将这些固氮基因转入小麦和水稻等作物中。这些作物不再需要人造化肥，因为它们能自己制造氮肥。这样可以减少化肥的使用，同时减少对环境的污染。

来自胡萝卜的控制维生素 A 合成的基因被转入到了水稻中。这可以帮助那些以水稻为主食的国家解决维生素 A 缺乏的问题。来自细菌的毒素基因被转入到植物中，从而培育出一些对昆虫病害有抵抗力的植株。这些植物能够产生毒素将害虫杀死。

▶ 选择性育种

人类种植作物和养殖动物已经有数千年的历史。但人类对动植物的遗传进行改良的历史却很短。

那么动物和植物的改良是什么意思呢?

假设你有一种能结出巨大果实的草莓，但很容易感染病害；你还有一种抗病的草莓，但结出的果实很小。你会怎样改良你的草莓呢？首先选择具有理想性状的植株，然后进行杂交，选择性状在多个世代中都能稳定遗传的子代。最终，可以筛选到抗病的、果实大的草莓。

通过植物的杂交育种，可以培育出高产、生长快速和抗病的作物品种。

从遗传的角度，是人类而不是环境决定哪些基因传递给下一代，哪些基因会被丢失。

如下是牛被选择性育种的两大理由，也称为**人工选择**：

- 为了生产更多更好的牛肉，选用品种有赫里福德肉用牛和阿伯丁·安格斯肉用牛；
- 为了生产更多的牛奶，包括的品种有泽西种乳牛和格恩西乳牛。

赫里福德肉用牛

人工授精和胚胎移植等技术提高了动物选择性繁殖的成功率（见第 215 页）。

为了改良羊毛品质，用同样的方法选择繁殖了美利奴绵羊。这些欧洲南部的绵羊自从被引入澳大利亚以来，它们的养殖一直非常成功。

大麦和小麦等禾谷类作物是从杂草中培育出来的。提高这些作物的产量能够提供更多的食物。通过植物育种可以培育出抗病性更强的、抗霜冻的作物品种，甚至可以控制作物的高度以便于机械化收割。

澳大利亚的美利奴绵羊

选择性育种的危害是近亲繁殖。那就是在亲缘关系很近的个体间进行选择性育种，这会导致隐性有害基因被传递给后代，同时会减少变异的产生。

▷ 生物学的应用：人类基因组计划和胚胎筛选

人类基因组计划

人类基因组（human genome）是指人类所有染色体上包含的全部基因。

人类基因组计划始于 1990 年，包括了来自英国、法国、德国、日本、中国和美国的科学家。他们开始着手破译有 30 多亿个碱基的 DNA 分子，我们的基因就包含在其中。他们想要揭示每一个基因的结构及其所编码的蛋白质。

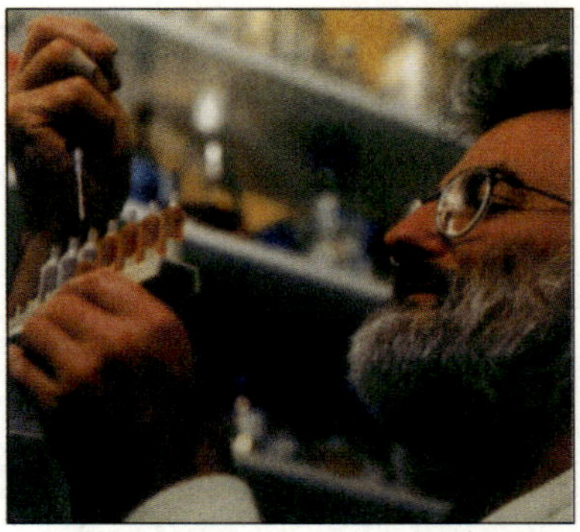

John Sulston 博士，剑桥桑格中心主任，该实验室为英国基因组研究建立了基础

我们为何需要破译人类基因组呢？

很多疾病是由基因的微小突变导致的，就像印刷错误一样，它们向细胞传递了错误信息。这些突变可能是遗传的，也可能是环境因素导致的，如辐射和污染。

像心脏病和癌症这类人类头号杀手的疾病被认为与环境、生活方式和一系列基因有关。如果我们能够鉴定出这些基因，那么就可以采取有针对性的早期治疗。癌症专家们已经开始建立癌细胞的 DNA 突变目录，希望有助于新的治疗方法的研究。对囊性纤维化和阿尔茨海默病的基因治疗已进行了临床试验。

（想了解详细信息，可以查阅老师推荐的网站。）

胚胎筛选和羊膜穿刺术

胚胎筛选技术用于检测体外受精所得的胚胎是否有遗传缺陷。通常是从胚胎中取出单个细胞来分析是否有遗传病，比如囊性纤维化和唐氏综合征。2004 年，人类受精与胚胎管理局规定，可以采用胚胎筛选技术为患有严重疾病的孩子选择组织类型匹配的胚胎，由该胚胎形成的婴儿称为“定制婴儿”。所以，可以为患有白血病的孩子选择一个健康的、组织类型匹配的胚胎。这个胚胎会被植入母亲的子宫中，当孩子出生时，它的脐带中的干细胞可用来治疗那个生病的孩子。

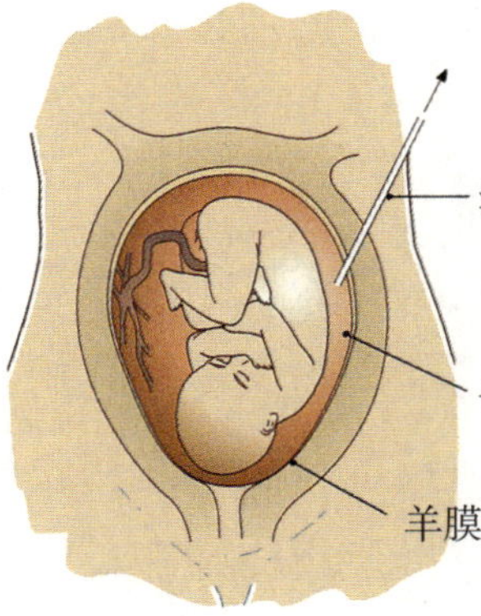

羊水诊断

反堕胎慈善组织“生命”申明：“制造一个人来修复另一个人永远是不道德的。”

羊膜穿刺术是一项建立了很长时间的技术。将一根长针刺入包裹着胎儿的羊膜囊中。含有胎儿细胞的羊水被取出。将羊水离心后，破碎细胞，进行染色，然后在显微镜下检查，可以鉴定出染色体畸变，比如引起唐氏综合征的染色体变异。

唐氏综合征患者的染色体数目不正常。一位女性产生了一个有 24 条而不是 23 条染色体的卵细胞。由这个卵受精发育形成的婴儿有 47 条染色体，比正常人多一条。

▷ 生物学的应用：遗传指纹

你的 DNA 和你的指纹一样是独一无二的。除非你有个同卵双胞胎的姐妹或兄弟，否则找不到第二个人和你有相同的“遗传指纹”。

科学家们从 1 滴血或一根头发中提取 DNA。DNA 片段会产生条形码一样的排列模式。每个人的“条形码”都不一样。

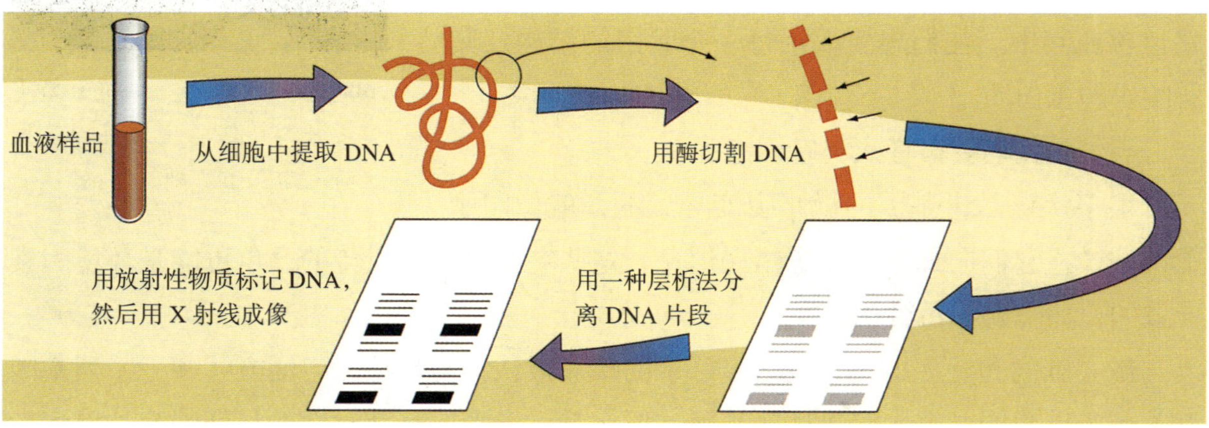

遗传指纹可用于一些犯罪案件的侦破。

嫌疑犯的“条形码”可能会与案发现场的样品吻合。

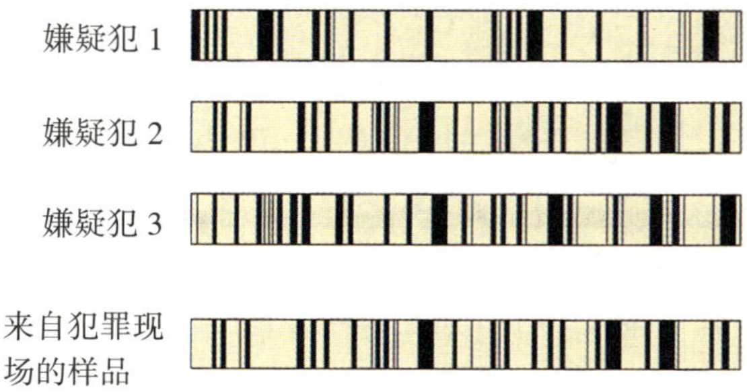

观察图中的遗传指纹：

将嫌疑人的遗传指纹与凶杀现场的样品比对。

嫌疑人中有真正的罪犯吗？

你还能想出遗传指纹的其他用途吗？

这项技术在使用之初曾用于帮助裁定一个加纳人的家庭案。

一位母亲声称她在英国生下了一个儿子，儿子后来移居加纳与他的父亲生活。当这个儿子返回英国时，当局宣布他不是那位母亲的儿子。

你知道遗传指纹法是如何被运用来解决该案例的吗？

▷ 生物学的应用：转基因食品

转基因食品是基因工程在近几年快速发展的产物。使用特殊的酶切割出特定的DNA片段，然后把它们转入植物细胞。这些有用的基因能提高植株的抗病性，增加产量，或者使它们有更好的味道。

很多人可能已经吃过转基因食品了，比如素食奶酪、番茄浓汤和大豆。但是1999年的转基因马铃薯研究引发了公众对转基因食品安全性的争论和广泛关注。

转基因玉米被拔除

转基因食品的好处

科学家和一些生物技术公司迅速回应，强调转基因食品的安全和益处：

- 解决全球饥荒——转基因能为更多的人提供食物。如果转基因作物能生长在严寒、干燥和盐碱等不良环境，那么土地贫瘠地区的粮食产量会大大提高。既然我们能消化食物中的DNA，那么转移的基因也不例外。因此，吃下去的基因是不会有害处的。
- 对环境无害——转基因植物对害虫、杂草和疾病有抵抗力，这将减少杀虫剂的使用。一些基因能改善植物对氮元素的吸收，这样会减少化肥的使用和对环境的污染。
- 对消费者有益——转基因食品的品质和口味已经得到改善。这些食物很容易处理，需要的添加剂更少。

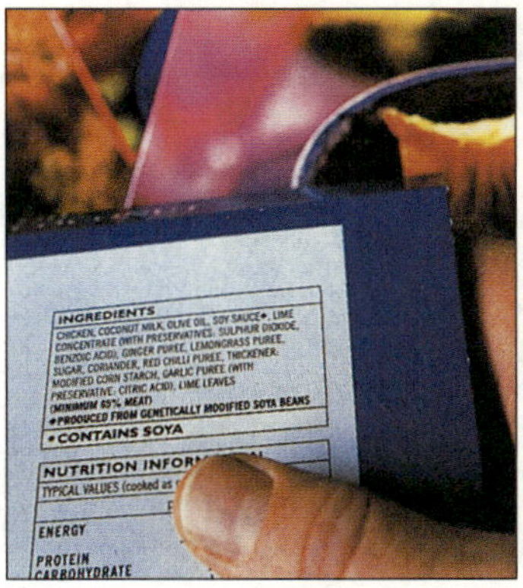

由转基因大豆生产的袋装酱油

温室内转基因水稻的抗病性测试

转基因食品的问题

- 环境安全——有人担心新的转基因植株有可能成为优势性的杂草。抗除草剂植株的花粉可能会被昆虫或风传播到其他的植株上。
- 食品安全——你愿意吃有异源基因的食物吗？这些新基因可能会有目前还未知的副作用。它们可能会产生有害的物质。对此类问题进行了深入彻底的研究吗？
- 改变农业结构——会出现更多的资本密集的大规模农场。这不利于小规模的、经济效益较低的小农场的发展。
- 生物多样性——渐渐地，越来越少的公司控制着植物育种，植物的多样性和野生近缘种的种类会越来越少。
- 动物健康——目前还没有动物生物技术的食物产品上市。任何影响动物福利的动物食品的研发可能会受到越来越多的抵制。

小结

- 遗传信息通过染色体上的基因传递。
- 一个基因就是一小段 DNA。
- 编码某个特定性状的 2 个基因叫做等位基因。
- 纯合个体的 2 个等位基因是相同的。
- 杂合个体的两个等位基因是不同的。
- 细胞进行有丝分裂，生物体得以生长。细胞进行减数分裂产生配子。减数分裂会导致变异的产生，而有丝分裂会形成克隆。
- 性染色体决定了你的性别。
- 有些等位基因是显性的，有些是隐性的。
- 一些子代的表现型一样，但它们的基因型可能不一样。
- 突变可能突然发生在基因和染色体上。某些类型的辐射和化学物质能增加突变率。
- 一些引起疾病的“坏基因”可能是遗传来的。
- 基因工程可以更快速、更廉价地产生大量更安全的药物。
- 一些植物和动物物种经过选择育种后得到了改良。

▷ 练习

1. 句子填空：

细胞核内有丝状的 ______。每条染色体上有很多的 ______。基因是由一长串的化学物质 ______ 组成的。编码同一性状的基因叫做 ______。一对等位基因中，一个基因的作用可能要强于另一个，作用强的基因称为 ______，作用弱的那个称为 ______。如果两个等位基因相同，它们是 ______ 的，如果不同，它们是 ______ 的。

2. 从括号中选择正确的词完成句子：

（1）一个高（基因型 / 表现型）豌豆植株可能的（基因型 / 表现型）有 *TT* 或 *Tt*。

（2）基因型为 *TT* 的高杆豌豆是（纯合的 / 杂合的）显性。

（3）基因型为 *Tt* 的高杆豌豆是（纯合的 / 杂合的）显性。

（4）基因型为 *tt* 的矮杆豌豆是（纯合的 / 杂合的）隐性。

3. 除配子之外的所有细胞的染色体是成对存在的。

（1）什么是等位基因？

（2）为什么一个性状由 2 个等位基因编码？

（3）解释显性等位基因和隐性等位基因的意思。

4.（1）解释**纯合子**和**杂合子**的区别。用 *T* 表示舌可卷，用 *t* 表示舌不可卷。

（2）① 用棋盘法演示杂合子的杂交。

② 写出可能的基因型和表现型的比例。

（3）① 用棋盘法演示纯合显性个体和纯合隐性个体的杂交。

② 写出可能的基因型和表现型的比例。

5.（1）什么是质粒？

（2）什么是遗传克隆？

（3）解释基因工程是如何实现快速廉价的大规模药物生产的？为什么会认为这些药物要比从动物中提取的物质安全？

6.（1）什么是转基因生物？转基因绵羊是如何产生的？它们为何能用于某些疾病的治疗？

（2）举出 3 个例子说明如何用转基因植物改善作物的产量和品质。

7. 示意图显示的是细胞分裂：

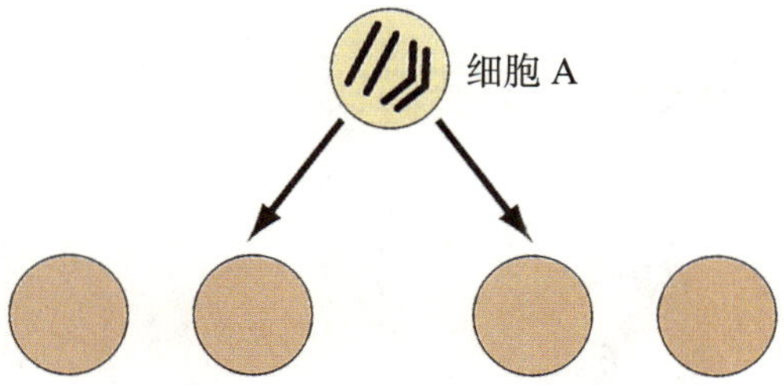

细胞 A 中只显示了 2 对染色体。

（1）在分裂后的细胞（用圆圈表示）内画出适当数目的染色体。

（2）哪一种细胞分裂方式产生的细胞与母细胞不同？解释这种现象的重要性。

（3）列出不同细胞分裂方式发生的部位：有丝分裂、减数分裂。

8. 用 W 表示正常翅，用 w 表示短翅，完成下面的题目：

（1）写出该性状为杂合的果蝇的基因型。

（2）写出它的配子的基因型。

（3）一只杂合果蝇与一只纯合的正常翅果蝇交配会产生怎样的子代？

9. 用红花郁金香与白花郁金香杂交，将收集到的种子播种后得到的全部是红花郁金香。

（1）哪种颜色是显性的？

（2）子代的基因型是什么？

部分子一代进行了自花授粉，产生的子代中红花植株是白花植株的 3 倍。

（3）用图解的方式来解释这次杂交。

10. 示意图显示了性别遗传的一些特征：

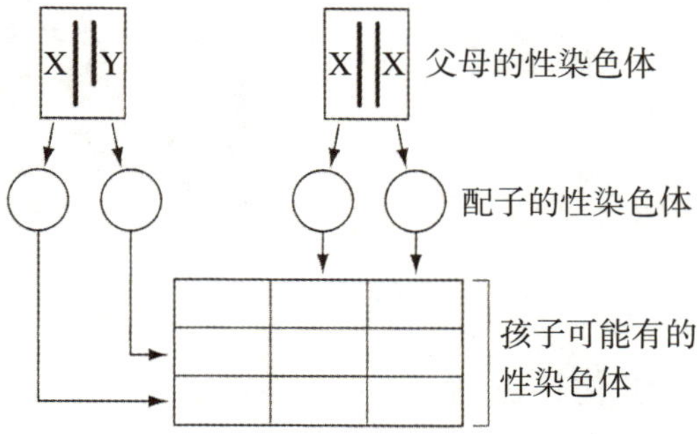

（1）标出图中父母的性别。

（2）标出配子和孩子的性染色体。

下图显示了一个成人细胞内的染色体：

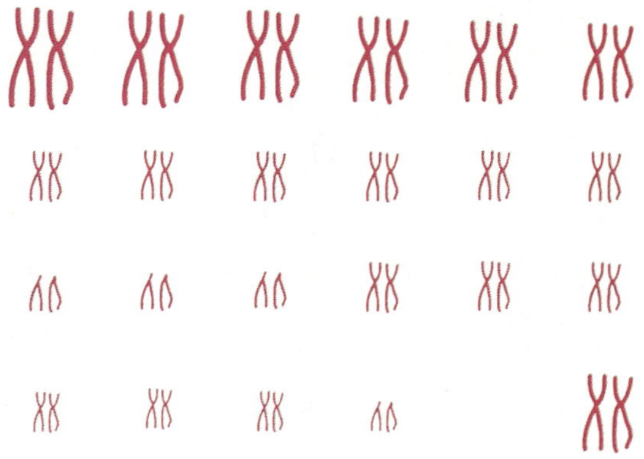

（3）指出这些染色体是来自一位男性还是一位女性。给出一个理由解释你的答案。

拓展习题见第 272 页。

第 17 章 进化

进化（evolution）与变化有关。事物随着时间的流逝在悄然变化。想想随着时代的进步，汽车、自行车和飞机发生了怎样的改变呢？它们被逐渐改进了。

过去的一些动物和植物在今天已不复存在。这是为什么？

现在的一些动植物也并非很久以前就存在的。这又是为什么？

许多生物体发生了变化以适应它们的生存环境。我们说它们**适应**了其生存条件。

这种**适应性**（adaptation）的改变有助于它们的生存和繁殖，而这种适应性改变也因此得以传递给后代。

在一个特定环境中大量存在的某种动物或植物种类一定非常适应这个环境。

为了生存，它必须与同一物种内的其他个体**竞争**（compete）食物和空间。

它还必须与周围的其他物种进行竞争。

不是所有的动物和植物都能存活下来。

有一种说法，叫做**适者生存**，指的不是最健康和最强壮者，而是指最能适应环境的那些个体能得以生存。

进化是指某一个物种的特征或性状的逐渐变化。

如果一个生物体拥有一种有利于它生存的特征，那么它就有机会繁殖，并将它的基因传递给后代。

没有这种有利性状的个体，它们的生存和繁殖机会就小了很多。

▷ 生存

许多动物和植物产生大量的后代。

一尾鳕鱼能产下约 300 万个卵。

一株罂粟能结出 15 000 多粒种子。

查尔斯 · 达尔文曾做过一个计算：一对大象在 700 年后会有约 1 900 万个后代，前提是它们都能存活！

那么为什么这个世界的大象没有泛滥成灾？

为什么地球没有被罂粟花完全覆盖？

原因就是并非所有的后代都能存活。

鳕鱼的绝大多数卵无法生长为成鱼。许多卵和幼鱼会被吃掉。

许多罂粟种子也会被吃掉。其他种子也可能会因为没有落入土壤而无法萌发生长。

你还能想出其他的阻止子代存活的情况吗？

比如：

- 竞争食物；
- 捕食者；
- 疾病；
- 气候；
- 干旱。

土狼的捕食

那么哪些个体能存活下来呢？

这可能与运气有关，但一般而言，最适应的个体最有可能存活和繁殖。

这就是所谓的“适者生存”。

最适应的个体会将它们的基因传递给后代。所以在后代中这些更适应者的比例会增加。

海雕的特征非常适应捕猎

▷ 查尔斯·达尔文

过去，大多数科学家认为自有地球以来，地球上的所有生物就一直保持着现在的样子，但当越来越多的不同的动植物被陆续发现时，他们开始质疑这一点。

现在，他们认为物种处于变化中，新的物种正在形成。他们认为相似的物种是由一个共同祖先逐渐进化而来的。

这就是**进化论**的观点。

查尔斯·达尔文就是第一个收集证据支持该理论的人。

达尔文是一位英国博物学家。1831 年，他跟随英国"贝格尔号"海军勘探船航行。他几乎环游了整个世界。达尔文登上了很多不同的岛屿，调查研究岛上的生物。他发现了众多的动植物种类，给他留下了深刻印象。他还带回了大量的动植物标本与化石。

"贝格尔号"海军勘探船

1859 年，达尔文出版了他的著作《物种起源》。在书中，他列举了种种证据来支持他的观点。他还描述了进化有可能是怎样发生的。他把这种观点叫做"**自然选择理论**"。

与此同时，另一位英国博物学家阿尔弗雷德·华莱士也提出了他的进化论观点。

达尔文和华莱士的进化论都基于相同的观点：

加拉帕戈斯岛的地雀

在达尔文跟随“贝尔格号”的航行中，他考察了远离南美洲海岸的一组岛屿。他被加拉帕戈斯群岛上的动物和植物迷住了。

达尔文研究了 13 个不同的地雀种类。他认为这些地雀一定是从大陆飞来的，或是被风吹来的鸟类的后代。

他注意到了这些地雀长着不同的喙。不同食性的地雀有不同的喙。有些地雀的喙很厚，可以碾碎种子；另一些地雀有着细长的喙，可以捕食昆虫。它们有可能都是从相同的祖先进化而来的吗？

达尔文认为，吃种子的地雀从大陆来到岛上，但是岛上没有足够的食物提供给所有的鸟儿。一些地雀的喙与其他的有一些不同，它们能够取食其他类型的食物。这些地雀得以生存和繁殖，并把这种适应性改变传给了后代。

达尔文认为这些地雀是通过**自然选择**（natural selection）进化成为不同种类的。

加拉帕戈斯群岛的海鬣蜥

这种啄木鸟是如何适应以树皮中的昆虫为食的

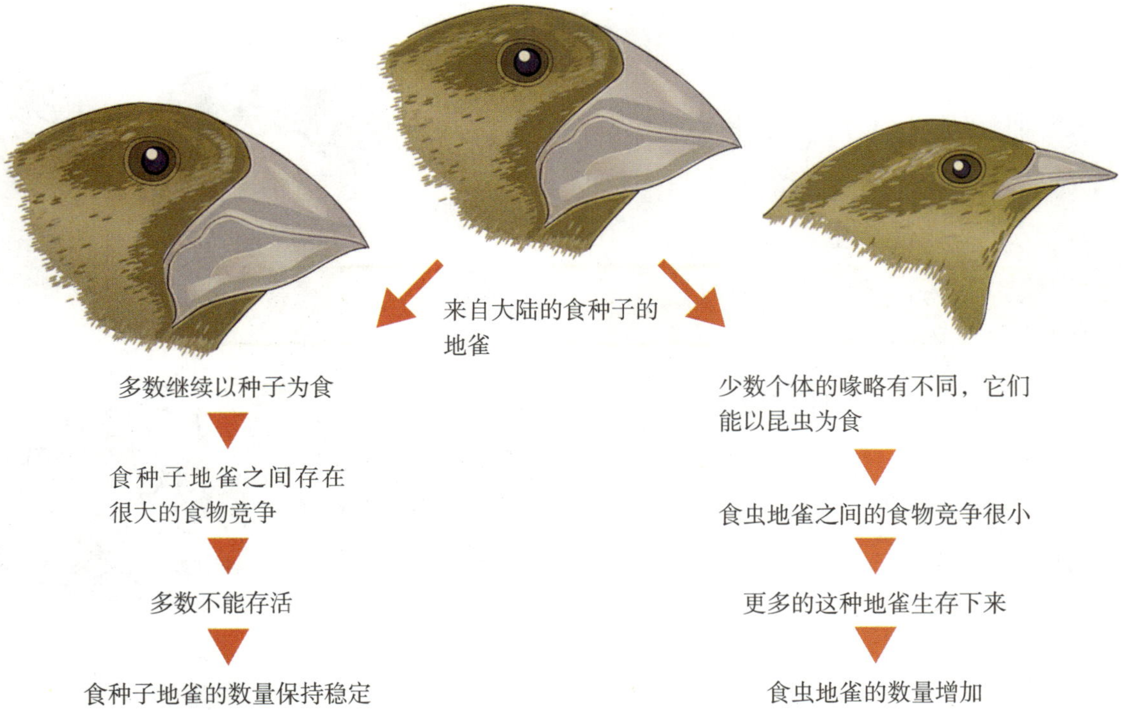

选择的作用

自然选择使适应环境的个体得以生存和留下后代。因此，随着时间的推移，一个种群会更加适应环境。

杀虫剂是用来杀灭有害昆虫的。有少数个体不会被杀死，它们有一个突变的基因。这个基因使它们能产生一种酶，可以分解杀虫剂使之失去毒性。这些昆虫具有**抗性**，它们存活并繁殖了后代。这种抗性昆虫在种群中的数量会增加。

由于昆虫的快速繁殖，抗性也很快传播。我们不得不加大杀虫剂的用量。这可是很费钱的事。最终，我们会换用另一种杀虫剂。但是，一段时间后，昆虫也会对这种杀虫剂产生抗性。

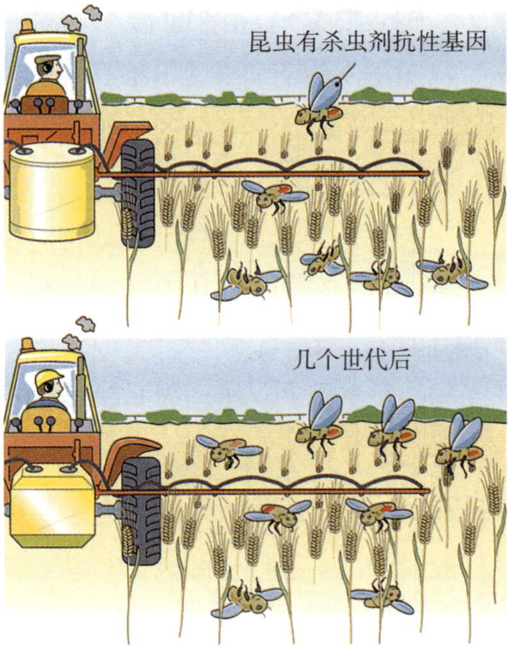

抗性昆虫存活并繁殖，使它们的数量得以增加

超级老鼠

老鼠也是有害动物。它们偷食储存的食物并传播疾病。

灭鼠灵这种杀鼠毒药在 20 世纪 50 年代首次使用。现在有很多老鼠种群对灭鼠灵产生了抗性，甚至用很大剂量也杀不死这些“超级老鼠”。

同样，它们也产生了突变基因，基因编码一种酶可以分解灭鼠灵。

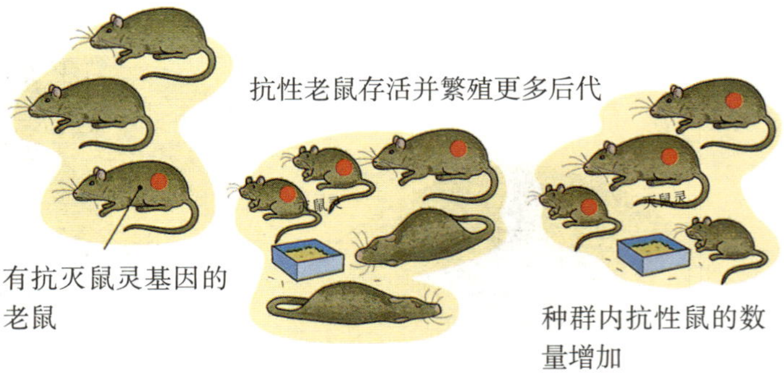

抗性细菌

有些细菌产生了抗生素抗性。在一个细菌群体中，有一些个体有抗性基因。它们不会被抗生素杀死。细菌繁殖很快。不久，大部分细菌对这种抗生素有了抗性。

例如，MRSA 细菌对青霉素有抗性。

对付这种超级细菌的唯一方法就是多种抗生素并用。

▷ 桦尺蛾

环境的变化会通过自然选择使种群发生变化。

有两种桦尺蛾：

- 灰色、有斑点；
- 另一种为黑色。

这些蛾夜晚出来觅食，白天在树干上歇息。它们的主要捕食者是鸟类。

在1850年以前，黑色桦尺蛾比较稀少。

但是到了1895年，一些城市的桦尺蛾几乎都是黑色的。

为什么这种黑色桦尺蛾在工业地区如此普遍？

重工业污染杀死了原本在树皮上生长的地衣。

工厂释放的煤烟也使树干的颜色变黑。

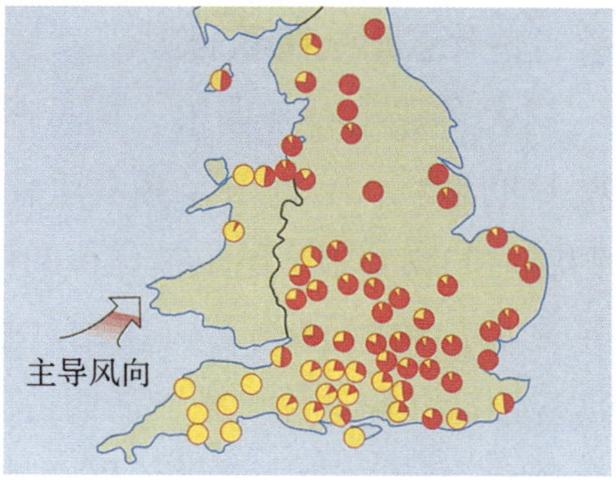

某地深色和浅色桦尺蛾的比例

仔细看照片：

哪种蛾最适合伪装在地衣覆盖的树皮上？

哪种蛾最适合伪装在黑色树干上？

以地衣覆盖的树皮为背景，浅色种类不易被鸟类发现。因此，在无污染地区，这种类型得以生存和繁殖，种群数量增加。

以黑色树干为背景，深色类型能更好地伪装。因此在工业地区，它们得以存活和繁殖后代，从而变成这个地区的常见类型。

两种桦尺蛾

上面的地图显示了某地浅色和深色桦尺蛾的分布比例。

哪些地方的深色桦尺蛾更常见？

哪些地方的浅色桦尺蛾更常见？

对上面的每一种情况做出解释。

▷ 化石记录

化石是死亡生物体的遗留物。它们被保存在地壳的岩石中。我们可以通过检测岩石的放射性来判断化石的年代。

化石很稀少，因为绝大多数死亡的生物体在腐烂时会被分解掉。

有时动物的硬质部分被泥浆覆盖，这部分逐渐被矿物质所取代，而它们的形态保持不变。最终这些泥浆形成**沉积岩**。

大多数化石是印痕，能反映出贝壳、骨骼或叶片的形状。有时，动植物会陷入某种能阻止它们腐烂的物质中。昆虫被黏稠的树脂包裹。几百万年之后，树脂硬化形成**琥珀**。猛犸被埋在冰川、泥炭沼泽和焦油深坑中，从而得以完整的保存。

化石能为进化提供证据。地球的表面由多层岩石构成。每一层中的化石记录了当时存在过的生命。年代越近的化石就越接近地球的表面。

化石记录能向我们揭示：

- 地球上现存的多种多样的生命不是突然出现的；
- 最初的生命出现在水中，陆生生命的出现要晚很多；
- 每进化出一种“新”的生物，旧的就会减少——这些适应性差一些的生物通常会灭绝；
- 一些化石能为我们提供线索，帮助我们了解某个独特类群的进化过程。比如，始祖鸟是一种生活在 1.5 亿年前的原始鸟类。化石显示，它有羽毛（像鸟），但它也有齿和其他的爬行类特征。这个化石提供了鸟类和爬行类之间的进化联系，它们可能来自一个共同的祖先。

然而，化石记录并不完全，因为有些身体部分，如软组织腐烂掉了，没有成为化石。当然，还有很多化石没有被发现。

菊石

保存在琥珀中的昆虫

始祖鸟化石

▷ 脊椎动物的进化

美国大峡谷的崖壁被科罗拉多河侵蚀。在松软的早期沉积岩中暴露出无脊椎动物化石。这些岩层已有20亿年的历史。在它们上面的岩层中有大量脊椎动物的化石被发现。

仔细研究每一层的化石，这些化石向我们展现了每个类群的动物是如何进化的。

在晚期岩层中的动物是最晚进化出来的类型。

看一看示意图：

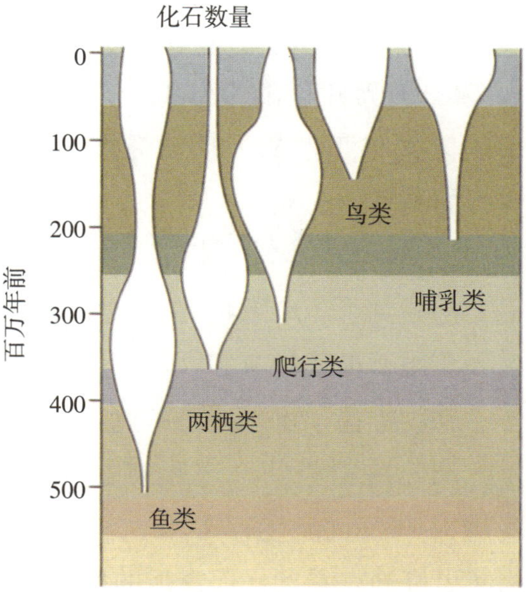

脊椎动物化石数量：条带越宽，化石数量越多

你能建立脊椎动物的进化顺序吗？

- 5亿年前生活的生物以无脊椎动物为主要类型；
- 鱼类是最早进化出来的脊椎动物，它们出现在4亿年之前；
- 大约3亿年前，生命向陆地转移，两栖类是最早的陆地脊椎动物；
- 大约2亿年前，爬行类由一个两栖类祖先进化而来；
- 在2亿年前至0.65亿年前的这段时间是**恐龙**的时代，这些爬行类主宰了世界，直到大约0.6亿年前突然灭绝；
- 鸟类和哺乳类的化石没有在科罗拉多峡谷中出现，但是我们现在已经知道它们的进化发生在更晚的时间，第一个出现的哺乳动物可能更像鼩鼱或者老鼠。它们大约在0.65亿年前出现；
- 我们的第一个类人猿祖先生活在600万年以前，来自非洲大裂谷的化石证据显示它们已经能够直立行走。

▶ 马的进化

研究者将化石证据组合在一起，然后推测现代马是如何进化而来的。

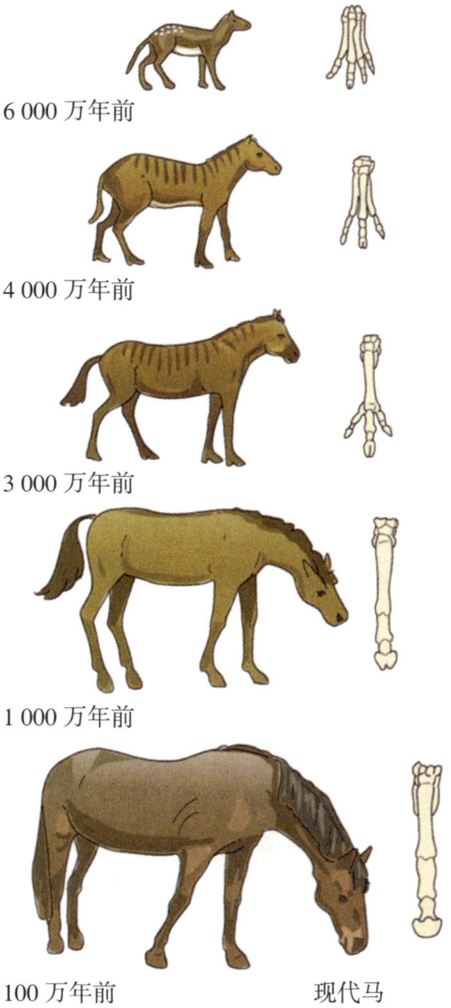

进化观点如图所示：

图上每个不同的阶段之间有什么变化?

为什么是自然选择导致了现代马的产生?

它的环境有没有变化?

6 000 万年前的荒野到处是沼泽。矮小的树木和灌木丛为动物提供了躲避捕食者的藏身处。

但是到了 100 万年前，环境改变了。

草原替换了树丛和灌木。

动物失去了可以藏身的遮盖物。

动物跑得越快，逃脱捕食者的机会就越大——就能生存下来。脖子长的动物能更好地查看到任何靠近的捕食者。

足趾张开的扁平足使动物不易陷入泥泞的沼泽地中，但这不利于快速奔跑。

现代马的腿很长，用一个趾奔跑。

它在沼泽地中会有怎样的表现呢?

现代马的祖先可能是体型矮小的个体，它们通过隐藏来躲避捕食者。

随着环境的改变，自然选择偏爱那些能快速奔跑逃避捕食者的动物。

自然选择偏爱长脖子动物还有另一个原因。具有长脖子的食草动物能更好地在新草原上啃食青草。

灭绝

有很多曾经生活在地球上的动植物种类逐渐消失了，或者说**灭绝**了。

没有人知道恐龙灭绝的真相，但它们的环境很可能发生了改变。自然选择的作用不利于它们。它们的优势地位被哺乳类所取代。

如果自然选择起作用，那么，适应性较差的物种会灭绝。也许它们无法与其他物种竞争食物，或者不能像其他物种那样逃避捕食者。也可能发生了一种新疾病，而它们对此毫无抵抗力。

人类要为成千上万种物种的灭绝负责。大水獭、伍德野牛、帕马小袋鼠和塔斯马尼亚狼已经彻底灭绝了。在英国，红鸢、红松鼠和鱼鹰等为濒危物种，需要保护。

随着人口的增长，人类需要更多的食物。人们开垦土地种植作物，这也意味着自然环境的破坏。

一些动物被人类捕杀以致灭绝。这些动物繁殖得很慢，生存的时间很长，例如鲸现在的困境。热带雨林中的那些巨大的硬木树种也遭受着同样的命运。它们很值钱——就像鲸的肉和油脂。它们被砍伐的速度远远超过了它们再生的速度。

渡渡鸟曾经生活在印度洋的毛里求斯岛上，那里没有它们的天敌。它们是一种不会飞的大型鸟类。人类为了食用它们的肉而猎杀它们。猪、猫和猴子被人类引入到岛上，它们吃掉渡渡鸟的卵和幼雏。大部分的自然丛林栖息地也被定居者破坏。到了 17 世纪 90 年代，渡渡鸟灭绝了。

面对人类引起的环境的快速改变，渡渡鸟没能幸存下来。

为了人类的将来，我们必须保护好与人类平等的野生动植物，保护好大自然环境。

塔斯马尼亚狼

▷ 生物学的应用：矿渣堆的再生利用

采矿会产生大量的废弃物。这些废弃物含有大量的有毒金属，如铅、铜和锌。

怎么处理这些矿井废物堆呢？

矿渣堆不仅难看，而且很危险，因为一些有毒废弃物会随雨水流入河水，或者被风吹落到农田中。

想一想，这会引起什么问题？

人们曾尝试在矿渣堆上种草，但是植物无法在上面生长。

除了有毒金属，矿渣堆还有如下特点：

- 植物生长所需的营养元素含量很低；
- 非常干燥，水分会快速流走；
- 酸度很高。

开采煤会产生废弃物

科学家们发现了一些**耐受**有毒金属的禾本科植物。这些植物一定是经过长时间进化形成的，一部分植株产生了对金属的抗性。它们存活并繁殖了后代。因此这种耐受性植株的数量增加了。这又是一个自然选择的例子。

但是仅种植耐受性植物还是不够的，要让矿渣堆得以再生利用，还有工作要做：

- 添加大量的肥料以弥补营养元素的缺乏；
- 添加石灰以中和酸度；
- 逐渐形成腐殖质和保持水分。
  有些地方使用了下水道淤泥，从矿渣堆顶部向下倾泻以增加营养元素和形成腐殖质。

对矿井废物耐受的草类被用于矿渣堆的再生利用

正常植物最终能在矿渣堆上生长吗？

种植在再生矿渣堆上的树木总是死掉。

这是为什么？

绵羊在再生矿渣堆上吃草安全吗？

为什么？

小结

- 进化是一个物种的变化，变化会导致一个新物种的形成，它的发生需要很长的时间。
- 生物产生大量后代但活下来的很少。
- 能更好地适应环境的生物有更好的生存机会，它们生存和繁殖后代并将它们的适应性特征传递给后代。
- 生存斗争导致了适者生存。
- 查尔斯·达尔文和阿尔弗雷德·华莱士提出了自然选择理论。
- 桦尺蛾的伪装是发生在近代的自然选择的例子。
- 化石为生物的进化提供了证据。

▷ 练习

1. 句子填空：

生物能产生大量的 ______。其中多数会死于食物 ______、捕食者、______ 和气候。______ 最好的个体更有可能存活并将 ______ 传递给下一代。

查尔斯 ______ 和阿尔弗雷德 ______ 阐述了进化是如何在 ______ 的作用下发生的。化石为生物的进化提供了 ______。

2. 在 20 世纪 40 年代，一些细菌菌株对青霉素产生了抗性。这些细菌能存活和繁殖，数量也因此增加。

（1）这是一个关于什么的例子？

（2）你如何与这种青霉素抗性细菌斗争？

3. 看一看这 3 种化石：

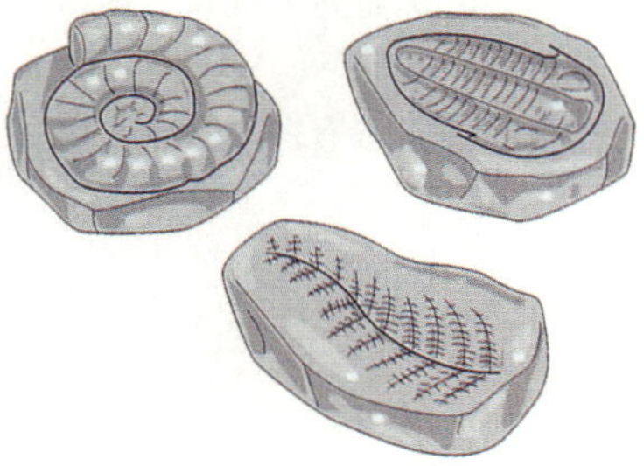

（1）它们最像什么生物？说明你的理由。

（2）简单解释化石如何形成。

（3）举出 5 种已灭绝动物的名字。试着寻找它们灭绝的原因。

4. 蜗牛会被画眉鸟吃掉。一些蜗牛的贝壳上有条纹，其他的没有条纹。一位科学家每年 9 月都对同一块草地上的蜗牛进行统计，他连续统计了 7 年。结果如下：

年份	草地覆盖率（%）	蜗牛数量	
		贝壳有条纹	贝壳无条纹
1971	28	58	13
1972	25	24	22
1973	5	2	33
1974	97	34	10
1975	96		
1976		9	43
1977	98	68	13

（1）说明：① 1975 年发现的蜗牛的数量；

② 1976 年的草地覆盖率。

（2）① 所有的蜗牛都是同一个物种。在 7 年的研究中发现了一只贝壳完全为黑色的蜗牛。你会用什么词来描述这个不寻常的物种形态？

② 选择最佳答案，能最好地解释表格结果的术语是：

（a）遗传。

（b）自然选择。

（c）保护。

（d）人为选择。

拓展习题见第 272 页。

▷ 遗传

1. 示意图显示的是不完整的 DNA 分子。

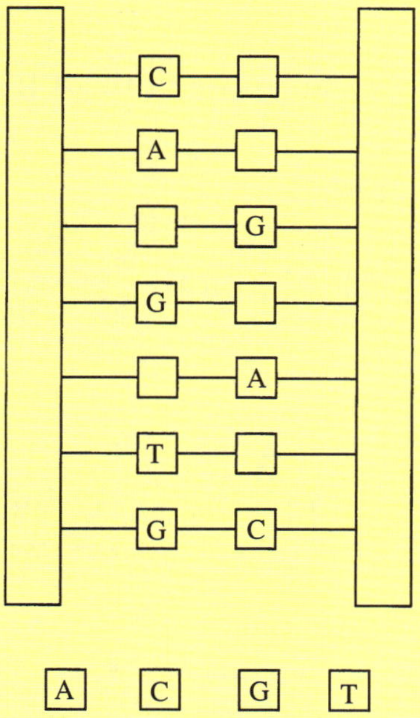

4 种碱基

（1）复制并完成示意图，在方框中填写恰当的碱基字母。

（2）DNA 的改变会导致突变产生。

① 说出 2 种能使正常突变率增加的原因。

② 解释 DNA 结构的改变如何会导致细胞形成一种不同的蛋白质。

2.（1）① 简要叙述有丝分裂过程。

② 说出减数分裂与有丝分裂的 2 点不同之处，解释每一个不同点的意义。

③ 说明减数分裂分别发生在男性和女性的什么部位。

（2）在减数分裂过程中发生的突变会对将来的孩子产生严重影响。

① 什么是突变?

② 指出一种由减数分裂过程中发生的突变引起的疾病。解释这种突变是如何产生的以及孩子为何会因此患病。

3. 控制血红蛋白形成的基因有 2 种形式。正常形式的基因（H）产生正常的血红蛋白。突变的基因（h）产生“镰刀”状血红蛋白。拥有纯合突变基因的个体会患上一种叫做镰状细胞贫血的疾病。当他们的血红蛋白失去氧后，红细胞会变成镰刀状。这些镰刀状细胞会粘在一起并且阻塞小血管，这通常是致命的。

杂合个体拥有一个正常的和一个突变的基因，他们通常不会患镰状细胞贫血。

下面的系谱图显示了血红蛋白类型的遗传。

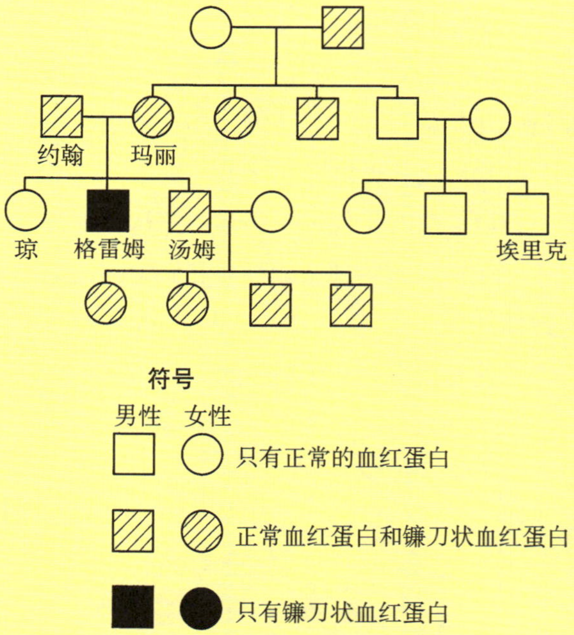

（1）观察系谱图，然后复制并完成下列示意图。示意图显示的是约翰和玛丽的血红蛋白类型的遗传。

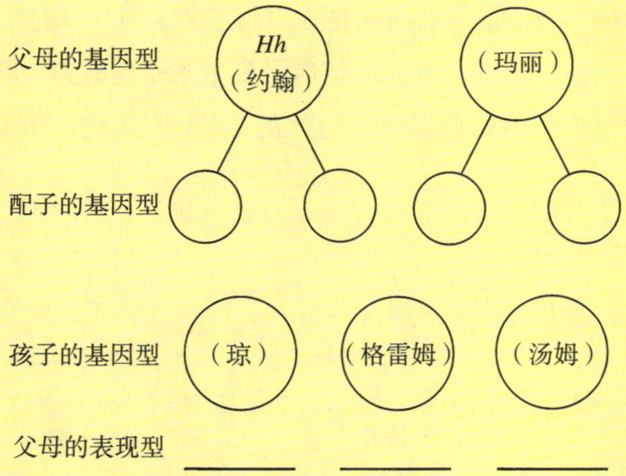

（2）表兄妹琼和埃里克想结婚[①]，但是他们担心他们的孩子可能会遗传镰状细胞贫血。你会给他们怎样的建议？对你的建议做出解释。

4.（1）示意图显示的是一位患有唐氏综合征男性的体细胞的染色体。

① 这些染色体与正常男性的染色体有什么不同？

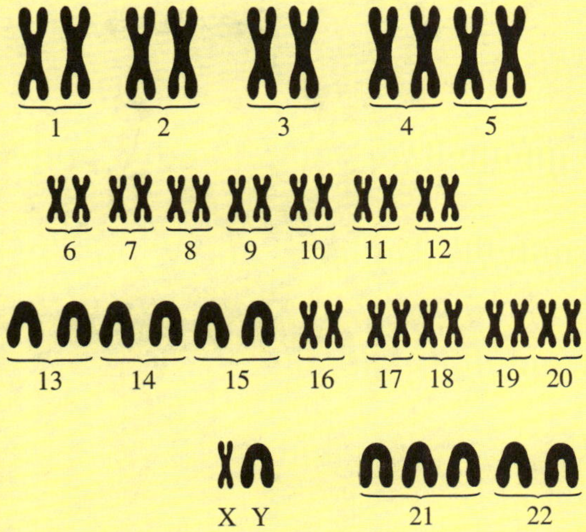

② 唐氏综合征是由母亲卵巢中卵细胞产生过程中的异常变化引起的。

这个异常变化是什么？在受精时必须发生什么事情才会导致唐氏综合征患者出生？

（2）亨廷顿病是一种会导致智力退化和丧失肌肉协调性的严重疾病。它是由一个显性等位基因的遗传引起的。这个基因的作用通常在患者30岁以后才显现出来。示意图显示的是一个亨廷顿病的家族系谱图。

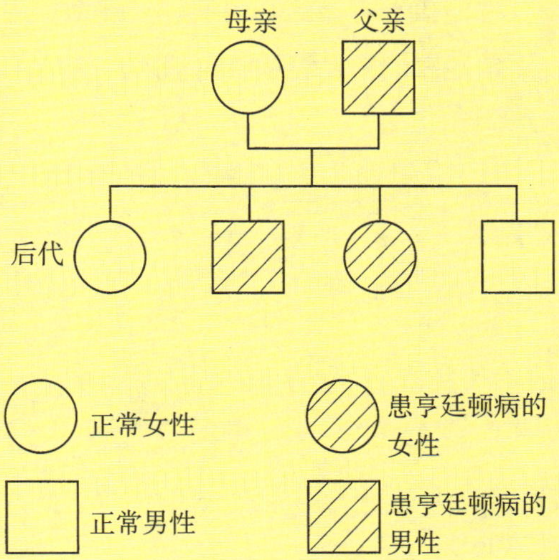

① 绘制遗传图解来表示致病基因在这个家庭中的遗传，还要表示出在双亲之一患病的情况下怎样才能生出正常的后代（用 H 表示显性致病基因，用 h 表示隐性基因）。

② 一个基因型为 HH 的个体有可能不知道自己患病并将疾病遗传给后代。解释这是如何发生的。

① 按照《中华人民共和国民法典》，不允许近亲结婚，但英国法律是允许表亲结婚的。

5. 人的特征要么是遗传来的，要么是受环境影响形成的。

事故导致的一条手臂缺失　　血型

眼睛颜色　　性别　　体重

（1）从上述特征中选择：

哪一个是仅由环境影响引起的？

哪一个是由环境和遗传共同控制的？

（2）细胞核的什么结构能使特征从一个世代传递到下一代？

（3）**显性等位基因**是什么意思？

6. 一对夫妻决定生个孩子，父母都是白化基因的杂合个体。

在图上标识出父母的基因型、可能的配子类型及他们孩子可能的基因型和表现型。用 A 表示正常基因，用 a 表示白化基因。

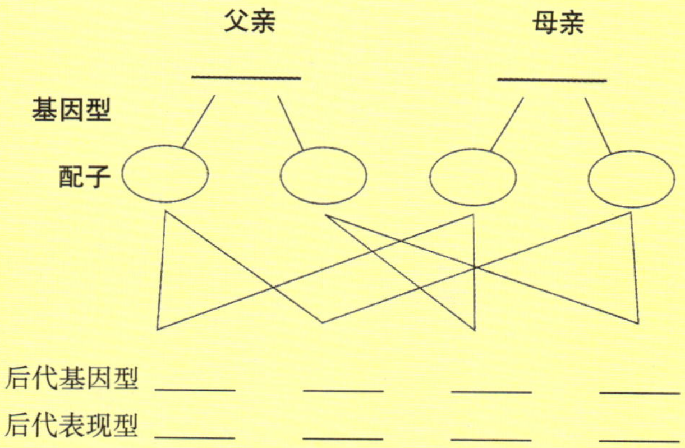

7. 科学家追踪了一种新发现的疾病在一个家族中的遗传情况，他们的发现用系谱图表示。

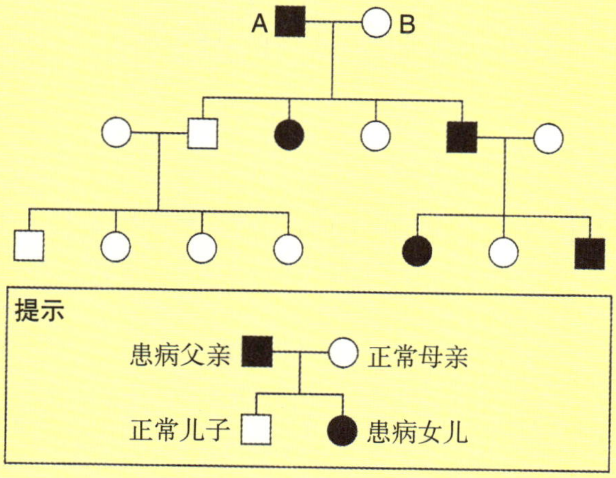

（1）假设这种疾病由显性等位基因 D 引起。写出父母 A 和 B 体细胞中的等位基因。解释你的答案。

（2）根据系谱图提供的信息不可能判断出致病基因是显性的还是隐性的，为什么？

8. 示意图显示科学家是如何制造“多利”羊的。

（1）多利羊的诞生借助了一个未受精的卵。科学家们提取了何处的 DNA 放入这个卵细胞中？

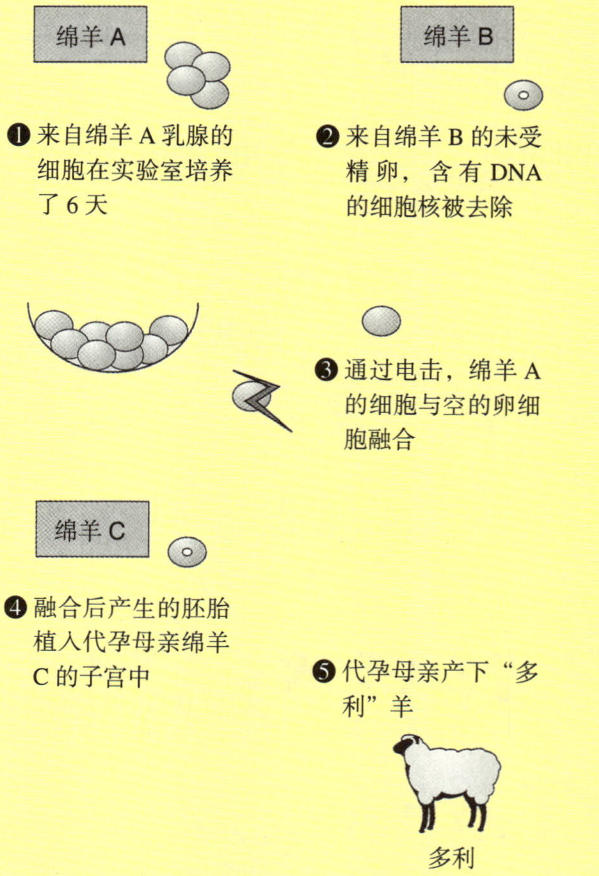

① 去除未受精卵的细胞核很重要，为什么？

② 多利羊与图中的哪一只绵羊在遗传上是一样的呢？

（2）指出这种技术与绵羊正常生殖方式的一个不同之处。

（3）多利羊的出现是科学研究领域的重要进展。可能会导致大量的克隆动物产生，谈一谈这个进展对人类取得新的科学进展的重要性。

（4）提出克隆动物的一个益处。

9. 阅读下文，回答后面的问题：

囊性纤维化是一种遗传性外分泌腺疾病，主要影响胃肠道和呼吸系统，影响肺部细支气管产生大量浓稠的黏液。这会导致病人呼吸困难，降低呼吸系统清除微生物的能力。

这种疾病无法治愈，但可以通过使用抗生素、物理治疗和小心控制饮食来缓解症状。

（1）什么是遗传病？

（2）为什么囊性纤维化病人会出现呼吸困难？

（3）为什么抗生素能帮助患者减轻症状？

（4）特蕾西和彼得不是囊性纤维化患者，但是他们的一个孩子患上了这种病。家族系谱图如下：

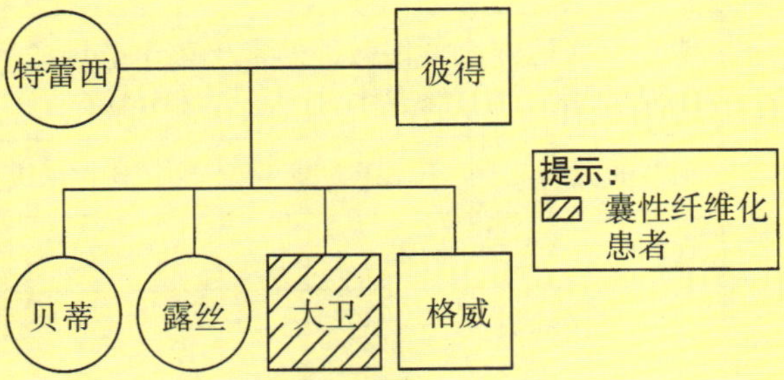

用字母 N 表示正常（显性），
n 表示囊性纤维化（隐性）

写出他们的基因型：

① 特雷西。

② 彼得。

③ 大卫。

④ 格威有哪 2 种可能的基因型？

（5）列举出其他的遗传性疾病。

10. 李森科是 20 世纪 30 年代苏联的一位重要的生物学家。当时苏联粮食极度短缺。他坚信能通过改善作物的种植环境培育出新的品种。这些经过改良的特征会传递给下一代。他获得了当时苏联领导人的支持，而那些批评他的观点的科学家受到打压。

（1）尽管当时有很多科学家批评他，但还是有人接受他的观点，为什么？给出一个理由。

（2）解释为何今天的大多数科学家不赞成李森科。

（3）今天，作物植株可以通过人工选择得到改良。解释一位育种专家如何通过人工选择来增加每一个植株的番茄的大小。（解释时注意语句的逻辑性和正确使用科学术语。）

11. 比目鱼的体内有一种能产生抗冻物质的基因。科学家们将这个基因转移到了番茄植株的细胞中，然后对这些细胞进行组织培养。添加激素后这些细胞产生分化并长出了小的番茄植株。用这种方法培育出来的植株能够对抗低温引起的冻害。

（1）解释有丝分裂如何能确保这些植株的每个细胞都含有抗冻基因。

（2）用这种方法产生的番茄植株将会是克隆植物。有些人可能不赞成这种番茄植株的生产方法。你能说出他们反对的理由吗？

12. 下面的段落叙述了用基因工程生产人胰岛素的过程。填写最恰当的字或词使段落完整。

使用一种 ______ 酶切割人胰岛素 ______。用同样的酶切开一种来自细菌细胞的叫作 ______ 的环状 DNA 分子。使用 ______ 酶将人 DNA 和环状 DNA 分子连接在一起。为了生产人胰岛素，在一个叫做 ______ 的容器内培养含有重组 ______ 的细菌。用这种方法生产的人胰岛素可以用来治疗患有 ______ 病的患者。

13. 阅读下面报纸上关于基因工程的文章。

> **人类基因被移植到了细菌中**
>
> 需要胰岛素的病人一直以来使用的是来自其他动物的胰岛素。这种胰岛素不仅昂贵而且会引起过敏反应。现在，科学家们把人产生胰岛素的基因转入了一种细菌中。这种转基因细菌能快速和廉价地生产胰岛素。这种胰岛素不存在过敏反应的问题。

（1）列举出运用基因工程生产胰岛素的 3 种益处。

（2）以下示意图表示的是如何从人细胞中取出人胰岛素基因，然后放入细菌并在细菌中增殖的过程。图中步骤的排列顺序是错误的。

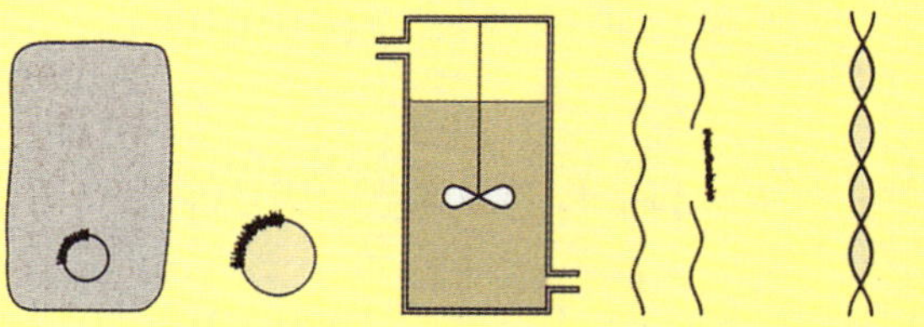

A 质粒被植入细菌　B 基因插入质粒　C 细菌被放入发酵罐　D 基因被切下来　E 供体 DNA

① 写出各步骤正确的排列顺序。

② 解释步骤 C 中的细菌会发生的情况。

（3）有些人反对基因工程。举出 2 个反对的理由。

14. 在英国，松鼠有 2 个物种，一种为红色，另一种为灰色。灰松鼠的体重通常要比红松鼠的重很多。

（1）① 基因可以导致这种体重的差异。什么是基因？它们有什么作用？

② 有一群红松鼠，它们中的很多个体的体重都比预期的重。提出一个非遗传因素的理由来解释这种现象。

（2）下面是更多的关于红松鼠和灰松鼠的信息。

	红松鼠	灰松鼠
在英国生存了多长时间？	数千年	仅 100 多年
能在哪些地方发现它们？	英国北部的常绿森林	整个英国的大部分森林
种群的大小	小，还在减小	大，还在增大
它们吃什么？	松果	很多种植物
每年产仔的最大数目	8	12

使用表格中的信息解释红松鼠减少而灰松鼠增加的原因，至少给出 3 个理由。

▷ 进化

15. 加拉帕戈斯群岛是位于太平洋中的岛屿。这些岛屿远离南美洲大陆数百公里。一些动物来到了这些岛上。其中一个岛上有 3 种地雀。

- 一种以柔软的种子和小昆虫为食；
- 另一种以大的种子和大的昆虫为食；
- 第三种以小昆虫为食，会摘取树叶和嫩枝。

观察图中 3 种地雀的头部。

（1）图上的地雀，哪一个是：

① 以柔软的种子和小昆虫为食。

② 以大的种子和大的昆虫为食。

③ 以小昆虫为食，会摘取树叶和嫩枝。

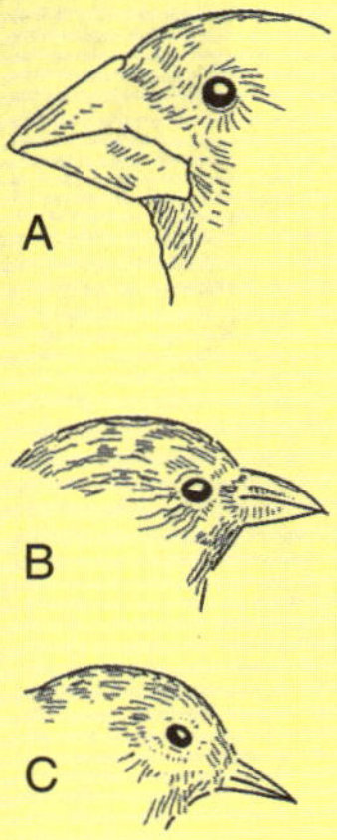

（2）查尔斯·达尔文认为，岛上的这 3 种地雀都是由一种来自南美洲的地雀进化而来的。

① 是什么引起了这种进化的发生？说出这个过程的名称。

② 来自南美洲的地雀可能有很厚的喙。说明薄喙是如何进化产生的。

16. 示意图显示了 2 种桦尺蛾，在乡村和城市的树干上都能发现它们。

深色桦尺蛾

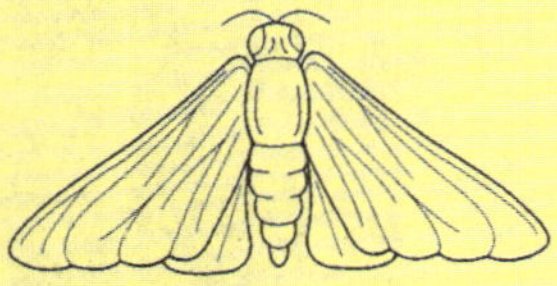
浅色桦尺蛾

阅读下面关于桦尺蛾的段落。

> 桦尺蛾被经常用来作为进化的证据。在工业革命之前的蛾子体色偏浅，鸟类很难在浅色的树干上发现它们。如果它们隐藏得很好，只有少数会被鸟儿吃掉。在工业革命期间，很多大城市的树干因为落满了煤灰而变黑了。蛾子白天停在树干上歇息。深色蛾子比浅色蛾子更容易隐藏在树干上。
>
> 调查记录显示，城市中很少有浅色蛾子，而乡村的深色蛾子很少见。1956 年的空气净化法案使城市的煤烟污染程度逐渐降低。1956 年之后城市中浅色蛾子的数量逐渐增加了。

（1）运用上述信息回答下面的问题。

① 工业革命以后，在哪些区域发现的浅色蛾子的数量最多？

② 描述空气净化法案对城市中 2 种蛾子数量的影响，并做出解释。

③ 指出段落描述了什么进化过程。

（2）一些学生分别统计了某城市和乡村中 5 棵树上的蛾子数量。结果显示在表格中。填写所统计蛾子的总数和平均数。

树	城市		乡村	
	深色蛾子	浅色蛾子	深色蛾子	浅色蛾子
S	10	2	3	8
B	8	3	4	7
C	8	4	3	8
D	7	2	2	6
E	8	2	4	7
总数				
平均数				

（3）哪一组树上的蛾子平均数量最多？

第 18 章 适应与竞争

生态学（ecology）主要研究生物之间以及生物与环境之间的**相互作用**。生态学在很多时候被称为**生态系统**（ecosystem）的研究。

环境是由许多不同种类的生态系统组成的，例如一片海滩、一片林地、一条河流。每一个生态系统都有 2 个部分：

- 非生物的部分，称作**栖息地**（habitat）；
- 有生物的部分，称为**群落**。

生境是生物生活的地方，为生物的生存提供基本的条件，例如适量的阳光、氧气、水分和适宜的温度。

群落是指在相应的生态环境中所有的动物和植物。

你生活的环境是怎样的？

它为你提供了哪些生存的条件？

来看看图中所展示的生态系统：

想一想，每一个生态系统的生境是怎样的？

人类还一直没有仔细地勘探过像深海等一些生态系统，那里存在着很多未知物种。

每一个群落是由不同的植物和动物**种群**（population）构成的。每一个种群又由一群相同**物种**（species）的个体所组成。例如，林地的生物群落会有一个步甲（鞘翅目步甲科）的种群、一个风信子种群、一个榉木树种群等，在这个群落里的每一个种群都有**适应**这个特殊生态环境的能力。

不同的生态系统之间存在很多的差异。无论是在陆地上还是在水中，所有的生态系统共同组成了**生物圈**（biosphere）。

环境因素

每一个生态系统都有独特的**环境因素**。植物和动物要生存，必须要适应它们生活的环境。

水

所有生命的存在都需要水。在植物和动物体内发生的所有化学反应，都需要在水环境中完成。

生活在干旱地方的生物已经形成了减少水分散失的适应性。生活在江河和小溪流中的动植物要适应快速流动的水流。海藻和海洋动物已经适应了海浪的拍打。

一只蜥蜴在一天最热的时候，躲在岩石的阴影下

温度

哺乳类动物和鸟类能够维持恒定的体温。

因为，一个特定温度下的酶能很好地在细胞中进行催化反应。

很少有生物体能在0～40 ℃温度范围以外的环境中生存。但是，生活在南极的企鹅能忍受−80 ℃的低温生活。在温泉中，许多细菌能在100 ℃以上的高温下生存。

光

光合作用需要光，为植物的生长提供能量，完成生物量的积累。

一些植物喜欢生活在阴湿的环境中，而有的植物在阳光下生长得更为茁壮。

在海床和深的洞穴中是根本没有光线的。

光所提供的能量是通过食物链传递的。

空气

很少有生物能在没有**氧**的环境中生活。他们需要氧进行呼吸。

水生生物能从水中获取氧气。植物通过光合作用吸入**二氧化碳**，并释放出氧气。动物利用这些氧气进行呼吸，并释放出植物光合作用所需要的二氧化碳。

生物因素

在群落中生活的其他**生物**构成了生物因素。

竞争

植物为夺取光、空间、水分和土壤中的营养，进行相互的竞争。

动物为获得食物、生存的领地和配偶，进行相互的竞争。

不同种的动物和植物之间会发生竞争。同一个物种的不同个体之间也会产生竞争，就像图中这群燕鸥为争夺筑巢的领地而进行竞争。

捕食

捕食者（predator）是一种捕获**猎物**（prey）为食的动物。它可能非常善于奔跑、游泳或者飞行，有锋利的牙齿、爪子或者喙，这与它的捕猎行为是相适应的。

另一方面，为了生存下来，**猎物**也必须很好地适应逃避捕食者。图中一头虎鲸正在袭击一只海狮。

疾病

许多微生物会导致疾病。

寄生生物寄生在另一种生物——宿主的体内或体表。寄生生物通过宿主获取食物，并损害宿主而获益，例如：跳蚤和绦虫。图中是一条感染了真菌的鱼。

食草动物

食草动物以植物为食。我们有时也称它们为草食动物或者初级消费者。食草动物花费了大量的时间吃草，以便将食物中的能量和营养转换为新的生物量。

分解者

微生物能释放酶从而分解死去的和腐烂的生物体，主要的**分解者**（decomposers）是细菌和真菌。

它们在营养物质循环中起着非常重要的作用。分解者分布在土壤和江河湖海之中。

人类的影响

人类活动影响着其他生物的生存。

工业、农业、林业、交通和住房都会改变其他生物的生活环境，从而影响它们的生存。

人类的活动能破坏生态系统

▶ 种群

种群是生活在一个特定区域中相同物种的一群个体。

属于种群的有：

- 海中的一群鲱鱼；
- 一块草坪中的所有蒲公英；
- 一丛蔷薇上的所有蚜虫；
- 一片林地中的所有猫头鹰。

一个鲷鱼种群

想一想，个体为什么生活在种群中？

可能的原因有：

- 这个特定的区域提供了食物、巢穴、光以及其他所有生存所必需的条件；
- 个体聚集在一起繁殖后代；
- 在群体中个体能获得更多的保护。

一个角马种群

你是否认为生活在种群中也有不利的方面？

当种群增长时，种群密度增大，过于拥挤。个体之间会因为食物、空间、光及其他资源的争夺，而发生**竞争**。

部分个体会更适应这种竞争的生活。那些不能很好适应竞争生活的个体，可能就无法生存下去，而被淘汰。

就像我们看到的那样，竞争会影响动物或植物的分布和种群的大小。

科学家研究种群，探寻种群的数量是如何变化的：

- 蚊子携带疟疾。
  研究蚊子的种群，能帮助我们有效地控制疾病的传播；
- 研究蝗虫的种群，能减少它们对庄稼的损害；
- 监测濒危物种的种群，例如老虎，能为保护它们提供帮助。

人们试图控制蝗虫种群

▶ 种群是如何增长的?

假使兔子迁入一个新的地方，会发生什么?

首先，少量的个体进入一个新的栖息地。

这里有充足的食物，接着它们就开始繁殖。

这里没有捕食者控制它们的数量。

最初兔子的数量缓慢增加，但不久每一代就会在上一代的基础上成倍增加。由 2 变 4，接着是 8，16，32，64，128，256，512，这样延续下去。

这种最大速度的增长称为**指数增长**，只有在理想的环境条件下才会发生。

实验 18.1　一个酵母群体的增长

将酵母放入糖溶液中，并置于温暖的条件下培养。

每隔 0.5 h 取 1 滴酵母培养液在显微镜下观察，并记录视野中细胞的数量。

图中显示了观察的结果：

- 请解释在曲线的 *X*，*Y* 和 *Z* 点处，酵母的种群发生了什么变化?
- 为什么 *Z* 点之后，酵母群体会停止增长?

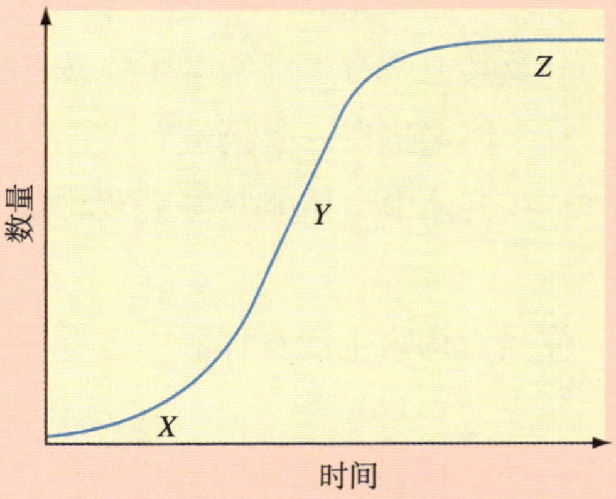

为什么酵母群体不能持续增长?

这里有一些可能的原因：

- 缺少食物；
- 过度拥挤（种群密度过大）；
- 积累了酵母代谢产生的有毒废物。

种群能快速增长。动物能产下大量的卵，植物能结出大量的种子。

但是为什么整个地球没有看到动物和植物的泛滥?

答案就是并不是它们所有的后代都能生存下来。

自然界一定存在着一些**限制**种群生长的因素。

圣诞岛上数量庞大的红蟹种群

▶ 抑制种群的生长

哪些种类的因素能够阻止种群的增长？

自然界存在着许多的因素能阻止种群变得过于庞大：

- **食物和水**是所有生命体必需的。一旦食物和水变得短缺，个体之间就会为此而展开竞争。一些个体将无法存活下去，种群的数量因而减少。
- **氧**的短缺能限制那些生活在水中种群的数量。像下水道污水这一类的污染物会降低水中氧的含量。
- **有毒废物**，生物体代谢的排泄物，例如氨和尿素等。这些有毒物质能够积累并限制种群的增长。
- **过度拥挤**导致环境恶化，传播疾病，增加种群中个体间的压力。
- **捕食者**以它捕食的猎物为食。这可以有效地阻止被捕食者种群的数量增加。
- **疾病**能迅速地在一个庞大的种群中传播。它就像捕食行为一样，减少种群个体的数量。
- **气候**，极端的热和极端的冷，也能够减少种群的数量。旱灾、水灾和风灾都会影响种群的数量。
- **缺少巢穴**，使得种群中的个体暴露在恶劣的气候条件中，还有随时被天敌捕食的风险。

人口的数量也同样受各种因素影响

荷兰榆树病害（DED）的证据

有时，种群的数量不能保持平稳状态，反而会迅速地减少。

原因可能是种群的食物耗尽了，或者受到捕食者或疾病的影响。

像这样的种群数量骤减会发生得很突然。例如，金钱蛛很快地将整群的蚜虫消灭殆尽。

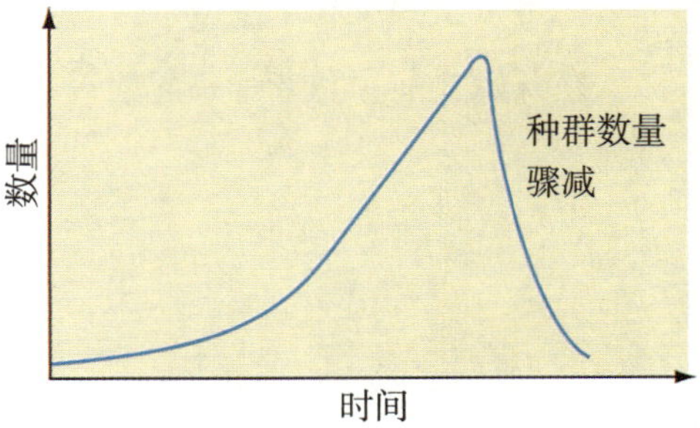

▶ 种群大小

是什么决定种群的大小呢？

个体出生会使种群的数量增加。

个体死亡使种群的数量减少。

许多的个体会加入或离开种群。你可能知道很多有这种现象的动物。植物则利用种子的散布加入到其他的种群中。

进入到一个种群中称为**迁入**。

离开一个种群称为**迁出**。

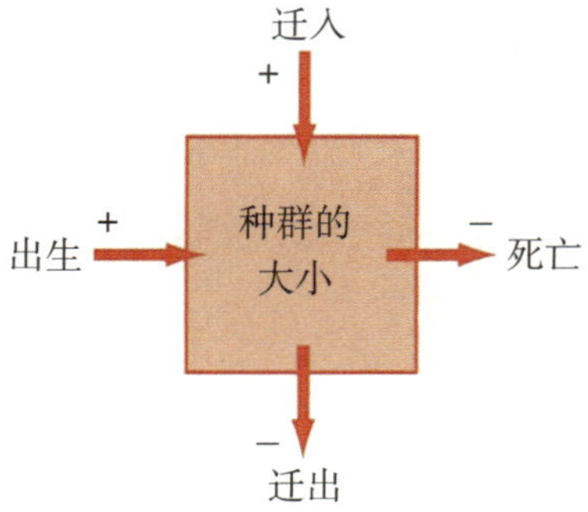

估计一个植物种群的大小

一项科学调查需要估计一个种群的大小。你不可能对整个种群中的所有个体进行计数，因此，你需要测量一个**样本**。你测量的样本越多，你得到的数据就越可靠。

如果你正在研究植物，这是件很容易做的事。你可以使用一个金属或木头做的方框，我们称它为**样方**，把这个样方罩在植物上。

接着，统计样方内某种特定植物的数量。

估计你测量的这块栖息地有多少个这样的样方？把样方中植物的数量乘以你估计的样方数，这就是种群的总数量。

你可以使用**覆盖百分率**来快速估计一种植物在一个种群中的数量。

统计出一个样方中该植物的比例。我们以这个估计值作为它的百分率。

每一种植物的覆盖百分率是多少

使用样方

探究 18.2　哪些因素会影响浮萍种群的大小？

浮萍是一种生活在池塘中的很小的漂浮植物，它能非常快速地繁殖成一个大的种群。

探究有哪些因素会影响它的生长。

你可以试一试光、温度、二氧化碳或者营养物质。

在开始之前，和老师一起检查一下你的计划。

▶ 估计动物种群的大小

因为动物有一定的活动范围，所以取得动物的样本是有一些困难的。

没有多少动物会一直待在样方里!

许多动物仅仅在夜间才出来活动。为了获得样本，我们不得不用一些无伤害的方法捕获它们，接着使用**标记**、**释放**和**再捕获**的方法来估计种群的大小。

具体的方法如下：

- 捕获某种动物样本，数量用 M 表示。
- 标记捕获的动物——应该使用对动物伤害较小的标记法，例如在动物身上涂上油漆点。
- 释放这些被标记的动物回到它们的栖息地。
- 给它们 1～2 d 的时间，混入到种群中。
- 第二次捕获样本，数量用 S 表示。
- 计数出第二次捕获的动物中带标记动物的数量，用 R 表示。

估算种群总数量（P）的公式，如下。

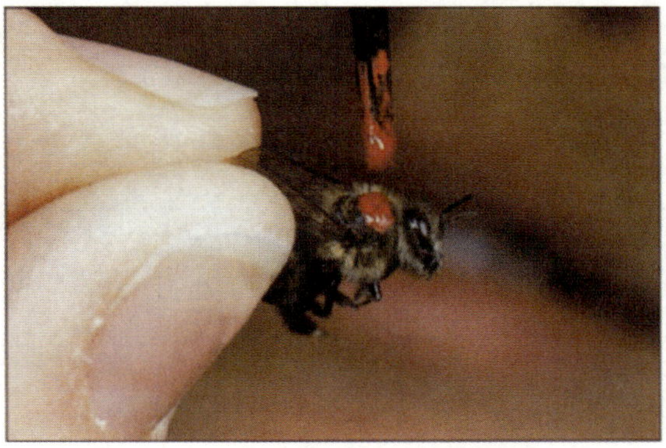

在蜜蜂身上使用无伤害的标记法

在你选择捕获的动物时不要野心勃勃

$$\text{种群的总数}(P)=\frac{\text{第一次捕获的样本数量}(M)\times\text{第二次捕获的样本数量}(S)}{\text{第二次捕获样本中带有标记动物的数量}(R)}$$

$$P=\frac{M\times S}{R}$$

例如：

如图，一个捕获昆虫的陷阱抓到了 12 只地鳖。每一只地鳖都被用油漆标记上小点后放回。

2 d 后，第二次捕获了 16 只地鳖，其中有 4 只被标记——它们被再次捕获。

第一次捕获的样本数量（M）= 12

第二次捕获的样本数量（S）= 16

再次被捕获的样本数量（R）= 4

$$\text{种群的总数量}=\frac{M\times S}{R}=\frac{12\times 16}{4}$$

$$=48\ \text{只}$$

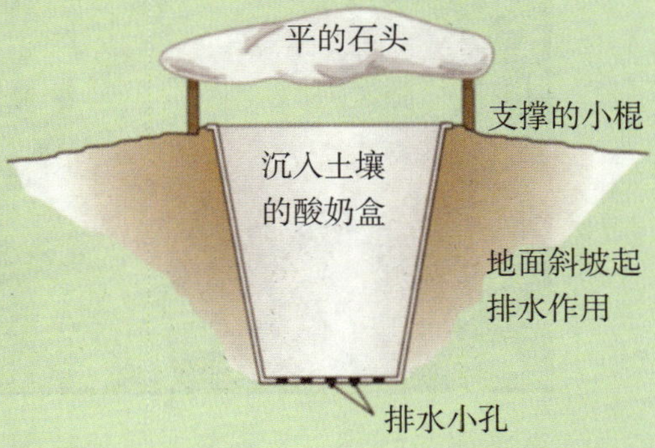

适应

动物和植物要生存下来，就必须适应它们生活的环境。

它们可能具有特殊的结构特征来帮助自己生存下来。例如，不同的鸟，它们的喙是不同的，这样能够适应它们特定的觅食习惯。许多动物的行为已经适应了它们生活的环境，例如，企鹅挤在一起保持体温。

一簇带有冠状羽毛的蓟种子被风吹散

看一看以下展示植物和动物适应性的图片。

想想每张图片中的生物是怎样帮助自己生存下来的？

说说这些是属于生理的还是行为的适应，抑或都有。

像燕子这样的鸟在冬天飞往南非

生长在小径上的车前草，植株扁平，有深而强壮的根

当退潮的时候，玉黍螺紧紧地蜷缩在壳里

蜉蝣的幼虫生活在水流湍急的溪流中，它的身体呈扁平、流线型的体形，紧紧地贴在岩石的下面

▶ 其他适应的例子

这里介绍的适应是可以遗传的，能更好地适应的个体可以生存下来，并繁殖出具有相同特征的后代。这就是自然选择的作用方式。

比目鱼会根据它们生活的背景变化身体的颜色

睡鼠在冬季绝大部分的时间都在睡觉

企鹅体形呈流线型，在陆地上笨拙，在水中却快速敏捷。它们会在很冷的时候挤在一起

北极狐能忍受严寒。与英国本地赤狐不同，它具有白而厚的皮毛，而且耳朵也很小

耳郭狐生活在沙漠中，它身体很小，但是耳朵却很大。白天生活在地洞中，晚上出来觅食。它的眼睛很大，能帮助它在昏暗的光线下看清事物

对极端环境的适应

沙漠的环境

观察照片中的骆驼，下面列出了它适应沙漠生活的特征。

对于每一种适应特征，说说它是怎样帮助骆驼生存下来的。

- 一只骆驼可以一口气喝下约 23 L 的水，大约只需要 10 min。
- 在短时间内，骆驼的胃能储存约 284 L 的水。
- 骆驼几乎不散失水分。它们很少形成尿液，也不流汗。
- 没有皮下脂肪层。
- 脂肪储存在驼峰里，能通过呼吸作用，为身体提供代谢水分。
- 骆驼有浓密的眼睫毛，鼻内的绒毛状内衬可以自由关闭鼻孔。
- 骆驼身体表面积与体积的比例较大。
- 骆驼的足很大，能分散身体的重量。
- 骆驼的腿很长（提示：最热的空气一般积聚在沙漠表面 1 m 左右的范围内）。
- 骆驼能耐受超过正常体温 9 ℃的高体温。

北极的环境

观察照片中的北极熊，下面列出了它们适应北极生活的特征。

说说每一种适应特征是怎样帮助北极熊生存下来的。

- 流线型的体形。身体的表面积与体积比例小。
- 北极熊的耳朵很小。
- 北极熊的皮下脂肪很厚。
- 北极熊的脚掌覆盖着厚而粗糙的皮肤，并且有长而坚硬的毛。
- 北极熊的皮毛厚而白。
- 油腻的皮毛能在北极熊游泳之后迅速地除掉水分。
- 北极熊善于游泳，在冰上奔跑的速度也很快。
- 雌性北极熊在夏天交配，受精卵延迟着床，直到秋天才怀孕。
- 具有锋利的牙齿和长爪。

干旱环境中的植物

很多植物能够在缺水的环境中生存。

仙人掌能够在炎热干旱的地方生存。

所有植物都必须保持水分吸收和散失之间的平衡。那么，仙人掌是怎样减少水分散失的呢？

- 它们有肥厚的茎，富含储水组织。
- 它们的叶特化为刺。这样减少了叶片表面积，以减少水分的散失。
- 厚厚的蜡质角质层覆盖在仙人掌的表面，减少了水分的蒸腾。
- 它们的根系浅而分散，能很快地吸收降雨带来的水分，以及夜晚的露水。
- 多数的仙人掌是滚圆的、流线型的体形，能有效地降低它们的表面积与体积比。这样就减少了水分的散失。
- 它们有光洁的表面，可以反射光和热。

仙人掌生活在炎热干旱的地方。它们的叶子变为小刺，把水贮藏在茎内

既然叶都特化为刺了，那仙人掌怎样进行光合作用呢？

如同你看到的一样，茎是绿色的，富含光合作用必需的叶绿素。

仙人掌的叶特化为刺

松柏植物也具备抵御水分流失的适应性特征。这一类树总是高高地挺立在山坡之上。在这种环境中一般多风，普通的叶子很容易通过蒸腾作用散失水分。

松柏植物的叶子特化为了针状，和仙人掌一样，它们减少了表面积和体积的比，进而减少了会散失水分的表面。

沙丘植物，比如滨草，具有长而细的叶片。叶子可以沿着长轴卷曲，在叶片卷曲形成的凹槽内有气孔分布。湿润的空气存积于凹槽内，通过气孔散发的水蒸气减少，植物体失水量因而减少。

沙丘拓荒者——滨草

▶ 竞争

竞争对于你意味着什么？

在比赛中，所有的竞争对手都会尽力去获得胜利。

在自然界，植物和动物在**资源**短缺的时候，就会发生竞争。

你知道植物为什么竞争吗？

在缺少光、空间、水分或营养物质等资源的时候，植物就会相互竞争。

你知道动物之间为什么竞争吗？

许多动物为了**领地**（栖息地）而展开竞争。如果它们失败了，它们就不能吸引到伴侣，也就不能繁育后代。

只有那些在竞争中获胜的个体能够生存下来。所以，竞争限制了种群的大小。

鲣鸟为巢穴的领地而竞争

竞争有 2 种类型：

- 竞争发生在同一个物种的个体之间，称为**种内竞争**；
- 竞争发生在不同物种的个体之间，称为**种间竞争**。

种内竞争

如果胡萝卜种子播种过密，会有什么情况发生？

胡萝卜苗为了空间、光、水分和营养物质展开了竞争。

海鸥群为巢穴竞争。

这些竞争都发生在相同物种的成员之间。

动物和植物常常繁殖大量的后代，其数量远远超过了它们能生存的数量。在资源缺乏的条件下，新出生的个体之间将会发生竞争。只有那些适应能力最强的个体才能生存下来，并繁衍后代。

相同物种间个体的竞争意味着，只有“最好的”基因才能够传递到下一代中。

回顾第 17 章的内容，那就是“生存竞争导致了适者生存”。

雄性红鹿为争夺雌性配偶与同伴争斗

▶ 种间竞争

你是否在冬天观察过观鸟台？

当你把面包屑放在观鸟台上，会发生什么？

不久，麻雀、蓝山雀、八哥和其他的鸟都会飞来试图取食。不同的园林鸟类为了有限的资源——食物，而展开竞争。

杂草是优秀的竞争者。

杂草生长在人们不需要它的地方，例如，在一片大麦地里的罂粟。

园丁们讨厌杂草，是因为它们很难被清除掉。杂草与其他植物竞争光、水分和空间。

但是，为什么它们能如此占优势呢？

如果你观察图中的蒲公英，它会给你一些线索。

- 它们能快速繁殖，并且产生大量的种子；
- 它们的种子在贫瘠的土壤中也能快速发芽；
- 它们比其他植物更快速地生长、开花，并且散布种子；
- 它们能忍耐贫瘠的土壤和恶劣的条件。

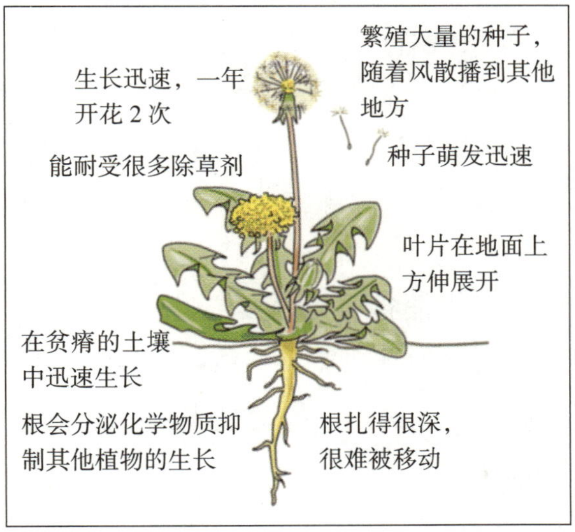

与人类竞争

你能想象有一些植物和动物能与人类竞争吗？

杂草与农场主的庄稼竞争。

有很多动物与我们竞争——我们称它们为**害虫**。

蝗虫、蟑螂和老鼠都是与我们竞争食物的害虫。

蚜虫和粉虱是危害我们庄稼的害虫。

螺旋蝇是严重危害家畜的害虫。蚊子传播疟疾。

蟑螂会污染我们的食物

▶ 捕食

捕食者捕杀其他动物（它们的**猎物**）为食。捕食者通常体形大于猎物，而数量比它们的猎物要少。想想为什么会是这样的呢？

看看狼：

是哪些特征使它成为优秀的捕食者？

它具有锋利的牙齿和爪子，眼长在头的前部，能够判断大小和距离。

还有哪些特征保证了捕食者成功地捕获猎物？

- 成群结队地捕猎。它们一起合作追捕猎物，并且一起分享猎物。
- 袭击对象一般是猎物群中的老弱病残，这类猎物很容易被制服和杀死，这也清除了猎物种群中的弱小个体。
- 捕杀个体较大的猎物意味着每次捕杀，捕食者将分到更多的食物。
- 不依靠某一种特定的猎物。当某种猎物数量下降时，捕食者便捕食另一种猎物。
- 哪里猎物丰富，捕食者就迁移到哪里。

作为捕食者的人类

人类一直在捕获和杀害野生动物，最好的例子就是商业捕鱼。捕鱼技术的改进意味着捕获更多的鱼。

我们捕鱼使用的是大功率的渔船，利用声呐探测鱼群，并有巨型的塑料网进行捕捞。渔民们使用较好的装备，这样他们才能尽可能多地从海里捞鱼。

许多物种现在已经被**过量捕捞**。人类作为成功的捕食者，已经威胁到了未来的鱼类种群。国际协定至今还不能控制鱼类的捕捞量。

我们应该同意限定捕获鱼的数量。我们应该在鱼类繁殖的季节禁止捕鱼，使用只捕捞非繁殖期成鱼的渔网，留下小鱼继续生活并且繁衍后代。

鱼类资源不断减少，许多物种已经濒临灭绝。（看第362页了解更多成功捕食的适应性特征。）

躲避捕食者

不管捕食者的适应性有多好，一些猎物还是能逃掉的。

看看野兔：

它是怎样从捕食者的利爪下逃脱的？

它有大的耳朵，听得见周围的风吹草动，眼睛在头的两侧，具有更宽的视野。同时它还有长而健壮的后腿。

还有哪些特征能帮助猎物逃跑呢？

- 许多猎物会尽力比捕食者跑得快、游得快或者飞得快。
- 待在大集体里，有利于它们生存下来，例如一群羚羊，许多双眼睛在观察着捕食者。
- 一些动物的味道很糟糕！作为食物而被攻击的可能性减少。另一些动物像蜜蜂和黄蜂能螫伤捕食者。
- 一些猎物具有警戒色。这是在告诉捕食者“保持清醒”。食蚜蝇看上去像黄蜂和蜜蜂，但是它们没有螫针，而且可以食用。
- 伪装帮助猎物隐藏起来。很多猎物尽力把自己混杂在其生活的环境中。但问题是，许多捕食者也会这样做。
- 一些猎物会尝试恐吓战术，惊吓可能会成为捕食者的动物。

捕食者发现黑脉金斑蝶味道不佳

你能在这张图中找到一只纺织娘吗

你能看出这只鹰眼天蛾是如何吓跑一只饥饿的鸟吗？

一只展开翅膀的鹰眼天蛾

能够逃脱的猎物通常具有较好的适应性。它们生存下来，并把它们的基因传递给下一代。

自然选择规律淘汰的是弱小的和适应性不好的个体。

（可躲避捕食者的其他适应性见第 362 页。）

捕食者—猎物的动态平衡

捕食者试图杀死猎物，显然它们对猎物种群的大小具有重要的影响。但是你是否想过，猎物的数量也会影响捕食者？

当捕食者食用的动物全部因疾病而死亡了，对于捕食者来说，会发生什么事？

这种极端的事件是不会经常发生的。但是如果猎物变得稀少，捕食者也会有相同的遭遇。

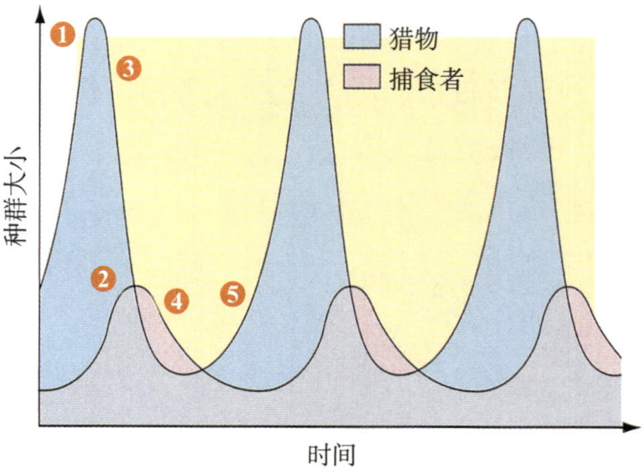

认真观察这幅图：

1. 当猎物有丰富的食物时，它们会繁殖，数量迅速增加。
2. 猎物数量的增加意味着能提供更多的食物给捕食者，这样捕食者也会开始繁殖，数量得到增加。
3. 有大量的捕食者，也就有更多的猎物被吃掉。这时猎物的数量开始下降。
4. 捕食者赖以为生的食物减少。食物的稀缺使很多的捕食者被饿死。
5. 因为只有少量的捕食者，更多的猎物得以生存和繁殖。

随着猎物数量的增加，就进入下一次的循环。

一个众所周知的捕食者—猎物循环的例子就是猞猁和雪靴兔。这2种动物都会因为它们的皮毛而被人类捕杀。

加拿大哈德逊湾皮毛公司保存了由捕手带来的皮毛数量的记录。图中显示了1845—1935年的数据。

你能从这个曲线图中看出规律吗？

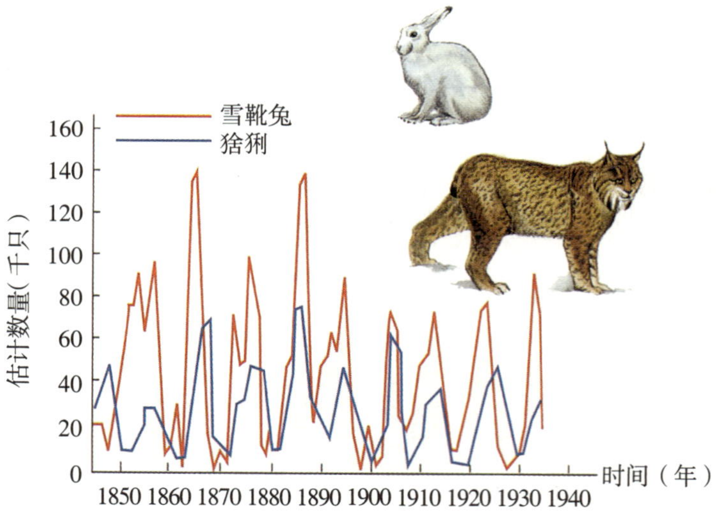

▷ 生物学的应用：伊甸园项目

你是否参观过英国康沃尔郡的伊甸园项目？它以前是一个废弃的陶土坑，建造它花费了大量的劳务，用了 85 000 t 废旧材料重新制成的土壤，投入使用之前，添加了 5 000 种设备。

在白色圆拱形的建筑物中，能创造出一系列多变的气候，称为**“生物群落馆”**（biome）。

在这个巨型的温室中，科学家们细心地控制着温度、湿度和土壤的类型，培育着来自世界各地的植物。

潮湿的热带生物群落馆

这是世界最大的温室生物群落，长 240 m，宽 110 m，高 50 m。这里的环境就像热带雨林，有 1 000 多个植物物种。这里空气潮湿，温度保持在 18～35 ℃。这里生长着巨大的树木，在高高的树杈上，又有兰花和蕨类植物生长。

参观这个生态系统会提醒人们需要保护世界上脆弱的热带雨林环境。

潮湿的热带生物群落馆

温带地中海式生物群落馆

这个生物群落馆就像温暖的地中海区域，这里有干燥、炎热的夏季和寒冷潮湿的冬季。

这种区域包括加利福尼亚、南非、澳大利亚的西南部，还有智利以及地中海国家。尽管土地贫瘠、烈日炎炎，大自然的花园依然欣欣向荣。很多的植物有厚厚的蜡质角质层和特化为刺的叶片，以减少水分的散失。在这个地区灌木丛要比乔木更常见。在太阳烤热的土地上，很多的植物由埋在地下的球茎开花。

在这个生物群落馆里，空气的温度夏天保持在 15～25 ℃，冬天最低气温保持在 9 ℃。

开花的地中海植物

所有的生物群落馆都是用特殊玻璃制成的，能让太阳的紫外线穿过。

伊甸园项目不仅给人们提供了愉快的一日游，它还丰富了人们对自然生态系统多样性的认识，同时使游客加强了保护环境的意识。

小结

- 生态系统是由栖息地（非生物部分）和生物群落（生物部分）组成。
- 一个生物群落由不同的动物和植物种群构成。
- 一个种群由同一个物种的一群个体所组成。
- 在任何生态系统中的个体都必须适应它们所处的环境和生物因素。
- 种群能快速地增长，但是自然规律又能抑制这种增长。出生和迁入会使种群数量增加，死亡和迁出会使种群数量减少。
- 结构和行为的适应使动植物的生存成为可能。
- 竞争存在于同一物种和不同物种的成员之间。
- 一些动物能很好地适应极端的温度，例如生活在沙漠中的骆驼和生活在北极的北极熊。
- 一些植物能够在炎热、干旱的环境中生活，它们能减少体内水分的散失。
- 一些动物能成功地成为捕食者。另一些动物又能很好地避免被捕获成为猎物。
- 捕食者与猎物的动态平衡规律控制着彼此种群的数量。

▶ 练习

1. 请将下列名词与相对应的定义进行连接。

生态系统　栖息地　群落

种群　生态位　生物圈

（1）在同一个生态系统中相互作用的生物。

（2）同一个物种的一群个体。

（3）生态系统中的一个部分，在那里生活着动物和植物。

（4）包含了所有的生态系统。

2. A 栏是动物和植物，B 栏是栖息地，请将它们按正确的关系连接起来。

A	B
地衣	林地
鳟鱼	小径
山楂	岩岸
欧洲千里光	池塘
松鼠	高原的沼泽地
石南藤	河流
青蛙	灌木篱笆
螃蟹	土墙

3. 生长在一烧杯水中的浮萍，每隔几天记录浮萍的数量，见下表：

d	浮萍的数量
1	1
4	2
8	4
12	8
16	16
20	32
24	32
28	31
32	31

（1）绘出浮萍种群大小随时间变化的图。

（2）解释这个曲线图的形态变化。

（3）给出 2 个可以使这个种群变得稳定的因子。

4. （1）列出限制种群增长的 4 种因素。

（2）解释每一种因素是如何影响种群生长的。

5. 清理了杂草的土地，平均分为 10 块，并播种上豌豆种子。播种后，9 块地在不同的时间，分别进行杂草清理工作。9 周以后，对每块土地上的所有植物进行收获，并称重。

结果如图所示：

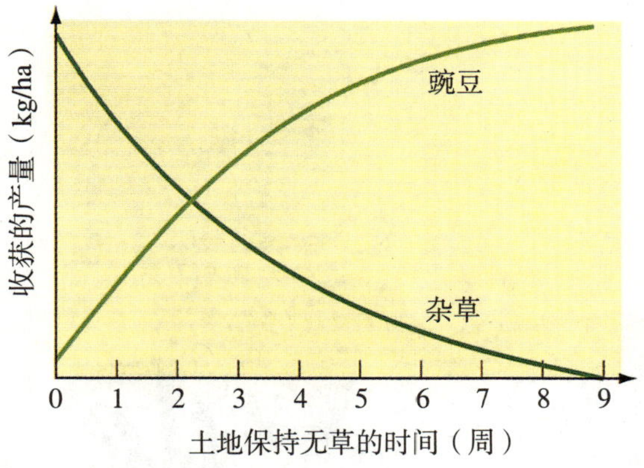

（1）从豌豆和杂草的竞争中，你能得出哪些结论？

（2）如何估计出整块田地中杂草的总质量？

（3）设计一个实验来证明预测：高密度种植的豌豆，单株产量小于低密度种植的豌豆。

6. 下面是利用“标记、释放、再捕获”的方法得到的某栖息地动物的数量，结果见下表：

动物名称	第 1 次的捕获量（M）	第 2 次的捕获量（S）	第 2 次捕获中带标记的数量（R）
千足虫	40	50	25
蜈蚣	50	60	20
甲虫	16	15	6
土鳖	100	80	40
蜗牛	20	15	10

（1）使用公式

$$P=\frac{M\times S}{R}$$

计算出每一种动物的种群数量。

（2）画出每一个种群的柱形图。

（3）为什么标记动物不用鲜艳的、永久性的颜料？

7. 下图是在一个湖泊 12 个月采样收集的数据。

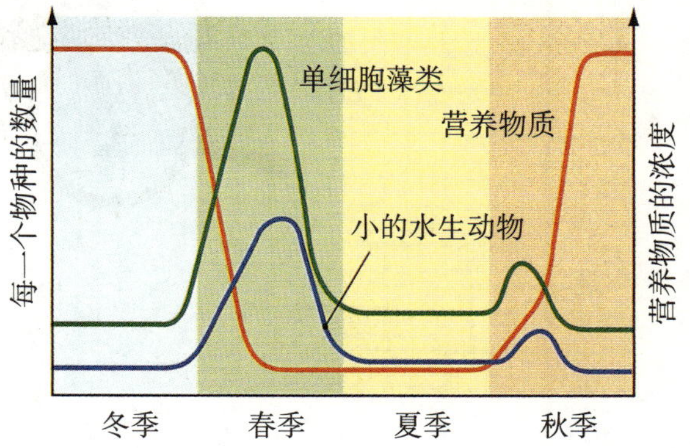

（1）列出藻类生长必需的 2 种环境因素。

（2）解释为什么藻类的数量在冬季少，到了春季就增加。

（3）解释为什么小的水生动物数量在春末时减少。

（4）解释为什么营养物质的量在春季减少，在秋季增加。

8. 一个兔子种群生活在孤岛上。黄鼠狼以捕食这些兔子为生。一些猎人来到这座岛屿射杀了所有的黄鼠狼。

兔子的种群数量增加，它们开始因为有限的食物——草，展开竞争。许多兔子饿死了。接着兔子的种群数量回落到了黄鼠狼被射杀前的数量。

（1）在这个事件中，包含了哪 4 个种群？

（2）为什么猎人射杀了所有的黄鼠狼是错误的？谈谈你的认识。

（3）请你思考，接下来，兔子的种群会发生哪些变化？

9. 一些学生对当地的一块玉米地进行了研究。他们测量了玉米的高度与树篱笆的距离。他们还估计了玉米的生物量。结果显示在玉米的生长过程中，距离树篱笆越远的玉米，它们的高度和生物量越大。

（1）试着解释学生们的结果。

（2）农场主正在考虑移除树篱笆，你是支持还是反对？请给出适当理由。

拓展习题见第 336 页。

第 19 章

能量和营养物质的传递

我们可以将具有相似特征的生物归为一个类群。

如果是研究群落，根据生物进食的方式，把一个群落里的生物进行归类，会更利于研究。

首先，我们可以根据生物能否自己制造食物，把它们分为 2 类。

生产者（producer）是能够利用二氧化碳和水这类简单物质制造出自己食物的生物。

你知道有哪些生产者？

绿色植物利用光作为能源，把二氧化碳和水制造成为糖。

许多细菌也是生产者。一些细菌使用光作为能源，但是绝大多数细菌获得能量需要通过化学反应。

生产者最终为它所居住群落的所有其他成员生产食物。

穿透树冠的阳光

所有的动物都是**消费者**（consumer）。它们不能自己制造食物，因而它们必须吃食物。

- **初级消费者**是食草动物。它们以植物或者细菌等生产者为食。
- **次级消费者**是食肉动物。它们以食草动物为食。
- **三级消费者**是食肉动物，它们以吃次级消费者为食。有时它们也被称为顶端食肉动物。
- **分解者**是微生物，以尸体和腐烂的物质为食。其中大部分是细菌和真菌。

指出图中的初级消费者和次级消费者

每一个摄食群体都属于不同的**营养级**（trophic level，trophic 源自希腊词，意思是“吃”）。

▶ 食物链

食物链为我们展示了在群落中谁吃谁的关系，它显示了食物能量从一种生物向另一种生物的流动。

观察这一个食物链：

在这个食物链中，箭头指示食物能量从一种生物向下一种生物转移的方向。

这个食物链告诉我们，兔子吃草，接着狐狸又把兔子吃了。

这里有一个包含 4 个环节的食物链：

注意：食物链总是由生产者开始的，通常是绿色植物。它们可以是植物的任何部分，例如种子、果实或者凋零的树叶。

这个食物链中初级消费者食用的就是凋零的叶片。

我们能从任何的群落中找到食物链。

它们可能存在于陆地上，也可能存在于水里。

以下是一个海洋里的食物链：

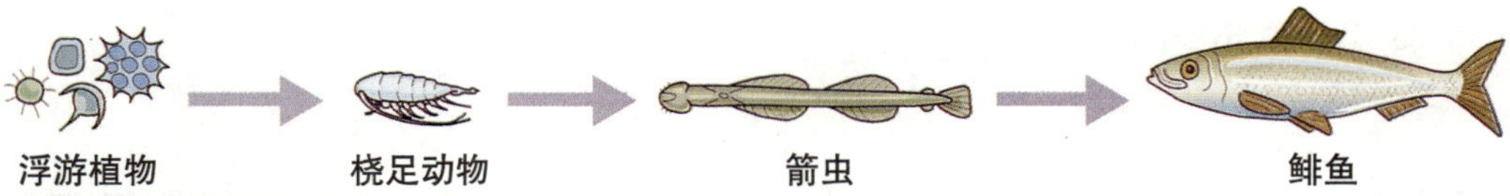

如果桡足动物全部死亡：

- 箭虫的数量会发生怎样的变化？
- 浮游植物的数量又会发生怎样的变化？

这是一个由 5 个环节组成的湖泊食物链：

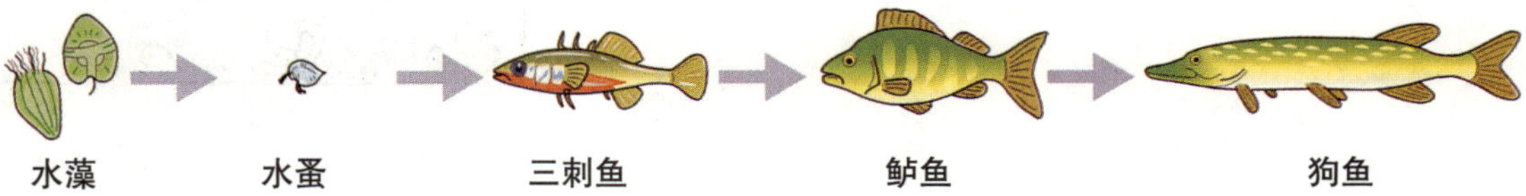

在这个食物链中谁是生产者？

谁是顶端消费者？

▶ 食物网

群落中的绝大多数动物都不会只吃一种食物。刺猬如果只吃蜗牛，它会感到非常厌倦！它们还会吃一些甲虫、蚯蚓和蛞蝓。

食物网是由许多的食物链组成的。它更为完整地展示出动物怎样进食的情况。

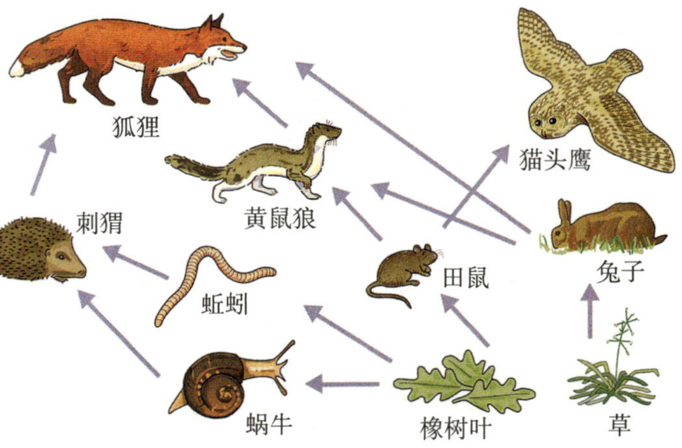

林地食物网

观察这个林地食物网：
你能否找出所有的食物链？
试着把这些食物链写出来。
图中一共有 6 条食物链。

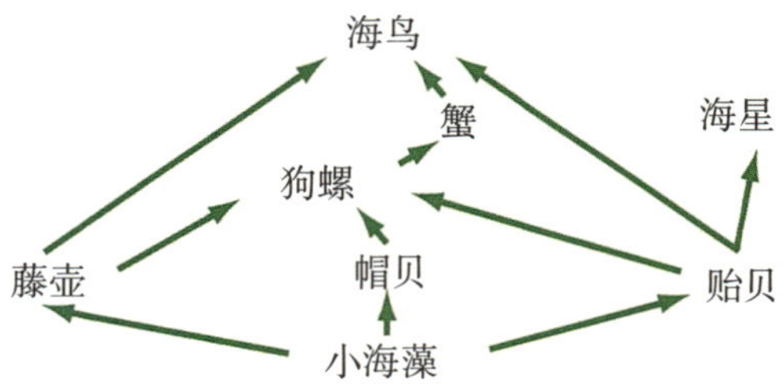

海洋食物网

观察这个海洋食物网：

（1）这里有多少初级消费者？
（2）这里有多少次级消费者？
（3）画出这个食物网中有 5 个环节的食物链。
（4）假如种群中所有的海星都因污染而死亡了，下面生物的数量会有什么变化？
① 贻贝；　　② 小海藻。

生态位

如果我们观察一个食物网，可以看到某个特定生物的进食情况，它揭示了生物在群落中的地位或承担的工作。我们把它称为**生态位**。

例如，冬季蛾毛虫吃橡树的嫩芽，而它又是许多鸟类的食物和寄生虫的宿主。

这就是冬季蛾毛虫的**地位**，或**生态位**。

如果 2 种生物在一个群落中占有了同一个生态位，它们就会发生竞争，直到其中的一种被驱逐出这个群落，竞争才会结束。例如在英国，北美灰松鼠与本地红松鼠，它们喜欢的食物和生活的巢穴都非常一致，就会在相同的生态位上进行竞争。

竞争相同生态位

▶ 数量金字塔

食物链和食物网能显示出群落中的捕食关系。但是不能告诉我们这个捕食关系涉及了多少生物。例如，许多草喂养了一只食草动物，许多食草动物才能提供一只食肉动物的食物需求。

观察这个简图：

为什么叶子的数量远远多于毛虫的数量？

为什么猫头鹰的数量远远少于鼩鼱的数量？

看看这个食物链中食物的数量：

猫头鹰	1
鼩鼱	10
毛虫	100
橡树叶	600

我们把这些信息展示在**数量金字塔**中。

每一个方框的面积粗略地表示出这个营养级中生物的数量。

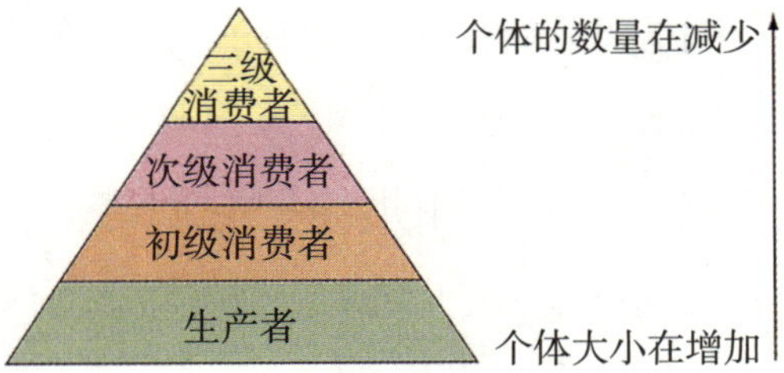

从生产者开始是第一营养级，接着初级消费者是第二营养级，次级消费者是第三营养级，以此类推。

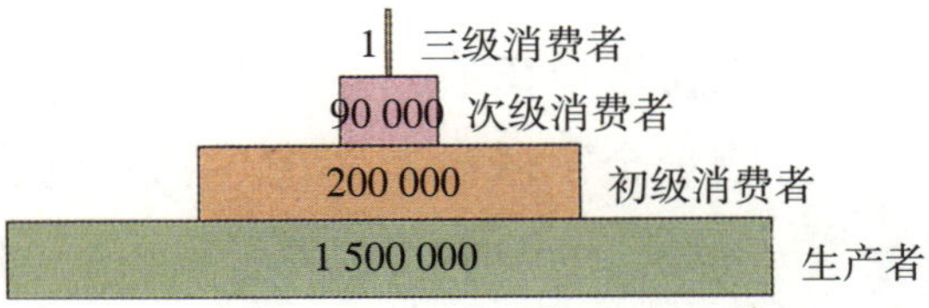

0.1 公顷的草地群落的数量金字塔示意图

- 当你顺着**金字塔**向上数，个体的数量有什么变化？
- 顺着金字塔向上看，每一种生物的**大小**有什么变化？
- 为什么像绿色植物这样的生产者总是在第一营养级上？

数量金字塔的缺点就是不能显示出每一个营养级中生物的总量是多少。

例如，一棵橡树和一株小草都被视为一个生物，但是一棵橡树要比一株小草能养活更多的食草动物。

因此，有些数量金字塔会出现不规则的形状。

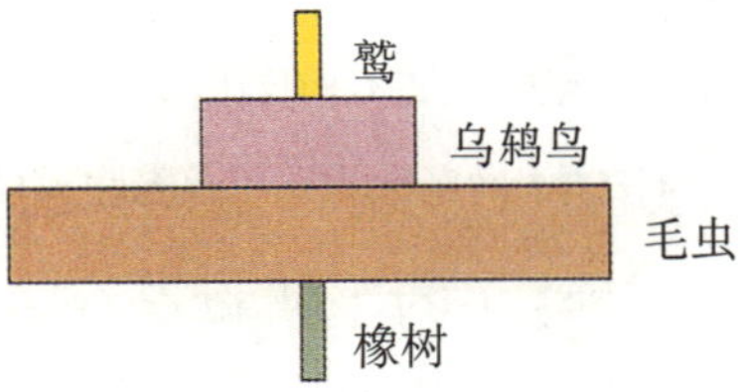

橡树的金字塔

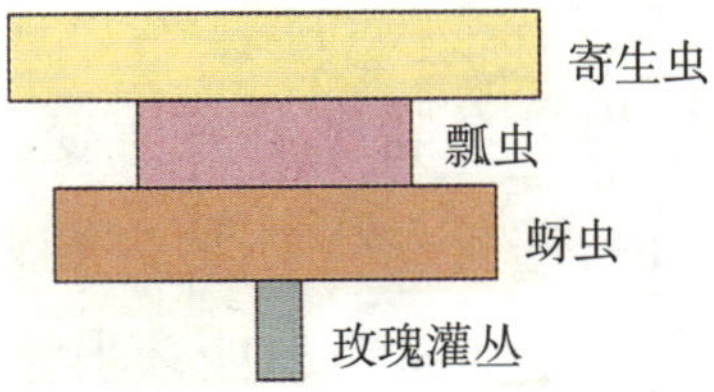

倒转的金字塔

看看这个数量金字塔：

第三级消费者是寄生虫。很多寄生虫都寄生在一只瓢虫身上。这样这个倒转的金字塔顶部就显得很庞大。

▶ 生物量金字塔

使用**生物量**（biomass）金字塔能解决数量金字塔不能显示总量多少的问题。

生物量是活的生物的重量

生物量是活的生物的重量。因此，生物量金字塔显示的是每一个营养级中活的生物的确切重量或质量。

绘制生物量金字塔，首先你需要收集数据。

从每一个营养级中收集样本，并且称重。

找到样本的平均质量。

接着乘以当前群落中估计的个体数量。

因为生物体内的水分含量会有变化，许多科学家就会计算出干重。但是如果你要想做到这一点，就必须用烘箱把它们烤干，这样也就要杀死这些生物。

在岩岸上进行生物量采样

生物量金字塔也存在缺陷。

- 生物量是在某一个时间点采集记录的，生物量金字塔没有考虑生物体的**生长速度**。例如，草的生长速度是很快的，但是在放牧后某特定时间内它的生物量会降低。

  海洋中的浮游植物生长得很快，但是它们只能生活很短的时间。因此，在一个特定的时间，浮游植物的生物量会较低，但是整年的生物量是巨大的。生物量金字塔记录的是短时间的生长，这样就会呈现出倒转的情况。

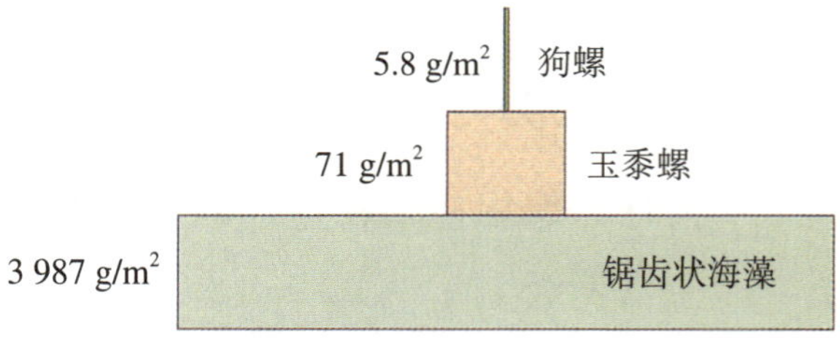

一个岩岸群落的生物量金字塔

- 生物量会随季节发生变化。例如，一棵山毛榉树的生物量，夏天要比冬天大很多。你知道是为什么吗？

  在冬天树叶会掉落，花和果实则是在夏天生长。

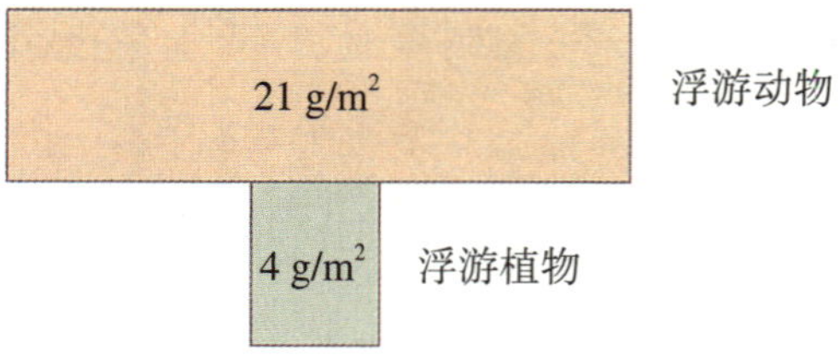

英吉利海峡的生物量金字塔

能量金字塔

使用**能量金字塔**，能最好地显示出群落中发生的捕食关系。

能量金字塔显示了能量从一个营养级向上一个营养级传递的数量。这个能量金字塔展示每年每平方米有 87 000 千焦的能量（下面用 $kJ/m^2 \cdot yr$ 表示），由水生植物传递给蝌蚪。蝌蚪又把 14 000 kJ 的能量传递给小鱼，能量就这样依次传递下去。

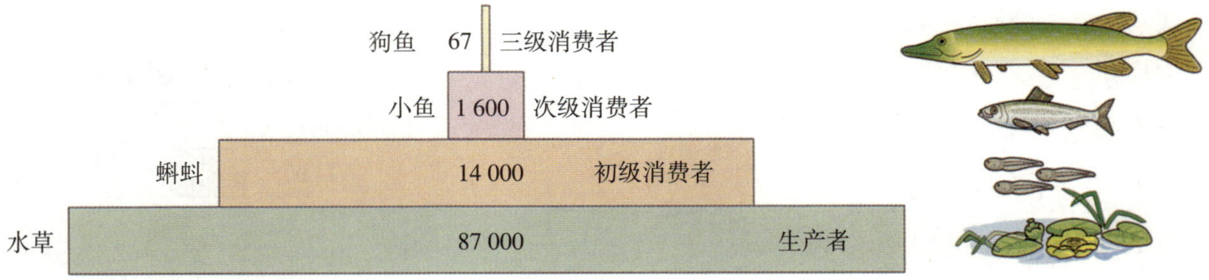

一个池塘中的能量金字塔（$kJ/m^2 \cdot yr$）

如果蝌蚪从水生植物中获得的能量是 87 000 kJ，但是只有 14 000 kJ 的能量传递给小鱼，剩下的 73 000 kJ 到哪里去了？

蝌蚪把获得的能量都用来做了些什么事？它们使用了其中较大一部分的能量在池塘中游泳，并有一部分成为废物排出体外。事实上，只有它们用来生长的那部分能量传递给了小鱼。

龙虱的幼虫也会捕食蝌蚪

当能量从一个营养级传递到另一个营养级时，总会以一些方式“丢失”。就像一开始有 87 000 kJ 的能量，在传递到最后的顶端肉食动物狗鱼时，只剩下 67 kJ 了！

因为只有部分能量的传递，在能量金字塔中不会出现倒转的情况。当只简单地观察能量的传递时，能量金字塔的形状是不会受到生物体的大小和数量影响的。

不像数量金字塔和生物量金字塔，用能量金字塔能较为容易地比较不同群落中从一个营养级到另一个营养级能量传递作用。如果能量传递是高效的，那就说明将会有很多的能量通过一个营养级传递到下一个营养级了。

尽管能量金字塔要比数量金字塔和生物量金字塔更好一些，但是在每一个营养级上，获得能量的数据很难。

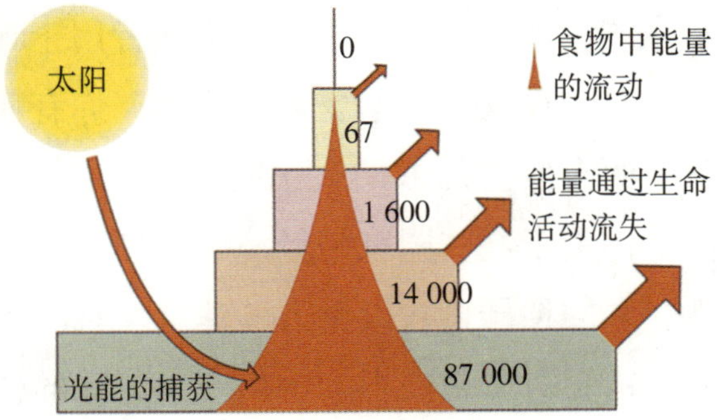

一个池塘的能量金字塔（$kJ/m^2 \cdot yr$）

▶ 缩短的食物链

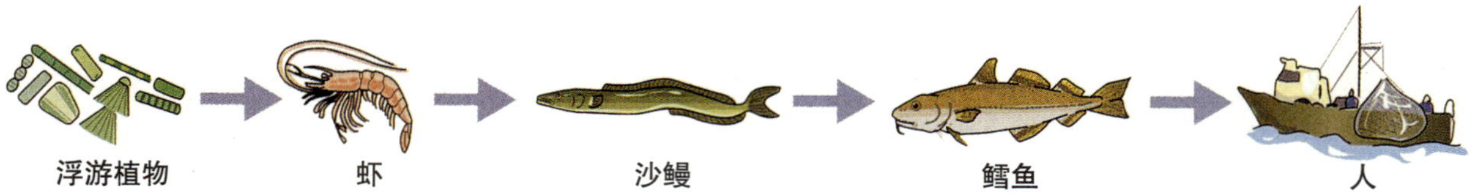

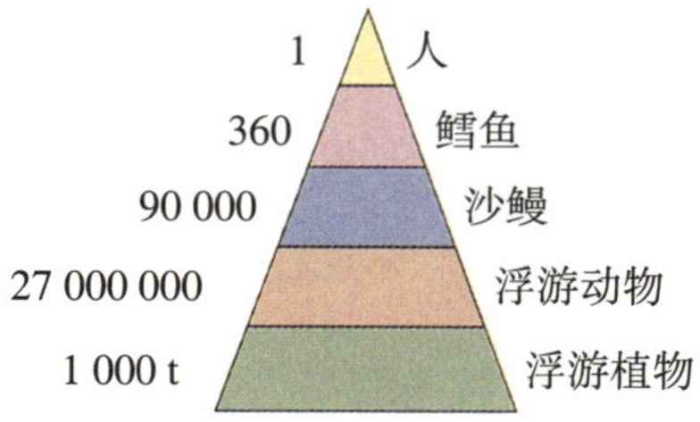

观察这个数量金字塔：

它显示了一年 1 000 t 浮游植物可以支持的个体的大致数量。人是这个金字塔的顶端消费者。

一个人一年会吃掉多少条鳕鱼？

通过计算大约每天 1 条鳕鱼。

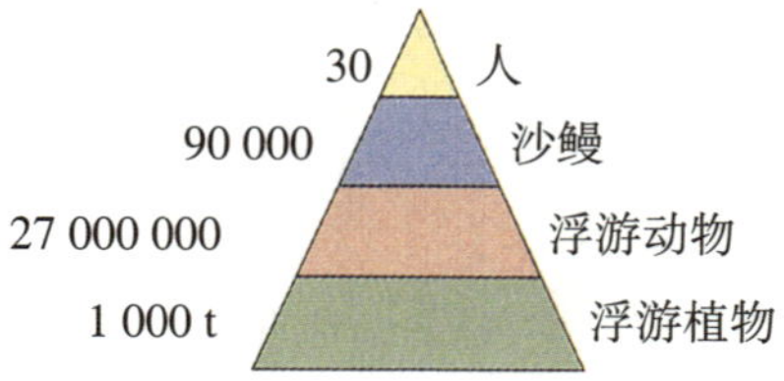

如果把这条食物链缩短，人直接吃沙鳗替代吃鳕鱼，会是一个什么情况？

这条食物链能够养活 30 个人。

每个人每天大约能获得 10 条沙鳗。

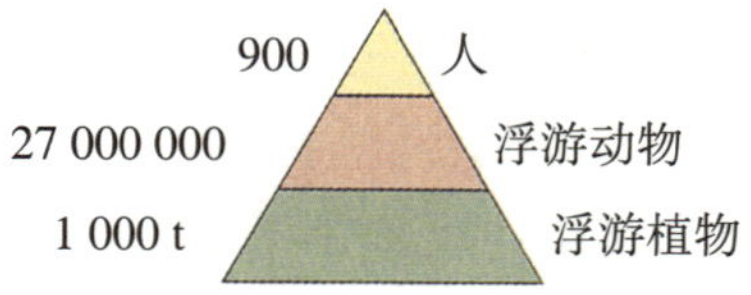

如果再把这个食物链缩短，又会怎样呢？

人直接以浮游动物，如以虾为食呢？

你每天能获得 100 只虾吗？

如果是这样，这条食物链一年能够养活 900 个人。

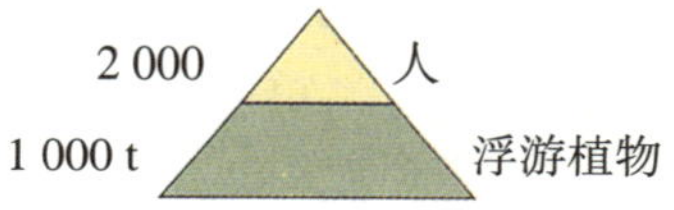

如果我们把食物链中最后一种动物也去掉，只留下植物，会是什么情况呢？

每天吃 2 kg 的浮游植物可能对你没什么吸引力，但是在一年中却够养活 2 000 个人。

从这个例子中，传递出了什么信息？

素食能养活更多的人。如果我们减少食物链的环节数量，这个食物链末端就会有更多的个体能被养活。

这是因为我们减少了在每个营养级中产生的 90% 的能量损耗。这些能量可能是因为吃不完的食物、没被消化的食物或者用于呼吸作用等途径而被损耗掉了。

对于不发达国家更喜欢素食，你有何观点？

西方发达国家的人民有多样的饮食，包括家禽肉、鱼肉、羊肉、牛肉和猪肉。这些告诉了你关于这些国家的经济是怎样的？

人的种群正在以惊人的速度增长。

这会对未来肉类的价格产生怎样的影响？

上涨的食物价格将我们推向食物金字塔下方，向着素食的方向发展。

▶ 通过生产者的能量流动

所有生态系统中的初始能量都来源于太阳。能量能够被转换，植物通过光合作用把太阳能转化为化学能贮藏在糖里。

只有绿色植物（和一些细菌）这一类的生物能够做这个工作。而且，光合作用远远没有我们想象的那么高效。

绝大多数照射在叶片上的阳光并没有被吸收和利用。

- 一些阳光从叶子的表面被反射掉。
- 一些阳光直接地穿过叶。
- 只有一部分的光能被叶绿素吸收而被植物利用。

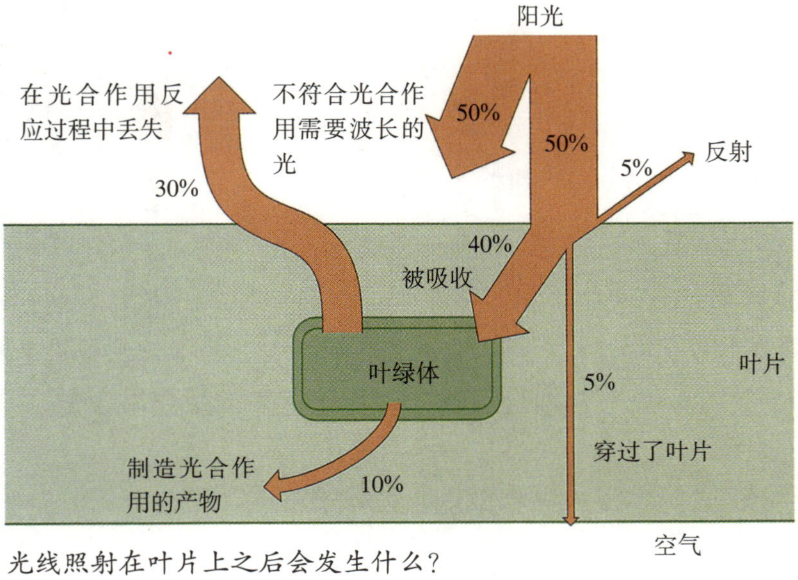

光线照射在叶片上之后会发生什么？

通过光合作用的能量转化的全部效率不到 10%。所以到达植物的太阳能中只有大约 8% 被转化成有用的化学能。

这部分化学能被植物用于呼吸作用和生长发育。

当植物生长的时候，它的生物量也会增加。这将会成为食草动物的食物能量。它能够从生产者向初级消费者传递。

当植物的叶掉落，果实和种子散落，或者植物自己死亡后，这些食物中的能量就能传递给分解者。

分解者通过吃死亡植物的组织获得能量。

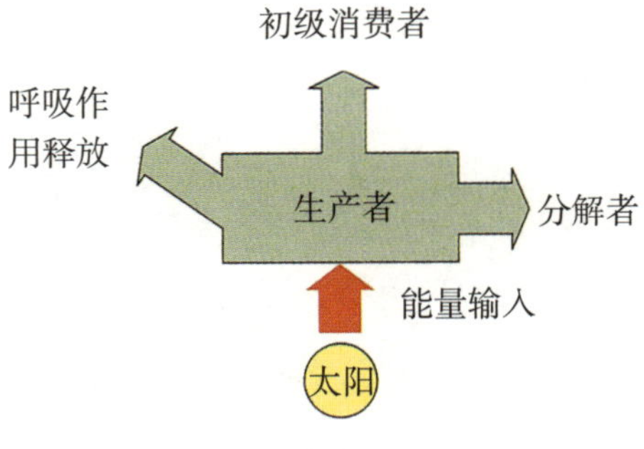

通过绿色植物进行的能量流动

▶ 能量在消费者中的流动

食物中的能量从生产者到初级消费者的传递，同样也有损耗。每 100 g 可利用的植物原料，只有 10 g 最后成为食草动物身体的一部分。

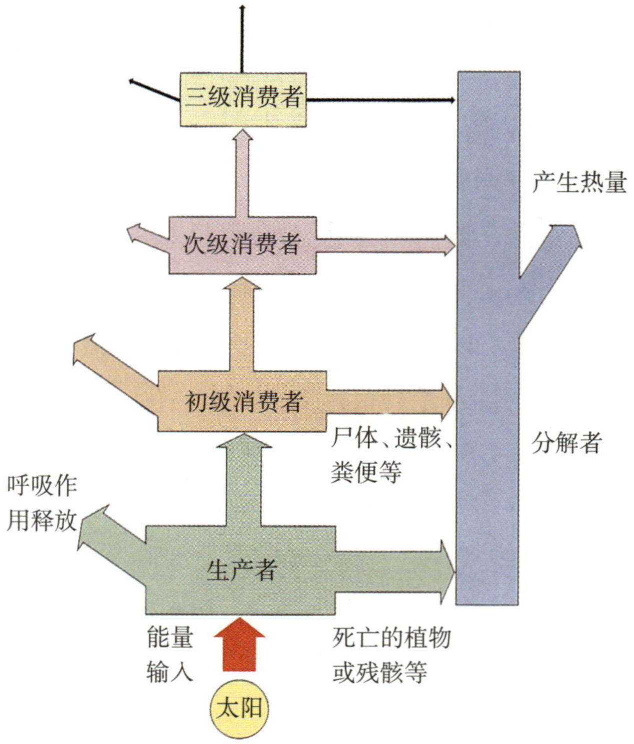

哪些因素导致营养级间的能量传递损耗 90%？

- 许多食物可能没有被食用；
- 许多食物通过了食草动物的身体，但是没有被消化；
- 很多的食物用于呼吸作用了。

在其他的营养级中，食物的能量也会发生相似的损耗。

一些食肉动物能够获得 20% 的转化效率。因此，对于 100 g 食草动物，在最后能有 20 g 成为食肉动物身体的一部分。

这是因为蛋白质比糖类更有效地被吸收，动物比植物的蛋白质含量高得多。

观察图中展示的一只奶牛摄入和释放能量的示意图。

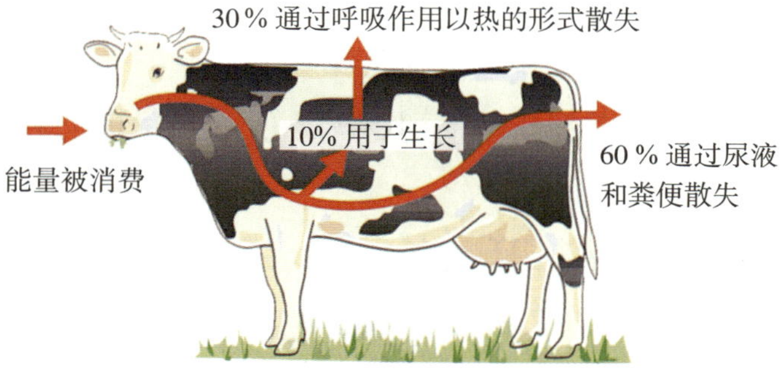

一头奶牛的能量开支

牛食用的草所含有的能量，超过一半是随着粪便排出体外的。在呼吸作用和尿液形成的过程中，很多的能量会以热量的形式排出体外。

剩下的部分才用来增加奶牛的生物量。

一头奶牛能量的开支总结如下：

能量的摄入 = 呼吸作用消耗的能量 + 用于生物量积累的能量 + 粪便中的能量 + 尿液中的能量

▶ 营养物质的循环

死亡的动物和植物会发生什么变化？

它们会腐烂或被**分解**。

微生物负责分解，**细菌**和**真菌**（霉菌）称为分解者，它们能使死亡的动植物腐烂。

分解者也能分解动物排出的废物（尿和粪便）。

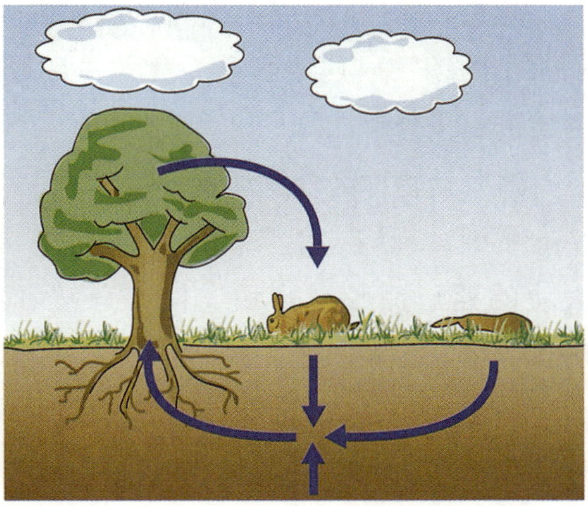

观察右图：

植物生长需要的化学元素称为**营养物质**，通常能在土壤中找到它们。

植物是怎样获得这些营养物质的？

这些营养物质又怎样进入到动物体内？

给出营养物质重新返回土壤的 2 个途径。

分解者在这个循环中是必不可少的环节。

通过分解死亡的遗骸和排泄废物，它们把锁在遗骸或废物中的营养物质释放出来。

这些营养物质能被其他生物再次利用。

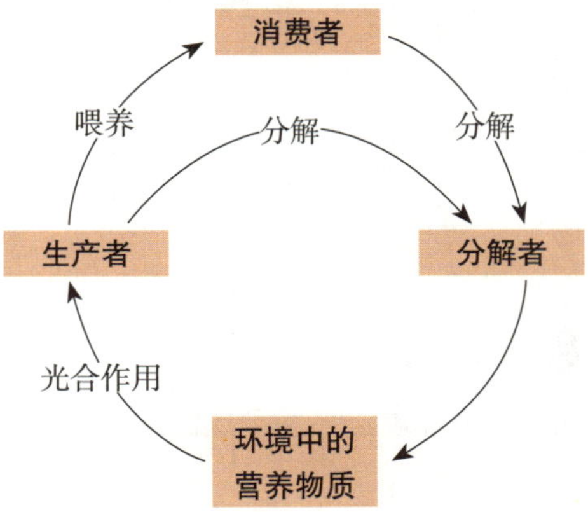

营养物质在生态系统中的循环

组成生物体的这些营养物质，能够被不断地重复利用。

首先，它们被释放到土壤中，接着被植物吸收。

当植物被动物食用后，营养物质就进入到动物体内。

我们称之为营养物质的**循环**。

生物体的绝大多数物质（95%）是由 6 种元素组成的——碳、氢、氧、氮、磷和硫。生物体需要不断地提供这些元素，用于制造蛋白质、糖和脂肪。

这些元素都能在生物体摄取的营养物质中找到。例如，二氧化碳中含有碳元素，硝酸盐中含有氮元素，氢则能够在水中发现。

如果这些营养物质不能循环利用，那么生物体将不能获得它们需要的这些元素。

分解者和腐食动物

死亡和腐烂的物质碎片称为**腐质**。

小的动物以这些腐质为食，并且帮助这些腐质进一步分解。

这些动物称为**食腐动物**。

蚯蚓、蝇蛆、土鳖都是食腐动物。它们把大块的死尸撕咬成小块，使得分解者更容易进行分解。

如果没有食腐动物，分解的过程将会变得很长。

一些常见的食腐动物

分解者是非常微小的。

我们真正注意到它们，是因为它们让很多东西腐烂。这些细菌和真菌就是食物腐烂的元凶。

它们如何分解死亡的生物体呢？

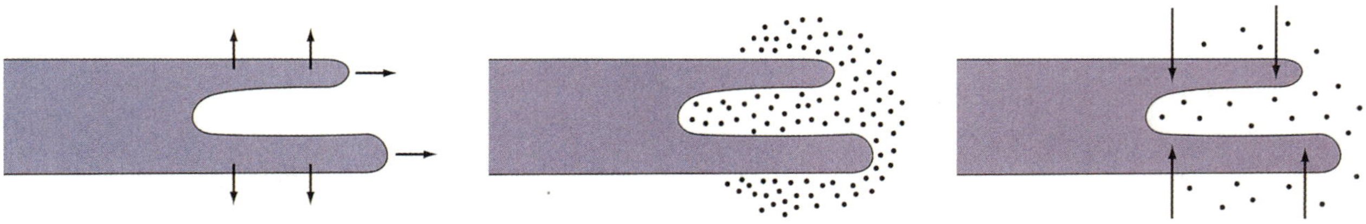

1. 真菌在尸体上释放一些酶。

2. 这些酶消化死亡的生物，并使它们易于溶解。

3. 这些可溶性的产物被真菌吸收。

真菌和细菌利用酶来消化它们的食物。

这种工作方式和酶在你肠道中工作的方式是一样的。

溶解的产物被细菌和真菌吸收利用。

这些分解者吸收食物，并用于生长和提供能量。

这些细菌和真菌又会被其他的生物体食用。这样，营养物质就得以传递。

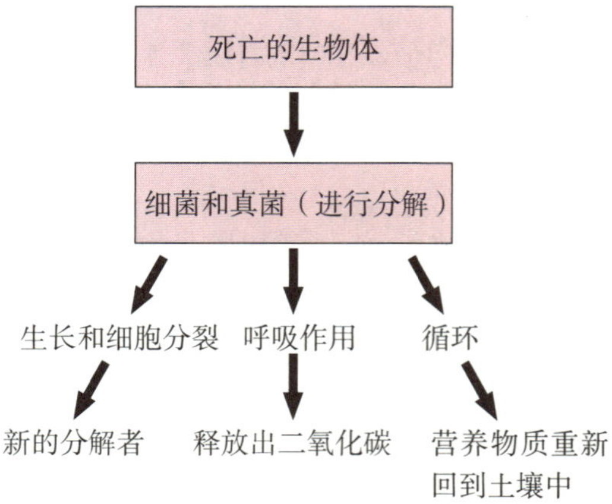

分解者的食物链：

凋零的叶片 ⟶ 真菌 ⟶ 甲虫 ⟶ 青蛙

食腐动物的食物链：

死亡的动物 ⟶ 丽蝇蛆 ⟶ 乌鸫鸟 ⟶ 松雀鹰

▶ 碳循环

所有的生物都需要碳。

碳被用于制造糖类、蛋白质、脂肪和其他重要的分子。由这些分子组成了生物体。

碳来源于空气中的二氧化碳。植物通过光合作用把它转化为食物。动物通过食用植物而获得碳。

二氧化碳又怎样回到空气中呢?

- 动植物利用一部分食物进行呼吸作用，释放能量和二氧化碳。
- 分解者利用死亡的植物和动物作为食物。它们利用许多腐烂的物质进行呼吸作用，并释放能量和二氧化碳。
- 化石燃料，例如石油、泥炭、煤炭和天然气都含有碳。当它们燃烧的时候，二氧化碳就释放到空气中了。

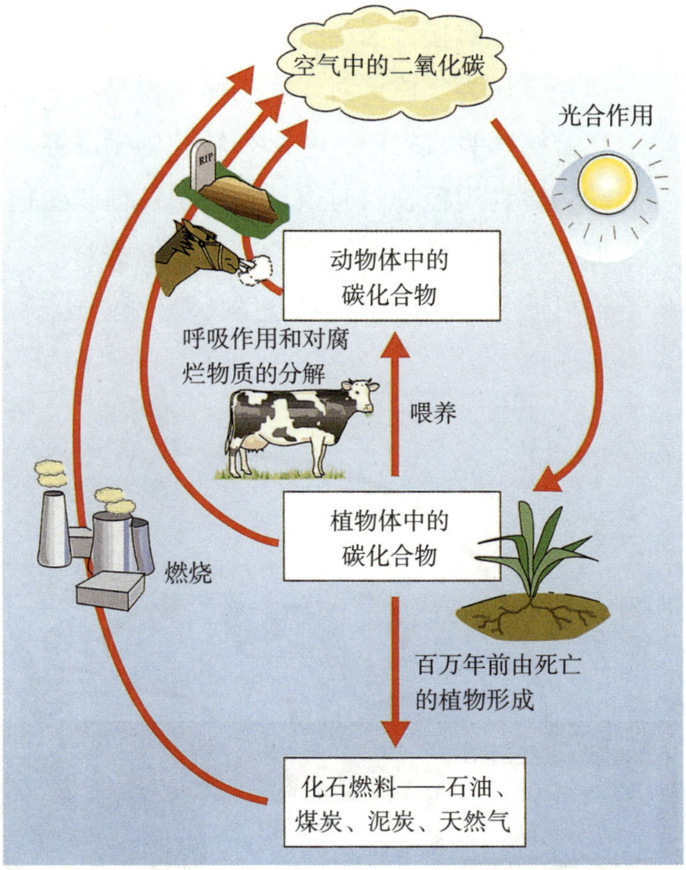

这些过程把二氧化碳释放到空气中，与植物吸收二氧化碳进行光合作用一样迅速。这样二氧化碳在空气中的总量能保持平衡。

在碳循环的过程中你能找出 2 条最重要的途径吗？它们是光合作用和呼吸作用。

光合作用吸收空气中的二氧化碳，并且为食物链提供了碳元素。

$$\text{二氧化碳} + \text{水} \xrightarrow[\text{叶绿素}]{\text{光照}} \text{葡萄糖} + \text{氧气}$$

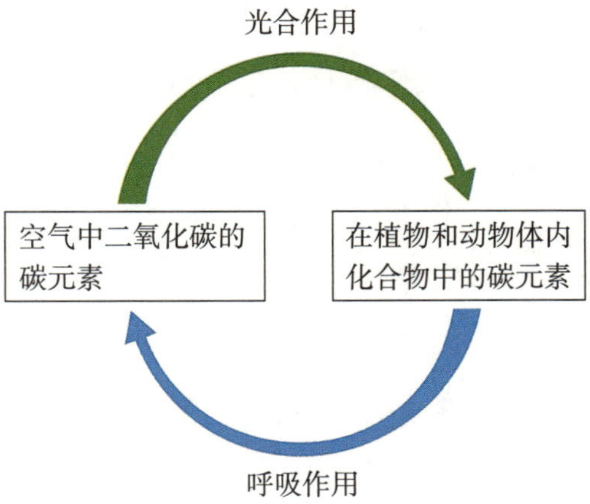

动物、植物和微生物进行呼吸作用，释放出二氧化碳回到空气中。

$$\text{葡萄糖} + \text{氧} \longrightarrow \text{二氧化碳} + \text{水} + \text{能量}$$

在整个地球上的海洋、湖泊和江河中含有的二氧化碳（以碳酸氢盐的形式溶解在水中）超过了大气中占 0.03% 的二氧化碳的含量。因此，在全球范围内，绝大部分光合作用发生在海洋中。

氮循环

植物和动物需要氮合成蛋白质。

空气中含有接近 80% 的氮气。

但是氮作为气体，对于生物体来说是没有用的。植物和动物是不能直接利用氮气的。在被植物吸收之前，它必须转化为**硝酸盐**。植物可以利用硝酸盐中的氮合成蛋白质。动物在食用植物的时候就获得了从植物蛋白质中带来的氮元素。

那么，氮气是怎样转变为硝酸盐的呢?

你可以从这张图中找到答案。

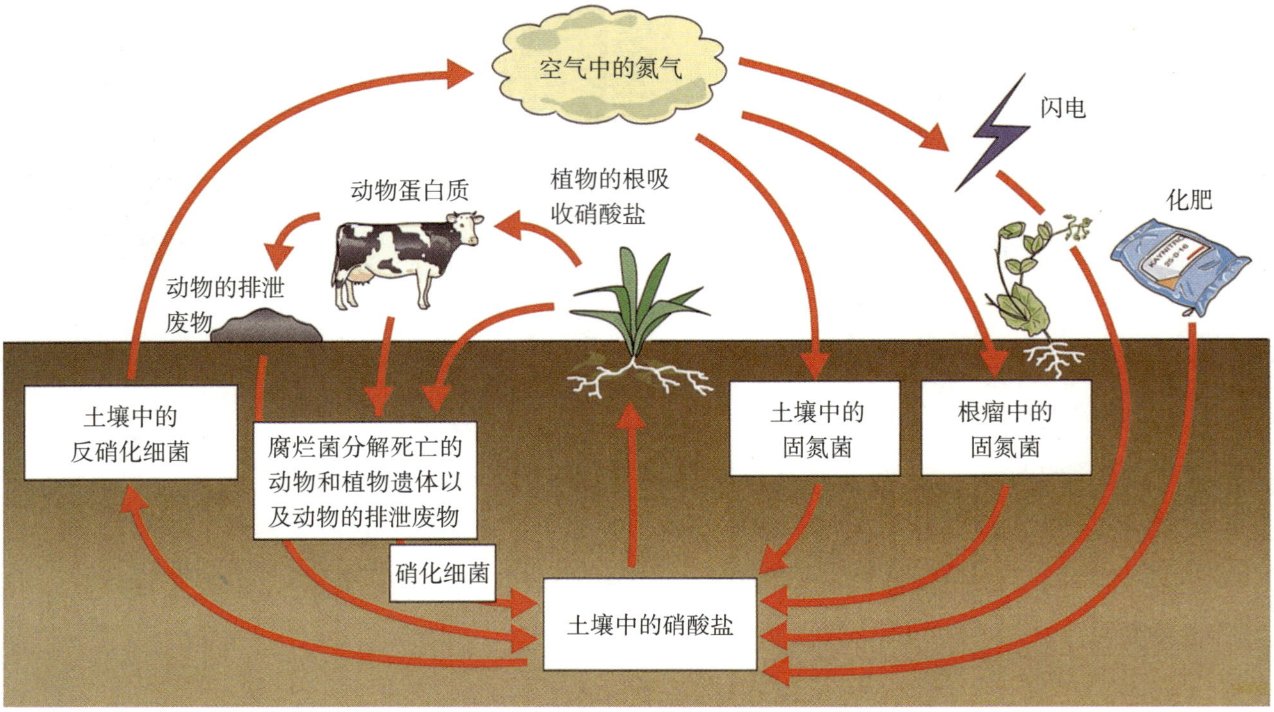

- **腐烂菌**分解死亡遗体和动物的排泄废物，释放铵化合物到土壤中。
- **硝化细菌**在土壤中能够将氨转化为硝酸盐。氨是另外一种含氧的化学物质，它存在于动物的排泄废物和死亡遗体中。
- **固氮菌**生活在土壤中，它们能将空气中的氮转化为硝酸盐。植物的根能吸收硝酸盐。
- 固氮菌也能生活在豆科植物的根里。例如豌豆、蚕豆和苜蓿。这些固氮菌会在根上形成小结节，我们称它为根瘤。这些细菌将氮气转化为硝酸盐，这样豆科植物就可以利用了。
- **闪电**使氮气和氧气在高温下结合，成为氮氧化物的形式。它们随着雨水被冲入土壤，在那里形成了硝酸盐。

许多硝酸盐在被植物吸收之前，就从土壤中损失掉了：

- 许多土壤中的硝酸盐被雨水冲刷掉，这种现象称作**淋滤**。
- 反硝化细菌生活在浸水的土壤中，能将硝酸盐转化为氮气。

▶ 土壤中的生命

生活在地下的生物与地上的生物一样多姿多彩的，它们是维持营养物质循环的要素之一，对于植物生长必不可少。

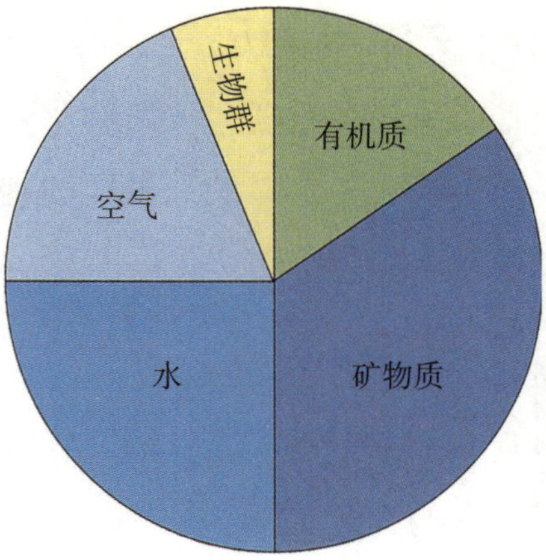

土壤的成分

土壤是由不同大小的岩石颗粒、腐殖质（死亡的生物）、空气、水分和没有溶解的矿物质组成的一种复杂的混合物。植物依靠土壤来固定根部，反过来，根深入到土壤中提高了土壤的透气和排水功能。同时植物也依靠土壤来获取水和营养物质等资源。

就像在氮循环中我们看到的那样，细菌是土壤中必不可少的成员。

分解的结果就是生产**腐殖质**。没有腐败细菌和真菌，死亡植物就不会被分解。

土壤中的固氮细菌和豆科植物（豌豆、蚕豆、苜蓿和荆豆）根瘤中的根瘤菌，在固氮方面具有重要的作用，它们能将空气中的氮气转化为植物能利用的形式，用来合成蛋白质，提供植物新的生长。

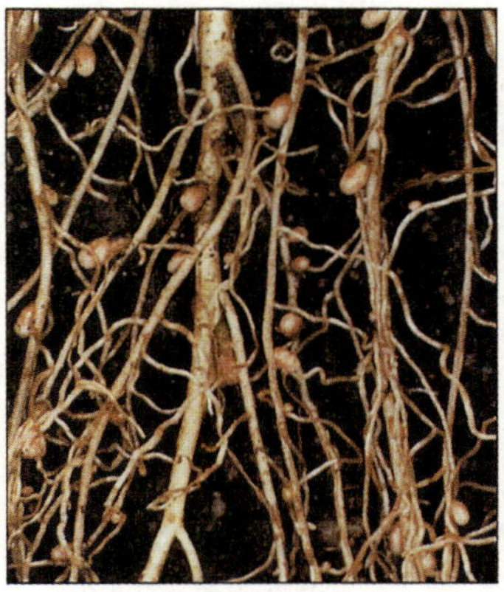
豆科植物的根瘤

在土壤群落中，蚯蚓是一个常见而且非常重要的成员。它们是食腐动物，以它们拖回洞穴的部分腐烂叶片为食。这增加了土壤中有机物的含量。像蚯蚓粪这样的没有消化完全的物质排在地表或地下，由细菌和真菌进行分解。

蚯蚓不仅能增加土壤的肥力，它们的洞穴还能增加土壤透气和排水的能力。

一些蚯蚓的种类能够在地下几英尺的地方建造洞穴，这对土层的混合是有益的。

蚯蚓排出的粪便中含有碳酸钙，能够帮助中和酸性的土壤。

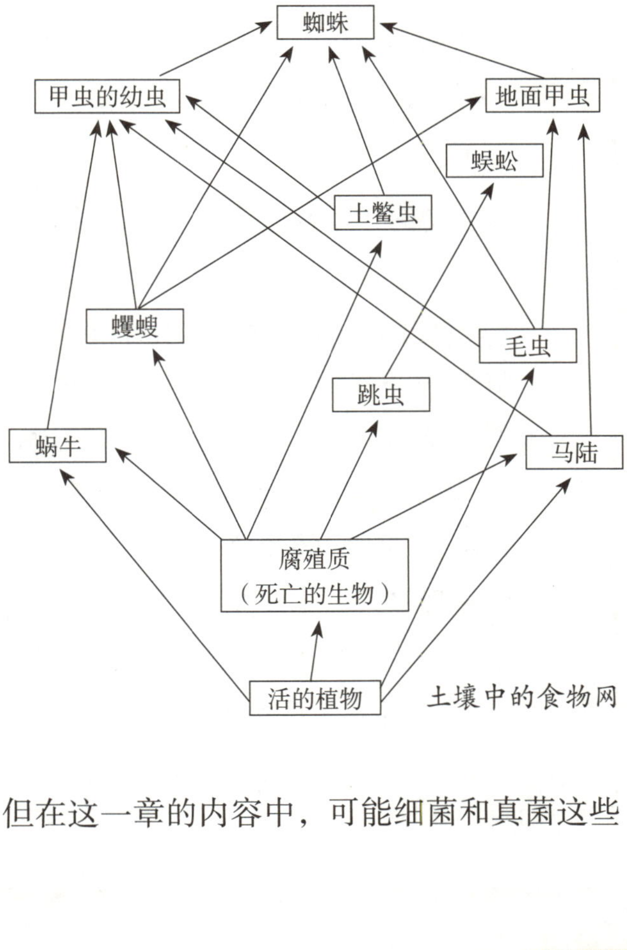

土壤中的食物网

土壤中群落所具有的生物间的相互作用和复杂程度与其他生活在地面上的群落是一样的。它包括了食草动物，如蛞蝓、蜗牛和线虫；食腐动物，如蚯蚓、马陆、跳虫；食肉动物，如蜈蚣、蜘蛛和地面甲虫。

这些加在一起就形成了一个动态的群落，但在这一章的内容中，可能细菌和真菌这些分解者才是关键的生物体。

▷ 生物学的应用：集约化食品生产

现代农业倾向于集约化。

农场主试图最大程度地利用现有的土地、植物和动物，生产出尽可能多的食物。

工厂化养殖

前面我们学习了如果人类以植物为食，能养活更多的人（见第 304 页）。这是因为植物的**所有**物质和能量都直接被人体所利用。

如果相同的植物食品用来喂养动物，如一头牛或羊，那么，只有 10% 的食物能够转化为动物的肉，剩余的 90% 要不就是没有被食用，要不就是没有被消化，或者用于呼吸作用了。

密集的火鸡养殖

所以饲养动物不是一个很高效生产食品的方法。然而，许多高密度养殖方法已经用在一些动物中进行最大化的肉类生产。

许多人认为木质的小牛笼是不人道的

许多动物被饲养在室内，这样：

- 食物的数量和种类能被控制。高蛋白的食物和添加剂使动物尽可能快地生长。
- 生活环境的温度能够保持恒定。这是很重要的，因为哺乳动物和鸟类需要维持一个恒定的体温，它们食物中的大多数能量最后会以热的形式散失到空气中。
- 动物的运动被限制在它们生活的笼子或者圈舍中。缺少运动意味着它们体重能够迅速增加。
- 抗生素的使用能够控制疾病的蔓延。

希望我在这个区域能够散步

将食物的能量有效转化为生长（肉类），可以满足人们对蛋白质食物的需求。提高效率，改善饲养方法，减低劳动成本，使得这种密集养殖的产品比等量的有自由活动空间的养殖产品的成本更低。

但是很多人并不喜欢看到动物们在这种条件下生长。他们认为让动物在户外生长才是更人道的。在圈舍里或拥挤的环境中饲养动物，只会导致动物肥胖。

越来越多的人认为使用木质小牛笼和其他类型的动物围栏应该被禁止。当人们理解了由工厂化养殖带给动物的痛苦时，自由放养的动物产品越来越受到人们的欢迎。

作物生产

这是一块密集方式种植的小麦田。

这是一种**单一栽培**的方法，只栽种一种类型的作物。

- 这些作物是经过选育种植，能够获得高产的。
- 化肥的使用使作物长得更大，在短期内能增加产量。
- **杀虫剂**在作物上的喷洒能控制虫害，**除草剂**的使用除掉了杂草。

密集型的谷物生产

农场主不得不权衡化学药品的使用成本与小麦产量的增加之间的关系。

我们食用的面包绝大多数是用密集的生产方式培育出的谷类制作而成的。

我们已经知道在大棚中农作物的产量能得到很大的增长（见第 192 页）。

在大棚里，像光、二氧化碳和温度这些生长的条件都能够被精细地调节。

渔业养殖

像鲑鱼和鳟鱼能被养殖在一个大的水箱中，这里的生长条件能够被精细地调节。

- 通常是以鱼食的形式提供一种高蛋白质的饲料，其中还有适量的维生素和矿质元素。
- 在拥挤的环境中使用抗寄生虫的化学药剂来控制疾病的蔓延。
- 排除了捕食者和相互竞争。

在英国，根据温度条件，饲养鳟鱼能在 11 个月内就达到 180～280 g 的上市要求标准。

对于渔业养殖有利的方面包括：

- 供应给市场特定种类的鱼，能按市场要求控制它们的大小。
- 获得的鱼，具有最适合的生长率，并且很健康。
- 控制有利品质的遗传选择，例如抗病性。
- 食物高效地转化进鱼的体内，因为鱼是冷血动物，不需要耗费能量来维持恒定的体温。

令人担忧的是养鱼业会导致污染。高密度的鱼生活在一个区域意味着排泄废物和未消化的食物会带来富营养化的问题（见第 332 页）。

小结

- 生产者，包括绿色植物和许多细菌，能够自己制造食物。
- 生产者提供食物能量给初级消费者（食草动物）。
- 初级消费者提供食物能量给次级消费者（食肉动物）。
- 分解者和食腐动物以死亡和腐烂的生物为食。
- 食物链和食物网显示出了这些喂养关系。
- 一种动物或者一种植物在群落中所承担的角色被称为生态位。
- 数量金字塔、生物量金字塔和能量金字塔能用来显示喂养的相互关系。
- 短的食物链比环节更多的食物链能养活更多的人。
- 能量以阳光的形式进入生态系统，并以热的形式散失。
- 只有一小部分照射在叶片上的光能转化为新的植物的生物量。
- 在不同的营养级中存在着能量损耗。
- 碳通过光合作用和呼吸作用的过程，在整个生态系统中循环。
- 在氮循环中，不同类型的细菌具有不同的职责。
- 化肥能够为缺少营养的土壤补充养分。

练习

1. 句子填空：

生产者能够自己制造________。

生产者被食草动物或者________食用。这类动物依次为________消费者提供食物。________和食腐动物以死亡的和________的生物为食。喂养关系能够通过食物________和食物________来显示，同时还能通过________金字塔、生物量金字塔和________金字塔来显示喂养关系。

2. 观察这个林地食物网：

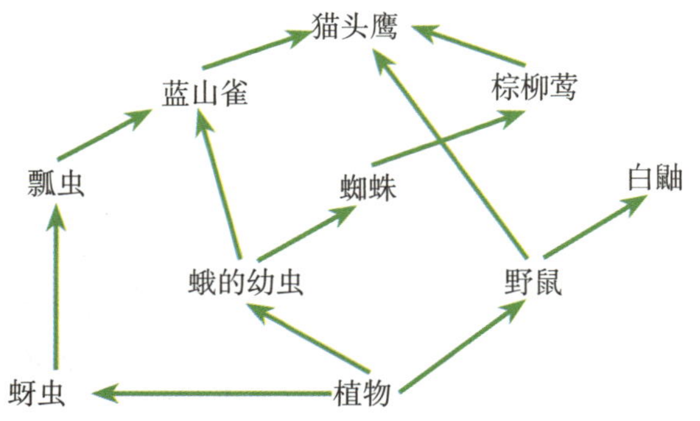

（1）根据下面的要求，从这个食物网中找出适当的例子：

① 生产者。

② 初级消费者。

③ 次级消费者。

（2）这个食物网中有多少食肉动物？

（3）在图中找出有 5 个环节的食物链。

（4）如果所有的蜘蛛都患病死亡，下面生物的数量会有什么变化？

① 蛾的幼虫。　　② 植物。

3. 观察这个食物网：

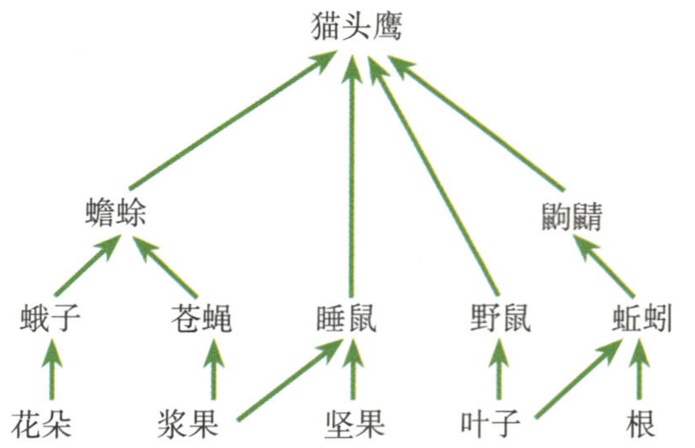

（1）从这个食物网中指出：

① 2 个初级消费者。　② 1 个次级消费者。

（2）利用这个食物网，建构 2 条不同的食物链，每条食物链包括 4 个环节。

（3）为什么绝大多数的食物链都是由绿色植物开始的？

（4）如果所有的猫头鹰都被捕杀了，下列生物的数量会怎样变化？

① 睡鼠。　　　② 蚯蚓。

4. 在一个池塘的 3 个区域，统计了植物和动物的数量，结果见下表：

区 域	数　　量			
	小鱼	水蚤	鸭子	小的植物（藻类）
1	4	500	1	10 000
2	1	700	0	8 000
3	3	680	1	7 000
总 计				

（1）将表格补充完整。

（2）用表格中提供的动植物名称，绘制一个数量金字塔。

（3）解释为什么水中的植物都会集中在池塘的水面附近。

（4）植物为池塘中的动物提供食物。请写出 2 条动物依靠植物喂养的途径。

5. 下表提供了 3 条食物链的信息。

生　产　者	初 级 消 费 者
200 片叶	100 只毛虫
20 株水草	200 只昆虫的幼虫
5 个卷心菜	100 只毛虫
次级消费者	**三级消费者**
5 只画眉鸟	1 只红隼
5 条小鱼	1 只水獭
5 只画眉鸟	500 只跳蚤

（1）请画出每条食物链的数量金字塔。

（2）在这些食物链中生物体的平均质量如下：叶片（5 g），毛虫（4 g），画眉鸟（70 g），红隼（250 g），水草（250 g），昆虫的幼虫（10 g），小鱼（300 g），水獭（1 kg），卷心菜（300 g），跳蚤（0.04 g）。

① 利用所给数据，绘制每一条食物链的生物量金字塔。

② 每条食物链的数量金字塔和生物量金字塔有什么不同？

6. 1 头牛吃掉 1 m^2 的草，能获得 3 000 kJ 的能量。其中 100 kJ 用于生长，1 000 kJ 以热的形式散失，1 900 kJ 随着粪便排出体外。

（1）下列问题中，1 m^2 草的能量使用百分比各是怎样的？

① 用于生长的部分。

② 通过肠道，没有被吸收的部分。

（2）如果牛肉每克含 12 kJ 的能量，多少平方米的草才能够生产出 100 g 的牛肉？

7. 回顾第 306 页一头牛的能量开支图。

（1）这头牛将草转化为生物量作用是怎样的？解释你的答案。

（2）能量在下列问题中的占用比例各是多少？

① 粪便和尿液中的。

② 用于呼吸作用的。

（3）牛每天都花大量的时间来吃草。写出你的其他答案，说说为什么你会这样认为。

8.（1）写出 2 条氮元素进入土壤的途径。

（2）氮元素又怎样离开土壤？

（3）为什么农夫们会在地里种上苜蓿，在种植小麦之前将它们犁入土壤中？

9. 下面这幅图显示了碳循环的一个部分：

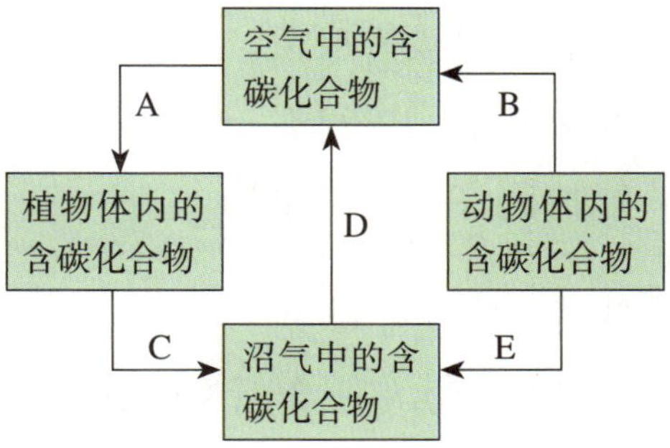

抄写这张表，并且从下面找出正确的标签，替换 A～E 的字母。

呼吸作用　　被细菌分解的腐烂物

光合作用　　燃烧

拓展习题见第 336 页。

第 20 章

人类与环境

目前，地球上的人口数量正在以惊人的速度增长。2011 年，整个地球的人口预计将超过 70 亿。

在过去，人口增长的速度并不总是这样的。在几千年前，人口数量的增长是非常慢的。

缺少食物、疾病、战争以及缺少住所都导致较短的寿命。

6 000 年前，整个世界的人口数大约有 2 亿。他们活动的范围小，人类的活动没有影响到广袤的大地。

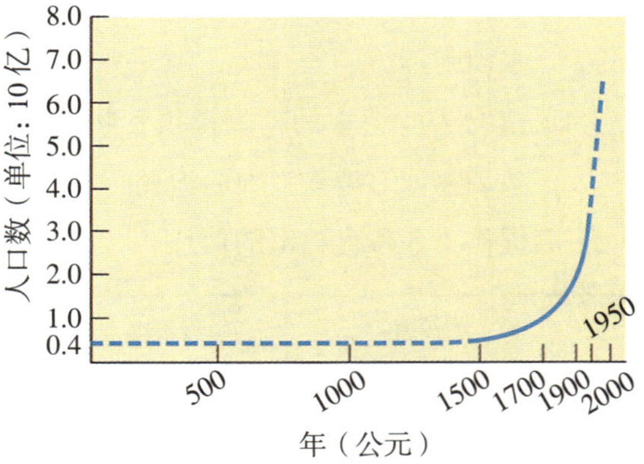

观察图：

你认为是什么使得人口在过去的 300 年里有如此巨大的增长？

- 农业的进步意味着能为大多数的人提供更好的食物。
- 公共卫生设施的改善，为大众提供了更干净的水和更良好的卫生状况。
- 医疗护理的水平提高。
  人们可以接种疫苗，抵抗许多疾病。
- 在体内使用药物，或在体外使用化学药品，能控制许多致病生物。

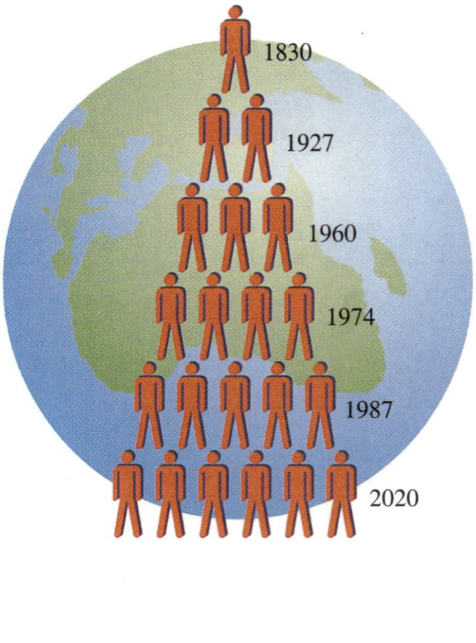

这些进展产生了哪些影响？

- 越来越少的孩子会因为疾病和食物匮乏而死亡。
- 现在，人类的寿命越来越长。

在欧洲和北美洲，男性和女性的平均寿命已经分别提高到 68 岁和 73 岁。

在印度，人均寿命要短一些，不过在改善健康状况和生活条件的基础上，也已经达到 56 岁。

▶ 控制人口增长

饥荒、洪水、战争、瘟疫、地震和其他灾害，所有这些都会造成人类的伤亡。这些方式一直在控制着人口的增长。

但总体的趋势是世界人口快速增长。估计在接下来的 30 年可能会翻倍。

不同的地区会有很大的差异。

请看这个图表：

欧洲和北美洲的人口是趋于稳定的。

其他地区的人口则在持续增长。

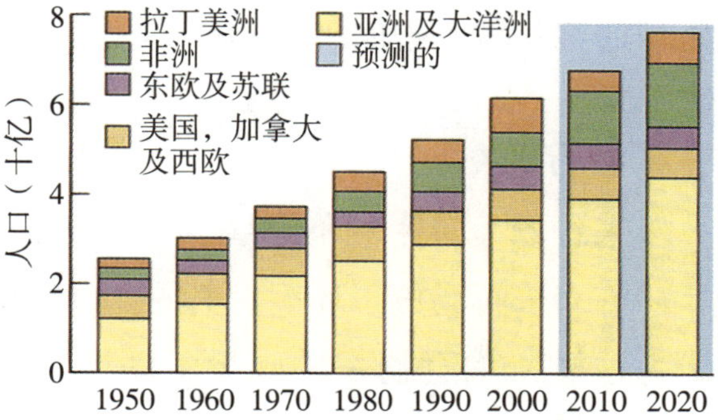

1950—2020 年世界人口的区域分布

地球的资源和空间是有限的。

我们怎样才能逆转这种趋势？

最显而易见的办法就是控制出生率。

人群育龄妇女的比例对于人口的增长速度具有绝对的影响。

观察这两个人口金字塔：

金字塔的底部显示的是年龄在 5 岁以下的小孩子的百分比。最老的人口显示在最顶端。

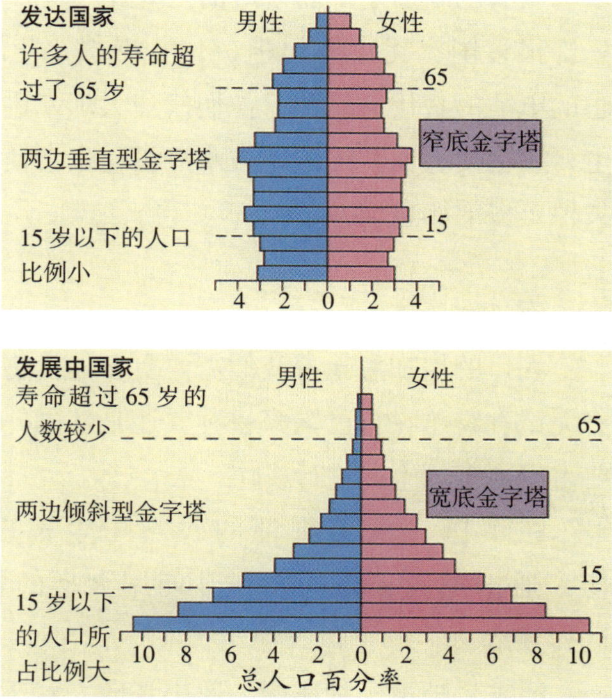

每一个年龄组人口的百分比

哪一种国家具有：

- 最大比例的年轻人？
- 最大比例的老年人？

针对这一结论，你是怎样思考的？

你能做出怎样的预测？

- 10 年的时间内，每个国家育龄妇女的数量情况会怎样？
- 10 年的时间里，出生率的情况会怎样？

增加的人口数量对资源有了更大的要求，同时也给环境带来很大的问题。

不断被挤占的土地

住房

这张图片展示了一幅熟悉的画面，乡村已经被住房所占据，因为增加的人口需要住房。

全世界每年有更多的家庭不得不修建房屋来容纳不断增加的人口。

这些建筑物减少了动物和植物的栖息地。

更多的家庭会在被**污染**的土地上建造房屋，这些区域通常是城镇中的工业用地。

新住宅区正在吞噬着绿地

采石场

采石场为新住宅和公路的建造提供石块。

许多采石场位于环境优美的乡村的中心位置。

这样，采石场一样减少了动植物可用的栖息地数量。

这个采石场减少了野生动物的栖息地

能源的需求

所有的新房子都需要电的供应。

很多国家无法承担进口化石燃料来生产额外需求的电能的费用，因此，他们修建大坝来进行水力发电，这会使大面积的陆地被水淹没，也会使野生动物失掉更多的栖息地。

农业

人口的增加意味着我们需要更多的食物，也意味着无论食物是在自己国家耕种，还是从国外进口，都要占用更多的土地进行耕作。

在英国，适于耕种的农场（生长庄稼的农场）通常都占很大的面积，使用大型的农业机械进行耕作。

通常只种植一种庄稼，像小麦或大麦。这就是人们熟知的单一栽培。这些作物成为土地的优势物种，减少了土地的**生物多样性**（biodiversity），即减少了在这块栖息地中能够生存的不同动植物的数量。

种植单一的作物减少了生物多样性

▶ 正在耗尽资源

随着世界人口的不断增加，更多的天然资源将被耗尽。

天然资源分为两大类：**可再生资源**和**不可再生资源**。

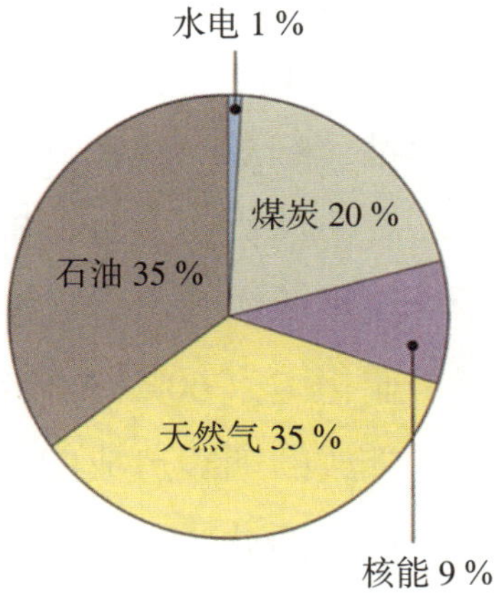

在英国，依赖不可再生资源的情况

就像植物和动物能快速繁殖和生长一样，可再生资源是能够快速生成的。例如，从一片松树林中采伐木料和在北海中捕获鳕鱼。

不可再生资源包括像煤炭、石油和天然气等化石燃料。

不可再生意味着一旦我们使用这些资源，它们就不可能再次生成，它们将永远消失掉。

可能的替代能源包括太阳能、水力发电和风能。

核能被一些工业化的国家使用，像法国的核电站使用的是铀。但是终有一天供应给核电站的铀也会被使用完。

▶ 不断制造的垃圾

人口的增长会产生的另一个后果就是制造出更多的垃圾。

除非这些垃圾被正确地处置和安排，否则它们将会造成污染。它们会对植物、动物和人类自己造成伤害。

将垃圾倾倒入垃圾填埋场中也同样挤占了动植物的天然栖息地。

解决方案是循环使用有用的材料。

玻璃、金属、纸和塑料都能被重复利用，可节约天然的原料，因为可重复循环使用的材料不需要使用大规模的工程进行制造，而且与重新制造材料相比，新材料的再生使用的能源会更少。

大量的垃圾最终被送到垃圾填埋场

包装材料是产生垃圾的主要来源。

美国的城市垃圾有 35% 是由包装材料组成的。

在英国的垃圾中 75% 的玻璃、40% 的纸、30% 的塑料和 15% 的铝都来源于包装材料。

每个英国人每年使用的纸张或者卡片等于消耗一棵树的价值。

重复利用可回收的垃圾，能节省原材料和能源

▶ 不断被污染的大气和陆地

人类正在向空气中排放很多有害的气体。

洛杉矶由于空气污染造成的烟雾阴霾

- **排放烟雾** 从车辆的尾部排放出的烟雾含有金属铅、一氧化碳（小量致毒的气体）、氮氧化物和没有完全燃烧的碳氢化物。工业化国家 60%～90% 的空气污染是由汽车排放的烟雾造成的。汽车可以安装催化式排气净化器，同时，可使用新型的燃料，例如乙醇，它比汽油燃烧得更加彻底。
- **二氧化碳** 在我们燃烧煤炭和石油等化石燃料的时候，会释放出二氧化碳。砍伐森林同样会使得二氧化碳积累在大气中，导致**温室效应**（greenhouse effect）（关于温室效应和全球变暖的具体内容，见第 327 页）。
- **二氧化硫** 当化石燃料燃烧的时候，二氧化硫与氮氧化物一起随着烟雾排放出来。这些气体也是形成**酸雨**的主要物质。在与灰尘颗粒结合，或是溶入雨水中降落下来之前，这些气体能够随风飘移很长的距离。

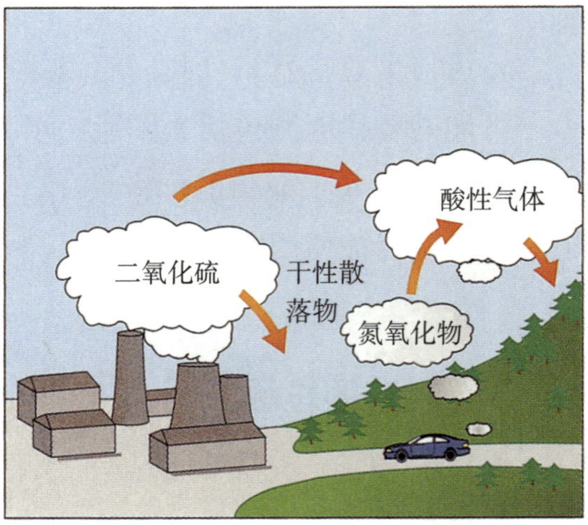

当湖泊和河流变酸之后，鱼和小型脊椎动物死亡。酸雨溶解了土壤中钾和钙等营养成分，带走了土壤的肥力。有毒的矿物质，如金属铝，也同样被冲刷出来，随着雨水流到河流和湖泊中，杀死鱼类和其他野生动物。酸雨同样会杀死大量的树木——特别是针叶树，酸雨会损害它们的根，并使它们落叶。

欧洲的风主要从西南方吹来。绝大多数的酸性气体被带到斯堪的纳维亚半岛，在那里以酸雨的形式降落到瑞典和挪威的南部。同样的，加拿大也在为从美国工厂里释放的酸性气体买单。

用技术来防治酸雨：

- **低硫燃料**的使用，碾碎煤炭并用溶剂冲洗，降低它的硫含量。
- **化工厂**可以安装除硫设备，在排放废气前就去除里面的硫。
- **烟气除硫**是用湿的石灰粉浆液快速喷射废气，中和废气中的酸性气体，用于除去火电站烟囱里释放的烟气中的硫。
- **汽车安装催化式排气净化器，**可以减少排放尾气中的氮氧化物。

这些解决方案花费较为昂贵，但已逐渐被采用，以减少酸雨带来的损害。

被酸雨破坏的针叶林

氯氟烃

氯氟烃被用于喷雾罐、冰箱、空调制冷系统，也可以用作塑料泡沫的发泡剂。

氯氟烃也会增加“温室效应”。它与二氧化碳、甲烷和水蒸气一起，共同导致了全球变暖的问题。

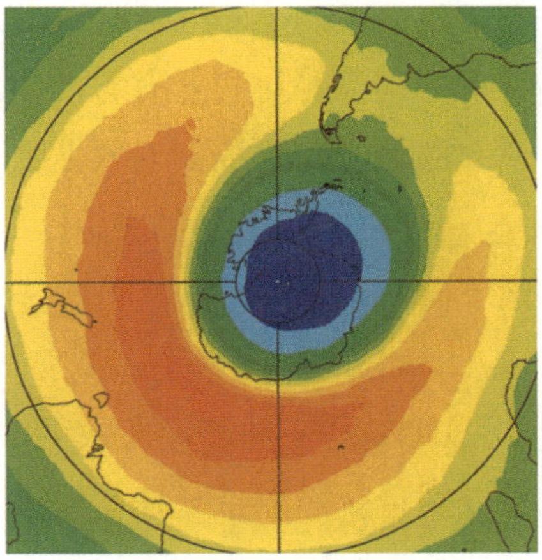

一幅展示南极上空臭氧浓度的地图，臭氧空洞就位于中心处

此外，氯氟烃还在诱发**臭氧层**变薄，而这个位于大气层之上的臭氧层能保护地球免遭紫外线辐射的伤害。

众所周知，紫外线辐射是导致皮肤癌患者增加的因素之一。

涂抹防晒霜和戴上帽子能降低患皮肤癌的风险。

1985 年，人们在南极上空第一次发现了臭氧层空洞，并且这个空洞每年都在扩大，同时人们在北极上空也发现了情况相似的臭氧空洞。

大量罐装喷雾剂已经使用不同的“臭氧友好”型的催化剂，而化学家们也在努力寻找电冰箱和空调制冷系统的替代品。

辐射

非天然的辐射来源于核武器的实验与使用，以及核反应堆的泄漏。

1986 年，切尔诺贝利核电站发生了一次事故，一个由放射性材料组成的巨型云状物被意外地释放到大气中。

这个放射性云随着季风环流横跨了欧洲，使得波兰和斯堪的纳维亚半岛等国家遭受了化学性辐射。

众所周知，许多种类的放射源会导致癌症和新生儿畸形。

一座核电站

农业化学品

1945—1975 年间的“绿色革命”带来了世界粮食生产的双倍大丰收，而这场大丰收的最大功臣就是农业化学物质。

- **化肥**的使用使农作物能在原本贫瘠的土地上生长，极大地提高了作物的产量。可是人造化肥随下水道流入江河湖海中则会导致水体污染（见第 332 页）。
- **农药**已经用于杀灭食用农作物的昆虫、消除与作物竞争的杂草和诱发疾病的真菌。如果不使用农药，作物产量将下降 45%。农药在杀死昆虫的时候，也切断了疟疾、斑疹伤寒和黄热病的传播，使数百万的人得以存活下来。但农药进入到食物链中就可能会导致危险（见第 322 页）。

▶ 食物链中的农药

农药是一种化学药剂，被用来杀灭昆虫、杂草和霉菌等对农业有害的生物。

为什么需要控制对农业有害的生物呢？

要是没有农药的使用，作物的产量将急剧下降。

DDT 是一种非常有效的农药，只需很小的一点剂量就足以杀死任何昆虫。DDT 把数以万计的人从饥饿和疾病中拯救出来。DDT 不仅被用于杀灭传播**疟疾**的按蚊，也有助于减少啃食农作物的害虫数量。但是 DDT 危害很大且不易分解，它能在自然环境中保持相当长的一段时间，即使在动物体内也不能被分解。这就意味着它将沿着食物链传递下去。

在加利福尼亚的克利尔湖，为控制蚊、蠓等害虫的数量，人们向湖里喷洒了 DDT。不久，诸如䴙䴘等食鱼型鸟类就开始死亡，在这些鸟类的尸体中检测到大剂量的 DDT。

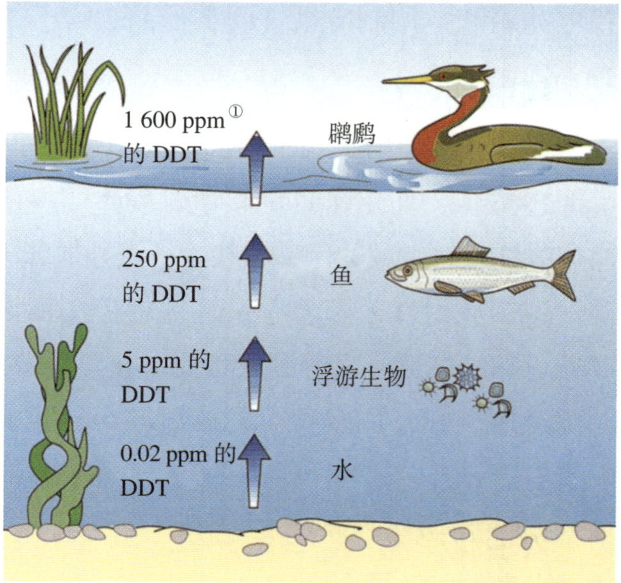

你认为杀虫剂是怎样进入䴙䴘体内的？

随着食物链的传递，DDT 的含量将会发生怎样的变化？

怎样解释这一增长？

首先，DDT 被浮游植物所吸收，接着浮游动物捕食浮游植物，导致其体内 DDT 的富集。然后，捕食浮游动物的鱼类，在每次捕食时都会摄入一定剂量的 DDT。䴙䴘在每次捕食这些鱼时也会摄入一定剂量的 DDT。所以，DDT 就最先在䴙䴘的体内达到了致命的剂量。这就是杀虫剂在食物链中的积累过程，而这种现象则被称为**生物富集**（bioaccumulation）。

---

① ppm 表示 100 万份重量的溶液中所含的溶质的质量。百万分之几就叫做几个 ppm。

▶ 英国的杀虫剂问题

捕获猎物的松雀鹰

20 世纪 50 年代末期，杀虫剂在英国引起了鸟类的大量死亡。

每年春天，人们都会发现大量不同种类的鸟死于非命。这其中包括大量以种子为食的鸟类，如斑尾林鸽、野鸡和鹧鸪等。也有食肉动物，如：松雀鹰、游隼、猎鹰和狐狸。

在这些尸体内检测出了大剂量的叫作狄氏剂的杀虫剂。

人们常常把种子浸入狄氏剂中使其免遭虫蛀。

那么，为什么食种子的鸟类会大量死亡?

狄氏剂又是怎样富集到食肉动物中去的呢?

猛禽尤其受狄氏剂的影响。狄氏剂对鸟类的危害不单单是在其体内富集，它还会造成鸟类下薄壳蛋。很多薄壳蛋在成鸟孵蛋的时候就被压碎了。

在巢穴中育雏的游隼

狄氏剂还被用作杀灭羊体外寄生虫的羊用防腐浸液。

像金鹰这样的猛禽又是怎样中毒的呢?

诸如 DDT 和狄氏剂这样的杀虫剂现已被大多数工业化国家禁用了。

▶ 代替方案是什么?

在荷兰，有一种会破坏树木的虱子。

接着，人们把加利福尼亚当地繁殖的瓢虫引入荷兰，并把它们释放到荷兰的郊外来杀死这些虱子。

这就是**生物防治**（biological control）的一个例子。

生物防治是利用捕食者、寄生物和病菌来控制有害生物的。很多害虫是无意中引入的外来物种。通常可以从害虫的原产国找到并引入其天敌，用于该害虫的生物防治。

生物防治的最大好处就是能彻底避免杀虫剂的使用。

▶ 河流及海洋的污染

诸如化肥一样的污染物质，通过下水道从陆地排放到水环境中。

家庭和工业的污染物往往直接流入河流。

污水是最为庞大的一种污染源，它使水藻及细菌大量地繁殖，消耗了水中的氧，最终导致鱼类和小型无脊椎动物死亡。

河流又将有毒的废物倾注入海洋：

- 化肥和污水促进了有毒水藻的生长；
- 杀虫剂会在贝类动物的组织中大量富集；
- 在核电站周围的海岸线，检测到高浓度的放射性化学元素；
- 从海洋食物链中检测到了有毒重金属，如水银、铜、铅等。

石油泄漏常常是头条新闻。

1996 年的“**海上女皇号**”，1993 年的“**布莱尔号**”，1989 年的“**埃克森·瓦尔迪兹号**”和同年的“**阿莫科·卡迪兹号**”将数千吨的原油泄漏至大海中。

1990—1991 年，伊拉克武装力量摧毁了科威特沿海的油井、油罐车及安装在海岸边的设备，导致数亿加仑①原油喷洒至阿拉伯海湾中。

科威特油井起火

2010 年 4 月，英国石油公司的一个钻井在深海层发生了一次巨大的爆炸，直接导致 1.85 亿加仑原油喷入墨西哥海湾中。这也是美国面对的最为严重的环境灾难。

对于海滩上覆盖一层石油的画面，我们已经熟悉了。海鸟会因羽毛被石油粘黏而死亡。它们越想清理干净自己的羽毛，就越深陷石油中，接着死于暴晒、溺水或饥饿。

海洋动植物因石油窒息死亡。

清洁剂被喷洒在石油层上，用于分散聚集的石油。但对海洋生物来说，它们是有毒的。

一直以来，我们把海洋当做是一个宽阔的垃圾倾倒场。从过去到现在，我们对海洋的污染也终将给我们的未来埋下隐患。

---

① 1 加仑 ≈ 3.785 L

▶ 砍伐森林

森林能有效地帮助平衡大气中二氧化碳和氧气的含量。

森林中的植物通过光合作用吸收二氧化碳并释放氧气。

森林的作用为何如此重要?

森林常常扮演着储水者的角色，植物的叶片能降低蒸腾作用，并且涵养水源。

那么，我们砍伐森林的原因是什么?

为什么还要大规模地清除森林呢?

- 人类需要木材来做建筑材料；
- 新闻出版、复印机、打印机及办公耗材都需要大量的纸张；
- 农场、畜牧场、种植园都需要清理出大片的土地；
- 清除森林为建设新的交通和城市；
- 提供柴火和木炭作为燃料。

砍伐森林的后果有哪些?

- 破坏森林使得大气中二氧化碳（一种温室气体，见第 326 页）含量上升，最终导致**全球变暖**（global warming）和气候的灾难性变化。
- 茂密的森林能防止大雨冲走土壤。由于没有植物的根与土壤结合，就会发生**水土流失**，土壤中的营养素被冲走，还会引发洪灾。
- 破坏热带雨林意味着数以千计的动植物物种将灭绝。

那么，又有哪些途径可以制止大规模的森林砍伐?

- **再造林**——包括重新种植本土树种。值得注意的是种植园不能代替天然森林。
- **可持续管理**包括对森林树木的适量砍伐，但同时也允许自然更替或种植当地树种。
- **回收和节能**能减低对“新”木材的需求。

纸张回收工厂

▶ 温室气体

我们的地球被一层温暖的大气层保护着，这些气体叫做**温室气体**，主要来源于自然产生的气体，如二氧化碳、水蒸气和甲烷气体等。太阳光穿过这些气体，照射到地球表面，同时温室气体又能吸收掉地球表面的一部分热辐射，并且使一部分热量返回太空。

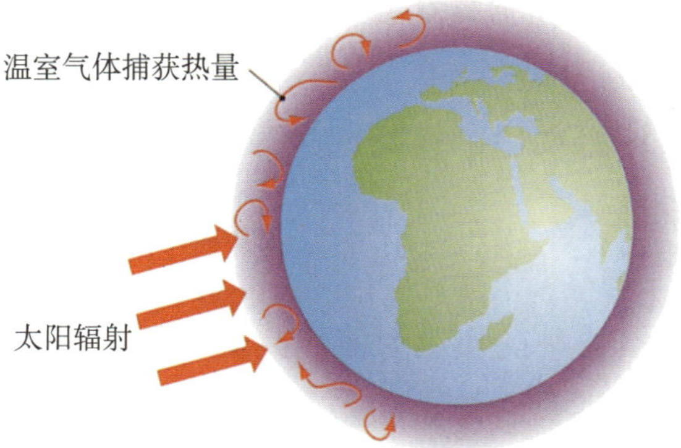

温室气体维持着地球上热能进出的平衡，同时使大气维持在一定的温度范围，保证地球的生命能够存活。

理解**温室效应**是一个自然过程尤为重要，因为如果没有温室效应，地球上的平均温度将只有−17 ℃。

然而，在过去的100年里，温室气体伴随着氟氯碳化物和氮氧化物等人造气体的增长而逐渐增多。

那么，这些温室气体是从哪里来的呢？

- 与过去相比，发电站、工厂、家用取暖和交通运输等使用了越来越多的化石燃料，如煤、石油和天然气，燃烧化石燃料释放了大量的二氧化碳到大气中。
- 就我们所见而言，**砍伐森林**导致大量森林的消失。在南美洲，人们为了建设农场而砍伐树木，导致那里缺少了能进行光合作用的树木，也使空气中二氧化碳的吸收量大为减少。
- 更糟糕的是，那些人们不需要的树木被焚烧，同时释放了大量的二氧化碳，而根和残余部分又被土壤中的微生物分解，制造出更多的二氧化碳。
- 由于扩大了水稻的种植和家畜的饲养，**甲烷**的含量明显增长。家畜胃里打出的嗝和稻田中的厌氧环境都会释放甲烷气体。

  垃圾填埋场腐烂的物质是甲烷的另一来源。
- 氯氟烃被用作气雾剂、推进剂以及冰箱、空调的制冷机系统的制冷剂等。虽然氯氟烃现在存在的量很小，但作为温室气体，其效应远远超过二氧化碳。
- 氮氧化物现在主要来源于交通工具排出的尾气。

大规模伐木

在温室气体中，二氧化碳在过去的30年中已增长了10%，是所有温室气体中增长最快的。

▶ 温室效应

- 太阳辐射穿越大气层使得地球表面升温；
- 地球以红外线辐射为主，将热量辐射回太空；
- 其中一部分热能又会被温室气体所吸收，导致气温升高。

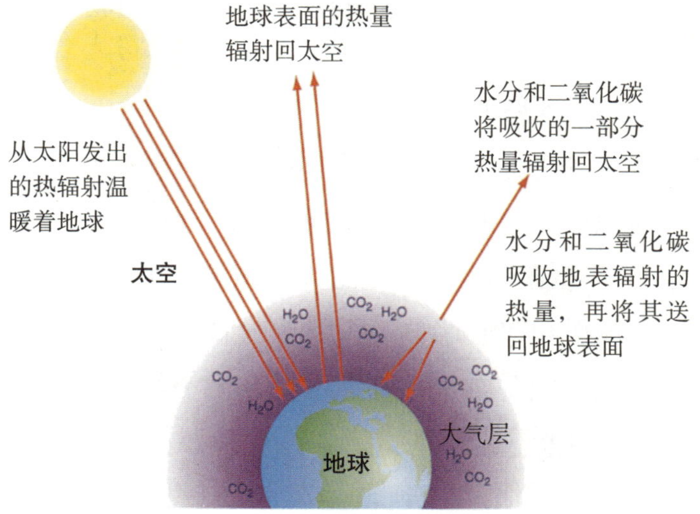

如果没有二氧化碳和水蒸气，热能将会直接反射回到太空。

但好事情也不宜过头。人类的活动正在导致二氧化碳和甲烷、氮氧化物、氯氟烃等其他温室气体增加。

全球变暖

大量热能被大气吸收而使气温升高，这就导致了**温室效应**的增加。

在过去的一个世纪里，地球表面的平均温度上升了 0.7 ℃。

令人担心的是气温还在逐渐升高。如果南北两极的气温升到 0 ℃以上，极地冰川将开始融化。

- 这将会使海平面上升。一些低洼的地区，甚至包括一些国家的首都，将被洪水淹没。
- 这也会改变风场和降雨分布，带来更为极端的恶劣气候。
- 气温的上升同样影响着粮食的生产。中亚和北美洲的粮食作物可能会大幅减产。
- 世界粮食分布格局又会受经济、政治结果的影响。

我们可以做点什么?

没有人希望全球继续变暖，但一些解决方案对于一些工业化国家而言，完全没有吸引力。这些方案包括：

- 减少化石燃料的燃烧，尤其是减少二氧化碳的排放；
- **再造林**——通过种植更多的树吸收二氧化碳，帮助恢复地球上原有的自然平衡；
- 回收材料，意味着工业能耗的减少；
- 更大量地利用公共运输，以减少能源消费；
- 使用催化式排气净化器，可以去除汽车排放废气中的氮氧化物。

更多的森林意味着大气中二氧化碳的含量会减低

可持续发展

顶楼的绝缘层能节省能源

保护地球自然资源的最好方式就是**可持续发展**。

这意味着要明智地使用自然资源，为了子孙后代而不去破坏自然资源。

我们已经看到废弃的材料如报纸、瓶子和铅罐等的循环利用，能有助于节约自然资源。

家庭能源的高效利用也可以帮助我们节约能源。

顶楼和空心墙体填入绝缘材料，双层玻璃和尽可能地使用太阳能蓄电板，都能帮助我们节约能源。即使是顺手关灯，也能帮助节能。

减少使用私家车也是节能的一种重要手段。有多少次我们看见上班路上的私家车中只有一个人？相反，公共交通的使用将大大降低人均耗能量。或者，步行去购物又何妨呢？

谁在微不足道的细节中节能

可持续的木料生产

英国是一个木材的进口和使用大国，这些木材大多数来自斯堪的纳维亚半岛和北美洲的针叶林。

我们可以通过回收或者使用持续性管理森林中的木材来减少木材的大量进口。这也意味着一旦树木遭到砍伐，就要在过剩的农业用地上替代性地种植，建立新的森林。

我们还需栽种一些本地树木来维持和加强生物多样性，也就能为种类繁多的动植物提供更多的森林栖息地。

可持续发展的政策还需运用到维持鱼类资源中去。正如我们在第 292 页看到的那样，大多数的本地鱼种都有被过度捕捞的迹象。

我们只能从海洋中捕捞一定数量的鱼，以确保它们能进行自然的生长和繁殖。

如果不能立法和有效执法，将会不可避免地造成鳕鱼和黑线鳕等物种的灭绝。

检测污染的生物指示剂

制订可持续发展规划，需要实地考察和收集数据。我们可以利用生物来指示污染程度。

你认为这里的空气怎么样

地衣与空气污染

地衣是一种藻类和真菌的结合体。藻类细胞富含叶绿素，可以进行光合作用，因此能为真菌提供糖分，而真菌反过来又为藻类提供水分。这种对双方生物体都有利的生活方式就叫做**互利共生**（mutualism）。

地衣能在无遮蔽的地方生长，如墙壁和车库的屋顶上。然而，它们对空气中的二氧化硫含量极为敏感。所以，那些没有地衣生长地区的空气质量一般比较差。

淡水中的无脊椎动物作为生物指示剂

淡水中的动物对污染具有不同的承受度。在富氧的洁净水中很容易发现像蜉蝣、石蝇等昆虫的幼虫。

石蝇幼虫

蜉蝣的幼虫

淡水虾

水虱

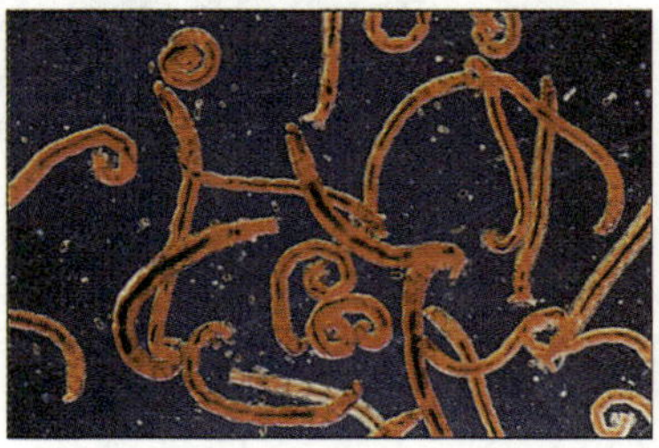
红蚯蚓

污泥虫

另一方面，蚊、蠓的幼虫和污泥蠕虫则能抵挡重度污染和低含氧的水体。

水质监测部门用生物监测法来给水质分级和监测污染。

下表是专门针对溪水或河流的分级信息：

级别	指示动物	描　述
A	石蝇幼虫 蜉蝣幼虫	洁净水，B，C 和 D 中也可能会出现这类生物
B	淡水虾 石蛾幼虫	轻度污染
C	红蚯蚓 （蚊蚋幼虫） 水虱	污染
D	污泥虫 鼠尾蛆	重度污染
E	没有明显的动物	超重度污染

保护

保护的目的是在环境条件改变时维持生态系统的稳定。

我们保护环境对造福后代是非常重要的。

我们有责任维持**生物多样性**（保持不同动植物的数量），并且保护濒临灭绝的物种。

正如我们所看到的，由于建筑、采石场、垃圾场和土地耕种等大量征用土地，致使动植物的栖息地遭到破坏。人口也造成了对粮食和能源的更大需求，并产生出更多的垃圾。

美洲野牛

濒危物种

很多动植物正在消失：岩袋鼠、野牛、眼镜熊、大西洋海象等物种，都已灭绝或濒临灭绝的边缘。

砍伐森林意味着能为我们提供新药材的数千种的热带雨林植物的消失。

动物的命运也因其栖息地被破坏和人类商业用途的过度开采而变得未知。

幸运的是，美洲野牛和生活在俄罗斯的塞加羚羊已经被人们从灭绝的边缘拯救了回来。

事实是什么呢？

外来贝壳的交易市场

- 我们已经探讨过保持鱼类资源的必要性了。很多热带地区的海洋软体动物，如宝贝螺、扇贝、鸡心螺和蛤蚌，因为其贝壳或食用价值被人们大量捕捞。
- 非法买卖象牙使得肯尼亚大象损失近半，而在 20 世纪 70 年代的乌干达这一损失更是高达 90%。直到 1989 年联合国颁布了《濒危野生动植物种国际贸易公约》(CITES)，实施全球范围内禁止象牙贸易，才有效地增加了大象的种群数量。
- 动物的皮毛交易似乎没有多大的意义，因为世界上已经有大量的仿造皮毛可供人们使用。然而，欧美一些富裕国家对野生动物皮毛的需求导致猎杀和诱捕，还是造成了野生物种的损失。
- 非法交易导致每年有 1 000 万只野生鸟被捕捉，而其中有近半的鸟在还没有到达目的地就已经死亡了。

好消息

1973 年，世界野生动物基金会联合印度政府创立了“老虎计划”。一直以来，老虎的数量因狩猎、诱捕和栖息地破坏而急剧减少。这个行动的目标不仅是通过立法来保护老虎，同时还要保护老虎的整个生存环境。

非法偷猎为了满足传统中药对老虎的市场需求，一直对老虎的生存造成威胁。

动物园和圈养繁殖计划

把动物圈养起来，待其数量逐渐增加后最终将它们释放到野生环境中，已经逐渐成为世界上许多动物园的共识。

阿拉伯剑羚（如图所示）被圈养繁殖在亚利桑那州的凤凰城动物园，之后，成群的阿拉伯剑羚会被释放回如阿曼等剑羚种群几乎绝迹的地区。其他被圈养繁殖的动物，包括欧洲野牛和麋鹿等。

植物园和种子库

植物园是种植收集来的珍贵植物，用于保护、研究和教育的公园。

我们已经认识到了砍伐森林、土地开发及农业扩张对植物多样性的威胁。

世界范围内约有 1 600 个植物园，栽种了成千上万种植物（见第 352 页），而它们中的很多是濒危种——通过再移栽到野外的方法，我们能够保护自然植被。

种子库最初主要是冷冻储存谷物和土豆等有商业价值的农作物的种子。种子库也用来保存一些濒危种和有价值的物种的种子资源。

在英格兰南部，已建成了一个花费 8 000 万英镑的千年种子库。这里将从全世界大约 25 万种野生开花植物中挑选和储存 10% 的种子。

这个计划源于 1992 年英国在里约热内卢签订的生物多样性协议。

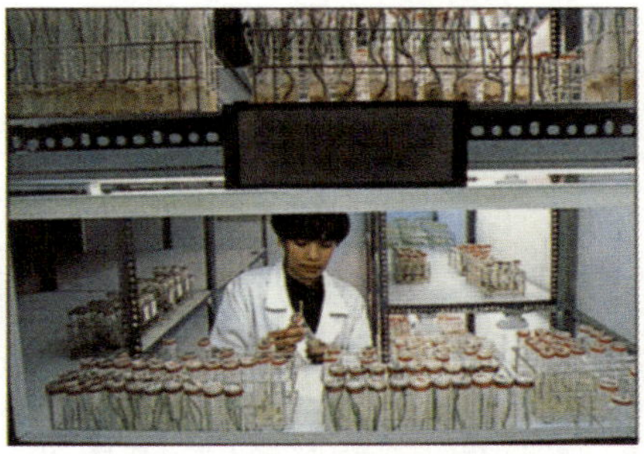

中国台湾农业研究中心的种子库

英国的措施

在英国，立法可从以下几点保护野生生物：

- 在英格兰和威尔士，为了维护公民利益，已经建立了大面积的国家公园来保护一些重要的自然景点。例如斯诺多尼亚、埃克斯穆尔和约克峡谷。
- 国家级自然保护区（NNR）是比国家公园稍小，但数量更多的区域。它们的建立旨在保护英国本土的生物多样性，非常适合保护本地种。
- 在英国设立的具特殊科学价值的区域（SSSI）用以保护珍稀濒危物种。

还有其他一些用于保护本土野生生物的计划，如：自然遗产海岸计划、农场式林地计划、休耕补助计划、树木保护决议、硝酸盐敏感地区计划和英国皇家鸟类保护协会。你也可以通过向老师询问相关协会和组织的官方网页，了解更多的信息。

▶ 生物学的应用：化肥

从第 12 章我们已经学习了使用化肥可以增加农作物产量。

化肥中的主要元素为：氮、磷、钾。

不同的化肥中硝酸盐、磷肥和钾肥的含量是不同的。

但是，在知道使用哪种化肥前，农民需先知道土壤中已经存在的营养成分。这个检测由农业发展与咨询服务处（ADAS）进行。

农民们还应该知道：

- 对于他们个人的土地和栽种的庄稼，最好选用哪种类型的化肥；
- 施加多少化肥才最为合适。

如果出现下面的情况，会出现问题：

- 农民施肥过量；
- 刚施完肥就下一场倾盆大雨。

这些情况中的任何一种，都会带来化肥污染水体的后果。

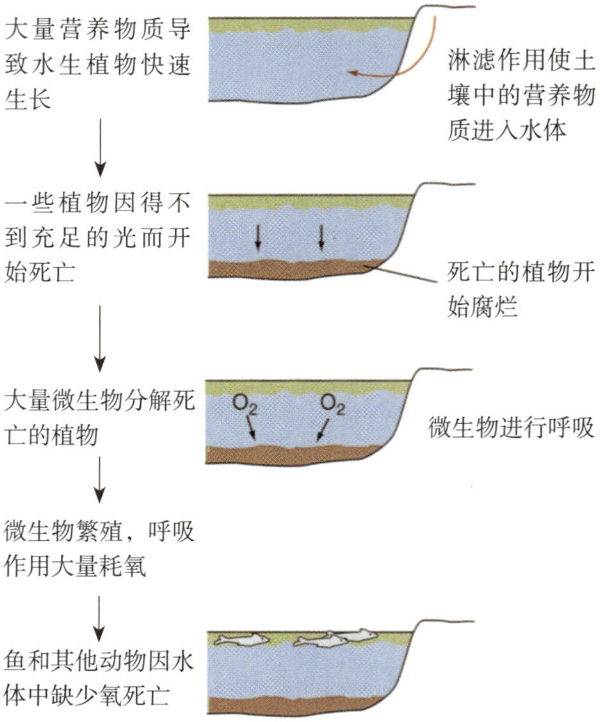

- 化肥从土壤冲洗到河流和小溪中，这个过程也叫做**淋滤**；
- 化肥一旦进入水体就会导致水草和水藻的爆发生长；
- 这些植物最终在河床上死亡并且腐烂；
- 细菌等分解者以这些死亡的植物为食物，迅速地繁殖起来；
- 分解者快速生长和繁殖，耗费了水中大量的氧；
- 河流因此变得含氧极低，最终导致了鱼类和淡水无脊椎动物的死亡。

自然环境中的营养物质被人为增加的现象称为**富营养化**（eutrophication）。污水排入到自然水道中，也会引起同样的链状反应，微生物快速繁殖并因其呼吸作用耗尽水中氧而使鱼类死亡。

硝酸盐定时炸弹

硝酸盐类肥料会从土壤中过滤出来，且慢慢地移动到基岩中。

因此，很多科学家认为硝酸盐进入到饮用水只是一个时间问题。

研究表明，高浓度的硝酸盐进入到饮用水，会导致“蓝色婴儿综合征”。

这是因为硝酸盐使血液中的血红蛋白丧失携带氧的能力，最终导致呼吸衰竭。

▶ 生物学的应用：石油和塑料的生物降解

石油的生物降解

石油的污染一般通过以下 2 条途径来处理：

- 从海面上除去或抽掉石油；
- 用化学物质分解石油。

最终，石油沉积到河床上，使得生活在这里的动植物窒息死亡。同时，分解石油使用的化学物质也会进入到食物链中。

处理石油污染的化学分散剂通常对水生生物是有毒的

但是，石油是可以被生物降解的——很多微生物都可以用于分解石油。但问题在于微生物分解需要很长一段时间才能完成。

一种改进技术已在波斯湾得到使用，在石油污染地带培养特殊类型的微生物，这种微生物将复杂的碳氢化合物组成的原油分解成简单、无污染的化合物。

分解过程往往需 2 ～ 3 年才能完成，而期间缺乏营养将会使石油分解菌的生长受到限制。使用含有硝酸盐和磷酸盐的化肥试剂包能促进这种菌的生长，加速被污染区域的恢复。

然而，对于石油污染，现在还没有快捷的解决方法。我们应该在源头上防止石油的溢出。预防污染胜于污染后的治理。

可降解塑料

包装业使用的塑料是污染的主要来源。

英国的科学家已经研发出了一种新型塑料，称作“生物聚合物”（biopol①）。

这种塑料可以被土壤中的微生物分解。

英国化工企业的科学家将细菌放入发酵罐，并加入葡萄糖和其他营养物质一起发酵，微生物会产生一种化学物质，该物质可以转变为生物聚合物。生物聚合物被分解时会产生二氧化碳。

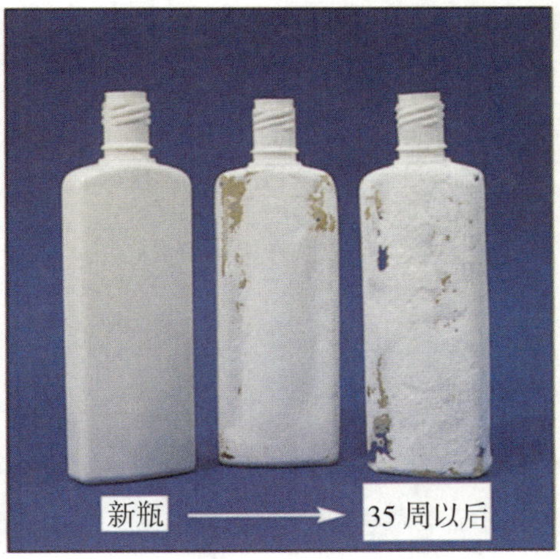

可降解塑料瓶

① biopol 是一种独特的，可产生协同作用的有效成分结合物。

小结

- 人口数量的自然控制被打破，其后果是人口的急剧增长。
- 天然资源的消耗和生产中的过度浪费都有可能导致环境污染。
- 人类建造房屋、采石、耕作和倾倒垃圾，使得其他动植物的栖息地大量减少。
- 人类正在以飞快的速度消耗着包括非再生能源物质在内的天然资源。回收能帮助节省有用的材料。
- 二氧化硫和氮氧化物会导致酸雨。
- 氯氟烃使得保护地球不受紫外线伤害的臭氧层变薄。
- 杀虫剂随着食物链不断积累，最终达到致毒的浓度。
- 污水、石油、化肥和有毒化学物质会引起水体污染。
- 过量的化肥流入河流和湖泊会导致水体富营养化。
- 砍伐森林会导致大气中二氧化碳含量增加。
- 大气中二氧化碳和甲烷含量的增加会引起温室效应。
- 可持续发展包括合理适度地使用自然资源，如：森林和鱼类。
- 地衣和淡水无脊椎动物可以作为污染指示剂。
- 当环境条件改变时，保护的目的是保持生态系统的稳定性和维持生物多样性。

练习

1. 句子填空：

当有害 ________ 和能量流入到 ________ 中会引起污染。化石燃料的燃烧释放大量的气体，如 ________，这些气体溶解在水中导致 ________。氯氟烃会导致 ________ 变薄而使人类受到 ________ 的伤害。

生物富集是沿着食物链逐步积累 ________ 或有害的 ________。当过量的 ________ 进入河流会刺激 ________ 生长。藻类物质因阳光的 ________ 而开始大量死亡，并且被 ________ 分解。细菌大量繁殖并用尽 ________ 中的氧，而缺氧则会使 ________ 和淡水 ________ 死亡。这个在河流中发生的过程叫做 ________。

大气中的二氧化碳和 ________ 的上升造成了 ________ 效应，引起了全球 ________。

可持续 ________ 包含适度地开发利用自然 ________，如：________ 和鱼类。

2. 下表所示的是不同来源中甲烷的释放量：

甲烷来源	百分率（%）
农业牲畜	19
沼泽	27
稻田	23
垃圾填埋池	11
采矿	15
海洋	5

（1）利用上表数据绘制一个柱状图。

（2）哪种来源释放的甲烷最多？

（3）哪 2 种来源与人类活动无关？

（4）除了是温室气体的一种外，甲烷还会引起哪些问题？

3.（1）请解释为什么正常的降雨呈弱酸性。

（2）什么气体溶解在云层中会引起酸雨？

（3）这些气体来自哪里？

（4）阐述酸雨对下列物质的影响：

① 松柏类植物； ② 鱼类； ③ 建筑物。

（5）做些什么可以减少酸雨的影响？

4.（1）哪些生活垃圾可以被回收？

（2）随着垃圾回收率的提高，下列各项会受到什么影响？

① 天然资源的供应；

② 能量需求；

③ 垃圾倾倒场对土地的占用量。

（3）在市郊绿地和轻度污染工业用地建造房屋有什么不同？阐述在轻度污染工业用地上建造房屋的好处。

5.（1）什么是氯氟烃？它们是从哪里来的？

（2）根据以下提示，请解释氯氟烃造成的危害有哪些：

① 温室效应。　② 臭氧层空洞。

（3）有哪些措施可以减少氯氟烃对环境的影响？

6.（1）请写出温室气体的种类，并对应给出这些气体的来源。

（2）请阐述这些气体的积累是怎样导致温室效应的。

（3）全球变暖会有哪些后果。

（4）人类能做些什么来减缓全球变暖？

7. 下图展示了污水流入某一河流造成的影响：

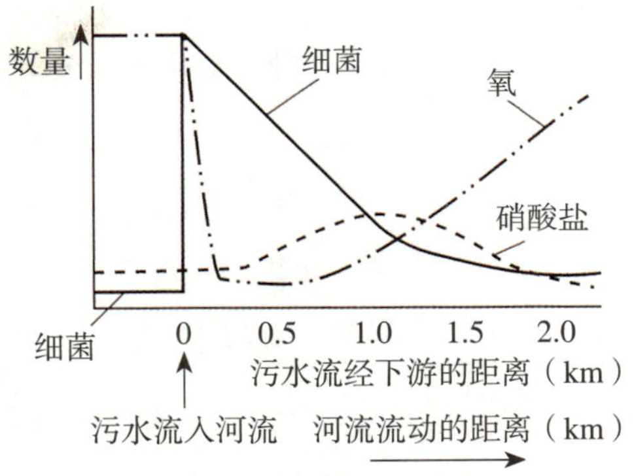

（1）解释污水排入河流中对其中细菌数量的影响。

（2）阐述细菌数量对河水中氧浓度的影响。

（3）水中的鱼类和淡水无脊椎动物会受怎样的影响？

（4）① 请解释为什么污水排水口下游的硝酸盐含量会升高。

② 这条河里的藻类生长将受怎样的影响？

（5）为什么氧含量在排水口下游 1 ～ 2 km 处会升高？

8. 1963 年，为了消灭蚊子，人们向其生活的湖里喷洒杀虫剂。只要杀虫剂浓度在 950 p.p.m 以下，都不会对脊椎动物有毒害作用，然而在 1964 年，人们发现大量的食鱼型鸟死在湖中。根据下表和数量金字塔，回答下列问题：

生物	杀虫剂量（p.p.m）
浮游植物	1
浮游动物	10
鱼	100
食鱼鸟类	1 000

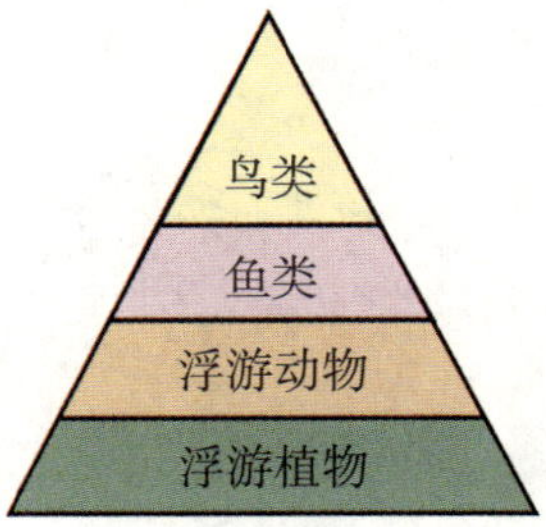

（1）请找出：

① 生产者；

② 初级消费者。

（2）请解释为什么 1964 年鱼类存活下来，而食鱼的鸟却没有？

（3）如果持续喷洒农药，请你预测 1965 年的鱼类种群数量会发生什么变化？

（4）你认为在（3）的预测结果下，浮游动物的种群数量会有什么变化？

（5）列举出一种有毒重金属。

9. 地衣很容易受到空气中二氧化硫气体的伤害，下表所示为离市中心不同距离的地衣种群数量。

距市中心的距离（km）	地衣的种群数
0	1
2	4
4	8
6	14
8	20
10	12
12	20
14	29

（1）利用表中的数据，在坐标纸上绘制图表。

（2）对绘制的图形，进行描述。

（3）有一条高速公路穿过这座城市，根据你的图表推断高速公路距市中心的距离。

（4）请写出二氧化硫对环境造成的其他危害。

拓展习题见第 336 页。

▷ 适应与竞争

1.

单独生长的树　　树林中的树

上图显示了单独生长和成群生长的树的形状。

（1）请写出单独生长和成群生长的树之间存在的 **2** 个不同之处。

（2）在树林中生长的树，它们不得不为生长所需的物质竞争，请写出其中 **3** 种物质。

2. 阅读下列信息。

很多动植物在干热的沙漠中不能生存。
- 沙漠白天极热，到晚上却极为寒冷；
- 沙漠土地通常是沙质的；
- 沙漠中水分含量极少。

骆驼能生活在沙漠的环境中，
它们具有以下特点：
- 有驼峰可以储存身体的脂肪；
- 不太出汗；
- 有肥大的脚掌；
- 身体被毛。

阅读并完成下表，解释每种特点是怎样帮助骆驼在沙漠环境中生存的。

特　征	作　用
有脂肪的储存地 不太出汗 有肥大的脚掌 有毛皮	

3. 下图显示了 4 d 内一个泥泞的水坑中细菌的种群数量变化。

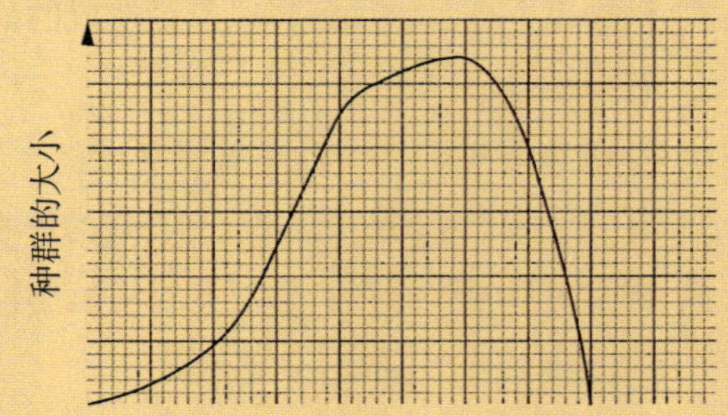

（1）根据上图回答下列问题。

① 哪一天细菌生长得最快？

② 哪一天死亡率大于繁殖率？

③ 哪一天种群生长开始受到限制性因素的影响？

（2）写出 3 个可能限制种群数量的因素。

（3）回答以下问题：

① 第 4 d 结束时，细菌发生了什么？

② 请对这个结果做出可能的解释。

4. 下图是适应沙漠生活的仙人掌。回答关于仙人掌的问题。

仙人掌适应于生活在沙漠

（1）仙人掌通过哪 2 种方式适应环境？

扁平的叶　　　　　肉质的茎

丰富的气孔　　　　厚厚的蜡状表皮

（2）① 水分从植物体内流失的过程叫什么？

② 气孔是仙人掌叶和茎上的小洞。气孔可以开关，解释仙人掌的气孔为什么只有夜间才开放？

（3）仙人掌有绿色的茎，其中含有叶绿素。为什么仙人掌的茎必须是绿色的？

（4）为什么一到中午很多仙人掌的花就闭合了？

5. 猞猁是一种捕食野兔的野猫。下表显示了 1985—1995 年间在加拿大一个地区野兔和猞猁的种群数量变化。

运用下表信息回答以下问题：

（1）① 用了多少年野兔才恢复其在 1985 年的种群数量？

② 哪一年猞猁的种群数量最大？

年　份	猞猁数量（以千计）	野兔数量（以千计）
1985	72	130
1986	80	15
1987	40	85
1988	15	30
1989	7	20
1990	7	45
1991	11	55
1992	16	65
1993	25	60
1994	42	80
1995	55	130

（2）1995 年，当野兔的数量达到最高时：

① 猞猁的数量发生了什么变化？

② 请解释为什么会这样？

（3）给出 **3** 个原因，解释为什么 1985—1986 年期间野兔种群数量迅速地减少。

（4）你认为到 1996 年，猞猁的数量会增加、减少还是会维持不变呢？

（5）1996 年以后，狐狸的数量也大幅增长，它们也以野兔为食，请回答：

① 这对猞猁种群数量有何影响？

② 为什么会产生这样的影响？

物质和能量的转移

6. 下图显示了一个池塘的食物网。

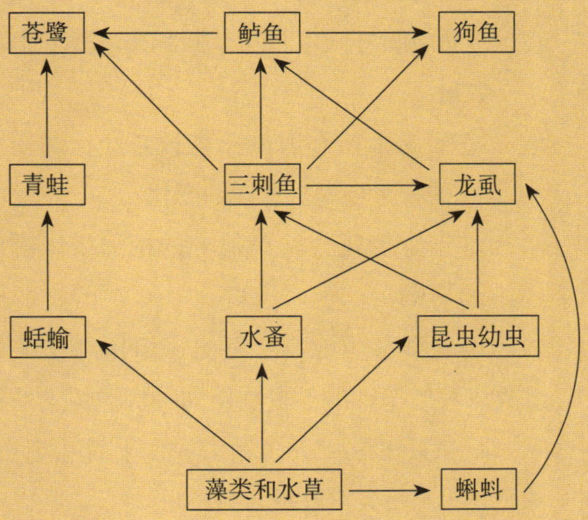

（1）① 找出这个食物网中的一种食肉动物。

② 这个食物网中有多少种初级消费者？

（2）一个当地捕鱼俱乐部捕走了池塘中所有的狗鱼，请阐述下列种群数量的变化？

① 三刺鱼的数量。

② 青蛙的数量。

（3）捕鱼俱乐部向池塘中放养了大量的鲤鱼，这种鱼会吃掉大量的水生植物。请阐述这会对这个食物网产生怎样的影响？

7. 阅读以下叙述，回答下列问题：

苏格兰荒野

苏格兰荒野覆盖了上千公顷的土地，这些土地中的重要植被是能长到 0.5 m 高的石楠和杂草，而它们是松鸡的食物。荒野也是一种叫做田鼠的小型哺乳动物的栖息地，田鼠也吃石楠和杂草。荒野上的主要食肉动物是狐狸，它以松鸡和田鼠为食。一年中的某些时间，猎人为取食大量射杀松鸡。在射杀松鸡的过程中，大的声响会恐吓到松鸡，使它们到处飞。这时，猎人就用枪将它们射杀下来。

（1）绘制一个在资料中提及的生物（包括人）的食物网。你绘制的食物网应清晰地显示出能量的流动方向。

（2）石楠和杂草除了作为松鸡的食物外，还对松鸡有哪些作用？

（3）狩猎场看守人通过猎杀狐狸来减少它们的数量：

① 如果猎捕和射杀狐狸被禁止，那松鸡的数量会发生怎样的变化？

② 这个变化会给荒地上的植物带来哪些影响？

8. 某林地的群落由橡树、毛虫、田鼠和猫头鹰组成。数以千计的毛虫食用同一棵橡树上的树叶，而一只田鼠一天内则可捕食上百只毛虫。一只猫头鹰每天可吃掉 3 只田鼠。

（1）下列呈现了 4 个数量金字塔的图形：

A

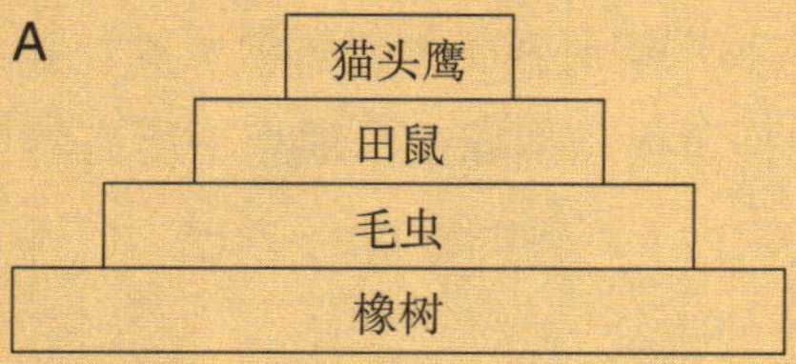

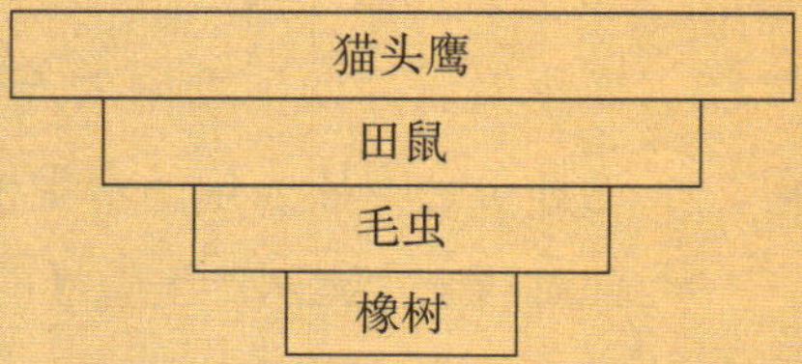

B

C

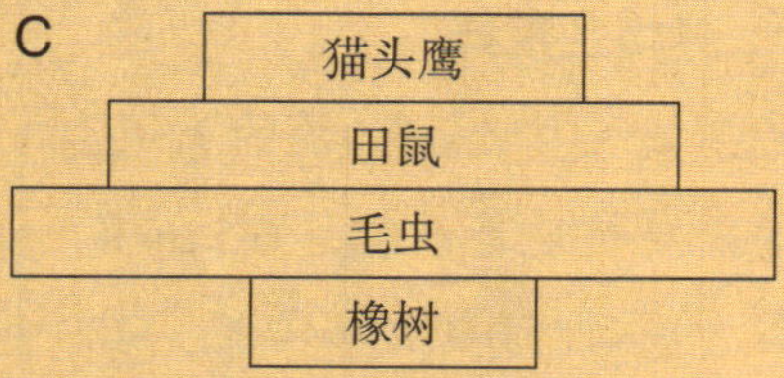

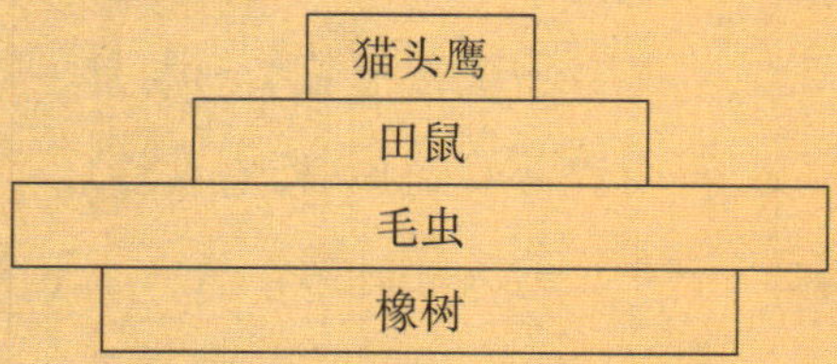

D

① 哪一个**数量金字塔**能正确地显示林地的群落的数量关系。

② 解释**生物量金字塔**这一术语的含义。

③ 绘制一个林地群落的**生物量金字塔**。

④ 解释能量在你绘制的生物量金字塔中的每个等级间是怎样流失到周围环境中的。

（2）如果在林地的附近小镇上建造很多房屋和工厂，请至少说出 1 个对林地群落造成的影响。

9. 下图是一个食物链中能量流动的示意图。

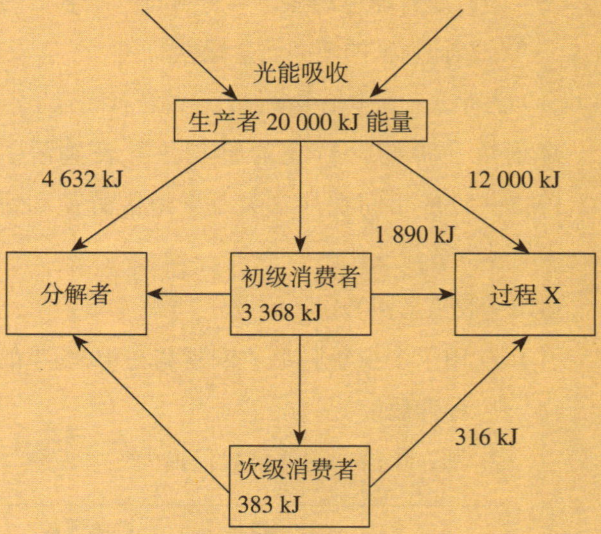

（1）① 能量被生产者吸收的过程在生物学中称作什么？

② 在这一过程中能量发生了怎样的改变？

（2）① 图中“过程 X”的名称是什么？

②“过程 X”中能量是怎样释放出去的？

③“过程 X”释放的能量占生产者吸收的总能量的百分比是多少？

10. 一部分农民采用集约农业，另外一部分使用有机农业的方法耕作。

（1）判断并解释以下每种途径属于集约农业还是有机农业：

- 使用人工化肥；
- 不用除草剂；
- 施堆肥；
- 作物轮作；
- 广袤的耕地；
- 保留灌木篱墙；
- 手工除草。

（2）农民们认为集约农业能提高产量。

① 请解释“提高产量”的意思是什么。

② 请举一个“集约农业”的例子，并阐述其是怎样提高产量的。

③ 为什么商店里有机食品要比集约农业生产的食品贵？给出你的建议，并做出解释。

（3）下图所示为能量在食物链中的散失。

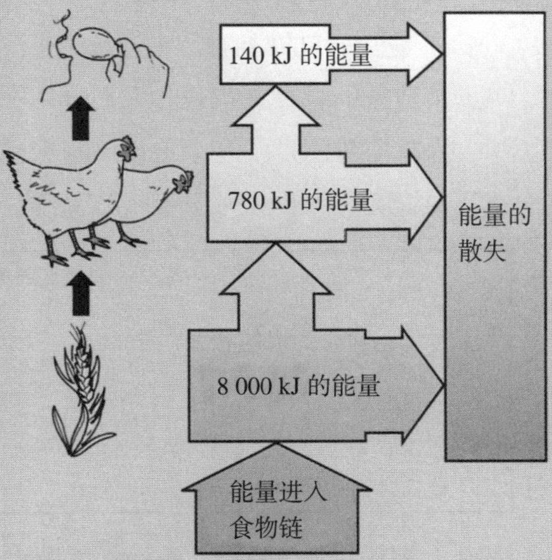

① 用你自己的观点解释为什么在集约农业的食物链中能量损失比有机农业的更少。

② 在世界上的部分地方还存在有食物短缺的问题。阐述为什么素食能帮助解决食物短缺。

11. 下图显示了某 1 m^2 的生态系统中能量的流动情况。

单位：$kJ/m^2 \cdot yr$

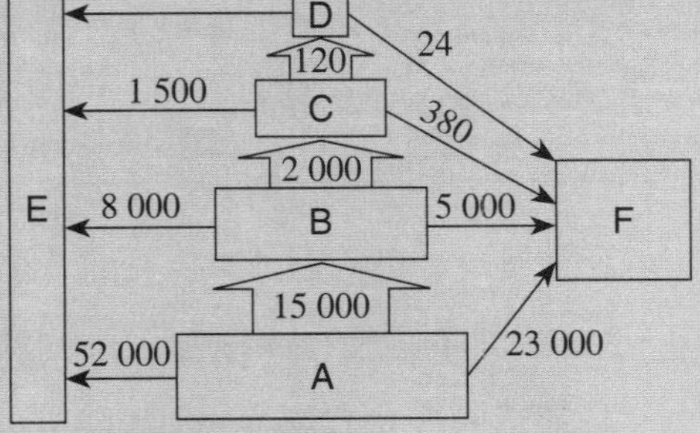

关键词

A：生产者　　D：三级消费者

B：初级消费者　　E：传递到环境中的热量

C：次级消费者　　F：食碎屑生物和分解者

（1）① 绿色植物将太阳能转化为化合物的过程叫什么？

② 生物体将热量传递到环境中的过程叫什么？

（2）三级消费者从次级消费者摄取能量：

① 计算三级消费者传递到环境中的热量占从次级消费者处获得总能量的百分比，并给出计算过程。

② 初级消费者摄入的能量只有较低的比例以热能的形式散发到环境中。而三级消费者摄入的能量中却有较大的比例以热能的形式散发到环境中。三级消费者主要是哺乳类和鸟类，而初级消费者主要是昆虫和软体动物。请解释为什么哺乳类和鸟类比昆虫和软体动物损耗更多的热量到周围环境中。

12. 下表显示了不同环境中相同数量的母鸡能量摄入和产蛋量的关系。层架式鸡笼饲养的母鸡被关在狭小的笼子里，而放养的母鸡大部分时间在室外。

	层架式鸡笼饲养	自然放养
食物摄入（kg/W）	80	100
产蛋量（kg/W）	12	9

（1）计算层架鸡笼饲养的母鸡食物中生物量转化为鸡蛋中生物量的百分比。给出你的计算过程。

（2）给出 **2** 个原因，解释为什么一部分食物中的生物量没有转化为鸡蛋中的生物量。

（3）阐释为什么层架鸡笼饲养的母鸡比放养的母鸡将食物的生物量转化为鸡蛋中的生物量效率高。

13. 下图所示为碳循环。

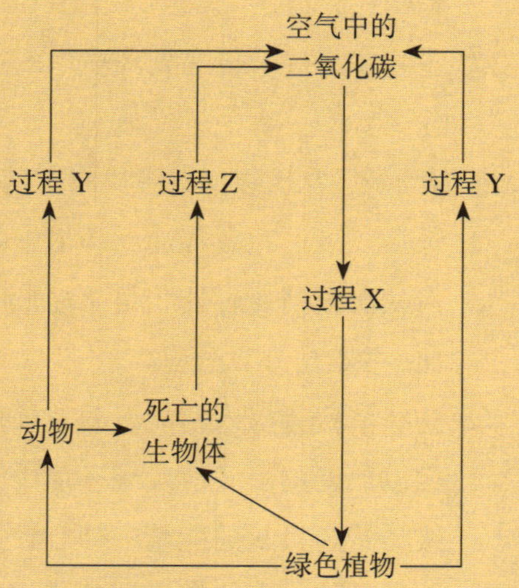

（1）过程 X 和过程 Y 是什么？

（2）碳元素如何从绿色植物转变成为动物身体的一部分？

（3）在适合的条件下，绿色植物能转变为泥炭或煤。

① 煤中的碳元素是怎样转变成大气中的二氧化碳的？

② 这种二氧化碳会引起什么环境问题？

③ 过程 Z 是什么？

▷ 人与自然

14. 据估计，1880—1980 年间约有 40% 的热带雨林遭到破坏，而其中绝大多数是被焚毁的。

（1）请给出 3 个人类大规模砍伐森林的原因。

（2）森林被大规模地砍伐导致空气中的二氧化碳含量受影响。

① 二氧化碳含量会怎样？

② 砍伐森林是怎样影响二氧化碳含量变化的？

③ 阐述砍伐森林在气候和土壤肥力等方面会带来哪些长期的影响。

（3）很多种类的野生生物栖息地遭到破坏，严重影响了生活在那里的野生生物。科学家和政府可以通过哪些措施来保护野生生物？

15. 在某些国家，农民焚毁森林来增加耕地面积。燃烧后的灰烬一开始能帮助农作物生长，但几年后，就很难种出好作物了。由于没有了树的根系连接，大雨很容易冲走山坡上的土壤。

（1）最初，燃烧后的灰烬是怎样促进农作物生长的？

（2）很多农民养了大量的牲畜。除了产生二氧化碳以外，请阐述家畜对温室效应还有哪些特殊的影响？

（3）某地区的森林被砍伐。人们分别在砍伐森林前后测定了这个地区溪水中硝酸盐的浓度。结果见表。

时　　间	溪水中硝酸盐浓度（mg/L）
砍伐前 6 个月	0.3
砍伐前 2 个月	0.3
砍伐后 2 个月	2.2
砍伐后 6 个月	63.0

请对上表中的硝酸盐浓度的变化做出合理解释。

16. 阅读下列关于鲸的报道。

（1）

由鲸引发的问题

1989 年，一个国际性的协议出台，禁止捕杀鲸。

2003 年冰岛却重新开始捕杀小须鲸。他们认为须鲸捕食了太多的鱼。

外界猜测冰岛人每年捕杀大约 250 头鲸。

冰岛人销售并食用鲸。鲸的脂肪常常被用于生产化妆品。

① 请解释冰岛人为什么恢复捕杀小须鲸。

② 请解释捕杀对小须鲸会产生哪些影响？

③ 你认为鲸是否应该被捕杀，请给出你的理由。

在你的答案中应该包括对 2 种不同观点的讨论。

（2）北海的鱼类资源正在逐渐减少，能捕获到的鱼类也日益减小。科学家们认为人类应当把鱼类的种群数量当作“可持续的资源”来对待。

① 请解释“可持续的资源”是什么意思？

② 阐述怎样保护北海的鱼类。

17. 下表显示了二氧化碳和水蒸气对温室效应的影响。请完成表格。

气体	温室效应系数	气体在大气体积中的百分率	对温室效应的影响
氯氟烃	6 560.0	0.000 000 08	0.000 52
二氧化碳	1.0	0.037	……
水蒸气	0.1	1.0	……

（1）从上表的信息中可以得出什么结论？

温室气体会在大气中形成一个气体层。下图显示了来自太阳的辐射到达地球大气层后发生的情况。

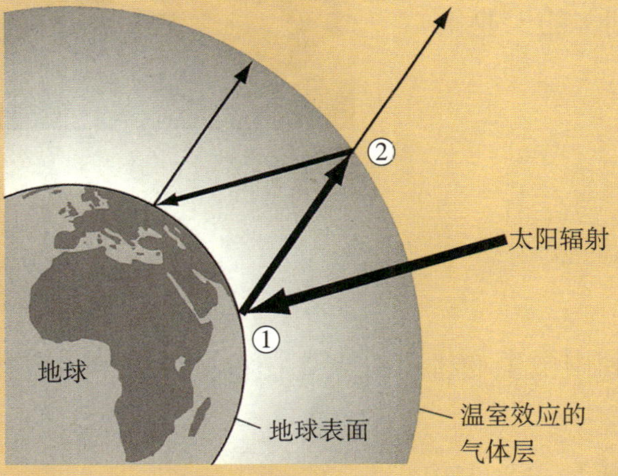

箭头代表太阳的辐射。箭头粗细代表辐射量。

运用上图和你所学过的知识，回答以下问题。

（2）图中所示，阶段①和阶段②分别发生了什么？

（3）阐述温室效应可能导致的后果。

（4）温室效应常被人们与地球臭氧层变薄相混淆。请说出一个臭氧层空洞带来的影响。

18.（1）为什么农民要在他们的土地上施用含有硝酸盐的化肥？

（2）阅读下列信息。

> **密尔池塘的鱼类死亡**
>
> 钓鱼俱乐部将密尔池塘中大量鱼类的死亡归罪于当地农民。一个渔民说上个月的一场大雨过后，池塘就变绿了。一周后池塘里到处飘着死鱼的尸体。他认为这次事故是由于当地农民对池塘旁边的小麦田大量施用化肥所致。

请解释为什么在小麦田里施用化肥会导致池塘中鱼类的死亡？

（3）大多数来自化肥中的氮元素最终会以腐烂物质中蛋白质的形式沉淀在池塘底部。

请阐述微生物是怎样将这种形式的氮元素转变成为硝酸盐的？

生物技术

一些传统的生物技术产品

今天早餐你吃酸奶和吐司面包了吗？

你的三明治中卷了奶酪吗？

在土豆片里加点醋，感觉怎么样？

如果你的回答都是肯定的，那么你就已经使用过几种**生物技术**（biotechnology）的产品了。

生物技术是指人类利用生物，尤其是微生物来生产有用的物质。

虽然这听起来像是尖端科技，但事实上很多有关的加工方式已经流传了几个世纪。例如，酿造业和面包工业使用酵母已经有数千年的历史了。

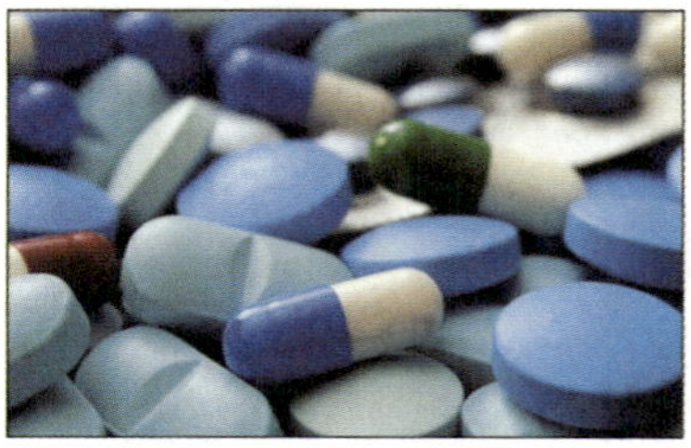
更现代化的生物技术制品

现在，人们已经实现了发酵（酿造业的基础）的工业化。这就使得科学家们可以借此生产大量有用的产品。

例如，你有没有食用过植物素肉①产品？

这是由一种真菌生产出来的肉类替代物。

你最近一次使用青霉素之类的抗生素是什么时候？

青霉素也是由大规模发酵生产的。

不仅仅是食品业和制药业使用生物技术。利用微生物将有机废弃物转变成简单化合物，也是有效处理污水的方法。

在诸如巴西这样石油供应短缺的国家，生物技术还可以用蔗糖这样的材料来生产汽油替代品。

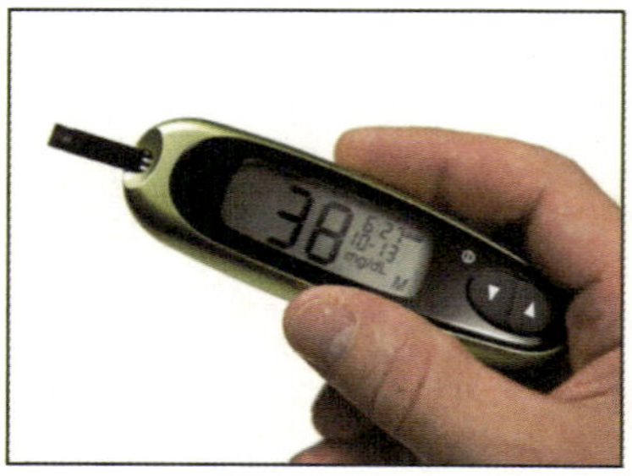
一个用于检测血糖浓度的电子生物传感器

你见过人们使用手持式电子仪表来检查他们体内的血糖浓度吗？

生物传感器是生物技术的另一个应用。

因此，正如你所见到的，世界上几乎没有人能生活在生物技术之外。

① 植物素肉：又称人造肉块、蛋白肉，是将低温脱脂豆粕、浓缩蛋白或分离蛋白经挤压膨化机的高温高压加工处理而成，素肉产品有着良好的吸水性和保油性以及良好的纤维状结构，具有肉样的组织结构及韧性，产品口感类似于肉类。

▷ 微生物与生物技术

很多生物技术生产流程会利用微生物来生产产品。不管是传统的面包制作，还是相对现代的抗生素生产，都涉及微生物的应用。

为什么微生物能在如此广泛的领域中应用呢？

以下就是其中的一些原因：

- 微生物繁殖非常快。这就意味着，在很短的时间内，科学家可以得到大量的目的生物体。
- 与动物和植物不同的是，微生物可以在短期内把原始材料转化为成品，只需要几小时而不是几周甚至几月的时间。
- 微生物的使用意味着食物的生产可以不再受气候的影响。
- 微生物很容易在多种便宜的废弃材料上生长，也就有可能在其他的工业生产过程中生产出这些微生物。
- 在基因工程的帮助下，科学家可以快速地改变微生物，从而改变其产物。而繁殖各种新的动植物则需花费很长的时间。

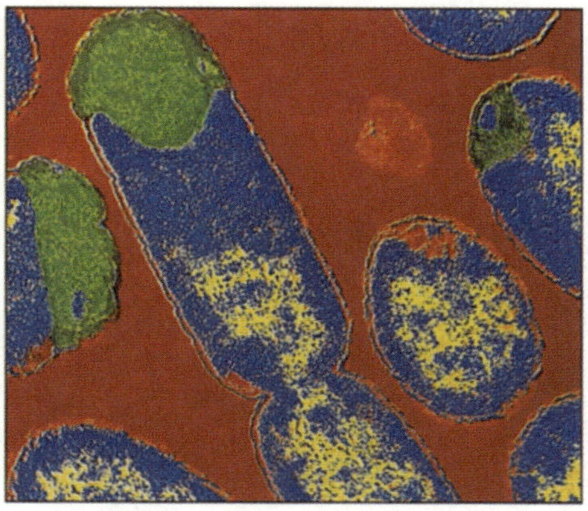

微生物繁殖非常快

传统的作物生产总是受气候的影响

不断发展的微生物培养

在科学家把微生物用于大规模发酵之前，他们必须培育未被污染的菌种。这就意味着培养的微生物只能含有科学家们需要的菌种。

你也许在学校做过一些简单的微生物实验。

希望你在做实验时遵照安全防范措施。这些措施也是生物技术工作者所遵循的。

一些简单又很重要的措施如下：

- 伤口需要用洁净的防水绷带盖严；
- 在进行微生物实验的过程中不能吃喝；
- 实验操作前后要洗手；
- 用消毒剂擦拭工作台面；
- 盖紧培养皿的皿盖，并对皿盖进行固定；
- 不要随便打开密封好的培养皿。

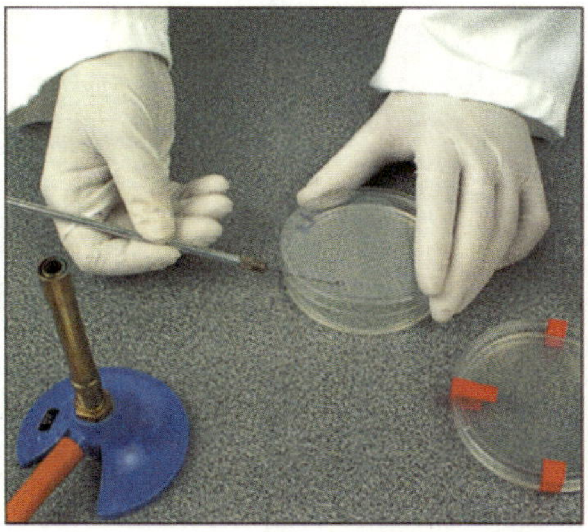

▶ 微生物培养中的无菌操作技术

无菌的字面意义为“排除微生物”。事实上，使用无菌操作技术意味着为了只培育你想要的目的微生物，需要遵循的一套流程。

第一步

- 在你开始操作微生物实验前：
  洗手
  用消毒剂擦拭工作台

第二步

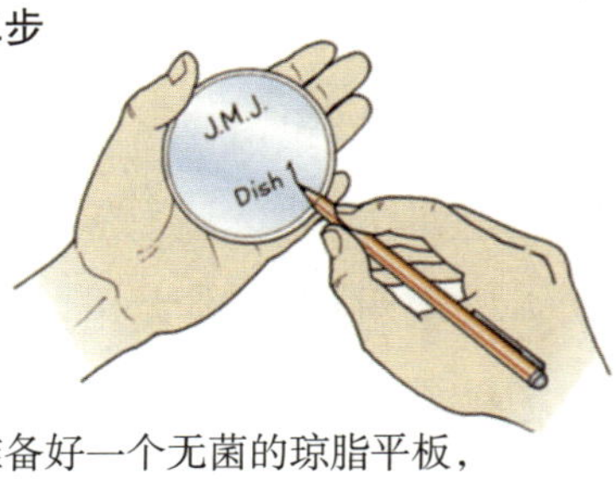

- 准备好一个无菌的琼脂平板，盖好培养皿的皿盖
- 在培养皿盖上写上你的名字

第三步

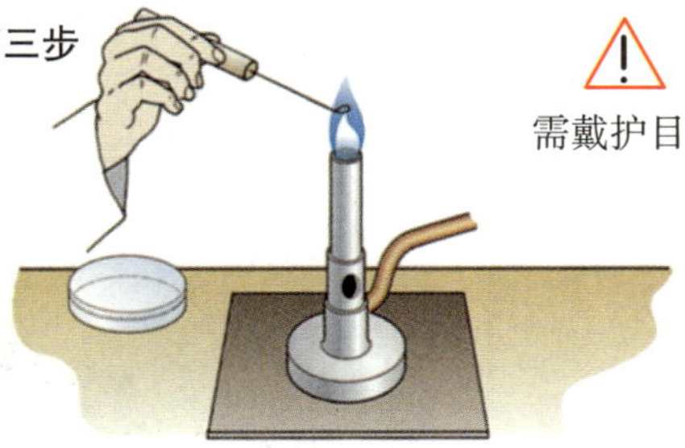

⚠ 需戴护目镜

- 用本生灯加热接种环，直到接种环被烧红

第四步

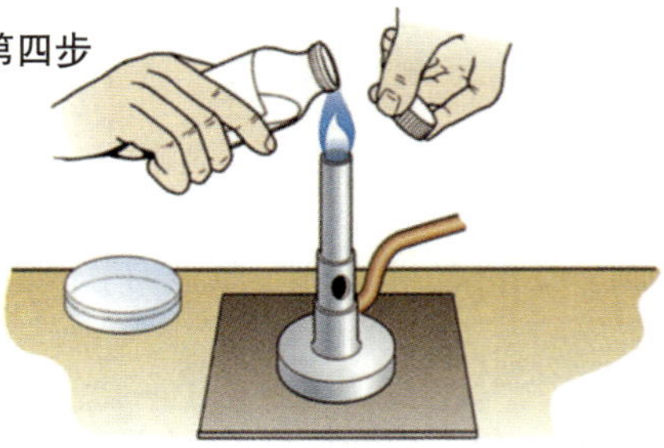

- 旋开瓶盖，让瓶口和瓶盖过火约 2 s

第五步

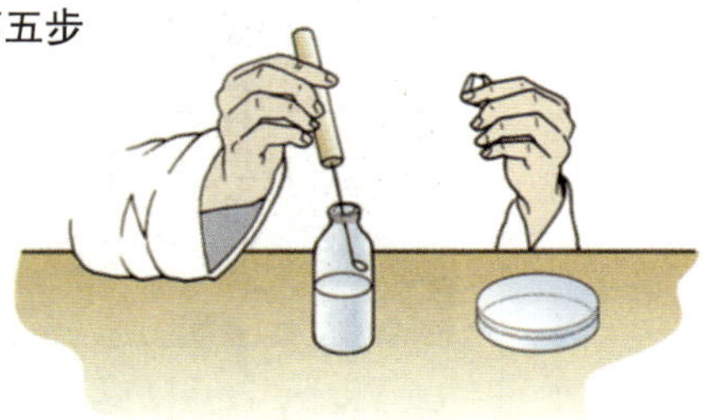

- 用无菌环蘸取微生物样品后，迅速盖上瓶盖

第六步

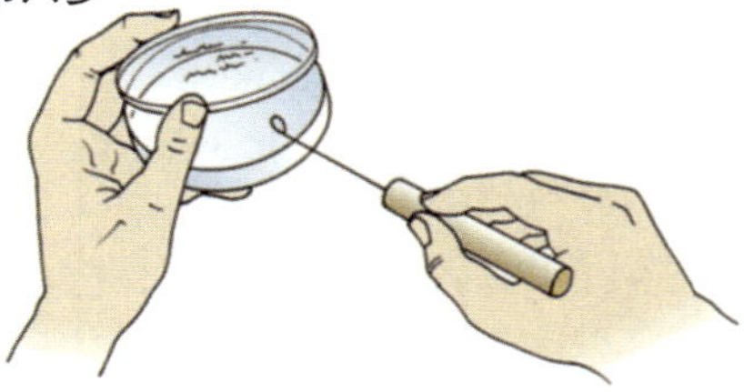

- 轻轻提起培养皿盖，轻轻地用接种环在琼脂表面涂布条纹，盖上皿盖

第七步

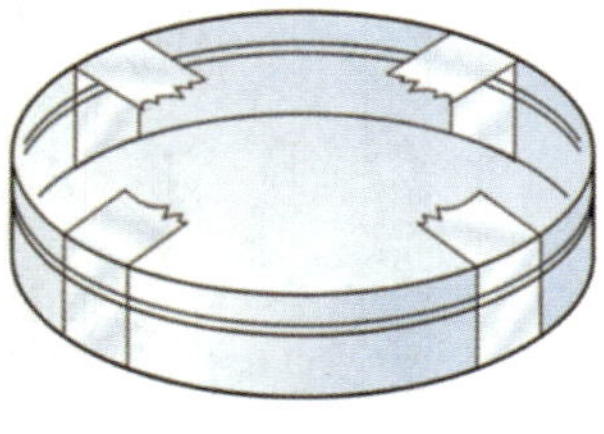

- 用透明胶带将培养皿密封好，倒置于 25 ℃培养箱中培养 2 ~ 3 d
  期间不能打开皿盖

第八步

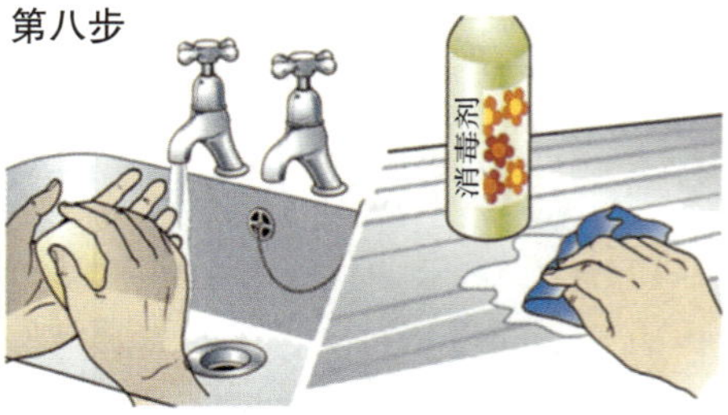

- 用消毒剂擦拭工作台
- 洗手

生物技术与食品生产

正如我们所见的那样，微生物用于食品生产已经有数千年的历史了。但当看到奶酪、面包及酿酒业的工艺后，我们就能明白在现代科技的帮助下，传统工艺作用提升了多少。

当下，奶酪制作已是大生意

奶酪的制作

奶酪是牛奶在细菌的作用下形成的。

如今，制造商们都使用巴氏消毒的牛奶来制作奶酪。

为什么这是必须的呢？

巴氏消毒法（pasteurization）可以杀死那些牛奶中自然存在的细菌。这意味着牛奶中只有一种人为加入的细菌。这些细菌就是**乳酸菌**，它能将**乳糖**转化为乳酸。

低 pH 使得牛奶**凝固**。也就是牛奶中的蛋白质转变为半固体状，称为**凝乳**。这个过程需要加入一种酶叫做**凝乳酶**。

这种酶最初是从小牛犊的胃中提取到的。而现在，这种酶已经可以通过基因工程大量生产，这种工业化生产的酶称为（生化）**凝乳酶**（详见第 351 页）。

温斯利代奶酪的主要成分是凝乳

再把盐加到凝乳中。

这不仅增加了味道，同时还起到了防腐的作用。

根据制作奶酪的不同类型，这个时候还要添加其他种类的细菌。这些微生物作为**乳酪熟化细菌**会分解奶酪中的蛋白质和脂肪。

蓝纹乳酪，例如斯第尔顿乳酪，乳酪的外形特征是在凝乳中通过真菌的作用而形成的。

真菌使得蓝纹奶酪形成多纹理状的外观

为了加快制作奶酪的速度，生产商添加的是细菌产生的酶而不是细菌本身。

你知道为什么这样能加快速度吗？

酶本身可以将乳糖转化为乳酸，如果直接加入酶，将节省细菌产生酶的时间，从而不会耽误生产的过程。

酸奶制造业

近些年，酸奶变得非常流行。酸奶的制作和奶酪的生产有着很多相似之处。

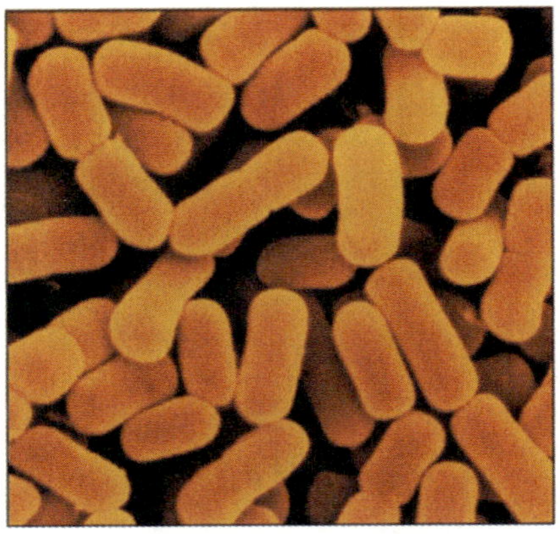

电镜下的乳酸杆菌

巴氏消毒的牛奶同样是制作酸奶的起点。

首先，牛奶需要增稠，通常使用的增稠剂是脱脂奶粉。

与奶酪制造需要低温条件不同的是，酸奶需要在约 40 ℃的条件下生产。

这个温度有 3 点优势：

- 能帮助牛奶蛋白质增稠；
- 能降低氧含量；
- 这是细菌生长的理想温度。

你知道为什么要求氧含量低吗？

大多数用于制作酸奶和奶酪的细菌都喜欢厌氧的环境。

向巴氏消毒的牛奶中添加细菌

只要牛奶达到理想温度，就加入细菌。制作酸奶使用的细菌与奶酪生产中的不同。然而，它们都完成同样的工作，也就是将乳糖转化为乳酸。这个过程通常在大型不锈钢发酵罐中完成。

奶酪生产中，最后形成的是凝乳，但在酸奶制造中却很少形成固体。

酸奶在完成最后一道生产工序前，需要进行冷却。现在市面上推出的酸奶，通常包括将水果混入酸奶，调配出不同口味的酸奶。

一些酸奶被去除掉所有的细菌，而一些酸奶中含有活细菌，如人们熟知的“益生菌”酸奶。这些补充在酸奶中的细菌是人体肠道内的天然细菌，可以帮助人体消化。

益生菌酸奶含有活细菌

奶酪和酸奶的生产都是批量生产的例子。

这种类型的生产程序可以生产大批量的产品。加工过程结束后，所有的生产设备必须经过清洁和消毒，才能再次进行生产。

制酒和酿造

葡萄酒和啤酒的生产也是一个拥有悠久历史的生物技术的例子。

和奶酪、酸奶的制作一样，微生物是整个过程中最重要的生命体。

不过，这一次不用细菌，而是用酵母—— 一种微小真菌。

请参看本书第 69 页。

为什么酵母被用来生产酒精？

你一定记得酵母在无氧呼吸时就会进行**发酵**。

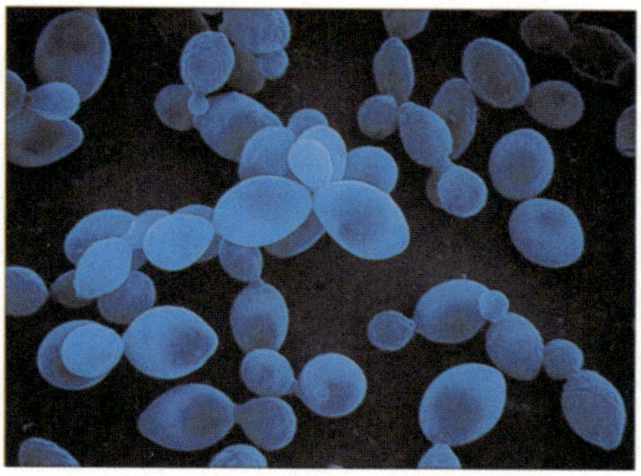

酵母是一种有用的真菌

酵母利用糖作为能源物质，产生酒精、二氧化碳和一些能量。

葡萄酒生产和啤酒生产的一个最主要的区别就是糖的**来源**不同。

在酿造葡萄酒时，要先将成熟的葡萄压碎，提取果汁。葡萄汁液中富含糖分，能为酵母提供能量来源。

挤压葡萄来提取葡萄汁

在啤酒的生产中，大麦粒是糖分的来源。

第一步称为**麦芽制造**，这些大麦粒要经过几天的时间发芽。在此期间，酶就将麦粒中的淀粉分解成为**麦芽糖**。

这种糖包含在一种叫**麦芽汁**的棕色液体中。在**捣碎**过程中把酵母加入麦芽汁中，发酵就开始了。

为了给啤酒增加苦涩的味道，接下来还需要添加啤酒花。

捣碎的过程中也生产出来一些有用的副产品。一层二氧化碳泡沫层覆盖在发酵混合物上。这通常被收集并且用于其他工业流程。这个过程中，部分酵母可以被分离出来，它们可以用在另一次发酵的初始培养中，酵母同样会扩增。

酿酒过程可以在家庭中使用“家庭酿造装备”来完成。但是大多数啤酒的酿造还是用大铜缸进行大规模的产业化生产。这种铜的容器一次性可以生产数千升啤酒。酿造师们会利用电脑技术准确监控和调节罐中的发酵条件。

检查大型铜罐中的发酵过程

烘焙

烘焙是用酵母来帮助制作食品的另一个例子。

面包是用**面团**制作的。面团中有面粉、水、盐、糖和酵母等物质。

把这些混合物放置在温暖的环境中。接着，酵母就开始利用糖进行发酵，产生酒精和二氧化碳气体。二氧化碳形成气泡使得面团膨胀。接着将面团放入炙热的烤箱中烘焙，气泡的膨胀使得面包质地变得松软，同时，蒸发掉了产生的酒精，留下了传统口味的面包。

一个商业化的烤箱

酱油

如果你吃过中餐，你就会知道酱油是一种多么重要的调料。

你可能不知道，酱油也是在微生物的作用下生产出来的。

商业生产酱油不仅会用到酵母，还会用到另一种真菌叫做**曲霉菌**。同时在这个微生物的群体中还有第三个成员——乳酸菌，在奶酪制作的时候我们就认识过它了。

厨师正在用酱油

制作酱油的基本材料是黄豆和小麦粒。

在混合好煮熟的黄豆和炒熟的小麦粒后，加入培养好的曲霉菌。这种真菌可以将小麦粒中的淀粉转化成糖。

下一步就在混合物中加入酵母来分解这些新产生的糖。接下来要利用乳酸菌来进行一段长时间的低温发酵。

现在，混合物被过滤后，留下粗酱油，接着用巴氏灭菌法杀死粗酱油中的所有细菌。最后，把酱油分装在用蒸汽消毒过的无菌瓶中。

一瓶酱油

▷ 工业发酵

也许在学校时，你做过简单的发酵实验。如果是这样，你可能就使用过第 69 页展示的那些基础实验仪器。

很显然，这类仪器不适合用来大规模生产有用的物质，例如**青霉素**。

事实上，工业发酵罐可以盛装 500 000 L 的发酵混合物。而且，这些巨大容器内的条件能被严格地控制。

我们就用青霉素的生产为例，来展示发酵设备是怎样工作的。

将一种培养好的真菌——**青霉菌**加入到发酵罐中。在发酵罐内维持的理想条件下，青霉菌就在罐中大量繁殖。

这些理想条件包括：

- **加入营养物质**包括糖、氨气和维生素；
- **维持恒定的温度**约为 30 ℃；
- **维持恒定的 pH** 约 6.5。

一旦发酵启动，就要大约 30 h 后才开始产生青霉素。

为什么需要那么长时间呢？

因为要等真菌完成其主要的生长阶段，在耗尽大多数营养物质后，才开始释放青霉素到周围液体中。

大约 6 天后，发酵过程全部完成。混合液从发酵罐中排出并被过滤。最后，萃取出似盐一样的物质——青霉素。

这个过程就是**批量培养**。

6 天后，发酵罐被清空，经过清洗和消毒，为下一批生产做好准备。**连续培养**则允许在一个发酵罐中持续生产几周。

一个大型的工业发酵罐

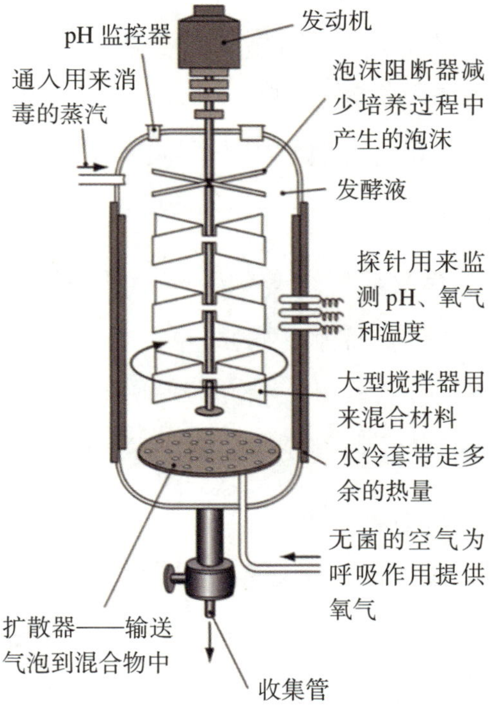

一种可以连续培养的工业发酵罐

食物添加剂

益生元是一种非消化性食物添加剂，它可以刺激结肠（大肠）中“有益细菌”的生长。

要发挥效用，益生元必须躲避在肠子上半段的消化作用，并且在结肠中促进“有益菌”生长，同时降低有害细菌的数量。

益生元主要由一群**低聚糖**组成。这些糖类包括低聚果糖（FOS）、低聚半乳糖（GOS）和菊粉①。其中FOS也称为非糖物质，它已经可以大规模地商业化生产了，是利用一种真菌分泌的酶催化蔗糖后得到的产物。

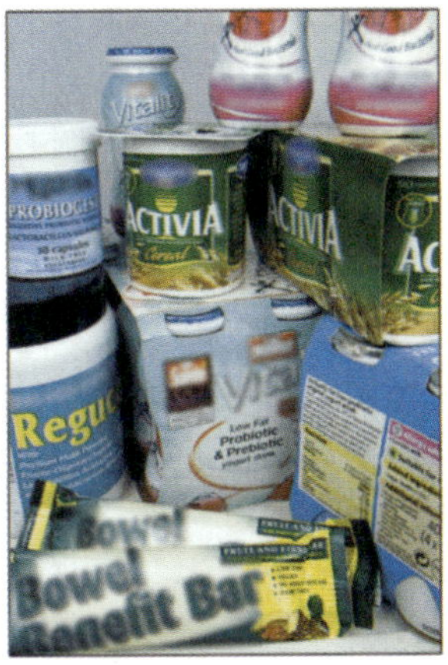

这些食物都含有益生元

FOS和菊粉天然存在于菊芋、菊苣、韭菜、洋葱和芦笋中。

益生元能通过防止便秘来增强结肠的功能，同时能促进矿质元素的吸收和预防癌症。

在超市的食品货架上，低聚糖是很普遍的食品添加剂，它们被认为对降低糖尿病人的血糖有帮助，同时还能减少高含量的胆固醇和甘油三酯的摄入。

一些醋中添加了草药

醋酸杆菌是一种固氮菌，它能利用固氮酶将空气中的氮气转变成植物可以利用的形式。细菌与许多植物形成了互利**共生**的关系，细菌为植物提供氮源，同时从植物那里获得光合作用产生的糖类。

在生物技术的运用中，醋酸杆菌因为用于酸醋的生产而被人们熟知。乙酸（又称醋酸）是细菌氧化乙醇（酒精）后得到的产物。酸醋有很多类型，这主要取决于用来发酵的酒精类型。

醋酸杆菌也被用于将山梨醇氧化为山梨糖，这里涉及了一系列的反应，最终的产物是维生素C。

角叉菜又称爱尔兰苔，是一种可食用的海草，生长在欧洲北部大西洋海岸的岩石上。

它是一种红色的海草，长度为5～30 cm并且高度分叉。从中提取的E407物质具有广泛的商业用途，作为胶凝剂被用于制作冰淇淋、果冻、浓汤和糖果。它被漂白和脱水后也售卖给家庭使用。它还能用于生产咳嗽药，作为医用敷料剂的吸水成分，同时还能用作牛的饲料。

转化酶（invertase）是从酵母中提取出来的一种酶。它能将蔗糖分解为葡萄糖和果糖（也称转化糖浆），它的商业用途广泛，一般在一种樱桃咳嗽抑制剂中使用，还用于制作奶油、薄荷糖、松露和棉花糖等。它可以用来增加糖果的保质期，防止软糖和有柔软夹心的巧克力涂层糖果中的糖产生结晶。转化酶再次将蔗糖转化为葡萄糖和果糖。

---

① 菊粉是一种可以作为高等植物储藏营养物质的多聚糖，在菊科大丽花属的块根中尤为明显。它是一种果糖聚合体。

其他食品添加剂

柠檬酸（citric acid）被用于食品、饮料和制药行业。

很多年前，柠檬酸是从橙子、柠檬和酸橙等柑橘类的果实中提取出来的。但是，随着柠檬酸需求的增加，一种黑曲霉真菌也被利用起来。在有氧发酵的过程中黑曲霉分解葡萄糖产生柠檬酸。

利用基因工程的手段培养出了这种高产的真菌菌株。

柠檬酸被用于生产可溶性阿司匹林和碳酸类助消化的药物。

这些碳酸类助消化的粉末或含有碳酸氢钠的片剂能够与柠檬酸发生反应，产生会发出“滋滋声”的二氧化碳小泡。

柠檬酸也被大规模地用于生产带有浓郁香味和气泡的软饮料。

柠檬酸形成饮料中的泡泡

凝乳酶

正如我们已经知道的，在制作奶酪的过程中，在牛奶中添加凝乳酶会使蛋白质凝固成块。

凝乳酶是从小牛的胃里提取的，但是在20世纪60年代之后，随着人们对肉类的需求，越来越多的小牛被饲养成熟。同时，随着素食主义和拒绝食用小牛胃提取的凝乳酶奶酪的人群增长，小牛胃中提取的**凝乳酶**已经大量地被一种用基因改良酵母生产出来的相似的**凝乳酶**（chymosin）替代。

多样的素食奶酪

从小牛胃细胞中分离出产生凝乳酶的对应基因进行复制，接着嵌入酵母细胞的遗传物质中，进行产业规模的酵母生产，并从中分离出凝乳酶。

素食奶酪在英国受到公众的欢迎，转基因凝乳酶生产的奶酪已经获得了素食主义协会的认可。

味精

在1907年，东京帝国大学池田教授的研究提到一种味道，它是芦笋、番茄、奶酪和肉类共同具有的，但是又有别于人们所熟知的酸甜苦咸中的任何一种味道。他在一种谷氨酸棒状杆菌中进行了实验，并且成功地分离出了一种氨基酸的晶体——谷氨酸（glutamic acid 或 glutamate）。味精（MSG）自生产出来就成为一种理想的调味品。因为味精本身没有气味和特殊口感，它被用在不同的菜肴中，使食物本身的风味得到增强。

▷ 生物学的应用：切尔西药用植物园

切尔西药用植物园于1673年由药剂师学会组织建设，其目的是为了促进药用植物的研究，因此它以“医药”或康复治疗而著称。

它一直是传统科学研究和植物保护的场所，同时还充当了教学的角色，并且成为美化伦敦市中心的秘密花园。

它位于泰晤士河畔，那里有着温暖的微气候，并且泰晤士河也为它与外界的沟通提供了一条运输的路径，使得植物和植物学家都能容易地穿梭其间。

花园中心有一座汉斯·斯隆的雕像

早在18世纪初，汉斯·斯隆博士购买了切尔西庄园，并且以每年5英镑的价钱把花园永久性地出租给了药剂师公会。

药用植物园中展示着来自世界各地的药用植物，它们的药用价值在当代医学中被充分证实。

许多草药苗圃

阿司匹林由水杨酸制成，1835年从一种名为绣线菊的植物中第一次提取出水杨酸。在柳树的树皮和叶子中也发现含有水杨酸。它被用作缓解疼痛的镇痛药。阿司匹林也可以作为一种消炎剂，为那些关节炎和轻微外伤的患者减轻肿胀。

紫杉醇是一种抗癌剂，从太平洋紫杉树的树皮中分离出来。这种树是保护树种，也是世界上生长最为缓慢的树种之一。从树皮中分离这种化合物需要砍伐这些树。据估计提供一位患者治疗所需要的紫杉醇需要使用6棵生长了100年的紫杉树。

幸运的是，一种替代的资源已经在欧洲被发现，那就是观赏紫杉。

奎宁是一种从金鸡纳树皮中提取出来的药物，直到20世纪30年代，它都是治疗疟疾唯一有效的药物。奎宁也作为滋补药水的一种调味品，使药水增加一些苦涩的味道。

实际上，在过去，最初饮用“金汤尼鸡尾酒”就是为了预防疟疾。

青蒿素也是一种抗疟疾的药物，是从一种生长在中国的草本植物“青蒿”的干制叶片中提取出来的。这种药物能迅速杀灭寄生在血液中的疟原虫，减少发热，并且没有明显的副作用。

早在20世纪初越南爆发疟疾时，青蒿素将疟疾引起的死亡率降低了97%。

一幅维多利亚时代的作品表现了在切尔西药用植物园中展示药用植物的场景

▷ 生物学的应用：生物燃料

生物燃料是用生物材料，如动物的粪便、甘蔗以及其他植物的残渣等生产出来的一类燃料。这些材料能够被发酵生产出多种燃料，例如甲烷气体，酒精和生物柴油。

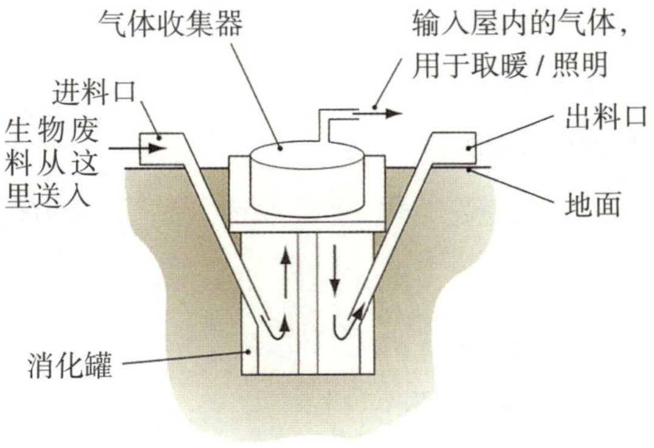

一个简易的生物消化器

你有没有见过垃圾焚烧场的气体爆炸?

这种爆炸是由垃圾焚烧场地下的废弃材料在腐烂过程中产生的**沼气**燃烧而引起的。

沼气中的主要成分是**甲烷**。

家畜的粪便被一种厌氧细菌消化时也会产生甲烷。在发展中国家，如非洲，用称为**生物消化器**的小型发酵罐来生产这种气体。它能够用来提供热和能源——就像在英国的旅行车上面使用的燃气瓶一样。

在消化完成后，遗留下来的材料能够成为优质的肥料提供给庄稼。

你有没有想过如果我们没有了汽油应该怎么办?

一些国家没有石油储备，他们只能发展生物燃料作为替代品。

例如巴西，使用发酵罐来生产乙醇（酒精）。常用的原材料是甘蔗汁，它含有大量的糖类。来自玉米淀粉的葡萄糖是另外一种原料，可用淀粉酶处理玉米中的淀粉而获得。

酒精是一种很好的汽油替代品，因为它含有很高的能量，同时在燃烧的时候很少产生污染。

你有没有注意在乡村的田野里盛开的金黄色的花?

这种花的果实就是**油菜籽**。它能够榨出油，并且这种油能够转化为燃料，称为**生物柴油**。这种燃料与汽油类的燃料相比，最大的优势是燃烧时产生更少的污染。

当化石燃料变得越来越稀少，在燃料供应方面，可能生物燃料将扮演越来越重要的角色。

▷ 生物学的应用：真菌蛋白——未来的一种食品

我们在前面已经学习了怎样利用微生物发酵来生产许多传统的食用产品。同样，也学习了工业化发酵如何进行大批量生产。

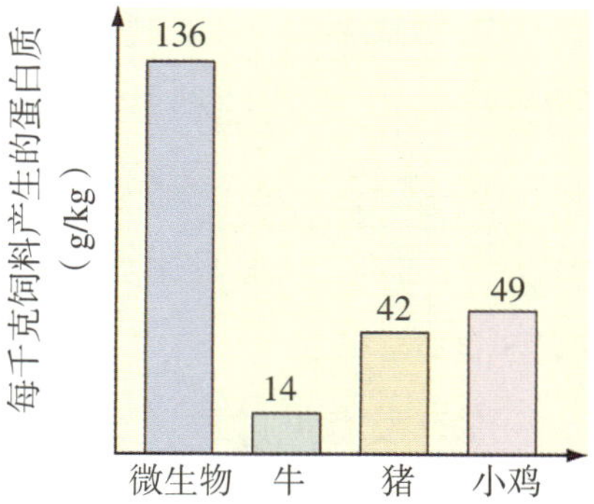

微生物很擅长生产蛋白质。早在20世纪60年代，英国某食品制造公司就开始进行利用微生物生产**真菌蛋白**的研究项目。

“从没有听说过！”

其实，你有可能已经在学校的食堂中吃到过这种食物。

真菌蛋白是由一种叫**禾谷镰刀霉**的真菌产生的一类高蛋白质产品。这种真菌最早是在英国南部的农田中发现的。RHM公司很快就意识到它作为食物材料的价值。

在谷物上面生长的禾谷镰刀霉

这些优势如下：

- 它是一种纤维，可以呈现肉一样的质地；
- 它是一种高蛋白质；
- 它的脂肪含量低；
- 它没有让人不舒服的味道。

就和青霉素一样，真菌蛋白也能够用大型发酵罐进行生产。

不过，这次使用的技术是**连续培养**。这意味着要源源不断地添加营养物质，同时也会源源不断地得到产品。

真菌蛋白成了理想的肉类替代品。

从20世纪80年代中期开始，真菌蛋白就已经被积极地运用在肉制品的制作上。

你可以找到多种这样的肉类菜肴，例如开胃馅饼和咖喱食品。

真菌蛋白会是未来的食品吗？

它能帮助减轻饥荒的威胁吗？

如果它能被廉价和大量地生产，那么在理论上是可以的。

但是目前它最大的吸引力还在于它是一种健康的、低脂肪的肉类替代品。

许多来源于真菌蛋白的食品

小结

- 生物技术利用活的生物体来制造有用的产品。
- 在众多的例子中，这种活体生物是微生物——主要是细菌和真菌。
- 微生物能自我繁殖，同时能快速地把原材料转化为产品。
- 从事微生物的工作，需要细致的无菌操作。它可以避免其他微生物的污染和对自己健康的危害。
- 发酵是许多生物技术程序中的关键反应。
- 工业发酵在严格的条件控制下能生产大量的产品。
- 很多传统的食物像面包和奶酪，都是通过生物技术来生产的。
- 生物技术所带来的产品在将来也具有巨大的潜力，例如生物燃料和真菌蛋白。
- 生物技术的产品已经有效地成为大多数食品的添加剂。
- 植物一直是生产具有重要药用价值的药物的资源。

▷ 练习

1. 句子填空：

生物技术利用 ________ 的生物体来生产有用的产品。绝大多数被利用的生物体是 ________ 和 ________。

微生物具有许多优势，例如它们能快速地 ________。许多生物技术的产品依靠微生物进行 ________。这个反应在制作面包和 ________ 中都是关键的部分。生物技术既能生产传统的食物，还能生产 ________。这是一种替代肉类的好材料。还有例如药物 ________ 的生产也是在大的 ________ 中完成的。

2. 解释为什么需要下列的操作。

（1）培养皿在使用前需要消毒。

（2）接种环需要过火后冷却才能使用。

（3）一旦开始培养微生物，培养皿的盖子需要密封而且不能打开。

3. 生物技术中较为常用的是微生物。请阐述微生物生长过程中每一个特征所具备的优势。

（1）微生物能快速生长。

（2）微生物在废弃的材料上能容易地生长。

（3）微生物是蛋白质的高效生产者。

4.（1）请给出微生物帮助制作传统食物的 3 个例子。

（2）在奶酪和酸奶的生产中最大的不同是什么？

（3）描述如何利用真菌来生产蓝纹奶酪和酱油。

5.（1）在酿造、烘焙和葡萄酒制作的过程中，都涉及了哪种微生物？

（2）下列过程中糖的来源是什么？

① 酿造。

② 葡萄酒制作。

（3）二氧化碳的气泡在制作面包时是如何起作用的。

6. 下图显示了生产青霉素使用的发酵罐。

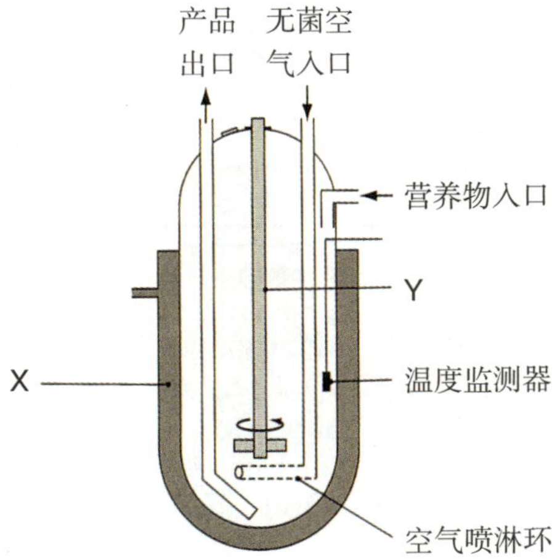

（1）图中 X 和 Y 的名称是什么？

（2）写出 2 种需要添加的营养物质。

（3）为什么空气泡需要穿过整个发酵罐？

（4）为什么空气需要灭菌？

7. 下图显示了在一个发酵罐中霉菌、葡萄糖和一种抗生素——链霉素的浓度。

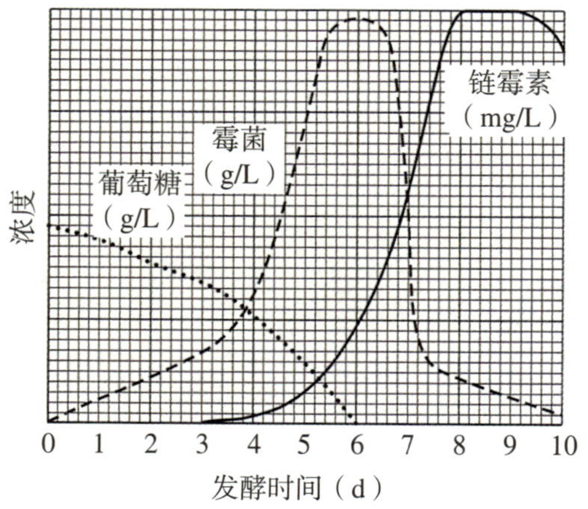

（1）在生产链霉素期间葡萄糖的浓度是怎样变化的？

（2）解释为什么葡萄糖的浓度会发生这样的变化？

（3）为什么抗生素的浓度高峰期会在霉菌生长的高峰期之后才出现。

8.（1）生产真菌蛋白的真菌叫什么名字？

（2）给出这种真菌作为食品生产的 2 个优势。

（3）真菌蛋白的生产与青霉素生产的发酵过程有哪些不同？

下表展示了真菌蛋白与牛肉的比较：

营　养	菌体蛋白（% 干重）	牛肉（% 干重）
蛋白质	40	60
脂肪	10	30
矿物质	3	1
纤维素	30	0

（4）利用表中的信息解释为什么真菌蛋白是一种健康的肉类替代品。

9. 一项探究研究不同 pH 对牛奶凝聚速度的影响。凝乳酶已经添加在奶酪制作的过程中。结果显示在下表中。

pH	2	3	4	5	6
牛奶凝结的时间（min）	4	2	3	6	13

（1）把这个结果绘制成一个线形图。

（2）被酶凝结的牛奶的最适 pH 是多少？

（3）研究发现在 pH 为 9 的时候，牛奶不发生凝结。

给出一个理由，说明为什么在这个 pH 时牛奶不会凝结。

10. 酸奶的生产需要大约 40 ℃的温度。

（1）解释为什么这是一个最合适的温度？

（2）“活体培养”的意思是什么？

（3）为什么在酸奶生产中要使用巴氏灭菌的牛奶？

11. 像奶酪、酸奶、葡萄酒和面包等食品都需要微生物的协助来制作。

（1）请阐述为什么在生产这些食品期间，最高的温度不能超过 40 ℃？

（2）解释为什么在制作面包的最后一步工序要在 200 ℃以上的温度中进行？

12.（1）写出 4 种食物添加剂并且阐述它们在食品或饮料加工中的重要作用。

（2）① 下列每一种药是从哪种药用植物中提取出来的：

阿司匹林；紫杉醇；奎宁；青蒿素。

② 阐述每一种药的药用价值。

（3）为什么植物园在我们现代的社会中是如此重要？

拓展习题见第 367 页。

第 22 章

动物行为

动物受到不同刺激时，所产生的反应称为**行为**。

这些刺激可能来自于其他动物或者环境。

动物行为对生存具有重要的意义。

那些对生存环境中的变化做出适当反应的动物有更多存活和繁殖的可能。

这些行为能帮助动物摄食、逃避捕食者和寻找配偶繁殖后代等。

我们可以把动物行为分为 2 类：由遗传得来的**先天行为**或**本能**（instinct）和随实践经验积累而发展的**学习行为**（learned behaviour）。本能取决于动物本身的基因构成，然而学习行为则在动物的一生中都可能通过训练而获得。

先天行为和学习行为的区别列于右面的表格中。

先天行为
遗传获得
不随环境改变而变化
具有稳定性
一个物种中所有成员都相同
学习行为
不能遗传
随环境改变
快速适应新环境
同一物种之间有差异

▶ 先天行为

动物从它们的父母那里遗传了某种行为模式。有许多例子显示动物在没有任何先前经验的时候，表现出来了这种先天行为。

一只刚从蛋中孵化出来的饥饿银鸥雏鸟，会啄食它父母的喙的尖端。这会使父母反刍半消化食物来喂食雏鸟。

进一步观察显示，幼鸟直接啄食的是父母黄喙上的红点。

科学家运用了一组模型来研究这个本能行为。

当给刚孵化的雏鸟呈现一个带有红点的鸟喙模型时，它啄击的次数是它啄击一个纯黄色鸟喙模型次数的 3 倍。

那么，银鸥雏鸟啄双亲黄喙上红点的先天行为，对它们有什么用处呢?

这意味着它能立即从双亲那里获得食物。雏鸟不必浪费时间来学习如何获得这些食物。

许多鸟类，例如鸣禽中的黑顶莺，可以凭借本能，由德国迁徙到地中海越冬。

另一方面，大雁以族群的方式迁移到越冬地区。这样，幼鸟跟随父母学习寻找适于越冬的地方。

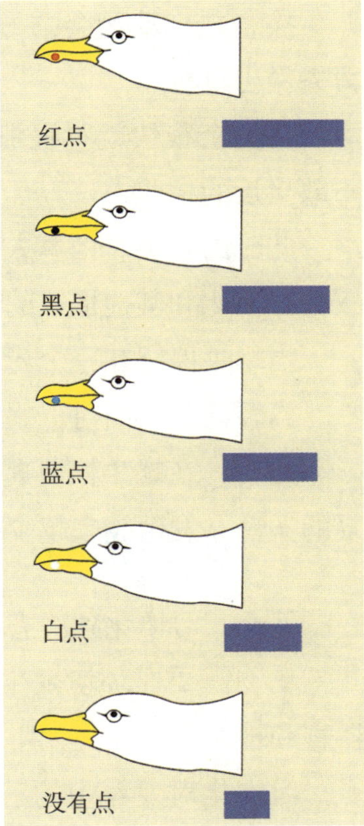

图中结果以条形的长度来表示银鸥雏鸟在 30 s 内啄击不同模型的次数

▶ 学习行为

学习是指通过实践经验引起行为的改变。

蜜蜂能学会寻找产蜜最多的花来采蜜。

刚刚孵出三天的雏鸡就能学会啄食地上的食物而不是石子。

总之，动物的大脑容量越大，学习能力越强。

人类拥有很强的学习能力是因为其构造精良的大脑半球。（见第 111 页）

动物学习的目的：

- 躲避捕食者；
- 寻找食物；
- 寻找适合的配偶；
- 躲避有害的生存环境；
- 识别群体中的个体；
- 寻找回栖息地的路径。

习惯化

习惯化是一种最简单的学习行为。

动物受到未经强化的重复刺激（奖励或惩罚）时，其反应会减弱。

换言之，动物会“习惯”于这些重复的刺激，而学会**不再去做出反应**。

鸟类会很快就忽视那些在稻田里第一次看见时吓得它们不敢接近的稻草人。

此时的鸟类对稻草人已经**习惯**了。

习惯化和其他形式的学习行为不同，是因为在此过程中反应会减弱，甚至**消失**。

当蜗牛停留在一个光滑的表面上时，其头部会从壳里出来，并伸出触角。

当轻敲此表面时，蜗牛会收回触角并缩回壳中。

然后，在蜗牛恢复爬行前，随着敲击的持续，蜗牛缩进壳中的时间会缩短。蜗牛对重复的振动，发生越来越少的反应。

那么，习惯化到底有什么作用呢？

动物需要在环境发生改变时作出反应。习惯化使得感觉器官和神经系统免受无用信息的干扰。

习惯化对发育中的动物幼体具有特别重要的作用，因为它们必须学会不对周围的无害刺激作出反应。它们必须学会忽略由风引起的各种响动，否则神经系统会经常发出“错误警告”。

花园蜗牛的“习惯化”

▷ 条件作用

条件作用（conditioning）是另一种学习行为。

如果之前发生过很多次，动物就可以察觉这个刺激，并且预测出要发生的事情。

我们喂养的动物可以很快地找到食物的位置。开罐头的声音能吸引猫和狗跑到厨房，这是因为它们学会了将开启罐头的声音和食物**联系**在一起。

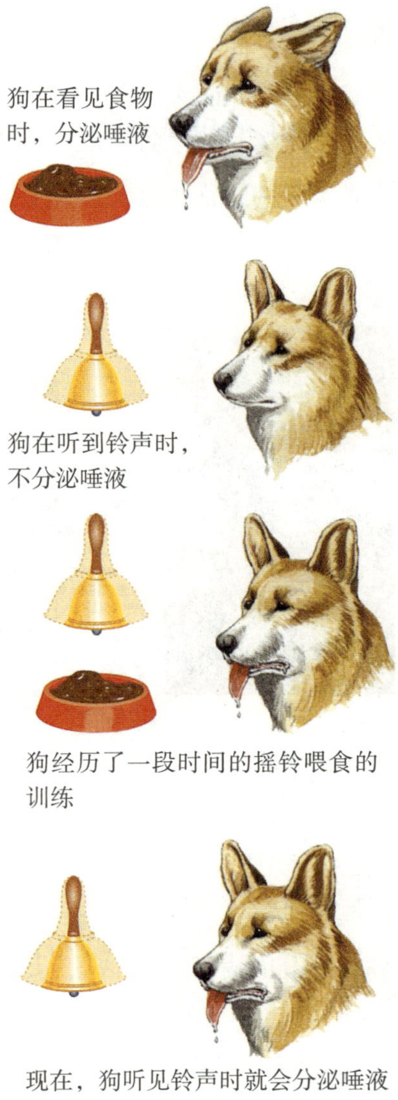

狗的条件反射

来源：改编自《生物学导论》

条件反射

俄国生理学家巴甫洛夫，是第一个利用实验来研究条件作用的人。他研究了狗看见食物时分泌唾液的情况。通过一根与狗唾液腺管相连接的试管，可以收集和测量唾液分泌的总量。

巴甫洛夫在给狗喂食之前会摇铃。最开始铃声的中性刺激并没有使狗流唾液。然而，随着实验次数的增加，狗听见铃声后，还没有看见食物前，就会分泌唾液。

狗学会了将铃声与食物联系起来。

巴甫洛夫把这种用一种新刺激（听见铃声）代替经常性刺激（食物）而产生的学习行为，称作**条件反射**。

这种类型的学习就是著名的**经典条件作用**。

操作性条件作用

伯尔赫斯·斯金纳发明了**斯金纳箱**。

他用这个箱子训练小鼠和鸽子按压杠杆，动物能获得一个食物丸的奖励。最初，动物会在无意中触碰到杠杆，但很快动物就把杠杆的下压和食物奖励联系起来。

这就是**操作性条件作用**，因为动物通过操作（某种行为）而获得了某些奖励。食物的奖励会让动物更多地按压杠杆，食物对这种行为进行了**强化**。这种条件作用的例子有很多。

工作犬的训练通常是建立在其先天行为基础上的。英国史宾格犬和拉布拉多犬的先天行为中有一种追捕和取回兔子和鸟类的能力。

通过奖励的方式，人们可以训练它们的嗅觉用来搜索藏在毛绒玩具中的很少量的海洛因和可卡因之类的毒品。

相似地，操作性条件反射技术还可以用来训练牧羊犬、导盲犬和搜救犬。

父母也可以用食物和零花钱来奖励孩子的良好行为。

成年人也会通过电视广告中的正面印象，如吸引人的外表、成功和智慧等，建立起操作性条件反射。

交流

如果一个物种要生存和繁衍下去，个体之间的交流是至关重要的。

通过交流，动物能避御捕食者，寻找食物（通过狩猎和觅食），维持社会关系和吸引配偶。信息通过声音、视觉信号和化学物质等刺激在动物之间传递。

两个体之间的交流包括以下方面：

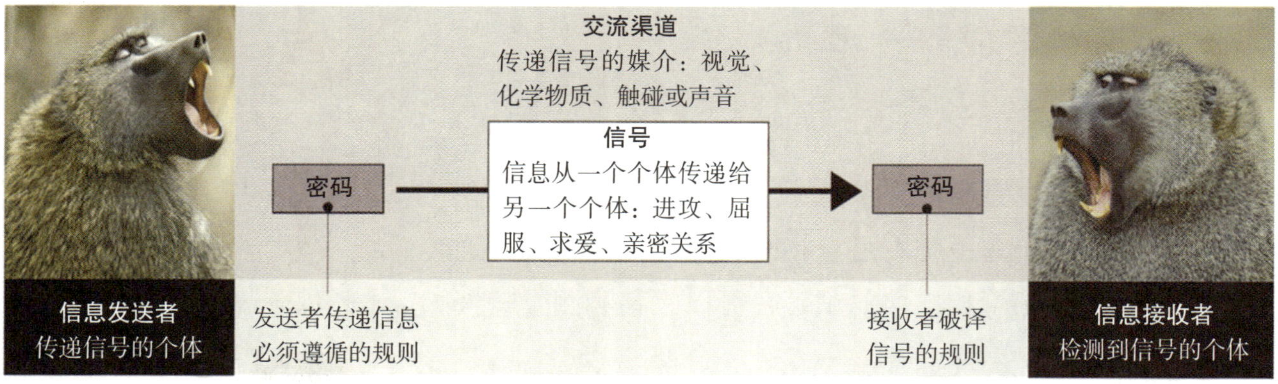

声音

可以用于较宽区域内的交流。鸟类不仅运用鸣叫来保持竞争的领地，也通过鸟鸣来吸引配偶。海洋中的长须鲸可以在海洋中将信息传播至几千千米以外。哺乳动物的鸣叫不仅有吸引配偶的作用，还可以与族群中的其他成员保持联系，也可以警告竞争对手走开。

视觉信号

许多动物通过它们的外表、姿势和身体语言，向同种间的其他成员传递信息。通过视觉的呈现，它们可以传递威胁的信号，表示屈服，吸引配偶，甚至成为一个群体的统治者。

雄孔雀的视觉吸引

化学物质

信息素是一种可以释放到环境中的激素物质，用于同物种间个体的交流。

蜜蜂和蚂蚁在受到攻击时释放警报信息素。这种信息素能刺激同类的其他昆虫围攻入侵者。蛾（或许人类也是）释放一种化学物质来吸引异性。雌蛾会在空气中释放微量的性引诱信息素。雄蛾巨大的触角对这种信息素极为敏感，雄蛾在几千米外就可以准确定位配偶的位置。

化妆品公司可能会宣称在其产品中创造了类似的特性，但是它们不可能会那么有效。

雄性舞毒蛾的巨大触角

▶ 更多的视觉信号

大多数哺乳动物能够通过面部表情和身体语言来传递它们的意图。

人、猴子和猩猩可以运用许多不同的手势和面部表情来向同伴传递信息。

发达的面部肌肉为表达丰富的表情提供了条件，因此我们能在黑猩猩脸上看到不同表情。

面部表情具有物种特异性，也许一种姿势或者表情在一个物种中表示恐吓，但是在另一个物种看来，它表达的意思可能完全不同。

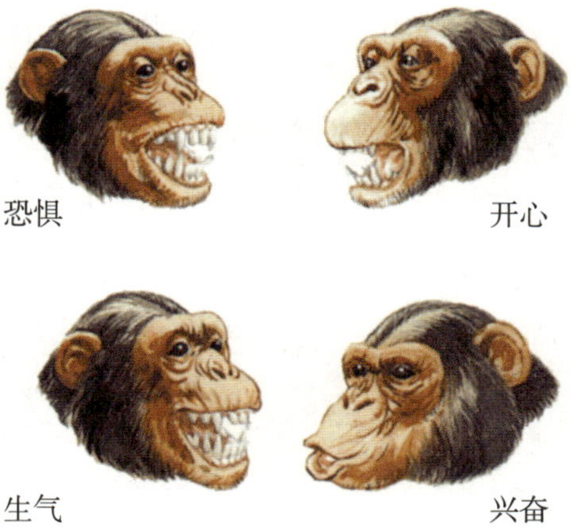

动物可以通过观察同种的其他个体的反应来学习面部表情和身体姿势表达的意思。

威胁和妥协的表现常常发生在领地的边界上。一头占主导地位的雄性狼会通过恐吓的行为来保护自己的领地；从属地位的雄性狼则会表现出屈服的行为。2 种类型的行为都会使用身体的姿势和面部的表情。表现出这些行为的好处是可以避免身体的冲突和可能对双方产生的伤害。

人类的非语言交流包括姿势、手势和面部表情，它们都相当地复杂，并且变化细微。

我们很快学会了运用面部肌肉来表明愤怒、好奇、愉悦、同意、害怕之类的感情。

来看一看你是否能从照片旁边的 3 句话中选出对应人物可能想表达的想法：

“东西吃完了。”
“那很好。”
“我不知道现在该做什么。”

“不好意思久等了。”
“滚开！”
“见到你太开心了！”

许多非语言交流并不都是有意识的。

男性和女性都被记录到，在肯定一个事物的时候，他们眼睛的瞳孔会下意识地放大。这也许就是人们喜欢瞳孔看起来较大的人的照片的原因。

人类已经发展出了一套非常复杂的交流方式。我们可以告诉别人曾发生过的事件，例如，一个退伍的老兵可以将他们的经历叙述给年轻的学生。人们明显地表达自己的情感——比较一下进球后双方球迷表达出来的截然不同的愉悦和失望的反应。

既然人类能意识到自己行为的后果，人比其他动物具有更多的自我意识。

这张图中的面部表情和身体语言表达了什么

▶ 取食行为

根据食物的类型，动物表现出不同的取食行为。

这只黑猩猩已经学会用一根棍子从蚁丘上取食昆虫

食草动物的取食行为

你尝试过在夏日一个晴朗的下午咀嚼一根青草吗？

但是，如果要依靠这些青草来生存会怎么样？

恐怕不行，青草不能为我们提供足够的蛋白质。

你也许注意到，牛和羊把一生中大量的时间用在吃草上。这是因为如果它们要获得身体需要的营养供应（特别是组成蛋白质的氨基酸，而蛋白质产生新的生物量），它们就需要食用更多的草。

在野生动物界，如瞪羚和牛羚等大型食草动物以群体的形式觅食。它们这样做，可以在群体中得到保护。这种方式已被证明是一种很成功的进化策略，尽管这个群体中的部分成员会死亡，但是大多数能存活下来。以群体形式生活的大型食草动物（如羚羊）为了寻找新的觅食地，必须不停地迁移。它们也进化出了躲避捕食者的有效方法：

- 尖角和蹄可以抵御攻击；
- 发达的四肢可以逃避捕食者的追捕；
- 伪装可以避免被捕食者看见；
- 眼睛长在头部的两侧，可以获得一个开阔的视野。

（请阅读第 293 页关于避免被捕食的其他适应性特征。）

一个反捕食联盟

食肉动物的取食行为

与食草动物不同，食肉动物花费很少的时间来进食，这是因为它们食用了蛋白质丰富的食物。

一些食肉动物（如老虎），单个个体捕猎作用很高。像老虎这样的优秀捕食者，具有与抓捕猎物相适应的特征：

- 眼睛长在头部前端，可以判断猎物的大小与距离；
- 尖锐的牙齿和爪子，可以捕获和杀死猎物；
- 在以较快速度攻击猎物之前，可以保持伪装，防止被察觉。

尽管有这些适应特征，老虎还是需要为获得食物而用尽全力。它们每成功捕杀一只野生猎物，可能会失败 20 ～ 30 次。

一些如鬣狗之类的捕食者，聚群猎食。它们合作捕获猎物，再一起分享。

聚群的猎食方式让捕食者可以抓住并击倒大型猎物，由此可以获得更多的食物。（请阅读第 292 页关于其他成功捕食者的适应性特征。）

一群在捕食的鬣狗

▶ 繁殖行为

许多物种的行为，其目的就是能得到成功繁衍后代的机会。这些行为包括求偶行为，目的就是吸引一个合适伴侣。其他的繁殖行为还包括判断如何接受这个伴侣，捍卫已经选择好的配偶，并且击败其他的求爱者，养育后代。

求偶行为

求偶行为是一种旨在吸引配偶的行为。求偶行为使动物能够：

- 接近彼此；
- 辨认同类；
- 选择健康强壮的配偶；
- 与繁殖行为同步。

求偶行为能让雌性和雄性进入彼此的个体空间，而不发生攻击。

许多动物在每个繁殖期寻找新的配偶，但是天鹅、大雁和长臂猿一生只有一个伴侣。

其他的一些动物也许会在繁殖期有几个不同的配偶，如雉鸡、孔雀、马鹿和狒狒等。

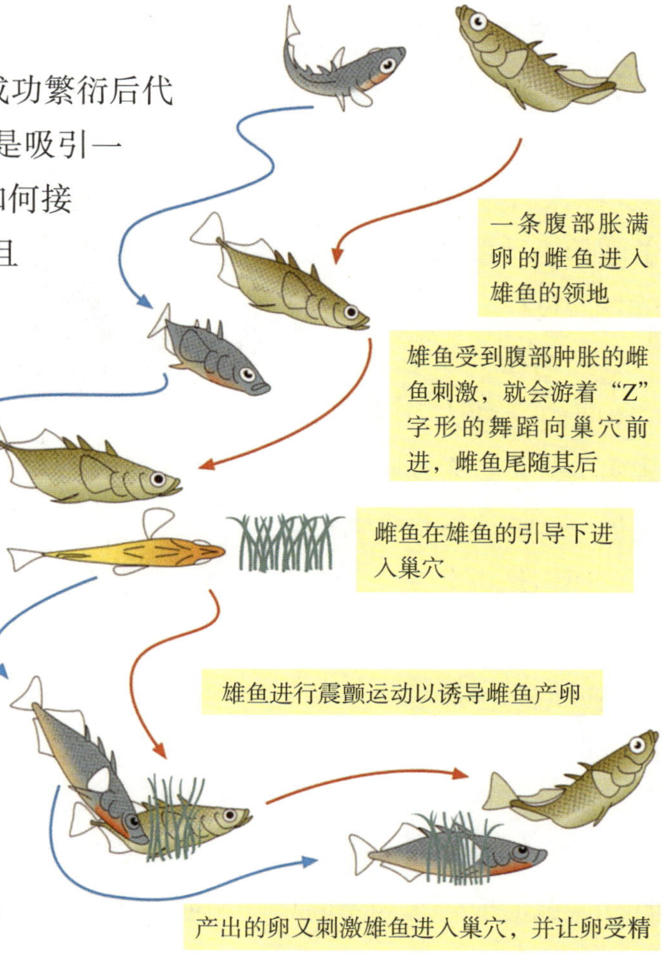

来源：改编自《本能的研究》，廷伯根（Tinbergen），牛津大学出版社，1951.

求偶行为通常有一定的模式，并且有仪式性，目的就是减少与可能的配偶之间的斗争。雄性向雌性提供礼物的现象普遍存在于许多鸟类中，例如凤头鸊鷉由雄性向雌性提供食物或筑巢。

雌性趋向于选择有醒目外表的雄性，如雄海象一般拥有庞大的身体，雄马鹿有大的鹿角，雄性三刺鱼有红色腹部，这些特征就是最好的例子。

亲代抚育

许多鸟类中的雄鸟，会协助伴侣收集足够的食物，为生蛋做准备。筑巢、繁殖和喂养一只云雀，加起来大约需要 6 周时间，所以父母的合作至关重要。

相反，许多无脊椎动物的后代，没有任何**亲代的抚育**（parental care）。

那些表现出更多亲代的抚育行为的物种，趋向于生育更少的后代，而且在幼仔出生后，为其提供大量的照顾。

哺乳动物为其幼仔提供了周到的照顾，包括用富含营养的乳汁哺育幼崽。

幼年的哺乳动物与其他动物相比，需要照顾的时间更长。

作为一个成功的进化策略，父母的照顾起到了很好的作用。

对父母而言，这也许会带来被捕食的危险，但是这为父母基因的延续提供了更多的可能。

人类的出现

人类（智人）是巨猿中的一种，经历了从一个与倭黑猩猩（也称侏儒黑猩猩）有较近亲缘关系的小种群到具有复杂社会性的发展过程。

大约在150万年前，直立人（早期的一种人）主要以狩猎、采集为生，过着从一个地方迁移到另一个地方寻找食物的生活。

他们是机会主义的杂食动物，可以挖掘如根、块茎等埋在地下的食物，也可以通过捕杀寻找到肉食。

他们可以制造工具来弥补不具备尖牙利爪的缺陷，也因此具有了与其他捕食者和拓荒者一样的能力。

直立人也是最早发现并使用火来煮熟食物的原始人类。煮熟的食物更容易食用且更利于消化。这对人类个体来说，意味着花更少的时间从食物中获得更多的营养和能量。这样，直立人就能应付大脑不断增加的能量需求。顺便说一下，直立人的大脑大约是现代人大脑尺寸的2/3。

大约在4万年前，突然出现了洞穴壁画、雕刻、珠子和用骨头制成的工具，这些是标志着原始人类向智人转化的重要特征之一。

一个洞穴壁画展现捕猎者和猎物的场景

人类社会与猿和猴子有许多的相似之处。他们之间有亲缘关系，但人类个体表现出更强的优势性。

正如我们所见，人类在进行细微和准确的交流方面与其他灵长类有所不同。

我们也拥有出众的智慧和从他人那里学习的巨大能力。这全归功于我们大脑容量的增加大大超过了其他的灵长类动物。

在会议室中的行为

我们的许多行为不是由基因而是由社会决定的。我们通过学习养成了自己的行为处事方式。我们建立了复杂的社会，并且在住房、交通、教育、政治、农业、商业、能源供给和通信系统等方面极大地改变着我们的环境。

与其他动物有关的人类行为

狩猎者和采集者生活在家族式的小集体中，他们合作猎取肉类和收集植物类食物。

他们是游牧者，不在一个地方长期生活，为了寻找食物而迁移。他们使用了有效的狩猎武器，如长矛和弓，并且用棍棒和燧石之类的石头制作成箭头。

用燧石制成的箭头

据推测在大约 1 万年前，在中东的人类开始收获野生小麦和其他的粮食作物。他们在几周内，就能收集一整年的粮食贮备。

有了这些粮食贮备，就意味着他们不需要再为寻找食物而四处迁移了。人类开始生活在小范围的固定区域内。

人类最初的狩猎者开始驯养像狗和猛禽等动物，来帮助他们捕猎。他们开始发展农业和动物圈养，例如羊和牛能为人类提供持续和可靠的食物来源。

人类开始开发动物的其他用途，用来作为衣服的原材料和其他家用材料的来源，如用羊毛做成毛线，用牛皮制成皮革等。

人类也把动物用作为一种娱乐的资源，比如赛马、赛狗、捕猎和钓鱼。

动物也被送去了马戏团和动物园，尽管动物园和野生公园对动物也有很重要的保护作用。像猫狗这样的动物也可以给不同年龄的人提供陪伴。

人们开始争论在动物使用方面的伦理道德问题，尤其在用动物做药物测试和临床治疗的方面。

一些人认为，动物应该享有与人类相当的或一样的权利，但是另一些人认为那些想法是站不住脚的。

把在其他动物身上观察到的行为，理解为具有人类的特征，本身就是一个错误。这就是**拟人论**。

但是，认为人类和其他动物在行为上毫无共通之处，同样也是一个错误。

……是人类最好的朋友？

小结

- 动物对各种不同刺激做出的反应叫做行为。
- 动物行为可分为先天行为和学习行为。
- 先天行为是从父母处遗传获得的。
- 学习是通过实践引起的一种行为的变化。
- 对先前会发生反应的刺激，学会不再作出反应的行为，称作习惯化。
- 条件作用是一种学习行为，它帮助动物把一件事与另一件事联系起来。条件作用需利用奖励或者惩罚来强化行为。
- 交流可以利用声音、信号和化学物质（信息素）等形式来进行。
- 哺乳动物可以通过面部表情和身体姿势来表达其意图。
- 食草动物通过吃很多食物来获得它们身体所需的营养，所以它们花了很多时间来取食。
- 食肉动物食用蛋白质丰富的食物，所以它们在取食上花的时间较少。
- 许多哺乳动物和鸟类会保护自己的领地。这有助于它们维持可靠的食物供给，吸引配偶，保护巢穴或者栖息地。
- 动物一般通过展示自己、唱歌、叫声、气味甚至打斗来保护自己的领地。
- 寻找合适的配偶会涉及求偶行为。
- 哺乳动物和鸟类都表现出了较高层次的亲代抚育行为。
- 人类是从一个小的家族发展成一个复杂社会的。
- 人类利用其他动物作为食物来源、服饰、娱乐和为人作伴等用途。

▷ 练习

1. 句子填空：

行为是动物对不同的 ________ 做出的 ________。先天行为是从父母处 ________ 得来。因为实践而造成的行为的改变称为 ________。不再对先前使之起反应的刺激做出反应的行为称为 ________。条件作用需要通过 ________ 或者惩罚来 ________ 这个行为。哺乳动物可以通过面部 ________ 和身体 ________ 来交流。一些哺乳动物保护 ________ 为了吸引一个 ________。哺乳动物和鸟类表现出了很强的 ________ 照顾行为。

2. （1）举出先天行为和学习行为之间的 3 个不同。

（2）举出先天行为的 2 个实例。

（3）举出学习行为的 2 个实例。

3. 生活在一个大的社会群体中，会有哪些优点和缺点？

4. （1）请解释少有或没有照顾子女行为的动物是如何加以弥补的。

（2）列举 2 种少有或没有照顾子女行为的动物。

（3）列举 2 种注重照顾子女的动物。

▷ 生物技术

1. 下图展示了一种用于商业制作酸奶的过程。

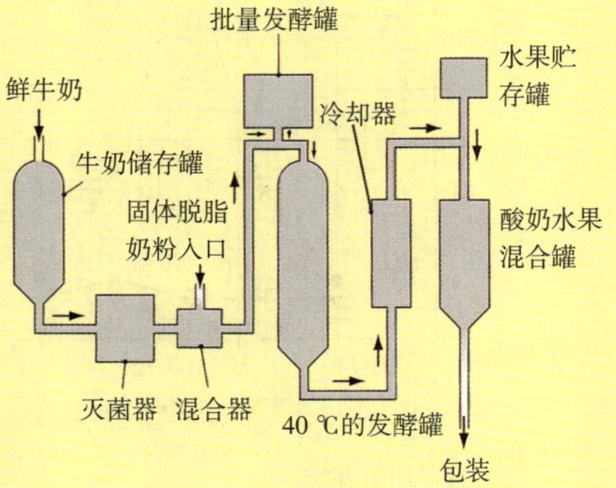

（1）① 请阐述此流程中新鲜牛奶是如何消毒的。

② 请解释为什么消毒新鲜牛奶很重要。

（2）在批量发酵罐中含有培养的细菌。请描述这些细菌对牛奶产生什么作用。

（3）请解释为什么发酵罐中的混合物要维持在 40 ℃。

（4）在冷却器中，酸奶要放在 4 ℃下冷却。试解释这样做的原因。

2. 下图展示了一个用来生产青霉素的生物消化器。

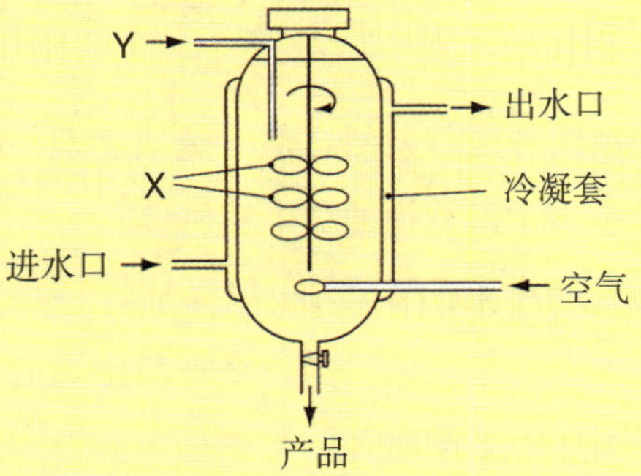

（1）X 的作用是什么？

（2）通过 Y 加入生物消化器的是什么？

（3）请解释为什么冷凝套很重要？

（4）请解释为什么空气要以气泡的方式穿过生物消化器？

3. 这张表格展示了牛奶 pH 在生产酸奶过程中的变化情况。

时间（min）	0	20	40	60	80	100
pH	6.8	6.1	5.6	5.2	5.0	4.9

（1）① 请在一张坐标纸上画出在 100 min 内牛奶 pH 变化的曲线图。

绘制出最佳曲线。

② 在第 50 min 时 pH 是多少？

（2）请解释：

① 曲线图中 pH 的变化；

② 为什么牛奶是液态的而酸奶是半固态的？

（3）用于生产酸奶的牛奶一般保持在 30 ℃。为什么这对高效的生产过程至关重要？

4. 沼气是一种很有用的能源。它能通过微生物进行生产。

下图展现了一个沼气发生器的设计。

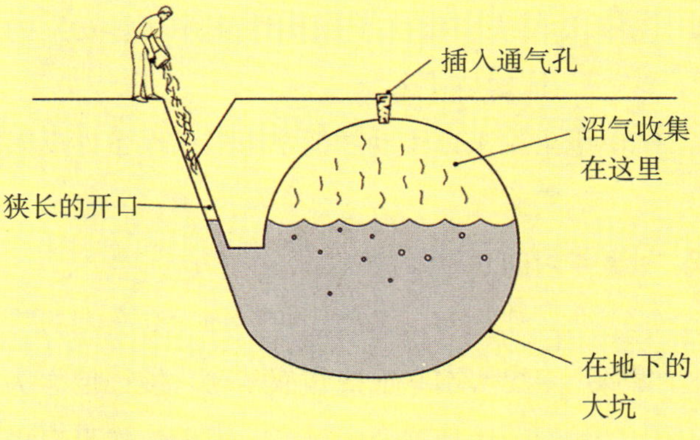

（1）列出 2 种可以被放进沼气发生器生产沼气的废弃材料。

（2）沼气中最主要的成分是什么？

（3）发生器的狭长开口有什么优点？

▷ 动物行为

1. 这张表给出了关于小鼠在迷宫中表现的信息。这个迷宫有几处T字接头，小鼠可右转也可左转。A组小鼠在它们完成迷宫的时候会被奖励一些食物，而B组完成迷宫后，则不会得到食物奖励。

天数（d）	平均转错的次数	
	小鼠A组	小鼠B组
1	9	10
2	8	9
3	7	10
4	8	9
5	6	9
6	5	10
7	4	9
8	2	8
9	1	9
10	1	10

（1）① 请利用数据画一个曲线图，表示2组小鼠每天在迷宫中平均转错的次数。

② 图表中表明小鼠能学习的证据是什么？

③ 图表中证明有操作性条件反射发生的证据是什么？

（2）举出用来训练动物的2个操作性条件反射的实例。

2.（1）**学习**的意思是什么？

（2）在二战期间，人们用每分钟100次响的铃声来提醒水兵前往作战基地。慢慢地，水兵们开始把这个信号与枪声和炸弹声响联系在了一起。15年后，退役的水兵和学生共同完成了下列研究。他们都听了一种铃声5遍。每一次，发出的铃声在1 min内的次数都不同。在每一个场景下，他们的心率都会被测量。结果如图所示。

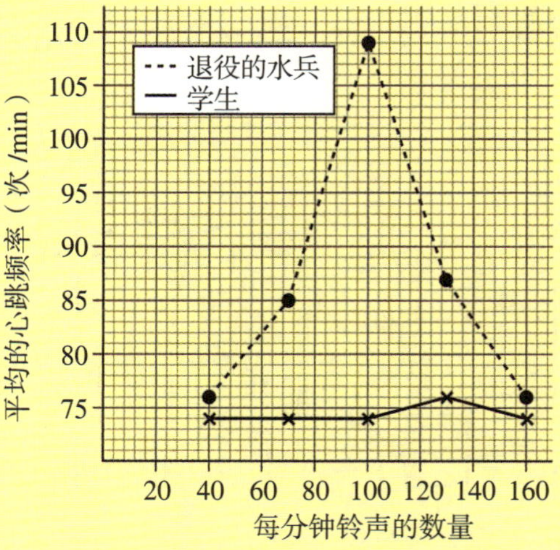

① 描述研究的结果。

② 怎样用**经典条件反射**理论解释退役水兵在铃响达100次 /min时的平均心率状况？

3. 几千年前，农民种植庄稼靠“刀耕火种”。

在一小块区域上，树林被烧毁，接着种上了庄稼。

在种植同种庄稼几年之后，这块土地的收益下跌了。

农场主接着又迁移至另一块森林。

（1）写出几年之后，为什么那块土地的收益会下降的2条理由。

（2）现代农民不用换土地就可以实现在同一块土地上的高产种植。

写出你认为的2个原因。

科学是怎样发挥作用的

▶ 为什么我们需要了解科学是怎样发挥作用的

科学帮我们塑造了今天的生活。

科学家运用证据解决问题，并创造现代的科学技术。这虽然给我们带来了许多益处，但也带来了很多问题，其中我们生活的环境被污染，就是一个主要被关注的话题——科学家在解决这类问题时也起到重要作用。

怎样让自己生活得更健康，我们必须自己做出决定。知道更多关于“科学是怎样发挥作用”的知识，会帮助你建立对许多重大问题的正确看法。包括你正确决定和安排自己的饮食、出行、工作和闲暇时间等。

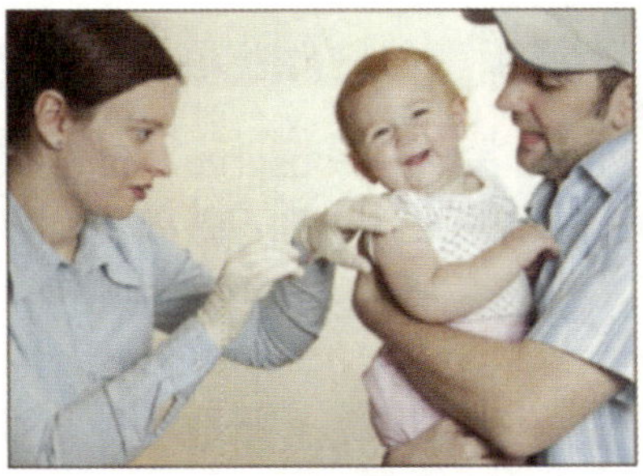

一些人抱怨麻风腮疫苗会使婴孩患上自闭症。但是，这个证据仅来自小样本事件的案例证据

你需要学会质疑证据，权衡利弊。比如：

- 你会让你的孩子注射麻疹、腮腺炎和风疹的联合疫苗吗？
- 你打算买一辆车吗？如果是，哪一种车对环境造成的污染会最小？
- 最近的报道中关于食品安全的恐慌问题会影响你的食品选择吗？
- 你会支持一个核能源扩张计划吗？

为了回答这些问题，你需要参考一些有用的证据。接着，你需要判断，这些证据是否是建立在“真实科学”的基础上了（你会发现一些人用伪科学的证据来证明科学问题）。

- 真实的科学要确保提供的数据证据是**可靠**和**有效**的。

可靠的证据具有重复性。如果你或者其他人收集了一些数据，这些数据与先前实验中的数据一样（或者大致相同），那么这些就是**可信赖**的数据。接着如果它确实测量到你想要测量的内容，那么，它就是有效的证据。

例子

你也许想知道工厂附近一条河流的污染状况。

首先，你需要一些足够灵敏的仪器来探测微量的变化，精确地得到可靠的证据。

接着，测量工厂下游的污染，为了保证数据的有效性，你还需要河流没有流经工厂前的数据。你还应该用数据记录器进行 24 h 监测，而不仅仅是做某个时间点的测量。

因此，科学家需要可靠和有效的证据来得出确定的结论。

观察

观察是真实世界和科学之间的桥梁。但是，观察也许并不如你所想的那么简单。

两个人在看同一个事件的时候，他们看到的是同样的东西吗？体育爱好者知道这可不是真的！

比如，人们会怎样看待一个养护得很好的篱笆？

作为一个非常愉悦的花园背景，有人认为它增加了隐私。

有人认为它阻挡了其他植物的风景。

- 你看到什么取决于你已经知道了什么。
- 你的先前知识也会影响你对事物的**分类**方式。

例子

给你 10 个保存完好的无脊椎动物标本。

你需要正确地为它们分类。

运用你已知的分类知识，你也许会运用一些关于分节现象、附肢的数目和是否有贝壳等特点，将它们分类归组。

- 你需要仔细地观察，来辨别某些特定变量在调查研究中是否重要。

例子

你正在研究淀粉酶分解淀粉作用有多高。在观察这个反应的时候，你可能会发现烧杯的大小不影响实验结果。然后，你可能会看见，用不同大小的土豆片得出的结果不同。所以你将会用同样大小的土豆片（保证相同的表面积与淀粉酶接触）——但是你可以使用不同体积的烧杯来做这个实验。

- 观察可以为新的研究提供起点。

例子

你得到一些精选过的叶子进行观察。

你注意到不同的叶子有不同的表面积。

这也许会引起你的一些疑问：

喜阴植物的叶表面积会比喜阳植物大吗？

测量

科学家在判断他们获得证据的可信度时，必须考虑应做什么样的测量，它们是否可靠（是否具有可重复性），是否有效（是否检测了你想要的）。

- 当你重复测量时，会有一些细微的差别出现。这是因为在测量变量的时候，要保证每次测量的条件完全一样是很困难的。

例子

你用一个注射器测量一个实验中释放的气体体积。

你重复这个实验，但是室内的温度可能有轻微的改变。

这都会影响收集到的气体体积。

如果温度升高，会对你测量的气体体积的读数有什么影响呢？

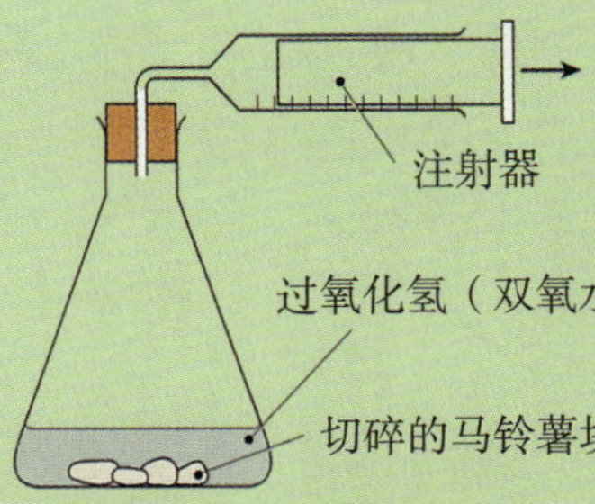

- 你也应该考虑测量仪器的**精确度**。精确度告诉我们你测量的数据与**真实数值**的差距。

例子

一个昂贵的 pH 计比起便宜的仪器来说，也许会提供更接近真值的读数。这也取决于你是否按照制造商的说明来使用或者保存 pH 计的探头。如果你没有按说明使用，读数会变得不可靠和无效。

越贵的 pH 计也会越**灵敏**。它会反映出 pH 上细微的变化。这在许多实验中也许无关紧要。但是在某些实验中，如酶活力的研究实验中却非常关键。

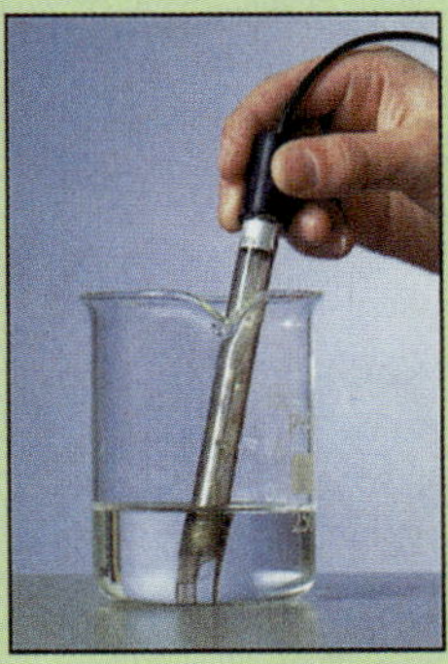

如果一种溶液的酸碱度（pH）在不同的实验室测出的结果都是一样的，我们称它为可重现的酸碱度（pH）。

- 一个测量仪器的**精密度**也很重要。一个精确的仪器会在相同条件下一次次得出相同的读数。

例子

你用天平 A 来测量单片树叶的重量。

反复测量 5 次。读数如下：2.51 g，2.54 g，2.51 g，2.52 g，2.53 g。

这个变化**范围**（在最高的读数和最低的读数之间的差距）就是 2.54－2.51=0.03 g。

你再用天平 B 重复称量同一叶片 5 次。得到：2.36 g，2.41 g，2.22 g，2.35 g，2.49 g。

那么这个变化范围就是 2.49－2.22=0.27 g。

由此得出，天平 A 有**更好的精密度**。它得到的读数组相对于天平 B，彼此间更接近。这个变化范围更小。

- 我们在测量过程中也有**人为误差**。

例子

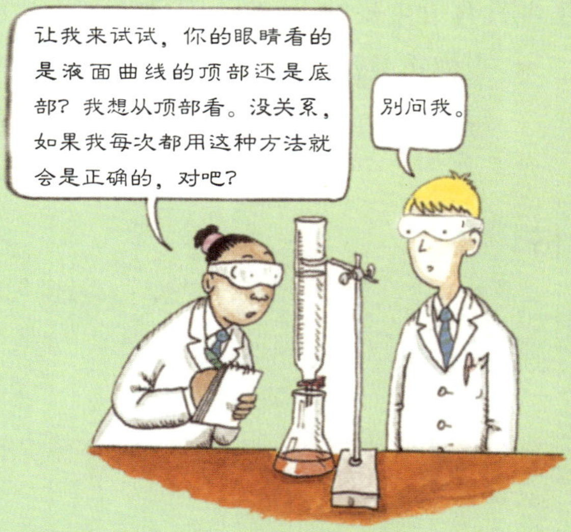

在第一幅漫画中，男同学很粗心。如果他重复自己的实验，其所有实验结果的数据可能都会随机分布。

在第二幅漫画中，他的同伴很仔细。但是她并没有正确地读出滴定管中的体积数。

她应该读取液体**弯月面**（在溶液表面的曲线）的底部。

所以她重复读取的数据一直都不正确。

那么，她的读数是偏高还是偏低呢？

- 在一些实验中，你需要多次测量，这在测量过程很复杂时显得尤其重要。**重复**测量的次数取决于你需要的准确度。

例子

你在研究一个反应的速度到底有多快。

在反应中，蛋白酶分解牛奶中的蛋白质时可以让蓝色染料褪色。所以你可以测量蓝色染料褪色的时间。

准确记录这个时间是很困难的，所以多次重复实验可以提高收集到数据的可信度。

你把重复记录的时间相加，并且除以重复的次数，这就是**平均**时间。

比起只做了一次实验，这个平均数据会**更加可靠**，你也可以更加相信这个结果。其他人在做这个相同实验时也会得到和你相似的结果。

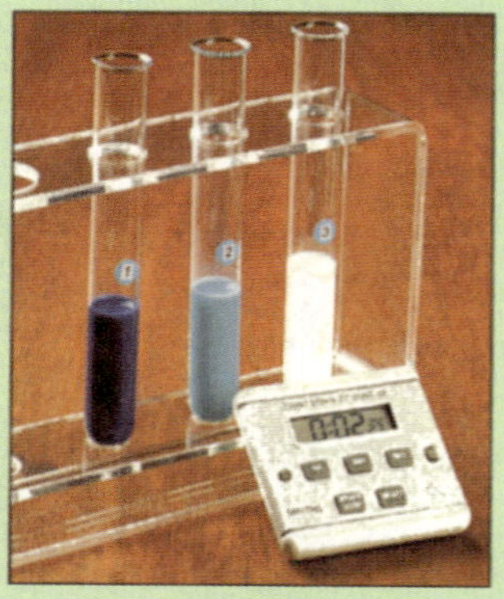

不同 pH 对蛋白酶作用的影响

- 你也许会得到一些**异常**的测量结果。这些测量结果与已经发现的正常规律不相符或是与其他重复实验结果有较大差异。

  如果你发现了这种异常的结果，试着去找出它发生的原因。

  如果是由于不准确的测量，你可以忽略它（就像上面的第一幅漫画）。

设计实验

回答某些科学问题的最佳方法是设计合理的实验。

例子

你在研究酵母粉和葡萄糖溶液之间的反应。

这个反应会产生二氧化碳气体。

你也许想研究这个问题：

“影响反应发生快慢的因素究竟是什么？”

你可以先列出那些有可能影响化学反应速率的因素：

例如温度、酵母粉浓度、葡萄糖溶液浓度、溶液的体积、pH 等。

你可以选择任意一个因素来开展研究。

假设你选择**反应温度**这个变量。它就是这个实验的**自变量**。

但是，你要怎么判断反应发生的快慢呢？

这里有一些可以用来判断的方法。

假设你想测量放出**一定体积的二氧化碳所需要的时间**，这时时间就成了**因变量**。

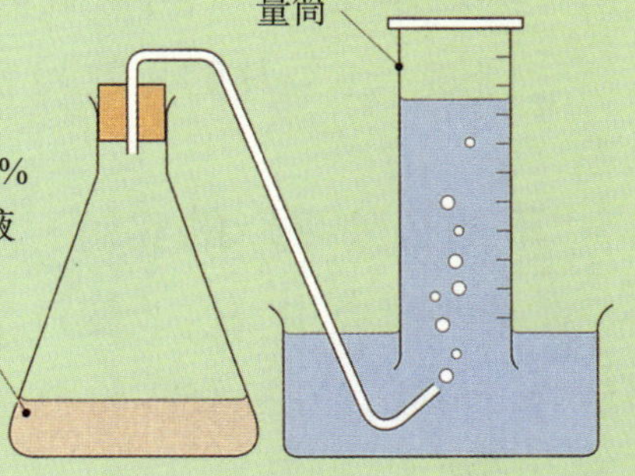

为了保证这是一个合理的实验，我们每次只能改变一个变量（就像这个例子中的反应温度）。

所以我们应该尽量保持其他变量每次都一样。这就叫做**控制变量**。这些变量包括酵母粉浓度、pH 和葡萄糖溶液的浓度和体积。

选择变量的值

你需要进行几次**预实验**来确定每次反应需要收集多少二氧化碳气体。预实验结果显示，在合理温度条件下收集 20 mL 的气体是合适的，需要的时间不太长也不太短。

你也可以选择实验温度的变化范围。比如，当你使用 20 ℃，30 ℃，40 ℃，50 ℃，60 ℃的温度变化范围时会比在 25 ℃，30 ℃，38 ℃，45 ℃，53 ℃的变化范围下产生更有用的实验数据。你认为原因是什么呢？

一个合适的范围是非常重要的

由 5 个不同温度得到的结果可以用于绘制一幅合适的线性图。这些温度需要有一定间隔，如果你的图上有任何异样的地方，你需要选择更多温度进行实验。你需要重复实验来检查这些异常的结果。这些数据可能会集中在图像发生变化的区域，例如线性图的坡度变得更陡峭或变得平缓的地方。

不同类型的变量

在前一页介绍的研究中，你看到了不同变量的名单。

我们可以把变量分成以下一些类型：

- **分类**变量：这些变量是我们可以用词汇来描述的。
  例子："糖的类型"，如葡萄糖。
- **有序**变量：我们可以按顺序排列的分类变量。
  例如：用"大片 / 中等片 / 小片"作为一种描述第 370 页实验中土豆片表面积的方法。
- **连续**变量：可以用任意数字来描述的变量，比如你测量获得的数值。
  例如："温度"或者"浓度"。
- **不连续**变量：只有整数值的变量。
  例如："土豆片的片数"。

"不那么公平"的实验！

在某些研究中一次改变一个变量，并保持其他变量不变，完成这个公平的测试，是很容易的。但是，在一些实验中控制所有的变量很难（或者根本不可能），例如化肥对植物生长影响的研究。

如果这个实验**在田地中**进行，像天气条件之类的因素都是你不能控制的。但是你需要保证，实验中所有植物都处于相同的气候条件下。

你也需要用大样本的植物进行实验。仅采用一株植物来进行施肥而另一株不施肥的研究是不好的。这可能会因为两株植物的基因不同而影响实验的结果。涉及生物体的实验，用大的**样本量**可以帮助你克服这个问题，建立起一个公平实验的体系。

数据质量评估

记住，你收集的数据必须可靠（见第 372 页）。你设计实验所获得的数据，必须能回答你提出的问题。

思考前一页的实验：

通过测试收集 20 mL 气体的时间是不是判断速度的有效方法？毕竟，随着反应的进行，葡萄糖溶液的浓度会降低啊！

展示你的数据

当你完成一个实验时，你能利用图表记录实验的数据。科学家们一般在设计表格时，会将自变量排在第一列（你刻意逐步改变的量）。

因变量（用来判断自变量变化的影响）排在第二列。

例如，你在完成如第 373 页的实验，为了体现温度的变化，这个表格的表头可以这样设计：

自变量： 温度（℃）	**因变量：** 收集 20 mL 气体所用时间（min）

如果你想在每个温度下重复你的实验以便得到更可靠的数据，你可以将第二列分开。

温度（℃）	**收集 20 mL 气体所用的时间（min）**			
	第 1 次	第 2 次	第 3 次	平均值

然后你可以画一个图来表示 2 个变量之间的联系。

横轴代表自变量。

纵轴代表因变量。

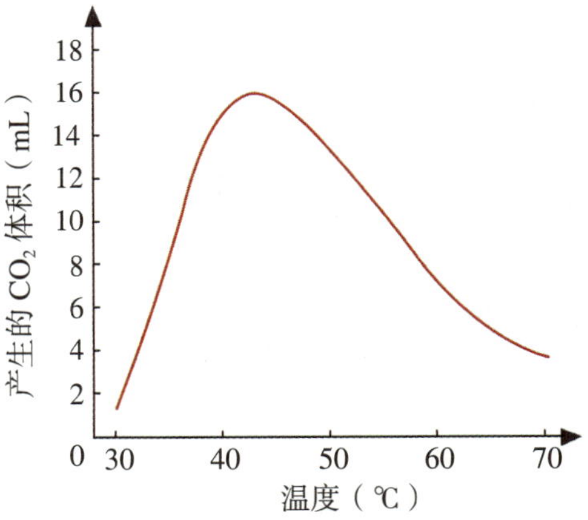

观察右边的曲线：

曲线图的形状取决于你研究的自变量类型（见第 374 页）。

如果这是一个连续变量——你可以用一个**线性图**来展示你的结果。

那是因为我们用数字来测量自变量。

你可以选择在 30 ℃，40 ℃，50 ℃，60 ℃，70 ℃下做实验。

当然，你还可以在它们中间加其他的温度。

这就是我们为什么可以把点连起来形成连续线条的原因。

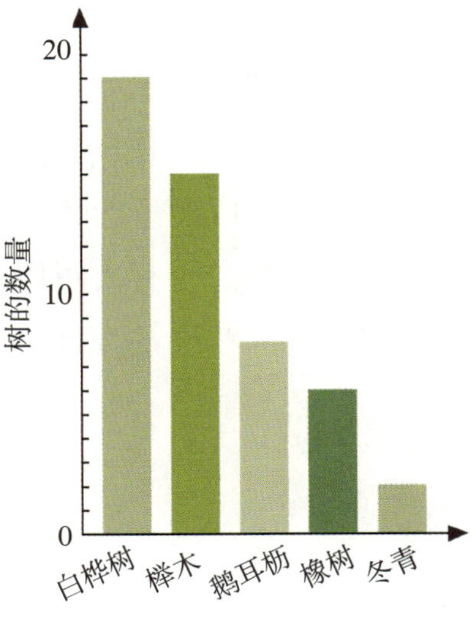

看一看这幅图：

如果这是一个分类变量——你可以用**柱形图**来展示你的结果。

那是因为在每个柱形图之间没有数值。（记住分类变量可以用语言来描述）

当然，因变量必然是连续的，否则我们就不能画出任何一种图形了。

在数据中确认模式

当你画好你的图形后，你可以看到 2 个变量之间的关系。

你可以在生物学中找到的图形如下：

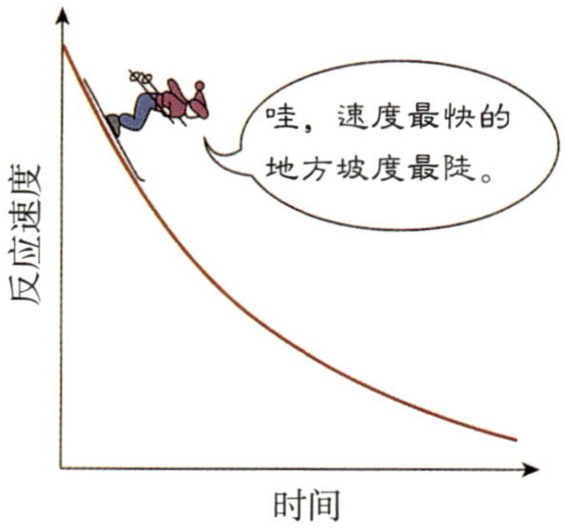

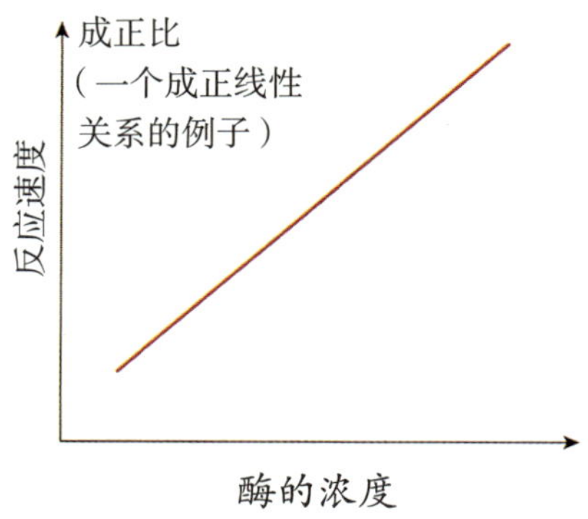

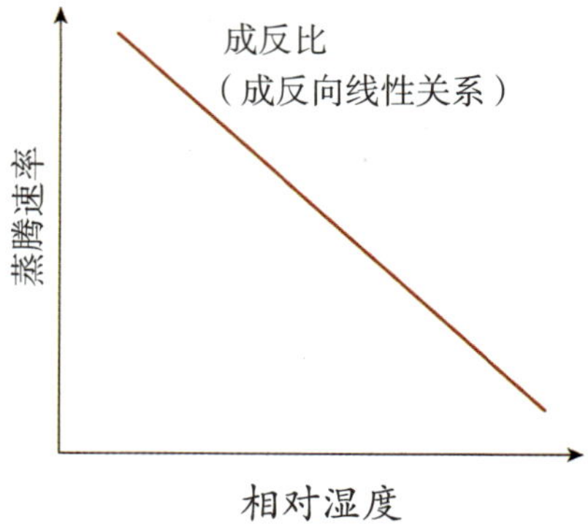

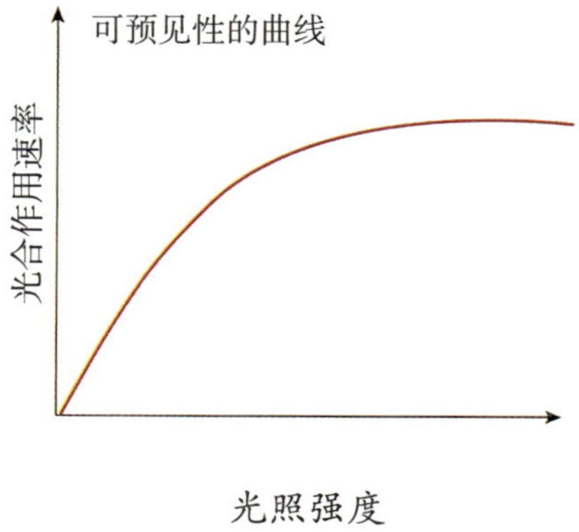

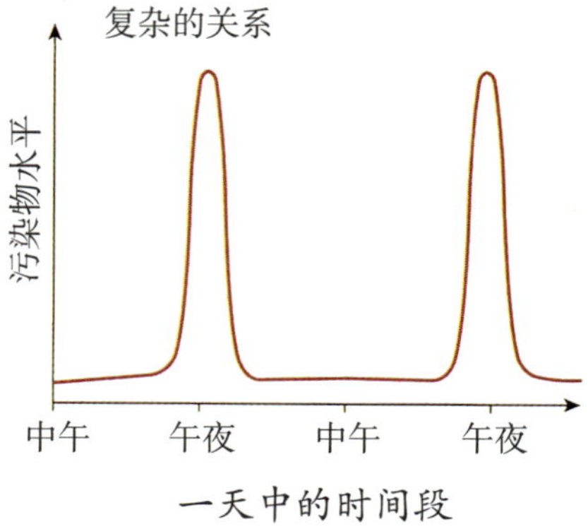

注意使用**最佳拟合线**来绘出“平均值”的曲线。你也可以用你所有的数据绘出展示多次重复实验的数据的变化范围的情况图。这展示了你数据的精确性和可靠性。重复数据之间变动范围越大，表明你数据的精确性越低。同时，人们得到与你相同数据的可能性越低。

评价整个实验

你应该考虑你实验测量的可靠性和有效性（见第 369 和第 372 页）。

你可以通过下列方式提高可靠性和有效性：

- 从间接渠道查找资料，比如互联网。
- 使用可替代的方法来检验你的结果。在反应过程中，你可以监测质量损失来获得关于反应速率的数据。然后根据不同浓度的初始速率数据来绘制曲线。
- 看看是否有人用你的方法，得到了和你一样的实验结果。
  你的结果是否具有可重复性？

证据受到的社会影响

一些科学研究引起了社会的广泛关注——不仅仅是在科学界。

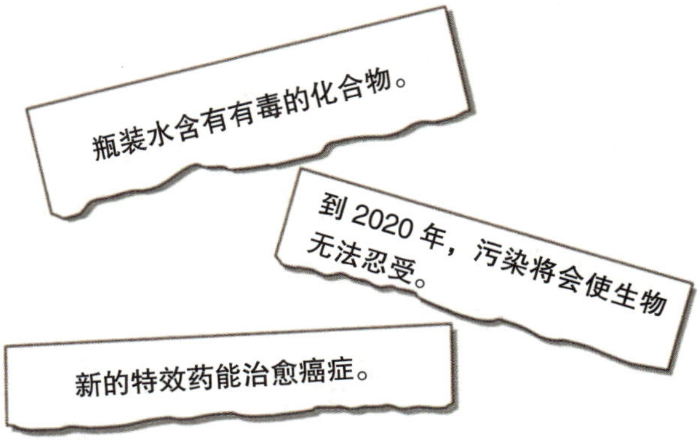

比如，一些关于以下内容的研究：

- 汽车和工业污染；
- 食品添加剂的安全性；
- 新材料的性能；
- 饮用水的纯度。

这些内容会影响到我们每一个人。不过，我们是怎样听到这些研究结果的呢？通常通过媒体——电视、广播、互联网和报纸。

那么，我们获得的新闻可靠性有多少？我们能相信这些吗？

小报消息有可能“上演”令人恐惧的故事。轰动效应的标题会提高报纸的销量。所以科学家经常会发现他们的研究在媒体中被歪曲报道了。危险性被夸大了或对产生危害的可能性讲的很少，甚至根本就不会被提及。

在另一方面，一个小规模的成功突破却会被报道成一个能改变世界的大发现！这些成了报纸的头条，却常是不可信的。

有许多因素影响了证据呈现给我们的方式。如果这些证据不能引起公众的兴趣，证据会“沉入水底”或者“埋”在了出版的杂志中。当研究者揭示的问题需要花费昂贵的代价才能纠正时，这些证据也会被忽视。

科学家的声誉也会影响人们对研究发现的关注度。比起不太出名的科学家，知名且杰出的科学家的观点更容易被接受。

当我们看到关于某个观点的证据时，我们应该考虑是否带有偏向。比如，是否我们知道谁给该研究投资了？如果一个食品公司公布关于染色剂是安全的数据，我们是否认为这些数据和政府的监督机构产生的数据一样可信？或者与一个独立的消费组织的结果相比呢？他们是否没带偏向？

在本部分我们看到的观点能帮助你用批判性的眼光思考证据。你也许想知道在实验中使用仪器的灵敏性和准确性。样本的容量也很重要。科学家是怎样选择实验地点的，他们对实验重复了多少次，这些都能影响我们对他们证据的信任程度。

这些示威者认为转基因作物会危害环境

▶ 练习

1. 句子填空：

（1）________ 的测量能测出最接近真实的数值。

（2）________ 的仪器能测量出变量细小的变化。

（3）提高数据的 ________ 性，可以通过重复测量来保证。

（4）那些与普遍模式不匹配的测量数据，会产生 ________ 的结果。

（5）为了使研究更 ________，你只能每次改变一个内容。

（6）能用词汇表述的变量被称作 ________ 变量。

（7）连续变量是每一个都能用 ________ 来描述的变量。

（8）使用一个大样本 ________ 能使你的结果更 ________。

2. 观察能帮助我们形成假设，作出预测。

一些毛虫有明亮的体色，这使它们能被捕食者如食虫鸟清楚地看到。同时，通过观察发现，潜在的捕食者通常会避开它们。这些毛虫常以群体方式出现。另一些毛虫则使用伪装来掩饰自己的外表。图中的这些毛虫很难与一根小树枝区分开来。这些毛虫常常被发现是单独生活的。

（1）用假设解释观察到的现象：一些毛虫有明亮颜色而在环境中凸显出来，而另一些却具有伪装，并且与周围的环境混合在一起。

（2）提出你的一种假设。

（3）基于你的假设，做出关于食虫鸟在面对毛虫时会有什么行为的预测。

（4）描述一个简单的研究来检验你的假设和预测。

3.（1）利用第 374 页的信息，对以下的例子用分类变量、有序变量、连续变量和不连续变量进行分类。

① 叶片的形状。　　② 碳酸钙团块。

③ 仔猪的数量。　　④ 鱼的长度。

（2）请解释为什么在生物学研究中，收集定量的数据会更好些？

（3）举一个不能用定量方式收集数据的例子。

4. 要求你设置一个不同化肥浓度对植物生长影响的研究。解释为了得到可靠结果，下列每一个步骤的重要性。

（1）选择一个较为合理的化肥浓度范围。

（2）控制像土壤类型这样的变量。

（3）选择合适的样本大小。

（4）重复你的实验。

5. 从一个混合型篱笆上收集洋地黄的果实，并进行长度测量（单位：mm），记录如下：

18	13	16	15	16	13	17	
14	18	14	16	15	16	19	
14	15	11	19	12	19	15	19
16	19	14	21	19	18	15	16
18	17	15	13	19	20	18	20
15	15	14	12	16	15	15	20
19	17	16	15	13	19	18	15

（1）用表格来展示每一种长度的频数。

（2）用数据绘制合适的图。

（3）哪些环境因素会对果实的长度范围产生影响？

怎样完成课程作业

学科作业评估或实验考核是很重要的。

它是学好科学课程的重要组成部分，同时也在GCSE 和 IGCSE 成绩中占有较大比例。做好这些作业是提高最终成绩的最好方法。

实验技能是重要的

评估作业的方法因考试委员会而异。下面针对这些考试做一个简短的小结。你的老师将会给你实验评价的详细内容。你也可以通过考试委员会的网址寻找你需要的细节。

不同的考试委员会通过百分率来记录对课程作业和实验的评估。他们可能使用不同的名称。

例如，下面 5 个考试委员会使用了“控制评估”。这就意味着，在你进行实验操作的时候，你的老师将会对你进行观察。

- AQA 普通中等教育证书（后面简称 GCSE）考试委员会：控制评估 =25%。
- Edexcel GCSE 考试委员会：控制评估 =25%。
- OCR GCSE 考试委员会：控制评估 =25%。
- WJEC GCSE 考试委员会：控制评估 =25%。
- CCEA GCSE 考试委员会：控制评估 =25%。

其他的（IGCSE）考试委员会使用了不同的方法：

- Edexcel IGCSE（国际普通中等教育证书）考试委员会有一个实验技能评估的笔试 =20%。
- Cambridge Cam IGCSE 考试委员会有 3 种供选方案:“课程作业”（由你的老师进行评价），或者一个“实验操作”，或者一个替代实际操作的笔试。这些供选方案中你只需做一个 =20%。

你的老师会给你更多的细节，或者你可以访问下列清单中的正确网址，这些网站有许多复习资料可以帮助你。

www. aqa.org.uk	www.wjec.co.uk
www.edexcel.com	www.rewardinglearning.org.uk（CCEA）
www.ocr.org.uk	www.cie.org.uk

▶ 帮助你完成实验工作

当你开始你的实验工作时，请使用以下列出的问题来帮助你。

计划

在收集证据前，思考如下问题：

- 解决这个特定的问题用什么方式最好？
- 怎样才能使你的实验尽可能地“**公平**”？
- 你能否确定自变量、因变量和控制**变量**？（请看第 373～374 页。）
- 你怎样保证实验的**安全性**？
- 你是否需要进行“**风险评估**”？
- 你能进行**预测**吗？如果可以，你能不能做出解释？
- 你将进行多少次观察或测量？
- 测量什么**范围**的数据才会得到合适的结果？
- 你是否需要重复结果，使它们更加**可靠**？
- 你会选择哪种仪器来帮你获得更精确的结果？
  你是否会使用数据记录设备来提高数据的精确度？
- 你是否使用了其他（**间接的**）信息资源来帮助你做出计划？
- 在开始实验前，你是否做了**预实验**来检查你的想法？
- 你怎样清楚和准确地**记录**你的结果？

发现规律，做出结论

在收集好实验结果后，思考下列问题：

- 你的结果适合用**柱状图**还是**线性图**表示？
- 你从结果中是否能找到**规律**？
- 有没有与一般的规律不相吻合的**异常结果**？
- 你得到的结果是否支持你的预测（如果你做了预测）？
- 你是否能利用在科学课程中学习的知识来**解释**你的结果？

评价

在你做出结论的时候，思考如下问题：

- 你是否能提出一些改进的措施？
  - 完成实验的方法；
  - 读取数据的精确性；
  - 实验结果的可靠性和有效性。
- 你的结果是否足够做出**明确的结论**？
  你有足够的证据支持你的结论吗？
  你怎样获得**进一步的证据**？

▶ 拓展习题

1. 感光胶片依靠一种蛋白质将化学感光剂固定在透明的塑料基片上，如图所示。

胰蛋白酶是一种可以消化蛋白质的酶，可以用来清除感光胶片的涂层，这样胶片就变得透明了。下表显示了 2 个学生研究 pH 对酶活性影响的结果。他们配置溶液，设置实验，并且记录了酶消化蛋白质使胶片变透明的时间。

pH	蛋白质被消化的时间（min）	
	学生 1	学生 2
2	12.0	14.0
4	8.0	9.0
6	2.0	3.0
8	0.5	1.0
10	8.0	9.0

（1）① 用**学生 2** 获得的结果，绘制一个合适的图形。

② 描述并解释 pH 对于酶活性的影响。

（2）① 解释两个学生的实验结果出现差异的原因。

② 如果是你来完成这个研究，描述你将采取哪些实验步骤来确保你的结果尽可能地可靠和有效。

2. 拉凯什有 3 种不同种的水生植物（A、B 和 C）。他完成了一项研究来找出这 3 种水生植物中哪一种的光合作用速率最快。

（1）他记录了每一种植物在 10 s 内所释放出来的气泡数量。下图呈现了他看到的情况。

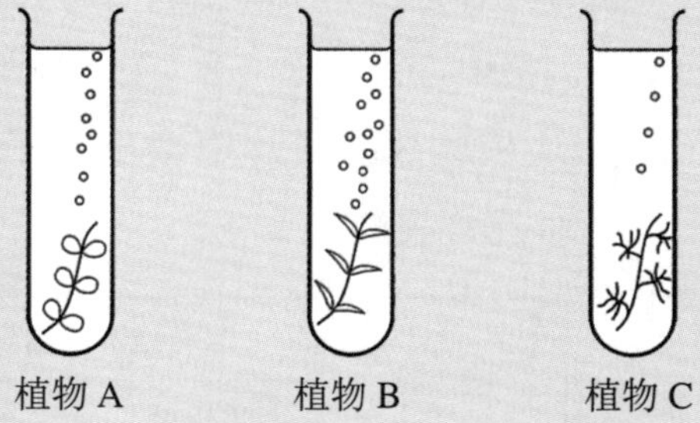

① 记录 10 s 内从每一株植物产生的气泡数量。完成下表中的记录。植物 A 的记录已经帮你完成了。

植　物	记　录	气泡的数量
A		8
B		
C		

② 在植物 A 中，每一个气泡的体积是 4 mm^3。计算出 1 min 内植物 A 释放氧气的体积，假设这个速度是不变的。列出你的算式。

（2）Rakesh 得出的结论是植物 B 的光合作用速率最快。解释为什么他得到的结论并不合理？

3. 一位园丁在他种植的 3 株豌豆上各收集了 25 粒种子。他注意到豌豆的种子有光滑的和皱缩的，结果如下图所示：

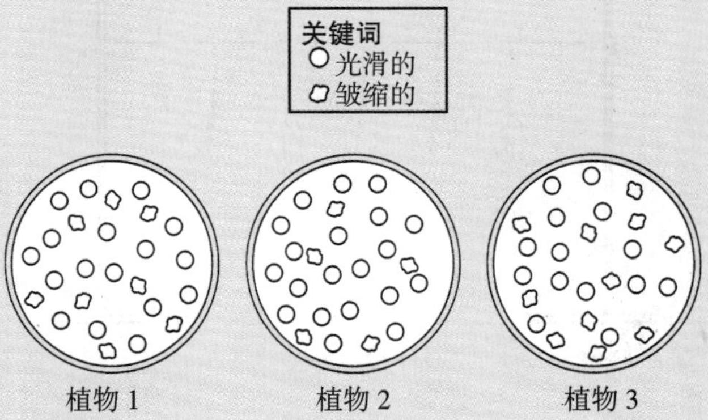

（1）他数了每一个植株中光滑和皱缩的种子数量，并且把植物 1 和植物 2 的数量记录在了表格中。

① 从植物 3 的图片中数出种子的数量，并完成表格。

植　物	种子的数量	
	光滑的	皱缩的
1	17	8
2	20	5
3		

② 用你得到的结果，绘制一个柱状图表示出每一个植株中每种类型的豌豆的数量。

（2）这位园丁认为种子的外形是由一个基因控制的。他将光滑种子萌发生长出的 2 个植株进行杂交，获得的种子中一些是光滑的，一些是皱缩的。请解释怎么会发生这种情况？

4. 凯伦为了完成 IGCSE 的课程作业，他想看看不同条件对植物叶片水分丢失速度的影响。

他决定测量在温暖的实验室放置 3 h 后叶片质量的变化。

他用了 5 片相同大小的叶子，测量每片叶子的质量之后，把它们悬挂在一根线上，如图所示。

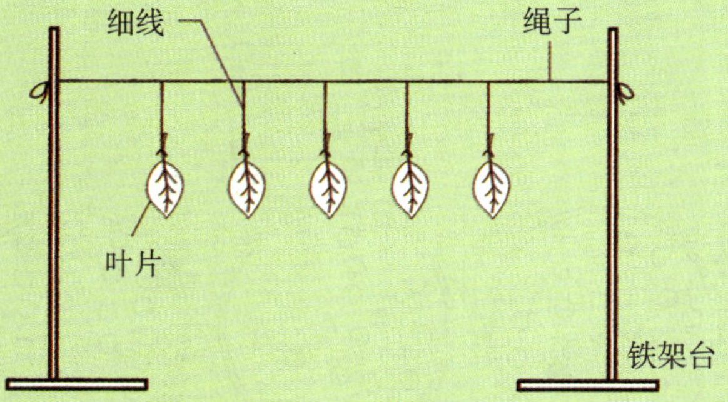

3 h 后，当他再次测量质量时，他发现所有的叶片质量都减少了。他再次用另外的 5 片树叶重复这个实验，但是这次他关闭了加热器，降低了房间的温度。

（1）凯伦会使用什么仪器来测量叶片的质量？

（2）为什么凯伦要选 5 片叶子，而不是 1 片来做实验。

（3）列出这个实验中凯伦应该控制的 2 个关键因素（变量），对你列出的每个因素，说说应该怎样进行控制。

（4）当房间的温度被降低后，请预测叶片质量会发生怎样的变化？说说你的理由。

（5）老师建议凯伦研究水分从叶片的上下表面散失的情况是否不同。描述凯伦应该怎样修改他的实验，来完成这个研究？

5. 艾莉森发现同一种植物，能同时在山丘向阳面和背阴面生长。她决定对山丘两边的这种植物进行种群大小的比较。她写下的实验计划如下：

我将到山丘向阳面的林地中，走到中间的位置，接着在土地上做一个 1 m^2 的样方，然后数出在这个样方中有多少株这样的植物。我再到山丘的另一边，用同样的方法进行实验。

（1）给出 2 条建议帮助艾莉森改进实验计划。

（2）当艾莉森计数植物数量的时候，她发现这种植物在山丘向阳面的样方中比背阴面的多。她还认为这些植物的大小看起来也不一样。她得出的结论是光照强度可能会影响植物的生长。

请说出你能在实验室完成的关于光照强度对植物生长影响的研究计划。在你的计划中需要包含实验的细节。

复习建议

1. 阅读在每章小结中整理出来的内容要点，接着再浏览每章中这些要点的更多细节，最后，再读一遍小结。
2. 遮盖住小结，通过每章后面的“句子填空”来检查自己对知识的掌握情况。
   记住在复习每一章时，在修订好正确答案的 10 min 内，**再读一遍**小结，接下来是 1 天后再读一遍小结，再接着是 1 周（就像第 385 页解释的那样）。坚持用这种方法学习本书中所有的章。
3. 就像阅读章和小结的那种方法一样，在一张纸上收集所有红色标记的句子和黄色框中的内容是很有用的。在这个阶段，你会发现来自支持包的核对清单和复习测验题很有用。
4. 当你准备复习这本书时，请按照下列步骤学习每一章。
   （1）尽量回答在“拓展习题”那里的问题。它们全部都是以往的 GCSE 考试题。根据你的选择类别，你的老师会告诉你哪些是最重要的。你可以在 www.biologyforyou.co.uk 的网址上确认你自己的考试类别。
   （2）如果考试出现多选题，请阅读第 387 页相关的评论。
5. 阅读第 386 页关于“考试技巧”的部分，并检查你考试的日期，是否在考试前有充足的时间完成复习？
6. 在考试前几周，在你的老师那里复印前几年的考试题。这些“过去的试卷”会帮助你知道：
   —— 你选择的考试类型的题型和时间分配。
   —— 试卷提问的方法和需要注意的细节之处。
   —— 哪些题目和问题是最常出现的？哪一类考题是适合你的？
   在做这些历年的试卷时，尽量**在指定的时间内**完成——就像你正在参加考试一样。
   如果有可能，请你的老师为你们宣读一些前几年试卷的批改报告。
   支持包里包含有一些以往的试题以及答题指导。它也包含了本书中在“拓展习题”中列出的过去考题的答案。

复习技巧

为什么你需要复习？

除非你进行复习，否则你不可能记住你学过的所有生物学知识。“复习”对于你所学的所有课程都非常重要，这样你才能回答考试的问题。

复习应该在什么样的环境中进行？

在一个有桌子和时钟的安静环境中（可以是卧室）。房间要让人感到舒适、温暖和明亮。

桌子上有一盏阅读灯能够帮助你专注于工作，并且减轻眼睛的疲劳。

什么时候复习？

在每天晚上的早些时候，在你的大脑感到疲倦前，开始复习。

怎样复习？

在你开始复习前，如果你没有规定完成的时间，你会发现你的学习效率越来越低。

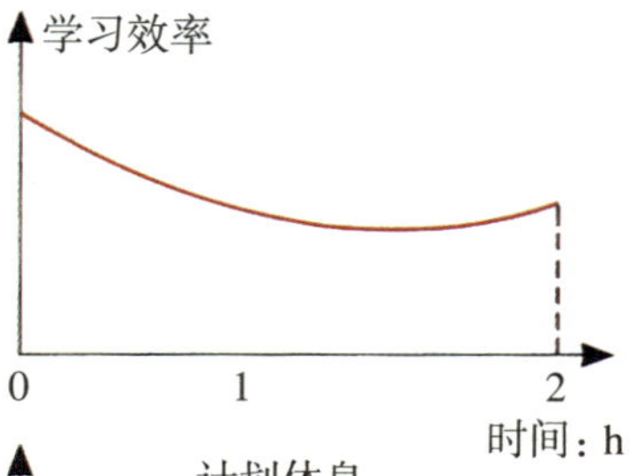

如果你坐下来复习时，告诉自己你必须在 2 h 后完成工作，那么你的学习效率会在一开始的时候下降，但是到**快要结束的时候又会升高**，这时你的大脑意识到这段学习时间要结束了（看右边的第一幅曲线图）。

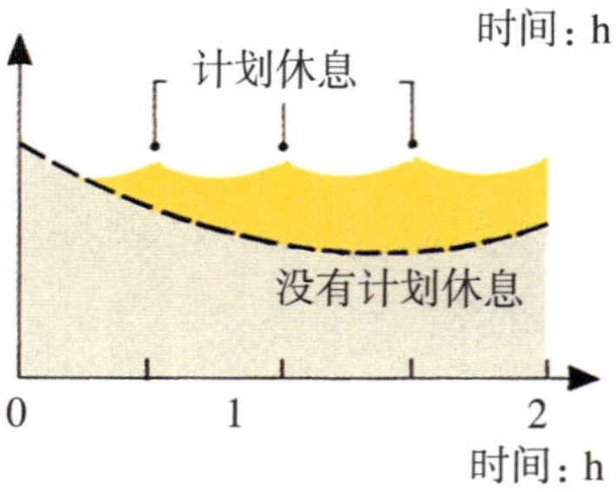

我们可以利用 U 型曲线来提高学习效率。比如我们把 2 h 划分为 4 个 25 min 的短时间段，时间段之间计划好有休息时间。休息时间**必须**提前计划好，这样在每个短的时间段结束前，曲线就会升高。右边第二幅曲线图中有颜色的区域，显示出你的收获。

例如：你在下午 6 点开始复习，你需要看看自己的时间，告诉自己，“我会学习到 6:25，接着就休息——不能早也不能晚”。

到了 6:25，你需要离开桌子，休息 10 min（也可以短一点），在 6:35 时回来，你需要对自己说“我会学习到 7:00，接着就休息——不能早也不能晚”。

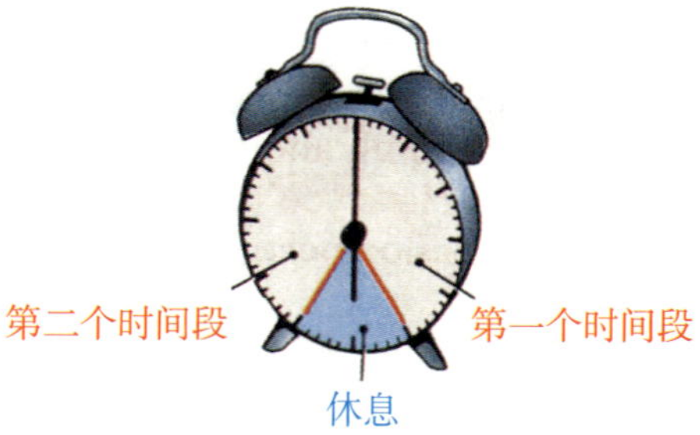

坚持用这种方法是非常有效的，而且可以减轻你的疲劳。

你复习到了更多的内容，而且减少了身体的疲劳。

你需要多久再复习一次？

这个图表显示了在你完成一次复习之后的不同时间段内，你能回忆的总信息量：

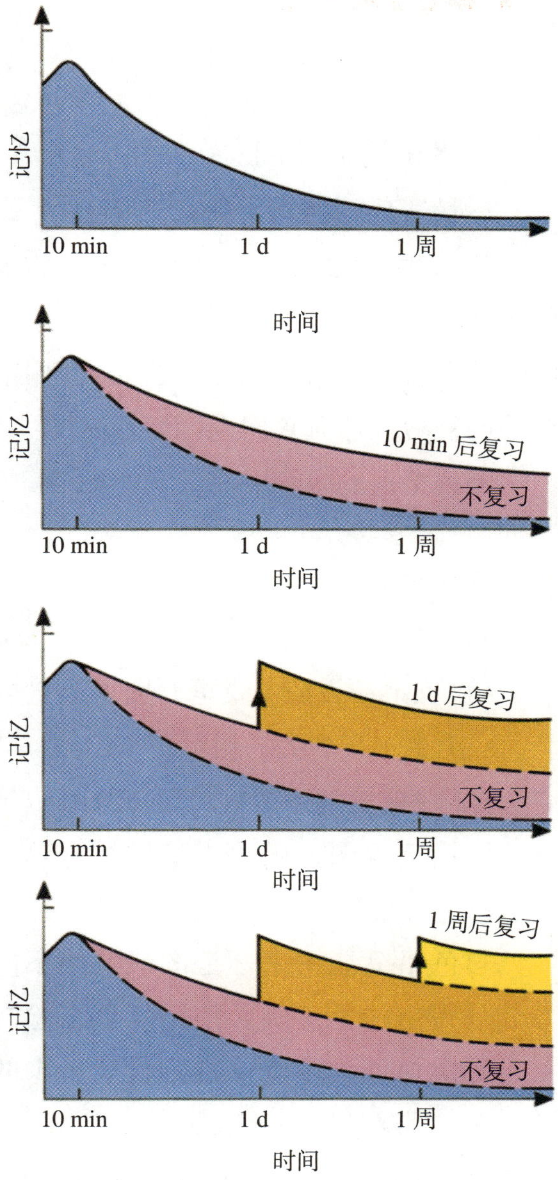

令人吃惊的是，在开始的时候，图形呈上升趋势。这是因为你的大脑还在整理你已经学习的信息。但在 1 d 之后，则呈现了迅速下降的趋势，可能你只能记住所学知识的 1/4 的量了。

这里有 2 个办法能增强你的记忆，使图形的曲线升高。

- 1. 如果能在**复习结束之后的 10 min** 之内，再次简要回顾同样的内容（也就是在图中高的点），那么这个图形下降的速度就会减缓。

这适合在有 10 min 间隙的 2 个复习时间段中完成。

利用前一页的例子，当你在 6:35 的时候返回到桌前，你需要做的第一件事就是简要**复习**你在 6:25 之前学习的内容。

在 **1 d 之后**进行复习，接着是 **1 周之后**，这个图形会再次上升。也就是说，在星期二的晚上你需要回顾星期一晚上学习的内容和上周二晚上的学习内容。这样这些知识就会非常牢固地整合在你的长期记忆中了。

- 2. 另一种提高记忆的方法是注意**理解**你所学习的全部内容。这会使所有图形的曲线升高。

如果你以机械记忆的方式学习（就像你记忆电话号码那样），那么所有的图形曲线都会下降。当你需要用心记住某些事实的时候，试着用夸张的、彩色的图把它们画在你的记忆中。

	星期一	星期二	星期三	星期四	星期五
生物学	第 3 章	第 4 章	p25～29		
化学	p24～29	第 5 章	p67		
物理	p36～42				
历史	第 3 章				

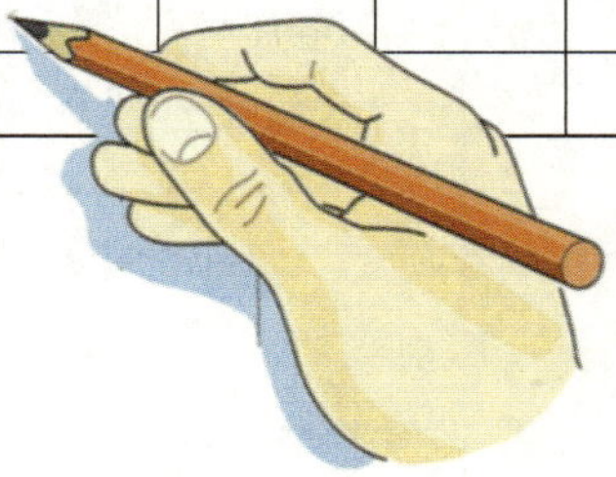

请牢记：**复习中最重要的一点就是要经常在合适的时间回顾以往的知识。**

考试技巧

在考试前的几周：

尽量完成一些“历年真题试卷”，这样你可以习惯试卷提问的方式和考试所需要的时间。

注意那些经常出现的主题，运用前面介绍的复习技巧对它们进行彻底的复习。

阅读黄框的内容以及每章的小结。

在考试前：

收拾好所有你需要的工具：

- 2 支笔，以防 1 支笔写完了。
- 至少 1 支削尖的铅笔用来绘图。
- 1 块橡皮和 1 把直尺用来绘图。

用铅笔绘图，用墨水笔进行标注，会让图看上去很漂亮。

彩色铅笔能用来标记图表，使不同的部分看得更清楚，例如使用红色来绘制含氧丰富的血液，用蓝色绘制含氧量少的血液；或者用绿色绘制叶绿体。

- 在考试时带一块手表来提醒自己。教室中的钟表有可能不容易看到。
- 一个计算器（配上新电池）。

如果你事先收集关于考试试卷的长度和出题风格等相关信息（所有科目都适用），将会对你有所帮助。

考试日期、时间和考试的教室	科目、试卷序号和级别	长度（考试时间）	问题的类型 —结构 —单个词的答案 —较长内容的答案 —短评	试卷划分为几个部分？	可以选择的细节（如果有）	每张卷子完成的时间（min）
6 月 3 日， 9:30 大教室	科学、试卷一（生物学）基础	1.5 h	结构化答案 （单个词的答案或较长内容的答案）	1	无选择	4 ~ 6 min

在考场上：

认真阅读写在试卷前面的内容，它能给你提供重要的信息。

回答“结构性”的问题：

- 认真阅读每一个问题前面的信息。确认你弄清楚了题目所问的问题以及答题要求。
- 利用手表计划答题的速度，保证你不会超时。如果你在最后还有剩余的时间，利用它来检查一遍答案是很明智的。

问题需要详细还是简略回答？

- 问题给你的线索：

  —需要给出简略回答的问题会使用“**陈述……**”或者“**列出……**”或者“**说出……的名称**”。

  —需要你作出详细回答的问题常会用“**解释……**”或者“**描述……**”或者“**为什么……**”。
- 看看每题的分值，通常都会在括号中给出，例如 [2]。这可以提示你阅卷者在意的答题要点数。
- 空格线的多少也能提示你回答问题的详略程度。
- 在计算题中，要列出每一个步骤。这样能使你获得解决问题时的步骤分，即便你最后的答案错了。
- 对每一个问题所涉及的各个方面，都尽量写出来。
- 不要因为你知道就进行解释，你只有恰当地解释了所问的问题才能获得这道题的分数。
- 按照答题要求回答，如果它问一个答案，你就给一个答案。有些时候你可能会列出一些供阅卷者选择的多个答案。如果你给出了比要求多的答案，一些错误的回答会抵消你正确的回答。

国家

考试委员会

科学：生物

基础等级

6 月 3 日

9:30 a.m

考试时间：1 小时 30 分钟

回答所有的问题。

在计算题中清楚地写出你得出答案的步骤，

可以使用计算器。

在材料右边的空白处写下姓名。

如果你的试卷包括“多选题”：

- 认真地阅读试卷要求。
- 如果是单独的答题纸，按照试卷指令标记答案，并且注意答案的标记顺序要与问题序号正确对应。
- 即使答案很明显，在决定选择前，你也需要看完所有的选项。
- 如果你不知道正确的答案，不得不猜测时，那么尽可能地排除错误的答案后再选择，以此提高得分的机会。
- 确保你对每道题都给出答案。

你的试卷与这个有何不同？

▶ 关键技能

当你开始学习科学或者生物学时，你需要学会使用一些在整个学习中都一直沿用的常用技能。

这些常用的学习技能是非常重要的，因为无论你将来从事什么学科的研究或者什么工作，你都能继续用到它们。

一种新证书的出现表明有关部门已经认识到这些技能有多重要，它就是**关键技能资格证书**。

它包含有 6 种关键的技能：

- **交流**；
- **数字应用**；
- **信息技术**（IT）；
- **与人合作**；
- **解决问题**；
- **提高自己的学习能力**。

“关键技能”在所有的工作中都是重要的

前 3 项技能，能通过考试和集中在一起的文档证据来进行评价。

根据右下角列出的资格标准，你就知道自己必须如何努力才能达到那些要求。

你目前的目标可能是达到 GCSE 的 2 级水平。

如果你向 2 级水平奋斗，你必须要符合 1 级水平的标准。

交流

这个技能对你的要求如下：

- **讨论能力**；
- **表达能力**；
- **阅读和总结信息**；
- **写含有证据的论文**。

在你课程结束的时候，你将具备这些能力。

完成课程作业会对你掌握这些能力有帮助。

请看下面的标准：

你必须要做的	具 体 表 现
对讨论的贡献	能做出清晰、切题的贡献；认真听取其他人的发言并做出反应；有助于讨论的推进
利用图像，进行简短的发言	语言清晰；所讲内容有结构；使用了图像来澄清自己的主要观点
阅读 2 个扩展的资料，并总结信息（至少包括 1 个图像）	选择和阅读相关的材料；准确地确定出主要观点和列出理由；总结符合自己目标的信息
写 2 种不同类型的文档（1 个作品应该是一个扩展的议论文，并至少包含 1 个图形）	用适当的形式呈现信息；使用的结构和风格与完成的任务相符合；确保你的文字清晰可辨，拼写、标点和语法正确，这样，你想表达的意思才是清楚的

数字应用

这个技能的要求如下：

- **获取和解释信息；**
- **进行计算；**
- **解释和呈现计算结果。**

你必须要做的	具体表现
解释 2 个不同来源的资料信息（包含图表的材料）	选择如何获得信息，选择合适的方法获得自己需要的结果；获取相关的信息
进行计算，解决如下问题： • 总量和大小 • 规模和比例 • 统计处理 • 使用公式	进行自己的计算，清楚地展示出计算的方法和精确度；检查自己的方法并且更正错误，确保结果是有意义的
解释计算所得到的结果，并且表述所得到的发现 你必须至少使用一个示意图、一个表和一个函数图	选择最合适的方法呈现自己的发现；清楚地呈现发现和描述出方法；解释计算结果是怎样回答所研究的问题的

信息技术

这个技能的要求如下：

- **利用网络等来获取信息；**
- **利用信息技术来制作最佳效果的文档。**

你必须要做的	具体表现
为 2 个不同的目的搜索和选择信息	确定自己需要的信息，并且知道在哪里获得；进行有效的搜索；选择与自己问题相关的信息
探索和开发信息，派生出新的信息，为了 2 个不同目的派生出更多的新信息	使用一定的格式输入和汇聚信息，例如表格，这有助于开发；研究信息（例如在展开的数据表中改变信息）；开发信息和派生新的信息（例如在电脑上建模的过程）
呈现 2 个不同目的信息组合。这些信息必须包括文字、图形和数字	选择和利用合适的统一版面形式来呈现组合的信息（例如边缘、标题、边框和文字大小等的使用）；制作的演示文稿能适合自己的目标和信息类型；确保自己的工作是准确的、清楚的和适当保存的

职业

你有没有想过离开学校之后自己会做什么工作？

生物学能为你打开许多职业的大门。

它也是科学与艺术科目之间很好的“衔接科目”。

因此，如果你想拥有最大范围的选择，那么生物学将会与很多非科学的科目很好地配合起来。

当然，更希望你学习更多的生物学知识，因为你喜欢它！

进一步学习生物学会有利于你从事以下列举的职业，即便有些职业对生物学没有明确要求：

农业生物学家
动物技术员
细菌学家
生化学家
生物技术工作者
植物学家
啤酒制造商
服务公众的科学官员
自然资源保护者
牙科技师
牙医
医生
生态学家
环境生物学家
环境卫生官员
养殖和栽培农场的管理者
水产养殖者
食品科学家
法医学家
林学家
淡水生物学家
遗传学家
医学工作者
园艺学家
信息学家
新闻工作者（科学）
实验技术人员
科普宣传者
工业管理者
海洋生物学家
市场营销人员
医学检验工作者
微生物学家
护士
海洋学家
配镜师
病理学家
药剂师
药理学家
生理学家
污染控制人员
生物学研究员
土壤学家
运动学家
科学教师
兽医 / 助理
废物处理学家
水技术专家
动物学家

环境科学家在检验水质

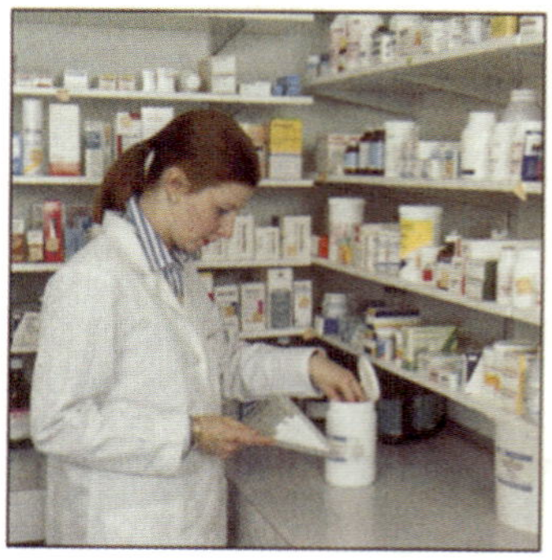

药剂师

兽医

北极科考学家

生化学家

农民

海洋生物学家

植物学家

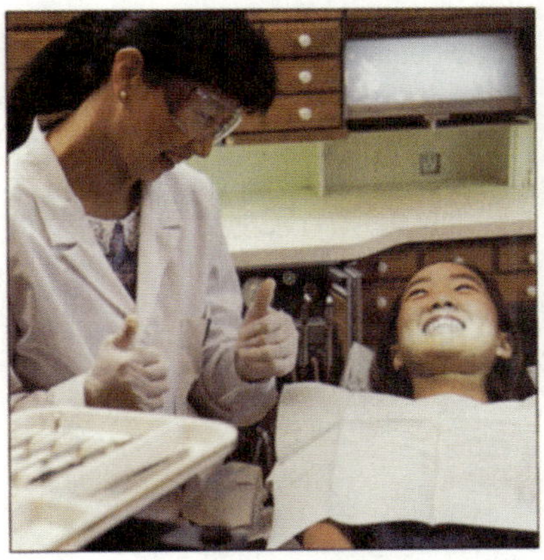

牙医

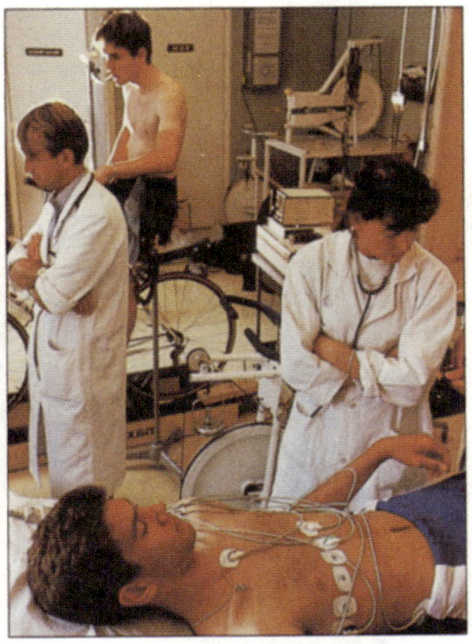

运动学家

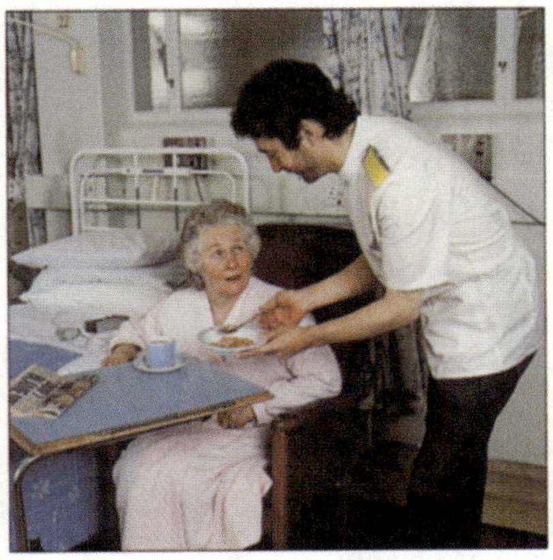

护士

索引

致谢

我要感谢 Bob Wakefield 和 Margaret Bramwell 帮助我校对和改进了本书的原稿。尤其是 Bob 无私地为本书提供了很多原创性的想法，而且他的务实和幽默都给了我启迪。

我还要感谢 Nick Paul，Sue Adamson 和 Lawrie Ryan, 因为在撰写本书稿时，他们一直给予关注和鼓励。

特别还要提出感谢的是 Keith Johnson，他给予了非常珍贵的建议，在其中我们学习了他的洞察力和制作一本好书的方法。

感谢以下测试审查机构允许我们从考试试卷中转载考试题目：

AQA： 英国资格评估与认证联合会

OCR： 牛津、剑桥和 RSA 考试局

Cam IGCSE：剑桥大学地方考试委员会

Edex IGCSE：国际普通中等教育考试委员会

EDEX： 英国爱德思国家职业学历与学术考试机构

WJEC： 威尔士教育联合委员会

CCEA： 课程考试与评估委员会

图片致谢

Actionplus: 117B, 164B, 254T Richard Francis;

Ardea: 282 J.P. Ferrero, 286BL J.M. Labat, 293T S. Meyers;

Art Directors & TRIP: 348M; Astra Zeneca: 281B, 333B;

Bruce Coleman: 187 Dr Frieder Sauer, 226TR, 230TR, 249T, 287BL J. Burton, 260B, 278T G. Zeisler, 265 Kim Taylor, 266B H. Lange, 279T E.B. Jurstrom, 280T J. Van de Kain, 280UM, 291T Hans Reinhard, 293LM F Lanting

BST (NT): 118B Banana Stock E;

Bubbles Photolibrary: 158T H. Robinson;

Chelsea Physic Garden: 352A, 352B, 352C;

Collections: 157T;

Colorsport: 164M;

Corbis: 148B Richard Wayman/Sygma, 295B Ashley Cooper;

Corbis(NT): 160B V198;

Corel(NT): 92B Corel 401, 161 Corel 164, 183B Corel 660, 226BL Corel 103, 318B C603, 324M Corel 588, 331T Corel 312, 345T Corel 765, 363B, 391BL;

Department of Health: 162B;

Diamar(NT): 205 D7;

Digital Visio(NT): IB Steven Frink, 38B DV10, 46B DV17, 182B DVJA Gerry Ellis, 227BR Michael Durham, 228BL Gerry Ellis, 254M DVAA, 269UM DVLU, 281M Karl Ammann, 320T, 325T DV15, 321T DV NASA,330B DVWT, 330LM Jeremy Woodhouse;

Ecoscene: 318M Quarry, 328B Amanda Grazidis, 330T John Farmer;

Fotolia: 59T, 68B, 117T, 147B, 227BL, 229BR, 231BL, 261M, 263T, 286T, 289M, 292M, 308, 322;

Frank Lane Picture Agency: 226BR H. Schrempp, 231BRD. Hosking, 269T H. Clarke, 286ML R. Hosking, 360TL, 360TR, 362M Frans Lanting/MINDEN Pictures, 362T Peter Davey, 378B Brian Turner;

Garden Matters: 189;

Gareth Williams: 284, 302;

Gene Cox: 17A, 200B, 232TL, 232TR;

Getty Images: 70M G. Mortimore, 71T Simon Bruty, 104D. Cannon, 110B, 159B, 164T C. Moson, 131T D. Rogers, 148T Prakasin Singh/Stringer/AFP, 219B M. Hewitt, 96BL J. Silverman;

Getty Stone: 38T T. Henshaw, 80T B. Ayres,96T Amulf Husmo, 97BR, 112B Nick de Vore, 266M H, Grey, 312T D. Paterson, 321LMP. Tweedie, 347BM. McQueen, 391TC;

Holt Studios International: 152, 190T, 192B, 257B, 312B;

Horticulture Research International: 185A:

Hulton Getty: 146T Chris Ware/Keystone;

Hypoxico Inc: 71B;

Image State: 97T;

iStockphoto:25, 39, 44B, 45T, 63T, 70B, 70T, 88, 92T, 93, 94T,96B, 105T,111, 112M, 112T, 115, 118T, 122B, 125, 139T, 136, 140, 141B, 141T, 149T,157M, 158M , 162T, 181T, 182T, 183T, 184T, 190B, 192T, 194, 195, 198, 218L, 218R, 219T, 224TR, 229BL, 229TL, 229TR, 220B, 220T, 224BR, 224TR, 225TL, 226TL, 227TL, 228TL,230BR, 231TR, 233BR, 236T, 247, 254M, 260M, 260TL, 261B, 261TR, 267B, 266T, 267T, 269LM, 278B, 278LM, 278UM, 279B, 280B, 281T, 287M, 289B, 289T, 290B, 291B, 292B, 298, 305, 316, 319B, 320B, 324T, 326B, 326T, 330UM, 342M, 343M, 350B, 353B, 358T, 360M, 361M, 365M, 391ML, 391MR, 391TL, 391TR;

John Bailey: 295T, 295M;

Martyn Chillmaid: 12T, 12B, 13T, 15, 20, 24, 28, 30B, 31, 40, 41, 44T, 48, 49T, 58, 63B, 68T, 69T, 83B, 95T, 110T, 151T, 151B, 153T, 153B, 157B, 159T, 195T, 199B, 219M, 332, 342T, 343B, 346B, 348B, 351T, 354B, 371, 372;

Mary Evans Picture Library: 135M, 141M, 243;

Natural History Museum: 269B;Natural

Visions: 74B, 212B, 212M, 212TL, 224BC, 224BL, 225BL, 225TR, 228TR, 229ML, 230BL, 233BL, 233TC, 233TR, 280LM, 283B, 286MR, 292T, 293MR, 303, 329UML, 329UMR;

Nick Cobbing: 257T, 377;

Panos Pictures: 28T J. Hartley;

Parke Davis & Co: 76;

Photo DISC (NT): 139B PD46, 184B PD19, 186 PD29, 231TL PD6, 319T PD31, 364B PD69, 365B PD38A;

Photolibrary: 364T;

Photolibrary/Oxford Scientific Films: 18A, 213 P. Parks, 228BR, 261TL, 261B, 270T, 270B T. C. Middleton, 279M C. Monteith, 285 Scott Camazine, 286BR R. Milkins, 288T V. & M. Gibson, 290T W. Johnson, 323M R.& J. Kemp, 323T M. Leach, 329BR Colin Milkins, 346M Peter O'Toole, 347T Manfred P . Kage, 263B, 329BL;

RBM online: 216A;

Reuters: 149B Eric de Castro, 249B, 255, 283T;

Rex Features: 144 B. Bailey;

Robert Harding Picture Library: 288B;

Sally &Richard Greenhill: 46T;

Science Photo Library: 2, 3, 4B, 7B, 16R, 16L, 59B, 69B, 81, 87, 94B, 106T, 106B, 177, 181B, 202BL, 202BR, 204B, 225BR, 227TR, 230TL, 232BL, 233TL, 233BL, 240B, 291M, 293B, 354T Biophoto Associates, 7T, 74T, 85 Michael Abbey, 18B, 84, 251L Dr Gopal Murti, 22 J.C. Revy, 27 Leonard Lessin, 30T James Holmes/Celltech Ltd, 55 Alain Pol, 75 Prof. P. Motta/Dept of Anatomy/ University'La Sapienza', Rome, 80B Lunagrafix, 83T 313B, 327, 390R Simon Fraser, 86 Power and Syred, 89T, 89B Jerry Mason, 95B Mark Clarke, 101 BSIP, Beranger, 105B Manfred Kage, 126 Andy Harmer, 129TL Dept of Clinical Radiology, Salisbury District Hospital, 129B Altred Pasieka, 131B Chris Bjornberg, 135B A.B. Dowsett, 137BR Linda Stannard/UCT, 143Adam Hart-Davis, 146B Charlottte Raymond, 150T NIBSC, 150 David Parker, 156, 179B, 350T, 351B, 358B Cordelia Molloy, 158B George Bernard, 178 John Clegg, 191B Sinclair Stammers, 193 Jerome Wexler, 195M David Thurber/Agstock, 202T, 231BC, 311, 378T Dr Jeremy Burgess, 212TR, 241, 369B Pascal Goetgheluck, 214 Rosenfeld lmages Ltd, 229MR Tom Bledsoe, 232BR Alex Rakosy, Custom Medical Stock Photo, 236B CNRI, 239T Div. of Computer Research & Technology, National Institute of Health, 239B A. Barrington Brown, 240T M.I. Walker, 250 Simon Fraser/RVI, Newcastle-Upon-Tyne, 251R Omikron, 252, 349 Maximilian Stock Ltd, 253T, 391BC Philippe Plailly/Eurelios, 253B Hank Morgan, 257M. 313T Martin Bond, 262T National Library of Medicine, 287TR Art Wolfe, 287TL Andrew J. Martinez, 289B Annie Haycock, 318T Skyscan, 321B Harris Barnes Jr/Agstock USA, 323B Claude Nuridsany &Marie Perennou, 329LML John Walsh, 329LMR David Spears, 333T Vanessa Vick, 346T Dr Tony Brain, 348T Rosenfled Images Ltd. 359 Michael Donne, 360B Darwin Dale, 361T A.J. Photo, 362B Peter Chadwick, 365T George Roos/Peter Arnold Inc.,369T Samuel Ashfield, 391BR St Bartholomews Hospital, 391MC Alexis Rosenfeld, IT, 129TR, 129M, 135T, 145, 239M 262B, 329T;

Still Pictures: 287BR John Newby;

StockByte(NT):160T SB9, 345B SB 34;

Topfoto:45B Collection Roger-Viollet, 122T IMW, 147T The ArenaPAL Picture Library, 325B Mark Antman, 347M The Image Works, 353T

后记

在时隔一年之后，终于完成了 *Biology for you* 书稿的翻译工作。在翻译的过程中，常常会为作者巧妙的构思喝彩：一个个涉及自身的提问，几行简单明了的阐述，一幅幅构思巧妙的漫画……随处都彰显着引领学生、充满兴趣、及时补充完善知识体系的元素。

这是一本为学生自己学习而写的书，是为了帮助学生应对英国普通中等教育考试（GCSE）而编写的。虽然面对的是一个严肃的“考试”话题，但是整本书总会为学生开心学习做好引导，每一页呈现的知识，会配以有趣的图片或漫画，通过这些精心的画面穿插，让学生更进一步地理解生物学知识。整本书以人的视角展开知识的介绍，作者力图使用简单易懂的语言，把生物科学的基础知识串在一起；知识以问题的形式提出，激发学习者的思考，增强学习的兴趣；对于问题的结果阐释也保持了简明扼要的风格。由于这是针对全体中学生的结业考试，所以在解释生物学的问题时，并不去深究机理，而更重视对现象的意义诠释。在每章的知识小结后，还附有相关的练习，题型多样，进一步收集了考试真题，无论在应对考试还是引导学生对问题的思考等方面都起到了巩固和提升的作用，并且在 www.biologyforyou.co.uk 的网站中，配有练习中的相关答案，也为教师使用本教材提供了必要的教学工具和工作清单，充分地让读者体会到使用该教材的优势。

参与本书翻译工作的人员如下：第 1、2、3、12、13、14、15、16、17 章：张小萍副教授；第 4、5、6、7、8、9、10、11 章：唐小为副教授；第 18、19、20、21、22 章和附加部分，以及全书的统稿和主要修订工作：霍静副教授。在整个翻译的过程中，译者为保证翻译语言风格的一致而通力合作，特别是张小萍副教授在此期间做了很多无私的奉献。西南大学的谢建平教授为全书进行通审，提出了非常宝贵的修改意见。在此期间西南大学 2010 级学生孙颖雯、贺宇和 2011 级学生侯娟等都为本书的翻译和文字修订给予了大力的协助。在此向所有为本书付出辛勤劳作的老师和同学，致以诚挚的谢意！

本教材是科学教材译丛中的一本，西南大学科学教育研究中心主任廖伯琴教授发现了该套教材，确定了选题，鼎力向出版社作了推荐，并整体组织安排了这套教材的翻译工作，如确定体例、提出要求、强调风格等。为此，我要感谢廖老师的信任，让我负责生物分册的翻译工作。我还要感谢北京师范大学的刘恩山教授，是他的支持和鼓励，才使翻译和出版本书成为现实。

书稿可能还存在很多疏漏，期待读者能够给予谅解，并提出宝贵意见。

霍　静

2013 年 3 月